Dicionário de Alquimia
A Chave da Vida

Yedda Pereira dos Santos

Dicionário de Alquimia
A Chave da Vida

MADRAS

© 2012, Madras Editora Ltda.

Editor:
Wagner Veneziani Costa

Produção e Capa:
Equipe Técnica Madras

Revisão:
Maria Cristina Scomparini
Neuza Rosa

Dados Internacionais de Catalogação na Publicação (CIP)
(Câmara Brasileira do Livro, SP, Brasil)

Santos, Yedda Pereira dos
Dicionário de alquimia : a chave da vida /
Yedda Pereira dos Santos. – São Paulo : Madras, 2012.

ISBN 978-85-370-0773-0

1. Alquimia - Dicionários I. Título.

12-06922   CDD-540.03

Índices para catálogo sistemático:
1. Alquimia : Dicionários 540.03

É proibida a reprodução total ou parcial desta obra, de qualquer forma ou por qualquer meio eletrônico, mecânico, inclusive por meio de processos xerográficos, incluindo ainda o uso da internet, sem a permissão expressa da Madras Editora, na pessoa de seu editor (Lei nº 9.610, de 19.2.98).

Todos os direitos desta edição, em língua portuguesa, reservados pela

MADRAS EDITORA LTDA.
Rua Paulo Gonçalves, 88 — Santana
CEP: 02403-020 — São Paulo/SP
Caixa Postal: 12183 — CEP: 02013-970
Tel.: (11) 2281-5555 — Fax: (11) 2959-3090
www.madras.com.br

"Porque a impressão era que todos ao meu redor já haviam desistido de entender, com suas afirmações dogmáticas, seus atos de fé."

Mario Vargas Llosa

INTRODUÇÃO

Não tenho uma ideia precisa de quando se originou em mim este interesse fora do comum pela Alquimia. Só posso garantir que, desde bem pequena, termos como *Pedra Filosofal* e *transmutação em ouro* me envolveram sob um grande fascínio. Por essa época, sequer sabia o que era ouro, o seu valor ou o seu poder, mas já me perdia em devaneios, encantada com a transmutação em si, apenas pelo seu aspecto mágico: Uma coisa feia e suja tornando-se brilhante e bonita era magnetismo mais do que suficiente para atrair a fantasia de uma criança. Há ainda a possibilidade de que seja um gene, perdido em meus cromossomos, descendente que sou de espanhóis. Um possível gene de algum ancestral, que tenha existido na Idade Média, presenciado, estudado ou até mesmo praticado com os mouros invasores, a fascinante magia dos cadinhos, das retortas, dos fornos e dos minérios, e que esses conhecimentos tenham sido associados aos códigos genéticos que herdei.

Para completar, nasceu comigo uma alma contestadora, desconfiando dos conceitos preestabelecidos; buscando incoerências nos dogmas poeirentos, sempre impostos às novas gerações, em um continuísmo massacrante e pouco prático, em matéria de soluções racionais, o que me possibilitava olhar com interesse especial tudo que contrariava a Tradição. Procurando pistas, além das definições categóricas, estabelecidas durante a ocorrência de situações insólitas, inexplicáveis ante a ignorância natural da época, mas habilmente manipuladas pelo poder absoluto dos mais astutos. Analisando a ausência de conhecimentos específicos de química ou física que pudessem, nessas ocasiões, nortear, sem misticismo, conclusões mais lógicas sobre algum fato incompreensível presenciado. Considerando também a falta de informação sobre certas doenças, hoje catalogadas pela neurologia e psiquiatria como patologias, passíveis de provocar visões alucinantes ou audições personalizadas.

Ao duvidar de tantas revelações inquestionáveis, transmitidas por pessoas questionáveis, via-me impedida de ser receptiva às crenças passadas, a ponto de julgá-las merecedoras de minha fé incondicional. E terminava não crendo em nada dito pelos homens.

Como a grande maioria dos seres, habitantes do mundo moderno, sempre soube que não seria preciso ficar de joelhos ou orar, para acionar uma chave ligando uma corrente elétrica, pressionar um interruptor acendendo uma lâmpada ou ligar uma tomada para aquecer um ferro automático. Mas sempre soube também que se, por alguma razão, eu pudesse ter feito qualquer dessas coisas, aparentemente tão corriqueiras ao nosso conhecimento atual, há cerca de uns dois séculos, teria sido considerada uma bruxa e até queimada na fogueira, acusada de ter parte com o demônio. A eletricidade sempre existiu permeando tudo, mas qualquer evidência dela que fosse apresentada por alguém mais astuto faria com que fosse considerada uma representação do mal, pelo desconhecimento absoluto de suas propriedades.

Esse pequeno exemplo, entre muitos outros que podem ser citados, nos leva a crer que uma religiosidade embasada na falta de informação domina o mundo, refreando a evolução natural da humanidade e provando que a superstição, em regra geral, é produto de nossa ignorância diante de fatos que desconhecemos.

Um dia li, mas não tenho registro de onde, que, se nossa atual civilização fosse varrida do planeta, por algum cataclismo, e seus vestígios descobertos alguns milênios mais tarde, correríamos o risco de sermos conceituados de forma bastante engraçada: Bastaria para isso que mentalidades como a nossa, acostumadas a catalogar qualquer resgate do passado humano sob o rótulo de *culto religioso*, encontrassem uma figurinha do Pato Donald, para decidir que tínhamos tido um culto totêmico, adorador de patos.

Com tantas considerações instigantes a nortear meus pensamentos, buscando incansavelmente a Verdade, ao mesmo tempo em que rejeitava soluções insuficientes aos olhos da modernidade, por serem facilmente identificadas como produto de ignorância ou de esperteza, foi natural que passasse a estudar tudo o que fosse original, pouco ortodoxo, relegado, oculto ou proibido. Era fácil acreditar que coisas que contrariassem o *status quo* tivessem sido propositalmente combatidas e relegadas, ficando à margem, no caminho da evolução.

A conclusão a que fui chegando, na satisfação desse meu interesse pelo conhecimento marginalizado, foi a quase certeza da existência de um grande mistério, oculto pelas sombras do passado, cuja revelação vem sendo sistematicamente adiada, talvez, até para que, satisfazendo a secretos e poderosos interesses, a consciência humana seja manipulada em uma determinada direção. É possível mesmo que sequer haja má intenção na manutenção desse mistério; que desse grande segredo reste apenas uma pálida caricatura, sendo manejada por pessoas que julgam ainda conhecê-lo de maneira integral, sem atentar para o fato de estarem adotando interpretações inteiramente descabidas, estéreis ao fim a que se propõem, ou mesmo insuficientes, diante do resultado que vêm obtendo nesse caminhar inexorável da humanidade, visto que, pelos tempos, os homens têm demonstrado a aquisição de muito pouco aprimoramento, em sua *performance*.

Essa desconfiança da ingenuidade da maioria, ou mesmo, de suspeitíssimos projetos de uma minoria, tornou-se mais forte, quando tomei conhecimento do *Culto do Cargo*: Uma ilha do Pacífico, na Nova Guiné, serviu de base a soldados ingleses, durante a Segunda Guerra Mundial, período em que os nativos presenciaram maravilhados os aviões, até então desconhecidos por eles em razão da região estar fora de qualquer rota aérea, aterrissando ou atirando víveres para a manutenção da tropa baseada no local. Terminado o conflito, a ilha foi esquecida e, quando alguns anos mais tarde foi novamente visitada, apresentava uma característica surpreendente — os nativos tinham instituído um novo culto. Haviam construído um avião de palha, para representar a nova divindade; balizavam uma fictícia pista de pouso com tochas acesas, durante os seus rituais; e edificaram, como altar, um arremedo de mesa de rádio, onde buscavam comunicação com o bondoso Deus recém-descoberto, formulando seus pedidos e preces por meio de velhas latas de conservas, abandonadas na ilha pelos soldados.

Esse fato tornou quase impossível minha aceitação de antigos e inexplicáveis rituais, iniciações e mesmo religiões, sem alguma ponta de desconfiança. Não consigo deixar de ver a maioria de nossas crendices com os mesmos olhos com que considero a tão descabida realização desse Culto do Cargo. Cada um de nós, com o seu selvagem interior, uns mais, outros menos, interpretam de forma mística fatos concretos, científicos ou até mesmo para-científicos, que ocorreram ou ainda ocorrem à nossa volta e, para os quais não temos, ainda, o conhecimento técnico, o discernimento adequado ou a resposta lógica. Parece que a condição humana conserva uma tendência primitiva de classificar como divino ou diabólico o que não tem condições para entender ou autoridade para explicar.

Dentro desse raciocínio, passei a dar uma atenção ainda maior a tudo que lia ou estudava, tentando descobrir pistas concretas nas entrelinhas. Atentei para a identidade dos mitos. A analogia entre as lendas. A repetição dos mesmos fatos, nas mais variadas culturas, mudando-se apenas os nomes dos personagens ou deuses, figurados nos mesmos atos. Para minha surpresa, comecei a notar a incidência de temas alquímicos, desde a mais remota Antiguidade: servindo de origem às mitologias, como cerne dos difundidíssimos Mistérios, como base da história de muitos povos. Resolvi então olhar mais atentamente a Alquimia, na certeza de que encontraria nela o princípio comum da universalidade das tradições.

O primeiro livro que li sobre o assunto *O Livro das Figuras Hieroglíficas* de Nicolas Flamel, foi uma tremenda decepção. Conseguiu ser, em termos de leitura, a coisa mais incompreensível com a qual já me havia defrontado; e, talvez, por isso mesmo, por ter se constituído em um desafio, resolvi decifrá-lo.

Já disse Louis Pauwel, em *O Despertar dos Mágicos*, que a vocação se apossa do alquimista quando ele ainda se ignora como tal, no momento em que abre, pela primeira vez, um velho tratado. Foi mais ou menos assim. Reli o livro uma segunda vez, e outras mais... E, a cada nova leitura, um entendimento novo comprovava minha ignorância inicial. O sentido das coisas estava impresso ali, desde o começo, apenas eu não tinha tido a capacidade de percebê-lo. Passei então a grifar minhas descobertas. Em leituras subsequentes, informações mais importantes foram se sobrepondo às primeiras, obrigando-me a usar novas cores de tinta para os grifos e, mais tarde, sinais especiais que destacassem o que realmente merecia ser destacado em meio àquele emaranhado de referências.

Complementando, posteriormente, as revelações de Flamel com outras leituras que o meu interesse sempre crescente exigiu; estudando, até onde me foi possível, lendas, religiões, livros históricos e textos, fui descobrindo vestígios dessa fantástica ciência, diluídos em meio a superstições e crendices estranhas, nas mais diversas tradições e, o que é mais importante, nos documentos mais antigos, onde estão registrados os primeiros relatos da história humana.

O que deduzi de todas essas informações coletadas, durante longos anos de pesquisa e que, coincidentemente, pode ser associada à opinião de alguns autores bastante conhecidos, é que houve uma civilização adiantadíssima, em algum tempo da história de nosso planeta. Uma civilização capaz de um conhecimento tão fantástico sobre Matéria e Energia, que lhe possibilitou detectar meridianos, por onde correm as forças vitais, no corpo humano e capaz de perceber que os minerais também têm um tipo próprio de vida, que lhes possibilita o desenvolvimento, em seu meio original — o interior da Terra —, de forma idêntica ao das plantas, em sua superfície. Que por sua estrutura, aparentemente estática, correm as mesmas energias que circulam pelas raízes dos vegetais e que seu desenvolvimento e aperfeiçoamento ocorre dependendo dos componentes do terreno em que *brotam*. Concluí assim que, para os antigos, tudo provinha de sementes: animais, vegetais e minerais, e, como fantásticos *agricultores*, isolaram a semente do ouro, identificada em determinado mineral, passando a auxiliar a Natureza com época, local próprio e calor adequado, na execução da Grande Obra.

INTRODUÇÃO

O prêmio dessa conquista, entretanto, não foi apenas a transmutação dos metais. Segundo muitos autores, foi algo muito mais importante: A fixação de poderosas energias cósmicas, no material elaborado, mostrou-se capaz de eliminar as impurezas de qualquer matéria à qual fossem associadas. Haviam criado a Árvore da Vida com inumeráveis referências na história e mitologia de tantos povos. Essa energia recém-descoberta fez com que, enquanto as transformações se operavam no crisol, a transfiguração ocorresse também com o cientista manipulador, proporcionando-lhe o aperfeiçoamento total de sua própria matéria, concedendo-lhe, inclusive, a chave do conhecimento universal.

Afirmam os que entendem, que a Alquimia não é o embrião da Química. Por causa dela a Química pode ter tido seu início e seu desenvolvimento, nos resultados obtidos pelos curiosos, ao tentarem descobrir o processo do Magistério. Os métodos e finalidades da Alquimia são únicos, o que não quer dizer que não seja uma ciência, já que tem se repetido inúmeras vezes nos laboratórios por pessoas que conseguiram traduzir suas alegorias e símbolos, tão confusamente explicados nos antigos textos, e tiveram paciência suficiente para concluir suas etapas.

A técnica do trabalho alquímico, apesar de exigir toda abnegação, dedicação e cuidado, não dá uma garantia de sucesso, seu êxito depende de fatores, não levados em conta pela ciência moderna. Há uma lei, considerada dispensável por nossos atuais pesquisadores, e fundamental para os alquimistas: a Influência Cósmica. Há que se respeitar a época precisa, própria para sua manipulação, sendo que, sem esse cuidado, nada se consegue.

Referi-me há pouco a uma grande civilização capaz de ter tido acesso a fantásticos conhecimentos e, embora não se podendo precisar onde existiu ou por que desapareceu, há marcas de sua passagem por toda a história humana e, principalmente, vestígios de sua maior conquista: a Alquimia. Sim, porque não podemos acreditar que o homem de Neanderthal tenha tido esses rasgos de sabedoria, capaz de legar aos povos futuros esparsos pedaços desse quebra-cabeça promissor, com o qual a humanidade vem se defrontando há séculos...

De forma deturpada, os mitos nos falam dela na Índia, no Egito, na China, ou na Grécia, e alguns desses registros têm mais de dez séculos, antes de nossa era.

A trindade, essa coisa inexplicável de três pessoas em uma, passou a ser usada como referência e, ao mesmo tempo, dissimulação à composição tríplice encontrada em um único mineral: o mercúrio, o enxofre e o sal. Assim: Istar, Tamuz e Merodaque; Ísis, Osíris e Hórus; Brahma,

Shiva e Vishnu; Júpiter, Latona e Apolo; Marte, Vênus e Vulcano; Pai, Filho e Espírito Santo, e uma infinidade de outras trindades representam partes desse enigma disseminado pelo mundo, mas, facilmente identificáveis como oriundas de um mesmo princípio.

Nos Vedas, dos indianos, como no Gênesis, do Primeiro Testamento hebreu, há referência ao caos inicial, à criação da luz, ou à porção de terra emersa dos mares, alegorias que nos falam da Arte.

As torres dos templos caldeus, ou zigurates, compunham-se de sete andares, cada um de cor diferente, simbolizando um astro: o primeiro branco, cor de Vênus; o segundo negro, cor de Saturno; o terceiro de um vermelho brilhante, cor de Marte; o quarto azul, para Mercúrio; o quinto laranja, para Júpiter; o sexto prata, para a Lua e o sétimo ouro, referente ao Sol. Sempre os sete metais e os sete planetas ou astros como personagens principais de uma cena a ser perpetuada.

Também encontramos o seu vestígio na América Pré-Colombiana: Maias, Olmecas, Toltecas, Incas, Astecas e índios norte-americanos falaram de caos, dragões, serpentes aladas, ovo cósmico, virgens mães, casamento entre o Sol e a Lua, plantas da imortalidade, águias e nas associações das cores negra, branca e vermelha, além do ouro.

Os Mistérios de Ísis, no Egito; de Eleusis, Orfeu, de Cibele (A Grande-Mãe), Átis, Dioniso; de Mitra, na Pérsia; os dos caldeus e dos essênios, marcam toda a Antiguidade, como prova da tentativa de difusão controlada de imemoriais conhecimentos.

"O Segredo da Flor de Ouro" e o "I Ching" ou "Livro das Mutações", chineses, assim como "A Tábua de Esmeralda" atribuída pelos egípcios a Hermes Trismegisto, são tratados alquímicos que comprovam a existência de um conhecimento relativo à transmutação dos metais, nos mais antigos registros de nossa história.

A partir do século X, a Alquimia começou a entrar na Europa, por meio dos textos árabes trazidos pelos cruzados. Por essa época, as universidades haviam começado a se multiplicar e as catedrais, a ser construídas. No século XIII, esse tipo de conhecimento já era um verdadeiro delírio no continente europeu. Nessa época também se intensificou a Peregrinação a Santiago de Compostela, na Galícia. Alguns autores se surpreendem com a falta de lógica dessa peregrinação. Quando todo o interesse dos cristãos estava voltado para a Terra Santa, qual a razão desse roteiro? E cabe outra pergunta: Não seria uma maneira de burlar a perseguição movida pelo papa João XXII aos alquimistas o fato de pessoas interessadas na Arte Alquímica irem à Galícia com capa de romeiro para buscar os minérios necessários nas muitas minas de lá? Santiago dos Campos da Estrela é, para o estudioso de Alquimia, uma clara referência a uma viagem puramente explorativa, longe dessa aura de caminho dos magos que as ameaças de uma época obrigaram a disfarçar e que lhe emprestou.

Quanto aos meios empregados na transmissão dos conhecimentos alquímicos, é natural que, fugindo às perseguições que tal segredo provocava entre reis, religiosos e poderosos, os alquimistas se protegessem usando disfarces. Isso torna claro o porquê da estranha linguagem adotada pelos filósofos. Nada mais compreensível que uma história que tivesse de ser passada adiante e, ao mesmo tempo, preservada, empregasse códigos em sua divulgação. Assim, os símbolos, alegorias, lendas, histórias infantis, foram sendo usados e abusados, em cada época, para definir coisas simples, trazendo enorme confusão aos que se aventuravam e se aventuram nesse universo.

Os quatro elementos habitualmente são representados por triângulos: fogo e ar, com vértices para cima e água e terra, com os vértices para baixo. Superpostos, formam o Símbolo de Salomão, ou Estrela de David, que traduz a unidade dos quatro elementos.

O Mercúrio e o Enxofre, que já deve estar claro para os estudiosos do assunto, não são os vulgares, visto que os Adeptos só se referem a eles precedidos do pronome possessivo "nosso", ressaltando que são substâncias especiais, conquistadas após várias circulações. São nos apresentados, em determinada fase, como Dragões: Fixo, sem asas, macho — o Enxofre; Volátil, alado e fêmea — o Mercúrio. São também os Cães de Corasceno e a Cadela da Armênia, descritos por Avicena, além da Salamandra e da Serpente, às quais se referem alquimistas em muitos textos. Tudo isso para nos descrever as duas naturezas ou duas energias, em suas primeiras demonstrações, que têm de ser equilibradas, tais como estão representadas no caduceu do deus Mercúrio e no símbolo Yin e Yang dos chineses. Nos textos dos antigos Filósofos, a Terra se refere à matéria contida no crisol e o Céu, aos três quartos do espaço nesse mesmo crisol. É desse céu interior que, em determinada fase da obra, cai o Orvalho ou Rocio, descrito tantas vezes, que tem de ser recolhido, cuidadosamente, para uma série de finalidades. É bom que se esclareça que nada entra nessa composição que não provenha dela própria, como recomendam constantemente os antigos Adeptos, o que deixa bem claro que o orvalho a que se referem não é alheio ao material que está sendo manipulado.

A Virgem Negra e a Virgem Branca nos falam da matéria em fases distintas. As Aves, em alegoria perfeita, representam a circulação. O Peixe é o Enxofre que, em dado momento, sobrenada nas águas, tendo que ser recolhido pela Rede. A Galinha chocando ovos simboliza a temperatura a ser observada. O etíope caracteriza o Nigredo, a fase em que a matéria se apresenta em sua forma totalmente escura. A Estrela, ao que consta, um sinal que surge várias vezes no crisol confirmando ao alquimista a correção do caminho. A Árvore da Vida, uma formação que cresce na matéria, logo após a brancura. Cauda de Pavão ou Arco-Íris, definindo a infinidade de cores que aparecem na Obra, quando a secura começa se impor à umidade. A Sereia, como união do feminino Mercúrio, em sua parte mulher, com o masculino Enxofre, em sua parte peixe. O Espelho, descrito na maioria dos textos, faz sua aparição quase ao fim do Magistério, mostrando ao alquimista a Natureza a descoberto, ou o tão decantado Aleph.

O Leão é um símbolo solar usado para definir a força. Leão Verde, quando ainda em sua forma germinativa. Leão Vermelho, simbolizado muitas vezes engolindo o Sol, é a Pedra, já pronta, submetendo o próprio ouro que lhe é inferior. Há também o Leão da Floresta de Nemeia, já traduzido por muitos como *O Sol da Matéria da Lua*, em razão da palavra grega que define floresta ser a mesma que define matéria.

A Rosa é também outra das representações da Pedra. Em muitas alegorias, no centro da cruz, nos fala da quintessência, nascida dos quatro elementos, representados pelos quatro braços do ícone.

Além disso, uma infinidade de deuses e deusas das mitologias antigas também foi usada para significar a Terra, o Fogo, o Ar e a Água, bem como diversos processos de elaboração da Arte.

Existem vários ditados populares nos advertindo da deturpação que sofrem os relatos, com o tempo. Realmente, se *"quem conta um conto aumenta um ponto"*, pode-se imaginar a pouca fidelidade com que esses relatos chegaram até nós. Mas parece-nos que, por trás desse aparente embaralhado existente na transmissão dos Arcanos, há guardiões que zelam pela preservação da Verdade, dispostos a manter inalteráveis, senão todas, pelo menos as regras básicas desse enigma.

Se nos aprofundarmos nas pesquisas e prestarmos atenção, veremos que o dia 25 de dezembro — Solstício de Inverno no Hemisfério Norte — tem sido comemorado, através dos tempos, sob várias formas: saudação ao nascimento do Sol, ou Sol Invictus; em honra a Osíris; festejando o nascimento de Mitra e, mais recentemente, o de Jesus, no Natal da cristandade.

Analisando atentamente a história, podemos constatar que os Festivais, que se realizavam no Egito, na Pérsia ou na Grécia, em honra a Osíris, Mitra, Cibele, Dioniso ou Orfeu, entre fim de março e começo de abril, por conseguinte entre os signos de Áries e Touro, são mantidos até hoje, só que sob um novo enfoque religioso, é claro. São festas móveis, marcadas pela Lua desse período, que deve estar em seu plenilúnio durante as comemorações do que, atualmente, se denomina Domingo de Ramos. Convém frisar que a preocupação com a determinação do Domingo de Páscoa, durante a Idade Média, chegou a um tal ponto de interesse em sua precisão, que o Vaticano exigiu o concurso de renomados matemáticos e astrônomos, em cálculos extremamente complexos, para que a data fosse determinada com a mais absoluta exatidão. Diante disso, é lógico que determinadas pessoas se perguntem sobre os motivos que levaram à necessidade de um tal rigor para definir apenas mais uma data no calendário?...

As Fogueiras de São João, acesas ainda hoje, na noite de 23 de junho — Solstício de Verão no Hemisfério Norte —, são reminiscências das fogueiras de Beltane, acesas na mesma época pelos celtas, que honravam os seus deuses da fertilidade e, embora de forma incompreensível, legaram aos tempos futuros a lenda do *fogo que não queima* ou do *fogo secreto*, também símbolos significativos para a Alquimia.

A difícil Cabala dos hebreus, ou Árvore da Vida, com suas sephiras representando planetas e metais, norteia também os que se dedicam ao seu estudo, em um mesmo e único sentido.

Essa preservação velada das mesmas datas representa o conhecimento sendo levado adiante. Assim a Arte continua reservada aos estudiosos, aos pacientes, aos perseverantes, que conseguem ir desobstruindo o caminho do entulho, acumulado durante séculos, pelos que pretenderam e pretendem preservar sem vulgarizar.

Porém, o que poderia representar essa coincidência de datas?... Notadamente, a Influência Celeste, um dos mais repetidos jargões dos Adeptos. *"Nada se consegue sem o auxílio do céu"*, atitude sempre figurada nas alegorias por alquimistas ajoelhados, rezando, fato que provocou até mesmo a denominação de *Laboratório* ao recinto onde realizavam suas experiências: *"Lab"* de Labor, somado a *"Oratório"* — pela tradição de orações realizadas no local —, também é uma referência simbólica. Esse concurso do céu não é conseguido por um milagre, por intermédio de orações, outrossim, pelo respeito aos signos, às fases da Lua, às conjunções astrais, cujas forças se intensificam sobre a Terra, em determinadas épocas do ano. Os meses específicos, estes sim, trazem na realidade o auxílio do céu, pelo fluxo de determinadas emanações cósmicas.

Atualmente, a ciência já está em condições de levar em conta a atuação das partículas subatômicas. Isso fez com que se tornasse incontestável para alguns cientistas a diversidade de resultados de determinadas experiências, mesmo quando são respeitadas as substâncias, a quantidade e o processo utilizado. Esse elemento modificador, capaz de provocar surpresas em determinado resultado, é a força cósmica que os alquimistas antigos levavam em grande conta, fazendo inclusive com que rotulassem sua Obra sob a denominação de *Agricultura Celeste*.

A antroposofista L. Kolisko relatou em um folheto, "Spirit in Matter", uma experiência, na qual comprova essa influência. Fotografou diariamente, durante um ano, um papel filtro imerso em uma solução metálica, a 1% de nitrato de prata. A irradiação cósmica foi se registrando no papel com maior e menor intensidade. Na primavera, apresentou-se no máximo de sua força, mas os registros do Dia da Páscoa, Dia de São João (24 de junho) e Dia do Arcanjo São Miguel (29 de setembro) também foram bastante expressivos. O que parece confirmar que os Mistérios continuam a ser preservados por meio de condicionamentos religiosos.

Toda essa linguagem e esse emaranhado de apresentações diversas tornam a Alquimia um estudo bastante dificultoso, mas ao mesmo tempo empolgante, na medida em que se vai descobrindo a correlação entre toda essa simbologia universal e um segredo ancestral. Isso talvez justifique muitos dos verbetes contidos neste dicionário, que compilei criteriosamente. Figuras e fatos mitológicos adquirem mais lógica e racionalidade, quando analisados à luz da Alquimia. Iniciações, mistérios, histórias infantis, dogmas, crenças, cultos, festivais, revelam-se veículos na transmissão de um conhecimento que se pretendeu imorredouro.

A identificação de muitas das partes desse quebra-cabeça, em um esforço detetivesco, lendo, relendo, comparando, juntando informações e depoimentos que considero importantes por seu conteúdo elucidativo, não me conduziu à prática de laboratório, apesar de minha firme convicção de que a Pedra Filosofal é uma realidade, uma meta plenamente possível de ser alcançada. Levou-me apenas a decidir publicar este livro, esperando que possa ser de alguma ajuda aos que se interessam por tão fascinante assunto.

Yedda Pereira dos Santos

A

ABIFF, HIRAM

Lendário arquiteto do templo de Salomão. É cultuado na **Maçonaria** como seu fundador e lembrado, em algumas cerimônias rituais, em seu assassinato, perpetrado por **três** aprendizes desejosos de conseguir a revelação da palavra mestra. Para esse fim, usaram a régua, o esquadro e o martelo e marcaram seu túmulo com um galho de **acácia**, para identificá-lo mais tarde. Esses elementos são considerados símbolos tradicionais da Ordem.

Com sua morte, a palavra mestra que era *Jehová* — o **fogo** nuclear —, foi substituída por *Mackbenach* que, segundo alguns intérpretes, pode ter diferentes traduções, entre elas, "Ele vive no filho", "Filho da decomposição".

Assim como **Osíris**, **Dioniso** e tantos outros seres existentes, no tênue limite entre os relatos das tradições e a realidade, que ecoam nas vozes vindas do passado, *Hiram Abif* foi sacrificado para retornar em um patamar mais avançado da evolução humana. Sua ressurreição é comemorada, na formação de cada novo mestre maçônico, que passa a se constituir em mais um elo de uma cadeia interminável.

Se atentarmos para alguns detalhes dessa narrativa, veremos o envolvimento de um simbolismo essencialmente alquímico: Um assassinato na tentativa de obter a palavra mestra ou o Fogo nuclear, cuja denominação foi mudada, depois, para "Filho da decomposição".

ABRACADABRA

```
A B R A C A D A B R A
  A B R A C A D A B R
    A B R A C A D A B
      A B R A C A D A
        A B R A C A D
          A B R A C A
            A B R A C
              A B R A
                A B R
                  A B
                    A
```

A

É um antigo encantamento cabalístico da mitologia judaica que, supostamente, traria cura, eliminaria doenças. Porém, esta palavra é considerada mais como um termo usado pelos alquimistas. A palavra usada pelos Semitas era "Abracal", não tendo nenhuma relação com *abracadabra*. Abracal era usada sem qualquer relação numerológica, o que, além da grafia, a tornava-a diferente do termo usado pelos aramaicos, gnósticos, gregos, cópticos, etc.

A **Tradição** nos fala ser ela um mantra da transmutação; encantamento cabalístico, tido como da mitologia judaica, que supostamente eliminaria todos os males, trazendo auxílio aos que o proferissem com a linguagem dos anjos. Há uma estreita relação entre os praticantes de suas invocações e os antigos **alquimistas**. Sua grafia, feita de modo especial, serve para formar várias formas geométricas, sendo a principal delas um misterioso **triângulo** invertido, que faz com que as energias do alto sejam captadas e dirigidas para baixo, formando uma linha de força; a ele se atribuíam virtudes curativas e rejuvenecedoras. Segundo algumas pesquisas, este amuleto teria sido, primeiramente, invocado pelos Adeptos do culto de **Abraxas**.

ABRAHAM O JUDEU

Autor de um estranho livro adquirido por Nicolas Flamel, em 1358, em Paris. Segundo uma lendária história, *Abraham o Judeu*, teria sido um sábio que fixou residência em Paris, para ficar próximo a seus irmãos de raça, refugiados na França. Em sua estada nessa cidade, fez amizade com um rabino que tentava conseguir alcançar a **Grande Obra**. *Abraham*, baseado em seus conhecimentos, forneceu-lhe os esclarecimentos necessários e perdeu a vida por essa demonstração de saber. Quando quis partir, o rabino matou-o para preservar o segredo e apropriou-se de todos os manuscritos.

O assassino foi levado à fogueira e os documentos ficaram perdidos, até o dia em que um importante livro dourado, bastante grande e muito velho, foi vendido a Flamel por dois florins.

Segundo narrativa do próprio Flamel em seu *O Livro das Figuras Hieroglíficas*:

"Ele não era de papel ou pergaminho, como são os outros, mas era feito de sutis películas (assim mo pareceu) de tenros arbustos. Sua capa era de couro bem delicado, toda gravada de letras ou figuras estranhas; e quanto a mim, creio que elas podiam bem ser caracteres gregos, ou de outra semelhante língua antiga. Tanto que eu não as sabia ler, e sei bem que não eram letras latinas ou gaulesas, pois delas eu entendo um pouco. Quanto ao interior, suas folhas de cortiça apresentavam-se gravadas, e com grande indústria, escritas com um buril de ferro, em belas e muito nítidas letras latinas coloridas. Ele continha três vezes sete folhas, a sétima das quais estava sempre sem escrita. No lugar desta, estava pintada na primeira sétima um virgem e serpentes se entredevorando; na segunda sétima, uma cruz, onde uma serpente estava crucificada; na última sétima, estavam pintados desertos, no meio dos quais corriam muitas belas fontes, de onde surgiam várias serpentes que corriam por aqui e por ali. Na primeira das folhas, estava escrito em letras grandes capitais douradas *Abraham o Judeu*, príncipe, sacerdote, levita, astrólogo, filósofo, à nação dos judeus, pela ira de Deus dispersa nas Gálias Salut. D.I. Depois disso, o livro estava repleto de grande execrações e maldições, com essa palavra, Maranatha (que era amiúde repetida), contra toda pessoa que lhe lançasse o olhar, não sendo sacrificador ou escriba. Aquele que me vendeu esse livro não sabia o que valia, tanto quanto eu, quando o comprei. Creio que ele havia sido furtado aos miseráveis judeus, ou encontrado em algum lugar escondido no antigo lugar de sua residência.

Nesse livro, na segunda folha, ele consolava sua nação, aconselhando-a a afastar os vícios e, sobretudo, a idolatria, aguardando o Messias chegar com doce paciência, o qual verá todos os reis da Terra e reinará com seu povo eternamente na glória. Sem dúvida, tratava-se de um homem mui sábio.

Na terceira folha, e em todas as outras seguintes, escrevia, para ajudar sua cativa nação a pagar os tributos aos imperadores romanos. E, para fazer outra coisa, que não direi, ensinava-lhe a transmutação metálica em palavras comuns..."

ABRAXAS

As primeiras notícias que se têm desse velho culto, foram assinaladas pela descoberta de antigas moedas, cunhadas pelo gnóstico egípcio Basilides, e que se definiram como símbolo de uma vetusta sociedade secreta. Segundo um estudioso, Sampson A. Mackey, o nome *Abraxas* deriva de *Abir*, que quer dizer **touro**, e *Eixo*, que significa o **centro**.

Em sua alegoria é representado pela figura de um homem com cabeça de galo e pés de **serpente**, mantendo um escudo na mão esquerda e um chicote na direita. Ele está de pé sobre um carro voador, açoitando os quatro cavalos brancos, que dizem representar os quatro éteres, por meio dos quais é **circulado** o poder solar. Do seu lado direito tem o **Sol** e no esquerdo, uma **Lua** nova se encaminhando para o crescente.

Abraxas é um nome de **sete** letras, tido como palavra símbolo dos sete raios do poder. Costumava ser gravado em talismãs, confeccionados em pedras redondas, tendo sido bastante divulgado esse hábito por toda a Antiguidade. As inscrições nas pedras de *Abraxas* eram consideradas mágicas e muitas vezes envolvidas pela serpente que devora a própria cauda, o símbolo alquímico denominado **uroboro** — o Uno. A totalidade do tempo e do espaço.

Por uma série de detalhes, nota-se, ter sido esta alegoria um dos primeiros símbolos alquímicos empregados pelo homem, na velada difusão dos seus conhecimentos secretos. As presenças do Sol, da Lua nova, do galo e da serpente; o touro e o eixo, ocultos nos antigos significados do próprio nome; a referência ao número sete, que na Alquimia é indicativo dos sete metais e dos sete astros; os quatro cavalos, em alusão aos quatro elementos; e, por último, o uroboro, figura mais do que característica do universo alquímico, confirmam a teoria de que se tentou passar, mediante uma conformação mística, os mesmos princípios, constantes nas mais variadas tradições da humanidade.

Por toda essa simbologia, o que se comprova é que, mais do que um talismã empregado em magias ou bruxarias, o *Abraxas* teria sido usado por membros de antigas sociedades secretas, na divulgação de pretéritos conhecimentos.

ABRIR

Abrir, em linguagem alquímica, significa dissolver a matéria para multiplicá-la. Em razão disso, esse procedimento é sempre representado pela alegoria de uma **chave**.

"Para tornar mais explícito ainda que ela solicita a **multiplicação**, fiz desenhar o homem, ao qual ela faz o pedido, na forma de um São Pedro, segurando uma chave, tendo o poder de *abrir* e **fechar**, de ligar e desligar. Tanto que os filósofos invejosos jamais falaram da multiplicação sem os termos comuns da **arte**. Abre, fecha, liga, desliga. Chamaram *abrir* e desligar fazer o corpo (que é sempre duro e fixo) mole, fluido e líquido como água, e fechar ou ligar, coagulá-lo por e segundo decocção mais forte, remetendo ainda uma vez à forma de corpo" (36).

É interessante registrar que o nome que designa o quarto mês do ano é "abril", palavra originária do latim *aprire,* cujo significado é *abrir*. Considerando que o referido mês é regido pelos signos de **carneiro** e **touro**, é provável que contenha, em sua própria denominação, uma precisa informação no tocante à matéria que está sendo manipulada.

ACÁCIA

A acácia é considerada um símbolo solar; suas flores leitosas e cor de **sangue**, associadas a um simbolismo ancestral, geraram o conceito que goza, em várias tradições, de ser a **árvore** do renascimento e da imortalidade.

Usada como símbolo nas iniciações, perpetuou-se na mitologia de alguns povos que a consideram uma árvore mágica. É citada em muitos textos alquímicos para definir a cor do **leite virginal do Sol**.

AÇAFRÃO

Planta herbácea da qual se extrai uma substância corante, de cor amarela. Em razão dessa propriedade, vários alquimistas fazem alusão a ela em seus relatos, quando querem se referir simbolicamente à **tintura** que imprime na *matéria branca* a cor amarelo-dourada, costumeiramente denominada *Açafrão* de Ouro ou Ouro Potável.

"Se teu *açafrão* se torna escasso, podes então multiplicá-lo, facilmente, a uma maior quantidade, e depois podes fazê-lo de novo, e isso podes fazer continuando com teu primeiro curso, até que chegues ao momento de por teus **raios** de sol, e então, em vez deles, infunde a mesma quantidade de teu *açafrão* soberano reservado, e isso acelerará a perfeição em tua obra, e assim poderás usá-lo para a glória de Deus que te deu, para tua própria honra, e para o extremo grande consolo dos aflitos membros de **Cristo**, teus próprios irmãos" (65).

De um manuscrito escrito em Londres, em 1670, Johan Isaac Holandus nos aconselha como atingir à tão sonhada *açafrão*:

"Portanto dá fogo tão gentil a isto, que não perde nenhum fluxo; a substância derrete e fica limpa, contudo a maioria é fixada; portanto mantenha assim seis semanas, então tire um pouco disto, põe isto em um Prato quente ardendo, se derreter imediatamente e soltar fumos, ainda não esta fixado, mas se o trabalho permanece inalterado, o **Enxofre** foi então fixado que é o fim desejado; então fortaleça o **Fogo** notavelmente. Preste atenção ao seu trabalho que, através do **Vidro**, começa a parecer **amarelo**, e continuamente mais amarelo, semelhante a *Açafrão* pulverizado. Então aumente o Fogo mais forte, cultive assim o trabalho até começar a ficar vermelho, então processe seu Fogo de um grau para outro, sujeite assim seu Fogo até mesmo quando o **Pó** ficar mais **vermelho** e mais vermelho através de graus, cultive o trabalho para que seja vermelho como um **Rubi**. Então, contudo, aumente o Fogo mais, que quando o trabalho estiver quente, ardendo, então é fixo, e pronto para verter a curiosa Água do Paraíso nisto".

AÇAFRÃO DE MARTE

Denominação dada ao óxido de ferro. Segundo definição de Berzelius, em seu livro *Química*, Tomo XIII:

"Obter o sulfureto de **antimônio** por caminhos ignorados e por meios diferentes, os quais são contrários às leis da química que conhecemos, e combiná-lo com dois pós, um dos quais é o **cinábrio**, que se faz ferver três vezes no álcool, até a volatização desse líquido, e outro é o óxido férrico ou *Açafrão de Marte*, obtido pela combinação do **nitro** com limalha de **ferro**".

ACERO

Sal contido no interior da matéria, cujo surgimento é assinalado pela tão comentada aparição da **estrela**. A palavra *acero*, constantemente referida pelos filósofos como **caos**, **fogo secreto**, **arsênico** e outras denominações, pode ser entendida melhor com as seguintes explicações:

"Os **Sábios** Magos deixaram ditas muitas coisas aos que viriam em busca do *Acero*, ao qual, muitas coisas foram atribuídas, provocando questão entre os alquimistas, que coisa se entenderia pelo nome de *Acero*; (...)

Nosso *Acero* é a verdadeira **chave** de nossa **obra**, sem a qual, de nenhum modo, se pode chegar ao **fogo** da lâmpada. É de uma **mina** de Ouro, e de um **espírito** mais puro que todos os demais, é fogo infernal oculto, sumamente volátil, em seu gênero milagre do mundo, o fundamento e sistema das **virtudes** superiores nas inferiores; pelo qual Deus Onipotente o assinalou com um sinal notável e cujo nascimento se anuncia pelo Oriente Filosófico no Horizonte de sua meia Esfera. Os Sábios Filósofos viram nele a **Aurora**, e se admiraram, e, no instante souberam que havia nascido no mundo um **Rei** sereníssimo. (...)

"Do mesmo modo que o *acero* é atraído pela Pedra **Ímã**, e que esta, por sua natureza, se volta até o *acero*, da mesma maneira a Pedra Ímã dos Filósofos atrai até si seu *acero*; pois, assim como ensinei que o *acero* era a mina de ouro, igualmente também nossa Pedra Ímã é a verdadeira mina de nosso *Acero*; pelo que o faço saber que nossa Pedra Ímã tem um centro escondido, abundante de **sal**, o qual é **mênstruo** na esfera da **Lua** que pode calcinar o **ouro**" (1).

ÁCIDO

Podemos comprovar que antigos alquimistas conheciam as transformações que se operavam no **misto**, por influência das partículas ácidas existentes na matéria sulfurosa. Em "Clavis", por exemplo, o célebre **Isaac Newton**, deixa isso bem claro:

"Porém o *ácido* escondido em corpos sulfúreos, ao atrair partículas de outros corpos mais fortemente que as suas próprias, causa uma **fermentação** suave e natural, e a promove inclusive, até a etapa de **putrefação** no **composto**. Esta putrefação surge disto: que as partículas ácidas que mantiveram por algum tempo a fermentação, insinuam-se finalmente nos interstícios mais diminutos, inclusive nos que se acham entre as partes da primeira composição, e assim, unindo-se estreitamente com essas partículas, dão nascimento a uma nova mescla, que não pode ser destruída ou retornar de novo à sua forma anterior".

AÇO

Liga de **ferro** com carbono, na qual o regime do **fogo** é imprescindível para que se consiga a perfeição da têmpera.

Na Alquimia, o termo é usado presumivelmente para informar que a matéria-prima é um mineral que contém ferro.

"Nosso *aço* é a verdadeira **chave** de nossa Obra, sem a qual o fogo da lâmpada não poderá ser aceso por nenhum artifício: É a mina de ouro, o **espírito** puro entre todos, por excelência, um fogo infernal, secreto em seu gênero, extremamente volátil, o milagre do mundo, a reunião harmônica dos seres superiores e dos seres inferiores. (...)

"Assim como o *aço* é atraído pelo **ímã**, e o ímã se volta espontaneamente para o *aço*, do mesmo modo o Ímã dos **Sábios** atrai o seu *aço*."(...) E, mais adiante: "Tome quatro partes de nosso **dragão** ígneo, que esconde em seu ventre o *Aço* Mágico, e nove partes de nosso ímã; misture-os com ajuda do tórrido **Vulcano**, de modo a formar uma água mineral, sobre a qual boiará uma espuma que é preciso rejeitar. Deixe a casca e apanhe o núcleo, purgue-o três vezes pelo **fogo** e pelo **sal**, o que se fará facilmente se **Saturno** olhou a própria beleza no **espelho** de **Marte**" (1).

ACRÓSTICO

Tipo de composição poética na qual as letras iniciais, do meio ou do fim dos versos, formam uma palavra ou uma frase.

Na Alquimia, ficou famoso o *acróstico* criado por **Basílio Valentim**, na frase em que, de forma pouco velada, transmitiu o nome da matéria empregada por ele no **Magistério** da **Grande Obra**: "Visitabilis Interiora Terrae, Retificando Invienies, Occultum Lapidem, Veram Medicinam" (Visitarás o interior da terra e, retificando, acharás a **Pedra** oculta, e a verdadeira **medicina**). O nome do **mineral** expresso no acróstico é **Vitriolum**, bastante repetido por renomados alquimistas.

Adepto

Do latim *adeptus*, que se traduz por "tendo atingido", "tendo adquirido". Na linguagem alquímica é o **Mestre**, também denominado Filho da Ciência ou Filho de Hermes. Aquele que recebeu o dom. Denominação dada ao **filósofo** que, se inteirando dos segredos da Natureza, obteve de Deus a **Sabedoria** para a execução da **Grande Obra**. Ao atingir este patamar do conhecimento, é um ser em adiantado grau de iluminação, conhecedor dos segredos do Universo.

"A palavra *Adepto*, de fato, tem três significações bastante diferentes.

1. Pode designar todo o homem cujas investigações mais ou menos dizem respeito à Alquimia;

2. No sentido mais exato, os *Adeptos* são os verdadeiros alquimistas, por oposição aos simples empíricos ou **sopradores**;

3. Enfim, o *Adepto* (com A maiúsculo) é o Alquimista que descobriu a **Pedra Filosofal**: é o "Grande iniciado", o "Rosa-Cruz" no sentido místico do termo" (69).

ADÓNIS

Seu mito é ligado bastante a **Afrodite (Vênus)** que, por ciúme da beleza da jovem Mirra, fez com que ela engravidasse de seu próprio pai. Ao descobrir a verdade, Teias — Rei da Síria, mandou matar a filha. Alguns deuses, para salvá-la, metamorfosearam-na em **árvore**. Da casca da Mirra, alguns meses depois, nasceu *Adónis*, sendo recolhido por **Afrodite** e criado por Perséfone.

Ainda adolescente, sua grande beleza conquistou o amor de Afrodite, que, ao vê-lo precocemente privado de vida, atingido por um javali durante uma caçada, pediu a **Zeus** por sua ressurreição, sendo ele transformado em **flor**, para que vivesse com Afrodite os meses da primavera, o que faz de *Adónis* um deus cíclico.

"Na Grécia da época helenística, deitava-se *Adónis* morto, em um leito de **prata**, coberto de **púrpura**... A **rosa**, de início **branca**, tornou-se **vermelha**, porque Afrodite, no afã de salvar o amante, às pressas, do javali, pisou em um espinho e seu **sangue** deu e essa flor um novo colorido" (2).

ADROP

Vitriolo Mercúreo ou **Chumbo** dos filósofos.

Goma **verde**, viscosa, que fica no fundo da **matraz**, após a evaporação. Depois de bem destilada, é dela que se origina o **Sangue** do **Leão**

Vermelho, nosso **Mercúrio**, ou Ouro Filosófico, a ser lançado sobre a matéria em branco, como **fermento**.

"A primeira matéria desse corpo leproso é a água viscosa espessada nas vísceras da **terra**. Deste corpo, cujo nome é *Adrop*, que em outra parte chamamos **Chumbo** dos Filósofos, se faz... o magno **elixir** ao vermelho e ao branco" (3).

"Adrop é o nome que os Filósofos Herméticos deram à matéria que empregam na Grande Obra. Guy du Mont fez um tratado que tem por título *Philosophico Adrop*, inserido no VI tomo do *Théâtre Chymique*" (129).

AFRODITE

(**Vênus**) Deusa do amor, nascida das espumas do mar. Segundo a mitologia grega, Cronus (**Saturno**) cortou os órgãos sexuais de seu pai, Urano (Céu), lançando-os ao mar. Do membro divino decepado, originou-se uma espuma branca, da qual se formou *Afrodite*. Após seu nascimento, foi levada pelas ondas para Cítara e, depois para **ilha** de Chipre. Belíssima, surpreendeu o Olimpo casando-se com o coxo **Hefesto** (**Vulcano**), deus do **fogo** e da metalurgia. Nas longas ausências do marido, entregava-se a **Áries** (**Marte**), deus da guerra. Desconfiado, Hefesto preparou uma **rede** mágica, prendendo o casal em adultério, expondo-o ao escárnio dos outros deuses. Após insistentes pedidos de **Poseidon** (**Netuno**), os amantes foram libertados, fugindo *Afrodite* para Chipre, e **Áries** para a Trácia.

Os amores de *Afrodite*, incontroláveis, envolveram-na também com **Adónis**, deus da vegetação e da vida cíclica.

Seu mais notável envolvimento, entretanto, com vistas à sua participação no simbolismo alquímico, foi com **Hermes** (Mercúrio), de cuja união nasceu **Hermafrodito**, a união de dois opostos ou **rebis**.

Além da importância dessa maternidade, *Afrodite* representa na Alquimia a terra já purificada, emersa das águas, e pronta para as novas fases da **Obra**.

AGNI

Deus védico, senhor do fogo sacrificial, é o mensageiro dos deuses, tal como **Mercúrio** na mitologia grega. Segundo tradições indianas, assim como Jesus, foi depositado por sua virgem mãe, Maya, e por seu pai terreno, Twastri, o carpinteiro, em um estábulo entre a **Vaca Mística** e o Jumento portador do **Soma**. Sua natividade foi anunciada pela aparição de uma **estrela**, denominada Sa Va Na Gra Ha.

Era uma divindade cultuada pelos Árias, a quem se dirigiam os hinos reunidos posteriormente no *Rig-Veda*. É o dissipador das trevas e responsável por consumir o cadáver no forno crematório. A chama dos sacrifícios simbolizava *Agni*, a quem se faziam oferendas. Quando surgia, sob a forma de **relâmpago,** era considerado filho das águas de cima.

"No céu, como **calor** do Sol, era o *Agni* solar, ao passo que na esfera do mundo intermediário, onde o **fogo** habita com as nuvens e aparece como relâmpago, era considerado como filho das águas atmosféricas. (...) *Agni* era o 'neto da **água**', mas também era o filho da água, nascido como um **raio** do **vento** aquoso das nuvens" (42).

AGRICULTURA CELESTE

Termo normalmente adotado em referência à **Grande Obra**. Essa associação prende-se ao fato de que, todo trabalho feito no **laboratório**, é bastante semelhante ao trabalho de um agricultor no campo. Primeiramente, porque mantém a ideia de que há nos minerais **sementes**, como nos vegetais, só restando acelerar o seu desenvolvimento. Em segundo lugar, porque há identidade na paciência necessária, na dedicação constante, na dependência total do Céu quando da preocupação com a **chuva**, o **orvalho**, o **calor** e, por último, a expectativa em relação às **forças cósmicas** que fazem brotar e desenvolver as plantas, assim como, em épocas próprias, realizam o milagre no **crisol**.

Dentro desta concepção, é bastante próprio o texto seguinte, no qual Franz Hartmann expressa sua opinião sobre a diferença entre os métodos existentes entre a Química e a Alquimia:

"Um erro confundir a alquimia com a química. A química moderna é uma ciência que trata apenas das manifestações exteriores da matéria. Nunca produz algo novo. Podemos misturar, compor e decompor duas ou três substâncias químicas quantas vezes quisermos, e fazê-las reaparecer em diferentes formas, mas ao final não há aumento na substância, apenas a combinação das substâncias usadas no início. A alquimia não compõe nem mistura: ela aumenta e ativa o que já existe em estado latente. Portanto, a alquimia pode ser mais exatamente comparada com a botânica ou com a *agricultura*. Com efeito, o crescimento de uma planta árvore ou animal é um processo alquímico que acontece no laboratório alquímico da natureza e é conduzido pelo Sumo Alquimista, o poder ativo de Deus na natureza".

Segundo Magophon: "Sem o concurso do **Céu**, o trabalho do homem é inútil. Não se enxertam **árvores**, nem se semeia o grão em todas as estações. Cada coisa em seu tempo. A **Obra** filosofal é chamada de *Agricultura Celeste*, e não sem razão: um dos maiores autores assinou seus escritos com nome de Agrícola, e outros dois excelentes **Adeptos** são conhecidos sob os nomes de Grande Campesino e Pequeno Campesino".

"Considera bem os trabalhos da natureza. Ela formou metais no seio da **terra**, porém necessita de uma coisa mais, sua **quintessência**. Veja de onde retira ela a quintessência das coisas. Não é mais do que na superfície da terra, nos reinos que vivem ou vegetam: segue pois a natureza passo a passo. Considera também como opera ela no reino vegetal, pois não é um **mineral** o que queres fazer. Fica atento umedecendo com o **orvalho** ou a **chuva** a **semente** confiada à terra, dessecando-a com a ajuda do **fogo celeste**, e reiterando deste modo até que o **embrião** se tenha formado, desembaraçado, brotado, florescido e chegado à sua virtude multiplicativa, enfim, ao amadurecimento de seu fruto" (12).

"A nossa ciência química, considerada no seu conjunto, é como um lavrador que trabalha a terra, que prepara o campo e nele espalha as sementes" (66).

"Por exemplo, se alguém dissesse que a Pedra é de natureza vegetal, o que é impossível, ainda que nela apareça um não sei quê de vegetal, é preciso que saibas que se a nossa lunaria fosse da mesma natureza que as outras plantas, serviria tão bem como elas de matéria própria para arder e não se tiraria dela senão o sal morto ou, como costuma dizer-se, a cabeça morta, e ainda que os nossos antepassados tenham escrito muito sobre a Pedra vegetal, se não fores mais clarividente que Linceo, crê que isto ultrapassará os alcances do teu espírito, pois eles só lhe chamaram vegetal porque cresce e se multiplica como coisa vegetal" (137).

AGRIPPA

Esse controvertido alquimista, foi contemporâneo de **Paracelso**. Nasceu Henri Cornelius, em 1436, na cidade de Colônia, e morreu em 1535.

Seu livro *A Filosofia Oculta*, considerado por alguns autores como a primeira enciclopédia ocultista, apesar de ter sido escrito em sua juventude, só foi publicado em 1533, apenas dois anos antes de sua morte, talvez para fugir às punições da Igreja, que condenava esse tipo de trabalho.

Tinha um conhecimento invulgar sobre Teologia, Medicina e Jurisprudência, mas seu caráter turbulento e a constância com que alardeava a superioridade de sua sabedoria tornaram-no muito antipatizado, em sua época, ainda que, uns poucos o considerassem realmente um gênio e reverenciassem sua inteligência, inclusive o próprio Paracelso.

ÁGUA

Líquido insípido, inodoro e incolor, composto de duas moléculas de hidrogênio e uma de oxigênio. Na Alquimia, porém, tem sentido diverso, muito mais grandioso e específico para a água: é a base de todo o processo efetuado no laboratório e dela se originam os elementos que surgem após sua sublimação de seus vapores: o Mercúrio, o enxofre e a quintessência.

É atribuída ao filósofo Tales de Mileto a afirmativa de que "tudo é água" no sentido de que a água é a origem de todas as coisas. Alguns acreditam que essa ideia tenha se inspirado na mitologia oriental, mas é mais fácil deduzir-se que Tales tenha chegado a ela através de experiências, observando sua evaporação e a consequente transformação em outro elemento. O registro do seu pensamento é válido porque foi o primeiro a levantar a questão, concebendo todas as coisas como originárias do elemento água.

"Entenda-se por *água*, em qualquer texto alquímico, não o H_2O, mas um princípio de liquidez, fertilidade, umidade mórbida e geradora, mais sutil que a terra, pois pode elevar-se como o **vapor**, e depositar-se delicadamente como **rocio**. Esta *água* é o liame entre o **espírito** e a pesada terra, matéria em sentido estrito" (4).

"Para bem desfazer a dificuldade, lê atentamente o que segue: toma quatro partes do nosso **Dragão** ígneo, que esconde no seu ventre o **Aço** mágico, e nove partes no nosso **Imã**; mistura-os juntos com o auxílio do tórrido **Vulcano**, de modo que formem uma *água* mineral onde sobre nadará uma escuma que deve ser rejeitada. Deixa a crosta e toma o núcleo, purga-o três vezes pelo **fogo** e o **sal**, o que será feito facilmente se **Saturno** contemplou sua própria beleza no **Espelho** de **Marte**" (1).

O grande Hermes nos aconselhou: "Saiba isso você e as crianças: o modo, a separação dos filósofos antigos foi executada em *água*. A separação divide a *água* em quatro outras substâncias" (144).

"Oh! Quão preciosa e magnífica é essa *água*! Pois sem ela a **obra** não poderia se perfazer: além disso, ela é chamada de vaso da Natureza, ventre, a matriz, o receptáculo da **tintura**, a terra e a sua nutriz, ela é a fonte em que se lavam o **Rei** e a **Rainha**, é a mãe que se precisa colocar e selar sobre o ventre de seu filho que é o **sol**, que saiu dela e dela veio, e que ela gerou. Eis por que eles se amam mutuamente, como mãe e filho, e se conjuntam tão facilmente um com o outro, pois vieram de uma mesma semelhante raiz, de mesma substância e mesma natureza" (5).

"Os antigos Espagiristas tinham o costume de embeber numerosas vezes a terra crua com seu espírito cru e evaporá-la a cada oito horas: e durante esta obra aparecem as cores negra, branca e vermelha; porém esta via é longa e perigosa. (...)

De um metal perfeito, com a *água* forte e o mercúrio vulgar, não se pode fazer a obra química. (...)

A verdadeira *água,* que é homogênea aos **metais**, deve ser tirada de um **mineral** marcial e solar; e por esta *água* a tintura do metal deve ser extraída de seu corpo e, nesta operação, a tintura não é, todavia, mais que um ouro podre" (9).

"Certamente dizem a verdade, pois toda nossa obra se faz com nossa *água*; e dela, nela e por ela são todas as coisas necessárias; pois ela dissolve os corpos, não por solução comum e vulgar, como os ignorantes pensam que se convertem em *água* as nuvens liquefativas: mas por uma solução verdadeiramente filosófica, elas se convertem em uma *água* untuosa aglutinante, da qual os corpos foram procriados" (36).

"Como foi dito: Tu frutificas as *águas* para vivificação das almas. Pois a *água* alimenta todos os seres vivos; portanto, a *água* que jorra do Céu inebria a terra que recebe o poder pelo qual todos os metais podem ser dissolvidos. Por isso a terra deseja *água*, dizendo: Envia teu pneuma espiritual, isto é, *água*, e ela será renovada; e recria a face da terra, pois sopras tua aura sobre a terra e a fazes tremer e, quando tocas as montanhas, elas fumegam, mas, quando batizas em sangue, alimentas.

"Como foi dito: A *água* da bem-aventurada **sabedoria** alimentou-me e seu **sangue** é a verdadeira poção, pois a **alma** está localizada no sangue. Como diz **Senior**: a alma permanece imersa em *água* que é semelhante a ela em tepidez e umidade, e na qual toda a vida consiste. Mas, quando ele batiza com **fogo** vivo, então despeja-o na alma e dota-a com a perfeição de vida. Pois o fogo modela e aperfeiçoa o todo. Como está escrito: Ele sopra em suas narinas seu hálito vivificante, e o homem que antes estava morto converte-se numa alma viva" (189).

"Esta *água* subsiste por toda a eternidade, estende-se a todos os pontos deste mundo e é a *Água* da Vida que penetra para além da morte... Em nenhum lugar é apreensível nem perceptível. Mas enche tudo igualmente. Encontra-se também no corpo do homem e quando este tem sede desta *Água* e bebe dela, então acende-se nele a Luz da Vida" (210).

"Mas quando este **espírito** se sublima chama-se-lhe *água*, como já disse, e esta *água* lava-se a si mesma e asseia-se. Como toda a substância é muito volátil, como já disse, sobe, deixando tudo o que corrompia. Pois o **Mercúrio** purifica-se na **Obra** convertendo-se o corpo em espírito, não só das suas partes sulfúricas, mas também de todas as coisas terrestres e de grossas e finas partes aquosas que provêm da viscosidade, ligadas por uma forte mistura" (181).

Veja também **Regimes da água.**

ÁGUA DE CHUVA

Esta expressão foi responsável por muitos **erros** cometidos por antigos alquimistas. Seguindo literalmente os textos, acreditavam ser a *água da chuva,* ou mesmo o **orvalho**, o elemento usado em determinadas fases da **Obra**, quando, na realidade, esses fenômenos são coisas que só acontecem dentro do próprio **crisol**, tanto a chuva quando o **rocio**.

"Pode-se fazer a mesma coisa sobre o rocio, que é preferível inclusive à *água da chuva*. Há que se tomá-lo no mês de maio, porque então está mais carregado do espírito universal, e está cheio deste **sal** espiritual que serve à geração, à sustentação e à **nutrição** de todas as coisas. (...)

Que se tome, pois, neste tempo (**equinócio** de março) uma grande quantidade de *água de chuva*, que se a ponha em alguma cuba de madeira que esteja bem limpa, em um lugar que esteja bem aberto e onde o ar seja bem permeável, e que se a deixe fermentar, a fim de que faça um sedimento das impurezas mais grosseiras que possa haver adquirido dos telhados e das canaletas que a recebem e que nos fornecem-na; lançará ademais uma espécie de espuma ao alto, que acaba de depurá-la de tudo; depois, que se encham com ela cântaros, moringas ou barris, se quer guardar tal como está, visto que já é própria para muitas operações, e que é mais útil que nenhuma espécie de água (...) é mais sutil que as outras águas, e que é rica em um sal espiritual, que é o único agente capaz de penetrar bem nos **mistos**.

Porém se quer tornar esta água mais sutil e mais capaz de extrair as **tinturas** e a virtude das coisas, há que se destilá-la no **matraz** com o **capitel** e o canal que passa através do tonel, e não retirar dela mais que os dois terços do posto no matraz" (6).

"Ouvindo a palavra *dissolução*, os ignorantes pensam imediatamente na água das nuvens. Mas se tivessem lido muitos livros, se os tivessem compreendido, saberiam que a nossa água é permanente e que, separada do seu corpo, torna-se por conseguinte imutável. É assim que a solução dos filósofos não é a Água das nuvens, mas sim a conversão dos corpos em Água, de que todos foram antes procriados, quer dizer em Mercúrio" (164).

ÁGUA DO PARAÍSO

Também chamado mercúrio, mercúrio do Sol ou quintessência de Saturno é um óleo, e uma das muitas denominações dadas ao produto da constante evaporação das raízes líquidas da matéria. Pelo que se pode apreender dos textos, o nome *água do paraíso* refere-se ao líquido oleoso, já em uma fase de grande aperfeiçoamento, quando todo o magistério se encontra bastante próximo de sua finalização. É ele que vai colorir no fim a matéria, dando a cor definitiva da **Pedra Filosofal**.

"Reitere esta destilação no Banho até o fim do **assunto**, quando nenhum Espírito do Vinagre existir mais nisto, então tire, fixe em uma panela de **vidro**. Daqui para a frente tudo aquilo será destilado em forma de **cinzas**, vigie o trabalho até que se torne um **Óleo vermelho**, então vai ver a água mais nobre do Paraíso afluir de todas as pedras fixas, aperfeiçoando a Pedra; este é um modo. Esta água de Paraíso destilou assim, os Anciãos chamaram o **Vinagre** afiado delas, claro, porque eles escondem seu nome" (147).

ÁGUA DOURADA

É a condensação dos gases que saem do **mineral**, durante a execução da **Obra**. Segundo vários autores, é muito inflamável e volátil. É, a partir dela que se obtém a água branca e a **tintura** vermelha, da qual, por destilação, chega-se ao **azeite** de ouro.

"**Hermes** chama esta água de *água da espuma de ouro*, ou *flor de açafrão*, pois ela tinge a terra calcinada" (36).

"Havendo chegado a este ponto, minha dificuldade seguinte foi encontrar um meio de armazenar este gás sutil, sem perigo para a propriedade. Isto consegui com serpentinas de vidro, submersas em água, unidas ao meu recipiente, junto com um governo perfeito do fogo, sendo o resultado que o gás se condensou gradualmente, em uma água clara de cor dourada, muito inflamável e muito volátil. Esta água teve então que ser separada por destilação, sendo o resultado a água branca mercurial descrita pelo Conde de St. Germain como um athoéter, ou água primária de todos os metais" (57).

ÁGUA ÍGNEA

Alguns autores referem-se a ela como o **raio** de **sol,** a ser capturado, parte importantíssima da matéria que convém reter e, para isto, costumam nos apresentar o **esparavell** (espécie de **rede** de pesca), fazendo-nos crer que é matéria corporificada, representada muitas vezes sob forma de **peixe**.

"Captai um raio de sol, condensai-o sob uma forma substancial, alimentai de fogo elementar esse fogo corporificado, e possuireis o maior tesouro do mundo" (7).

ÁGUA PERMANENTE

Um dos muitos nomes dados ao líquido extraído do mineral que guarda, em sua composição, a **alma** e o **espírito**.

"Mercúrio é a *água permanente*; sem a qual nada se faz; pois sua virtude é um **sangue** espiritual unido com o corpo, que ela transforma em espírito pela mistura que deles se faz; e estando reduzidos a um, transformam-se um no outro" (8).

ÁGUA PESADA

"X — A *água pesada* é uma substância média, na qual as duas **tinturas**, o corpo e o **espírito**, as duas raízes da **Pedra dos Filósofos** estão unidas, conjuntamente.

XI — Após a **destilação** da água pesada segue a **sublimação**, por uma nova **conjunção** desta *água pesada* pura com o **sal** fixo puro" (...).

XLVII — Quando a terra viscosa é purificada em seu exterior, e sua água volátil paralelamente, deve ser dissolvida pouco a pouco pela mesma água, até que se converta igualmente em água.

XLIX — O espírito volátil, que está contido na água, penetra facilmente o espírito fixo, que está na terra, porque são da mesma natureza; e assim os dois espíritos tomam, conjuntamente, um corpo aquoso, e se faz deles a *água pesada*.

L — A *água pesada* ou poderosa é a matéria próxima do **azufre**; e o azufre é a dos corpos metálicos, tanto na **arte** como na natureza" (9).

AGUARDENTE

Alguns **Adeptos** classificam como *aguardente* às águas saídas da primeira solução do **misto**, por associação ao resultado de processo semelhante feito com alguns vegetais; mesmo que, no caso dos **minerais**, o líquido produzido só se inflame em pouquíssimas exceções.

Nessa água está o sal fixo dissolvido e, por conseguinte, o espírito volátil ou rocio, que é a parte ígnea do sal, dotado de capacidade dissolvente, por ser da mesma substância do sal fixo dos corpos. Por considerá-lo um Mercúrio Duplo ou Andrógino, o símbolo da *aguardente* é quase idêntico ao do mercúrio, variando apenas na pequena lua que encima o desenho; na aguardente, em vez dos tracinhos serem convexos, imitando um crescente lunar, têm a forma de duas pequenas asas abertas, também conhecido como símbolo de Áries.

"O espírito volátil é a parte mais sutil do sal fixo e reside na *aguardente*.

A água que se chama ardente ou combustível, é tal em efeito, e arde se é do reino vegetal, ou animal, porém não as do reino mineral. Ao menos essas águas minerais se inflamam raramente, ainda que se as chame igualmente *aguardentes* por causa de sua semelhança com as outras na composição de suas substâncias.

As *aguardentes* do estanho e do chumbo se inflamam, porém não as dos outros metais" (9).

"... o álcool permaneceu, nas tradições arcaicas, o símbolo da juventude e da vida eterna: a *aguardente* francesa = *eaux de vie* (água da vida); o uísque gálico = *water of life* (água da vida); o *maie-i-shebab* persa = bebida de juventude; o *geshtin* sumeriano = árvore da vida, etc" (38).

"Numa extremidade da nossa pedra filosofal encontram-se duas luminárias, o **ouro** e a **prata**, e, na outra extremidade, o **elixir** perfeito ou **tintura**. No meio, *Aguardente* filosófica, purificada naturalmente, cozida e digerida. Todas estas coisas estão próximas da perfeição e preferíveis aos corpos da **natureza** mais afastada. Do mesmo modo que, por meio do **calor**, o gelo se transforma em água, por antes ter sido água, também os metais se resolvem na sua **matéria-prima** que é a nossa *Aguardente*. A preparação está descrita nos próximos capítulos. Somente ela pode reduzir todos os corpos metálicos à sua matéria-prima" (156).

ÁGUIAS

Comumente denominadas *aguilas*, nos textos antigos, são simbolizadas por águias em voo nas alegorias alquímicas e representam a **sublimação**.

"Quando os **Mestres** falam em *aguilas,* sempre falam no plural, de três a dez" (10).

"Entende irmãos os ditos dos Filósofos, quando escrevem que é mister levar suas *Águias* a despedaçar o **Leão**, pois dizem: que quanto menor é o número delas, mais dificultosa é a luta, e mais tardia a vitória; porém muito bem aperfeiçoa a operação com o número **sete** ou nove delas. Julga pois que o **Mercúrio** Filosofal é a Ave de Hermes, o Filósofo (...)

(...) também é mister interpretar seus ditos do peso intrínseco: a saber, que se há de tomar sua **água** tantas vezes apurada quantas *Águias* nomeiam, essa apuração é feita por **sublimação**. Cada sublimação do

Mercúrio dos Filósofos é, pois, uma *Águia* e a sétima sublimação exaltará de tal maneira teu **azougue**, que se tornará um **banho** muito conveniente de teu Rei" (1).

"E cada preparação do Mercúrio com o **Sal**. Purgadas as penas da *águia* da negrura do corpo, faz que voe; havendo voado a sétima, está preparado para que voe até a décima" (11).

"Se toma esta **cinza** que se dissolve pouco a pouco com a ajuda de novo espírito astral, deixando após a **dissolução** e a **decantação**, uma terra negra que contém o **azufre** fixo. Porém ao reiterar a operação sobre esta última dissolução, absolutamente como acabamos de descrevê-la, precedentemente, obtém-se uma terra mais branca que a primeira vez, que é a primeira *águia, e se reitera assim de sete a nove vezes* (...).

(...) É bom saber que antes de passar da primeira para a segunda *águia* (dissolução e decantação), assim como as seguintes, tem-se que repetir a operação anterior sobre as cinzas restantes. Se o **sal** não está elevado suficientemente pelo **fogo** central da matéria, pela **sublimação** filosófica, a fim de que, após a operação não fique senão uma terra negra, despojada de seu **mercúrio**" (12).

"É bom informar que nas operações da **Lua** se executam de três a sete *águias* e, nas operações do **Sol**, de sete até dez *águias*.

O termo *águia* era utilizado pelos antigos químicos para denotar ora o mercúrio sublimado (sublimado corrosivo), ora o Sal Armoníaco" (13).

AION

Definição usada na Antiguidade para tudo que fosse imortal e divino. Sófocles denominou Júpiter, filho de Cronos, de *Aion*.

Nos conceitos da religião Mitraista, *Aion* representava o tempo e era apresentado em uma alegoria, remanescente dos últimos séculos de devoção a **Mitra**, presumivelmente do II século a.C., sob a forma de um homem com pequenas asas e cabeça de **leão**, tendo o corpo envolvido por uma **serpente**, em voltas espiraladas, e a venenosa cabeça pousada no alto de sua própria cabeça, bem no centro de sua juba. Na mão esquerda mantinha um bastão, preso ao lado de uma pequena torre fumegante, e em sua mão direita mostrava a **chave**, símbolo alquímico tradicional da abertura e fechamento da **matéria**. Na base da figura, entre alguns sinais não identificados, duas pequenas serpentes enroladas em um pequeno bastão, em uma representação do **caduceu** do deus **Mercúrio**.

AKER

Ver **Rwti**.

ALAMBIQUE

Aparelho usado em química, para a **destilação**. É composto de três partes: caldeira, capacete e serpentina. De uso bastante comum no fabrico de diversas bebidas, foi na Idade Média, presença marcante nos **laboratórios** dos filósofos.

ALAUN

Representa o **Sal** imaterial, oriundo do cosmos e mais atuante em determinadas épocas do ano, que penetra na atmosfera e nas camadas interiores da Terra, criando na matéria o seu **embrião**. É simbolizado por um **círculo** vazio.

ALBEDO

É a **Obra** em branco. A maioria dos alquimistas é unânime em afirmar que é a parte mais árdua do **Magistério**; passar do **Nigredo** ao *Albedo*, fase em que a matéria tem que ser **lavada** e destilada continuamente, em um processo longo e cansativo. Costuma ser representada ou pela alegoria de um **cisne** ou de uma donzela pura, que encarna essa fase do branqueamento.

Nessa fase, a matéria já traz consigo o embrião do filho do **Sol** e não pode mais ser destruída pelo **fogo**.

ALBERTUS, FRATER

Albert Richard Riedel — *Frater Albertus* — nasceu em 1911, em Dresden, na Alemanha, indo para os Estados Unidos onde fundou a Sociedade de Pesquisas Paracelsus, em Salt Lake City, visando desenvolver o ensino de seu sistema de princípios alquímicos.

Baseando seus conceitos em Paracelso, sobre a divisão do ser humano em três partes fundamentais: corpo, alma e espírito, dedicou sua vida a estudos de teorias espagíricas, nas quais encontrou respaldo para o tratamento sistemático dos mais variados males. Esses conhecimentos ele transmitiu, durante mais de um quarto de século a centenas de alunos, em cursos que abrangiam a divulgação da **alquimia** nos três reinos: animal, vegetal e mineral, sendo importante assinalar que, para que seus alunos progredissem nos estudos, deveriam estar ligados a irmandades ou seitas secretas.

Outra importante noção transmitida a seus alunos foi a de que o fabrico do ouro não é a coisa mais importante da Grande Obra, só se justificando para promover o auxílio a doentes e desamparados.

Faleceu em 1984, deixando várias obras, entre as quais: *The Alquimists Handbook, The Seven Rays of the Qbl, Golden Manuscripts* e *Praxis Spagyrrica Philosophica* sem atingir, entretanto, o seu grande sonho que era criar uma Universidade de Alquimia.

ALBERTO, O GRANDE

Ver **Magno, Alberto**.

ALBIFICAÇÃO

Processo executado durante o **Magistério**, visando atingir o **albedo**, ou seja, a purificação total da matéria. É a esta fase, que sucede ao **nigredo**, que alguns alquimistas se referem como "trabalho de mulher". É um período que costuma ser representado sob várias formas: como **Diana**, a deusa lunar; sob a alegoria de um **cisne** que, quando mostrado em voo, significa a realização do ideal alquímico ou seja, a brancura total; por uma pomba branca; e ainda pela figura do **unicórnio**, que simboliza esse mesmo procedimento, só que já em sua última fase; por isso, geralmente é acompanhado por contrastantes rosas vermelhas, comprovando a solidificação definitiva.

ALBION

Gigante que representa a humanidade adâmica projetada do Paraíso à Terra, por decisão divina. Banido, *Albion* mergulhou em um sono de morte, perdido entre a espiritualidade e o materialismo, permitindo que as emoções toldassem a razão e tornassem quase imperceptível o elemento divino no homem.

Na concepção de William Black, corresponde a topografia das Ilhas Britânicas. A mão direita pousa sobre o País de Gales, o cotovelo sobre a Irlanda, ficando Londres entre seus joelhos.

ÁLCALI

Nome, em geral, dado às substâncias resultantes da combinação de óxido com água, denominadas — bases, especialmente as de sódio, lítio, potássio, rubídio e césio.

"Sendo os **azufres** dos metais uma substância graxa, composta do princípio oleoso, é evidente, pelo simples raciocínio, que se deixarão mais facilmente dissolver pelos *álcalis* oleosos e graxos" (34).

"Os *álcalis* mesclados em justas doses com o **azeite** destilado de sua planta, tratados em uma vasilha conveniente, durante um tempo suficiente, darão, por uma **circulação** lenta e oculta, um **elixir** admirável e um **sal** volátil" (148).

"Se este *Álcali* assim regenerado em Sal volátil é mesclado com a cal de **Vênus**, de **Júpiter**, de **Saturno**, de **Zinco**, ou com o régulo de **antimônio**, e é destilado com eles, deve torná-los voláteis, e todas as vezes que é vertido este **espírito** destilado sobre o *caput mortuum*, se coagula acima.

Prossegue a **coobação**, até que apareça vosso **signo**, o que todo filósofo deve observar, diligentemente; coagula então vosso espírito que contém o azufre metálico oculto, e extrai a **tintura** metálica do Sal com o espírito de vinho sem a **flema**; separado o espírito, fica este doce, e de milagrosa virtude" (161).

"Os *Álcalis* devem, pois, ser unidos com os azeites essenciais, de sorte que dos dois se faça um sabão, e então o tempo, por uma decocção secreta e **fermentação**, mudará um e outro em um terceiro neutro, feito dos dois, que será um **Elixir** volátil.

"Os *Álcalis* e os azeites essenciais exatamente preparados, se abraçam um ao outro por laços de Amor, o que transparece por uma espécie de **odor** urinoso, por uma mistura em forma de sabão, da brancura e da consistência de creme. Continua a decocção até que a mescla chegue a uma união e que o azeite e o sal possam ambos dissolver-se no Espírito do Vinho, sem que apareça sobre a superfície deste nenhuma graxa ou oleosidade" (193).

ALEF א

Primeira letra do alfabeto hebraico, designa o **touro** e é o símbolo da **Lua** nova. Exprime todo o Universo e é reconhecida como o princípio da unidade. Segundo a tradição, define também o momento em que o **Adepto** atinge a **Sabedoria**, e recebe todo o Conhecimento descortinado em um instante. O *alef,* dentro dessa concepção, representa o **espelho** que, segundo os principais textos alquímicos, reflete, para o alquimista, o Universo a ser descoberto.

Umberto Eco, em *O Pêndulo de Foucault*, põe nas palavras de um dos seus personagens, esta interessante definição:

"Na segunda sefirah o *Alef* tenebroso se transmuda no *Alef* luminoso. Do Ponto Obscuro brotam as letras da Torah, o corpo são as consoantes, o hálito as vogais, e juntas acompanham a cantilena do devoto. Quando a melodia dos signos se move, movem-se com ela as consoantes e as vogais. Surge então Hokmah, a Sabedoria, a Sapiência, a ideia primordial na qual tudo se contém como num escrínio, pronto para desenvolver-se na criação".

ALEGORIA

Sendo a *alegoria* uma forma de expressão para representar atividades cujo sentido devia ser apenas insinuado e não divulgado de forma inteiramente clara, um grande número de Adeptos sempre se valeu desse método para descrever seus passos no caminho da **Grande Obra**, tentando não expor com demasiada transparência, aos principiantes, os meios pelos quais atingiram seus fins. Em sendo assim, cada autor passou a expressar a feitura de seu trabalho no laboratório, à sua maneira, usando a simbologia que lhe era peculiar. Esse processo foi extenuantemente utilizado não só nos textos, mas, acima de tudo, nas gravuras que ilustram um sem número de tratados famosos.

Os desenhos mais antigos que se têm notícia, insinuando com sua forma cifrada atitudes adotadas por praticantes da Arte, remontam ao fim do século XIV e encontram-se na Biblioteca Nacional de Viena, ilustrando os textos escritos em idioma holandês, atribuídos a dois autores, de cuja identidade a história só guardou os nomes: Constantino e Grateau.

Nessa exposição de trabalhos feita de forma metafórica, destacaram-se entre os mais famosos: **Nicolau Flamel**, com seu *O Livro das Figuras Hieroglíficas*; **Basílio Valentim**, com *As Doze Chaves da Filosofia*; Cornelius Petraeus com sua *Sylva Philosophorum*; J. D. Mylius, em *Philosophia Reformata*; *Rosarium Philosophorum* (1550); *Simbolicarum Quýstionum* de Achilles Bocchius (1555); Salomon Trismosin em *Splendor Solis* (século XVI); *Atalanta Fugiens* de Michael Maier, (1618); Lambsprinck, com o seu *De Lapide Philosophico* (1625); muitos anônimos, cujos trabalhos, hoje em dia, fazem parte dos acervos de famosas bibliotecas da Europa, inclusive da Biblioteca Vaticana; e, talvez o mais célebre dentre todos e o "Livro Mudo", divulgado em 1677, atribuído a um Adepto denominado Altus, sendo composto exclusivamente de figuras.

Esse método, inteiramente sem limites sob o ponto de vista da fantasia humana, é por certo eficiente na maneira de ocultar o processo real aos curiosos e sem perseverança, mas é também um dos maiores responsáveis pelo descrédito da Alquimia, dada a grande diversidade de interpretações que provocou, dificultando sobremaneira as conclusões lógicas, em razão de que cada autor achou por bem figurar com imagens enigmáticas as quais, no momento, lhe pareceram mais originais à evolução do trabalho, gerando grande confusão no espírito dos que buscam a verdadeira senda para execução do **Magistério**.

Assim, um simbolismo que, substituindo ou corroborando textos, começou com gravuras religiosas, explorando a vida de Cristo, seu nascimento, paixão e morte, partiu para o rico universo das imagens, fazendo com que muitos analistas atribuam a transformação à decadência da alquimia clássica.

ALEXANDRE, O GRANDE

Imperador grego, nascido em Pella em 386 a.C. e assassinado na Babilônia em 323 a.C.; filho de Filipe II da Macedônia e de Olímpia do Épiro, mística e ardente adoradora do deus grego **Dionísio**. Recebeu educação militar e chegou a ser considerado o maior general de todos os tempos. Com apenas 20 anos, graças aos seus conhecimento, obteve grandes vitórias à frente do exército grego, ao substituir o pai falecido, e dominou quase toda a costa do Mediterrâneo, entrou no Egito, fundando a cidade de Alexandria, recebendo dos sacerdotes o cognome de Filho de **Júpiter**.

Consta ter sido o disseminador dos conhecimentos alquímicos do Oriente, entre os árabes.

ALKAEST

Dissolvente universal. É conseguido já na terceira parte da Obra, pela redução do **sal** solar ou **nitro** em **licor**. Esse sal, sob a forma de **cinza**, é extraído após constantes **sublimações**, entre os meses de março a maio. Daí dizer-se que este sal se origina do **orvalho ou rocio**, que é uma das formas de referência à **influência cósmica** desse período.

"Todas as receitas de *alkaest* propostas pelos autores, e que se referem, sobretudo, à forma líquida atribuída ao dissolvente universal, são inúteis se não falsas, e boas só para a **espargiria**. Nossa matéria-prima é sólida, e o **mercúrio** que proporciona se apresenta sempre sob o aspecto salino e com uma consistência dura" (7).

"O licor *Alkaest* reduz todo corpo palpável e visível à sua primeira matéria, conservando sua espécie seminal, o que nos faz dizer aos químicos: o vulgar consome com fogo e nós com água" (193).

"Vinagre metálico, acérrimo, feito a partir do mercúrio sublimado que apodrece em sua matéria, o *primin en salis*, e através de uma série de preparações se converte em um *primim ens liquido*" (183).

"O que não posso deixar de ver, mesmo que seja só meramente, é o assunto *Alkaest*, dadas as elucubrações criadas em torno do termo. Não há acordo quanto à sua etimologia, que, segundo uns, vem do alemão *all geist* — todo espírito — e, segundo outros, de *alkali est*, etc., nem tampouco quanto sua natureza. Em geral os alquimistas associam este termo ao 'seu' mercúrio, porém como há muitos mercúrios, é assim que há também muitos *alkaest* ou dissolventes universais, provando a literatura alquímica. Já se viu, por exemplo, que Fulcanelli entende por *alkaest* seu dissolvente sólido. Para Cockren, é seu dissolvente líquido, ao que chama Mercúrio dos Filósofos, Água Bendita, etc" (15).

"Alguns Alquimistas chamaram ao licor de **nitro** fixo *alkaest*, isto é, dissolvente universal, porque acreditaram que é capaz de extrair toda substância sulfúrea de todos os mistos" (16).

ALMA

Nos escritos alquímicos, a *Alma* é um dos componentes da imprescindível **Trindade** que tem de ser atingida, para a confecção da **Grande Obra**. Ela é um dos elementos da água que se eleva em forma de vapor e se purifica mediante inúmeras circulações. Na Obra, o seu nome é água mercurial. Com o **Espírito** e o Corpo, devidamente aperfeiçoados, possibilita o êxito do trabalho. Em vários autores encontramos referências a ela como *água fixa*, o que viria a ser a mesma coisa que o **fermento**, que dá vida, e colore a **pedra**.

"A *alma* é um **vapor** que não desce senão muito tempo depois de ter se elevado, e que não se une com a **água** senão após uma longa **circulação** no **alambique** e recipiente, finalmente ela se converte em água.

Embora a *alma* apareça em forma de fumaça branca, é chamada sem embargo *fumo vermelho*, porque engendra nossa **terra folhada**, por uma decocção ligeira e contínua com a terra de ouro dos Filósofos" (9).

"Em seguida põe a **terra**, anteriormente citada com o **fermento**, é o fermento que os filósofos chamaram *alma*, e eis aqui o porquê: do mesmo modo que o corpo do homem não é nada sem a sua *alma*, igualmente a terra morta ou o corpo imundo não é nada sem fermento, ou seja, sem a sua *alma*" (164).

"Esta *alma* é como um fumo sutil, que só se mostra pelo seu efeito; e sua ação é uma manifestação de cores. (...)

Eles chamam corpo a terra negra, obscura e tenebrosa que alvejamos. Eles chamam *alma* à outra metade dividida do corpo que, pela vontade de Deus e pela força da natureza, dá ao corpo, por suas **embebições** e **fermentações**, a *alma* vegetativa; quer dizer, a potência e a virtude de pulular, crescer, **multiplicar**, e se tornar branco como uma **espada** nua reluzente" (36).

"Aquele que tem ouvidos para ouvir que ouça o que o **espírito** da doutrina diz aos filhos da **sabedoria** da mulher que introduziu a **morte** e depois a expulsou, ao que os filósofos aludem com as seguintes palavras: 'Arrebatai-lhe sua *alma* e devolvei-a de novo porque a **corrupção** de uma coisa é a **geração** da outra', o que significa retirar a **umidade** que corrompe e aumentá-la pela umidade natural e isso será sua perfeição e vida" (189).

ALMOFARIZ

Recipiente usado para triturar substâncias sólidas

"O *almofariz*, como o caldeirão, desempenha um grande papel nas mitologias europeias e asiáticas. (...) Os vedas celebravam o *almofariz* e o **soma** — **licor** da vida, **esperma** dos deuses — em versos em que o símbolo sexual é sacralizado até atingir dimensões cósmicas" (38).

ALQUIMIA

Uma ciência sobrenatural, capaz de proporcionar imortalidade e poder, mas, ao mesmo tempo, com as restrições que visam despertar a consciência de **perigo**, evidenciadas no mundo atual por qualquer reação nuclear.

Mencionada nos mais primitivos registros da humanidade, a *Alquimia* se define como um misterioso processo de **transmutação** da matéria, que teria sido desenvolvido por sábios pertencentes a uma antiga civilização. Dos quatro cantos do mundo, seus vestígios nos chegam por meio de lendas, mitologias e religiões.

É ponto fundamental na medicina védica dos hindus, que analistas presumem ter mais de dez mil anos. A filosofia *védica* também considera que há um vínculo entre a imortalidade e o ouro. Há indícios também de seu conhecimento na China, aproximadamente há 6.500 anos, servindo de estrutura ao Tao — O Caminho Real. O seu principal objetivo era fabricar o elixir da longa vida, não havendo, entretanto, a **pedra filosofal** e o **homunculus**, que se tratam de conceitos puramente ocidentais. Se considerarmos a extrema analogia entre **Ísis**, **Osíris** e **Hórus**, veremos que sua antiguidade no Egito é flagrante, podendo ser equiparada a idade dos seus mais antigos deuses. Na Grécia, o primeiro alquimista de que se tem notícia foi **Zózimo**, mas, se analisarmos com rigor sua Mitologia, veremos que se baseia em uma simbologia bastante conhecida pelos alquimistas.

Apesar desse histórico milenar, sua entrada na Europa só se fez, a partir do século X, quando os Cruzados, voltando do Oriente, trouxeram consigo velhos textos de afamados filósofos. A revelação da existência de um método capaz de transformar o chumbo em ouro espalhou-se rapidamente por todas as camadas da população, ocasionando uma verdadeira febre na busca do mineral apropriado, que pudesse proporcionar a comprovação desse fenômeno. A popularização dessas pesquisas terminou por provocar uma atitude proibitiva da Igreja que, em 1326, na pessoa do papa João XXII, emitiu uma bula condenando tal tipo de experiências, e ameaçando seus praticantes com os tribunais eclesiásticos.

A partir do século XVIII e principalmente no século XIX, com os avanços da Química, a Alquimia foi sendo relegada a uma condição de descrédito pela dificuldade de sua comprovação nos laboratórios e suas características anunciadas como místicas pelos próprios Adeptos.

Só mais recentemente, no século XX, com as descobertas sobre a estrutura do átomo, os textos alquímicos começaram a fazer sentido. Embora sua criptografia seja de difícil acesso, já se tornou aceitável a ideia de que a transmutação é uma coisa plenamente possível.

"A *Alquimia*, segundo nossa opinião, poderia ser um dos mais importantes resíduos de uma ciência, de uma técnica e de uma filosofia, pertencentes a uma civilização desaparecida. Aquilo que descobrimos da *Alquimia*, à **luz** do saber contemporâneo, não é de molde a fazer-nos acreditar que uma técnica tão sutil, complicada e precisa, possa ter sido resultado de uma 'revelação divina' caída do céu. Não quer dizer que desprezamos de todo a ideia de revelação. Também não acreditamos que a técnica alquimista se possa ter desenvolvido por meio de tentativas, pequenos passatempos de ignorantes, fantasias de maníacos de **crisol**, até atingir aquilo a que temos de chamar de desintegração atômica. Estaríamos, antes, tentados a acreditar que existem na *Alquimia* restos de uma ciência desaparecida, difíceis de compreender e de utilizar, por falta de contexto. A partir desses restos, há, inevitavelmente, tentativas, mas em direção determinada. Há também uma superabundância de interpretações técnicas, morais e religiosas. E há, por fim, para os detentores desses restos, a imperiosa necessidade de guardar **segredo**" (17).

A confissão de W. B. Yeats, em seu livro *Rosa Alchemica*, leva-nos à conclusão de que foram irrefutáveis as certezas que o autor adquiriu quanto à realidade e finalidade da Alquimia:

"Descobri cedo, em minhas pesquisas, que sua doutrina não era mera fantasia química, mas uma filosofia que aplicavam ao mundo, aos elementos, ao próprio homem".

"É o aumento das vibrações (...) O crescimento do espécime, como se disse antes, consiste no aumento de vibrações. Ervas, animais, minerais e metais, tudo cresce a partir da **semente**. Compreender este segredo da natureza, que é geralmente apenas parcialmente revelado à humanidade, constitui o principal tema teórico da *Alquimia*. (...)

Apenas as leis que são básicas e de valor cósmico verdadeiro entram na *Alquimia*. Não pode haver especulação na *Alquimia*. A *Alquimia* baseia-se em fatos, e com paciência, experimentação e perseverança o estudante sincero obterá esses fatos. Não há nenhum outro caminho além daquele que todos os Alquimistas trilharam, e esse é o caminho da experiência" (81).

Em seu manuscrito "Conversa de Mesa", Martinho Lutero dá seu depoimento sobre a Alquimia:

"Essa ciência da alquimia eu gosto muito e é de fato a filosofia dos antigos. Gosto dela não apenas pelas vantagens que traz em derreter metais, em cozinhar, preparar, extrair e destilar ervas e raízes; gosto dela também pela alegoria e pela significação secreta, que é muito boa, concernente à ressurreição dos mortos no dia do Juízo".

"Na Índia a *Alquimia* se denominava Raseçvara Darçana, que quer dizer 'ciência do **mercúrio**'. O conhecimento dessa ciência se atribui a uma revelação de **Shiva**, denominado Deus do Mercúrio, no Rudrayamala Tantra" (19).

"Convém observar que na Idade Média, para a Igreja, debruçar sobre as transformações da **matéria** não apresentava nenhum caráter repreensível, nem mesmo em se tratando de fabricação de ouro. Tomás de Aquino é de opinião que o ouro alquímico possui o mesmo valor do ouro natural.

A *Alquimia* só se tornava suspeita aos olhos da Igreja na medida em que se transformava numa superstição ou num ato mágico.

O estudo das origens da *Alquimia* evidencia ritos particulares à metalurgia antiga, praticados por grupos bastante restritos, detentores de conhecimentos particulares, concernentes ao trabalho do metal, condicionado o conjunto pelas tradições que decorriam da utilização do fogo e da sua produção ritual.

A *Alquimia* origina-se, na prática, nas lendas que rodeavam os trabalhos da mina, as operações de fusão, de transformação, de tratamento dos metais" (18).

"Assim como a antiga palavra semita 'imga' produziu em inglês o termo 'magic', também um dos mais velhos nomes para o Egito (kent – escuro, negro) veio a ser traduzido como **negro**, em lugar de egípcio, mágico. O Egito era chamado o negro, evidentemente não por causa do diabolismo de sua magia, mas por causa da cor de sua **terra**, quando inundada pela água do Nilo. Um segundo termo, *Alquimia* (arábico *al-kimiyya*), também se origina desse mesmo nome. Em outras palavras, tanto a expressão *'alquimia'* quanto 'arte negra' podem ser atribuídas ao significado original de arte do Egito" (20).

Existem autores que consideram de grande influência, para a origem do vocábulo *Alquimia*, a raiz grega *KHEMIA*, que pode ser traduzida como transmutação, fusão, mistura; outros acreditam ter a Alquimia surgido no Egito, conforme sugere Plutarco, visto a raiz grega de seu nome *KHEM* significar *terra negra*. Ao invadirem o Egito, em 640, os árabes incorporaram o termo sob a forma *AL-KIMYA*, que significa *transformação através de Alá*.

"Todo o trabalho da *Alquimia* se reduz à obtenção de substâncias nas quais os princípios ativos, os **espíritos**, dominem sobre a matéria que lhes serve de corpo. Então estas forças naturais, que inicialmente estavam sufocadas pelas **impurezas**, entram em jogo para transformar a **matéria**, até convertê-la no veículo apropriado para elas: o **elixir**. O que importa considerar aqui, a fim de compreender o porquê da variedade alquímica, é que esses espíritos, ou **magnetismos**, seja qual for o veículo externo de que se revistam, tendem sempre para um mesmo objetivo final de **perfeição**. Esta tendência para a perfeição se acha na Natureza mesma, e a **arte** só lhe elimina os impedimentos à sua ação e proporciona as circunstâncias idôneas para um mais rápido processo de evolução. É assim que *a arte não faz senão ajudar à Natureza*, conforme o axioma alquímico" (13).

Segundo Albert Poisson, "A escolástica, com sua argumentação sutil; a teologia, com seu fraseado ambíguo; a astrologia, tão vasta e complexa; são todas brincadeiras de criança quando comparadas à alquimia".

"Darei simplesmente minha opinião racionalista: A alquimia é o resíduo da ciência e da tecnologia pertencentes a uma civilização desaparecida. Não creio absolutamente em certas hipóteses: revelação divina, extraterrestre, que trouxe aos homens o fogo, o arco, o martelo, a alquimia, etc.

Penso que a civilização desaparecida desencadeou forças fantásticas que perturbaram os continentes, derreteram os gelos e destruíram aquele mundo altamente evoluído. Traços de cultura teriam, contudo, subsistido por muito tempo, explicando certa permanência de conhecimentos, até nossa própria civilização" (215).

ALQUIMIA CHINESA

Ao que parece a *Alquimia* teria aflorado do Taoísmo. Os textos alquímicos começaram a surgir na dinastia T'ang, por volta de 600 a.C., na China, onde se destaca o alquimista Ge Hong, que viveu de 249 a 330 d.C., e postulou ser a alquimia capaz de superar a mortalidade. Atribui-se a ele a autoria do mais célebre tratado chinês sobre o assunto "Baopuzi", que apresenta dois capítulos sobre o **elixir** da longa vida, baseados em **arsênico** e **mercúrio**, e também fala da transmutação dos metais. Segundo consta, foi influenciado pelo **I Ching**, *O livro das Mutações*. Entretanto, há relatos mais remotos de doutrinas que utilizavam os preceitos alquímicos, remontando a uma lenda que menciona o seu uso pelos chineses em 4500 a.C. Segundo citações de antigas escritas chinesas na *"Ilha dos Bem-Aventurados"*, morada dos imortais, onde podiam ser encontradas ervas que depois de certo preparo produziriam o elixir da longa vida.

Para os chineses, a alquimia tinha duas vertentes: Waidanshu, a *Alquimia Externa*, que procura o elixir da longa vida mediante técnicas metalúrgicas, acreditando que o **ouro** era inalterável e portanto imortal e quem fabricasse o ouro potável, a partir do **cinábrio** e do mercúrio, adquiriria a imortalidade; e a Neidanshu, a *Alquimia Interna* ou espiritual, que procura gerar esse elixir no próprio alquimista.

Grandes Segredos da Alquimia, o livro alquímico chinês mais famoso, foi provavelmente escrito por Sun Ssu-miao, que viveu em torno de 581-673. É um tratado prático para criar elixires usando o mercúrio, o enxofre, dos sais de mercúrio e de arsênico, na tentativa de alcançar a imortalidade. O tratado também contém algumas receitas específicas para curar doenças e outras finalidades, como a fabricação de pedras preciosas. A pólvora foi primeiramente descoberta por acidente por alquimistas chineses no século IX, os quais procuravam pelo elixir da longa vida.

ALQUIMISTA

Filósofo que busca por meio de muitos estudos e práticas de **laboratório**, encontrar o antigo segredo da **transmutação** dos metais, pela conquista da **Pedra Filosofal**, capaz de tornar metais impuros em ouro e produzir o **Elixir da Longa Vida**.

Durante esse longo período de estudo, que se faz necessário ao entendimento da simbologia alquímica, o filósofo vai percebendo ser necessária uma manipulação da matéria de certa forma bastante diferente, que não desassocia o espírito do todo, considerando que ambos fazem parte de um mesmo corpo e têm que ser transmutados em conjunto.

Esse novo entendimento leva a uma modificação de sua própria aura por meio de uma nova consciência, abdicando de seus primitivos conceitos materialistas. O ouro passa a ter um valor relativo e a cobiça é eliminada definitivamente de suas intenções, uma vez que passa a considerar o caminho espiritual muito mais importante para sua realização pessoal.

Se consegue atingir o seu ideal, adquirindo o conhecimento irrestrito da Natureza, através da conquista da **Grande Obra**, passa a ser um **Adepto**, com uma capacidade excepcional de compreensão do Universo e, segundo consta em relatos e lendas, um ser imortal.

ALTUS

Pseudoautor do *Mutus Liber* ou Livro Mudo — um completo tratado alquímico —, criado com a intenção de ser compreendido por todas as nações, visto que as práticas foram apresentadas claramente, sob forma de ilustrações, o que significa não depender de palavras para ser entendido em qualquer idioma.

É inegável que palavras foram usadas, pouquíssimas é verdade, mas, na última página, onde há a alegoria de um alquimista, que ascende aos céus, vitorioso, sendo coroado por anjos, pode-se ver, nas faixas que ladeiam o seu corpo, uma única frase, repetida duas vezes: "Oculatus Abis" (ide clarividente).

Acreditam todos os estudiosos do assunto que foi a forma de Jacobus Sulat — Senhor das Marés — se identificar como verdadeiro autor do trabalho, já que a referida frase é o anagrama do seu nome. Essa autoria se torna mais evidente ainda, quando se sabe ter sido ele a obter a concessão de Luís XIV para a primeira edição do referido livro, em 23 de novembro de 1666, e ser costume da época os verdadeiros autores surgirem com seus trabalhos sob a alegação de que *um alquimista desconhecido lhe entregou os referidos manuscritos*, fugindo assim às perseguições que por certo adviriam.

"... Temos adquirido ao menos a indicação certa de que foi o senhor das Marés quem pagou o montante da tão caritativa edição. Rechaçando todo sentimento de baixa vaidade, o anonimato proclama o profundo desejo de caridade real; a que reclama conjuntamente a discrição de seu autor e o mérito de seu beneficiário. Esta vontade de amor e de assistência, Jacob Sulat a satisfez, persuadido da potência iniciática das imagens, ao renovar para o livro a iconografia simbólica que era, até então e em certa forma, sobre os edifícios religiosos e civis, o patrimônio dos escultores e dos pintores" (60).

ALUDEL

Recipiente próprio para **sublimação**, tendo, da mesma forma, um capitel onde são recolhidos os **vapores** para sua posterior condensação. Alquimistas antigos usavam esta expressão para definir um aparelho semelhante, ou o mesmo que mais tarde passou a ser conhecido pelo nome de **alambique**.

"Porás a matéria pulverizada no recipiente sublimatório chamado *aludel*, para sublimá-la segundo a **arte**. Porás o capitel e untarás as junções com massa filosófica, a fim de que o mercúrio não possa escapar-se. Colocarás o *aludel* sobre seu fornilho e o fixarás, de modo que não possa inclinar-se e que se mantenha em posição reta; então acenderás um **fogo** muito suave, durante quatro horas, para tirar a umidade do **mercúrio** e do **vitriolo**" (156).

AMÁLGAMA

Designação genérica de ligas. Reunião de matérias diversas em uma substância homogênea. Alguns alquimistas prepararam por este método o seu **azougue**, usando vários tipos de material, entre eles: **antimônio**, **bismuto**, **zinco**, **marcassita** de **cobre**, **estanho**, **chumbo**, etc. Achavam eles que, em virtude de algumas substâncias terem os poros mais cerrados, dificultando a circulação dos fluidos, enquanto outras, de textura mais leve, apresentavam rápidas alterações, seria necessário amalgamá-las para que se unissem de forma mais homogênea, propiciando a perfeita **putrefação** do composto.

"Porém o **ácido** escondido em corpos sulfúreos, ao atrair as partículas de outros corpos, mais fortemente que as suas próprias, causa uma **fermentação** suave e natural, e a promove inclusive até a etapa de putrefação no **composto**. Esta putrefação surge disto: que as partículas ácidas que mantiveram por algum tempo a fermentação, se insinuam finalmente nos interstícios mais diminutos, inclusive nos que se acham entre as partes da primeira composição, e assim, unindo-se estreitamente com essas partículas, dão nascimento a uma nova mescla, que não pode ser destruída ou mudada de novo à sua forma anterior" (21).

"Para alguns alquimistas a via pelos amálgamas é uma completa falcatrua. Explicam a geração dos metais, dizendo que estes se formam a partir do **enxofre** e **mercúrio**, e que estes, em sua primeira forma, não são vulgares. Por isso não creem que os densíssimos corpos do azougue e do ouro dos químicos sejam capazes do dinamismo interno necessário à **Grande Obra**" (13).

"Posto que nossa obra pode completar-se a partir tão somente do Mercúrio, sem acrecentar nenhum produto estranho, deduz-se que fique esclarecido o modo de compor o *amalgama*. Porém, em troca, alguns entenderam mal os **Filósofos**, porque creem que a partir apenas do mercúrio, sem nenhum irmão como semelhante, se pode terminar a obra.

Eu, sem dúvida, te digo com sinceridade que, quando trabalhas com o mercúrio, não acrescentas nada estranho a ele, e saibas que o ouro e a prata não são estranhos ao mercúrio, mas ainda participam de sua natureza de uma maneira mais próxima que qualquer outro corpo. Pelo qual, reduzidos a sua primeira natureza, denominam-se irmãos semelhantes ao mercúrio por sua composição e por sua fixação simultânea. Se entendes isto com clareza, emanará **leite da virgem** e, se trabalhas com o mercúrio não acrecentando nenhuma coisa estranha, conseguirás o que desejas" (79).

AMARANTO

Planta herbácea de flor **vermelha** e aveludada. As folhas de amaranto eram usadas pelos gregos que as traziam de Colchis, além do Mar Negro. Eram conhecidas por sua grande durabilidade e permaneciam **verdes** por um tempo acima do normal, sendo por isso citadas como símbolo de longevidade. Esse fato, aliado à tonalidade de suas flores, fez com que os antigos a considerassem como símbolo da imortalidade, usando-a em sua vasta alegoria como uma das representações da Pedra Filosofal.

A rainha **Christina** da Suécia, bastante devotada à Alquimia, instituiu em 1653, a Ordem do *Amaranto*, que tinha como emblema as folhas sempre verdes da planta, significando vida imortal.

AMARELO

Ligada ao **ouro** e à renovação, a cor *amarela* tem uma especial simbologia na **Grande Obra,** fazendo parte significativa, da sequência de cores que se apresentam no **crisol**. Esta importância fica comprovada quando se sabe que o *amarelo* era atributo de **Mitra**, na Pérsia; de **Apolo**, na Grécia, e de **Vishnu**, na Índia, todos eles ícones da **Pedra Filosofal**.

Após o **negro** ser purificado até o **branco**, surgem uma infinidade de cores marcando o fim da umidade que reinava na **matéria**. Quando essa umidade desaparece, por completo, surge o *amarelo* que aos poucos vai se tornando cor de **açafrão**, anunciando que a perfeição do **vermelho** ou **púrpura** não tarda.

"Os ramos **verdes** do **Cristo**, na sua passagem terrestre, são substituídos por uma auréola dourada quando ele retorna ao Pai. No **Domingo de Ramos**, na Espanha, é com palmas *amareladas* que os fiéis acenam diante das catedrais" (38).

AMENDOEIRA

A *amendoeira* é uma das muitas **árvores** que, pelos tempos, foram consideradas sagradas, por várias civilizações. Talvez porque seja a primeira a florescer na primavera; ou porque a amêndoa, considerada um nódulo da imortalidade, tenha em hebraico um nome cujo significado é **luz**; ou ainda porque guarde o simbolismo de manter um **segredo** inviolável em seu núcleo, contendo em si mesma todos os elementos necessários à sua **multiplicação**; o fato é que, essa **árvore** foi cultuada na Antiguidade e, durante a Idade Média, a amêndoa mística chegou a ser sacralizada e comparada ao **Cristo**, além de ter sido associada à virgindade da Virgem Mãe, criando-se assim uma aura de poderes inexplicáveis.

Na necessidade de preservar um conhecimento e transmiti-lo através dos séculos, muitas coisas naturais foram sendo utilizadas como símbolos, perdendo sua característica comum e devolvida ao dia a dia dos homens, recheadas de estranhos valores, só porque podiam ser comparadas com a **Arte**, ou pela época de sua incidência, ou pela cor, ou pelo número, ou pela atividade, ou pelo comportamento, etc. Uma mínima semelhança, qualquer que fosse, já era motivo para entrar figuradamente na história do **Magistério**, como um novo elemento de um código que, até hoje, não para de se renovar.

Esse comportamento adotado por tantos, visando evitar perseguições e preconceitos, pode ser entendido. O que se torna difícil de entender é essa estranha capacidade que o homem tem de dar forma religiosa a uma linguagem simbólica, cultuando coisas que não fazem sentido algum.

AMIZADIR

Um dos muitos nomes pelo qual é chamado o **Sal** de **Nitro**, que surge quando a **negrura** abandona a **matéria**.

"Os sábios falaram assim: Já deixamos a negrura e fizemos aparecer o sal Nitro, o *amizadir* (ou seja, o sal amoníaco) e fixamos a **brancura**. Por isso lhe damos o nome de *boreza*, que em árabe quer dizer *tinca* (borato de sódio)" (52).

AMOROSO DA CIÊNCIA

Expressão usada por antigos autores, em relação aos filósofos, considerando-se ser a Alquimia a Art d'Amour. O termo é uma alusão à pureza, ao verdadeiro estado de alma dos alquimistas que se dedicam à ciência com desapego, disciplina e persistência de verdadeiros apaixonados, buscando encontrar os reais caminhos do conhecimento.

AMRITA

Licor da imortalidade destinado a curar Indra; divinificador dos homens e imortalizador dos deuses.

Segundo uma história narrada em palavras Puranas, Rishi Kashyapa teve duas esposas, Diti e Aditi. As crianças de Diti foram os Asuras ou Demons e as de Aditi, Devas ou Angels. Os primos brigavam muito e os Devas foram a Deus pedir ajuda. Para que houvesse paz, Deus ordenou que ambos formassem um **oceano** leitoso. Meru serviu como pá e Vasuki chefe das **serpentes**, como corda.

O deus Vishnu colocou uma tartaruga gigantesca no mar, para impedir Meru de afundar. Os Asuras prenderam a extremidade principal e os Devas, o fim da cauda de Vasuki. Então bateram vigorosamente o oceano.

Nesse momento, o veneno mortal, conhecido como Halahala levantou-se do oceano. Os Devas e os Asuras viram que aquilo destruiria o Universo e foram implorar ajuda ao deus Shiva. Este engoliu o veneno que em sua garganta tornou-se azul, fazendo com isso que Shiva também fosse chamado Neelakantha (kantha significa garganta).

Ambos os lados voltaram ao trabalho. Após algum tempo saiu do mar a vaca sagrada Kamadhenu, de poder indestrutível. Depois veio o cavalo branco Ucachaisravas, em seguida o elefante Airavata, a joia Kaustubha, a flor divina Parijata, as mulheres divinas Apsaras, a deusa Lakshme e o deus sábio Varumi. Por último surgiu do oceano Dhanvantari, trazendo um frasco de *Amrita*.

Os Demons arrebataram-no e fugiram. Os Devas seguiram-no e logo começaram a brigar pela primazia de beber o néctar. Apareceu então o deus Vishnu, ao lado de Mohini, uma formosíssima mulher. Os Demons estarrecidos pediram a Mohini que distribuísse o *Amrita* entre eles, prometendo obedecer a sua decisão.

ANANTA

Serpente de muitas cabeças do panteão indiano, que encerra em seus anéis o **eixo** do mundo. Ela representa na essência do tempo, o desenvolvimento e a absorção cíclica, e sobre ela **Vishnu** se apoia, antes de dar início a uma nova criação do Universo.

Segundo crenças hindus, o Universo é criado e destruído de forma cíclica, a cada quatro bilhões de anos. Nascimentos e mortes que se sucedem, enquanto Vishnu, dentro do **ovo** cósmico, apoia seu corpo na serpente do tempo infinito.

Ver também **Ananta Shesha**.

ANAXÁGORAS

Filósofo grego (500 a 428 a.C.). Lecionou em Atenas onde teve como alunos Sócrates e Péricles. A base de sua filosofia era conceituar o espírito como princípio ordenador do Universo.

"Dizia este (*Anaxágoras*) que o **espírito** é o ordenador e a causa de todas as coisas. Isso me causou grande alegria (...), mas bem depressa essa maravilhosa esperança se afastava de mim. À medida que avançava e ia estudando mais e mais, notava que esse homem não fazia nenhum uso do espírito, nem lhe atribuía papel algum como causa na ordem do universo, indo procurar tal causalidade no éter, no ar, na água, em muitas outras coisas absurdas" (22).

"Foi discutido muitas vezes o problema de saber se Platão tinha razão ao descrever historicamente, desta forma, o pensamento de *Anaxágoras*. Os mencionados livros de *Anaxágoras* só nos chegaram em reduzidos fragmentos. O que sabemos é que aquele filósofo reconhecia, como princípio material, umas partículas mínimas de matéria — as homeomerias — e ainda, como outro princípio o espírito cuja função para nós não é ainda bem clara e sobre a qual já havia dúvidas na Antiguidade: alguns explicadores antigos viam nesse espírito um deus, outros, um ordenador do mundo, e finalmente outros, como nosso autor (Platão) e também Aristóteles, uma simples primeira **força** motriz, isto é, um princípio quase material ou mesmo material" (23).

ANCIÃO

Em muitas ilustrações, os alquimistas costumam representar a **semente** da **Obra** como um *ancião*, ao qual denominam Boaz — o granjeiro de Belém. É interessante lembrar que uma das duas colunas do Templo de Salomão, a da esquerda, também se chamava Boaz, e que seu significado era **força**, e que, ambas as colunas, representavam as energias positiva e negativa ou o **mercúrio** e o **enxofre**.

O estranho fato de uma semente ser apresentada como um velho, segundo antigos alquimistas, é para deixar clara a sua antiguidade, a preexistência das coisas que virão, ou a longevidade de sua vida na profundidade das **minas**.

ANDREAE, JOHANN VALENTIN

Johann Valentin nasceu em Herremberg, Alemanha, em 17 de agosto de 1586. Filho de um ministro luterano. Após a morte do pai, sua mãe mudou-se com a família para Tunbingen onde sustentava os filhos vendendo produtos farmacêuticos. Johann Valentin começou a estudar teologia, em 1601, na Universidade local. Ordenou-se em 1614.

Dedicou-se à **Alquimia**, Astrologia e Matemática.

Ficou famoso por ser considerado coautor dos panfletos da Confraria dos Rosacruzes, depois da primeira edição de "**Fama Fraternitatis**", em 1614, que provocou profunda impressão nos meios mais intelectualizados da Europa.

Um tratado denominado "Confessio Fraternitatis R.C. (Confissão da Irmandade Rosa-Cruz), publicado em 1615, também lhe foi atribuído, bem como o célebre *Núpcias Químicas* de **Christian Rosenkreutz**", romance no qual descreve a criação de um casal, em um castelo mágico, ao mesmo tempo em que ensina alguns processos alquímicos. O protagonista Cristian Rosencreutz, passa, durante **sete** dias, por estranhas experiências por meio das enigmáticas visões que tem do castelo e das cerimônias de iniciação dos cavaleiros em várias ordens místicas.

Uma das lendas ou fatos históricos que chegaram a ser divulgados, lançando dúvidas sobre a autenticidade de ser de Valentin Andreae a autoria do romance *Núpcias Químicas*, foi relatada por um certo Roesgen von Floss, um respeitável antiquário batávio, ao relatar sobre o assassinato, em 1208, do legado pontifical Pierre Castelnau que, sob o pretexto de exterminar os Albigenses, movida por Inocêncio III, fez desencadear uma feroz perseguição à família Roesgen Germelshausen, massacrando-a barbaramente, saqueando e destruindo seu castelo. Christian, o filho mais novo dos Germelshausen, fugiu para o Oriente onde foi iniciado nos antigos segredos da **Rosa-Cruz**, sendo o único da família a escapar com vida. De regresso à Europa, Christian renunciou ao seu sobrenome, tornando-se Rosenkreutz.

Johann Valentin Andrae faleceu em 27 de junho de 1654, em Stuttgart.

ANDRÓGINO

Ser duplo, hermafrodita, formado pela integração dos opostos. Unidade bipolar — O *Andrógino* Primordial ou **Rebis** hermético. Nascido do masculino e do feminino, em perfeita **conjunção**, originou o mito de **Hermafrodito**, filho de **Hermes** e **Afrodite**. Na mitologia, sua história é explicada em razão de sua beleza. Graças a ela, a ninfa Sálmacis apaixonou-se, agarrando-se a ele, quando Hermafrodito nadava em seu lago, pedindo aos deuses que transformassem seus corpos em um só, no que foi atendida. Na Alquimia, é a Água Ignificada ou o Mercúrio Duplo, a junção perfeita das energias negativa e positiva, simbolizadas pelo macho e a fêmea; mistura homogênea do **enxofre** com o **mercúrio**. O seu símbolo é o mesmo que o do Mercúrio: a cruz na base do círculo, mas com a diferença de ter a Lua substituída pelo símbolo de Áries ou Carneiro, confirmando a presença do Enxofre puro.

Um célebre sacerdote da Babilônia, de nome Beroso, escreveu para a posteridade sobre a geração humana: "Quando havia somente escuridão e abismo, apareceram homens com duas ou quatro asas, alguns com dois rostos e órgãos de macho e fêmea".

"Porque é uma água vivente que vem umedecer a terra, e em sua estação devida produz muita fruta, para todas as coisas que brotam da terra é dotada de **orvalho** e **umidade**.

A terra então primaveril não floresce sem molhar e a umidade é a água que procede do orvalho de maio, que limpa o corpo e como chuva os penetra, fazendo de dois corpos um corpo" (5).

"Uma soberba escultura de **Shiva**, no templo hindu de Elephanta, mostra três faces do deus: à direita, seu perfil masculino demonstrando virilidade; à esquerda, seu aspecto feminino, gentil, encantador, sedutor; e, ao centro, a união sublime dos dois aspectos na magnífica cabeça de Shiva Mahesvara, o Grande Senhor, irradiando serena tranquilidade e indiferença transcendental. Nesse mesmo templo, Shiva é igualmente apresentado em sua forma *andrógina* — metade masculina, metade feminina — em que o movimento fluente do corpo do deus e o sereno desprendimento da face dele/dela simbolizam, uma vez mais, a unificação dinâmica do masculino e do feminino" (24).

"Tens, portanto, aqui duas naturezas casadas, onde uma concebeu a outra, e por esta concepção está convertida em corpo de macho, e o macho no corpo de fêmea, isto é, foram feitos um só corpo, que é o *andrógino* dos antigos, que diversamente é chamado cabeça de corvo e elementos convertidos. Desta maneira, represento-te que tens duas naturezas reconciliadas, que (se forem conduzidas e regidas sabiamente) podem formar um embrião na matriz do vaso, e depois dar-te à luz um rei poderosíssimo, invencível e incorruptível, porque será uma quintessência admirável" (36).

"Então (os sábios) mesclaram a vida com a vida; por uma coisa líquida a seca umedeceram, e também pela ativa ativaram a passiva, e por uma coisa viva vivificaram uma coisa morta; deste modo se nublou o céu por algum tempo e depois de muitos rocios voltou a serenar. Este mercúrio que saiu era **Hermafrodita**; a este puseram no fogo por um largo tempo e o coagularam e em sua **coagulação** acharam Sol e Lua muito puros" (1).

Ver também **Natureza dupla.**

ANEL DE SALOMÃO

Reza a tradição que foi confeccionado com **sete** metais e duas pedras: a pedra da Lua, representando a **estrela** do macrocosmo e a cornalina, como a estrela do microcosmo. Segundo reza a lenda, era a esse anel que Salomão devia a sua **Sabedoria**. A levar isto em conta, parece-nos que não propriamente ao anel, mas ao que ele significava como representação concreta da origem do seu poder.

"Sem dúvida, um conhecimento objetivo acerca do universo existiu no tempo de Salomão, o que se deduz do texto bíblico em seu depoimento sobre esse período, da construção do templo e do candelabro de sete braços, formulações da árvore da vida, assim como as colunas Jachin e Boaz, de cada lado do véu do templo" (56).

ANÊMONA

A *Anêmona* é uma simples e delicada flor. Na qualidade de flor, já poderia ser apresentada como alegoria da Pedra, como tantas outras o foram, mas essa tem um caráter muito mais significativo para a indicação: é vermelha, o que a torna mais representativa em se tratando do Magistério. Por esse detalhe, facilmente encontrou abrigo na Mitologia Grega, na qual a tão importante deusa Afrodite (Vênus) logo achou um jeito de transformar seu amante Adónis, morto ao ser ferido por um javali, em uma flor vermelho-púrpura, como é narrado nas "Metamorfoses" de Ovídio:

"Ela derrama no sangue do mancebo um néctar perfumado; com esse contato, o sangue borbulha como as folhas transparentes que, no fundo de um lamaçal, sobem à superfície de suas águas amarelentas; menos de uma hora havia se escoado quando, desse sangue, nasce uma flor de cor idêntica, semelhante à da romanzeira que esconde seus grãos debaixo de uma macia casca; contudo, não se pode apreciá-la por muito tempo, pois, mal presa e leve demais, ela cai, arrancada por aquele que lhe dá seu nome, o vento".

ANIMA MUNDI

"É o **fogo** universal que enche todo o sistema do universo e, portanto, é um agente universal onipresente e dotado com um instinto infalível, que se manifesta em fogo e **luz**. Em seu primeiro estado é perfeitamente invisível e imaterial. Em seu segundo estado de manifestação é visível como a **luz**. Em seu terceiro estado, de **calor** e fogo que queima, é visível, quente ou abrasador. Quando Deus criou este fogo universal lhe deu o poder de fazer-se material, isto é, fazer-se **vapor**, umidade, água e terra, embora esse fogo, em sua natureza universal, seja e permaneça centralmente o mesmo.

Esta água e **vapor** caóticos, contém a primeira matéria de todas as coisas e ainda contêm fogo e umidade. O invisível no visível — o fogo ou o **espírito** é o agente e a **água**, a mãe ou **matriz**" (25).

Para Johannes Tritemius:

"Esta luz espiritual a que chamamos Natureza, ou a *Alma do Mundo*, é um corpo espiritual que, por meio da **Alquimia**, pode ser feito tangível e visível; porém, como existe em um estado invisível, é por isso que é chamado **Espírito**".

ANKH

A *ankh*, cruz reverenciada no antigo Egito, era uma representação simbólica da eternidade. Dependendo do deus a que estivesse associada, representava um tipo próprio de poder: com Anúbis, falava da proteção aos mortos; com Sekmet, deusa da guerra, traduzia-se em ressurreição, como as terras vivificadas pelo Nilo; e, nas mãos de Amon, o ar necessário à respiração.

Acreditava-se que tinha o poder de regenerar a vida, trazendo a imortalidade. É muito semelhante à cruz cultuada pelos cristãos, se bem ser a *ankh* um símbolo bastante mais antigo, estando associada aos mistérios de Ísis e Osíris, figurando com grande constância em túmulos, templos e antigos papiros. Tem o aspecto de uma chave: dois braços horizontais cortando uma haste vertical e encimada por um círculo ovaloide. Tinha para egípcios a conotação de ser a chave da vida eterna.

Para os alquimistas também é bem mais que um amuleto ou talismã, ela representa a chave dos seus mistérios. Guarda em sua forma a alegoria da **Grande Obra**: os três elementos, **mercúrio, enxofre** e **sal**, representados pelas três hastes e a circulação simbolizada por sua parte superior, em forma de **uroboros**.
Ver também **Cruz Ansada**.

ANTIMÔNIO

O *antimônio* é um dos **minerais** mais citados nos antigos textos como a matéria primeira, ou base fundamental para todo o **Magistério**.

"É branco de estanho muito brilhante e quase sempre em forma de lâminas ou testáceo (que tem **conchas**). Dureza 3'5 e peso específico 6'7. Fusível e volátil, dando uns vapores ligeiramente azulados, inodoros, que se depositam em forma de auréola sobre os objetos frios. (...) Emprega-se para os metais antifricção e em **Medicina**" (26).

"Deve-se deduzir, pelo que foi dito aqui, que há algum mineral que pode dar-nos este **mercúrio dos filósofos**. Que deve aumentar no **ouro** a sua **tintura**, sua fusibilidade e sua penetração, como o que foi dito aqui, anteriormente. E como entre os minerais não há nenhum que perfeccione a cor pálida do ouro e facilite sua fusão e o torne mais penetrante, senão o *antimônio*. É claro e visível que este é o único mineral do qual e pelo qual se pode obter o dito azougue, ou mercúrio dos filósofos.

Porém como o *antimônio* não pode comunicar ao ouro mais **tintura** da qual a perfeição natural do ouro requer, e o ouro deve se tornar mais perfeito em tintura pelo mercúrio dos filósofos, segue-se que este mercúrio não pode ser obtido só do *antimônio*, senão com ele, ou por seu meio, de outros corpos metálicos imperfeitos, onde a tintura do ouro abunda. E estes corpos não são senão dois, a saber **Marte** e **Vênus**" (217).

"Da mesma forma que o *Antimônio* afina o **Ouro**, assim, pela mesma razão e da mesma forma, afina o corpo; nele, com efeito, há uma essência que não permite que nada impuro se confunda com o puro" (27).

"O *Antimônio* é um corpo mineral muito próximo à natureza metálica, composto de duas classes de **enxofre**; um muito puro e fixo, e pouco afastado das qualidades do **azufre** solar; o outro combustível, como o enxofre comum. Está composto também de muito **mercúrio** metálico fuliginoso e indigesto, porém mais cozido e mais sólido que o mercúrio comum e de muito pouca terra grosseira e salina" (28).

"... de onde concluímos que faz falta extrair nosso **mênstruo** régio, pela operação da **arte** e da natureza do *antimônio* e, por seu maio, de **Marte** e **Vênus**.

O *antimônio*, Marte e Vênus estão compostos de enxofre e de mercúrio" (29).

"Depois de duas purificações, pouco mais ou menos, que a matéria terá estado dentro do **banho**, se levantarão umas nuvens muito grandes no **vaso**, as quais se converterão em grandes gotas de **água**, as quais se chamam **Rocio** dos Filósofos.

Vi executar isto em Madrid, com um *antimônio* feminino que existe em Castela, nas minas de **chumbo,** e até estas gotas sucedeu o efeito, pois apareceram, os demais não tiveram efeito, e deixaram a operação, parecendo-lhes consistir no *Antimônio* este **orvalho**" (30).

ANTIMONITA

A *antimonita* ou **estibina** era conhecida também por **Áries**, uma das duas mais importantes formas do deus da guerra, mas estranhamente era considerada da natureza de **Saturno**, sendo denominada por muitos "**Filho de Saturno**", "**Chumbo dos Sábios**", etc., em vez de estar ligada ao **ferro**, como era de se esperar de sua dependência de **Marte**. A antimonita era simbolizada pelo **lobo**, o que faz dela uma das maiores "suspeitas" de ser a matéria-prima, visto o grande número de referências a esse animal, contidas nos antigos tratados.

"Este mineral (estibina, antimônio gris) é um sesquisulfuro de antimônio ($S_3 Sb_2$) (...) O peso específico é de 4'7 e a dureza 2. Frágil, de cor cinza-metálica, brilhante nas superfícies frescas, porém empanado nas que estão há muito tempo expostas ao ar (...) Funde-se com a chama de uma vela e se volatiza dando uns fumos azulados inodoros. (...) A estibina é a mina única do antimônio, metal frágil que se emprega na preparação de importantes ligas" (26).

APOLO

Filho de Leto (Latona) e Zeus, era, em sua origem, um deus lunar na Ilíada, aparentado à noite; brilha como a **Lua**, mas é o **Sol** do microcosmo alquímico. Era também conhecido como Febo — *o Brilhante*. E sua **flecha** tinha a mesma função de um **raio** solar.

Nasceu na flutuante **ilha** de Ortígia, no início da primavera, no dia **sete**, no mês que no calendário ático corresponderia à segunda metade de março e primeira de abril. Zeus enviou seus **cisnes** para levá-lo à Ilha de Delfos, mas os cisnes deram sete voltas em torno de Ortígia, que mais tarde foi batizada Delos, e levaram-no para o país dos hiperbóreos, onde ficou por um ano, cumprindo sua fase iniciática. Como deus-Sol, era representado com cabelos dourados, toda sua vestimenta em **ouro**, sendo até suas armas, arco e aljava, desse precioso metal.

"Febo, em grego, deus do Sol e da **luz**, das artes e das letras, da **medicina** e dos oráculos. (...) Irmão gêmeo de **Diana (Ártemis)** ou **Lua**. (...) Matou com suas flechas a **serpente** Píton. A seguir, irritado com a morte da filho Esculápio, que **Júpiter** havia fulminado, matou os Ciclopes que forjavam os raios. O pai dos deuses exilou-o então na **Terra**. (...) De volta ao céu, Júpiter encarregou-o de conduzir o **carro** do sol. (...) Seus recantos prediletos eram as vizinhanças da **fonte** Hipocrene e do rio Permesso. Possuía muitos notáveis oráculos: o de Delfos, o de Delos, o de Tênedos, o de Claros e o de Pátaros. (...) Entre os animais, estavam-lhe consagrados: o galo, o **corvo**, o gavião, o **cisne**, a cigarra, o **lobo** e o grifo; entre os vegetais: a palmeira, o loureiro e a oliveira" (31).

AR

Um dos quatro elementos. Denomina-se *ar* à **água** que se eleva evaporada pelo efeito do **calor**, preenchendo a parte superior do **matraz**. Tudo que não for sólido ou líquido, dentro do **vaso** alquímico, é denominado *ar*.

Em se tratando de um elemento imprescindível nas manipulações do **Magistério**, os avisos são constantes para que os vasos sejam hermeticamente fechados, impedindo que a fumaça se perca durante o circuito. Ela é a **umidade** contida na terra, que ascende em forma de vapor, mas tem que descer novamente, e o faz em forma de **orvalho**, para cumprir a determinação das várias **circulações** necessárias ao processo.

"A quarta palavra é que a Água se pode evaporar pela **sublimação** ou pela ascensão. Faz-se aérea ao separar-se da terra, com a qual antes estava coagulada e unida; e assim terás a **Terra**, o *Ar* e a **Água**" (164).

No fim do século XVI, Joseph Duchene transcreveu suas descobertas em *O Livro Relativo à Matéria da Verdadeira Medicina dos Antigos Filósofos*:

"Há um **espírito** no **sal de pedra**, que é da natureza do *ar* e que, sem dúvida, não pode sustentar a chama, senão que, a ela, é inteiramente contrário.

(...) Pelo que a matéria é negra e aquosa, e as naturezas se misturam perfeitamente, e se conservam umas as outras. É que quando o calor do **Sol** age sobre elas, transforma-se primeiramente em pó ou água graxa e viscosa, que, sentindo o calor, foge para o alto na cabeça do frango com a fumaça, isto é, com o vento e o *ar*; desde aí, esta água, lançada e infusa com as confecções, volta para baixo e, descendo, reduz e resolve tanto quanto pode do resto das confecções aromáticas, fazendo sempre assim até que tudo seja como uma bola negra um pouco graxa. Eis por que se chama a isso sublimação, e volatização, pois voa ao alto, e ascensão e descenso, porque sobe e desce no vaso (...)

"Maria, a profetisa, diz também: Conserva bem o espírito e acautela-te para que nada se vá como fumaça, temperando e medindo o fogo à proporção do calor do Sol no mês de julho, a fim de que, por uma longa e suave decocção, a água se espesse em terra negra" (36).

ARCANO

Segredo, ou mais precisamente, o segredo da **Grande Obra**. A palavra é inspirada em cofre, arca em latim, que simboliza o local em que se guarda o que se quer proteger. Como as informações sobre o **Magistério** não podem ser difundidas sem uma preparação adequada do neófito, evitando a divulgação indevida dos mistérios da **Arte**, convencionou-se chamar a **Alquimia** de *O Grande Arcano* — o que o qualifica como o maior segredo a ser transmitido, sem que se permita sua vulgarização.

"Segundo o **filósofo**, o **elixir** chama-se também **medicina**, porque assemelha o corpo dos metais ao corpo dos animais. Também dizemos que existe um **espírito** oculto no **Enxofre**, **arsênico** e **óleo** extraído das substâncias animais. Este espírito que procuramos, com a ajuda do qual tingimos todos os corpos imperfeitos em perfeitos. Este espírito é chamado pelos filósofos, **Água** e **Mercúrio**. 'O Mercúrio — diz **Geber** — é uma medicina composta de seco e **úmido**, de úmido e seco'. Compreende a sucessão destas operações: extraís a terra do **fogo**, o ar da terra, a água do **ar**, porque a água pode resistir ao fogo. É preciso observar estes ensinamentos, eles são *arcanos* universais" (156).

Em sua apologia sobre o **sal**, como o elemento portador do **fogo** da vida e no qual se deve procurar o grande *arcano*, Athanasius Kircher, em 1678, afirmava:

"Todas as virtudes, neste globo terreno, dependem do sal, não sendo o resto da **terra** senão excremento. Pois em seu centro íntimo e tálamo da natureza, contém encerrado o tesouro da natureza e o *ignem vitae*, o qual, se tem êxito em fixar-lo pela arte, e podes imbuir nele a **tintura** áurea ou argêntea, não duvido que possuirás aquele sumo e inestimável *arcano*, que já, desde todos os séculos do universo, foi pesquisado pela escola dos Filósofos".

"Devemos dar a Deus graças imortais porque nos mostrou estes *arcanos* da natureza, os quais escondeu aos olhos de muitos. As coisas que de graça nos foram dadas pelo grande Doador, debalde e fielmente as temos ditos com clareza aos demais estudantes.

Sabe, pois, que o maior segredo de nossa operação não está senão na **cohobação** das naturezas, uma sobre a outra, até que a virtude, muito digerida, seja sacada do digerido pelo cru" (1).

"A prática geral deste *arcano* consiste em separar, purificar e fixar os espíritos do misto. O segredo dos Filósofos se pode obter de todo corpo elementado e suas virtudes são admiráveis" (9).

ARCO-ÍRIS

Um dos mais belos espetáculos da Natureza, o *Arco-Íris*, em **razão** de sua variedade cromática, serve de alegoria à **Grande Obra**, retratando a fase em que, com a umidade já quase terminada e a secura começando a se impor na matéria, as cores se alternam, belas e iridescentes, antes de atingir a **brancura**, penúltima etapa e signo de perfeição do caminho adotado.

A conquista dessa etapa do conhecimento alquímico foi muito bem representada, no mito popular, com a lenda da existência de um pote de ouro aguardando aqueles que conseguem atingir o fim do *Arco-Íris*. Segundo a afirmativa dos poucos que confessaram ter atingido esse estágio, não há maior riqueza no Universo.

Para muitos povos, o *Arco-Íris* representava uma **serpente** mítica, saída dos templos subterrâneos.

"Entre os incas, o *Arco-Íris* também é uma serpente celeste nefasta. Recolhida pelos homens quando apenas um pequenino verme, à força de comer, tomou proporções gigantescas. Os homens, então, foram forçados a matá-la porque ela exigia corações humanos como alimento. Os pássaros mergulharam em seu **sangue**, e sua plumagem tingiu-se com as cores vivas do *arco-íris*. (...)

"Entre os dogons, o *arco-íris* é considerado como o *caminho* graças ao qual o Carneiro celeste que fecunda o Sol e urina as chuvas desce sobre a terra. E o camaleão, por ostentar suas cores, lhe é aparentado. O *arco-íris*, sempre conforme as crenças dos dogons, tem quatro cores: o preto, o vermelho, o amarelo e o verde; são os rastros deixados pelos cascos do Carneiro celeste quando corre" (38).

ARCONTE

Arconte são entidades responsáveis pela ordem da estrutura do Universo Gnóstico. Geradas por **Sophia**, essas formas são servos dos desígnios do Demiurgo. No mito de Sophia, **Abraxas** seria um *arconte* que se rebelou, ajudando sua mãe a se libertar do jugo do seu pretenso criador, Ialdoboath.

Segundo algumas tradições antigas, existem 36 arcontes, três para cada signo ou um para cada decanato.

Segundo Paracelso, o enxofre é um corpo astral, ou, simplificando, seria como um carro a transportar a alma, recebida das mãos dos *arcontes*, ou ferreiros de **Vulcano**.

AREIA

A *areia* é usada por alguns alquimistas, dentro do **forno** filosofal, para servir de invólucro ao **matraz**, em razão da necessidade de envolver a matéria que está em seu interior em um **calor** todo por igual. O fogo, ateado em outro compartimento do referido forno, chega à *areia* só em forma de calor, que ela, por sua vez, transmite ao vaso que reveste.

Muitos alquimistas usam, em lugar de *areia*, limalhas de ferro ou esterco de cavalo, outros ainda, optam, para essa mesma função, pelo banho-maria, que cumpre, satisfatoriamente a finalidade de manter aquecido, sem que a matéria tenha contato direto com o fogo.

ÁRIES

Veja **Marte**.

ARISTÓTELES

Um dos maiores pensadores de todos os tempos, nasceu em 384 a.C., em Estagira, colônia grega da Trácia. Apesar de ser considerado o criador do pensamento lógico, foi um dos criadores da teoria dos quatro elementos radicais: **terra, fogo, água** e **ar**, utilizada como base pela totalidade dos filósofos alquímicos, ao considerar que todos os metais vis podiam ser transformados em ouro, sob a pressuposição de que todos os materiais eram compostos de poucos elementos fundamentais.

Segundo as considerações aristotélicas, os quatro elementos podiam ser convertidos uns nos outros, citando como exemplo o fato de que a água aquecida se tornava vapor e, consequentemente, em ar e, quando congelada, fazia-se por sua solidez uma variante da terra. Quanto ao fogo, ainda em sua opinião, era a energia que permeava os outros três elementos.

Essas teorias, oriundas de um dos filósofos mais conceituados da Antiguidade, permitiu que grandes inteligências, de séculos posteriores, enveredassem pelos caminhos da Alquimia, acreditando ser possível, ao partir de uma determinada **matéria-prima**, atingir a **Pedra Filosofal**.

ARGIROPEIA

Denominação dada à transmutação, por artes alquímicas, dos metais vulgares em prata; era executada por alquimistas que paralisavam seus trabalhos, tão logo a matéria atingia a brancura. Embora ainda não tivesse atingido a perfeição, já se constituía em excelente medicina, razão pela qual muitos se contentaram em possuir tal preciosidade.

ARQUEU

Uma das denominações do **fogo** misterioso e íntimo que transforma o espírito universal em matéria. **Vulcano** interior.

É identificado por muitos autores como um tipo especial de **Sal**. O sal da terra, espiritual ou Sal da Arte. A alegoria pela qual costuma ser representado é uma **espada**, dada sua condição de força. Para esse fogo não existem limites, pois, uma vez descoberto, torna porosos e permeáveis os corpos.

ARSÊNICO

Metaloide, símbolo *As*. Juntamente com o **Antimônio** e o **Bismuto**, constituem um grupo muito natural de corpos simples nativos, próprios de filões metalíferos.

"O *arsênico* é cinza enegrecido, com brilho metálico empanado na superfície e, quando está cristalizado, oferece uma esfoliação básica muito potente. Tem dureza de 3'5 e densidade entre 5'7 e 5'9. É volátil e não fusível, dando uns **vapores** brancos de odor aliáceo (anhídrido arsenioso) ou um sublimado negro (*arsênico*). Beneficia-se nos filões argentíferos de Schneeberg (Saxônia), Peru e Bolívia. Na Espanha, é encontrado com as pratas vermelhas de Guadacanal e Cazalla (Sevilha). O que se emprega nas preparações industriais procede, em sua maior parte, de um sulfoarseniuro de **ferro** (mispíquel)" (26).

"O *Arsênico* é da mesma natureza que o **Enxofre**, ambos têm algo de **vermelho** e **branco**, mas no *Arsênico* há mais **umidade** e sublima-se no **fogo** menos rapidamente que o Enxofre.

Sabe-se quão depressa se sublima o Enxofre e como consome todos os corpos, exceto o **ouro**. O *Arsênico* pode unir o seu princípio seco ao do Enxofre; temperam-se um ao outro e, uma vez unidos, dificilmente se separam; a sua **tintura** é suavizada por esta união.

O *Arsênico* — diz Geber — contém muito **mercúrio** e, portanto, pode ser preparado como ele. Sabei que o espírito oculto no Enxofre, o *Arsênico* e o óleo animal, é chamado pelos filósofos **Elixir** branco. É único, miscível na substância ígnea, da qual extraímos o Elixir vermelho; unem-se aos metais fundidos, como nós experimentamos; purifica-os, não só por causa das propriedades já citadas, mas ainda porque existe uma proporção comum entre os seus elementos" (156).

"Os autores não estão de acordo sobre se o **mercúrio** é um princípio do *arsênico* ou se o *arsênico* é um princípio do mercúrio. Lefebure e alguns outros, pensam que os *arsênicos* são um produto do mercúrio comum. Geber, ao contrário, considera o *arsênico* como um dos princípios do mercúrio: e é, seguindo-o, que Becher chama o mercúrio de *arsênico* líquido, tanto mais que os metais e a maior parte dos **minerais** produzem mais facilmente o *arsênico* que o mercúrio fluido" (176).

E Claude Germain, em um tratado publicado em Paris em 1672, indica-nos:

"Não creias que o mercúrio dos filósofos seja o que se encontra vulgarmente, no comércio; qualquer que seja o artifício que com ele se prepare, é inútil a composição do elixir (...)

"Extrai pois o mercúrio dissolvente dos filósofos, a partir do *arsênico*, que é o sêmen de todos os metais; é deste modo que a natureza quer ocultar o precioso sob o vil".

ART D'AMOUR

Denominação costumeiramente dada à **Alquimia**, cujo processo imprescindível é a união das naturezas contrárias. Por esta razão, essa união é constantemente representada por um casamento: do Rei e da Rainha, do Céu e da Terra, do Sol e da Lua, etc.

Esse enlace é descrito da seguinte maneira pelo antigo filósofo Morien:

"... toda a perfeição desse **Magistério** consiste em tomar os corpos que estão conjuntados e que são semelhantes. Pois esses corpos, por meio de um artifício natural, são juntados e unidos substancialmente um ao outro, e se harmonizam, dissolvem-se e se recebem um ao outro, e se melhoram e se aperfeiçoam mutuamente.

Os homens nunca engendram por si sós, nem as mulheres concebem sozinhas, pois a **geração** só é feita por macho e fêmea; e a natureza só se regozija quando os machos recebem as fêmeas, porque então se produz geração, e não ajuntando nesciamente às outras naturezas estranhas e dessemelhantes.

Faz então unirem-se teu filho Gabertino com sua irmã Beya, que é uma menina fria, doce e suave. Gabertino é o macho e Beya é a fêmea, que emenda e corrige Gabertino, pois veio dele. E ainda que Gabertino seja mais quente que Beya, ainda assim, não provocará a geração sem Beya; Gabertino, tendo-se deitado com Beya, imediatamente morre; pois Beya cobre-o, abraça e o encerra em seu ventre, de modo que nada mais se vê de Gabertino. Beya então abraçou Gabertino com um amor tão veemente, que ela o concebeu inteiramente e o transmutou em sua natureza, e o dividiu em diversas partes" (32).

ARTE

A maioria dos autores usa o termo *"Arte"* como sinônimo de **Magistério**, referindo-se, por sua vez, aos alquimista como "artista", em razão de ser a **Grande Obra** um delicado trabalho artesanal, buscando aperfeiçoar, ou apenas tornar mais rápido o que na Natureza já nos parece tão perfeito. Acima do **ouro** não se encontra na Natureza outro metal, mas, segundo Salmon, transcrito em "Le Filet d'Ariadne":

"Os homens podem ajudar a natureza e obrigá-la a realizar um esforço superior ao realizado para as suas produções ordinárias. Purgação, fixação, tintagem e perfeição dos metais imperfeitos.

A *arte* não pode comunicar à Natureza nenhuma energia nova, porém afasta os **excrementos** que impedem a energia natural de produzir seus efeitos" (9).

"Abri vossos olhos, ó pesquisadores da Natureza! Sendo ela tão liberal em suas produções perecíveis, quanto mais não o será naquelas que são permanentes e que podem resistir ao fogo? Atendei, pois, às suas operações; se obtiverdes a **semente** metálica e amadurecerdes pela *arte* aquilo que a Natureza leva muitos séculos para aperfeiçoar, ela não falhará e recompensar-vos-á com um aumento proporcional à excelência de vosso sujeito" (128).

"Que a **Pedra** deve ser dividida em duas partes.

Consequentemente, ele procede a operação da pedra, dizendo: O que embaixo do qual é, é como sobre o qual é. E isto ele entende, porque a pedra é dividida em dois princípios separados por *Arte*: Na parte superior, aquele que ascende para cima e, na parte inferior, o que permanece embaixo, para que se fixe e clareie: e quando estas duas partes concordarem em virtude: se atrairão. Esta divisão é necessária para perpetuar o milagre de uma coisa, para graça da Pedra: porque a parte inferior é a **Terra** que é chamada a Enfermeira e **Fermento**: e a parte superior é o destruidor que depressa faz com que a Pedra inteira passe para cima. Portanto a separação fez com que fosse celebrada a **conjunção**, onde são manifestos os milagres efetuados pelo trabalho secreto de **natureza**" (229).

ARTÉFIO

Antigo **Adepto** cujos textos latinos serviram de base aos estudos de filósofos renomados surgidos posteriormente. É citado constantemente em textos das mais diversas épocas, por autores das mais variadas regiões. Autor de *Lapide Philosophorum Liber Secretus*, obra na qual confessa ter uma existência milenar, graças ao uso do **Elixir** da imortalidade, conseguido com o sucesso do **Magistério**.

O livro secreto de Artefius foi escrito presumivelmente no século XII. Traduzido por Lapidus, ele foi incluído por este ultimo alquimista em seu livro *Em Perseguição do Ouro*. É, talvez, um dos mais coerentes textos deixados pelos Adeptos medievais, porque descreve as três operações da Obra, coisa rara de se encontrar nos manuscritos antigos, apesar de não terem sido apresentadas na real sequência em que acontecem e guardar o mesmo tipo confuso de linguagem na forma de exprimir a elaboração do trabalho. Seguiu o exemplo de outros autores, usando um nome para muitas coisas ou vários nomes para a mesma coisa.

ÁRTEMIS

Ver **Diana**.

ÁRVORE DA VIDA

Este é um dos mais constantes símbolos da tradição de todos os povos. Já os egípcios as simbolizavam sob a forma de vegetais comuns, plantando-as em torno dos templos para que nelas se manifestassem as deusas Ísis e Hathor. Nas tapeçarias orientais, é representada abrigando dois pássaros de formosa plumagem. Figura central do Jardim do Éden, eixo do mundo, símbolo da imortalidade, representação da ciência sagrada e do conhecimento do Bem e do Mal. Atributo de **Apolo**, em forma de Loureiro — *Árvore* da Iluminação —, ou Boddhi — a árvore de Buda. Para os hindus é o símbolo das forças criadoras do Universo. A antiga mitologia nórdica acreditava na existência de uma árvore cósmica que sustentava o mundo, sendo dela o seu eixo e a promoção do seu equilíbrio. Seu nome **Yggdrasil**, representada pela Runa Eihwaz.

No Bhagavad-gîtâ, a realização espiritual está associada ao ato de cortar a *Árvore* de Brama com a arma da **sabedoria**.

Alguns acreditam ser esse simbolismo em decorrência da participação da árvore nos três planos: o subterrâneo, onde se prendem suas raízes; o nível do chão, onde se eleva o seu tronco; e o ar, por onde se espalham seus galhos, folhas, flores e frutos.

Na cabala, a árvore de *sefiroth* também é povoada de simbolismos que a remetem a deuses, planetas e minerais. Malcut representa a Terra; Yesod, a Lua; Hod, Mercúrio; Netzah, Vênus; Tepheret, Sol; Geburah, Marte; Hesed, Júpiter; Binah, Saturno; Daat, a sefiroth oculta, é Plutão; Hochma, Urano; Kether, Netuno, a Coroa, o movimento primeiro.

Em diversos sentidos ela é associada à mulher divina, a **deusa-mãe**. É um símbolo de fecundidade, além de ser uma autêntica imagem da renovação cíclica. Tira seu alimento das profundezas da Terra, o que, por si só, já bastaria para que pudesse ser tomada como um símbolo da **Grande Obra**; mas percebe-se, após muitas leituras nos velhos textos que oliveira salgueiro, carvalhos, pinheiros, **amendoeiras**, cerejeiras, **acácias**, etc., são representações de uma única árvore — a pequena árvore de prata que surge no crisol, após o **Regime da Lua**.

Muitas vezes aparece nas alegorias, guardada por dragões ou serpentes, como as existentes no **Jardim das Hespérides**, na mitológica Yggdrasill e em lendas irlandesas e eslavas.

Em muitas tradições, a *Árvore da Vida* é invertida; suas raízes estão no céu, enquanto seus galhos se espalham penetrando a terra, lembrando onde está situada a verdadeira fonte da vida. Essa representação é revelada no esoterismo de antigos povos e se registra no **Vedas**, no Upanixade, entre os hebreus, etc., fazendo pensar se essa alegoria também não é inspirada na pequenina árvore que surge no **crisol**.

Falando alquimicamente, como Pernety em seu *Dictionnaire Mytho-Hermétique*: "A grande Árvore dos Filósofos é seu **mercúrio**, sua **tintura**, seu princípio e sua **raiz**".

Outra definição da *Árvore da Vida* que nos remete à simbologia alquímica é a de um filósofo denominado Alexandre. Ela foi publicada em *Alchemical Treatise*, divulgado em 1470: "Crescem nos vasos de vidro sob a forma de árvores, e, através de circulações permanentes, as árvores voltam a dissolver-se no mercúrio novo".

"Todas as crenças que acabamos de referir demonstram que, sexualmente, o simbolismo da árvore é ambivalente. Em sua origem, a *árvore da vida* pode ser considerada como imagem do **andrógino** original. Mas, no plano do mundo dos fenômenos, o tronco erguido em direção ao céu, símbolo de **força** e poder eminentemente solar, diz respeito ao Falo, imagem arquetípica do pai. Ao passo que a árvore oca, da mesma forma que a árvore de folhagem densa e envolvente, onde se aninham os pássaros e que periodicamente se cobre de frutos, evoca, por sua vez, a imagem arquetípica lunar da mãe fértil: é o **carvalho** oco de onde escapa a **água** da **fonte** da juventude" (38).

Este trecho dos escritos de **Isaac Newton**, citado por Betty Dobbs, The Foundations of Newton's — Alchemy, Cambridge (1975), nos fala de experiências de sucesso realizada pelo grande mestre: "Crescem nos **vasos** de **vidro** sob a forma de *árvores*, e, através de circulações permanentes, as *árvores* voltam a dissolver-se no **mercúrio** novo".

"Há o problema das palingenésias que, sem dúvida, não poderia reduzir-se ao conhecido fenômeno (muito facilmente verificável) do aparecimento repentino de estruturas cristalinas de aspecto vegetal; com efeito os alquimistas se vangloriavam de poder obter, a partir das **cinzas** de uma planta incinerada por eles, uma verdadeira ressurreição" (234).

Do *The Alchemy Web Site*, ressaltamos revelações contidas no texto de Adam McLean, na Internet ilustrado, publicado primeiramente em 1980 no *Jornal Hermetic*, no qual é narrada uma experiência feita por um anônimo, buscando fazer crescer uma "*árvore de prata*", a partir de uma solução de 10 gramas de nitrato de prata, composto à solução de 100 mililitros de água e, aproximadamente, 20 gramas de mercúrio metálico, em um frasco redondo, sob **calor** natural. Quinze minutos após, apareceram algumas formações que logo se estabilizaram. O experimentador anônimo acrescentou então mais mercúrio, o que redundou no crescimento de cristais rígidos de **prata**, que formavam o tronco e galhos da fabulosa e mítica árvore, comprovando assim o relato da maioria dos **Adeptos**.

Ver também **Lunaria**.

ASCENSO E DESCENSO

Expressão usada para definir, na **Grande Obra**, o comportamento da **água** que se lança para o alto e para baixo, dentro do **vaso** filosófico, até que as substâncias se coagulem, transformando-se na matéria putrefata, ou **Nigredo**. Esse processo é a **circulação** da matéria, alegoricamente representado pela **roda**, ou o **uroboro** e sintetiza muito do trabalho do Magistério, na **Via Úmida,** e, ao que parece, nele se resume todo o processo da **Via Seca**.

ASFÓDELO

Asphodelus albus — vulgarmente chamada Vara de São José, é uma planta herbácea com raízes tuberosas, sendo suas flores brancas, em forma de **estrela** de seis pontas. Seu nome provém do grego que acreditavam atapetar os Campos Elízios e a entrada do Inferno. Ainda, segundo a lenda, foi cuspida pelo cão **Cérbero** ao ser vencido por **Hércules**.

Como a vitória sobre Cérbero representou o último dos **doze trabalhos de Hércules**, pode-se presumir que tenham representado, por essa planta, a vitória sobre a **matéria** ou a finalização do **Magistério**.

ASTROLOGIA

Embora a *Astrologia*, até há pouco tempo, tenha sido alvo de um conceito pejorativo, corroborado pelos horóscopos diários e pelo desenvolvimento da tão "racional" Astronomia, cabe-lhe um lugar de destaque pelo que já foi, e pelo o que ainda é, para os que a consideram com a seriedade que merece.

Nascida em tempos imemoriais, quando as imaginadas dificuldades técnicas fazia realçar o valor da dedicação e do estudo de seus precursores, ela atravessou as idades, vulnerável aos costumes, às superstições e aos misticismos mas guardando em sua essência o conhecimento transcendental da influência exercida pelos astros no microcosmo. Em razão da intransigência científica, usual até há bem pouco tempo, essa influência não era levada em consideração, fazendo com que as críticas fossem superiores ao interesse por uma comprovação. Hoje, felizmente, esse desprezo começa a se arrefecer diante de fatos irrefutáveis.

Na década de 1940, um pesquisador francês chamado Gauquelin resolveu submeter à prova a relação Homem-Astrologia; e, após a confecção de centenas de mapas astrais, concluiu que a posição dos planetas no céu, na hora do nascimento, determinava tendências à disposições e vocações profissionais, impossíveis de se conferir ao acaso. Essa estatística que, posteriormente, foi comprovada por outros especialistas confirma a receptividade das forças cósmicas na Terra.

Para a paciente **Alquimia**, que sempre lhe rendeu as devidas honras e respeitou suas leis, uma razão a mais de credibilidade. Se os critérios astrológicos foram considerados válidos pelos antigos, é porque se confirmaram em experiências satisfatórias.

Para corroborar, as palavras de Raymond Abellio de seu texto "A Astrologia: Ciência ou Sabedoria" publicado no nº 6 da revista *Janus*, de julho-setembro de l966:

"É verdade como veremos, sem que isto possa ser uma desculpa para os **sábios**, que muitos astrólogos praticantes são primários, aos quais esta noção de interação é igualmente alheia, e que reduzem a *astrologia* ao limite, para comercializá-la melhor, a um código de previsões 'objetivas'. Entretanto, os astrólogos simbolistas têm em conta a multivalência de cada aspecto referente a cada **signo** ou sinal e também à dificuldade de compor, a cada momento, o conjunto muito numeroso dos aspectos notáveis, (...) existe um charlatanismo astrológico, consciente ou não, que elege sem vergonha a interpretação de mais baixo nível, essa que o cliente pode receber melhor e digerir sem esforço de adaptação ou de assimilação própria".

Na opinião de Claude Vallet — engenheiro diplomado pela Escola Nacional Superior de Eletricidade e de Mecânica de Nancy, as interessantes considerações, também transcritas da revista Janus de Julho-Setembro de 1966:

"Nascida com a mitologia, estreitamente ligada à religião e servida por uma Astronomia primitiva, tal se apresentava a *Astrologia* há vários milênios. Os sacerdotes-astrólogos caldeus observavam com extrema minúcia as aparições helíacas dos planetas, determinavam suas revoluções sinódicas, e suas previsões guiavam príncipes e reis. Os templos tinham a função de laço entre a Terra e o Céu".

ATALANTA FUGIENS

Livro de autoria de **Michel Maier**, publicado em 1617, na Alemanha, e considerado como a primeira obra multimídia realizada no mundo. Isto porque, mediante o trabalho executado por esse famoso místico **rosa-cruz**, foram associadas várias áreas do conhecimento humano: Alquimia, química, filosofia, literatura, música, canto e as artes visuais, o que redundou em uma forma multidirecional de encarar a antiga ciência.

O livro é composto por 50 emblemas filosóficos, contendo, embora de forma velada, a fórmula secreta para a prática da **Obra**; 50 fugas ou partes curtas de música, em partituras devidamente acompanhadas da letra a ser cantada; outras tantas poesias, epigramas e discursos alegóricos.

Maier, especializado em escritas criptográficas e hieróglifos, usou em seu trabalho um simbolismo mitológico, com figuras religiosas antigas, para revelar preservando os segredos da **Natureza**.

Um trabalho em que a intenção do autor era divulgar a **Arte**, na qual acreditava estar os caminhos da evolução humana.

ATANOR

"**Forno** comum, o qual será feito de ladrilho, de barro ou de placas de **ferro** ou **cobre**, bem embarradas. Sua forma parece a de uma torre com seu ninho. Torre de quase três pés de altura, por um palmo de largura. Próximo ao solo, tem uma portinhola para retirar as **cinzas**, de três ou quatro dedos, quadrada, com uma **pedra** ou ladrilho disposto em cima, sobre a qual, imediatamente, se põe uma grade de ferro. Pouco mais alto que a grade se farão dois buracos de quase dois dedos, pelos quais se dá o **calor** ao *Atanor*, encimado na torre. Além disso, estará a torre bem fechada, sem abertura alguma. Pela parte de cima, hão de se meter primeiro alguns carvões acesos, depois se colocam os demais e se fecha muito bem a boca. Com este forno podes fazer a obra do princípio ao fim. No mais, se fores curioso, poderás achar outros modos e caminhos para administrar o **fogo** que se deve dar. Faz-se o forno, pois, deste modo, para que a **matéria** posta nele (sem mover o **vidro**) possa receber qualquer grau de calor, como quiseres, desde o grau febril até o fogo menos intenso, e que o grau mais forte de fogo dure sempre, por si mesmo, ou de uma vez, ao menos dez ou doze horas" (1).

Veja também **Forno**.

ATENÁ

Nascida da cabeça de Zeus, essa deusa virgem da mitologia grega fez brotar na **Terra** a oliveira, dando de presente à humanidade o seu "**óleo** sagrado" Seu culto já era conhecido no século VI a.C., e sua origem é atribuída à civilização minoica.

Era considerada **Grande-Mãe**, devendo-se a ela a fertilidade do solo. Apesar de virgem, atribuía-se-lhe a maternidade de Erictônio — o filho da terra —, gerado em uma forja, quando o **sêmen** de Hefesto (**Vulcano**), que queria possuí-la, caiu em uma de suas pernas. Retirando-o e jogando-o ao chão, não impediu que a terra o fecundasse com o corpo de **serpente**, da cintura para baixo.

Inventiva, idealizou a construção do navio Argos, que levou Jasão na busca do **Velocino de Ouro**.

"Seu nascimento foi como um jorro de luz sobre o cosmo, aurora de um mundo novo, atmosfera luminosa, semelhante à hierofania de uma divindade, emergindo de uma montanha sagrada. Sua aparição marca um transtorno na história do mundo e da humanidade. Uma chuva de neve de ouro, pureza e riqueza, tombando do céu com a dupla função de fecundar como a chuva e iluminar como o Sol" (2).

ATHOÉTER

Denominação dada pelo Conde de **St. Germain** à água branca mercurial. Extremamente volátil, tendo de ser cuidadosamente fechada em **vidro**, pois evapora rapidamente. Ferve à baixa temperatura, não molha as mãos e é a água primária de todos os metais. Dela, segundo St. Germain, provém o **azeite** de ouro, o que se consegue juntando-a ao **Sal** de ouro.

ATMA

Núcleo divino do ser. Quando todos os impedimentos lhe são retirados, surgem as faculdades por excelência, que lhe são atributos normais.

ÁTOMO

O *átomo*, como unidade comum a todas as matérias, é considerado o postulado fundamental da Alquimia: *OMNIA IN UNUM* (Tudo em Um). Somente reduzindo a matéria a sua condição primeira, o alquimista pode tornar possível o conhecimento legado por antigos sábios — a **transmutação**. É após essa redução, que se torna possível realizar novas combinações de átomos em moléculas, substâncias mais complexas e capazes de atender aos seus interesses.

A **matéria-prima** específica, tão preservada pelos alquimistas por ser um composto mineral com presumivelmente **sete** componentes, contém em si todos os elementos necessários às ligações posteriores, sem que nada seja preciso interpor para o sucesso da **Grande Obra**.

Em "A Alquimia da Natureza", publicada na Internet no endereço: www.pegue.com/religiao/**alquimia**.htm, consta: "Para os químicos, existe uma verdade básica: o átomo é sempre átomo. Segundo os cientistas, apenas sob condições extremas e quase impossíveis os átomos se dividiriam. Porém, as pesquisas do médico francês Louis Kervran, falecido em 1983, mostram outra (e surpreendente) verdade. De acordo com ele, cada planta ou animal consegue mais do que avançados centros de pesquisa nuclear: divide, ajunta e transforma certos elementos em outros sem gastar muita energia e numa temperatura de meio ambiente. Depois de uma série de pesquisas, feitas por químicos, pesquisadores e cientistas, chegou-se a uma conclusão: acontecia um fenômeno inexplicável! Kervran foi o primeiro a oferecer uma explicação científica para esse fenômeno. Na década de 1960, ele observou uma equipe de operários trabalhando na sondagem de petróleo no Saara e descobriu que as fezes de todos eles continham grandes quantidades de potássio. Sua alimentação, porém, quase não tinha potássio. O potássio não podia ser oriundo das reservas do organismo dos trabalhadores, porque esses teriam se esgotado depois de poucos dias. Além disso, não se detectava nenhuma deficiência do elemento nos operários. O potássio não podia ter surgido do nada. Depois de muita pesquisa, Kervran chegou a conclusão que o sal (cloreto de sódio) se transformava em potássio... Se isso fosse verdade, seria um golpe letal contra o princípio básico do fundador da química moderna, Antoine Lavoisier. Já no século XVIII, Lavoisier formulou a teoria (válida até hoje) segundo a qual no mundo dos átomos nada se perde e nada se cria, tudo se transforma. De acordo com a teoria, o átomo de potássio pode ligar-se a vários outros átomos formando moléculas, mas também devia, até o fim dos tempos, continuar sendo potássio. Essa teoria perdeu força após a descoberta da radioatividade por Madame Curie. O átomo, que foi considerado imutável pelos físicos de outrora, é muito menos estável do que se acreditava até bem pouco tempo atrás. A partir daí, passou-se a diferenciar os elementos em radiativos (instáveis) e estáveis. Pouco tempo depois se conseguiu (através de bombardeamento com raios gama e outras partículas) que também núcleos atômicos se transformassem. Daí até as bombas de Nagasaki e Hiroshima, o caminho foi bem curto. Mas a tese sobre a estabilidade de todos os elementos (com a exceção dos radioativos) continuava em pé. Kervran chamou o fenômeno ocorrido com os operários de transmutação biológica. Segundo ele, tudo pode acontecer desde que haja vida. Microorganismos, algas, fungos, plantas, animais. Se sua teoria estiver correta, grandes mudanças acontecerão em vários campos: na medicina, ma agronomia, etc... Quem sabe um dia o sonho dos alquimistas se realizará e o mercúrio se tranformará em ouro. Será que os velhos alquimistas sabiam que os dois estão tão próximos na tabela periódica dos elementos? E quando as pesquisas de Kervran finalmente serão testadas com seriedade e sem preconceitos? Ou ainda não estamos preparados para tal verdade? Parece que a vida começa num nível muito mais profundo que o atômico. Se existem organismos vivos capazes de transformar manganês em ferro (e vice-versa), por que não existiriam seres vivos capazes de produzir algo do nada — a luz e a vibração? Da transmutação até a materialização é apenas um passo pequeno. Se acreditarmos nas notícias sobre determinados gurus asiáticos, esse pequeno passo já foi dado por várias pessoas. E sobre a Criação Divina? Realmente, nem eu sei o que pensar..."

ATWOOD, MARY ANN

Filha de um profundo investigador da espiritualidade humana, Thomas Sul, Mary Ann nasceu em Hampshire em 1817. Empolgada pelos ensinamentos do pai e considerando que a Alquimia era uma verdadeira Arte e que a Pedra Filosofal não era um sonho, lançou em 1846 o seu primeiro livro *Sugestivo Inquérito no Mistério Hermético*.

Esse livro, patrocinado por seu pai, sem um exame mais acurado das revelações que estavam sendo feitas, começou a provocar uma profunda apreensão quando notaram que segredos herméticos que deveriam permanecer ocultos, estavam sendo disseminados mediante seus ensinamentos, podendo provocar mais mal do que bem, em mãos inescrupulosas. Temendo pela indiscrição, os dois resolveram recolher toda edição e queimá-la, sem, entretanto, conseguir seus intentos. Nem todos os livros foram destruídos e, pelos menos duas edições, uma em 1918 e outra em 1976, oriundas de alguns livros remanescentes da primeira edição, tem os seus exemplares espalhados, independentemente da vontade de sua autora.

AURORA

Quando a matéria já não se mostra mais dominada pelo **negrume** da noite saturnina e, por meio uma sublimação completa, se podem antever as claridades do seu branqueamento, os alquimistas chamam *aurora*.

Um dos mais conhecidos e importantes textos alquímicos "Aurora Consurgens", atribuído a São Tomás de Aquino, revela, entre outras coisas, o porquê dessa denominação "Aurora Nascente" associada ao término do Magistério:

"Em primeiro lugar, a palavra '*aurora*' pode ser explicada como '*áurea hora*' (a hora dourada), porque há um certo momento bom nesta obra em que a pessoa pode alcançar seu objetivo; em segundo lugar, a *aurora* fica entre o dia e a noite e tem duas cores, a saber, o **amarelo** e o **vermelho**; e, assim, a nossa ciência, ou **alquimia**, produz as cores amarela e vermelha, que estão situadas entre o preto e o branco...

Assim, a madrugada no auge do vermelho é o fim de toda escuridão e a expulsão da noite, esse tempo sombrio com o qual nos confrontamos, se nos aventurarmos nele e não tivermos cautela".

AVATAMSAKA

"Uma das maiores escrituras sagradas produzidas pelo gênio religioso indiano. (...) O tema central do *Avatamsaka* é a unidade e a inter-relação de todas as coisas e eventos; uma concepção que não é apenas a própria essência da visão oriental do mundo, mas também um dos elementos básicos da visão do mundo que surge à tona com a Física Moderna. Ver-se-á então que o *Avatamsaka*-sutra, esse antigo texto religioso, oferece os mais impressionantes paralelos com os modelos e teorias da Física Moderna" (24).

AVICENA

Médico e Filósofo persa. Nasceu em Bukhara, atual Turquestão, em 980; morreu em Hamadã, em 1037. Seu nome, Abu Ali al-Husayn ibn Abd Allah ibn Sina, do qual se originou o *Avicena* como forma sintetizada de Ibn Sina. Autodidata, inteirou-se do Direito muçulmano, da Física, da Matemática, da **Medicina** e da Filosofia. Mas foi à Medicina que mais se dedicou, apesar de ser atribuída a ele a criação de uma enciclopédia, com todo o conhecimento existente no Oriente Médio de sua época.

Avicena acreditava na força emanada pelos astros, nos destinos das pessoas, traçando um elo entre as diversas partes do corpo e a posição dos planetas, e, como médico, usava esse conhecimento no tratamento de seus doentes.

Como não poderia deixar de acontecer com qualquer inteligência de seu tempo, dedicou grande parte de sua vida à procura da Pedra Filosofal e, talvez, se deva a ele a associação da Alquimia com a Astrologia.

Toda a sabedoria de *Avicena* terminou se espalhando pela Europa, nos manuscritos copiados pelos monges, fazendo com que sua filosofia exercesse grande influência no pensamento medieval e contribuísse, por certo, para o Renascimento.

AYURVEDA

Um dos livros contidos nos **Vedas** que trata, com especialidade, da **medicina**. Assim como os demais livros dessa doutrina sagrada da Índia, é um arquivo de tradições milenares a serem transmitidas apenas aos iniciados nos **mistérios** do **conhecimento** secreto. (Ayur = Vida e Veda = Conhecimento).

Nos *Guias Práticos Nova Cultural* do dr. Márcio Bontempo, é explicado que:

"Os antigos mestres da Índia divisaram dois princípios fundamentais da existência: *Purusha*, o princípio espiritual ou da consciência superior; e *Prakrit*, ou da natureza material, o princípio criativo ou a força de criação dos mundos físicos. **Purusha** é alimentado pelo **fogo** cósmico chamado *Fohat*; **Prakriti** é alimentado por *Kundalini*, fogo cósmico antagônico e complementar a Fohat. A união de Purusha e Prakriti produz todas as coisas".

Segundo declarações de um Ayur-Veda (médico) transcrita por Elisabeth Haich em seu livro *Iniciação*, comprova-se que essa medicina é baseada na **Alquimia** e no conhecimento adquirido com a **Grande Obra**:

"Nossa **sabedoria** é transmitida de pai para filho. Quando um pai inicia seu filho, este, primeiro tem que fazer um juramento de não revelar seus segredos, em nenhuma circunstância. Ninguém, até hoje, quebrou esse juramento. Não posso revelar-lhe o **segredo** de nossas pílulas. Mas posso lhe contar muita coisa sobre nossa ciência. As pílulas que lhe dei são resultado de uma combinação química, cujo principal ingrediente é o **ouro**. Essa mistura de ouro, contudo, não é nenhuma **matéria** morta, podemos chamá-la de 'ouro-vivo'. Ela é mantida num **forno** químico, sob **calor** constante, numa vasilha hermeticamente fechada, durante várias semanas. Graças a esse procedimento, desenvolvem-se no ouro morto certas características, de modo que ele passa a ser 'ouro-vivo'. O senhor sabe que, se mantivermos um **ovo** durante vinte e um dias sob a temperatura constante de quarenta graus, nascerá um pintinho. Mas se fervermos o ovo durante dez minutos, a cem graus, ele ficará duro e dele nunca surgirá uma nova vida. Acontece o mesmo com esse preparado à base do ouro. O calor constante durante várias semanas desenvolve nele a mesma energia contida na 'energia vital'. Essa energia ainda é mais elevada do que a energia atômica. O ouro se desenvolve durante milhões de anos, em um processo extremamente lento, surgindo da matéria-prima da terra.

Se continuarmos a desenvolver esse processo, podemos transformar o ouro em outra matéria carregada dessa energia, mais elevada de todas. Da mesma forma que conseguimos imantar um pedaço comum de **ferro**, também podemos transformar o ouro comum em ouro magnético ou ouro-vivo. O **magnetismo** do ouro, entretanto, é uma energia muito mais elevada que o magnetismo do ferro. Ele tem as mesmas vibrações que a nossa força vital; essa energia é a própria vida, e atua sobre os seres vivos como um milagre".

AZEITE

Substância branda, untuosa, altamente inflamável, que se desprende da **matéria**, quase ao fim dos trabalhos.

Segundo alguns textos informam, no último grau de regeneração, quando o *azeite* sobrenada na água, tem que ser separado com a ajuda de uma pena branca, bem lavada e molhada, tendo-se o cuidado de não perder nada dele, pois é a verdadeira **quintessência** do **ouro** vulgar, regenerado. Nele se encontram reunidos os três princípios, que já não podem ser separados uns dos outros. A esse *azeite,* dá-se o nome de **azufre**. Ele é a **tintura**, o **fogo** radical, o ouro potável ou a **medicina** universal.

Parece que, guardando a memória de uma aplicação alquímica existente em algum tempo anterior, o *azeite* teve um uso ritual em muitas culturas. Caso contrário, qual seria a verdadeira significação para o fato de os reis de Israel serem ungidos por Deus com azeite, o que lhes conferia com isso autoridade e glória? O óleo usado para esse fim era visto então como o Espírito de Deus. Outro fato estranho é que na Quarta-Feira de Cinzas, que antecede em 40 dias o período da **Páscoa**, período esse de ressurreição da matéria também para a **Alquimia**, é feita "a bênção dos Santos Óleos" prática realizada, ainda hoje, pela Igreja Católica.

"Nós chamaríamos um *azeite* mercurial de **sal** putrificada e passada pelo **alambique**, seguindo a licença filosófica que nos permite dar a nossos filhos o nome que queremos; com efeito, é um *azeite* exaltado até o mais alto grau de perfeição ígnea e este *azeite* é o fundamento de toda solução metálica, sem a qual nada pode servir em nossa **obra**, o que é útil ressaltar. Exerce em nossa obra as funções de fêmea e, com justiça é chamada esposa do **Sol** e **matriz**. Ademais é a **chave** que abre as portas metálicas, já que calcina os metais calcinados, calcina-os, apodrece-os, torna-os voláteis e espirituais, tinge-os de todas as cores e, enfim, é o começo, o meio e o fim das tinturas. E ainda mais, é da mesma natureza que o ouro, tal como o assegura Arnau de Villenova, ainda que a natureza do ouro seja completa, digerida e fixa e a natureza de nossa água seja incompleta, indigesta e volátil; em uma palavra, é o fogo dos Filósofos com o qual a **árvore** hermética se converte em **cinzas** (214).

"Mas, amigo meu, tens que saber que o sal que vem das cinzas tem, com frequência, uma virtude oculta, mas que de nada serve se o seu interior não se exterioriza, pois só o **espírito** dá vida e a **força**. O corpo sozinho nada pode. Se puderes encontrar este espírito, possuirás o sal dos filósofos e o *azeite* incombustível tão nomeado nos livros dos antigos **sábios**" (137).

"Este *azeite* pode tomar todas as formas possíveis e formar-se em pós, em sal, em **pedra**, em **espírito**, etc., por sua **dissecação**, com a ajuda de seu próprio **fogo secreto**. Este *azeite* é também o sangue do **Leão** Vermelho.

Os antigos o representavam sob a forma de um **dragão** alado, pousado sobre a terra. Enfim, este *azeite* inconsumível é o **Mercúrio** aurífero.

Estando feito, divide-se em duas porções iguais; conserva-se uma parte em estado de *azeite*, em jarro pequeno de vidro branco, bem tapado a esmeril, que se conserva em lugar seco, para servir-se dele ao fazer as embebições nos reinos de Marte e Sol, (...) e se faz dissecar a outra porção, até que seja reduzida a pó, então se divide este pó, semelhantemente, em duas porções iguais; dissolve-se uma parte em quatro vezes o seu peso de **Mercúrio Filosófico**, para embeber a outra metade do pó reservado" (12).

"Acende, à continuação, um **fogo** moderado, e faz sair pouco a pouco toda umidade que haja na **curcúbita**, até que não se perceba mais nada dela no fundo, e tem sempre bastante cuidado em manejar o fogo, de maneira que a ebulição não ascenda até o tubo do **alambique**; pois se a ebulição subisse até aí, não poderias apaziguá-la, nem impedir que a mistura passasse ao alambique, perdendo todo seu *azeite*. Perceberás então duas matérias, a saber: um humor aquoso e um humor graxo; separarás imediatamente um do outro, de modo que não fique nenhuma **água** no *azeite*, pois esta água estraga o *azeite*; e após haver separado o *azeite*, coloca-o à parte, para servir-se dele segundo a necessidade" (192).

"É um erro comum e muito antigo entre os Alquimistas que se pode tirar do **vitriolo** um *azeite* branco e um *azeite* vermelho: eles imaginam que este esteja impregnado de **azufre** de vitriolo **verde** e azul, e que, portanto, é preferível ao **branco** para o trabalho dos Alquimistas.

"Porém todos os que imaginam que o vitriolo destilado dá, separadamente, o *azeite* branco e o *azeite* vermelho, enganam-se grosseiramente; pois a experiência ordinária das pessoas que se ocupam diariamente com este trabalho mostra absolutamente o contrário; com efeito, o vitriolo levado ao **fogo** maior, dá um **licor** muito **ácido** e sumamente concentrado, que os químicos chamam impropriamente de *azeite* por causa de sua consistência, e que é tão claro como a água, suposto que, é por bem advertir, não carregue com ele nada da matéria com que se costuma fechar hermeticamente o recipiente. Este *azeite* permanece sempre muito claro, como a água da fonte, supondo que se o conserve em um frasco bem cerrado com tampa de vidro" (119).

"Para chegar à perfeição de fazer este *azeite*, os médicos modernos fizeram muitos esforços, porém em vão, porquanto não entenderam a intenção dos antigos para a preparação deste *azeite*; querendo sacá-lo pela **força** do **fogo**; e, servindo-se de destilações violentas, não conseguem senão um *azeite* muito **ácido** e corrosivo, o qual não pode se comparar ao outro, em seu gosto, eficácia e virtude" (14).

AZOTH

Porção do corpo coagulado que servirá para lavar e purgar a outra metade chamada **Latão**, que deve ser embranquecida sob um fogo igual ao do **Sol**.

É representado, na alegoria alquímica, sob a forma dos dentes da **serpente**, que **Teseu** semeia na **terra**, fazendo nascer os soldados que se destroem a si mesmos e dissolvem-se na mesma natureza da terra para vivificar a matéria.

Demonstrando mais uma vez as dezenas de figurações que podem ter um só elemento, para dificultar os trabalhos da **Grande Obra**, segue a quantidade de nomes que são dados a um só material:

"...estando terminada a primeira operação se tem o *azot,* ou o **mercúrio branco**, ou o **sal**, ou o **fogo secreto dos filósofos**" (12).

"Na forma externa ou figura ela se assemelha a uma pedra e ainda não é nenhuma pedra, porque eles a chamam sua Gengiva Branca e Água do Mar, Água de Vida, mais Pura e Santificada Água; e ainda eles não prestam atenção à água das nuvens ou água de chuva, nem água do poço, nem orvalho, mas uma certa espessa, permanente, água de salitre que está seco e não molha as mãos, uma água viscosa, enlodada gerada fora da terra. Eles também a chamam o seu Mercúrio duplo e *Azoth*, procriados pelas influências de dois globos, celestial e terrestre" (144).

"Quem tenha visto este *Azote*, vê o nosso **Elixir**,
pois, do nosso elixir, o nosso *azote* deve sair,
já que o elixir não é mais que água mercurial,
e chama-se *azote* o **vapor** que dela sai.
Elixir é o corpo a **Mercúrio** reduzido,
e o *azote* é o **espírito** que dos dois é produzido.
Tudo se faz água pela água, mas água que não molha,
e só se junta ao seu próprio despojo.
Pois se pode esta **grande obra** em três partes dividir,
e sob três nomes diferentes o segredo distinguir:
Rebis é o primeiro, quando a **pedra** se compõe
e os dois conjuntos não são mais do que uma coisa.
Elixir é o segundo, quando o nosso féretro
flutua num mar de prata sob os véus de dor.
Azote é o terceiro, quando no vazio,
do globo diáfano em vapor lúcido
se eleva fora das suas ondas e se condensa no alto;
logo volta a correr quando a força das suas asas se desfez.
Espírito que arranca a alma e no seu seio esconde,
quando dos corpos apodrecidos a sua **tintura** arranque" (228).

"O sublimado, que é chamado *azot*, deve ser cozido até o **elixir** perfeito por um fogo externo, lento e continuado, por largo tempo" (9).

Para os Sufis da Pérsia, o *az-zaut* se refere à pedra, à coisa escondida. Na Pérsia antiga, o *azoth* também podia ser identificado por ez-zat, cujo significado era "essência" ou "realidade interior".

AZOUGUE

Muitas vezes referido nos textos como Azogue, é o princípio mercurial presente em todos os **metais** que, no **Magistério**, é extraído através de **sublimações**.

"A mãe dos metais é o *azougue*" (33).

Para Clave Gasto, em *Apologia Argyropoeiae et Chrysopoeiae*:

"...este *azougue*, que dissemos ser a matéria próxima da prata e do ouro, não só é o *azougue* vulgar, que vem publicamente dos mercadores que o trazem da Espanha ou Alemanha; como também o é, em verdade, o que se extrai, por uma **arte** sutil, dos corpos mistos imperfeitos: chumbo, estanho, cobre e ferro".

"Quem quiser fazer o magistério da pedra, a partir do *azougue* mineral, lhe é necessário mortificar primeiro esse *azougue*, e reduzir daí a matéria-prima. Desse trabalho se livra quem toma o mercúrio da marcassita, ou magnésia, melhor dizendo, do régulo de antimônio, e do bismuto, nos quais já está mortificado e congelado" (101).

"Hás de saber que este nosso mercúrio interpenetra a todos os corpos metálicos, dissolve-os em sua matéria mercurial mais próxima, separando seus **azufres**. Sabe, pois, que o *azougue* de uma Aguila, ou duas ou três, manda a Saturno, Júpiter e a Vênus; à Lua, após desde três Águilas até **sete**; por último manda ao Sol, desde sete até dez Águilas. Por isto te faço saber que este *azougue* é o mais próximo ao primeiro dos dois metais, mais que qualquer outro *azougue*, porque radicalmente se mete por seus corpos, e manifesta suas escondidas profundidades" (1).

AZUFRE

Enxofre. Matéria oleaginosa, também denominada enxofre filosofal. Para os alquimistas, é o fenômeno da **Obra**. O **peixe** que se deve deter na **rede**. A ambicionada **rêmora**. Pequeno **sol** central da matéria.

"É filosoficamente exato assegurar que os metais estão compostos de *azufre* e **mercúrio**, como o ensina **Bernardo Trevisano**; que a pedra, embora formada pelos mesmos princípios, não dá, em absoluto, nascimento a um metal; que, finalmente, o **azeite** e o mercúrio, considerados em estado isolado, são os únicos progenitores da pedra, porém não podem ser confundidos com ela. Permitimo-nos atrair a atenção do leitor sobre este feito, de que a cocção filosofal do **rebis** dá como resultado um *azufre* e não a união irredutível de seus componentes, e que, este *azufre*, por assimilação completa do mercúrio, disfarçada sobre esta constante de efeito, está fundada a técnica de **multiplicação** e de acrescentamento, porque o *azufre* novo permanece sempre suscetível de absorver uma quantidade determinada e proporcional do mercúrio. (...)

O menino recém-nascido, o Reizinho e nosso **Delfim**, **Perseo** ou peixe do **mar vermelho**, é produto da embebição do corpo, depois de reduzido a fino pó e posto em digestão com uma pequena quantidade de **água** que, à medida que vai sendo absorvida, é renovada. Obtém-se assim uma pasta, cada vez mais branda, que se torna pastosa, oleosa e, por fim, fluida e limpa. Submetida então, em certas condições, à ação do **fogo**, parte desse **licor** se coagula em massa que cai ao fundo e que se recolhe com cuidado. Esse é o nosso precioso *azufre*". (...)

"Temos dito, e o repetimos, que o objeto da *dissolução filosófica* é a obtenção do *azufre* que, no **Magistério**, desempenha o papel de formador, ao coagular o **mercúrio** que lhe está unido, propriedade que possui por sua natureza ardente, ígnea e dessecante. *Toda coisa seca bebe avidamente seu úmido*, diz um velho axioma alquímico. Porém este *azufre*, a raiz de sua primeira extração, jamais é despojado do mercúrio metálico, com o qual constitui o núcleo central do metal, chamado essência ou **semente**. De onde resulta que o *azufre*, conservando as qualidades específicas do corpo dissolvido, não é, na realidade, senão a porção mais pura e mais sutil desse mesmo corpo" (7).

"Entendo por *azufre* dos metais esta terra graxa e, por assim dizê-lo, brilhante, que dá aos metais sua cor e ductibilidade, que é em parte incombustível, que serve de laço aos outros princípios terrestres dos metais e que é o único capaz de conservar e de receber a cor ou a **luz**" (34).

"Esta substância ígnea, fixa em sua natureza, é a semente inata do **misto**, a que os filósofos chamam o **Astro** natural de cada corpo, que tem sempre, por si mesmo, a geração, porém não pode atuar, senão o tanto ou quanto é excitado pelo **calor** celeste" (9).

"O *azufre* que pode ser encontrado nos metais é selado, se o **mineral** é perfeito" (35).

"O *Azufre* é o bálsamo suavemente oleaginoso e viscoso que conserva a cor natural das coisas, e é o fator de toda vegetação, aumento e **transmutação**, e a **fonte** e origem de todas as cores. É inflamável, porém tem grande poder para aglutinar os extremos contrários" (143).

"Pode ser que isto te pareça incrível, porém é verdade que o mercúrio homogêneo, puro e limpo, inseminado por nosso artifício de *azufre* interno, administrando-se tão somente um calor conveniente, coagule-se a si mesmo como a nata do **leite**, nadando por cima como a terra sutil sobre a **água**; porém, junto com o **Sol**, não só não se coagula, como se tornará mais brando a cada dia, até que, quase dissolvidos os corpos, comecem a coagular-se os **espíritos** com uma cor negríssima e um odor hediondíssimo. A partir disto se vê claramente que este *azufre* espiritual e metálico é verdadeiramente o primeiro movimento que faz girar a roda, e que quem lhe dá a volta ao eixo é este verdadeiro *azufre*" (1).

"O **antimônio**, **Marte** e **Vênus**, estão compostos de *azufre* e de **mercúrio**. O *azufre* é contrário à natureza, por causa de sua untuosidade inflamável e de estar abrasado à sua terra impura. É por isto que, antes de mais nada, há que se purgar a referida matéria de nosso **mênstruo** de seu *azufre* combustível. A fim de que só o mercúrio possa ser útil a nosso desígnio" (217).

"E, embora seja preferível não extraí-lo do meio em que se encontra — deixando para sua necessidade bastante água a fim de manter sua vitalidade —, os que tiveram a curiosidade de achá-lo puderam verificar a exatidão e a veracidade das afirmações filosóficas. Trata-se de um corpo minúsculo — tendo em conta o volume da massa de onde provém — com a aparência externa de uma lente biconvexa, amiúde circular e, em outras ocasiões, elíptica. Com aspecto terroso, mas bem mais metálico, este ligeiro botão é infusível, porém muito solúvel, duro, quebradiço, friável, negro de um lado e esbranquiçado de outro, violeta ao romper-se" (90).

B

BACON, FRANCIS

Barão de Verulâmio; é natural de Londres, onde nasceu em 22 de janeiro de 1561, foi alquimista, filósofo, político e ensaísta, sendo, por sua condição de portador de uma inteligência invulgar, denominado "The Advancement of Learning" ou O Progresso da Cultura, um epíteto merecido em razão de sua busca incansável pela metodologia científica e por sua exaltação à Ciência como benéfica ao ser humano. Sendo estas as razões fundamentais para que os séculos seguintes o considerassem o fundador da ciência moderna.

Foi um influente rosa-cruz, tendo seu nome sido associado à criação das obras *Fama Fraternitatis* (1614), *Confessio Fraternitatis* (1615) e *Núpcias Alquímicas de Christian Rosenkreuz* (1616), surgidas na Alemanha, anonimamente.

Faleceu em 9 de abril de 1626.

BACON, ROGER

Nasceu na Inglaterra em 1214. Estudou em Oxford e Montpelier. Foi professor de Filosofia, na Universidade de Paris, cadeira que abandonou em 1250, para tornar-se monge da Ordem de São Francisco de Assis. Possuía tantos conhecimentos científicos e linguísticos que o denominavam *Doctor Mirabilis*. A ele se deve a correção do Calendário Juliano, fato que não o livrou de uma condenação de l4 anos, determinada pelo prelado superior da Ordem dos Franciscanos, Buenaventura. Essas temporadas nas prisões eram comuns aos sábios de sua época, quando os ditames da Igreja entravam em confronto com as ideias inovadoras, provenientes dos estudos de importantes mentes pesquisadoras.

Na cela, por autorização de Clemente IV, escreveu seu mais importante tratado alquímico, a "Opus Magnus", dedicado a esse papa. Em 1277, Clemente IV autoriza a libertação do filósofo a qual é quase imediatamente revogada após a sucessão papal. Nicolau III manda-o de volta à prisão de onde só sairia em 1292, pouco antes de sua morte.

Foi um dos alquimistas mais sábios de que se têm notícias, realizando experimentos com transmutação de metais. Deixou escritos precisos, quase não fazendo uso de símbolos e alegorias. Sua obra

Espelho da Alquimia aconselha, sem meias palavras, o tipo de forno a ser usado, além de explicar as razões para tal uso, e faz um roteiro das cores que devem ser presenciadas pelo alquimista, durante a preparação de sua Obra. Deixou ainda outros livros relativos aos seus conhecimentos do **magistério**: *Sobre o Leão Verde, Os Segredos dos Segredos*, além de algumas preciosas anotações.

Acreditava que as pesquisas alquímicas tinham valor por si sós, já que bem-sucedidas ou não traziam à luz muitas invenções úteis e experiências instrutivas. Há registros de que comparava a busca da transmutação com o trabalho de um horteleiro buscando um tesouro em sua horta; mesmo se não encontrasse o objeto de sua busca, teria cultivado o solo.

Em um de seus escritos se destaca essa máxima: "Segundo os exemplos que forneci da Natureza e da **Arte**, podemos extrair muitas coisas de uma só, a totalidade das partes e o universo do particular. Vimos além disso que é inútil nos dirigirmos à magia: a natureza e a ciência nos bastam".

Previu invenções importantes como: aeroplanos, telescópios, microscópios e máquinas a vapor, dedicando-se também ao aperfeiçoamento de diversos instrumentos de ótica.

Faleceu em Oxford, em 1294.

Badha Parva

É uma das mais famosas obras da literatura sânscrita, e nela está registrado, na página 534, referindo-se à batalha entre Rama e os rakchasas: "Teu filho, Dasaratha, avançou contra aquele poderoso guerreiro de carro, Prativindhya, que avançava queimando seus inimigos na batalha. O encontro que teve lugar entre eles, ó rei, parecia tão belo como o de Mercúrio e Vênus no firmamento sem nuvem".

Esse registro foi tirado do livro *Gods and Spacemen in the Anciente East* e é interessante transcrever o comentário do autor W. Raymond Drake sobre o relato: "Essa situação é particularmente fascinante porque revela que os antigos indianos conheciam Mercúrio e Vênus e algum possível conflito entre eles, conhecimento que nós tendemos a relacionar apenas com os gregos".

Mas poderia também ser uma referência ao encontro dos **opostos**, já libertos das **impurezas** e da umidade, que muitas vezes se apresenta em forma de **vapores**, no espaço do **crisol** considerado **céu**. Decantado encontro denominado **núpcias químicas**.

BAFOMÉ

Fantástica figura de um bode com **chifres** longos e recurvados para fora, tendo na fronte um pentagrama e no alto da cabeça uma chama. Um dos seus lados é feminino e o outro, masculino, o que faz dele um **andrógino**. Longas asas, provando a volatilidade; um **caduceu,** em lugar do órgão sexual; um **círculo**, na região do ventre; e escamas cobrindo o plexo. A mão direita, mostrando o símbolo do ocultismo, aponta a **lua** branca, ao alto; a esquerda, também mostrando o mesmo símbolo, aponta a lua negra, abaixo.

Esta figura foi usada no processo contra o Templo, quando o papa Clemente V e o rei Felipe, o Belo, uniram-se para destruir os **Templários**, acusando-os de heresia e idolatria, por renderem culto a *Bafomé*. Com isso conseguiram destroçar a Ordem e manchar a fama dos cavaleiros.

É uma alegoria claramente alquímica, oriunda talvez do relacionamento dos Templários com os muçulmanos, em suas atividades na Terra Santa. A prática da Alquimia pela Ordem, explicaria por sua vez a fortuna, visivelmente acumulada pelos referidos religiosos, o que lhes teria rendido a inveja dos poderosos da época, provocando o seu desmantelamento pela Inquisição.

Existem várias teorias sobre o nome *Bafomé*: Há os consideram ter sido empregado por ter a mesma fonética que "Maomé". Idries Shah acredita que a palavra tenha tido origem na pronúncia "Bofihimat", do termo árabe "Abufihamat", cujo significado é "fonte do entendimento", o que mais uma vez conduziria ao conhecimento alquímico dos árabes; e mais esotericamente ainda, há a teoria do dr. Hugh Schonfield — um dos renomados tradutores dos papiros de Kunram — que, analisando o nome *Bafomé* sob as regras do cifrado código hebreu "Atbash", no qual a primeira letra do alfabeto corresponde à última, a segunda, à penúltima, etc., encontrou a palavra **Sófia** —, deusa da Sabedoria, tão a gosto dos **Adeptos** da **Grande Obra**.

Vaja também Os **Templários.**

BANHO DO REI

Expressão muito usada nos textos alquímicos, o **banho do rei**, nos leva a crer que seja uma última forma de purificação, na expulsão dos princípios líquidos, para a união definitiva dos dois opostos. O conselho que se segue, embora sob tantas alegorias, nos conduz a este raciocínio:

"Quero ainda ensinar-te, acima de tudo: A mui preciosa **água** com que deve vir a ser o banho do noivo, seja confeccionada com grande cuidado e indústria, por meio de luta e combate de dois campeões (duas matérias opostas), a fim de que um adversário excite o outro, e, acima de tudo, que se tornem ativos no combate e conquistem a vitória. Asseguradamente, não é útil à **águia** construir seu ninho nos Alpes, pois seus filhotes morreriam por causa da neve no topo das montanhas.

Eis por que é verossímil que, se unes à águia o frio **dragão**, que teve, por longo tempo, seu domicílio nas pedras e que vem rastejante das cavernas da **terra**, e se então os colocas juntos no assento infernal, Plutão insuflará o **vento**, e do frio, dragão fará sair o **espírito** voador e ígneo que, por seu grande **calor**, abrasará as asas da águia e produzirá o *banho* sudorífico. Igualmente a neve, nas montanhas mais altas, começa a fundir, formando-se água; pelo que, o *banho* mineral seja bem preparado e dê ao Rei a fortuna e a saúde" (137).

BANHO-MARIA

Processo de aquecimento de substâncias, sem submetê-las diretamente ao **fogo**. É atribuído à Maria — a judia, que viveu por volta do primeiro século de nossa era —, esse tipo de banho térmico. Consiste em colocar em uma vasilha menor a matéria a ser processada e pôr esta vasilha em uma ainda maior que contenha água. Esta última é colocada diretamente sobre o fogo, que só aquecerá o conteúdo da menor, à medida que a água que contém for entrando em ebulição.

"Maria, a profetisa, diz também: conserva bem o **espírito** e acautela-te para que nada se vá como fumaça, temperando e medindo o **fogo** à proporção do **calor** do Sol no mês de julho, a fim de que, por uma longa e suave decocção, a **água** se espesse em **terra** negra" (36).

"Para ter êxito com mais segurança, sirva-se do *banho-maria*, e assim só subirá o vinho, sem **azeite**. Após haver retirado, pelo *banho-maria*, as seis onças de vinho ardente, põe o que resta sobre um **forno**, de maneira que a **areia** chegue até a metade da **curcúbita**, e, usando um recipiente novo e vazio, fecha com exatidão as junções" (192).

"Assim, pois, toma um corpo volátil umas sete vezes maior que o corpo estável e une-o ao estável durante nove dias, sob o efeito de um fogo mediano, que provoque a mudança desejada pela natureza. E a vasilha onde for disposta a referida matéria, que seja colocada, para evitar os efeitos do fogo, em água, ao banho-maria, pois ele protege, com o calor médio, as tinturas e ameniza sua combustão" (219).

BAOPOZI

O *Baopozi*, ou O Mestre que Abraça a Simplicidade, é um dos livros sobre a **Alquimia Chinesa** mais notáveis de Ge Hong, e uma das poucas obras deste autor que sobrevivem até a atualidade. As indicações autobiográficas dentro do Baopuzi parecem indicar que foi, ao fim do período em que permaneceu recluso no Monte Luofu, ou logo após, que Ge Hong teria escrito o *Baopuzi* como existe hoje.

O *Baopozi* é dividido em dois volumes, "capítulos internos" (Neipian) e em "capítulos externos ou exteriores" (Waipian), que totalizam 70 capítulos.

Existe um templo dedicado a Ge no norte dos montes do lago Xihu, na província de Zhejiang. Segundo os monges e as freiras que vivem no templo, foi nesse local que Ge escreveu a *Baopuzi* e descobriu a fórmula do **elixir da imortalidade.**

BARBAULT, ARMAND

Armand Barbault, engenheiro da Sociedade Radiotécnica e membro do Instituto de Alex Carrel, sempre foi um apaixonado pelas leis naturais. Tem trabalhos sobre Astrologia, editados em 1952. É considerado um dos últimos alquimistas de que se tem notícia. Após prolongados anos de estudo, em pleno século XX, conseguiu concretizar em seu **laboratório** o sonho maior de todos estudiosos dos velhos textos dos filósofos: o **Elixir**, denominado por ele de Ouro Vegetal.

Sua vitória, atribuída ao seu método de profunda obediência às leis naturais, inspiradas pelo *Mutus Liber*, principalmente às **influências cósmicas,** foi relatada no livro *O Ouro do Milésimo Dia*, publicado na França em 1967.

BARCHUSEN, J.C.

Professor de química em Leiden, elaborou um dos mais interessantes tratados sobre a **Pedra Filosofal** desenvolvido por uma autoridade científica. São dezenove gravuras, editadas em 1718, sob o título "Elementa Chimicae", nas quais está ilustrado com precisão todo o processo alquímico.

Seu minucioso trabalho é conhecido por todos os que buscam formas realmente técnicas, em suas tentativas para alcançar o **Magistério**.

BASILISCO

Fogo interior da matéria, representado sob a forma de um monstro fabuloso que exterminava seus opositores apenas com o bafo; seu hálito era altamente venenoso, destruindo quem quer que se aproximasse. É figurado como uma **serpente** com asas, nascida de um ovo de galo velho, extremamente difícil de capturar. O fato de ter asas o conceitua como um elemento volátil, originário da combustão da matéria. A lenda nos fala também de sua importância na **Medicina**, o que o associa ainda mais com os trabalhos alquímicos.

Por certo é uma alegoria que antigos filósofos deram aos gases venenosos que emanam da matéria e, por causa dos quais, fazem uma constante recomendação para se fechar criteriosamente os vasos. Deixaram claro, também, o aviso de que das suas **cinzas** emergem coisas maravilhosas.

"É neste ponto que a representação do mercúrio comum sob a forma de uma serpente parece adquirir seu pleno sentido. Animal furtivo, fugidio, escorregadio, inapreensível, que surge do meio de pilhas de cascalho e nesses montões penetra com a rapidez do **relâmpago**; a serpente era de fato perfeitamente adequada para personificar um **espírito** da terra, tal como esse 'espírito-corpo' ou esse 'corpo-espírito' que os alquimistas sabem extrair da rocha a que dão o nome de **Magnésia**" (37).

BEIJO DO VELHO SATURNO

A fase de **Saturno**, na **Grande Obra**, é a **putrefação**, quando os elementos se misturam no fundo do **vaso** para a concepção. Esse *beijo* simboliza o encontro de dois elementos magnetizados, um fixo e o outro volátil, e é alegoricamente representado como uma apaixonada união.

> "Desatando os nós cujo obscuro sentido
> pode deixar perplexo o leitor; sabe agora, pois,
> que nosso filho de **Saturno** deve ser unido
> a uma forma e **mercúrio** metalinos
> "Por quê? É o **azougue**, e só ele,
> nosso agente que requer nossa obra.
> Porém o azougue comum não serve para nossa pedra.
> Está morto, e sem embargo deseja
> Ser apurado pelo **sal** da natureza,
> E o **azufre** verdadeiro que é seu único cônjuge.
> Se sabes que o sal oriundo de Saturno
> É puro e pode penetrar até o centro
> Dos metais; este sal é abundante em qualidades
> Que o fazem adequado para entrar
> No corpo do **Sol**, dividindo seus elementos,
> E permanecendo com ele depois que é dissolvido (...)
> Esta substância é estrelada, e está
> totalmente inclinada a fugir do **fogo**;
> é de todo espiritual, a razão pela qual,
> se a provocas, (para satisfazer tua mente),
> toma isto: a alma de um ao outro é um **imã**" (36).

BEL

O pai dos deuses sumerianos era Anu que, segundo a crença, morava na constelação da Ursa Maior. Anu foi destronado por Enlil que, por sua vez, foi vencido por Marduque (Marduc). Mito equivalente ao da mitologia grega, referente a Urano, Cronos (**Saturno**) e **Zeus** (**Júpiter**).

O nome Enlil significava "demônio chefe". Era uma deus do céu, senhor das tempestades, figurado como um **touro** alado. Era invocado, popularmente, pela alcunha de Bel.

BELENOS

Deus solar que os gauleses acreditavam afastar as doenças. Sobre esse deus, Bernard Roger tem interessantíssima pesquisa:

"Henri Donteville consagrou numerosas páginas ao estudo desse vocábulo, em várias de suas obras. Nós o encontramos um pouco por toda parte na tiponímia francesa, sob diferentes formas: Belin, Beline, Belliène, Bellème, Balayan, Balan, Beleine, Balaine, etc. Cada uma dessas formas evoca a lembrança do deus solar gaulês Belenos, que César assimilou a **Apolo** na qualidade de deus que cura: *Apollinem morbos depellere*, (Eles creem) que Apolo afasta as doenças. O nome de Belenos também se encontra no da festa irlandesa de primeiro de maio, *beltene*, que significa, literalmente, 'fogueiras de Belenos'...

D'Arbois de Jubainville reconhece em Belenos uma raiz indo-europeia, *guel,* que teria o sentido de 'brilhar'; compreende-se por que certos cumes, outrora consagrados a Belenos, como o monte Tombelaine, ou Tombe-Belen (que se tornou hoje o Mont-Saint-Michel), puderam, com a cristianização, passar sem dificuldades para a dominação do luminoso arcanjo portador da **espada** flamejante e vencedor do **dragão**. Belenos, Belen, Belin, aparece como o grande terapeuta que, em todo corpo doente, restabelece a saúde, isto é, do **caos** faz surgir a ordem: é aquele que faz descer a **luz** benévola sobre a **matéria** obscura" (37).

BENBEN

"Uma **pedra** sagrada de Heliópolis, no antigo Egito, tinha o nome de *Benben*. Esse bétilo representava a colina primordial, a duna sobre a qual o deus Atum pousara para criar o primeiro casal. Nessa colina, sobre a pedra *Benben*, o **Sol** se havia levantado pela primeira vez; sobre ela, a **fênix** vinha pousar.

(...) Serge Sauneron e Jean Yoyote, em *Sources Orientales*, 'La Naissance du Monde', assinalaram já ter se proposto, não sem razão, explicar o nome *benben* pela raiz *ben*, brotar. Realmente, seria interessante para o estudo das **cosmogonias** egípcias, que se reconsiderassem os numerosos vocábulos egípcios em *bn* ou *bnbn* que concernem seja o brotar das **águas**, seja o nascer o Sol, seja a procriação" (38).

BÉQUER

Também denominado *bécher*. Recipiente de vidro cilíndrico, de diversos volumes, usado por antigos alquimistas em operações de laboratório.

BETILO

Denominação dada a **pedras**, usualmente negras e toscas, que, desde a mais remota Antiguidade, foram usadas como representações de várias divindades: **Júpiter**, **Cibele**, Atena, **Hermes**, **Afrodite**, Astarte, **Apolo**, etc. Os povos pagãos já os adoravam em seus cultos fetichistas.

Eram também conhecidos como pedras do raio, ou pedras vindas do céu.

Muitos eram reservados a lugares considerados sagrados, cortados em forma de falo e colocados de pé, sobre *betilos* polidos, sugerindo o órgão feminino, em representação às **bodas** entre o Céu e a Terra.

Os povos semíticos, bem como os árabes, costumavam tingir seus *betilos* com o **sangue** dos seus inimigos. Os gregos, porém, costumavam untá-los com **azeite**, para agradar aos seus deuses.

Segundo o historiador Heródoto, o grande templo de Baal, em Tiro, erguia-se diante de duas colunas, uma de **ouro** e outra de esmeralda, consideradas pedras sagradas ou *betilos*.

A **Kaaba** ou Ka'bah, um *betilo* provavelmente de origem meteórica, está colocada na cidade de Meca, onde recebe o culto adorador dos povos muçulmanos.

Há ainda referências a lendárias pedras dotadas de vida, que inchavam e encolhiam, sem perder sua semelhança com o **Sol**, preservando oculto em seu interior o pó negro triturado a lhe conservar o **fogo**

Pela antiguidade dos registros de sua presença, e em razão da expansão de seu culto entre os mais variados povos, o *betilo* pode ser associado, como outros tantos símbolos que nortearam as mitologias primitivas, a vestígios de velhos conhecimentos alquímicos.

BÉTULA

Da mesma forma que o **carvalho**, a *bétula* é uma árvore sagrada para vários povos da Europa Central e da Ásia; representa o meio pelo qual as forças cósmicas descem à terra. Na Rússia, simboliza a primavera e, na Sibéria, era cultuada nas cerimônias de iniciação, quando significava o canal de ligação entre a Terra e a Estrela Polar.

BETUME

O assunto que os alquimistas falam pouco, apesar de sempre se referirem à necessidade de se fechar hermeticamente os **vasos**, é a maneira como vedá-los com essa segurança necessária, o que torna importante o conselho transcrito abaixo, emitido por um dos mais renomados alquimistas de todos os tempos:

"Quando o recipiente estiver completamente frio, abre-se e a **matéria** será colocada noutro vaso bem limpo, provido de um capitel perfeitamente fechado. Coloca-se tudo sobre **cinzas** num **forno**. Quando o *betume* do fecho estiver seco, aquecer-se-á primeiro suavemente, até que toda a **água** da matéria, sobre a qual se opera, tenha passado ao recipiente. Quando virdes chegar a operação a este ponto, deixareis esfriar o vaso, diminuindo pouco a pouco o fogo" (116).

BICO DO CORVO

Denominação dada ao primeiro sinal de enegrecimento que, em regra geral, aparece após 50 dias de cocção da matéria. É considerado pelos filósofos como um bom augúrio, confirmando ser certo o material escolhido e adequada a época do ano em que está sendo realizado o trabalho de **laboratório**.

BINAH

A **Sephira** que, na **Cabala**, é ocupada por **Saturno** (Cronos) ativo e passivo, o deus da forma e dos princípios eternos. É o fluxo e o refluxo. A vida e a **morte**. Pai de **Júpiter** (Zeus) é representado como um velho que empunha uma foice, mas *Binah* é também considerada como "mãe", as águas primordiais que contêm em si o potencial da vida.

"De *Binah* ou **Saturno** provém não apenas o passado recebido e transmitido num impulso divino, como a forma, o conjunto de princípios segundo o qual o **relâmpago** pode manifestar-se nos mundos mais baixos. Em termos de arquitetura isso seria um esboço de uma nova cidade. Os edifícios podem ir e vir, mas o tipo de construção das casas, dos prédios, das fábricas, será o mesmo até que o esquema básico seja mudado. Isso é Saturno, o deus da conservação, bem como da forma" (56).

BINDU

Segundo a filosofia tântrica, *bindu* é um ponto de energia invisível que gera a matéria primordial, constituída por três gunas: sattva — essência; rajas — energia; e tamas — substância.

No início da criação, as três encontravam-se em equilíbrio; foi a sua desarmonia que deu origem à diversidade do Universo.

BISMUTINA

Entre os vários **minerais** citados nos textos alquímicos, a *bismutina* tem seu lugar de destaque.

"A *bismutina* ou bismutinita é o sesquisulfuro de **bismuto** ($S_3 Bi_2$), perfeitamente isomorfo da antimonita (estibina), a qual se parece em todos os caracteres. Distingue-se por sua densidade um pouco maior (6'4 a 6'6) e sua cor um pouco mais clara. Sobre o carvão se volatiza dando uma auréola amarela. Dissolvida em ácido nítrico concentrado e diluído em pouca água, dá um precipitado branco terroso de subnitrato de bismuto. Pode conter pequenas quantidades de selênio, **cobre** e **ferro**. É mineral pouco abundante, embora registrem-no em muitas localidades. É a melhor mina do Bismuto" (26).

BISMUTO

"A maior parte das virtudes do *bismuto* está fundada sobre a opinião dos que creem que o espírito do mundo ou **azufre** colorante estão concentrados nele" (39).

"Assim como em determinados **minerais** se acha o Espírito do Universo, e assim como deles pode-se tirar o Espírito Universal, da mesma maneira, ao encontrar-se dois minerais, podem produzir eles mesmos este **Espírito**. Um deles é uma **mina** de *bismuto* que se origina das montanhas, o outro é uma **terra** mineral escura que se encontra nas minas de **prata** e que encerra uma espécie de espírito maravilhoso que proporciona vida. (...)

"Eis aqui como se obtém o Espírito derivado do *bismuto*. Procure-os em uma Minera Bismuthi, tal como se acha cozido na montanha; reduza-o a pó impalpável por meio de um **almofariz** e introduza este **pó** em uma **retorta** que tapareis imediatamente e muito bem. Coloca a retorta dentro de uma grande caçarola cheia de limaduras de **ferro**, procurando que estas a cubram por completo. Adapta-se à retorta uma serpentina (tubo alongado) e, ao cabo de quarenta e oito horas, se extrai o Espírito, por *gradus ignis*, o qual caindo gota a gota, simuladamente, igual a lágrimas que saem dos olhos" (40).

"O **antimônio** é o bastardo do **chumbo**, do mesmo modo que o *bismuto* ou a **marcassita** são os bastardos do **estanho**" (41).

J. H. Pott em sua "Dissertação sobre o *Bismuto*" cita um ensinamento de um antigo dr. Jacobi sobre o mesmo assunto:

"Tritura durante numerosos dias e noites o *pórfiro* da mina de *bismuto*; coloca-o em um frasco hermeticamente selado a uma digestão de **banho-maria** ou de vapores, pelo espaço de oito semanas, e toda a matéria se liquefará em um **licor**; destila-a, então, em um **fogo** muito doce, o **espírito** mais sutil passará com o **vapor**; conserva no mesmo **calor** a matéria gomosa que resta, até que haja adquirido uma cor **vermelho-escuro**: pulveriza-a então, verte sobre ela o espírito que havias retirado anteriormente, digere-os até que este espírito se colora; evapora-o até a consistência de **azeite**; conserva todas estas substâncias, calcina o *caput mortuum*, extrai seu **sal** com o vapor de teu espírito e o azeite e volatizarás tudo ou fixareis em uma massa sólida; pois uma libra de *bismuto* não rende naturalmente uma colherada de **licor**, se, anteriormente, não se a tenha orvalhado, seja com a umidade própria do ar, seja com o **rocio**" (176).

O filósofo Orthelius também tem um conselho importante para a manipulação do bismuto:

"Toma nove libras desta terra, antes de haver provado do fogo. Introduze-a em uma retorta, e aplica em um grande recipiente, destila durante 12 horas seguindo os graus do fogo e terás uma água branca e doce, que hás de retificar três vezes, e se fará mais doce e mais clara. Desta, toma uma libra, coloca-a em um vidro em cuja terça parte permaneça vazio, o qual, bem obturado com cera, é colocado em lugar seguro. Esta água crescerá no plenilúnio, de modo a encher o vidro até em cima e, então, a partir do minguante da Lua, a verás decrescer. Depois, na Lua nova, aquela parte que cresceu, diminui, todavia por outro lado, se faz poderosa, retendo sem embargo o seu primeiro peso. Esta água extrai a alma do ouro, no espaço de 12 dias, se abstrais três vezes a água, e de novo a afusionas quedando a alma ao fundo como azeite transmutador de prata em ouro. Porém não transmuta mais prata que a quantidade que havia de ouro a partir do qual se extraiu a alma. Extrai a alma de todos os metais, principalmente do Sol e de Marte.

Igualmente, se tomas uma erva seca ou uma planta íntegra, igualmente seca, de modo que possas manipulá-la com a mão, e fazes imersão de sua raiz somente, nesta água, pelo espaço de três ou quatro horas, então essa planta revivificará, como se só houvesse sido arrancada da terra, e também suas flores, se as tinha antes, se recuperarão de novo" (44).

BLENDA

É a *blenda* ou esfalerita a forma regular do sulfeto de **zinco** (S Zn), com cristais perfeitos, com muitos tipos de superfícies, entre as quais: o rombododecaedro, o cubo e os tetraedros. As superfícies de cada forma apresentam estrias, rugosidades e outras particularidades características que permitem reconhecê-las apesar das deformações (...) Amiúde se apresenta em massas lamelosas, granuladas, compactas, curvilaminares, estriadas, etc.

"Cor muito variável, quase sempre negra ou amarelada com riscas e pó branco-amarelado. Dureza de 3.5 a 4 e peso específico oscilando entre 3'9 e 4'5. É sempre frágil (...).

Tem sempre **ferro**, que pode chegar até 20% (marmatita), com frequência cádmio (pribramita) e magnésio, mas rara vez **mercúrio** e **estanho** e pequenas quantidades de gálio, índio, germânio, tântalo, etc. (...) Em essência é um **mineral** de filão, no qual acompanha a **galena**, a **calcopirita** e outros sulfuros. À parte o emprego deste mineral em experiências químicas e certas investigações científicas, sua aplicação exclusiva se refere ao beneficiamento do zinco, de cujo metal a espécie teórica contém até 67%" (26).

BOBO

Figura alegórica, colorida e inconstante. É a imagem do primeiro **mercúrio** ao qual **Hermes** chamou de "vento que leva em seu ventre a pedra".

Bobo ou louco, a carta sem número do Tarot, que muitas vezes serviu de alegoria aos alquimistas, durante os séculos XV e XVI, visto ter sido a **Obra** considerada a "arte dos bobos", representa um jovem saindo de uma gruta e dançando na borda de um precipício, em uma paisagem deserta. Na mão esquerda leva um cajado, apoiado no ombro, em cuja ponta tem presa uma trouxa vazia (o "follis"— saco cheio de vento).

Segundo a mitologia, é **Dioniso** — deus da **luz** e do êxtase — sempre impelido para o desconhecido pela embriaguez dos seus sonhos e descaso pelas coisas materiais.

BODAS

Esse casamento hermético não é uma experiência místico-esotérica como alguns supõem, outrossim referência a um dos mais importantes processos do **Magistério**, realizado para o aperfeiçoamento da **Obra**. Ele nos dá conta da fase em que a **água**, já em seu estado totalmente puro, daí ser considerada virgem, é unida ao **leão**, tratado anteriormente da mesma forma criteriosa, para eliminar qualquer superfluidade. Esses *"noivos"*, **Mercúrio** e **Enxofre** filosofais, devem estar inteiramente puros, sem qualquer mácula, ao serem colocados em um recinto muito bem vedado, considerado o tálamo, onde deverá ser parido um fruto de ambos os sexos — o **rebis**.

Em 1616, a expressão *bodas* rotulando essa fase dos trabalhos do **laboratório**, originou-se pela divulgação, em Estrasburgo, do tratado de **alquimia** "As Bodas Químicas de Christian Rosenkreutz", contendo a descrição simbólica do processo de iniciação na Arte Hermética.

"Confesso que os gênios sutis sonham quimeras; porém no caminho simples e único da **natureza**, o aplicado ao trabalho achará a verdade. E isto é assim porque achará que o ouro é o verdadeiro, único e só princípio de aurificar ou transmutar em ouro.

É nosso ouro, o que desejamos para nossa obra de dois gêneros; a saber, o **latão** vermelho, maduro e fixo, cujo coração, o centro, é **fogo** puro, pelo que defende seu corpo do fogo, de onde recebe sua depuração, de maneira que nada dele se rende à sua tirania, diminui ou padece. Este, na nossa **Obra**, faz o papel de varão, pelo que se junta com nosso ouro branco mais cru, que é o esperma ou **semente** feminina, adentro da qual mete seu esperma, e, finalmente, com um laço que não pode desatar-se, um e outro se juntam" (1).

"É preciso começar ao pôr do Sol, quando o Marido Vermelho e a Esposa Branca se unem ao Espírito da Vida para viver no amor e na tranquilidade na proporção exata de água e de terra. Do Ocidente, avança através das trevas rumo ao setentrião; altera e dissolve o Marido e a Mulher, entre o inverno e a primavera; muda a água numa terra negra e eleva-se, por cores variadas, rumo ao Oriente, onde se mostra a Lua cheia. Depois do purgatório, aparece o Sol branco e radioso. É o verão depois do inverno, o dia depois da noite. A terra e a água transformaram-se em ar, as trevas se dissiparam, fez-se a luz" (65).

BOEHME, JAKOB

Alquimista alemão, nascido em 1575 na cidade de Görlitz. Por meio de um certo dr. Balthazar Walter di Gros, que havia viajado pela Arábia, Síria e Egito, onde se instruíra sobre ocultas ciências, tomou conhecimento da filosofia do Zohar. Suas experiências foram narradas no tratado denominado "Die Morgenrote in Aufgang" (A Aurora Nascente), publicado em 1612, e "De Signatura Rerum". Denunciado como fanático por alguns luteranos dogmáticos, foi preso e proibido pelo Magistrado de sua cidade de escrever qualquer coisa, daí em diante; mas, em 1623, reiniciou seus escritos que culminaram com a edição de "O Mistério Magno" em que realça as qualidades divinas do **Mercúrio**, do **Enxofre** e do **Sal**.

Faleceu em 1624, tendo legado ao mundo uma teosofia que tinha grande afinidade com a Cabala.

Suas obras foram traduzidas para o inglês em 1662 e, inspirado nelas, foi formado um tipo de sociedade mística-religiosa denominada *Philadelphians*, encabeçada pelo dr. John Pordage (1607-1681). As ideias de Boehme também influíram no pensamento do poeta britânico William Blake.

BORNITA

"Sulfuro de **cobre**, de fórmula $Fe Cu_3 S_3$ que se cristaliza no sistema regular. Cristais cúbicos ou octaédricos pouco frequentes marcados segundo a face do octaedro. Em geral se apresenta em massas compactas, algo cortáveis, de uma cor entre cobre e metálico, com reflexos violáceos, pouco brilhante. Dureza 3 e peso específico de 4'9 a 5'4.

"Solúvel em ácidos e fusível com facilidade, quase sempre leva algo de **ferro**. Constitui uma excelente mina de cobre, de cujo metal contém até uns 70%, quando é pura" (26).

BÖTTGER, JOHANN F.

Böttger é um dos poucos alquimistas cujo sucesso na execução da **Grande Obra** é inegável. Isso pode ser confirmado pela exibição de uma de suas **transmutações** metálicas, no Museu da Porcelana de Dresden.

Aos 16 anos, em 1701, trabalhando na cidade de Berlim como assistente de farmácia, tornou-se conhecido quando veio a público o fato de que transformara várias moedas de prata no mais puro ouro, diante de várias testemunhas, depois de lançar sobre elas um líquido vermelho.

Segundo consta, até o famoso pensador Gottfried Wilhelm Leibiniz, apesar de não ter estado presente no momento da transmutação e baseado apenas nos depoimentos de pessoas acima de qualquer suspeita, teria declarado que "vacilo em acreditar em tudo que ouço, no entanto, não me atrevo a contradizer tantas testemunhas".

Perseguido por Frederico I da Prússia, que o queria atuando no abastecimento de seus cofres, conseguiu fugir, mas não escapou de ser forçado a trabalhar para Augusto, o Forte, da Saxônia, onde permaneceu por muitos anos, sempre com a promessa de que seria libertado, o que, infelizmente não aconteceu, pois a morte o alcançou antes disso, em 1717.

Mas foi no período de sua permanência no castelo de Meissen, onde vivia prisioneiro à espera de que produzisse ouro, que o jovem Böttger comunicou ao rei uma descoberta muito importante, esperando acalmar sua ambição: em seus trabalhos no **laboratório**, terminara por descobrir a fórmula supersecreta da porcelana chinesa. Tal conquista terminou tornando famosa a porcelana de Saxe na Europa e contentando, de certa maneira, o rei, diante de uma nova fórmula de conquistar fortuna para os seus cofres.

BOYLE, ROBERT

Cientista e **alquimista**, Robert Boyle nasceu em 25 de janeiro de 1627 e faleceu em 31 de dezembro de 1691. Filho do Conde de Cork, um dos homens mais influentes da Inglaterra, recebeu uma educação esmerada no Eton College, enriquecida por várias viagens à Itália, Suíça e França.

Famoso filósofo anglo-irlandês do século XVII, destacou-se pelos seus trabalhos no âmbito da Física e da Química, mas, tal qual a maioria dos cientistas de seu tempo — Robert Boyle foi também um ávido praticante da **arte hermética**. Influenciado por autores como **Paracelso**, **Francis Bacon** e **Van Helmont**, ele constrói um laboratório em sua casa, em Sailbridge — e se dedica inteiramente à experimentação científica das forças naturais; expande sua visão filosófica, atualizada em 1655, com sua mudança para Oxford e a associação a um grupo de filósofos naturais, dirigido por John Wilkins.

Dentre suas descobertas científicas, constam: a lei dos gases, o **enxofre**, a acetona; o isolamento do hidrogênio, o sulfato de mercúrio, o álcool metílico e a descoberta da sublimação da água.

"Deve-se a Robert Boyle — físico inglês, amigo de **Newton** durante os anos de 1660-70 — a constatação de um processo inverso daquele tão desejado pelos alquimistas: um 'antielixir' permitiu-lhe, com efeito, fazer retrogradar o **ouro** para o estágio de **chumbo**. Do ponto de vista da ciência nuclear moderna, tratar-se-ia, no caso, de uma verdadeira contraprova, facilmente explicável no campo da teoria, pelo princípio da unidade fundamental da matéria, que implica a possibilidade de passar — de modo ascendente como no processo inverso — de um chamado corpo 'simples' para outro" (234).

BOYNU

Em antigas culturas, este pássaro representava o **espírito** do mundo que, ao sobrevoar as águas primordiais, elevava nos ares suas propriedades, tornando-as fecundas. Seria como o portador do **sêmen** divino.

Sua associação com a **Alquimia** é flagrante, na medida em que se atribui à **evaporação** das águas, durante a **circulação**, todo o grande processo de purificação da **matéria**, para torná-la apta ao desenvolvimento da **quintessência**.

Ver **Fênix**.

BRAHMAN

"O *Brahman*, a **Sakti**, a substância e vitalidade da filosofia indiana, não é dual, é o princípio que invade, penetra e anima o panorama e as evoluções da natureza, porém, ao mesmo tempo, é o campo ou **matéria** da própria natureza (prakrti, natura naturans), animado, invadido, penetrado por ele. Desta maneira, simultaneamente, habita e é o universo manifesto e todas as suas formas. (...)

Brahman — poder cósmico no sentido supremo da palavra — é a essência de tudo que somos e sabemos. Todas as coisas surgiram maravilhosamente de sua onipresente onipotência que tudo transcende. Todas as coisas o evidenciam, mas somente a sacrossanta ciência do **sábio** mago merece seu nome, porque este sábio é o único ser do Universo dedicado a tornar consciente, nele próprio e conscientemente manifesto em ação, aquilo que nos outros se acha profundamente oculto. Brhaspati, Brahmanas-pati, nele a borbulhante **água** da **fonte** oculta (que é o poder divino em todos nós) flui abundante e livremente, com força ininterrupta. Fazer brotar essas águas e viver delas, nutrido por sua força inesgotável, é o alfa e o ômega da função do sacerdote, capaz de manter-se naquele papel, graças à técnica iogue que tem sempre acompanhado, guiado e constituído uma das grandes disciplinas da filosofia indiana" (42).

BRANCA DA NEVE

Ver **Histórias infantis**.

BRANCURA

Purificação. Fase da **Obra** que demonstra ter chegado ao fim a umidade. Surge quando a **matéria**, após ter atingido o **negro** absoluto, na **putrefação**, começa a apresentar um pequeno **círculo** capilar, em volta e nos lados do **vaso**, ligeiramente tendendo ao alaranjado. Essa mudança vai se operando em toda a **matéria** e, à medida que a umidade é superada, a *brancura* se impõe, até se tornar absoluta.

"Se não lavas, se não *branqueias* o corpo imundo e lhe imprimes alma, nada terás feito para o Magistério. O espírito é então unido à alma e ao corpo, ele se regozija com eles e se fixa. A água se altera, e o que era espesso se torna sutil" (52).

"Quando a matéria estiver *branca*, estando terminada a coagulação, torne-a fixa levando-a a uma maior dissecação com a ajuda do fogo exterior, seguindo a mesma marcha que temos seguido na coagulação precedente, até que a cor *branca* seja mudada para uma cor **vermelha** que os filósofos chamam o elemento do **fogo**. A matéria terá atingido um grau de fixidez tão grande, que já não teme atentados do fogo exterior ou ordinário, que já não pode lhe ser prejudicial" (12).

No Rig-**Veda** Dyaus-Pitar, era o Deus único, pai de todos os deuses, e "Um poema refere-se a *Dyaus* sorrindo através das nuvens; em sânscrito clássico a palavra que significa sorriso é relacionada com *brancura* deslumbrante e **relâmpago**" (59).

"Depois da **putrefação** e **dissolução** destes corpos, então nossos corpos também ascendem ao topo, até mesmo para a superfície da **água** dissolvendo, em uma *brancura* de cor, que *brancura* é vida. E nesta *brancura*, o antimonial e **alma** mercurial está infundido em **pó** compacto natural, e se uniu com os espíritos de sol e lua que separam o ralo do espesso e o puro do impuro. Quer dizer, erguendo para cima das **fezes** e **impurezas**, pouco a pouco, o fino e a parte pura do corpo, até que todas as partes puras estejam separadas e ascendidas. E, neste trabalho, está o chamado trabalho de **sublimação** natural e filosófico completo. Agora, nesta *brancura*, a alma é infundida no corpo, para que a virtude mineral, que é mais sutil que o **fogo** e realmente a verdadeira **quintessência** e vida, possa nascer novamente e tirar as corrupções de suas fezes brutas e térreas que levou de seu útero monstruoso, e lugar corrupto de sua origem. Que esta nova sublimação filosófica, não mais no impuro, corrompa o **mercúrio** comum, que não tem nenhuma qualidade ou propriedades das quais necessita o nosso mercúrio, tirado das **cavernas** do **vitríolo**. Mas nos deixe devolver a nossa sublimação" (5).

BRITOMÁRTIS

"A doce **virgem**, fez jus a um pequeno, mas elucidativo, mito cretense: perseguida durante nove meses, pelo rei Minos, acabou lançando-se ao mar, onde foi salva pelas **redes** dos pescadores, recebendo, por isso mesmo, o epíteto de Dictina, 'a caçadora com redes'.

Assimilada a **Ártemis**, tornou-se, como esta, deusa da caça e deusa-**Lua**, mãe noturna da vegetação" (2).

BRUNO, GIORDANO

Nasceu em Nolan, uma pequena aldeia próxima ao Vesúvio, em 1548. Quando tinha 13 anos, começou a estudar no Monastério de São Domênico, onde Thomas de Aquino vivera e ensinara.

Seu temperamento, insatisfeito com os dogmas de seu tempo, levou-o a se dedicar ao estudo dos mitos antigos e de secretas e repudiadas filosofias, entre as quais os textos de **Hermes Trismegisto**. A percepção de outras possibilidades históricas e científicas desenvolveu nele uma visão discordante dos ensinamentos do seu tempo. Passou a considerar o Cristianismo como coisa irracional, sem qualquer base científica, só aceita pela fé. Abandonou a vida religiosa.

Em 1581, foi para Paris, onde começou a fazer conferências, expondo com clareza suas ideias filosóficas, bastante diversas das propagadas em seu tempo. O rei Henry III, curioso por descobrir se estava diante de um mago ou feiticeiro, pois considerava impossível alguém ser capaz de reter na memória tantos conhecimentos, aproximou-se dele. *Giordano Bruno* mostrou que o seu método não tinha nada de místico, era apenas baseado em um conhecimento organizado. E Henry III passou a protegê-lo.

Quando a França deixou de ser novidade, partiu para a Inglaterra, onde defendeu a doutrina de Copérnico, combatendo as teorias aristotélicas como teorias ultrapassadas pelas descobertas científicas.

Em 1582, a opinião das autoridades clericais a seu respeito era a pior possível. Mas *Giordano* não se julgava um herético por renegar a existência de Deus e considerar a Bíblia um livro que só os ignorantes podiam aceitar literalmente. Ele se batia pelo direito de pensar livremente. Entretanto, eram razões de sobra para que a Igreja da época andasse insatisfeita demais com as sementes de insurreição que ele espalhava aos quatro ventos. Ao visitar Veneza em 1592, foi preso e duramente tratado pelos religiosos, que tentaram inutilmente, durante oito anos, sua retratação. Por ter continuado inflexível em suas ideias, foi amarrado a uma estaca e, em 17 de fevereiro de 1600, queimado em Roma publicamente, para exemplo de outros contestadores.

Em 1603, seus livros foram colocados no Índice Expurgatório e se tornaram raros, mas suas ideias foram redescobertas no princípio do século XVIII.

BÚZIO

O *búzio* é uma **concha** marinha que, na mitologia grega, recebeu **Afrodite (Vênus)**, nascida do **sêmen** que encheu de espuma o mar, após Cronos ter castrado Urano — o Céu, e atirado seu órgão genital no oceano. Por essa analogia com a fecundidade e a fertilidade, é muitas vezes representado como uma **cornucópia**.

O *búzio* fala das águas primordiais, as águas inferiores, o útero onde se originou a vida e onde pairava o **Espírito** de Deus. Por ser ligado à **água**, guarda afinidades com a **Lua**; como concha, faz lembrar também a **pérola** que se esconde preciosa, resguardada no mais secreto dos refúgios.

Sua ligação com símbolos alquímicos é estreita, emprestando aos peregrinos do caminho de **Santiago** de Compostela a senha, para identificação dos verdadeiros **Adeptos**.

C

CABALA

A *Cabala,* como é conhecida, surgiu na Espanha e no Sul da França por volta do século XII, mas guardando vestígios de uma origem bem mais antiga, que nos conduz aos judeus do antigo Egito e da Palestina.

A expressão hebraica *kabbalah significa* "aquilo que é recebido" e teria sido transmitida, a Moisés, no Monte Sinai. Essa antiga sabedoria é a mais secreta das tradições judaicas e tem sido transmitida e respeitada através dos tempos. Provavelmente, em seus primórdios, essa transmissão deve ter sido feita de forma oral, o que possibilitou que interpretações pessoais conduzissem a uma infinidade de sentidos os seus ensinamentos, estabelecendo novas definições, modificando conceitos, deturpando conhecimentos e empanando o verdadeiro sentido que, talvez, estivesse encarregada de transmitir. Foi codificada mais tarde em dois livros básicos: o *Sepher Ietsirah* (Livro da Criação) e o *Zohar* (Livro do Esplendor).

O que chegou até nós é que, assim como a **Alquimia**, ela tem por base a **Árvore da Vida**, assentada em **três** pilares, com um simbolismo que, presumivelmente, foi engendrado nos tempos de Salomão, com o **candelabro** de **sete** braços e a construção de um misterioso Templo, cujas duas colunas são tão estranhamente mais famosas que as de qualquer outro templo, e chegaram a ser inusitadamente batizadas com os nomes de Jachin e Boaz. Esses dois nomes, inexpressivos na atualidade, aos quais são atribuídas as representações de várias coisas, inclusive a dos princípios masculino e feminino, tiveram seus verdadeiros significados perdidos em meio a um mundo de especulações, sendo o mais condizente com o restante das lendas, histórias e mitologias da época, que se tratem das duas naturezas mercuriais.

Voltando à *Cabala,* sabe-se que ela é composta de dez **sefiroths** ligados uns aos outros por 22 caminhos que representam as 22 letras do alfabeto hebraico e definem um enigmático esquema unindo o mundo superior ao inferior. Percebe-se, por essa alegoria, uma clara referência ao caminho que liga *o que está embaixo ao que está em cima,* citado na **Tábua de Esmeralda**, passando pelos mesmos **planetas**, **metais**, deuses greco-romanos, signos zodiacais, fenômenos atmosféricos e coisas como **espelho**, **sangue**, ato sexual, **espírito**, **alma**, **semente**, os quatro

elementos, etc., como se, de forma mais complicada ainda, estivéssemos lendo um texto alquímico, do qual se perderam páginas e onde, nas que restaram, os parágrafos tivessem sido todos embaralhados.

"Esse lado mágico, comumente sujeito a confusas interpretações ou só parcialmente compreendido, fascinou e afugentou homens que, através dos tempos, tiveram contato com a *cabala*. Para o verdadeiro estudioso e filósofo, ele era uma **escada** direta para o céu, um método de estudo, a base de um código de retidão e um ponto de referência pelo qual era possível relacionar a ciência e a religião contemporâneas. (...)

O conceito da **trindade** é familiar à maior parte das religiões e filosofias, e a *cabala* não é exceção. Na árvore da vida, é vista muito precisamente a tríade Kether (Coroa), Hochma (Sabedoria) e Binah (**Saturno**). Aqui estão os fatores positivos e negativos mostrados nos pilares de **força** e forma, com o terceiro elemento de equilíbrio trazendo-os a um relacionamento na **coluna** central. Nada pode suceder até que todos os três estejam em relação, tal como uma criança não pode ser concebida sem que certas condições sejam preenchidas por um homem e uma mulher. Assim é através do universo, onde um evento verdadeiro ocorre" (56).

CABEÇA DE CORVO

Caput corvi, ou umidade negra, é o nome dado à matéria após sua perfeita putrefação, quando se apresenta inteiramente negra. Após a matéria apresentar a disposição de fixar-se e o vapor permanecer condensado por intervalos maiores, ou se elevar em quantidade menor em cor cinza ou outros tons mais escuros até se tornarem negros, uma película fina se formará sobre a matéria, retendo o vapor por algum tempo, até que, rompendo-se em diferentes lugares, espalhará uma substância negra e betuminosa sobre a superfície, dando a prova da putrefação perfeita.

Quando os vapores não aparecerem mais sobre esse corpo, ele é chamado "sem cabeça". É bastante conhecido o dito dos sábios: "Toma a víbora cujo nome é Rexa, corta-lhe a cabeça, ou seja, tira-lhe a negritude".

Nossa cabeça de corvo é leprosa; é por isso que quem quiser purificá-la deve descê-la sete vezes ao rio da regeneração, no Jordão, assim como ordena o profeta ao leproso Naaman sírio" (36).

"Eis que pela graça de Deus, tens o segundo componente da **pedra filosofal**, a Terra negra, *Cabeça do corvo*, mãe, coração e origem das outras cores. Desta terra, como de um trono, nasce todo o resto. Este elemento terroso e seco recebeu, nos livros dos filósofos, numerosos nomes, chama-se ainda Latão imundo, Resíduo negro, Bronze dos filósofos, Nummus, Enxofre negro, Macho, Esposo, etc. Apesar desta infinita variedade de nomes, é sempre a mesma e única coisa, extraída de uma só matéria" (156).

"Não são fábulas. Você o tocará com suas mãos, o verá com seus olhos, o **Azoto**, o **Mercúrio dos Filósofos**, que sozinho é suficiente para obter a nossa **Pedra**... A Escuridão aparecerá na face do Abismo; a Noite, **Saturno** e o **Antimônio** dos sábios aparecerão; o **negrume** e a *cabeça de corvo* dos alquimistas, e todas as cores do mundo, aparecerão na hora da conjunção; e também o **arco-íris**, e a **cauda do pavão**. Finalmente, após a matéria passar de cor de **cinza** para **branca** e **amarela**, você verá a **Pedra Filosofal**, nosso Rei e Supremo Dominador, sair de seu vítreo sepulcro para montar em sua cama ou trono com seu corpo glorificado... diáfana como cristal; compacta e muito pesada, derrete ao fogo qual resina, e com a fluidez da **cera**, mais ainda que a do mercúrio vulgar... com a cor do **açafrão** quando pulverizada, mas **vermelha** como **rubi** quando em massa integral..." (186)

CABRA

Representa no **Zodíaco** o signo de Capricórnio, signo que marca o solstício de inverno no hemisfério norte, época de contração total da Natureza, em preparação para um novo ciclo. Esta é uma explicação lógica para a constante representação da figura da *cabra* nas alegorias alquímicas. A *cabra* que amamentou tantos deuses, como nos é narrado por tantas tradições, apresenta-se como ama de leite — ela é a personificação da Pedra Filosofal, e seu atributo, a **cornucópia**, representa a potencialidade de fartura e felicidade que ela pode oferecer.

"Na Índia, já que a palavra que a designa significa igualmente *não nascido*, a *cabra* é símbolo da substância primordial não manifestada. Ela é a mãe do mundo, é **Prakrite**, e as três cores que lhe são atribuídas, o vermelho, o branco e o negro, correspondem aos três *guna*, isto é, às três qualidades primordiais, respectivamente: sattva, rajas e tamas" (2).

Nos mitos gregos, **Zeus**, ao nascer, foi perseguido por Cronos. Para salvá-lo, Geia — a terra, escondeu-o em suas entranhas, onde foi amamentado por uma *cabra* — a miraculosa Amalteia.

"Ora, essa jovem *cabra*, que deve sua existência e suas brilhantes qualidades à oportuna intervenção de Eros, não é outra senão o *Mercúrio Filosófico*, resultante da aliança do **enxofre** e do **mercúrio** enquanto princípios, que possui todas as faculdades requeridas para se tornar o famoso *carneiro do tosão de ouro*, nosso **Elixir** e nossa **pedra**" (7).

CADMO

Herói semilendário, filho de Agenor e de Telefesa, fundador de Tebas. Enquanto procurava por sua irmã Europa, raptada por Júpiter, o oráculo de Delfos lhe indicou o local onde deveria fundar a cidade de Tebas (na Beócia). Júpiter fez com que ele se casasse com Hemeone, filha de **Vênus** e **Marte**. A tradição grega nos apresenta Cadmo como uma entidade semidivina, atribuindo-lhe a introdução do alfabeto fenício na Grécia, bem como a arte de fundir metais. A Alquimia nos mostra um Cadmo simbólico, que mata um **dragão** e enterra seus dentes em uma **terra folhada**, figuras altamente significativas nos trabalhos de laboratório.

"Esta terra foi chamada por **Hermes** a terra das folhas, não obstante seu mais próprio e verdadeiro nome é o **latão**, que se obtém após embranquecer. Os antigos sábios cabalistas a descreveram nas metamorfoses, sob a história da **serpente** de Marte, que devorou os companheiros de *Cadmo*, que a matou, atravessando-a com sua lança contra um **carvalho** oco. Observe esse carvalho" (36).

CADINHO

Vaso de metal, porcelana ou barro, de forma cônica, usado nas operações químicas, para fundir substâncias ou misturas que exijam altas temperaturas. Também chamado **crisol**.

CADUCEU

É uma das mais antigas alegorias indo-europeias. Atributo de **Mercúrio**, constitui-se de uma haste, em torno da qual se enroscam, simetricamente em forma de 8, duas **serpentes**, que representam o antagonismo e o equilíbrio das correntes cósmicas. Macho e fêmea, corpo e alma, **Sol** e **Lua**, **enxofre** e **mercúrio**, úmido e seco, quente e frio, **água** e **fogo**. Por essas características, é uma representação da **Árvore da Vida**, além de ser um atributo de **Hermes**, deus da Alquimia; simboliza a conjunção harmônica dos opostos. É encimado por um par de asas, que complementam o simbolismo de sua configuração como um elemento áptero e alado.

Esotericamente, está associado ao caminho de ascensão da energia *kundalini*, que percorre a coluna vertebral através dos vários chacras, até atingir a luz equilibrada, no topo da cabeça.

"Símbolo dos mais antigos, cuja imagem já se pode encontrar gravada na taça do rei Gudea de Lagash, 2600 a.C., e sobre as tábuas de pedra denominadas, na Índia, *nagakals*. As formas e interpretações do *caduceu* são muito mais variadas do que geralmente se crê, e não se excluem, necessariamente" (38).

Segundo Louis Sechan e Pierre Leveque, em *Les Grands Divinités de la Grèce*:

"O caduceu, símbolo da Medicina, nada mais é senão uma vara mágica composta de uma vareta em torno da qual se enroscam duas serpentes; o que evoca cultos muito antigos, na bacia do mar Egeu, da árvore e da terra, alimentadora de serpentes.

No caduceu, símbolo de Mercúrio, estão simbolizadas as três **Obras**: as duas serpentes, o enxofre e o mercúrio obtidos na primeira Obra; as **sublimações** filosóficas ou asas de **águia**, segunda Obra; e o Absoluto, ou gema que coroa o cetro, resultado da terceira Obra" (13).

CÃES

Uma das muitas formas pelas quais são apresentadas as forças antagônicas existentes na **matéria**, que têm que ser domadas para se conseguir a poderosa unidade. Além de **Cérbero**, o famoso cão de três cabeças, devidamente descrito mais adiante, vale ressaltar os lendários cão Corasceno e a cadela da Armênia, cujas presenças, em vários textos, nada mais são que as duas formas de energia latentes na matéria, apresentadas sob seus dois aspectos: negativo e positivo, masculino e feminino, sólido e líquido. Como a junção dos dois, ao que tudo indica, tem um caráter violento, a apresentação sob a forma de feras — dragões ou cães furiosos — têm sido alegorias preferidas por vários autores.

"Esta operação não é outra coisa que a dissolução do fixo no não fixo, para que, depois, um e outro, conjuntamente, façam uma só matéria, em parte espiritual e em parte corporal, pelo que diz o Filósofo: *Toma o cão Corasceno e a cadela da Armênia, junte-os ambos, e te engendram um filho da cor do céu*. Pois estas naturezas, com uma breve decocção, se concentram em um **misto**, como caldo gordo ou graxo, como a espuma do mar, ou uma neblina das mais grosseiras, a qual se tingirá de cor arroxeada ou de **chumbo** e, te juro, de boa-fé, que nada ocultei, senão o **regime** ou governo do **fogo**, porém este, se fores prudente, o colherás muito facilmente de minhas palavras" (1).

CAIBALION

O Caibalion é o livro que contém o resumo dos preceitos herméticos oriundos do Antigo Egito e da Grécia, apresentado aos estudantes e investigadores da Doutrina Secreta por um grupo de mantenedores dos Arcanos da Verdade. Sua finalidade é fornecer ao interessado uma exposição lógica que lhe permita atingir o conhecimento oculto, transmitido por Hermes Trismegisto, e que vem sendo zelosamente guardado, através dos séculos, por grupos eleitos para preservar os reais ensinamentos, em meio à disparidade de informações existentes no caminho dos que buscam a Filosofia Hermética.

Afirmam seus autores que sua única intenção é colocar nas mãos do estudante uma Chave Mestra que lhe possibilite abrir todas as portas internas que conduzem ao Templo dos Mistérios.

A palavra *Caibalion* tem a mesma origem da palavra **Cabala**, cujo significado é Tradição Superior ou Revelação. Consta que, diferentemente da Cabala judaica, seu texto foi escrito por três filósofos herméticos da terra das pirâmides, sobre os sete princípios que governam o Universo, contidos nos ensinamentos transmitidos por **Hermes Trismegisto**.

Esses velhos preceitos místicos ocultos, que tão profundamente influenciaram filósofos de todos os tempos, terian sido divulgados a partir do Egito, espalhando-se pela Pérsia, Caldeia, Assíria, Índia, China, Japão, Grécia e Roma. Pelas portas dos templos egípcios, passaram os Neófitos que, posteriormente, como Herofantes, **Adeptos** e **Mestres**, espalharam-se pelo mundo, divulgando seu conhecimento.

CAL

Muitos tratados falam em *cal*, ao referir-se a determinado elemento usado na preparação alquímica. Evidentemente que não se referem à *cal*, oriunda de pedras calcárias, mas, outrossim, ao produto da **calcinação** da parte sólida da **matéria**, após toda a **evaporação** e separação, à parte, do líquido existente na mesma matéria.

"A *cal* pulverizada cairá ao fundo do líquido; decante. Seque a *cal*, molhe-a três vezes com **azeite** de **tártaro**, deixando, cada vez, que a *cal* absorva todo o azeite; ponha, em seguida, a *cal* em um pequeno **matraz**; verta-lhe em cima azeite de tártaro, de modo que o líquido tenha uma espessura de dois dedos; cerre então o matraz, e coloque-o a apodrecer no ventre de cavalo, durante oito dias; depois, tome o matraz, decante o azeite e desseque a *cal*. Feito isto, ponha a *cal* em um peso igual de nosso **aguardente**; cerre o matraz, e deixe digerir em um **fogo** muito suave, até que toda a *cal* se haja convertido em **mercúrio**. Decante então a **água** com precaução, recolha o mercúrio corporal, e coloque-o em uma vasilha de **vidro**; purifique-o com água e **sal** comum, desseque-o segundo as regras, coloque-o em um lenço fino e esprema-o em gotinhas. Se passar todo, está bem. Se ficar alguma porção do corpo amalgamado, é prova de que a **dissolução** não foi completa, ponha este resíduo com uma nova porção de água bendita" (149).

"Por demais, se algum dia se apresentasse a possibilidade de que reempreendêssemos a experiência, apesar de tudo apaixonante, utilizaríamos a solução vermelha de ouro coloidal, da que todo bom químico sabe como o incidente mais ínfimo e imprevisível pode fazer variar sua cor.

Não seria aí, no fundo, que se possa encontrar a origem secreta desta *cal*, de caráter dinâmico, que certos artistas preparavam por calcinação do ouro, com vistas à solução mais íntima do metal solar, no mercúrio ou prata viva?" (43)

CALCINAÇÃO

Para explicar o que é a *calcinação*, em linguagem alquímica, nada melhor que a sabedoria de mestres na **Arte**, evitando que falsas informações sejam veiculadas e façam com que o iniciante perca o seu trabalho.

"Tendo a **putrefação** de nosso sujeito sido completada, ele subsiste em duas formas: a umidade que foi extraída e o resíduo, a Terra e a Água Filosofais. A **água** contém a sua virtude seminal e a **terra** é um receptáculo adequado, em que ela pode frutificar-se. Que a água seja separada então e conservada para uso; calcina-se a terra pois as impurezas que se lhe aderem só podem ser retiradas pelo **fogo**, devendo este ser do grau mais forte: pois aqui não há perigo de destruir a qualidade seminal, e nossa terra deve ser altamente purificada para que a **semente** amadureça. (...)

Por conseguinte, calcinai bem a parte terrestre e reponde o **mercúrio** na terra calcinada; em seguida retirai-o por **destilação**; depois, calcinai, fazei a **coobação** e destilai, repetindo o processo até o **mercúrio** ser bem aciculado pelo **súlfur**, devendo este ser purificado até se obter a cor branca e depois **vermelha**, o que é um indício de completa purificação. Nesse ponto, o Macho e a Fêmea Filosofais estarão prontos para a **conjunção**" (128).

"Calcinar é reduzir, pelo fogo, um misto a **cal** ou **cinzas**, que já não podem mais ser queimadas. (...) O misto, antes da *calcinação*, possuía uma substância aérea sob a consistência de **azeite** ou água oleosa, a qual pode fixar-se, a prova de fogo. (...)

A primeira *calcinação*, que não é senão imperfeita, separa todo volátil do fixo; porém quando um e outro são purificados, tudo é fixado pela última *calcinação*, que é perfeita. (...)

A *calcinação* imperfeita é de duas classes: uma é doce, e se faz com digestão; a outra é violenta e sem digestão.

A *calcinação* imperfeita é requerida necessariamente antes da perfeita, porque ela purifica os dois espíritos.

As duas *calcinações* são violentas para os excrementos, porém, nem uma nem outra o são para a substância pura do misto; pois o esperma dos elementos e a forma do misto não são destruídos por elas, senão que, ao contrário, se tornam mais perfeitas.

Uma só operação contínua e amiúde repetida, que contém a destilação do volátil e a *calcinação* do fixo, despoja o fixo de todos os **espíritos** voláteis e o libera, ao mesmo tempo, de todo excremento terrestre; e esta operação é a primeira das **sete**, a saber, a *calcinação*" (9).

"A *calcinação* é a transposição para uma espécie de **cinza** branca, terra ou greda branca graças aos espíritos do nosso processo; ocorre com o nosso **fogo**, com a **água** do nosso Mercúrio" (147).

CALCOPIRITA

Mineral citado por alguns estudiosos como um dos possíveis materiais, utilizado como **matéria-prima** no **Magistério**.

"Ferrosulfuro de cobre — de fórmula Fe São Cu — cristaliza em sistema tetragonal. Cor amarelo brilhante, com traços esverdeados. Peso específico 4'9 a 5'4, dureza 3.

"No maçarico decrepta e se funde. Com ácido nítrico dá uma dissolução de cor verde que se transforma em azul, quando encontra amoníaco. Pode ser bastante impura e, não raro, que contenha ouro interposto, em quantidade suficiente para exploração.

"É um sulfosal — **sais** derivados de **ácidos** sulfurosos, sulfoarseniosos ou sulfoestânicos" (26).

CAL DE OURO

A matéria em branco refulgente, ao término do **Regime da Lua**.

Segundo descrição de renomados Mestres, é o ponto de onde, com a adição do **óleo**, recolhido anteriormente, extrai-se a **tintura** solar, na proporção de uma medida de **azeite** para dez de cal de ouro, obtendo-se assim o **elixir** do **mercúrio**, **vermelho** como **sangue**, denominado **mênstruo**.

"Nenhum **azogue** dos corpos metálicos, mesclado com a *cal de ouro*, se transforma mais rápido e perfeitamente que o extraído, pela **arte**, da **prata** pura" (195).

CALID

Alquimista árabe, cujos ensinamentos trazidos pelos cruzados divulgaram na Europa as primeiras noções de Alquimia.

Acredita-se que Calid tenha sido o pseudônimo adotado pelo príncipe Omeya Khalid Ibn Yazed, que viveu entre 660 e 750, na Pérsia. A ele são atribuídos os tratados "Segredos da Alquimia", "O Livro das Três Palavras" e "O Paraíso da Sabedoria".

Seus conhecimentos de Alquimia se originaram do seu grande desejo de ser instruído na ciência da Grande Obra. Para isso, convidou a sua corte todos os filósofos que fossem capazes de traduzir para o árabe os manuscritos alquímicos gregos e coptas. Entre os filósofos que se apresentaram, respondendo ao seu chamado, estava Morienus cujo saber fora assimilado em Alexandria, centro do qual emanavam as luzes da Alquimia. Para demonstrar o seu profundo conhecimento sobre o assunto, realizou uma transmutação metálica diante do príncipe.

A diferença de conhecimento ficou tão flagrante entre Morienus e os outros candidatos ao posto de Mestre Real que, segundo consta, Morienus foi o escolhido e os demais condenados à morte.

Toda essa terrível violência fez com que Morienus desistisse de ensinar sua elevada ciência a tão primitiva criatura e abandonasse seu intento, voltando para sua terra.

Mas Calid havia aprendido a lição. Isso ficou comprovado, anos mais tarde, quando Morienus o encontrou, já agora um rei magnânimo, bem mais humano que o prepotente príncipe que conhecera. Isso fez com que reconsiderasse sua proposição anterior e se dispusesse a lhe ensinar os mistérios de sua secreta Arte.

CALOR

O calor é o principal requisito dos processos alquímicos. Entre as muitas recomendações feitas pelos filósofos para o pleno sucesso nos trabalhos alquímicos, talvez o *calor* seja das recomendações mais constantes. Se falta, a obra se perde porque não se completa no frio; se é dado em excesso, queima-se a **semente** e destrói-se a **matéria**. E escreveu Diomedes, conforme nos relata **Flamel**:

"Segundo o *calor* do pássaro que começa lentamente a voar depois do signo de Áries, até o de Câncer. Pois saiba que o menino, de início, está cheio de fleuma fria e de **leite**, e que o *calor* muito veemente é inimigo da frieza e umidade de nosso **embrião**, e que os dois inimigos, ou nossos elementos do frio e do *calor*, só pouco a pouco se confundirão perfeitamente, tendo primeiramente feito uma longa coabitação em meio ao temperado *calor* de seu banho, tendo-se transformado por uma longa decocção em **enxofre** incombustível. (...)

Sabei, pois, que nada pode engendrar ou procriar sem *calor*; que o *calor* exagerado arruína e faz perecer o **composto**; que o **banho** muito frio persegue e faz fugir o que dele é aproximado, mas que o *calor* que é temperado persegue, por sua suavidade, os humores corrompedores do corpo. (...)

Além disso, deve sustentá-los perpetuamente neste *calor* temperado, isto é, noite e dia, até que o inverno, ou o tempo da umidade das matérias, tenha passado, porque elas fazem as pazes e se dão as mãos e se aquecem juntas, e se ficassem somente meia hora sem fogo, essas naturezas jamais se reconciliariam" (36).

"Como foi dito: O **fogo** penetra e purifica através de seu *calor*, e Caled Minor diz: Aquece a frialdade de um com o *calor* do outro. Como diz Senior: Coloca o masculino sobre o feminino, isto é, o *calor* sobre a frialdade. Em segundo lugar, o **espírito** extingue o fogo interior, do qual o profeta diz: E o fogo foi aceso em sua assembléia e a chama consumiu os ímpios da **terra**, e Caled Minor extinguiu o fogo de um com a frialdade do outro" (189).

"Saiba, pois, que esta é a única dificuldade que se encontra lendo os livros dos homens mais cândidos, nos quais, unânimes, todos variam o regime ou governo do fogo, e quando falam de uma obra ensinam o governo da outra. Nessa rede estive enredado muito tempo antes que pudesse livrar meus pés deste laço. Por isto te faço saber que o *calor* em nossa obra é o mais benigno da natureza, se é que entendes bem nossa obra. (...) Esta obra não se faz com fogo nem com as mãos, senão somente com o calor interno, e o calor externo está somente por quanto que expele o frio e vence seus acidentes" (1).

"E para aquela natureza, em que só encontramos material imperfeito misturado ao perfeito, é nossa parte para fazer o **assunto** mais perfeito então, por nosso trabalho artificial. E se nós não sabemos a maneira de funcionamento, é porque nós não prestamos atenção como a natureza trabalha continuamente! Nós não vemos que, nas **Minas**, pelo *calor* ininterrupto que existe no interior das montanhas, está o espessamento da água; assim, é com decocção que se espessa o que, com a continuação de tempo, se torna Prata-viva? E que do interior da terra, pelo mesmo **calor** e decocção, é gerado **Enxofre**! E que pelo mesmo *calor* sem intromissão continuada nele, todos os metais são gerados dele de acordo com suas purezas ou impurezas? E aquela natureza faz, através de decocção, só perfeitos ou faz todos os metais, como perfeitos e defeituosos?" (178)

"De Mestre perfeito pode ser chamado aquele que sabe dos seus *Calores*, tanto altos como baixos" (70).

Veja também **Temperatura.**

CAMALEÃO FILOSÓFICO

Uma das denominações dadas ao **Espírito** celeste ou sal de **nitro**, por sua perfeita identificação com os corpos que ocupa.

"Este é aquele Espírito que, habitando no Ar, tudo penetra, vivifica a Terra, fermenta as Águas fluviais, move e tinge o **Sangue** nas veias, produz os Metais nas minas, nas Nuvens chove, troveja, neva, nas Terras faz crescer, florescer e germinar, nos Animais vivifica, transforma, digere, nas Minas umidifica, penetra, fixa, aplicado pela **Arte** conserva a Vida, cura Enfermidades, transmuta os metais em voláteis e fixos, animal nos Animais, vegetal nos Vegetais, mineral nos Minerais, Camaleão Filosófico; em tudo, sem embargo, sua natureza é perfeitíssima, sua propriedade penetrantíssima e sua substância tenuíssima" (177).

"Daqui se faz um Camaleão, ou nosso **caos**, no qual estão escondidos todos os **arcanos** em virtude, porém não em ato. Este é o menino **Hermafrodita**, que desde seus primeiros momentos está envenenado por uma mordedura do raivoso Cão Corasceno, pelo qual, odiando a **água**, torna-se louco; porque, ainda que a água seja para ele, de todas as coisas, a mais natural e próxima, com tudo isso, aborrece-o e faz com que fuja dela. Oh! providências! Não obstante, há na selva de **Diana** duas palomas que apaziguam sua louca raiva (se são aplicadas pela arte da ninfa **Vênus**); tu então, para que não volte padecer o aborrecimento da água, afoga-o nas águas para que nelas pereça, e que, pondo-se **negro** e impaciente o cão raivoso, suba sobre a superfície das águas quase sufocado; e tu, com **orvalhos** e **azotes**, foge longe do castelo, e assim as trevas desaparecerão" (1).

CANCHES, MAESA

Médico judeu que ajudou Nicolas Flamel a identificar as figuras do livro de Abraão, o Judeu, nas cópias que o escrivão havia levado consigo, em sua peregrinação a Galícia. Esse homem lhe foi apresentado por um mercador de Bolonha, tão logo chegou a Leon, depois de sua infrutífera viagem a Compostela, em busca de um milagre de SãoTiago, o padroeiro dos Alquimistas, para entender o modo de se atingir a Grande Obra, explicado de forma bastante incompreensível nas figuras hieroglíficas do seu livro.

"Quando lhe mostrei as figuras de meu extrato, arrebatado de espanto e alegria, ele me perguntou incontinente se eu tinha notícias do livro do qual elas tinham sido retiradas. Respondi-lhe em latim, tal como ele havia me interrogado, que eu tinha esperanças de ele ter boas notícias, se alguém me decifrasse esses enigmas. No mesmo instante, tomado de grande ardor e alegria, ele começou a me decifrar o começo. E, para ser breve, ele estava muito contente em escutar novas sobre onde estava esse livro, e eu em ouvi-lo falar. E certamente ele as ouviria narrar, longamente, mas como de algo que se cria inteiramente perdido, como ele dizia. Retomamos nossa viagem, e de Leon passamos a Oviedo, e de lá a Sanson, onde nos lançamos ao mar para chegar à França. Nossa viagem tinha sido feliz e, antes que tivéssemos entrado naquele reino, ele já havia, em verdade, interpretado a maioria de minhas figuras, onde até ele encontrou grandes mistérios (o que achei assombroso), quando, chegando a Orleans, esse sábio homem caiu extremamente doente, afligido por grandes vomitórios, que lhe tinham restado daqueles que tinha sofrido sobre o mar. Ele temia de tal forma que eu o deixasse, que não se pode imaginar nada semelhante. E estando todos os dias à sua cabeceira, ainda assim me chamava incessantemente. Enfim morreu ao término do sétimo dia de moléstia, afligindo-me deveras. Da melhor forma que pude, fi-lo enterrar na igreja de Santa Cruz, em Orleans, onde agora repousa. Deus tenha sua alma, pois morreu bom cristão" (36).

CANSELIET, EUGÈNE LÉON

Um alquimista do século XX, nascido em 18 de dezembro de 1899. Em 1915, foi seduzido pela Alquimia pelos textos de **Cyliani** e, nesse mesmo ano, encontra **Fulcanelli**, de quem se torna discípulo e amigo.

Em 1916 já havia descoberto a primeira matéria para a realização da Grande Obra. Em 1922, sob a direção de Fulcanelli, faz sua primeira transmutação de chumbo em ouro, em presença de Jean-Julien Champagne e Gaston Sauvage.

É *Eugène Canseliet* quem encaminha a Jean Schemit, em 1925, o manuscrito "O Mistério das Catedrais", no qual Fulcanelli dá a sua interpretação esotérica aos símbolos herméticos, presentes nas imponentes construções, relativos à Grande Obra.

Em 1928, torna a servir de intermediário entre Fulcanelli e os editores, na assinatura do contrato para edição de *Demeures Philosophales* e *L'Art Sacré et l'esotérisme du Grande Oeuvre*.

Em 1956, funda com Henri Hunwald, René Alleau e Claude d'Ygé, o Cercle d'Hermes, associação de alquimistas, hermetistas e de poetas.

Escreveu vários livros divulgando seus conhecimentos: *Alchimie, L'Alchimie et son livre Muet, L'Alchimie expliquée sur ses Textes classiques*, além de ser um dos fundadores da revista *Atlantis*.
Faleceu em 17 de abril de l982

CAOS PRIMORDIAL

Massa confusa, desordenada, correspondente à matéria-prima, de onde, por suas artes, os alquimistas separam a terra da luz.

Ensinam os que já descobriram o caminho para a realização da **Obra**: "O *caos primordial* encontrado na Natureza contém em si todos os metais e não é metal. Nele está o **mercúrio**, a **prata** e o **ouro**, mas não é nem mercúrio, nem prata, nem ouro".

"Filho dos Filósofos ouça aos Filósofos unânimes e conformes concluindo, ou por último dizendo, que esta obra há de ser parecida com a Criação do Universo. No princípio, pois, criou Deus o Céu e a terra; a terra estava solitária e vazia, e o espírito de Deus andava sobre a superfície das águas; e disse Deus, *seja feita a luz*, e a luz se fez. Estas palavras serão bastantes para o filho da **Arte**, pois é mister juntar o Céu com a terra sobre a cama da amizade, e deste modo reinará com honra toda sua vida" (1).

"Na cosmogonia egípcia, o *caos* é uma energia poderosa do mundo informe e não ordenado, que cinge a criação ordenada, como o **oceano** circula a terra. Existia antes da criação e coexiste com o mundo formal, envolvendo-o como uma imensa e inexaurível reserva de energias, nas quais se dissolverão as formas nos fins dos tempos.

"Na tradição chinesa, o *Caos* é o espaço homogêneo, anterior à divisão em quatro horizontes, que equivale à criação do mundo. Esta divisão marca a passagem ao diferenciado e a possibilidade de orientação, constituindo-se na base de toda a organização do cosmos" (2).

"Todavia não nos deixemos enganar. Mais uma vez, não se trata de uma abstração metafísica. Existe realmente, no reino mineral, um corpo em que os **Adeptos** encontraram, em um estado de desordem que o levou a ser comparado ao *caos* primordial, todos os elementos necessários à gênese da **Grande Obra**" (37).

"Nosso globo, reflexo e espelho do Macrocosmo, nada mais é que uma parcela do *caos primordial*, destinado, pela vontade divina, à renovação elementar nos três reinos, mas que uma série de circunstâncias misteriosas orientou e dirigiu para o reino **mineral**. Assim determinado pela impressão de uma forma e especificado, submisso às leis que regem a evolução e a progressão minerais, esse *caos* tornado corpo, contém em estado confuso a mais pura **semente** e a substância mais próxima que existe dos minerais e dos metais" (7).

"O **fogo** é de **azufre** mineral e, contudo, não é propriamente mineral, nem ainda metal, senão o meio entre a minera e o metal; não é nem um nem outro, e participa de ambos; é *caos*, confusão ou **espírito**; pois nosso **dragão** de fogo, que vence todas as coisas, é, sem embargo, penetrado mediante o odor da saturnia vegetal, cujo sangue, com o sumo da saturnia, forma um corpo admirável e, contudo, não é um corpo, porque é todo volátil, nem é espírito, porque no fogo parece metal fundido. É certo e verdadeiramente *caos*, ou confusão de diversas coisas, o qual, no que se refere aos metais, é como mãe deles" (1).

CAPUT MORTUUM

"No início de sua obra, o artista se enganaria grosseiramente se tivesse a ideia de que deve rejeitar como inútil e sem valor esse **caos** surpreendente e curiosamente homogêneo, que é também denominado a caveira (*tête morte*) — *caput mortuum*" (66).

"Com a extração do **sal** fixo a partir do *caput mortuum* e a **dissolução** do sal em seu próprio **espírito**, resta calcinar o *caput*, durante quinze dias, antes de **lixiviar** com água" (44).

"Le Febure recomenda expor o *caput* às influências astrais, antes de sua lixiviação e indica que o produto final deve ser branco, com matiz rosado, cristalizado como o Sal de **Saturno**, em pequenas agulhas largas e sutis, de um gosto mais próximo ao do **nitro** que ao áspero" (45).

CARIDOSO

Diz-se do **Adepto** cujas informações são as mais claras e fiéis possíveis, propiciando ao neófito condições para um perfeito entendimento do Magistério. Apesar de codificados os textos, nota-se a intenção de uns **Mestres** em guiar por caminhos seguros, por meio de indícios reais que, uma vez traduzidos, não deixam quaisquer dúvidas.

CARNEIRO

Os *carneiros* são elementos solares. De princípio masculino, é associado ao **fogo** e à fertilidade. No antigo Egito, eram conhecidos seus poderes mágicos e destruidores. Cultuavam **Khnum**, deus criador, representado com a cabeça de *carneiro* e que, entre seus feitos, contava ter modelado ao seu redor o **ovo primordial**.

"O *carneiro* é **Hermes** Criofor que é o mesmo **Júpiter** Ammon" (35).

"Nesse momento (à noite), quando o espírito solar masculino retorna às profundezas do feminino, este encontra o fio dourado, a fértil **semente** da **luz**" (46).

"... é porque o *carneiro* celeste encontra em seu homólogo terrestre uma perfeita correspondência, no seio de uma **matéria mineral**, a que os antigos atribuíam as qualidades do guerreiro **Marte**, que com frequência trazia na cabeça um elmo adornado com os cornos espiralados de Amon. Portanto, é a esse metal muito comum, que está destinado o papel de projetar o **fogo** do céu no seio das **águas** lamacentas da matéria chamada **ímã** ou **magnésia**, graças à faculdade que possui de atrair para si essa criança, esse filho do cosmos. No entanto, precisemos que a operação canônica tem sua plena oportunidade de êxito na primavera, quando a natureza desperta e se renova, pois nessa época do ano o "*carneiro* terrestre" atrai para si, com mais vigor que nunca, o influxo ígneo do "*carneiro* celeste". É a época em que o Sol percorre a região do céu que corresponde à constelação de **Áries**, quando foram estabelecidos os fundamentos da astrologia ocidental tradicional, dois milênios antes de **Cristo**" (37).

CARRO, O

Esta lâmina dos arcanos maiores do Tarot representa o poderoso **Marte**, todo paramentado para a guerra, com armadura, capacete, escudo, **espada** e **lança**, dirigindo um *carro* puxado por dois fogosos cavalos, o primeiro preto, e o segundo branco. O chão é árido e, no céu, grossas nuvens prenunciam tempestade.

Significa as batalhas que são travadas entre os **elementos** para a conquista desses dois estados fundamentais, na prática do **Magistério**: o **nigredo** e o **albedo**, onde só o pulso forte e o conhecimento estratégico, são capazes de controlar a fúria destrutiva.

Marte representa, ainda, o **ferro**, e sua presença na direção do *carro* deve ser uma indicação da **matéria-prima** que determina o caminho, sugestão esta que é dada, também, por muitos **Adeptos**.

CARVALHO

Em numerosas tradições, o *carvalho* é considerado uma **árvore** sagrada. Muitas vezes apresentado escavado ou oco, figurando um esquife que na, simbologia antiga significava a Deusa-Mãe. Na mitologia grega era considerado atributo de **Zeus** e habitado pelas ninfas Dríadas e Hamadríadas.

Os **druidas**, mestres e adivinhos, eram chamados "homens da árvore" e, segundo alguns autores, a palavra druida tinha, no grego, a mesma raiz que a palavra *carvalho*.

Sobre o *carvalho* nasce uma planta parasita — o **visco** —, considerada sagrada pelos celtas e colhida em certa fase lunar pelos druidas, com uma foice de ouro.

A clava de **Hércules** era feita de *carvalho*, assim como a proa da nau Argos, oferecida aos argonautas por **Atená**; no mito do **Velocino de Ouro**, enquanto o **carneiro** foi sacrificado a Zeus, o velo de ouro foi consagrado a **Áries** (**Marte**), sendo espetado em um *carvalho*.

"É verdade que as *Nossas-Senhoras-do-Carvalho* (Notre-Dame-du-Chêne) ou as virgens associadas a outras grandes árvores, não são raras no norte do Loire" (37).

CARTA DE ÍSIS

Bastante divulgada em relatos sobre Alquimia, essa carta, cujo manuscrito se encontra na Biblioteca de Paris, provoca dúvidas quanto a sua antiguidade e origem. Uns acreditam que sua origem é grega e não egípcia, escrita nos primeiros tempos de nossa era. Mas há ainda alguns que creem ter sido escrita na França medieval:

"Carta de Ísis, rainha do Egito, mulher de Osíris, sobre a Arte Sagrada e dirigida ao seu filho Hórus.

"Quiseste, meu filho, ir combater tifon, para defenderes o reino de teu pai. Assim que partiste, logo me dirigi a Hormanute, onde se cultiva misticamente a Arte Sagrada do Egito. Lá descansei algum tempo e já pensava em retirar-me quando, nesse mesmo instante, um dos profetas, ou anjos, habitantes do primeiro firmamento, fixou os olhos em mim. Ei-lo que se aproxima e logo pretende ter comigo íntimo contato de amor. Não cedi ao seu desejo, mas pedi-lhe que me revelasse o segredo de fazer ouro e prata. Respondeu-me que não tinha autorização para revelar tão grande mistério.

"No dia seguinte, vi que se aproximava de mim o primeiro dos anjos e dos profetas, chamado Anael. Pedi-lhe outra vez, com insistência, que me revelasse o segredo de fazer ouro e prata. Mostrou-me então um sinal que tinha na testa e um vaso, que trazia na mão, vaso não envernizado, cheio de água brilhante. Mas nada quis dizer-me sobre a verdade. Voltando, no dia seguinte, insistiu em satisfazer o seu desejo. Não cedi. Continuou insistindo e eu recusando, até que me revelou o segredo do sinal que tinha na testa. E explicou-me, claramente, minuciosamente, a tradição do grande mistério.

"Assim consegui que ele me revelasse o segredo do sinal e me explicasse os mistérios. Antes, porém, de obter a revelação do segredo, fui obrigada a pronunciar o seguinte juramento: "Juro pelo céu, pela terra, pela luz, pelas trevas. Juro pelo fogo, pelo ar, pela água, pela terra. Juro pela altura, pela profundeza da terra, pelo abismo do Tártaro. Juro por Mercúrio e por Anúbis, pelo latido do dragão Kerkuroboros, por Cérbero, cão de três cabeças e guarda do inferno. Juro pelo piloto do Aqueronte. Juro pelas três Parcas, pelas Fúrias e pela espada, que jamais revelarei estas palavras a ninguém, exceto ao meu nobre e tão querido filho.

Agora tu, meu filho, vai, procura o agricultor, pergunta-lhe qual a semente e qual a seara. Ele te ensinará que aquele que semeia trigo colhe trigo; aquele que semeia cevada colhe cevada. Estas coisas, meu filho, far-te-ão compreender a ideia da criação e da geração. Lembra-te de que o homem gera o homem, o leão gera o leão, o cão reproduz o cão. Do mesmo modo, ouro produz ouro. Nisto consiste o mistério" (47).

O escritor acima, finalizou aí a transcrição do famoso documento, mas, no livro *Alquimia* de Marie-Louise Von Franz, está publicado o seu desfecho:

"Tome uma porção de mercúrio, fixando-o em torrões de terra pela magnésia ou pelo enxofre, e guarde-se. Tome-se uma parte de chumbo e da preparação estabilizada pelo calor, e duas partes de pedra branca, e da mesma pedra uma parte, e uma parte de rosalgar amarelo e uma parte de pedra verde. Misture-se tudo com chumbo e, quando estiver desintegrado, reduza-se três vezes a um líquido.

"Tome-se o mercúrio que pelo cobre se tornou branco e retire-se dele mais uma parte, bem como da magnésia dominante, como uma parte de água, e do que resta no fundo do recipiente, e que foi tratado com suco de limão, use-se uma parte, e do arsênico que foi catalisado com a urina de um rapaz ainda não corrompido, uma parte, e depois de cadmeia uma parte, e de pirita uma parte e uma parte de areia cozida com enxofre, e do monóxido de chumbo com amianto duas partes, e das cinzas de kobathia, uma parte; converta-se tudo em líquido com um ácido muito ativo, um ácido branco, e deixe secar, e assim se obtém o grande remédio branco."

CATEDRAL DE CHARTRES

A construção da Catedral de Chartres, maior exemplo de catedral gótica da Europa, foi iniciada em 1145, no vale do Loire, e reconstruída, após um incêndio, em 1194. Ela não é apenas um edifício feito para servir à religiosidade, mas uma obra onde se pretendeu perpetuar as lições dos Mestres, nos símbolos que ensinam o caminho a seguir. Em sua geometria e esculturas, contendo uma mensagem de pedra para a decifração do Livro Sagrado, está implícita, para muitos, a chave de antigos preceitos alquímicos.

"Entre os numerosos manuscritos que tratam da preparação dos metais por meio de operações alquímicas, o mais notável é, por certo, o chamado manuscrito de São Marcos, conservado na Itália. Ele contém um desenho que representa o **labirinto** da Catedral de Chartres. Ora, datado do século XI, ele permite estabelecer uma filiação entre os árabes do século VII, os alquimistas do XI, Vilart de Honnecourt no século XIV e os construtores de Chartres. O que reforça a hipótese da transmissão de conhecimentos científicos por mediação dos árabes" (18).

CAUDA DE PAVÃO

Segundo muitos autores, ao fim do **Regime da Lua**, uma profusão de cores incríveis se alternam no crisol. Essas cores vão e vêm, sob um **calor** bem administrado até o terceiro grau. Elas marcam o fim da umidade que predominava na matéria. O fim da etapa é quando tudo se transforma em um belo **verde**, ao qual os filhos da Arte denominam "*caudas pavonis*".

"Também aparecem antes da brancura as cores do **pavão**; um filósofo fala disso, nestes termos: *Sabei que todas as cores existentes no Universo, ou que alguém possa imaginar, aparecem antes da brancura, só depois vem a verdadeira brancura...*" (178).

Ver também **Pavão.**

CAVERNA

Ver **Gruta**.

CERAÇÃO

Segundo o Alquimista Claveo: "A ceração é dotar a **medicina** da fusibilidade da cera e fá-lo repetindo a Terceira Obra, com um **denário** do mercúrio animado, o que se poderá fazer em 30 dias. Isto se repete sete vezes e, deste modo se terá o **sal** aurífero, muito fixo e fusível como cera, tenuíssimo como **água**, penetrante, colorante, transmutante e aperfeiçoante do **mercúrio** vulgar e metalino em verdadeiro ouro".

"Esta operação tem por fim torná-lo puro, penetrante e fusível como a cera. O sal torna-se assim um agente químico capaz de penetrar em uma infinidade de corpos.

Para fazer isto, há que se tomar o sal marinho, que se deve dissolver em água quente; filtra-se a solução e faz com que se evapore e cristalize em doce temperatura. A operação deve ser repetida ao menos três ou quatro vezes.

Uma vez o sal convenientemente purificado, é colocado em um **crisol**, em **fogo** forte, para fazê-lo decrepitar. Atiça-se, em seguida, o fogo ao máximo, e quando a **matéria** se liquefaz, depeje-a em uma vasilha, cobrindo-a rapidamente, para evitar a volatização.

O produto fundido e resfriado, dissolve-se em **água** e se filtra a solução. Evapora-se à continuação até a secura completa. Começam-se de novo estas operações até que o sal se torne fusível como a cera virgem, a uma débil **temperatura**" (191).

CÉRBERO

Cão mitológico com **três** cabeças e cauda de **serpente**, guardião da porta do Inferno, impedindo a fuga das almas e a entrada de indesejáveis.

Era filho de Tifon e Echidna e irmão de Ortos — o cão bicéfalo. De sua união com Quimera, nasceu o **Leão de Nemeia** e a **Esfinge**.

Quando os homens morriam, eram transportador ao Hades, na barca de Caronte, para outra margem do Rio Aqueronte. Lá a entrada era vedada por uma porta de diamantes e por Cérbero, que devorava os corpos, o que poderia simbolizar a destruição da matéria pela terra.

Foi vencido por **Hércules** que, no último dos seus Doze Trabalhos, teve que ir ao Inferno por ordem do rei Euristeu. Foi uma luta titânica a que manteve com o monstro, em razão de ser mordido, constantemente, pela serpente da cauda, enquanto tentava estrangular suas três cabeças. Finalmente, por ter se protegido sob a pele impenetrável do Leão de Nemeia, abatido por ele em prova anterior, Hércules conseguiu dominá-lo e levá-lo à presença de Euristeu.

Ao ver a luz do dia, *Cérbero* começou a cuspir uma espuma, de onde brotou o pé de uma planta: o **asfódelo**.

Tendo o rei fugido diante da fera, Hércules o devolveu ao Inferno.

Primeiramente, esse lendário cão pode ser associado à Grande Obra por sua maior característica, um corpo com três cabeças; segundo, por sua ferocidade representando o grande perigo em sua manipulação; e, terceiro, por ter sido vencido por **Heracles** ou Hércules, o que, simbolicamente, nos remete ao **Magistério**.

CÉU

Para a Alquimia, o *Céu* a ser estudado é o *Céu* do microcosmo, aquele um quarto vago dentro do crisol. As referências sobre o casamento do *Céu* com a **Terra**, que fazem parte da cosmogonia de muitos povos, dando nascimento ao **embrião** imortal, também são referências ao espaço vazio sobre a matéria prisioneira no invólucro hermeticamente fechado, onde se realiza a união alquímica.

Fenômenos importantes para a **Grande Obra**, como **orvalho** ou **rocio**, **chuva**, **ventos**, **raios**, o voo das **águias** e o surgimento do sol do microcosmo, tudo acontece nessa pequena atmosfera, em um processo que é acompanhado de perto pela expectativa do alquimista.

Essa peculiaríssima interpretação explicaria também os relatos de muitas civilizações sobre céus divididos em 7, 9, 12 e até 13 andares, em sua maioria separando: o *céu* dos planetas ou dos metais, *céu* **negro**, das **águas**, das aves, das **serpentes** de fogo, dos **ventos**, do **espelho**, **vermelho**, etc., crenças sem nenhuma lógica, se não levarmos em conta o **Magistério**.

"Vemos entre o Firmamento e nossa Terra contínuos **Vapores**, Nuvens e Brumas, que ascendem como uma transpiração da Terra; e são sublimados até em cima pelo **calor** central da Terra.

Esta Água e Vapores caóticos contém e são a primeira matéria de todas as coisas embora esta pareça muito simples ante nossos olhos, sem embargo é dupla, pois contém **fogo** e **umidade**. O invisível no visível — o Fogo ou **espírito** é o agente e a **água** a mãe ou matriz" (25).

CHAVE

Este símbolo é usado para significar a abertura ou fechamento da matéria, ou, em outras palavras, marca o momento da **multiplicação** em que a matéria tem de ser dissolvida e coagulada.

"Eu devia representar um homem com uma *chave* para te ensinar que agora deves **abrir** e fechar, quer dizer, **multiplicar** as naturezas germinantes e crescentes. (...) Pela mesma razão que fiz pintar uma *chave* com o homem, para significar que a **pedra** exige ser aberta e fechada para multiplicar, pela mesma razão também, para te mostrar com que **mercúrio** isso deves fazer, dotei o homem de um hábito alaranjado-vermelho, e um alaranjado à mulher" (36).

"Por meio de cujo espírito mercurial, úmido e mineral, como uma *chave* viva e física, abriram o corpo do ouro e atraíram para fora a **semente** espiritual contida nele" (48).

Ver também **Abrir.**

CHI

Um dos muitos nomes recebidos pela energia cósmica, o princípio eterno que gerou e mantém o Universo. Corresponde ao **prana** indiano.

Essa energia é recebida do cosmos por todos os elementos deste planeta. No corpo humano, é a energia vital que percorre canais invisíveis chamados meridianos, infundindo vida aos órgãos. Polariza-se em duas correntes, positiva e negativa — o **yin** e o **yang** dos chineses —; o equilíbrio desses opostos é o que gera a saúde, buscada pelos especialistas na técnica milenar de Acupuntura.

Aliás, esse conhecimento da manipulação de tais energias é outro dos mistérios que nos legaram os antigos. Como, presumindo-se que não tivessem aparelhos de precisão para detectar tal rede de circulação, puderam mapeá-las no corpo humano com tamanha sabedoria?

CHIFRE

O simbolismo de poder expresso nos *chifres*, ao longo da história e da mitologia de muitas civilizações, chega até nós de uma maneira um tanto incompreensível. Se levarmos em conta, entretanto, a forma da **lua** crescente, e o conceito do **touro**, um animal lunar, reverenciado pelos sumerianos e hindus, ou do **carneiro**, animal solar, cultuado sob forma de deus, no antigo Egito, fica mais fácil entendê-lo e associá-lo às representações alquímicas que eram transmitidas nos **Mistérios**.

Explicam-se, dessa forma, Amon, **Apolo** Karneios, **Dioniso** e **Agni**, figuras plenamente identificadas com a simbologia da **Grande Obra** e que, em muitas ocasiões, eram representadas com *chifres*, sem que, com isso, seus cultores lhes desejassem atribuir condições animalescas.

Se considerarmos como época própria para práticas alquímicas, o período que vai de Áries a Touro, não poderia haver uma alegoria melhor, comum aos dois, que os cornos. Daí se originarem as lendas de potência, fertilidade, força vital e imortalidade, associadas ao símbolo.

"O *chifre,* ou corno, tem sentido de grandeza, de supremacia, de elevação por toda Antiguidade. Simboliza, por isso mesmo, o poder, a autoridade, características básicas de quem o possui, como os deuses Dioniso, Apolo Carnio e o rei Alexandre Magno, que tomou o emblema de Amon, o deus-carneiro, chamado no *Livro dos Mortos*, o Senhor dos Dois Cornos (...) Os chifres do carneiro são de caráter solar e os do touro, de caráter lunar, dando o poder de fecundar do astro e do satélite, e de ambos os animais que os representam. A Associação da Lua e do Touro é bem atestada entre os Sumérios e os Hindus. A lua é designada no Camboja como um corno perfeito, em sua fase crescente. O *Mahãbharata* fala do corno de Çiva (Shiva), já que este se identifica com sua montaria, o touro Nandim. Os chifres dos bovinos são atributos da Grande Mãe divina. Onde quer que apareçam, seja nas culturas neolíticas, na iconografia ou ornamentando os ídolos de forma divina, os cornos marcam a presença da Grande Deusa da fertilidade. Evocam os sortilégios da força vital, da criação periódica, da vida inexaurível e da fecundidade, vindo assim a simbolizar, analogicamente, a majestade e os obséquios do poder real" (49).

CHRISTINA DA SUÉCIA

Rainha da Suécia, (1626-1689). Empolgada pelos intrigantes folhetos rosa-cruzes, espalhados pela Europa desde 1614, interessou-se desde cedo pela Alquimia. Esperava ver surgir, por meio da Grande Obra, uma reforma universal. Influenciada por leituras espirituais de textos tradicionais de Geber, Arnold de Villeneuve, Raimund Lullio, Albertus Magno, Thomas de Aquino, Bernardo Trevisano e George Ripley, entre outros, e pelo alquimista Johannes Franck, que desejava ver nascer, em Estocolmo, uma monarquia metálica no norte, Christina instituiu a Ordem do Amaranthe, em 1653, que tem como emblema uma guirlanda de folhas de amaranto, sempre verdes, simbolizando a imortalidade da vida.

Em 1680, foi criada, no jardim romano de Palombara, a chamada Porta Mágica, que teve em seu portal um emblema com uma alegoria alquímica, e abrigou vários poetas latinos que dedicavam seus cantos à exaltação da ciência real. Segundo lendas relativas ao evento, essa porta foi construída para marcar uma transmutação de sucesso ocorrida nos laboratórios de Christina.

Digno de registro é que existe um documento, escrito pelo seu próprio punho, intitulado "Química dos paradoxos", além de sua mais importante máxima: "A Química é uma bela ciência. Ela é a anatomia da natureza e a verdadeira chave que abre todos os tesouros. Ela propicia riquezas, saúde, glória e a verdadeira sabedoria a seu possuidor".

CHUMBO

Assim como o seu mineral — a **Galena**, é tomado por alguns autores como a matéria primeira. **Saturno** é o regente dessa matéria — o **caos**, as trevas, a cor negra, o mar das águas primordiais. Sabe-se que a **água** (em Alquimia, **Mercúrio**), dispõe de moléculas em lâminas, ao modo das camadas desse **mineral**.

CHUVA DE DIANA

A matéria úmida, mantida fechada hermeticamente no **vaso** e sob o efeito de um **fogo** lento, porém constante, evapora e, segundo a maioria dos autores, enche o recipiente de vapores que retornam em forma de **orvalho**, **rocio** ou mesmo *chuva*. Em regra geral, é uma **água** comum que advém desses sublimados, mas, há um momento em que essa água apresenta características diferentes e por isso tem denominação especial, como nos sugere o autor espanhol anônimo, citado em *La Tabla Redonda de los Alquimistas* por seu manuscrito *Via do Pobre*:

"Com a regulação do fogo, fazem-se cair estes esposos sublimados, fixando-se em sua terra; logo subirão, sucessivamente... Uma pequena umidade, que se converterá em uma chuva de ouro, a qual voltará a cair logo após. À dita chuva, chamam os Filósofos de *Chuva de Diana*".

CIBELE

Grande-Mãe asiática cujo culto foi trazido para Roma, no século III, entronizado sob a forma de uma pedra negra. Era representada sentada sob a **árvore da vida**, cercada de **leões** e **lobos**.

Filha de **Zeus**, esposa de **Saturno** e mãe de **Júpiter**, Juno, **Netuno** e Plutão, figura como tendo engendrado os deuses dos quatro **elementos**, enquanto ela própria é a representação da energia encerrada na **terra**.

"Essa grande deusa frigia, trazida solenemente para Roma, entre 205 e 204 a.C., durante a Segunda Guerra Púnica. Identificada com a **Lua**, protetora inconteste da mulher, seus sacerdotes, chamados Coribantes, Curetes ou Galos e muitos de seus adoradores, durante as festas orgiásticas da Bona Mater, Boa Mãe, como era chamada em Roma, emasculavam-se e cobriam-se com indumentária feminina e passavam a servir à deusa-Lua *Cibele* (...).

"No dia 15 de agosto, em Roma, para homenagear a Grande deusa-Lua, celebrava-se a Festa das Tochas, que a Igreja substituiu pela Assunção de Maria. Desmistificando e dessacralizando o mito, a Igreja o sublimou, revestindo-o com uma nova indumentária" (49).

"Ao tempo da decadência romana, *Cibele* será associada ao culto de Átis, o deus morto e ressuscitado periodicamente, culto este dominado pelos estranhos amores da deusa, por ritos de castração e pelos sacrifícios sangrentos do taurobólio. De uma forma delirante, ela simboliza os ritmos da morte e da fecundidade, da *fecundidade pela morte*" (38).

CIÊNCIA HERMÉTICA

Ou ciência de **Hermes**, engloba o estudo e a execução da **Grande Obra**, que consiste em extrair dos **minerais** o **esperma** metálico.

Constituindo o modo dessa execução um extraordinário **segredo**, desde tempos imemoriais, expresso apenas por símbolos, alegorias e códigos, o nome hermético passou a ter a conotação de "fechado", de "compreensão restrita aos iniciados".

"A chamada *ciência hermética* atribuída a Hermes Trismegisto, nome que designaria uma comunidade sacerdotal e que os gnósticos diziam ter sido instituída pelo deus Toth, pelo Criador do Universo Ptah, relacionava-se, sobretudo, com a metalurgia, a fundição dos metais, a ourivesaria, de que são exemplos os artefatos de ouro e as joias encontradas nos túmulos subterrâneos e no interior das pirâmides" (50).

CIMERIANO

Referência a lugar lúgubre, infernal, galeria nas entranhas da terra. Geralmente este termo é usado nos textos alquímicos para definir o local de onde é retirado o mineral, matéria-prima da Obra.

CINÁBRIO

Sulfureto vermelho de mercúrio (HgS). Cristaliza no sistema hexagonal e apresenta cristais pequenos, geralmente granulosos. Tem brilho semimetálico, boa clivagem, fratura irregular e traço vermelho. Dureza de 2 a 2'5 e densidade 8'1. Encontra-se em xistos cristalinos nas rochas eruptivas da Espanha, da Califórnia e em Minas Gerais.

"*Cinábrio*, palavra que deriva de um termo hindu que significa *sangue de dragão*, é também o termo utilizado para designar a matéria com que trabalham os taoistas ocupados em uma alquimia sexual" (19).

CINTURÃO DE HIPÓLITA

A pedra em ponto branco. Já, por si, uma grande conquista, porque permite a **transmutação** dos metais em **prata**, além de se revelar, uma grande **medicina**, capaz de curas surpreendentes.

CINZA

As *cinzas*, simbolizadas pela **Cruz de Lorena**, surgem quase ao fim do processo e devem ser separadas, com muito cuidado, pois, pelos relatos, elas desempenham um papel por demais importante, na conquista da pedra. Ela é produto do corpo que sobra no crisol, calcinado pelo mais forte fogo a que foi submetida a matéria até então. Ao que se pode presumir, depois de muitas leituras, é a ela que muitos alquimistas denominam **sal**.

"Quando vires aparecer a brancura à superfície do recipiente — disse um **sábio** — podes estar seguro de que, debaixo da **brancura**, se esconde o **vermelho**; tens que o extrair e, para isso, aquece-se até que tudo esteja vermelho. Finalmente, há entre o vermelho e o branco uma certa cor cinzenta da qual se disse: depois da brancura já não te podes enganar, porque aumentando o **fogo** chegarás a uma cor acinzentada. Não desprezes a *cinza* — disse um filósofo —, porque, com a ajuda de Deus, se liquefará" (178).

"Oh, quão preciosa é esta *cinza* aos filhos da doutrina, quão precioso é o que vem dela" (51).

"Uma vez obtido este estado da matéria, e quando perto do fim da seca, começaram a aparecer partículas brancas, foi quando me decidi a passar da Turba dos Filósofos à levedura maior. Desta vez a operação exigia incineração completa, ao rubro total, para que todas as matérias combustíveis se queimem e fiquem reduzidas a cinza; então a separação dos compostos permitirá que as forças vivas encerradas nas plantas, a seiva e o orvalho se fixem nos sais que compõem as cinzas acumuladas no fundo do crisol. Diz-se que, nesta etapa, as partículas vivas não temem o fogo, mas que, pelo contrário, se vão fixar no sal, adquirindo assim o poder de separar a alma dos metais da sua ganga física. Desta alma metálica, compõe-se o remédio procurado" (188).

"É porque também Morien diz: Não desprezeis a *cinza*, pois ela é o **diadema** de vosso coração, é uma *cinza* permanente. E, no livro chamado Lílium, está escrito: o fogo sendo aumentado por um bom **regime** e governo, após ter-se chegado ao branco, chega-se à cinefação, isto é, à cor *cinza*, o que é chamado **terra calcinada**, a qual é da natureza do fogo" (36).

"Entre os maia-quichés, a *cinza* parece efetivamente ter uma função mágica, ligada à germinação e ao retorno cíclico da vida manifestada: os heróis gêmeos do Popol-Vuh transformam-se em *cinzas* antes de ressuscitar como o pássaro **Fênix**" (38).

"Desta *cinza* nascerá uma **Fênix**, pois nela está escondido o verdadeiro **tártaro** que, uma vez dissolvido, serve para abrir as fechaduras mais fortes do palácio real. (...)

Tudo reduzido a *cinzas* mostra o seu **sal**. Se nessa dissolução, souberes guardar separadamente o sulfureto e o **mercúrio** e construir com indústria o que há que dar ao sal, poder-se-á realizar o mesmo corpo que antes da **dissolução**. O que os sábios deste mundo chamam loucura e reputam de mentira, ao gritarem que é impossível para um pecador fazer uma nova criatura, sem se darem conta que antes já tinha sido uma criatura e que o artista, demonstrando a sua ciência, só multiplicou a **semente** da natureza.

Aquele que não tiver *cinzas* não pode fazer sal próprio para a nossa obra, pois não poderia fazer-se sem sal, já que não há nada como ele, para operar a coagulação de todas as coisas" (137).

"De toda coisa podes fazer *cinza*, e destas *cinzas* podes fazer **sal**, e deste sal fazer **água**, e desta água fazer **mercúrio**, e deste mercúrio, por diversas operações, fazer **sol**" (143).

Há nas *cinzas* duas substâncias puras, uma terrestre e a outra ígnea; a primeira se converte em **vidro** pela violência do fogo, e esta última se dissipa no **ar**.

A substância ígnea, que é o princípio da **multiplicação**, extensão e geração da espécie, não pode separar-se senão pelo **fogo** maior.

Esta substância ígnea, fixa em sua natureza, é a **semente** inata do misto, a que os filósofos chamam o astro natural de cada corpo, que tende sempre, por si mesma, à **geração**, porém que não pode atuar senão é um tanto ou quanto excitada pelo **calor** celeste.

Todas as parcelas de sal fixo de cada misto gozam de algumas chispas deste fogo; e ele está contido como em seu corpo natural, porém é incapaz de atuar sem ser excitado" (9).

"Nas cinzas que ficam no fundo do sepulcro, encontra-se o diadema do nosso Rei" (5).

"Você tem que saber que se torna gradualmente o **negro** do primeiro para o último. Permanece bastante o negro de cinco a dez dias; então fica **verde** lentamente, e tem o colorido completado em 50 ou 70 dias. Este é o fim. Se a **pedra** adquire estas qualidades, haverá nenhuma dúvida de sua perfeição. Sua cor **amarela** começa a desaparecer e a pedra perderá sua clareza completamente em 70 dias. Então a pedra terá o mesmo grau como o sol, e raios de coloridos semelhantes. Queimará, e se torna *cinzas*. Elas são as mesmas *cinzas* mencionadas nos livros de filósofos. Se você continua o mesmo processo, as *cinzas* ficarão bastante **brancas**. Este é o quarto sinal, que é o sinal de perfeição" (230).

CIRCULAÇÃO

Depois da escolha acertada do minério com que se deve iniciar os trabalhos, talvez seja a *circulação* a parte mais importante do **Magistério**. Pelo que se pode perceber, nos mais variados textos de alquimistas que confessam ter conseguido a **Pedra Filosofal**, é que, em praticamente todas as fases da **Grande Obra**, são efetuadas através de *circulações*.

"Considerai bem esses dois dragões, pois que são os verdadeiros princípios da filosofia, que os sábios não ousaram mostrar a suas próprias crianças. O que está embaixo, sem asas, é o fixo, ou macho; o que está em cima é o volátil, ou bem a fêmea negra e obscura, que será chamada de muitos nomes. O primeiro é chamado **enxofre**, ou então calidez e secura, e o último, **prata viva**, ou frigidez e **umidade**. São o **Sol** e a **Lua** da **fonte** mercurial e origem sulfurosa, que pelo fogo continuado ornam-se de hábitos reais, para vencer toda coisa metálica, sólida, dura e forte, assim que estiverem unidos num só, e mudados em **quintessência**. São as **serpentes** e **dragões** que os antigos egípcios desenharam em **círculo**, a cabeça mordendo a cauda, para dizer que se originavam de uma mesma coisa, e que ela só bastava a si mesma e que em seu circuito e *circulação* ela se aperfeiçoava" (36).

CÍRCULO

Em linguagem alquímica, o *círculo* representa o aperfeiçoamento. É o movimento da matéria se fixando e volatizando, ou solvendo e coagulando; o **uroboros** — a **serpente** que morde a própria cauda —, significando o ciclo que recomeça, imediatamente, ao finalizar. Da simbologia do *círculo,* realça-se o *centro* — a **semente** que deve ser liberada para a perfeita unificação do *todo.*

"Mandala significa *círculo* e, particularmente, *círculo* mágico. Os mandalas não se difundiram somente através do Oriente, mas também são encontrados entre nós. A Idade Média e, em especial, a baixa Idade Média, é rica de mandalas cristãos. Em geral, o **Cristo** é figurado no centro e os quatro evangelistas ou seus símbolos, nos pontos cardeais. Esta concepção deve ser muito antiga, porquanto **Hórus** e seus quatro filhos foram apresentados da mesma forma entre os egípcios. (Como se sabe, Hórus e seus quatro filhos têm uma relação estreita com **Cristo** e os quatro evangelistas.)" (185)

Entre vários povos: árabes, hebreus budistas, tibetanos, cambojanos, chineses, etc. são usuais os ritos de *circum-ambulação*, que consistem em movimentos circulares em torno de altares, **pedras** sagradas, **árvores**, etc. Fazem-na nos dois sentidos, mas sempre com um caráter litúrgico e, na Índia, chamam-na *mandala nrtya,* cujo significado é *dança mandálica.*

No "Segredo da Flor do Ouro" se podem ler os seguintes ensinamentos do Mestre Lu Dsu:

"Quando foi revelado o assim chamado 'movimento circular da luz'? Foi revelado pelo 'verdadeiro homem da forma primeira' (Guan Yin Hi). Quando deixamos a **luz** circular, todas as forças do céu e da terra, da luz e da obscuridade, cristalizam-se. A isto chamamos o pensar germinal, ou purificação da **força**, ou ainda purificação da ideia ou representação. Ao iniciar a prática desta **magia**, é como se em meio ao ser houvesse algo do não ser; com o tempo, o trabalho se completa e então existe um corpo além do corpo; é como se em meio ao não ser houvesse um ser. Só depois de um trabalho concentrado de cem dias, a luz se torna autêntica e se transforma em **fogo-espírito**. Depois de cem dias, surge espontaneamente, em meio à luz, um ponto do autêntico polo de luz. Repentinamente, surge a **pérola-semente**. É como se homem e mulher se unissem e houvesse uma concepção. Temos então que permanecer perfeitamente tranquilos e esperar que ela se cumpra. O movimento circular da luz é a época do fogo".

"E chegados até aqui, estamos preparados para revelar-te e dizer-te mais coisas, para que as recordes, de tal maneira, que possas perceber o fim do seu processo, porque nos escritos não quero explicar o total do processo, que é redondo como uma maçã, posto que em um *círculo* redondo se contém todo o sentido da presente **Arte**" (219).

"Com efeito, quando as coisas estavam indefinidas e não formadas, os elementos leves separaram-se dos outros dirigindo-se para o alto e os elementos pesados repousaram sobre a areia úmida, todo o universo foi dividido em partes pela ação do **fogo** e mantido suspenso de forma a ser veiculado pelo sopro. E viu-se aparecer o céu em **sete** *círculos* e dos deuses apareceram sob forma de astros com todas suas constelações e a natureza do alto foi ajustada segundo suas articulações com os deuses que continha em si. E o *círculo* envolvente movimenta-se circularmente no **ar**, veiculado no seu curso circular pelo sopro divino" (157).

"Transformar a natureza não é mais do que impelir os elementos num movimento circular" (164).

"Observou-se que a natureza dos metais, tal como a conhecemos, é engendrada, de uma maneira geral, pelo **Enxofre** e o **Mercúrio**. Somente a diferença de cocção e de digestão produz a variedade na espécie metálica. Eu próprio observei que num só e único vaso, quer dizer, num mesmo filão, a natureza produziu vários metais e a prata, disseminados por aqui e ali. Demonstramos claramente no nosso 'Tratado dos minerais' que, de fato, a geração dos metais é circular, passando, facilmente, de um a outro, segundo um *círculo*; os metais vizinhos têm propriedades semelhantes; é por isso que a **prata** se transforma mais facilmente em **ouro** que qualquer outro metal" (156).

CISNE

Essas aves foram os primeiros condutores de **Apolo**, segundo a mitologia grega. Por sua coloração branca e negra, são associadas à **luz**, ao dia, ao **Sol** e à energia masculina; bem como à noite, à **Lua** e à energia feminina.

Na tradição de vários povos, é a **virgem** fecundada pelas águas e na simbologia alquímica costuma ser o **Mercúrio**, mas, há alguns autores que a definem como sendo o **elixir** branco ou **arsênico** dos filósofos.

"**Zeus**, nos diz o mito, só se metamorfoseou em *cisne*, para conquistar Leda, depois que esta, para fugir-lhe, se metamorfoseou em gansa. A gansa, (...) é um avatar do *cisne* em sua acepção lunar e fêmea.

Os amores de Zeus-cisne e Leda-gansa representam assim uma bipolarização do símbolo, o que leva a pensar que os gregos, fundindo as duas acepções diurna e noturna, fizeram do *cisne* um símbolo **hermafrodita** em que Zeus e Leda são a mesma personagem" (49).

"O *cisne* faz parte, igualmente, da simbólica da **alquimia**. Foi sempre visto pelos alquimistas como um emblema do mercúrio. Tem dele a cor e a mobilidade, bem como a volatilidade, proclamada por suas asas" (38).

COAGULAÇÃO

Conforme é bastante explicado nos tratados alquímicos, o **Magistério** se resume em liquefazer os elementos, para melhor purificá-los e depois uni-los em forma sólida, ou coagular novamente a matéria. Esse processo, pelo que se percebe nas diversas narrativas, acontece muitas vezes durante o trabalho.

"Para fazer a *coagulação* é absolutamente preciso que as duas raízes sejam puras.

A *coagulação* das **raízes** é o grau próximo da fixação perfeita; uma e outra se fazem ao mesmo tempo, continuam-se e acabam em um mesmo **forno** e em uma só e única vasilha, tanto natural como artificial.

A *coagulação*, assim como a **fixação**, não é outra coisa senão a união, mais ou menos forte, do volátil com o fixo; é a **conversão** do úmido em seco e a ocultação do humor fluido.

Ao começo da obra física, tudo que pode chegar à fixação é transformado em **água**; as substâncias heterogêneas não podem ser fixadas porque não se dissolvem em água.

O meio de apressar a *coagulação* não depende somente do peso, senão também da perfeição do mercúrio volátil" (9).

"Assim que essas três substâncias coabitam, por sua união, o passar do tempo e **Vulcano**, progridem em substância palpável, assim, pois, em **mercúrio**, **enxofre** e **sal**. Os quais, se são levados pela **mistura** a seu endurecimento e *coagulação*, segundo que a natureza trabalhe de muitas maneiras e que ela o procure, produzem um corpo perfeito do qual a **semente** é escolhida e ordenada pelo Criador" (137).

"Tem-se que recomeçar aqui o fogo exterior para *coagular* a matéria e seu **espírito**. Após tê-la deixado dessecar por si mesma, embeber-se-á pouco a pouco e cada vez mais com seu líquido destilado e reservado, que contém seu próprio **fogo**, embebendo-a até amolecer e dessecando-a em ligeiro **calor** solar, até que haja bebido toda sua água. Por este meio, a água é mudada inteiramente em **terra**, e esta última, por sua dessecação, se muda em um pó branco que se chama também ar, o qual cai como uma **cinza** que contém o sal ou o **mercúrio dos filósofos**" (12).

COBRE

Há registros de que o *cobre* foi um dos primeiros metais a serem utilizados pelo homem em seu processo evolutivo, na fabricação de ferramentas e armas. Fácil de fundir, martelar e cortar, abriu as portas à metalurgia, à medida que obrigava seus artífices a extraí-lo dos minerais e a associá-lo em ligas, na tentativa de aumentar sua durabilidade.

Nos textos menos suspeitos, é comum a referência ao *cobre* como um dos metais que, associados ao **ferro**, são componentes do **misto**, ainda em sua forma **mineral**, no interior da **terra**. Independentemente das referências diretas, as alegorias relativas à **Vênus**, e sua participação no **Magistério** são também citações ao *cobre*, em virtude de ser este o metal que ela representa.

"Doei a esse cemitério um ossário, que está de frente para este quarto arco, com o cemitério ao meio; e sobre um dos pilares desse ossário, fiz desenhar e pintar grosseiramente um homem todo de negro, que mira os hieróglifos, e ao seu redor está escrito: 'Eu vejo maravilhas com que muito me assombro'. Isto e ainda três placas de **ferro** e *cobre* douradas, ao Oriente, Ocidente e Meridião do arco, onde estão os hieróglifos, o cemitério ao meio, representando a Santa Paixão e Ressurreição do Filho de Deus, isso, digo eu, só deve ser interpretado conforme o sentido comum teológico, se bem que este homem negro possa tanto maravilhar-se em ver as obras admiráveis de Deus na **transmutação** dos metais que são figurados nesses hieróglifos..." (36).

"Para os dogons e os bambaras, o **ouro** é a **quintessência** do *cobre* **vermelho**, a vibração original materializada do **Espírito** de Deus, palavra e **água**, verbo fecundante. (...)

No pensamento dos dogons e dos bambaras, o ouro é efetivamente uma sublimação do *cobre* vermelho, seu irmão mais novo, e o *cobre* vermelho, por sua vez, é chamado de excremento do deus Nommo, organizador do mundo" (38).

"A primeira palavra do nosso Magistério ou da Obra é a redução do *cobre* ou outro metal a Mercúrio. É o que os filósofos chamaram a solução, que é o fundamento da **Arte**, como disse Franciscus: *Se não dissolveres os corpos, trabalharás em vão*" (164).

Em uma coletânea de alquimistas gregos, editada em Paris, no século XIX, encontra-se um texto no qual um alquimista denominado Comario afirma: "O *ios* do *Cobre* é o poder profundo que se encontra na origem do metal comum avermelhado e que, por meio da **Obra**, se liberta e converte na cepa de todas as ressurreições" (179).

COCKREN, ARCHIBALD

Alquimista do século XX; autor do livro *Alchemy Rediscovered and Restored*.

Cockren, fisioterapeuta que, seguindo a linha de Paracelso, acreditava na importância farmacêutica das substâncias puras — concepção bastante semelhante à da Alquimia, e que, forçosamente, o levariam, como o levaram, a práticas alquímicas coroadas de êxito, segundo suas próprias palavras.

CODEX MARCIANUS

Coleção de antigos manuscritos sobre química, reagrupados em Veneza, na Biblioteca Marciana, pelo eminente químico francês M. Berthelot, com a colaboração de Ruelle.

A base do trabalho foi um conjunto de enunciados mais antigos, coletados pelo grego **Olimpiodoro**, no século V, ao qual foram anexados, sem maior seleção, todo material existente sobre o assunto, o que redundou em um enorme manuscrito, sem muita sincronia entre datas e autores.

Nele, foram incluídos, além da tradição grega, o que existia na tradição persa, síria e árabe, presentes na Europa pelo constante vai e vem dos Cruzados no Oriente, principalmente os **templários**.

Embora sendo uma coletânea feita sem muito critério, com traduções malfeitas e visíveis acréscimos, o *Codex Marcianus* possibilitou a preservação de muitos textos alquímicos que, sem esse trabalho, teriam sido irremediavelmente perdidos, como: a carta de Ísis, textos de Al Raziz, Zózimo, Senior, etc.

COEUR, JACQUES

Nasceu na França em 1395 e faleceu em 25 de novembro de 1456 em Chios. Foi um dos maiores comerciantes franceses e sua colossal fortuna e grande prodigalidade só fizeram confirmar as histórias que contavam a seu respeito de ser um dos poucos alquimistas a ter conseguido a Pedra Filosofal.

Em 1436, graças à sua fama de grande administrador, foi para Paris a convite de Charles VII, para proceder a grandes reformas na política econômica. Em 1448, representou o rei francês na corte do papa Nicholas V. Proprietário de uma infinidade de empresas, nas principais cidades da França, além de uma quantidade enorme de navios, construiu casas e capelas, sendo também um dos fundadores de faculdades em Paris, Montpellier e Burges. Seu irmão Nicholas Coeur foi feito Bispo de Lyon e seu filho Jean transformou-se em arcebispo de Burges. Mas todo o seu sucesso econômico acabou causando sua desgraça. A inveja das pessoas que lhe deviam dinheiro fez com que tecessem uma cadeia de intrigas, culminando com uma acusação de assassinato por envenenamento. A situação foi tão insustentável que o próprio rei acabou determinando sua prisão e o confisco de todos os seus bens.

A magnífica casa que residiu em Burges era tão excepcional que permanece até hoje como um dos mais finos monumentos da Idade Média na França.

COHOBAR

Ou *coobar*, é juntar os elementos mediante numerosas destilações: juntar o **mercúrio** à **matéria** para destilá-la e voltar a juntá-lo, novamente, repetindo a operação inúmeras vezes, até o surgimento de um novo **elemento**.

Isto é feito para unificar melhor os corpos, volatizando e fixando os **espíritos**.

Segundo os alquimistas, segredos alquímicos da maior importância se escondem nessa paciente atividade.

"Quatro usos principais entendemos para a cohobação. Primeiro, que o fixo anexado e cohobado ao volátil se faça volátil. Segundo, que o volátil seja fixado pelo fixo. Terceiro, que aquele com o que se faz a abstração dissolva mais e leve consigo, ao alto, algumas partículas. Em quarto lugar, por fim, que se destrua e se faça neutro" (53).

"*Cohobar* é destilar numerosas vezes uma mesma coisa, voltando a colocar o **licor** destilado sobre a **matéria** que ficou no fundo da vasilha destilatória, e destilando-o de novo. É feito ou para abrir melhor os corpos e volatizá-los ou para fixar os **espíritos**; e, segundo as matérias e a intenção do artista, esta operação é reiterada mais ou menos vezes" (28).

COLCOTAR

Veja *Caput Mortuum.*

COLORAÇÃO

Refere-se à, insistentemente mencionada, fase em que a matéria, saída do negrume da **putrefação**, passa por muitas cores, antes de atingir o **albedo**.

"Enfim, mesmo que os filósofos tenham multiplicado os nomes e suas sentenças, todavia só se referem a uma coisa, uma via, um meio de operar, uma demonstração de cores, e observai que esta diversidade de cores só aparece e se mostra no tempo da conjunção da alma com o corpo. (...)

Antes de abandonar completamente o negrume, e alvear-se à maneira de um mármore reluzente e de uma **espada** nua flamejante, a **pedra** se vestirá de todas as cores que podereis imaginar. Muitas vezes liquefar-se-á e ainda se coagulará, e entre essas diversas e contrárias operações (e que a **alma** vegetativa que nela está completa ao mesmo tempo), ela se tornará laranja, **verde**, **vermelha** (não de um vermelho perfeito) e **amarela**, chegará ao azul, e alaranjado, sendo então inteiramente vencida pela secura e **calor**, todas essas infinitas cores terminam nessa **brancura** alaranjada..." (36).

"Ao negro **Saturno** sucede **Júpiter** que é de cor diferente. Pois traz a inevitável **putrefação** e fecha a concepção no fundo do vaso. Por ordem de Deus, verás cores cambiantes e circular de novo a **sublimação**. Esse **regime** não é duradouro e não vai além de três semanas. Durante esse tempo, aparecerão todas as cores imagináveis, das quais não se pode dar nenhuma razão certa. As **chuvas**, durante esse largo tempo, se multiplicarão e, ao final, depois de todas essas coisas, se oferecerão à vista uma brancura muito bela, à semelhança de estrias ou de cabelos, nos flancos do **vaso**" (54).

"Embora haja algumas cores elementares — pois a cor azulada corresponde particularmente à **terra**; o verde, à água; o amarelo, ao ar; e o vermelho, ao fogo —, as cores branca e **negra** se referem, diretamente à **Arte** Espagírica, na qual encontramos, portanto, as quatro cores primitivas, a saber: o negro, o branco, o amarelo e o vermelho. Agora bem, o negro é a raiz e a origem das outras cores; pois toda matéria negra pode ser reverberada durante o tempo que seja necessário, de sorte que as outras três cores apareçam, sucessivamente, e cada uma quando lhe corresponda. A cor branca sucede o negro; o amarelo, o branco; e o vermelho, o amarelo. Agora bem, toda matéria chegada à quarta cor, por meio de reverberação, é a **tintura** das coisas do seu gênero, dizendo melhor, de sua natureza" (55).

COLUNA

Originariamente, elas foram criadas para substituir as árvores na sustentação dos tetos. Daí evoluíram, no simbolismo esotérico, até a representação da **árvore da vida**, ou eixo do mundo, conservando um lugar importante entre os mitos de muitas civilizações.

Em regra geral, os dois pilares que costumam ser figurados nas alegorias alquímicas são as colunas do Templo de Salomão — Jachin e Boaz — que representam os dois princípios: o **enxofre** e o **mercúrio**. É o canal ligando o que está embaixo ao que está no alto, por onde circulam as energias e conduz ao raciocínio de que um grande conhecimento acerca do Universo e suas leis existiu no tempo de Salomão, quando foi construído o famoso templo e confeccionado o, também simbólico, candelabro de sete braços — a **Menorah**.

"Erigidas por pedreiros que se baseavam no templo de Salomão, o lado oeste de cada igreja possuía duas torres representando as *colunas* gêmeas de cada lado do véu do templo. Aqui estavam as duas outras *colunas* da árvore da vida, os aspectos masculino e feminino, as forças passivas e ativas, fluindo do céu. Chamadas na **Catedral de Chartres**, as torres do **Sol** e da **Lua**, a ideia é repetida nos séculos posteriores, embora sua origem fosse esquecida" (56).

COMPOSTO

Termo pelo qual muitos alquimistas se referem à matéria-prima **mineral**, esclarecendo, já na denominação, que a matéria primeira não é pura, e que inclui em sua massa várias substâncias distintas, algumas de preservação necessária; outras, passíveis de serem eliminadas ou, como dizem, purgadas, durante o processo de purificação.

Há um grande número de filósofos que têm demonstrado estar nessa constituição a fixação dos antigos autores no algarismo **sete**, quase como querendo advertir as pessoas que se iniciam nessa senda de que o verdadeiro mineral, extraído da mina, que serve de base aos trabalhos alquímicos, não é singular, contém sete elementos em sua composição: mercúrio, enxofre, ferro, cobre, chumbo, ouro e prata.

"É, a saber, o reduzir isto aos seus primeiros princípios e elementos de que se compõe. Deveis, pois, dividir o *composto* até os incompostos. Mas primeiro é preciso conhecer o *composto*, depois reduzi-lo-eis, em partes ordenadas, até que chegueis aos seus princípios. É o conhecimento resolutivo e a doutrina chamada compositiva. E, a saber, aquilo que une o que tinha dividido, começando pela matéria primeira e pelos princípios e elementos que são chamados matéria primeira com que se faz o **elixir** que transmuta os corpos" (181).

"Nenhum faz **Mercúrio** por si só, nem **Enxofre** procria qualquer **metal** por si só, mas do *composto* de ambos metais diversos e **minerais** são diferentemente produzidos. Nosso assunto deve ser escolhido então do composto de ambos" (178).

CONCHA

Em antiquíssimas tradições conservadas na Índia, rodeando a Terra, havia esferas onde se localizavam os filhos de **Brahma**, os santos e as divindades, todas contidas na grande *concha* cósmica que, por sua vez, estava envolvida por camadas de **água**, **fogo** e ar, e tudo contido em Brahma infinito.

Representada no mitológico nascimento de **Afrodite (Vênus)**, a *concha* simboliza fecundidade, o invólucro do que é precioso. Está ligada ao arquétipo lua-água-gestação. Na peregrinação a Santiago de Compostela, a *concha* merelle, denominada **Vieira**, é um símbolo de identificação entre os peregrinos. Entre os maias, ela carrega a terra emergente, nas costas de um crocodilo saído das águas cósmicas. Para os astecas, está associada ao deus Teccaciztecatl — o da *concha*, é o deus-Lua, cuja representação é um útero e significa geração.

Uma das possibilidades de ser a *concha*, há muitos séculos, relacionada com a Alquimia, é que o **cobre** tem para os crustáceos a mesma importância que o **ferro** para os seres de sangue vermelho. Esse conhecimento, bastante grandioso para a ciência antiga que julgamos insipiente, é a única justificativa encontrada para o relevo dado a tal alegoria: a *concha*, mais que uma simples representação da matéria-prima, contenedora da preciosa **semente**, seria uma importante pista para um dos elementos fundamentais à Grande Obra — o Cobre.

"Bem, o cobre ocupa um lugar no sangue dos crustáceos que é análogo ao espaço ocupado pelo ferro no sangue dos animais de sangue vermelho. Nas camadas de pegmatita, o cobre possui uma função similar àquela que exerce nas *conchas* de animais marinhos. O cobre ocorre nos lugares em que os restos de crustáceos mortos foram depositados no fundo dos oceanos. A mesma força cósmica que combina o cobre e a **cal** nos crustáceos combina-os na amazonita" (200).

"Autores da Travessia do Renascimento rumo à outra margem fazem referência a um dos 24 da dinastia Tirthankara, 22º, para ser mais exato, da atual fase descendente do ciclo universal do tempo cósmico, cujo nome completo Aristanemi é um epíteto da roda solar ou carruagem solar; tinha como emblema distintivo o clarim indiano da guerra — a *concha* — e cuja cor iconográfica é o preto" (42).

"*Concha* Vieira (merelle), em que os textos alquímicos nos ensinaram a reconhecer uma imagem do **mercúrio**. O continente de uma preciosidade. O símbolo da *concha* deve ter sido adotado pelos alquimistas, porque em seu interior pode ser criada a **pérola**, branca na pureza e valiosa na raridade, e que é a imagem lunar do **espírito** nascendo da **matéria**" (37).

"O símbolo das *conchas* indica sua flexibilidade, sua interrupção de fluxo, sua separação do corpo vivo" (56).

CONGELAMENTO

Subentende-se que, quando alguns filósofos se referem a *congelamento* em seus textos, não estão querendo dizer "tornar gelado", o que destruiria todo o trabalho. Outrossim, o *congelar* tem como verdadeira tradução: coagular, solidificar. O termo é usado como antônimo de dissolver.

"Se entendeste as ditas causas, poderias agora *congelar* o corpo segundo teu desejo, pois aquilo que se dissolve, igualmente se congela, aplica-se o processo contrário. Portanto, torna a água separada e com ela umedece a terra em uma proporção justa (ou seja, nem pouco nem muito) e após uma cocção constante no **forno** secreto, ao ponto que a vejas *congelar*, volta a repetir a umidificação, a cocção e a congelação, até que vejas a terra, após passar por muitas cores, aparecer branca" (219).

Veja também **coagulação.**

CONHECIMENTO

Ao que parece, para se conseguir algum sucesso nessa busca da **Grande Obra**, não basta apenas a simpatia pelo assunto e um grande interesse, é necessário muito estudo paralelo e, até mesmo formação específica para os trabalhos de **laboratório**.

"Eu aconselharia também, às pessoas que quiserem se pôr absolutamente à busca da **pedra filosofal**, a não se entregar a isto senão depois de haver seguido vários cursos de **química** e saber manipular. Digam o que disserem muitos autores, se eu não tivesse tido os conhecimentos que possuo, não haveria conseguido jamais" (12).

"Naturalmente a **Alquimia** é um processo lento. É evolução — aumento de vibrações. Não é um assunto que pode ser dominado apenas por meio de faculdades intelectuais" (81).

CONJUNÇÃO

É a reunião de substâncias, ligando-as o mais intrinsecamente possível. Para isso a **terra** purificada, tem que ser reduzida a pó, por operação manual, após o que se acrescenta o **mercúrio** aciculado, até que a terra não possa mais beber nada. Após esse ponto, a substância é colocada em um **vaso** pequeno de **vidro** com gargalo alto, resistente o bastante para suportar **fogo** forte; é importantíssimo que esse vidro seja hermeticamente fechado.

"Ao fazer a *conjunção*, a matéria tem a aparência de um lodo plúmbeo, que se incha lentamente como uma pasta, até que se lança uma formação cristalina, semelhante a uma planta de coral em crescimento. As '**flores**' desta planta estão compostas de pétalas de cristal que estão mudando continuamente de cor. Conforme o **calor** se eleva, esta formação se funde em um líquido de cor âmbar, que se torna gradualmente cada vez mais espesso, até sumir-se na forma de uma terra **negra**, no fundo da vasilha" (57).

"Pelo que se sabe, que nossa obra requer uma verdadeira mutação das naturezas, a qual não se pode fazer se não se faz a união última de uma e outra natureza, porém não se podem unir se não for em forma de **água**; porque de dois corpos não pode haver união, nem ao menos *conjunção*, quanto mais que possa haver união do corpo com o **espírito** por partes pequenas; porém dois espíritos poderão unir-se bem, entre si, pelo que se requer a água metálica homogênea, ou de sua natureza" (1).

"Toma três partes do **sal** fixo e coloca-o em uma **curcúbita**, com sua tampa perfeitamente cerrada, colocando-a em **areia**; por baixo um **fogo** lento e o sal se tornará fluido como a **cera**; conserva então lento este grau de fogo. Toma depois uma parte de teu **azeite**, retira a tampa da curcúbita, pinga uma gota nela, fechando-a bem, até que o tumulto da matéria se apazigue e o sal fixo absorva o azeite infundido; continua assim até a plena *conjunção* ou consumição do azeite.

"Toma então duas partes do **espírito** e instila-o sucessivamente, e, gota a gota, como se fez com o sal fixo e o azeite. Misturado todo o espírito e reduzido a uma substância, sela o vidro, hermeticamente, colocando-o em um **banho** de um grau uniforme de fogo, até que comece a avermelhar. Retira-o deste banho, pondo-o em **cinzas** (as cinzas devem ter a mesma altura que a matéria do vidro); digere assim, no mesmo calor, até que apareça uma vermelhidão puríssima; passa-o daqui à areia, de modo que cubra o corpo redondo desta curcúbita; em três horas se exaltará, só em um grau de fogo; mantém-no envolto em um quarto grau, por 24 horas.

"Deste modo a **Pedra** está fixa e perfeita, da qual três gotas põem remédio a todas as enfermidades" (58).

"Quando o **esperma** do mercúrio está unido com a terra do corpo imperfeito, então se chama a *conjunção*; pois, nesse momento, o corpo da terra ou a terra do corpo imperfeito se dissolve em água de esperma, e se faz água sem nenhuma divisão" (36).

"A conversão do fixo em volátil se faz pela *conjunção* dos dois (fixo e volátil), pela digestão em um **calor** externo muito doce, pela sublimação em um fogo mais forte e pela repetição de infusão, de digestão e de **sublimação** até que tudo suba.

"Enquanto se faz esta conversão, aparecem todas as cores, segundo os diferentes pontos de penetração do fixo pelo volátil e os graus de cocção dos quais as cores são outros tantos signos" (9).

"Ó bom rei, deves ainda saber que toda a perfeição desse **Magistério** consiste em tomar os corpos, que estão conjuntados e que são semelhantes. Pois esses corpos, por meio de um artifício natural, são juntados e unidos substancialmente um ao outro, e se harmonizam, dissolvem-se e se recebem um ao outro, e se melhoram e se aperfeiçoam mutuamente" (52).

CONSELHO

Não foram poucas as advertências proferidas pelos antigos Adeptos, em relação aos cuidados que deveriam ser tomados pelos estudantes desejos de enveredar pelas sendas alquímicas. Entre eles, destaca-se o seguinte texto de Simon Forman, em manuscrito de 1597:

"Deseja a sabedoria divina, a capacidade de entender, ou não te metas aqui, nem trabalhes com isso. Pois te custará muita riqueza mundana; não confies esse labor a outro, mas faze tu mesmo. Aprende, portanto, primeiro, a limpar, purificar e sublimar, a dissolver, congelar, destilar e, num certo momento, a conjugar e separar, e a como fazer tudo, a fim de que, quando pensares subir, não caias. Confia este trabalho a ti mesmo e não a outro. Eu não poderia te dizer mais, mesmo que fosses meu irmão".

"Para fazer bem a operação que acabo de descrever, há que se observar o peso, a condução do **fogo** e o tamanho do **vaso**. O peso deve consistir na quatidade de espírito astral necessária à **dissolução** da matéria. A condução do fogo exterior deve ser dirigida de maneira que não se façam evaporar as ampolas que contêm o **espírito**, por uma quantidade demasiada de fogo e de maneira que não se queimem as flores ou o **azufre**, com a continuação do fogo exterior, de modo que não se leve demasiado longe a secura da matéria, após sua **fermentação** e sua **putrefação**, a fim de não ver o **vermelho** antes do **negro**" (12).

CONVERSÃO

Ficam comprovados mais uma vez, aqui, os muitos nomes com que os alquimistas designam as mesmas coisas. Na realidade, a conversão já está implícita no Magistério, na sublimação e coagulação, no solve e coagula, no abre e fecha, na circulação e em tantos outros modos com os quais eles nos falam em liquefazer e condensar a matéria, várias vezes, purificando-a.

"Se não converteis os corpos em meu corpo e só fazeis coisas incorpóreas sem corpos, não tereis encontrado a regra e o caminho da verdade. E se os filósofos dizem a verdade, é nesta operação, em que primeiro o corpo se faz e se torna água; de sorte que a coisa corporal se faz incorporal, quer dizer, espírito; e em seguida na conjunção o espírito, isto é, a água, se faz corpo. E sobre esse assunto, diz Hermes: Converte e muda as naturezas e encontrarás o que procuras. O que é real, pois em nossa arte fazemos primeiramente de uma coisa espessa uma coisa sutil; ou seja, do corpo fazemos a água, donde de uma coisa úmida fazemos uma seca; a saber, da água fazemos a terra, e, desta maneira, mudamos e convertemos as naturezas; porque de uma coisa corporal fazemos uma coisa espiritual, e de uma espiritual fazemos uma corporal.

É o que diz o mesmo Hermes: nossa obra é a conversão e a mudança dos corpos de um ser num outro ser, de uma coisa em outra coisa, de fraqueza em força, de grossura e espessura em tenuidade e maciez, de corporalidade em espiritualidade..." (36).

COPELA

Cadinho que se emprega na operação de separar a pasta, de outros metais, por meio do fogo.

"A copelação, uma técnica já conhecida no antigo Egito, era empregada para refinar os metais. A *copela* era composta por um **cadinho**, geralmente feito de pó de osso, sustentado por suas bordas na superfície de uma fornalha. O **metal** a ser refinado era posto no seu interior e submetido a um calor intenso, às vezes encerrado em um **forno** por diversos dias, até as impurezas serem expulsas pelo **calor** ou absorvidas pelo próprio cadinho" (71).

"Tome-se uma **onça** de cal da **Lua** copelada, calcine-se-a segundo o modo descrito no final da nossa obra sobre o **Magistério**. Esta cal será, em seguida, reduzida a pó fino, sobre uma prancha de pórfiro. Embeberás este pó duas, três, quatro vezes por dia com um bom **azeite** de tártaro, preparado do modo descrito no final desta obra; depois fa-lo-ás secar ao Sol. Continuarás assim até que a dita cal tenha absorvido quatro ou cinco partes de azeite, tomando por unidade a quantidade de cal; pulverizarás o pó sobre o pórfiro como se disse, depois de o teres dessecado, porque então reduz-se mais facilmente a pó. Uma vez bem porfirizado, será introduzido numa retorta de boca larga" (116).

CORES

São tantas e tão criteriosas as descrições das cores que se processam na matéria durante todo o **Magistério** que se tem a impressão de que essas informações formam um roteiro à parte, a ser seguido durante as manipulações, no **laboratório**, das diferentes fases pelas quais passa a **Grande Obra**.

Há águas lácteas; licores dourados; o cinzento das cinzas, após a calcinação; a negrura da putrefação; a brancura de sais puríssimos, após a união perfeita; a profusão de cores, denominada cauda de pavão ou arco-íris quando a umidade começa a desaparecer; o **verde** que informa o Regime de **Vênus** ou o renascimento; o **violeta** da semente íntima desprendida ou **peixe** que sobrenada surgido das entranhas ou enxofre; o amarelo do azeite; o **citrino** com o qual se colore o branco após a tintura; e o laranja que antecede ao **vermelho** perfeito da conquista suprema — a **Pedra Filosofal**.

"A arte química continua a prática do **elixir** pela purga da terra negra até a brancura ou a vermelhidão; purifica o **espírito** volátil, e faz a solução da **terra** por seu **espírito**" (9).

"Para o abutre ele que voa sem gritos de asas no topo da montanha, dizendo, eu sou o branco produzido do negro, e o vermelho produziu do **branco**, o filho de citrina do vermelho; Eu não falo a verdade e mentira" (5).

"Este líquido não é álcool, nem foi acrescentado nenhum líquido inflamável à substância da qual foi extraído este **mercúrio filosófico**, explicou o alquimista. Estava inerente como um gás inflamável que se condensou na forma de um líquido de cor dourada. Este mercúrio filosófico se obtém com um calor suave e sem umidade — o chamado processo seco" (112).

"Um filósofo disse: 'Tantas cores como nomes. Para cada nova cor que aparece na **Obra** os alquimistas inventaram um nome diferente. Assim, a primeira operação da nossa **Pedra** chamou-se **putrefação**, porque a nossa Pedra é então negra'. (...) Depois da putrefação a Pedra enrubesce, e acerca dela disse-se: 'Com frequência a pedra enrubesce, amarelece e liquefaz-se, coagulando-se depois, antes da verdadeira **brancura**. Dissolve-se, purifica-se, enfeita-se de **vermelho** e branco e tudo por si mesma'. (...) Também se pode pôr **verde**, porque um filósofo disse: 'Coze até que apareça um menino verde, é a alma da pedra'. (...) Também aparecem, antes da brancura, as cores do **pavão**. (...) 'Quando vires aparecer a brancura à superfície do recipiente — disse um sábio —, podes estar seguro de que debaixo da brancura se esconde o vermelho'. (...) Por fim aparece o rei coroado com o diadema vermelho, se Deus o permitir" (178).

"A cor negra tem muito mais crédito entre os mais famosos filósofos, pois traz a **chave** para abrir, a quem bem entender, a porta das *cores*" (232).

CORNOS
Ver **Chifres**.

CORNUCÓPIA

É um símbolo de abundância e de fortuna, apresentado costumeiramente vertendo flores ou frutos. A origem dessa alegoria nos conduz à mitologia grega. Consta que **Zeus**, brincando com a **cabra** Amalteia, quando esta o aleitava, quebrou-lhe um dos **chifres** e, para redimir-se, usou então os seus poderes divinos fazendo com que, de modo perpétuo, o chifre quebrado se tornasse uma fonte inesgotável de provisões.

Na mitologia dos outros povos, também o chifre sempre teve sua representatividade de poder, sendo atributo de Amon, **Apolo**, **Agni** e outros deuses. Talvez uma alusão ao período zodiacal correspondente entre **Áries** e **Touro**, importante para a **Alquimia** como promessa de fertilidade e imortalidade.

CORPUS HERMETICUM

Livro surgido na Europa, por volta do século XV, cuja autoria é atribuída ao próprio **Hermes Trismegisto**, o escriba egípcio que se confunde com o deus Toth, difusor de livros sagrados e que, segundo consta, teria sido o autor da **Tábua de Esmeralda**, um dos primeiros e mais importantes textos alquímicos existentes.

CORRESPONDÊNCIA PLANETÁRIA

Desde a mais longínqua Antiguidade, as civilizações atribuíram aos astros um importante poder. Sua influência na Terra foi sempre respeitada e, talvez, nem só pela ignorância do seu significado, visto ser considerado que a astronomia caldeia era vestígio de uma desaparecida cultura, bastante mais evoluída, a antigo-iraniana, que já associara o equinócio da primavera à entrada do Sol na constelação de **Touro**.

Dentro dos critérios desse distante conhecimento, os astros influíam em todas as formas de vida: animal, vegetal e mineral; sendo esta a razão pela qual a **Alquimia**, que por sua vez acreditamos ser vestígio de uma antiquíssima ciência, leva em alta conta a correspondência planetária, respeitando as posições dos astros, para o aperfeiçoamento dos processos naturais.

Nessa milenar associação: **Saturno** corresponde ao **Chumbo**; **Júpiter**, ao **Estanho**; **Marte**, ao **Ferro**; **Vênus**, ao **Cobre**; **Mercúrio**, ao **Azougue** (princípio mercurial presente em todos os elementos), **Lua**, a **Prata**; e o **Sol**, ao **Ouro**.

"Experiências levadas a cabo por investigadores antroposóficos demonstraram que essas correspondências não são arbitrárias, nem baseadas em meras semelhanças, pois existe uma conexão real entre os metais e os planetas. Já se viu, com efeito, que os fenômenos físico químicos são afetados pelo planeta correspondente ao metal com o qual se realiza a experiência. Nesta relação planeta-metal se baseia o uso dos metais na medicina homeopática" (13).

Ver também **Influxo Cósmico**.

CORSUFLET

Corpo insuflado, inchado. A **matéria**, depois de devidamente alimentada com o **leite virginal**, tendo adquirido a cor branco-alaranjada, apresenta maior volume, justificando muitos autores que se referem ao leite como "nosso **fermento**".

CORUJA

Ave noturna consagrada a **Atená**. Está relacionada com a **Lua** e significa, em muitas tradições, o conhecimento racional.

"Para os astecas, a *coruja* configura o deus dos infernos, representada como guardiã da morada obscura das entranhas da terra.

"No rico material funerário descoberto no Peru, nas tumbas da civilização pré-incaica Chimu, encontra-se, com frequência, a representação de um cutelo de sacrifício, em forma de meia-lua, encimado por uma divindade semi-humana e semipássaro, indubitavelmente, uma *coruja*. Este ícone, ligado à ideia de sacrifício e de morte, está adornado com colares de **pérolas** e **conchas** marinhas, o peito colorido de **vermelho** e cercado, não raro, por dois **cães**, cuja significação psicopompa é bem conhecida" (49).

CORVO

Na crença de um grande número de povos, o *corvo* é uma ave de bom agouro que anuncia triunfo. No antigo Egito, Nekhbet era a deusa-abutre e na fé do seu povo o *corvo* representava a transmutação, o perpétuo ciclo da morte e da vida, o que o associava também a Ísis, tanto que, no Templo de Filae, Ísis era adorada com a cabeça ladeada pelas asas de um grande abutre, encimado por dois chifres que sustentavam o disco lunar. Na mitologia grega, era uma ave solar dedicada a **Apolo**; na mitologia maia, mensageiro do deus do **raio** e do trovão; na germânica, eram os pássaros preferidos de Wotan; e na mitologia escandinava, dois *corvos* ladeavam o trono de Odin, representando o princípio e o fim da criação.

Para os alquimistas, a presença do pássaro negro, é símbolo de que tudo caminha bem em seu trabalho, como comprova o texto abaixo, escrito por Stolcius Von Stolcenberg, em seu *Viridiarium Chymicum* editado em 1624:

"Deves saber que o cume da arte é o *corvo*: Se alguém lhe cortar a cabeça, perde sua negrura e atrai a mais sábia de todas as cores".

"Na cocção do **rebis** filosofal, a cor negra, primeira aparência da decomposição que se segue à perfeita mistura das matérias do **ovo**. (...) O *corvo* é, de certa forma, o selo canônico da Obra, assim como a **estrela** é a assinatura do sujeito inicial" (7).

COSMOGONIA

Sistema hipotético que descreve a formação do Universo. É interessante notar, entre as muitas crendices que já tiveram suas épocas de prestígio entre os povos, a constância com que certos elementos aparecem, nos mais diversos mitos, sem qualquer relação espaço-tempo.

"Segundo a *cosmogonia* heliopolitana, o Sol, Atum, criou-se a si mesmo, acima das águas primitivas, simbolizadas na deusa Num. Levantou um outeiro no **Oceano** e aí ficou morando. Em seguida, o deus **Sol** e a deusa Tefnut, o ar e a umidade, os quais geraram a **Terra**, Geb, e o **Céu**, Nut. Deste último casal nasceram **Osíris**, **Ísis**, Set e Neftis. (...) à primitiva tríade do Céu, da **Terra** e do Sol, acrescentaram-se mais divindades do posterior ciclo osiriano. Esta é a mais antiga *cosmogonia* egípcia que se elaborou e superou as cosmogonias municipais.

Outra *cosmogonia* foi a de Hermópolis (nome egípcio Khemnu), capital do 15º nomo do alto Egito. Segundo essa *cosmogonia*, o deus criador é Tot que, por sua palavra, criou uma ogdoada (grupo de oito deuses). Estes, colocaram sobre um outeiro imerso no Oceano, um tatenen (terra emersa), um **ovo** do qual saiu o Sol, que subiu para o firmamento. Outra tradição hermopolitana, talvez mais antiga, fazia o Sol sair de um **lótus** que boiava sobre a obscura superfície do oceano primordial" (50).

"Segundo a *cosmogonia* dos AHL-I HAQQ (Fiéis da Verdade, no Irã), no início não havia na Existência, nenhuma criatura além da Verdade suprema, única, viva e adorável. Sua morada era a **pérola** e sua essência estava oculta. A pérola estava na **concha** e a concha estava no mar e as ondas do mar tudo cobriam.

"Os nossos astrônomos atuais que rejeitam a teoria da criação contínua para a expansão do universo desde a explosão do átomo primevo, infinitamente denso, poderão encontrar algum dúbio encorajamento na velha crença chinesa de Panku, nascido de um ovo e criando o **céu** e a **terra** do **caos**" (59).

Na filosofia hindu, o Universo surgiu das águas cósmicas e do **ovo cósmico.**

No relato de criação dos astecas, escrito pela então Assistente do Departamento de América no Museu do Homem, Mireille Simoni, para o nº 6 da revista *Janus* de julho-agosto e setembro de 1966, podemos ler:

"Depois que nosso mundo, nosso Sol foi criado, os deuses se inquietaram por sua imobilidade.

O Sol não se movia nem brilhava. Disseram: Quem terá o cargo de iluminar o mundo? Dois deuses se propuseram, Tecciztecatl, 'o da **concha** marinha', e Nanahuatzin, o pequeno deus pustulento (achamos aqui a oposição dos dois princípios masculino e feminino. A concha marinha é também o órgão feminino, a fecundidade — Nanahuatzin é outro duplo de Quetzalcoatl, o **Sol** vitorioso que volta a ganhar o oeste). Os dois se atiram na fogueira. O pequeno pustulento primeiro converteu-se em Sol; o outro retrocedeu, vacilou: se converteu em **Lua**. Porém os astros permaneciam imóveis, estavam mortos. Então os deuses decidiram sacrificar-se para fazê-los viver, alimentá-los. É o sacrifício original que os homens devem recriar eternamente. O **sangue** humano, o veículo de vida, 'a **água** preciosa', *chalchiuatl*, é indispensável para a marcha do universo. Se os homens cessarem de nutrir os deuses, o sol deixaria de brilhar. (...)

O mundo é um disco chato, rodeado de água, 'A água divina', por todos os lados. O país asteca é o centro. Porém em cima e debaixo se estendem os céus e o inferno.

"Em cima de nós se sucedem os céus (nove ou 12, segundo as versões). No primeiro, viajam a Lua e as nuvens; no segundo, as **estrelas**; no terceiro, o Sol; no quarto, o planeta **Vênus**, o mais estudado por quanto é a personificação de **Quetzalcoatl**; depois os cometas; a noite e o dia; as tormentas; as cores: branco, amarelo, vermelho — é o céu onde vivem os deuses; em cima do último céu, Omeyocan, o lugar da dualidade, onde vivem o Senhor e a Dama da dualidade."

COSMOPOLITA

Ver **Sethon, Alexandre**.

COZIMENTO

Está implícito, na maioria dos conselhos dos **Adeptos**, que a matéria da **Arte** não deve ficar, por nenhum momento, privada de calor. Isto significa um cozimento constante, embora sob temperaturas diversas.

O abade grego **Sinésius** advertiu, em um dos seus textos, que:

"Dissolver, calcinar, tingir, branquear, esfriar, banhar, lavar, coagular, embeber, fixar, queimar, dissecar e destilar são a mesma coisa e não querem dizer mais do que cozer a natureza, até que seja perfeita".

"Entender tudo segundo a Natureza e segundo o Regime. E, acreditai-me, sem procurar tanto. Eu ordeno-vos unicamente que *cozam*; *cozei* ao princípio, *cozei* ao meio e *cozei* ao fim, sem fazer outra coisa senão *cozer*, porque a Natureza levar-vos-á ao seu objetivo" (8).

CRIAÇÃO

Na maioria dos textos alquímicos, a **Grande Obra** é conceituada, alegoricamente, tal se fora a *criação* do Universo, considerado, durante a Idade Média, sob a antiga crença de que a Terra ocupava o ponto central do cosmo. Essa representação podia ser explicada porque no **Magistério** o firmamento é denominado **Ar**, a parte sólida da matéria considerada **Terra**, e o líquido que sobrenada é chamado **Águas**.

"Ó filho dos **Filósofos**, ouça aos filósofos unânimes e conformes em sua conclusão, ou por melhor dizendo, que esta obra há de ser parecida com a *Criação* do Universo. No princípio Deus criou o **Céu** e a Terra; a Terra estava solitária e vazia e o **espírito** de Deus andava sobre a superfície das águas; e disse Deus, seja feita a **luz**, e a luz foi feita. Estas palavras serão bastante para os filhos da **Arte**, pois é mister juntar o Céu com a Terra sobre a cama da amizade, e deste modo reinará com honra toda sua vida" (1).

CRIPTOGRAFIA

Sendo a *criptografia* um conjunto de técnicas para encobrir o verdadeiro significado de determinados textos, torná-los ininteligível para os que não tenham acesso às convenções estipuladas, pode-se considerar que os tratados alquímicos são apresentados cifrados, pelos seus autores, na tentativa de impedir sua fácil assimilação por curiosos e pessoas ávidas de conquistar rapidamente um **segredo** que só deve ser alcançado após muito estudo e meditação.

"Não te preocupes muito com as palavras dos modernos **filósofos** e a dos antigos que falam desta ciência, porque a **arte** da Alquimia tem seu assento e fundamento na capacidade de entendimento e na demonstração da experiência. Os filósofos, pois, querendo encobrir a verdade da ciência, falaram quase todas as coisas em linguagem figurada" (79).

Um belo exemplo de linguagem criptográfica usada, vai expresso no trecho que se segue, no qual o autor aparentava interesse em ensinar o verdadeiro método para atingir a **Pedra Filosofal**:

"Por conseguinte, quando encontro, pela descrição de diversos autores dignos de crédito, que não longe da afamada cidade de **Neptuno**, escondia-se nas cavernas ocultas de uma imensa montanha, um **dragão** voador horrível, e sumamente venenoso, e que sem o **sangue** vivo desse dragão esta grande **obra** não poderia ser executada, digo, que aquele que queira tentar levar esta obra a bom termo deve ter uma coragem invencível para declarar guerra a um monstro tão imenso ali mesmo, melhor se falar na força de **Hércules** para conseguir as maçãs douradas das **Hespérides** e que, sem embargo, seja tão político que possa, como Jason, insinuar-se com Medéa, para dominar esse monstro, de modo que, possivelmente, não possa extingui-lo e matá-lo de todo, porém que, sem embargo, não deixe de levar consigo uma boa porção do mais forte e letal **veneno** que existe dentro dele. Se é o verdadeiro veneno, mostrará ao ar aberto a mesma cor natural do céu, porém seja muito cuidadoso ao transportá-lo, não permitindo que origine sua própria descendência, pois é sumamente sutil e penetrante, e, por conseguinte, tem precaução de não lhe dar nem o menor escape, mantendo-o isolado" (65).

CRISOL
Ver **Cadinho**.

CRISOPEIA
A arte de transmutar metais vulgares em ouro. Diferentemente da **argiropeia**, quando o alquimista se contentava com a prata e com uma medicina menos poderosa; a *crisopeia* simboliza a conclusão da **Grande Obra**, com a matéria atingindo a cor **púrpura** e passando a atuar nos três reinos: animal, vegetal e mineral, como a grande aperfeiçoadora.

Existe, na Biblioteca de São Marcos, em Veneza, um manuscrito que se presume ser do século XI, denominado "A Crisopeia de Cleópatra". Nele, entre vários pequenos desenhos, encontra-se figurado o **Uroboro**, emblema da Grande Obra.

CRISTAL

Para a Alquimia, este termo refere-se a uma fase já bastante adiantada do **Magistério**.

"Os dois agentes salinos constituem, por eles mesmos, a casca que encerra a substância saída do **Sol** e da **Lua**.

"A força da harmonia se encontra dessa forma incorporada e se converte em Cristal ou Sal de Cristo (*Khristou* = de Cristo; *als* = Sal)" (60).

CRISTAIS DE VÊNUS

Acetato básico de **cobre** ($Ch_3 C00 Cu Oh$). Também chamado verdete ou verdegris.

CRISTIAN ROSENKREUTZ

Considerado o fundador da Ordem **Rosa-Cruz**, organização internacional de caráter místico-filosófico; segundo a lenda, nasceu na Alemanha, em 1378. Em razão de ser o último representante de uma família de nobres, desaparecida em perseguições políticas, foi levado a uma Abadia, onde aprendeu latim, grego, hebraico e fundamentos esotéricos. Já adulto, estudou artes ocultas em Damasco e na Espanha, tendo durante seu regresso à Alemanha, em 1407, fundado a Fraternidade Rosa-Cruz, uma fusão de cristianismo antigo com mistérios mitológicos do antigo Egito. Como símbolo teriam a cruz, em que os braços simbolizariam os **quatro elementos** e a **rosa**, colocada no ponto de interseção entre eles, a **Pedra Filosofal**.

Teria falecido em 1484, mas não há registro de sua passagem pelos lugares mencionados.

Sua filosofia espalhou-se pela Europa, a partir do século XVII, após a publicação de três manifestos: "Fama Fraternitatis", "Confessio Fraternitatis" e "Núpcias Alquímicas de Cristian Rosencreutz" cujas autorias foram atribuídas a **Valentim Andrae**.

CRISTO

Vários alquimistas antigos, principalmente durante a Idade Média, deixaram registros nos quais identificam a **Pedra Filosofal** com o *Cristo*, por sua natureza divina, sua **pureza**, missão de redenção humana, suas datas de nascimento e morte, conotações perfeitas com a **Grande Obra** dos filósofos. Assim como a **Pedra** se origina da matéria vil para sua glória, o *Cristo* ressuscita em corpo espiritualizando a carne.

"A escolha do dia 25 de dezembro para celebrar o aniversário de Jesus ocorreu em Roma, entre os anos 325 e 354 da nossa era. A festa cristã do Natal teria começado a ser celebrada na capital do império romano, a partir dos últimos anos do reinado de Constantino, que se estendeu do ano 306 a 337. As razões que contribuíram para essa escolha também estão ligadas ao culto do **Sol**. Algumas décadas antes, em 274, o culto do Sol Invictus como religião oficial do Estado, fora criado pelo imperador Aureliano, que se proclamou a encarnação viva do deus Sol. E na mesma data, 24 de dezembro, os adoradores de **Mitra** — a divindade persa que alcançou grande popularidade entre os romanos — também celebravam o nascimento do seu deus, nascido da pedra e adorado como portador da nova luz" (205).

"Já no século III, o gnóstico Zózimo associara o 'Filho de Deus' à pedra; é, porém, sob o véu de uma perfeita ortodoxia católica que Petrus Bonus, por volta de 1330, declara como coisa bem conhecida 'dos antigos filósofos dessa arte que uma **virgem** devia conceber e procriar', acrescentando mais adiante que isso foi realizado 'no *Cristo* Jesus e em sua virgem mãe'." (37).

"Em todo tempo, *Cristo* foi considerado, a justo título, como a expressão mais pura da **luz** encarnada; é dizer, o **Sol** mesmo, ou de sua parte mais sutil e atuante, que havia vindo, por um tempo, a participar das condições dos homens corrompidos pela queda.

"Os alquimistas, por sua parte, consideravam que ele era a antropomorfização da **Pedra Filosofal**, crença que, em nossos dias, se acha estendida todavia entre os hermetistas" (61).

Na enciclopédia *Masonic Cabbalistic and Rosicrucian Symbolical Philosophy*, Manly Palmer Hall definiu:

"Entre outras alegorias que o Cristianismo emprestou da Antiguidade pagã, está a história do maravilhoso Sol de olhos azuis, com seus cabelos dourados, caindo sobre os ombros, vestido dos pés à cabeça de branco imaculado e carregando em seus braços o **Cordeiro** de Deus, símbolo do equinócio vernal. O belo jovem é um composto de **Apolo**, **Osíris**, **Orfeu**, **Mitra** e Baco, pois ele tem, certamente, características em comum com cada uma dessas divindades pagãs".

"É a tradução do **fogo** celeste ou do fogo terrestre, do fogo potencial ou virtual que compõe ou desagrega, engendra ou mata, vivifica ou desorganiza. Filho do Sol que é o gerador, servidor do homem que o libera e o mantém, o fogo divino, caído, decadente, aprisionado na **matéria**, determina sua evolução e dirige sua redenção. É Jesus em sua **cruz**, imagem de irradiação ígnea, luminosa e espiritual, encarnada em todas as coisas. É o Agnus imolado, desde o começo do mundo, e é, também, o **Agni**, deus védico do fogo" (7).

"E a **cabala** da filosofia secreta? Acaso não faz ver aos conhecedores que este **Espírito** universal, incorporado por uma manipulação tão admirável como oculta à terra filosófica, leva-a, pelos graus que lhe dita o curso prescrito pela natureza, a essa perfeição que, feita sua em seguida pelos corpos defeituosos e perecíveis, os faz renascer a uma nova vida, na qual se acham fora da jurisdição dos elementos transitórios?

Esta reflexão descreveu a encarnação do Filho eterno de Deus, antes que fosse manifestado na carne, aos filósofos pagãos e obrigou os Magos do Oriente, quando de sua aparição, a distinguir e reconhecer sua **estrela** e ir adorá-lo a Belém" (62).

"Uma noite, acordei e vi, banhada por uma luz brilhante, aos pés da minha cama, a figura de *Cristo* na cruz. Não era bem do tamanho natural, porém extremamente nítido, e vi que o seu corpo era feito de um ouro esverdeado. (...) (A visão) veio a mim, como para reclamar que eu tinha deixado passar algo importante em minhas reflexões: a analogia do *Cristo* com a 'aurum non vulgi' e a 'viriditas' dos alquimistas. (...) Assim, a minha visão era uma união da imagem de *Cristo* com o seu análogo na matéria, o 'filius macrocosmi' (63).

"Há, por fim, outro aspecto bastante curioso quanto à questão de datas religiosas. Numa época bem anterior ao advento do Cristianismo, os gregos comemoravam o nascimento de um deus concebido por uma **virgem** divina, no dia do **solstício** do inverno no hemisfério norte que, por coincidência, naqueles tempos, ocorria no dia 25 de dezembro" (211).

CROCUS SOLIS

Esta expressão é usada, alegoricamente, por muitos autores. Sendo *crocus* a designação latina de **açafrão**, é lógico pensar que ela se refira ao corante ou, mais precisamente, ao **azufre** extraído quase ao fim do **magistério**. Com o *crocus solis* se pode tingir todo corpo imperfeito com a cor do **Sol**. Mas, ao que parece, pelas declarações de alguns autores, é a própria **Pedra**, já pronta, em sua **coloração** definitiva, que também, por sua vez, pode "tingir" qualquer corpo imperfeito com a cor do Sol, isto é, transformando o grau de **pureza** do que quer que toque.

"Se quiseres interromper aqui tua obra, podes então, em virtude desta **brancura**, fazer diariamente novas luas a teu gosto, porém será melhor aguardar um pouco mais e, então, verás esta brancura tornar-se **vermelha**, e assim, pouco a pouco, se vestirá de um vermelho sanguíneo profundo, de um matiz tal que não podes imaginar um mais profundo, e isto é chamado *crocus solis*, com o qual podes tingir todo corpo imperfeito na cor natural do sol, e então estará terminada tua desejada obra..." (65).

CRUZ

A *cruz* representa para a Alquimia os quatro elementos. Costuma ser apresentada em diversas alegorias, entre as quais com uma rosa figurando na intercessão de seus braços, simbolizando o produto final da união — a pedra filosofal. O dístico **INRI**, que nas representações da crucificação, encima o braço superior, acima da cabeça do Cristo, é traduzido pelos Adeptos como: **I**gni **N**atura **R**enovatur **Í**ntegra, o que significa: O fogo renova integralmente a Natureza, em uma inequívoca mensagem alquímica.

"Os filósofos químicos nos descreveram este **mineral** (Antimônio) com um caráter que representa o mundo com a *cruz* em cima: para significar que, assim como o mistério da *cruz* purifica e salva a alma de todas as suas manchas espirituais, o **Antimônio** e seus remédios, bem e devidamente preparados, purificam e liberam o corpo de todas as **impurezas** que causam e sustam as enfermidades que o afligem" (65).

"Nos textos medievais, encontramos com frequência o **crisol** simbolizado por uma *cruz*" (37).

CRUZ ANSADA

Cruz egípcia que representa a **chave** da vida. Portadora do conhecimento dos **Mistérios**, fazia com que, quem a possuísse, se tornasse conhecedor do sentido oculto da vida.

É composta de um **círculo** ovalado de onde pende uma cruz, um símbolo muito semelhante ao do **cobre**, tendo como única diferença o círculo que, no segundo, é mais arredondado.

Atribuíam-se a ela qualidades divinas, a eternidade e ser a fonte do **elixir** da imortalidade. Como o círculo fechado, representa a unidade tão identificada nos processos alquímicos. A **matéria** específica *de onde tudo sai para o milagre de uma só coisa,* é possível que a *cruz ansada,* seja mais uma representação da **Pedra Filosofal**.

Ver também **ANKH**.

CRUZ DE LORENA

É a representação da **Cinza** ou pó salino que não pode ser negligenciado.

Um Adepto anônimo autor do Mistério da Cruz, escrito em Sonnensteins, em 12 de agosto de 1732, identificou seu simbolismo com as Três Medicinas não Vulgares: O **Verde** sófico do **ar** simboliza a primeira; a segunda atrai para si as virtudes do **céu**, a exemplo de um **ímã**; e a terceira é a conjugação de forças do **orvalho** do céu com o **sal** do mar.

CUIDADOS

Para se conseguir sucesso em qualquer trabalho, é imperiosa a obediência aos pequenos detalhes, mas, em nenhum outro caso, tudo é tão fundamentalmente importante quanto para a feitura da **Grande Obra**.

"Tão pronto quanto a matéria é dissolvida, incha, entra em fermentação, e produz um ligeiro ruído, o que prova que nela contém um gérmen vital, que se desprende sob a forma de ampolas.

Para fazer bem a operação que acabo de descrever, há que observar o peso, a condução do **fogo** e o tamanho do **vaso**. O peso deve consistir na quantidade de espírito astral necessário à **dissolução** da matéria. A condução do fogo exterior deve ser dirigida de maneira que não se façam evaporar as ampolas que contêm o espírito, por uma quantidade demasiado grande de fogo e de maneira que não queimem as flores ou o azufre com a continuação do fogo exterior, de modo que se leve demasiado longe a secura da matéria, após sua fermentação e sua putrefação, a fim de não ver o vermelho antes do negro.

Por fim, o tamanho do vaso deve ser calculado segundo a quantidade da matéria, de maneira que esta não contenha mais que o quarto de sua capacidade" (12).

CURCÚBITA

Peça do alambique que recebe a substância a ser destilada. É composta de duas partes: um jarro e uma tampa alta e arredondada, de cuja parte inferior sai um longo cano a ser adaptado na vasilha, para onde deve passar o líquido do **vapor** que se origina no aquecimento, após sua condensação.

D

DAATH

A **Sefirot** da **Cabala** que representa o Conhecimento. Simboliza também o período de incubação ou gestação necessário ao nascimento de algo novo.

Em um pequeno trecho no *The Mystical Qabalah*, editado em Londres pela Fraternity of the Inner Light e transcrito por Umberto Eco em *O Pêndulo de Foucault*, pode-se ler:

"Quando recordamos que *Daath* está situado no ponto em que o Abismo intercepta a Pilastra Mediana, e que em cima da Pilastra Mediana está o Sendeiro da Flecha... e que também aí está a **Kundalini**, vemos que em *Daath* se oculta o **segredo** da geração ou da regeneração, a **chave** das manifestações de todas as coisas para diferenciação das duplas de **opostos** e sua União em um Terceiro".

Dhat, para os sufis da Pérsia, é a **pedra** que contém a essência poderosa que pode entrar em contato com qualquer coisa, transformando-a em seu grau máximo de perfeição.

DASTIN, JOHN

Monge alquimista do século XIV. Tornou-se conhecido pelo seu posicionamento em defesa da Alquimia, expresso nas cartas endereçadas ao papa **João XXII**, um ferrenho adversário do **Magistério**. Nelas, se insurgia contra a proibição papal, alegando a seriedade científica da **Obra** e argumentando sobre a legitimidade do **ouro filosofal** e do **elixir** alquímico.

DEE, JOHN

O filósofo, alquimista, mago, astrólogo, matemático, profundo pesquisador da Astronomia e da Ótica, John Dee, nasceu em 13 de julho de 1527, filho de Rowland Dee, um cavalheiro, servidor do Tribunal do rei Henrique VIII. Pessoalmente, o doutor Dee seguiu a linha conhecida como dos "hermetistas", denominação dada aos filósofos-mágicos, sendo astrólogo do Tribunal.

No desempenho de suas funções de astrólogo e hermetista, foi confidente da Rainha Elizabeth I que costumava fazer, a cavalo, visitas constantes à Mortlake — propriedade do filósofo, local onde eram armazenados preciosos documentos, em uma biblioteca de aproximadamente 4 mil manuscritos. Este era o cenário no qual, em companhia de sir Edward Kelley, o filósofo buscava descobrir o conhecimento perdido e as verdades transcendentais. Sua finalidade era recuperar a Sabedoria contida nos livros antigos, principalmente detalhes que considerava importantes, revelados no Livro de Enoque, no qual ele vislumbrava um sistema de magia usada pelo Patriarca.

Entre os documentos que compunham a biblioteca de Mortlake, havia textos clássicos, de rara e significativa importância, colecionados e preservados antes de serem proibidos por severas leis clericais, criadas no auge dos desatinos da repressão religiosa. Mortlake se incendiou por ocasião de uma viagem que o doutor Dee fez ao exterior, destruindo seus documentos, tão cuidadosamente colecionados.

Uma curiosidade sobre *John Dee* é que, durante suas viagens ao exterior, mandava informações à rainha inglesa da época, Isabel I, sob o codinome de 007. O mesmo utilizado, séculos depois, por Yan Fleming para identificar o seu personagem James Bond. Aliás, por essa aura de espionagem que o acompanhava, chegou a ser expulso de Praga, pelo imperador Rodolfo II, em 1586.

Em sua estada no reino Checo, dedicou ao imperador Maximiliano II, pai de Rodolfo II, o seu livro *La Mônada Hieroglífica*.

John Dee morreu em 1608, deixando o legado de homem que sempre se insurgiu contra a escravidão mental instituída pelas leis de heresia, monstro social e político, impostas ao povo durante a Idade Média.

DEFINIÇÃO

Uma das mais interessantes definições da **Grande Obra**, por certo, está contida no *Rosarium Philosophorum*, tratado alquímico do século XIV:

"Faze, meu filho, com a mulher e o homem, um círculo; inscreve neles um quadrado, depois um círculo no quadrado e um triângulo no círculo; e, no triângulo, um círculo; tu terás o **Magistério**".

Considerando que os antigos caracterizavam a **circulação** da **matéria** sob a forma de um **círculo**, o que se constata aqui é um aprimoramento constante das substâncias, colocando os elementos em um nível mais elevado a cada ciclo. Primeiro círculo ou **circulação** da **matéria** e teremos sua transformação em quatro elementos (o quadrado): terra, água, fogo e ar; novo círculo ou nova circulação e sua transformação na **trindade** (triângulo): **mercúrio**, **enxofre** e **sal**; nova circulação e, finalmente, o encontro com a Unidade, ou **Pedra dos Filósofos,** ou o ônfalo, ou ponto central. Esta receita geométrica, na realidade, tem muitos seguidores. Muitos são os artistas que creem ser o magistério um repetir-se interminável de sublimações.

DELFIN

O peixe hermético. É constantemente figurado pelo golfinho, símbolo da regeneração, encarnação de **Apolo**. É o pez hermético ou **azufre**. O embrião da **Pedra**.

Ver também **Peixe**.

DELOS

Ver **Ilha**.

DEMÉTER

A **Grande-Mãe**, a deusa do trigo, a terra cultivada, a nutridora. Sobre ela, Heródoto (484-408 a.C.) escreveu que seus cultos mais antigos, praticamente desapareceram com as invasões dóricas, a partir do século VII a.C., restando apenas pálidos vestígios, entre os quais o que a deusa, querendo fugir ao assédio de Poseidon (**Netuno**), disfarçou-se em égua, o que pouco adiantou, visto que Poseidon a possuiu sob a forma de um cavalo, gerando Aríon. Revoltada, cobriu-se de **negro** e retirou-se para o interior de uma caverna, escondendo o grão da vida.

De sua união com **Zeus**, nasceu Perséfone, raptada por Hades e levada para o interior da **terra**. Esse sofrimento da deusa, pela perda da filha, era transmitido no Santuário de Elêusis, onde era cultuada como a Terra-Mãe, a matriz universal, a grande deusa.

Disfarçada em uma velha, foi convidada a tomar conta do filho caçula da rainha Matanira. Deméter, tentando torná-lo imortal, untava-o com ambrosia e o escondia, durante a noite, no **fogo**. Quando a rainha descobriu, interrompeu o rito iniciático fazendo com que o filho Demofonte perdesse os privilégios que estava prestes a conquistar.

Por anuência de Zeus, Deméter e Perséfone passaram a se reencontrar durante oito meses por ano e, só então, ela transmitiu seus ritos secretos aos iniciados nos **Mistérios de Elêusis**.

As Tesmofórias, celebradas em outubro, eram as mais antigas festas em honra à deusa; duravam três dias e eram para provocar a fertilidade. Em dezembro, um novo festival celebrava o verde; nos fins de maio, as Talíseas festejavam as flores e os frutos e eram-lhe oferecidas as primeiras colheitas; e, por último, as Haleas, uma festa das uvas que era compartilhada por **Dioniso**.

DENÁRIO

Medida de peso que corresponde a vinte e quatro gramas.

DENTES DE DRAGÃO

Em um dos mitos gregos, **Cadmo**, a conselho do oráculo, segue uma **vaca** em cujos flancos se viam marcados círculos brancos — símbolo lunar. Onde ela parasse cansada, aí seria fundada uma cidade. Quando isso aconteceu, Cadmo mandou os companheiros buscarem água em uma fonte próxima, dedicada a **Áries**, mas um **dragão** os matou. O herói liquidou então o dragão e, obedecendo aos conselhos de **Atená**, semeou-lhes os dentes na terra, de onde brotaram gigantes ameaçadores que lutaram entre si até a destruição.

Entre as provas impostas a Jasão, pelo rei Eates, da Cólquida, para a conquista do **Velocino de Ouro**, bastava subjugar dois **touros** de pés e chifres de bronze, atrelá-los ao arado, lavrar a terra e semear nela os *dentes do dragão*, morto por Cadmo, com os quais Atená presenteara o rei.

Descobre-se uma coincidência interessante entre a lenda mitológica e a Alquimia, quando se leem estas explicações do filósofo:

"Os **sais** estão compostos de dois materiais, dos quais um é sutilíssimo e está dividido em pequenas pontas, sumamente móveis, das quais dependem toda a atividade dos sais, seu movimento e seus efeitos; a outra matéria dos sais é a terra mesma, que recebe nela essas pontas salinas delgadíssimas, de maneira que não atuam já, tanto como pequenos corpos separados, senão que unidos e concentrados com a terra, atuam muito mais eficazmente sobre os corpos" (119).

DESCENSO

É a denominação dada, durante a **circulação** da matéria no **vaso**, à descida do **vapor** condensado, que estava no alto por ascenso.

"**Hermes** diz, estribado nisto: o que está em cima por **sublimação** é como o que está embaixo por dissensão; e o que está embaixo por constipação é como o que está em cima por ascensão, para preparar coisas miraculosas de uma coisa" (36).

DESCOBERTAS

Embora não exista um estudo abrangente sobre todas as descobertas efetuadas pelos alquimistas que enriqueceram o conhecimento humano, podemos citar algumas, comprovadas historicamente:

• No século I, Diosconides, médico grego, descobriu o meio de preparar o acetato de chumbo e o vitriolo verde.

• Alquimistas árabes descobriram a água-régia, o nitrato de prata e as propriedades químicas do salitre.

• Por volta de 750, Geber obteve o anidrido arsênico e o ácido nítrico.

• Alberto Magno (1193-1280), a produção do arsênico derivado do anidrido arsênico, a potassa cáustica e foi o primeiro a descrever a composição química do cinábrio e do alvaiade.

• Raimundo Lulio (1235-1315) preparou o bicarbonato de potássio.

• Teophasto Paracelso (1493-1541) foi o primeiro a descrever o zinco, desconhecido até então, além de introduzir na medicina o uso de compostos químicos.

• Giambattista della Porta (1541-1615) preparou o óxido de estanho.

• João Batista Van Helmont (1577-1644) descobriu a existência dos gases.

• Basile Valentin, monge alquimista que viveu no período da Renascença, descobriu o ácido sulfúrico e o ácido clorídrico.

• Johan Rudolf Glauber (1604-1668) descobriu o sulfato de sódio.

• Andréas Libavius, a partir de 1616, produziu o acetato de chumbo, o ácido canfórico e o sulfato de amônia.

• Brandt, falecido em 1692, descobriu o fósforo.

• Johan Friedrich Boetticher (1682-1719) foi o primeiro europeu a fazer porcelana.

• Blaise Vigenère (1523-1596) descobriu o ácido benzoico.

"Com efeito, enquanto numerosas universidades medievais desprezavam quase totalmente a experimentação, abrangida no mesmo descrédito que atingia as ocupações manuais, os alquimistas não hesitavam em sujar as mãos e trabalhar nos seus **laboratórios**, construindo os seus próprios **fornos, alambiques** e **retortas**. Procurando a **Pedra Filosofal**, os Adeptos (verdadeiros e falsos) *descobriram* um grande número de corpos químicos importantes" (69).

"As *descobertas* da Era Atômica deveriam ter facilitado em parte a rejeição de alguns preconceitos que foram sustentados no passado, mas esses mesmos preconceitos são ainda parcialmente mantidos por um critério incongruente.

Por que é tão desarrazoado pretender — deixando de lado a percentagem esmagadora dos charlatões e impostores que se chamam a si mesmos de **Alquimistas** — que homens como **Paracelso** e **Valentino** falaram a verdade sobre suas *descobertas*? Será talvez em razão do que pode parecer uma absurda terminologia entremisturada com simbolismo metafísico?" (81).

DESNUDAMENTO

Este termo, tantas vezes usado nos textos sob a forma de retirada das vestes do homem e da mulher ou do rei e da rainha, antes do **banho** a que têm de ser submetidos, tem como único significado a **purificação** dos elementos.

O *desnudamento* nada mais é do que desembaraçar os elementos de suas partes heterogêneas que poderiam significar um impecilho à união perfeita. Em resumo, purificá-las.

DESTILAÇÃO

É um processo de evaporação e recondensação. Operação efetuada para extrair duas **raízes** voláteis ocultas no **misto**. Nessa operação, as duas raízes são purificadas, convertem-se em uma mesma substância aquosa, inseparável, permanente. Esta **água** é o **úmido radical**, também chamado **Leão**. Em razão desse procedimento ter se tornado popular entre os árabes, podemos constatar que um dos principais instrumentos usados na referida operação é denominado **alambique**, comprovando sua origem.

"O termo francês *destiller* (destilar) vem do grego e está formado pelo advérbio 'dis', duas vezes, e pelo substantivo *stilé*, por pouco que seja, uma quantidade muito pequena. Já a forma com que os gregos escreviam a palavra, com o ípsilon, mostrava um valor especial e obrigava a considerá-la atentamente. Com efeito, ípsilon significa 'marca distintiva', 'signo', 'o que está assinalado'.

"O sentido oculto de destilar, de *destilação*, traduz a operação secreta que consiste 'em fazer cair muito pouca água sobre a terra em dois tempos consecutivos'. Trata-se, em suma, de 'embeber', de praticar estas 'embebições' ou *'destilações'* e que falam os tratados, e que fazem com que a **terra**, até então estéril, impregne-se, abrande-e adube-se, sustente seu germe e se torne fecunda" (60).

"Por exemplo, uma *destilação* intermitente do gás, impregnará e abrirá o **pó** até a solução na forma de água, que dissolverá parcial ou totalmente o pó fresco, de acordo com a proporção. Por abstração contínua ou *destilação* coobada, a partir do resíduo adquire permanência, e, quando se separa uma água clara e brilhante, o resíduo rende um **azeite** vermelho em um **fogo** mais forte, e deixa um resíduo **negro**, que pode ser calcinado até a forma de uma terra branca" (75).

"Destila agora esta **Água** que contém o **Sal** em uma Água Espiritual e junta-a repetidamente, até que todo o Sal haja subido com a Água.

"Esta Água tem agora o poder de dissolver a Terra sutil seguinte, que pode, como o primeiro Sal, ser destilada com uma Água espiritual. Com esta Água podes repetir as operações frequentemente, até que, por *destilação* e **coobações** hajas dissolvido toda a quantidade e a hajas volatizado em uma Água espiritual. Esta é uma operação muito tediosa, mas de grande consequência" (25).

"E tens que saber que, se alguns vapores e nuvens se elevam da terra e se amassam no ar, voltam a cair por causa do peso natural da água e a terra recebe mais uma vez a sua umidade perdida, com a qual se deleita e alimenta e pela qual se acha mais própria para produzir o seu fruto. É por isso que é preciso reiterar as preparações das águas com muitas *destilações*, de maneira que a terra se empape com frequência na sua umidade. E tal humor, tantas vezes obtido, tal como o Euripo, deixa frequentemente a terra em seco, depois volta sempre, até construir o palácio real, com esforço, enfeitado com grande cuidado e que o mar de vidro o tenha enriquecido, com o seu fluxo e refluxo, com muitas riquezas; o rei já poderá entrar e habitá-lo" (137).

"Assim separados os elementos, solidificá-las com cuidado, pois, ao retificá-los em uma sétima *destilação*, dividem-se com grande presteza. E cuida que dos elementos úmidos se separam as partes que não são da espécie de sua composição (da qual se separa a terra, do ar e fogo), pois no interior dos úmidos ou propriamente dos aquáticos se acham as espécies de nossos **espíritos**, os quais, através da virtude do fogo, se separam do corpo e na água se mesclam: depois se limpam bem e se lavam mediante uma forte cocção, tal como se fez com aquelas que anteriormente te indicamos" (219).

DESTILADOR

Aparelho próprio para ser usado nas ocasiões em que se faz necessário vedar qualquer escapamento da água submetida a aquecimento. É provido de um capitel por onde passa o **vapor** que sobe com a elevação da temperatura, sendo conduzido, através de um prolongamento, a se condensar em outro frasco acoplado fora da fonte de calor, o que o faz retornar à forma líquida. Na linguagem dos antigos tratados é chamado **Rosário**. Também é denominado **curcúbita**.

DEUSA MÃE

Ver **Grande Mãe**.

DIABO, O

A 15ª carta do **Tarot** nos apresenta uma caverna escura, na qual o *Diabo*, com as pernas cobertas de escamas, que correspondem ao elemento água, é, em primeira definição, uma representação do **fogo** que é necessário conhecer bem, para não se pôr a perder todo o trabalho. Por isso sua forma de *Diabo*, como alegoria da tentação de que, acelerando-se um processo que é lento, chega-se aos riscos de perdas irreparáveis. Há que se temer sua violência destruidora.

As duas figuras acorrentadas, que aparecem na parte inferior da lâmina, representando o masculino e o feminino, são os polos positivo e negativo da energia geradora, dependentes do poder do fogo secreto para se libertarem dos grilhões, unindo-se em luminosa harmonia.

Na realidade, o *diabo* representa o **enxofre** e sua personificação em uma caverna escura sugere sua presença no mais íntimo da matéria.

DIADEMA REAL

Sendo a **Pedra Filosofal** a coroação de uma **Grande Obra**, esta é mais uma das formas pelas quais alguns filósofos se referem a essa suprema conquista.

"Há em nossos princípios muitas superfluidades estranhas, que nunca se podem reduzir a pureza, pelo que é melhor separá-las do todo, o que será impossível de fazer sem a teoria de nossos **arcanos**, por meio da qual ensinamos o modo em que se extrai o *Diadema Real* a partir do **mênstruo** de nossa Ramera. (...) Se chama este caos nosso **Arsênico**, nosso Ar, nossa **Lua**, nossa Pedra Ímã, nosso **Acero**, é considerado de muitos modos, pois nossa matéria passa por vários estados antes que, do mênstruo de nossa Ramera, se saque o *Diadema Real*" (1).

"Nas **cinzas** que ficam no fundo do túmulo, aí jaz o *diadema* do rei" (5).

DIANA

Também chamada Ártemis, Hécate e Selene, era filha de **Júpiter** e de **Leto** (Latona) e irmã gêmea de **Apolo**; é a Sagitária do arco de **ouro**, caçadora e grande guerreira. No culto cretense tinha características de **Grande Mãe**, voltada para a fertilidade e fecundidade. Deusa da vegetação e protetora das árvores e dos animais.

Com o nome de **Dictina** é a Caçadora com **Redes** e, como Selene, é associada à **Lua**. O culto de Ártemis é muito antigo e foi trazido da Ásia Menor para a Grécia, sendo venerada como Grande Mãe, apesar de ser uma deusa virgem. O **touro**, cujos chifres representam o crescente lunar, é um atributo de *Diana*, que por ter ajudado os atenienses, na Batalha de Salamina, em 480 a.C., passou a ser festejada no mês de abril, durante a fase da Lua cheia. Na **Alquimia**, é a matéria em **branco**, o **albedo**, a **prata**, a Lua, comprovando que o **Latão** (Latona) pode gerar a prata (*Diana*) e o ouro (Apolo).

"Os dois nobres luminares do microcosmo alquímico estão aqui representados pelo belo Apolo e a tão casta *Diana*, ou, melhor dizendo, pelo **sol** e a **lua** que, sobre o plano operatório, é preciso não confundir com o ouro e a prata, preciosos entre os **sete** metais" (60).

DIGESTÃO

Período de 40 dias em que, segundo o *Mutus Liber*, a matéria é retirada do **matraz**, dividida em potes menores que são colocados em um tipo de **forno**, com **calor** indireto, para uma digestão lenta. É uma fase em que nada pode ser sublimado, sob o risco de destruir tudo. Por isso o calor tem que ser administrado com muita habilidade. A digestão leva à **concepção.**

"Não se poderia conceber, antes de havê-lo experimentado, a mudança profunda que provoca, na composição dos corpos aparentemente simples, a lenta digestão, a fusão prolongada. Bem que sua estrutura interna e seu aspecto exterior pareçam não haver mudado sensivelmente, apercebemo-nos rapidamente, no curso das operações subsequentes, de quão modificados quimicamente, em verdade, estão.

"Método de todo simples, porém conforme o exemplo dado pela Natureza, assim como as regras da **Grande Arte**, que faz particularmente fácil a extração do mercúrio específico de **Saturno**, que se apresenta então sob a forma de uma substância branca, untuosa, muito pura, ligeiramente graxa ao tato e, tão ávida de ouro, que o metal precioso se dissolve nela como o gelo em água quente" (66).

DILÚVIO

Dentro das considerações de que, por trás das grandes tradições da humanidade, estão ocultas as **chaves** dos grandes **mistérios**, vejamos, sob a visão de dois autores, as analogias existentes entre a história do *dilúvio*, como chegou até nós, e os trabalhos alquímicos.

"A exegese hermética aplica-se também ao *Dilúvio*, que exprimiria a fase da 'dissolução', enquanto a retirada posterior das **Águas** corresponderia ao 'dessecamento' (ou 'enxugamento') que dá lugar à fixação do volátil, ao 'coagula'. Depois disto, o **negro corvo** já não volta; e, em vez disso, uma pomba **branca** traz um ramo de oliveira, o *cindir virens* que simboliza a vida renovada e perene dos regenerados, tal como a conseguida 'paz'. Como selo de aliança entre o 'Céu' e a 'Terra', manifestam-se então as **sete** cores, as mesmas do **arco-íris** que se forma na nuvem" (179).

Becher o retrata assim no *Oedipus Chimicus*:

"Verdadeiramente, como a **corrupção** de uns é a **geração** de outros, deste cadáver duplo nascerão vários. Primeiro aparecerá o **corvo**, que, putrefazendo-se de novo, desaparecerá; daqui nascerá uma cauda multicor de **pavão** real; desaparecida esta, virão as **pombas**, que, assim como o corvo não pode encontrar lugar seco, elas poderão, porém um novo lugar, pois, assim como a terra pristina do *dilúvio* era corrupta, esta, sem embargo, é **virgem**, e aparecerá o giz dos filósofos; não privadas ainda de todo, estas pombas da corrupção se transformarão, pouco a pouco, em uma **fênix**, que **Vulcano** queimará em seu cárcere, de modo que de suas **cinzas** sairá um fruto novo, incorruptível e imortal, que restabelecerá o vigor aos corpos sublunares".

DIONISO

Deus da vegetação e das potências geradoras, além do êxtase, do entusiasmo, das orgias e dos desregramentos. Um deus de vida bem conturbada. Nasceu primeiro como **Zagreu** e foi morto pelos titãs. Regenerado por **Zeus** que engoliu seu coração ainda pulsante, foi confiado a Sêmele para que o gerasse. Isso fez com que a ciumenta Hera tentasse matá-lo quando ainda em gestação, induzindo sua rival a solicitar a Zeus, vê-lo em seu esplendor. Diante da luminosidade do deus, Sêmele morreu queimada, fazendo com que Zeus acabasse de gerar *Dioniso* em sua coxa. Temendo novas investidas de Hera, Zeus transformou *Dioniso* em um bode e entregou-o a **Hermes** para que o levasse ao monte Nisa, onde, em uma **gruta** profunda, ficaria sob os cuidados de Sátiros e Ninfas.

Por ter completado sua gestação no corpo de Zeus, *Dioniso* se tornou imortal e tão poderoso que desceu ao Hades para buscar sua mãe, Sêmele, e torná-la também imortal.

Em Atenas eram celebradas quatro grandes festas em honra ao deus do vinho: Dionísias Rurais, em dezembro; as Leneias, entre janeiro e fevereiro; Dionísias Urbanas, em fins de março; e Antestérias, festa das flores, em abril. A primeira para fertilização dos campos; a segunda, do **fogo**, com tochas acesas; a terceira, a **fonte** ou tanque, onde se espremiam as uvas para o fabrico do vinho que, representando a imortalidade, substituía o sangue de *Dioniso*; e a última, para comemorar o casamento do deus e da rainha.

Os gregos acreditavam que *Dioniso* era adorado na Índia, com as mesmas características gregas: o dançarino cósmico, senhor da destruição sob o nome de **Shiva**. Mas, para os indianos, fora Shiva que mudara de nome ao entrar na Grécia:

"... sabemos que os brâmanes haviam louvado o aspecto dinâmico, dionisíaco do universo, muito antes que o 'Renascido' trácio, coroado de folhas de videira, entrasse nos vales da Grécia com seus companheiros de andanças, para consternação e escândalo das sóbrias personalidades dirigentes do universo, que ocupavam o ortodoxo Olimpo grego" (42).

"Até mesmo à época tardia, *Dioniso* ainda era chamado *Pyrigenés*, *Pyrísporos*, quer dizer, 'nascido ou concebido do **fogo**', a saber, do **raio**. (...) Reunindo essas simples indicações, pode-se tentar reconstruir um mito naturalista elementar: a Terra-Mãe (Sêmele), fecundada pelo raio celeste do deus dos céus (Zeus), gerou uma divindade, cuja essência se confunde com a vida que brota das entranhas da terra" (49).

DIÓXIDO DE FERRO

Em apoio aos muitos alquimistas e estudiosos do assunto, que creem ser um mineral, à base de **ferro**, a **matéria-prima** extraída das **minas** e usada pelos **Adeptos** no início dos seus trabalhos de **laboratório**, é conveniente informar que o *dióxido de ferro* se fazia presente acompanhando o **ouro**, nas jazidas de Minas Gerais, sendo responsável pelo nome Ouro Preto, dado àquele município mineiro.

Notoriamente, a **Alquimia** se diz uma ciência capaz de aperfeiçoar o trabalho da Natureza na purificação de um **mineral** vil, proporcionando-lhe condições de um perfeito e artificial amadurecimento. O fato de o ouro ser encontrado nas **minas**, ao lado do **ferro**, talvez seja uma comprovação das teorias desses estudiosos, de que esses dois metais têm alguma coisa em comum, e que essa coisa bem pode ser o que eles denominaram **semente**. A mesma semente que, desenvolvida de forma diversa, pode determinar o grau de **pureza** e valor.

DIPPEL, JOHANNES KONRAD

Konrad Dippel nasceu em 10 de agosto de 1673, em Darmstadt, Alemanha, em um castelo que pertencera durante vários séculos à família Frankenstein. Talvez seja essa a grande razão para que *Dippel*, teólogo, médico e **alquimista**, formado pela Universidade de Geissen, tenha se tornado, segundo consta, o modelo ideal para a escritora Mary Shelley na formatação de seu famoso romance Frankenstein.

Todo o atraso científico dos séculos XVII e XVIII não suportava as experiências feitas pelos médicos em seus estudos de anatomia e a aura de demonização se espalhava em torno dos que se atreviam a investigar o processo da vida. Uma infinidade de boatos eram divulgados, imputando-lhes experiências para criação de monstros, no intuito de desacreditar seus trabalhos científicos. No caso de *Dippel*, a situação ainda se tornava mais crítica, em razão de ser um Alquimista, dedicado a busca do *Arcanum Chymicum* ou **elixir da longa vida** que lhe permitisse prolongar a existência. Para isso montou um **laboratório** em Berlim decidido a conseguir o seu intento, além de transmutar **chumbo** em **ouro**.

Foi nessa capital que, quando o químico e pintor Heinrich Diesbach, tentando produzir um pigmento vermelho, terminou por fazer mal uso do carbonato de potássio e tornou o pigmento azul, que *Dippel* associou-se a Diesbach na produção do novo produto. Mudaram-se para Paris, onde fundaram uma fábrica para a venda do conhecido azul da prússia, usado por pintores e tintureiros. A fórmula foi mantida em segredo, até 1724.

De seus estudos resultaram vários outros compostos químicos de grande utilidade.

Faleceu em 25 de abril de 1734.

DISCÓRDIA

Expressa o momento da tormentosa união dos dois **espermas**, do **mercúrio** e **enxofre** filosofais. É essa contenda que costuma ser simbolizada por **dragões**, **serpentes** ou monstros se entredevorando.

"Por isso que um dragão semelhante
Que com seu **fogo** inflamado
Vai pelo ar pouco a pouco lançando
Fogo e fumaça venenosa
Que é coisa muito horrorosa,
Contemplar tal feiúra.
Assim faz o mercúrio, verdade pura,

Quando é sob o fogo pousado:
Ainda é este exemplo pouco adequado
Mas faz como faz sábia gente
Para ver variadamente
Dragões e serpentes excetuando
De odiosos amores agrupando
Da mitologia é bem vero
Que era o antigo clero
Como se vê em **Jasão**, **Cadmo**,
Hércules, Isaac, Aqueloo,
Depois os dois monstros de **Perseu**
Ou melhor, aqueles do **caduceu**..." (36)

DISSIMULAÇÃO

A maioria das pessoas concorda que é praticamente impossível compreender a linguagem alquímica, repleta de simbolismo pelos **Adeptos** que procuravam, a todo custo, disfarçar seus ensinamentos, de modo que não viessem a cair em mãos indesejáveis, guardando seu verdadeiro sentido apenas para os iniciados. Um bem reduzido número de pessoas é capaz de retornar a essas leituras, após um primeiro contato, e, mesmo assim, na maioria das vezes, por desafio.

Analisando os modernos conceitos da física, podemos constatar que é também assunto para iniciados. Apesar de os cientistas atuais não lançarem mão de alegorias mitológicas, o terreno é por demais estranho para que nele enveredem os leigos: continuidade espaço-tempo, relatividade, antimatéria, partículas subatômicas, teoria quântica, etc., além das indecifráveis fórmulas camufladas sob expressões algébricas.

Na maioria dos tratados alquímicos, podemos notar expressões absurdas como: "sangue muito puro de crianças" (Flamel), "urina de meninos de 12 a 15 anos, inexperientes no amor" (Gabriel Claudero), "azeite de sangue humano" (F. Hoffmann), "urina podre" (Pott) e outros tantos simbolismos estranhos, nos quais foram ocultas as verdadeiras substâncias usadas no **magistério**.

"Mas este Magistério permanece oculto nos livros dos filósofos e os que falaram dele deram-lhe mil nomes diferentes; está selado e só se abre para os sábios, pois eles procuram-no com firmeza e, quando o encontram, depois de laboriosa busca, amam-no e honram-no. Mas os ignorantes enganam-se e têm-no em muito pouca estima, ou, para dizer a verdade, não o apreciam em absoluto, porque não sabem o que é" (52).

"Livremo-nos de imitar os químicos antigos que, tomando ao pé da letra a afirmação de Artéfio, segundo a qual o **mercúrio dos filósofos** seria a 'urina de jovens coléricos', se afastaram da via da **Grande Obra**, não sem antes descobrir no caminho, é verdade, o sal amoníaco, ou cloreto de amônia e o fósforo. Em vez disso, fixemos nossa atenção na proximidade sonora da palavra 'urina' em latim e 'ouron' em grego e 'ouranos', que designava o céu entre os hebreus: a água dos Sábios, encerrada nas trevas da terra, é de origem exclusivamente celeste e luminosa" (37).

"Por virtude desta essência Adão e os Patriarcas preservaram sua saúde e viveram até uma idade extrema, florescendo também alguns deles em grandes riquezas. Quando os filósofos os descobriram, com grande diligência e trabalho, ocultaram-no imediatamente sob uma língua estranha e em parábolas, para que não se tornasse conhecido pelo indigno, e as **pérolas** atiradas ante os porcos" 67).

"Que o amante da Verdade tenha amiúde nas mãos autores pouco numerosos, porém de honestidade incontestável, conhecida e provada; que suspeite de tudo o que é fácil de entender, principalmente de nomes místicos nas operações secretas; com efeito, a Verdade se oculta nas sombras e os **filósofos** não escrevem nunca, mais enganosamente, nem mais verdadeiramente, que quando o fazem obscuramente" (68).

"Conhece pois, filho, como os filósofos falaram figuradamente das operações manuais, pois, para que estejas seguro da purgação de nosso Mercúrio, ensinar-te-ei que com uma verdadeira operação nosso mercúrio comum é preparado levissimamente" (220).

Ver também **Nomes**.

DISSOLUÇÃO

(*Solve et Coagula*) Essa expressão é bastante usada em textos alquímicos e refere-se ao trabalho dos **Adeptos** para afastar a terrestrialidade do **Sal**, tornando-o Sal Aéreo ou Sal Espiritual, mediante reiteradas operações de solução e coagulação, convertendo o Sal em um corpo fusível ao fogo, como cera. A operação deve ser repetida, pelos menos, três ou quatro vezes.

Segundo **Nicolas Flamel**, a *dissolução* "é denominada **Morte**, Destruição e Perdição pelos filósofos **invejosos**, porque as naturezas mudam de forma. É daí que surgem tantas alegorias sobre Mortos, Túmulos e Sepulcros (...) Os outros nomes: Xir, **Putrefação**, Corrupção, Sombras Cimérias, Abismo, Inferno, **Dragão**, Geração, Ingresso,

Submersão, Complexão, **Conjunção** e Impregnação, vêm do fato de a **matéria** ser negra e aquosa e de as Naturezas se misturarem infinitamente e se reterem mutuamente".

"A *dissolução* realiza-se por meio das águas sutis, aéreas, pônticas, sem fezes. Foi inventada para fazer mais sutis as coisas que não são fusíveis nem penetráveis — *fusionem nec ingressionem habent* — e que possuem essências fixas muito úteis que se perderiam sem esta operação" (198).

"A primeira palavra do Nosso **Magistério** ou da **Obra** é a redução do **Mercúrio**, quer dizer, a redução do **cobre** ou outro metal a Mercúrio. É o que os filósofos chamaram a **solução** que é o fundamento da **Arte**, como disse Franciscus: 'Se não dissolveres os corpos, trabalharás em vão'. Esta é a *dissolução* de que fala Parmênides na Turba dos Filósofos" (164).

"Pelo que se sabe, que nossa obra requer uma verdadeira mutação das naturezas, a qual não se pode alcançar se não se faz a união última de uma e de outra natureza, porém não se podem unir senão em forma de água; porque de dois corpos não pode haver união, quanto mais a união do corpo com o espírito em suas menores partes; porém dois espíritos poderão unir-se bem entre si, pelo que se requer a água metálica homogênea, ou de sua mesma natureza, a qual prepara o caminho para a **calcinação** que deve preceder" (1).

"E toda dissolução de um composto natural termina no úmido da matéria trabalhada. Assim, pois, já que a matéria de nosso **mênstruo** é metálica e, em consequência, saída da umidade untuosa e viscosa, como se há feito ver. É necessário, para purgá-la e limpá-la perfeitamente, que seja dissolvida em uma umidade untuosa e viscosa parecida. Esta dissolução da matéria demanda uma **calcinação** anterior. Pois, como nenhum corpo seco pode ser dissolvido naturalmente em úmido, se não é sal ou coisa que haja adquirido a natureza do sal, pela força do fogo. É preciso calcinar nossa matéria, a fim de que ela se torne própria a ser dissolvida" (217).

"Tomei a matéria que continha as duas naturezas metálicas; comecei por embebê-las com o **Espírito** astral, pouco a pouco, a fim de despertar os dois **fogos** que estavam como extintos, dissecando ligeiramente e amolecendo circularmente tudo, a um calor de sol; depois, reiterando assim e umedecendo frequentemente, cada vez mais, dissecando e amolecendo, até que a matéria tivesse tomado o aspecto de uma papa, ligeiramente espessa" (12).

DISSOLVENTE

"O primeiro e mais comum de todos é, sem discussão, o **sal** fixo de **tártaro**, que, desde que está em fusão, penetra todos os metais e **minerais** e retira deles a parte sulfurosa.

Qual é o químico que ignora que o régulo de **antimônio** e o antimônio cru atuam sobre os metais como dissolventes?

Quantas vezes não se vê, em Metalurgia, dar ao **chumbo** as funções de dissolvente? Se não sabemos, todavia, até onde pode estender-se a virtude dissolvente do **bismuto**, temos, sem embargo, exemplos bastante curiosos que provam que este mineral pode ser considerado como dissolvente. Apura-se no cadinho e se amalgama com o chumbo ou o bismuto, indistintamente, funde-se com este mesmo mineral o régulo de antimônio marcial.

O **zinco** mesmo, sobre o que os Químicos guardam um profundo silêncio, pode, sem embargo, ser considerado também como um dissolvente metálico, por via seca" (34).

DIVINO

Proveniente de Deus. Esse é o significado ao qual estamos acostumados, mas, rebuscando os filósofos que a todo momento empregam o termo, pressentimos a existência de alguma outra conotação. Esse *algo mais* fica esclarecido no comentário que se segue:

"A palavra 'divino', em grego, é *théîon*, cujo significado também é '**enxofre**'. Assim o termo 'água divina' também poderia ser traduzido como 'água sulfurosa'." (78).

DOMINGO DE RAMOS

O Domingo de Ramos, comemorado sempre em fins de março ou começo de abril, durante a fase da Lua cheia, dá continuidade a uma antiga tradição dos **festivais** realizados nas mitologias de conhecidas culturas: em honra à Deusa-Mãe Deméter, a Osíris, a Mitra, a Dioniso, Apolo, e toda uma infinidade de deuses existentes antes da implantação do Cristianismo.

Em *Descobrindo a Alquimia*, Bernard Roger faz referência à narrativa de Paul Sébillot, em "Le folk-lore de France", sobre a antiga lenda *Le roche du vardon / Vaut Beaune et Dijon*, na qual relata:

"Ela se abre apenas no *Domingo de Ramos*, quando a procissão entra na igreja e o sacerdote canta o *Attolite portas* (Levantai as portas): então, uma grande **serpente** negra, guardiã dessas riquezas, sai e vai beber na Fonte das Fadas".

"Há muitos outros exemplos, nas velhas tradições, em que répteis prestam bons serviços ao lavrador esclarecido e prudente. A cobra da Rocha de Jardon, já citada, oferece a ele um precioso ensinamento sobre a época do ano que melhor convém para o início do grande trabalho: com efeito é no *Domingo de Ramos* que ela vai beber na Fonte das Fadas" (37).

DONUM DEI

Ou o Dom de Deus, é um manuscrito, datado de 1475, atribuído a Georgius de Aurach.

Esse texto, acompanhado de 12 ilustrações, revela procedimentos comuns ao **magistério** e tem versões em vários idiomas, a partir do latim. Na Biblioteca Britânica, existe uma cópia desse documento, em tradução para o inglês.

Talvez, pela época em que a força da Igreja ditava normas de comportamento, com extrema severidade, a **Química** e a metalurgia para serem exercidas, sem qualquer conotação de bruxaria, tenham sido obrigadas a se apresentar com as características de um *Dom de Deus*. Assim, a **Alquimia**, que na realidade não deveria ter nada a haver com religião, sendo apenas uma prática química como outra qualquer, para fugir a uma rotulação de magia, e suas consequentes perseguições, foi levada por seus praticantes a seguir um caminho de religiosidade. Um dos fatores que deve ter obrigado a essa opção, pode ter sido a rigorosa obediência a períodos específicos do ano, necessários à sua prática, visto que a matéria só atinge suas finalidades sob os auspícios de determinadas **influências cósmicas**. Sem associar esse detalhe à **agricultura**, que também depende de influências cósmicas para o seu sucesso, sociedades pouco evoluídas ligariam facilmente a Alquimia a artes demoníacas.

Um bom exemplo do pensamento da época, é o trecho seguinte, retirado da Introdução às *Doze Chaves da Filosofia*, escrito por **Basilio Valentim**, em 1609:

"Há, pois, que saber, que, ainda que muitos se julguem capazes de poder construir esta **pedra**, muito poucos, contudo, chegam ao fim, já que Deus comunicou o conhecimento da operação apenas a alguns e cabalmente apenas àqueles que odeiam a mentira e abraçam a verdade no seu todo, e se dedicam às **Artes** e às Ciências, sobretudo àqueles que o amam muito e lhe pedem, com grande insistência e orações, este precioso *dom*.

Segundo as conclusões dos estudos de Vladimir Karpenco, do Departamento de Física e Química Macromolecular da Faculdade de Ciências — Universidade Charles Albertov, de Praga:

"Em seu apogeu o mundo helenístico floresce apreciando a liberdade religiosa marcada em comparação às culturas mais atrasadas em que a Alquimia apareceu. Esta atitude é aparente nas duas coleções mais importantes de receitas: do papiro Leyden X e dos químicos de Estocolmo — em nenhum deles deus é chamado para ajudar no trabalho. Não assim na Alquimia; a divina influência já estava em seu berço. A lenda diz que **Hermes Trismegisto**, identificado mais tarde com o Thot egípcio, foi o fundador desta ciência. A identidade desse deus não é tão importante quanto o fato de que ele *era um deus* que descreveu todos os segredos da Alquimia, e que executou suposta **transmutação** de metais bem-sucedida. Lá fossem, entretanto, uma distinção significativa entre Hermes e uns deuses mais atrasados. Hermes foi considerado tradicionalmente como o fundador e o inventor da Alquimia, tendo formulado todos os segredos desta ciência. Era a tarefa de um **Adepto** compreender corretamente o texto hermético selado. Mas nem durante o estudo nem no trabalho experimental era Hermes esperado para intervir no trabalho pessoalmente. O autor divino permaneceu inativo. Não foi assim no mundo árabe mais atrasado, ou na Europa: aqui o deus era não somente um sócio ativo do trabalho, ele era a força decisiva".

DOZE TRABALHOS DE HÉRCULES

Considerado por muitos filósofos como menção velada às várias etapas do Magistério, os *doze trabalhos de Hércules* exemplificam as terríveis dificuldades pelas quais têm que passar o alquimista para atingir a posição de **Adepto**.

1) Estrangulou o Leão de Nemeia.

2) Matou a **Hidra** de Lerna — **serpente** com nove cabeças (uma delas parcialmente de ouro e imortal), que se regeneravam mal eram cortadas, exalando um vapor que matava quem estivesse por perto.

3) O terceiro trabalho seria capturar a Corça de Cerínia — um animal lendário, com chifres de ouro e pés de bronze.

4) Capturou vivo o Javali de Eurimanto.

5) Limpou em um dia os currais do rei Aúgias, que continham três mil bois e que há 30 anos não eram limpos. Estavam tão fedorentos que exalavam um gás mortal.

6) Matou, no lago Estinfalo com suas flechas envenenadas, monstros cujas asas, cabeça e bico eram de ferro, e que, pelo seu gigantesco tamanho, interceptavam no voo os raios do Sol.

7) Venceu o touro de Creta.

8) Castigou Diomedes, filho de Ares, possuidor de cavalos que vomitavam fumo e fogo.

9) Venceu as Amazonas, tirou-lhes a rainha Hipólita, apossando-se do cinturão mágico.

10) Matou o gigante Gerion, monstro de três corpos, seis braços e seis asas, e tomou-lhe os bois que se achavam guardados por um cão de duas cabeças e um dragão de sete.

11) Colheu os pomos de ouro do Jardim das Hespérides, após a morte do dragão de cem cabeças que os guardava.

12) Desceu ao palácio de Hades e de lá trouxe vivo **Cérbero** — cão de três cabeças.

DRAGÃO

É quase imemorial a "presença" do *dragão* na história da humanidade. Como figura mítica, é das mais frequentes nas mais diversas lendas e epopeias. Guardador da árvores da sabedoria, na proteção de tesouros ou de virgens princesas, a figura monstruosa do *dragão*, soltando fogo pelas ventas, significa o desafio permanente e uma relação também muito grande com heróis mitológicos, cuja glória foi feita, exatamente, pela coragem demonstrada no vitorioso combate a essas feras. Até o Cristianismo cuidou de mantê-lo sob as patas de um cavalo branco, traspassado pela lança de São Jorge.

Seu simbolismo pode ser traduzido, por alguns, como uma grande força dissolvente. Um poder que mata.

Segundo o I Ching, os *dragões* têm sangue negro e amarelo, confirmando sua simbologia de princípio ativo da **Grande Obra**. Como símbolo de fecundidade, é festejado por vários povos, que consagram a ele suas festas de Ano-Novo, no **equinócio** da primavera, a vida e vegetação, a cor **verde**.

Na doutrina hindu, identifica-se com **Agni** e na China é uma representação do Bem e a manifestação da onipotência imperial. Conforme nos relata Richard Wilhelm, em *O Segredo da Flor do Ouro*:

"O *Dragão* tem, na China, uma conotação completamente diferente daquela que tem no Ocidente. Simboliza a força propulsora, eletricamente carregada, dinâmica, que se manifesta nas tempestades. No inverno, essa força recolhe-se de volta à terra; no começo do verão, reativa-se, surgindo no céu como **relâmpago** e trovão. Como consequência, as forças criativas na terra redespertam-se. Esse simbolismo também era existente entre os celtas".

Como símbolo demoníaco, criado por grupos que queriam desprestigiar a **Alquimia** que o apresentava como ícone de suas energias, criou-se na Idade Média a lenda de Drácula — Dracul — Irmandade Sagrada do *Dragão*, associada à imortalidade e ao consumo do **sangue** humano pelos vampiros. Como o termo já estava bastante inserido no contexto da **Grande Obra**, o caráter pejorativo cumpriu o seu papel, satisfazendo os detratores da **Arte**.

Figuradamente, o *dragão* representa os dois verdadeiros princípios da **filosofia** alquímica: o **yang** dinâmico e o **yin** passivo. Apresentado sem asas, ou áptero, é o fixo ou macho, chamado **enxofre**, calidez ou secura. Com asas, é a fêmea, ou **mercúrio**, prata viva, frigidez e umidade. De origem sulfurosa ou mercurial, são na realidade os minerais denominados **Sol** e a **Lua**, cujo corpo é necessário fazer apodrecer, no início da **Obra**, para, em estado posterior, ressuscitarem unidos na perfeição de uma nova forma.

"A razão por que pintei essas duas **serpentes** em forma de *dragões*, é porque sua fedentina é grande, como a dos *dragões*, e as exalações que sobem pelo **matraz** são obscuras, negras, azuis e amareladas, como o são esses dois *dragões* retratados; a força dos quais, e dos corpos dissolvidos, é tão venenosa que, verdadeiramente, não há no mundo um maior veneno. Ele é capaz, pela força e odor, de fazer morrer e matar toda coisa viva. O **filósofo** não sentirá esse cheiro, se selar seus vasos" (36).

"Para dominar esse monstro, de modo que se possivelmente não possa extingui-lo e matá-lo de todo, que, sem embargo, não deixe de levar consigo uma boa porção do mais forte e letal veneno que há dentro dele. Se é o verdadeiro veneno, mostrará ao ar aberto, a mesmíssima cor natural do céu, porém seja muito prudente ao transportá-lo, não deixe que engendre sua progênie, pois é sumamente sutil e penetrante e, por conseguinte, tem precaução de não lhe permitir o menor escape e mantenha-o isolado" (70).

"Potência celeste, criadora, ordenadora, o *dragão* é, muito naturalmente, o *símbolo do imperador*. É extraordinário que tal simbolismo se aplique não só na China, mas entre os celtas, e que um texto hebraico fale do *dragão* celeste como de *um rei no seu trono*. Ele é, de fato, associado ao **raio** (cospe fogo) e à fertilidade (traz chuva)" (38).

"A luta contra os dragões e répteis, e as vitórias sobre eles, pertencem aos temas favoritos das epopeias germânicas e russas. O ciclo épico alemão faz uma diferença entre os dragões voadores chamados *Drachen*, e os répteis que se arrastam, cujo representante nas lendas germânicas é chamado *Lindwurm*. Os heróis dos poemas alemães, os atletas Wigaolis, Friedler, Tristan, Dietrich Von Bern e, sobretudo, a figura central do ciclo épico sobre os Nibelungen, Zigfried, todos eram vencedores de dragões e répteis" (201).

DRUIDAS

A palavra *druida*, segundo alguns autores, é originária do grego *drus*, que significa **carvalho**. Eram os homens da árvore que por sua sabedoria foram identificados com a "Árvore do Conhecimento". A classe sacerdotal, composta por filósofos, educadores curandeiros e árbitros, vestia-se de branco, uma cor positiva, e, além dela, só o rei e os poetas tinham direito a essa deferência.

Consideravam sagrado o número três, legando ao Cristianismo a noção de **Trindade**: **Espírito**, alma e corpo do mundo. Veneravam espíritos dos bosques. Sua doutrina era transmitida oralmente a reduzido número de iniciados, e o seu caráter secreto evidenciava a honra que era compartilhar tal experiência de alta espiritualização. Produziam uma bebida sagrada, conhecida como **licor** da imortalidade, que a deusa Koridwen destilava de seis ervas secretas, tendo as cores do **arco-íris**, em um cálice chamado "greal".

Tinham amplos conhecimentos astronômicos e fixaram a posição da **Estrela** Polar, no equinócio da primavera. Estudavam os movimentos das estrelas, a natureza de todas as coisas, o tamanho da Terra e do Universo e o poder dos deuses. Todos os conhecimentos eram transmitidos oralmente, visto não terem escrita. As crianças costumavam ser instruídas com o mesmo conhecimento para substituírem os mais velhos, quando atingissem a idade adulta.

Sua formação era dividida em três níveis: os Vates, que praticavam advinhações; os Bardos, transmissores das sagradas poesias; e os Druidas, propriamente ditos, encarregados das cerimônias rituais.

Pontilharam a Grã-Bretanha, a Gália e a Irlanda com dólmens e menires que se acredita fossem balizas para identificação das ondas telúricas — energias subterrâneas que percorrem o subsolo do planeta, captando sua força magnética para fins específicos.

Costumeiramente realizavam quatro festivais: O Solstício de Inverno, em 25 de dezembro, o Solstício de Verão e os Equinócios. Mas a principal festividade era em honra a Beltane, no qual fogueiras era acesas para honrarias ao deus Sol que renascia.

Tudo leva a crer serem os *druidas* os depositários de antigos conhecimentos, revelados a poucos e que conservaram vestígios, até os nossos dias, em inúmeras tradições esotéricas.

Os druidas foram eliminados com violência pelos exércitos romanos ao invadirem o País de Gales, para implantação do Cristianismo. No entanto alguns grupos, nos dias atuais, alegam continuar preservando as tradições e mistérios da antiga seita.

DUJOLS, PIERRE

O livreiro e editor Pierre Dujols nasceu em 22 de março de 1826, em Saint Illide, na França.

Erudito, dominava o grego e o latim, além de ser um profundo conhecedor dos filósofos antigos. Por si sós, essas condições já lhe bastavam para ter um lugar destacado na história da intelectualidade francesa, mas, apaixonado pelo oculto, dedicou-se com afinco ao estudo da Alquimia, que considerava o seu interesse maior. Não por qualquer ambição pessoal, apenas pela abrangência do conhecimento que pressentia nessa ciência. Tal enfoque ele exprimiu neste pensamento:

"A fábrica de ouro, a transmutação dos metais, é só um acessório do Conhecimento e o Conhecimento não é senão a concessão recebida de Deus".

Em outra ocasião declarou que:

"A transmutação metálica é possível e foi conhecida por toda Antiguidade e sua prática confere o Conhecimento de leis do Universo material e espiritual".

Sob o pseudônimo de **Magophon** (A Mensagem dos Magos), publicou seus estudos e experiências alquímicas.

Morreu em 19 de abril de 1926.

DUNSTAN DE CANTUÁRIA

Um dos túmulos da Abadia de Westminster pertence a *Dunstan de Cantuária*, que fundou, no local, uma comunicade de Monges Beneditinos em 970.

São *Dunstan de Cantuária*, como é conhecido, é até hoje reverenciado como padroeiro dos ourives e, sobre suas atividades no terreno da **Alquimia**, conta-se a interessante história de que o célebre alquimista inglês **John Dee**, acompanhado de um amigo, *sir* Edward Kelley, encontraram em seu túmulo de Westminster um par de ânforas, uma contendo um pó **vermelho** e outra, um pó **branco**, elementos indispensáveis à perfeita execução da **Magna Obra**, segundo informações contidas em um velho pergaminho. De posse de tal achado, foi grande o número de prodígios realizados pelos dois, mas, quando o produto acabou, a dupla terminou desmascarada como alquimistas, pela total incapacidade para recriá-los com seus próprios conhecimentos.

DURAÇÃO

Em sua "Exposição sobre a visão de *sir* George Ripley", um dos mais renomados alquimistas, Filaletes, nos dá um resumo de uma das fases da **Obra** e do tempo gasto em sua preparação:

"Mistura bem tuas duas naturezas, e, se tua matéria é pura, tanto o Corpo como a **Água**, e o **Calor** interno de teu **Banho** é como deve ser, e o **Fogo** externo suave e não violento, porém tal que a **matéria** possa circular a Natureza Espiritual sobre a Corporal, espera o começo da **negrura** completa em 46 ou 50 dias; e, após 56 dias mais, espera a **Cauda do Pavão** Real, e as cores do **Arco-Íris**; e depois de 22 dias mais, ou 24, espera a **Lua** perfeita, o **Branco** mais Branco que se tornará cada vez mais glorioso, no espaço de 20 dias, ou 22 no máximo; após o qual, com um Fogo um pouco incrementado, espera o **Regime de Vênus** pelo espaço de 40 ou 42 dias; e , depois dele, o **Regime de Marte**, em 42 dias mais, e, depois dele, o **Regime do Sol**, de 40 ou 42 dias: e então, em um momento vem *el Color Tirio*, o **Vermelho** cintilante, o Vermelhão ígneo e a Pomba Vermelha da **Pedra**.

"Se você faz um trabalho com Ouro só, você deve trabalhar dois anos inteiros nisto, se for feito bem. Já o trabalho de Saturno, você deve terminá-lo no máximo em 30 ou 32 semanas. E, sendo benfeitos ambos, eles serão bem semelhantes" (147).

DZYAN

Lendário livro, escrito originalmente em um idioma chamado "senzar", foi mais tarde traduzido para o chinês, tibetano e sânscrito. Teria sido feito em folhas de palmeiras, tornadas indestrutíveis por meio de um processo desconhecido. A tradição nos conta que ele revelava a criação do Universo e do homem, por meio de símbolos.

Segundo relato do *Dzyan*, o espírito que envolve e governa a Terra, está subordinado ao espírito dos sete planetas sagrados, que giram em volta do Sol.

Em sua cosmogonia, a Terra, assim que percebeu estar despovoada, pediu ao **Sol** que lhe enviasse seus **sete** filhos, assim como fizera com o planeta **Mercúrio**. O Sol lhe prometeu **fogo**, quando a obra de composição terrestre estivesse terminada, aconselhando-a a recorrer à **Lua**, que lhe daria filhos mortais, visto que só Mercúrio possui o privilégio da imortalidade. As sete camadas que envolviam a Terra só lhe davam condições de aceitar homens mortais. Estado que, só por meio das transformações físicas operadas por grandes convulsões geológicas, seria modificado.

Depois desses cataclismos, sem a ajuda do espírito do Sol ou de Mercúrio, a Terra gerou de suas entranhas formas imperfeitas de vida. Seres nascidos da lama, monstruosos e cruéis. Entidades do Sol e da Lua desceram e queimaram essas formas. Restaram sobre a Terra água e desolação. O Senhor separou a Terra das Águas.

Aparentemente, é uma história que não tem nenhuma lógica, mas, se a associarmos ao desenvolvimento da Grande Obra, perceberemos a mesma simbologia representada em outros textos alquímicos, embora escrita de maneira ainda mais confusa.

Em tradução do *Livro de Dzyan*, feita por Helena Blavatsky, podemos notar, também, a presença de símbolos por demais conhecidos nos relatos do magistério, apresentados, como se disfarçadamente, em meio a assuntos diversos, ou realmente como vestígios de perdidos conhecimentos, conservados de forma imprecisa, mediante uma vã tentativa de conservação, após inumeráveis relatos orais:

"**Três** salas, ó cansado peregrino, conduzem ao fim do trabalho. Três salas, ó conquistador de Mara, te trarão através de três estados até o quarto, e daí até os **sete** mundos, os mundos do descanso eterno (...) Que aquilo que em ti é de origem divina não se separe, engolfando-se no mar de maya, do Pai Universal, mas que o Poder de **Fogo** se retire para a câmara interior, a câmara do coração, e o domínio da **Mãe do Mundo**. (...) Quando os seis estão mortos e postos aos pés do **mestre**, então se entrega o aluno ao Único, torna-se esse Único e nele vive. Antes que possas entrar para esse caminho, tens de destruir o teu corpo lunar, e limpar o teu corpo mental, assim como o teu coração. As águas puras da vida eterna, límpidas e cristalinas, não podem misturar-se com as torrentes lamacentas da tempestade de monção. O **orvalho** do céu brilhando ao primeiro raio do Sol no coração do **lótus**, quando cai na terra, torna-se uma gota de lama; vê como a **pérola** se tornou uma porção de lodo. (...) Auxilia a **natureza** e trabalha com ela; e a natureza ter-te-á por um dos seus criadores, obedecendo-te. E ela abrirá de par em par diante de ti as portas das suas câmaras secretas, desnudará ao teu olhar os tesouros ocultos nas profundezas do seu seio virgem. Impoluída pela mão da matéria, ela revela os seus tesouros apenas aos olhos do Espírito — os olhos que nunca se fecham, os olhos para os quais não há véu em todos os seus reinos".

E

EAB-ZU

Para os Sumérios, o *Eab-Zu* era o espírito subjugador das ondas energéticas do caos, o princípio de todas as coisas visíveis e invisíveis, o "construtor" do "átomo primitivo" que entra em todas as matérias, isto é, o átomo do hidrogênio. Em síntese, *Eab-Zu* era o criador do Universo, cuja comprovação buscavam com a seguinte teoria de conversões fonéticas, até terminar chegando ao deus semítico: Eab-Zu, Eav-Zu, Aau-Zú, Yau-Zú, Yahué, Yahvé (Senhor). A representação mitológica desse deus, com referência a seu duplo aspecto de antepassado de todas as coisas, inclusive dos homens, associado ao macho cabra-**peixe** dos acádios e babilônios (o Oanes ou Ea, deus da água vital ou da água fértil) em sua manifestação masculina, e a **sereia** Dogón em seu complemento feminino. Sendo assim, depois de sua estância no Egito, o Yahú aquático dos seguidores de Abrahão voltou à Palestina revestido da imagem ofídica que os egípcios, como todas as culturas megalíticas e pós-megalíticas do mundo inteiro, atribuíam aos antepassados, segundo a crença que as **serpentes** eram as reencarnações dos mortos.

ELEMENTOS

Diante da extensa lista de *elementos* classificados em nossos dias, parece-nos bem pobre o conhecimento antigo sobre o mesmo assunto. Para os gregos, a partir das teorias de Empédocles, por volta de 430 a.C., os *elementos* eram apenas quatro: **Terra**, **Fogo**, **Ar** e **Água**. Um século depois, Aristóteles incluiu o céu como quinto elemento, sob a forma de éter. Para os indianos, também eram cinco: Éter, Água, Fogo, Terra e Ar; bem como para os chineses, com algumas variações: Metal, Água, Fogo, Madeira e Terra. Pelas indicações, não é demais considerar que as definições antigas estavam ligadas aos trabalhos da **Alquimia** e que, na realidade, referiam-se apenas aos estados da matéria.

Originária dessas tradições ou originando-as, a **Alquimia** nos ensina que, desses quatro *elementos*: terra, ar, água e fogo, se produzem todos os estados conhecidos: sólido, líquido e gasoso. O fogo é considerado como um elemento, em virtude da influência preponderante que exerce na transformação da matéria, já que todo o processo da **Grande Obra** não passa de estados oriundos da **circulação** dos três primeiros elementos, impulsionados pelo quarto que gera o calor necessário. Daí o simbolismo do **uroboro**: a transformação, pelo fogo, da terra em água, da água em ar, do ar em água e da água em terra, fechando o **círculo**.

"Os quatro *elementos* correspondem, efetivamente, às aparências e aos estados gerais da matéria. A terra é o símbolo e o suporte do estado líquido. O ar é o símbolo e o suporte da volatilidade. O fogo, mais subtil ainda, corresponde, ao mesmo tempo, à noção substancial do fluido etéreo, suporte simbólico da **luz**, do **calor**, da eletricidade, e a noção fenomenal do movimento das partículas últimas dos corpos" (180).

"Hermes diz: o que está em cima por **sublimação** é como o que está embaixo por descensão; e o que está embaixo por constipação é como o que está em cima por ascensão, para preparar coisas miraculosas de uma coisa. A água e a terra estão no lugar baixo; o ar e o fogo sobem aos altos.

A água e a terra concebem e nutrem, o ar e o fogo agem, ajustam, conjuntam, e os quatro, na nossa **pedra**, ajustam-se e acordam-se, como no-lo ensina Senior, dizendo que os quatro *elementos* são purificados em nossa pedra: pois nela a água é fixa, o ar é tranquilo, a terra é firme e o fogo cerca o todo. Essas quatro naturezas repugnantes entre si estão na pedra, e são engendradas por ela. Isto é manifestado então, pois acabamos de recordar, pelo fato de que nossa pedra é composta dos quatro *elementos*" (36).

"Ora, importa-se saber que o que deve nascer da **putrefação** surge necessariamente por esse meio. A terra, por causa de sua umidade interior, é absconsa, é levada a uma certa corrupção ou destruição, que é o começo da putrefação. Sem a umidade, sem o *elemento* da água, nenhuma real putrefação pode ser efetuada. Agora, se uma certa geração deve seguir-se à putrefação, é necessário que seja excitada e nutrida pela qualidade quente inerente ao elemento do fogo. Sem calor natural, não há nascimento que se produza; e daí se deve servir, para criar, de **espírito** vivificante e movimento, que sem ar não acontece. Certamente, se com esse objetivo o ar não operasse com os outros *elementos*, não preencheria sua função; então, primeiramente, a substância do composto em que começaria a geração, sozinha seria sufocada e pereceria pela falta de ar. De onde é claramente reconhecido e fundamentalmente demonstrado que toda perfeita geração sobrevém pelo ofício dos quatro *elementos* e que, sempre, um *elemento* em outro mostra seu poder e sua vida" (137).

"Sabe, meu filho, que esta nossa pedra é composta de quatro *elementos*. Deve ser dividida e os seus fragmentos, separados e em seguida transformados na natureza que tem dentro de si" (147).

"Por isso, Rhasis disse: 'Há quatro substâncias que mudam com o tempo; cada uma delas é composta de quatro *elementos* e toma o nome do *elemento* dominante. A sua essência maravilhosa fixou-se num corpo e, com este último, pode-se alimentar os outros corpos. Esta **essência** é composta de **água** e **ar** combinados, de tal forma que o **calor** os liquefaz. Eis um **segredo** maravilhoso. Os **minerais** empregados em **Alquimia**, para nos servirem, devem ter uma ação sobre os corpos fundidos. As **pedras** que nós utilizamos são quatro: duas tingem em **branco** e as outras duas, em **vermelho**. Ainda que o branco, o vermelho, o **Enxofre**, o **Arsênico** e **Saturno** não tenham, senão, um mesmo corpo. Mas nesse único corpo, quantas coisas obscuras! E, no entanto, não tem ação nos metais perfeitos'." (156).

ELIXIR

A **medicina** para a cura de todas as doenças. A verdadeira finalidade da **arte**. É muitas vezes representado nas alegorias sob a forma de um **cisne**. Para os chineses é a Flor Dourada — o *elixir* da vida e da imortalidade. Quando em branco, já fornece uma poderosíssima medicina, só suplantada pela medicina da pedra em **vermelho**, cujo grau de perfeição e potência, é total.

"Neste grau em que se veem aparecer as cores do **arco-íris**, que se encontram recobertas por uma espécie de pele de um marrom negro, que adquire secura, fende-se, torna-se **cinza**, rodeada na parede do **vaso** de um pequeno círculo branco.

Tendo chegado a matéria a este ponto, poderíamos servir-nos dela como medicina. Neste caso, haveria que deixar secar a matéria e convertê-la em um pó branco empregando os mesmos procedimentos já descritos para obter esta cor, que se fará tornar vermelha, com a ajuda do **fogo secreto**.

"Esta **medicina** teria então uma virtude décupla da primeira que falei" (12).

"... Em terceiro lugar e, finalmente, tens a medicina universal para todas as enfermidades, de tal maneira que um só **Adepto**, verdadeiro pode curar a todos os enfermos existentes no mundo" (1).

"O seu *elixir* é originariamente uma parte do **Espírito** universal do mundo, corporificado numa **terra virgem**, da qual deve ser extraído para passar por todas as operações requeridas antes de alcançar o seu termo de glória de imutável perfeição. Na primeira preparação, é atormentado até derramar o seu **sangue**; na **putrefação**, morre; quando a cor **branca** sucede ao **negro**, ergue-se das trevas e do túmulo e ressuscita glorioso, sobe ao Céu, completamente quintessenciado; daí julga os vivos e os mortos" (129).

"A química saca a pureza ou o *elixir* de todos os mistos.

O *elixir* não é outra coisa que o úmido radical, composto pelas duas raízes, fixa e volátil, bem unidas e fixadas.

Cada *elixir* contém toda a virtude de seu misto, porque contém toda a substância natural pura deste misto" (9).

"Alquimia é então uma ciência que ensina como fazer e compor um certo medicamento que é chamado *Elixir*, o qual, quando é lançado em **metais** ou corpos defeituosos, os aperfeiçoa completamente na mesma projeção" (178).

ELIXIR DE OURO DA VIDA

Ricardo Wilhelm, em seu livro *O Segredo da Flor de Ouro* relata: "era Gin Dan Gisu, Religião esotérica secreta, surgida na época Tang, século VIII, na China. Fundada por um Adepto taoista, Lu Yen, essa religião espalhou-se rapidamente, graças à liberdade religiosa reinante. Mais tarde, começou a sofrer perseguições, acusada de atividades políticas secretas, até ser desbaratada em 1891, quando mercenários manchus massacraram 15 mil de seus Adeptos, fazendo com que o restante de seus seguidores se voltassem para a religião cristã. (...) Todas as transformações da consciência espiritual dependem do coração. Reside aqui uma magia secreta, a qual, apesar de ser perfeitamente exata, é fluida, exigindo uma extrema inteligência e lucidez, assim como um extremo aprofundamento e tranquilidade. As pessoas desprovidas dessa extrema inteligência e compreensão não encontram o caminho da utilização, ao passo que as pessoas desprovidas do extremo aprofundamento e tranquilidade não conseguem estabilizá-lo". (...) E nos apresenta o seguinte trecho do referido livro:

"O caminho para o Elixir da Vida reconhece como a mais alta magia a água-semente, o fogo-espírito e a terra-pensamento, todos os três. O que é água-semente? Uma força una e verdadeira do céu primeiro. O fogo-espírito é a luz. A terra-pensamento é o coração celeste da morada do meio. (...).

"A magia do *Elixir* da Vida utiliza a ação consciente para chegar à não ação inconsciente. A ação consciente consiste em pôr em andamento o caminho circular da **luz**, mediante a reflexão, para que se manifeste o desencadeamento do Céu. Então, se nascer a verdadeira **semente** e se empregarmos o método correto para fundi-la e misturá-la, criando assim o *Elixir* da Vida, passaremos através do desfiladeiro: o **embrião** se configura e deve ser desenvolvido mediante o trabalho do aquecimento, da **nutrição**, da imersão, no **banho** e lavamento. Tudo isto passa para o domínio da não ação inconsciente. É necessário um ano inteiro deste período de **fogo**, para que o embrião possa nascer, separar-se da casca, passando do mundo comum para o mundo sagrado".

EMBEBIÇÃO

É a técnica pela qual a matéria e tornada úmida, quando da busca do seu sempre crescente aperfeiçoamento. É usada em quase todas as fases do **magistério**, para atingir a brancura perfeita, a fermentação e a multiplicação.

Cada embebição é um novo enegrecimento, porque é a umidade que leva a matéria à cor negra.

"Após ter reduzido o corpo a fino pó e posto em digestão com uma pequena quantidade de água, é a continuação, umedecido e irrigado pouco à pouco, à medida que vai absorvendo, técnica esta que os **sábios** chamam embebições. Obtém-se assim uma pasta, cada vez mais branca, que se torna xaroposa, oleosa e por fim fluida e limpa. Submetida então, em certas condições, à ação do fogo, parte desse licor se coagula em uma massa que cai no fundo e que se recolhe com cuidado. Esse é nosso precioso **enxofre**, o menino recém-nascido, o reizinho e o nosso **delfim**, **peixe** simbólico chamado por outro nome *echeneis*, **rêmora** ou piloto, **Perseo** ou peixe do mar vermelho" (7).

EMBRANQUECIMENTO

Todo o desejo do alquimista é, durante a preparação da Obra, seguir uma sequência preestabelecida de cores e, nessa sequência, encontrar o branco, que ocupa um lugar de destaque porque já pode ser considerado como obra pronta. Segundo Adeptos afirmam, se o alquimista não quiser ir mais adiante, já tem em seu poder uma medicina eficiente e todas as possibilidades para a transmutação de metais, em prata. Por esta razão ele é tão importante para os praticantes da Arte.

Figurando com clareza a fase do embranquecimento, **Flamel** nos dá a alegoria de uma **espada** nua, enrodilhada por uma cinta negra, cujas extremidades não chegam a envolvê-la completamente, e ensina:

"Esta espada nua resplandecente é a pedra branca, comumente descrita pelos filósofos sob esta forma. Para então alcançar a brancura coruscante, deves compreender o enrodilhamento desta cinta negra e o que ele ensina, que é a quantidade de **embebições**. As duas extremidades que não se enrolam inteiramente representam o começo e o fim.

Para começo, ele ensina que nesse primeiro tempo, embebe-se docemente e com parcimônia, dando ainda à pedra pouco **leite**, como a um nascituro, a fim de que o **ixir** não o submirja. O mesmo se faz ao fim, quando vemos que nosso rei está farto e não mais o quer. O meio dessas operações é figurado pelas cinco volutas completas da cinta negra, durante esse tempo (...) deve-se alimentá-lo abundantemente, de tal modo que o **leite virginal** envolva toda a matéria (...) é, pela decocção, que farás das matérias com esse leite, que, secando sobre esse corpo, o tingirá de branco-alaranjado".

EMBRIÃO

É o germe da vida e, nas tradições antigas, é associado ao centro do mundo, ao **ônfalo** ou umbigo do mundo. Na Alquimia, denomina-se o metal que é gerado pela Natureza no interior do mineral. Toda a **Arte**, passando pelas "núpcias" de dois elementos purificados, um de magnetismo positivo e outro de negativo — daí a alegoria Rei e Rainha —, teria como única finalidade extrair um elemento novo que existe na matéria, de forma embrionária.

Segundo a lei, mas sem esforço, devemos iluminar por dentro com toda diligência.

Esquecendo a forma exterior, olha para dentro e auxilia o verdadeiro poder do espírito!

Durante dez meses o *embrião* do Tao fica sob o **fogo**.

Depois de um ano as abluções e banhos acham-se aquecidos.

"Esta ilustração", segundo Richard Wilhelm em *O Segredo da Flor do Ouro*, "consta da edição original do Long Yen Ging. Mas os monges incultos, que desconheciam o sentido secreto e nada sabiam do *embrião* do Tao, cometeram o erro de suprimir esta ilustração. Só depois de haver sido esclarecido por **Adeptos**, tomei conhecimento de que o Julai (Tathâgata) conhece o verdadeiro trabalho sobre o *embrião* do Tao. Esse *embrião* não é algo corporalmente visível, que poderia ser aperfeiçoado por outros, mas é, na realidade, a força do alento espiritual do eu. Primeiro o **espírito** precisa penetrar na força do alento (**alma**), depois a força do alento envolve o espírito. Quando o espírito e força do alento estão firmemente reunidos, e os pensamentos tranquilos e imóveis, a isto se dá o nome de *embrião*; a força do alento deve cristalizar-se e, só depois, o espírito torna-se capaz de ação. (...)

As duas forças alimentam-se e se fortalecem mutuamente. Por isso diz-se: 'Um crescimento diário se processa'. Quando a força é suficientemente forte e o *embrião*, redondo e pleno, ele sai do topo da cabeça: É isso que se chama a forma plenamente consumada que sobressai como *embrião*, gerando-se a si mesmo como Filho de Buda".

ENAMORADOS, OS

A sexta lâmina do **Tarot**, os Enamorados, representa a escolha: um jovem indeciso entre duas mulheres: uma, vestida de azul, coroada, é a mais velha e tem o ar severo, toca o ombro do jovem com a mão esquerda; a outra, com vestes laranja, é mais jovem e atraente, tem o ar descontraído e toca o braço do jovem, também com a mão esquerda. A cena é observada, do alto, por Cupido que, envolto em fracos raios de sol, está pronto a fazer uso de suas flechas.

A carta simboliza uma decisão importante que tem que ser tomada, antes de serem iniciados os trabalhos: Qual a **Via** preferida pelo alquimista?

A mulher de azul representa a **Via Úmida**, longa, extenuante, mas que, se tomada com dedicação e amor, pode coroar-se de êxito.

A jovem, vestida com a cor de laranja, é a **Via Seca**, que pode ser executada em um prazo menor de tempo, mas cujo sucesso é bastante duvidoso, dadas as poucas e veladas informações de que se dispõe.

ENFOQUE

A Alquimia pode ser vista e interpretada sob três formas distintas: científica, psicológica e religiosa. Cada um desses grupos tem uma infinidade enorme de seguidores, que acreditam como certos os seus pontos de vista:

Para **Isaac Newton** era puramente uma questão de prática de **laboratório**; misturando-se alguns elementos específicos a tendência, seria o sucesso da fórmula. **Carl Gustav Yung**, considerando o seu aspecto psicológico, via nela os símbolos dos arquétipos da humanidade, onde teriam ficado preservadas angústias e alegrias ancestrais. **Thomaz de Aquino**, sem se afastar de sua formação religiosa, acreditava-a um **Dom de Deus**, pois sua execução, estando atrelada ao comportamento cósmico, era uma prova de sua dependência das forças celestiais.

"É provável que poucos de nós sejam igualmente capacitados e instruídos em todos os três níveis. A capacidade e preferência pessoais determinarão nossa abordagem à alquimia e à percepção sobre seu funcionamento. Em termos mais simples, isto significa que o cientista se interessará pelo assunto como uma forma de **química** primitiva, o psicólogo a verá como uma maneira de mapear a psique humana mediante descrições simbólicas e o místico a interpretará como uma busca do conhecimento divino" (71).

ENFORCADO, O

Décima segunda carta do **Tarot**, apresenta-nos um homem pendurado em um batente pelo pé esquerdo, enquanto com a perna direita forma um sugestivo número quatro, símbolo do estanho. É ladeado por dois troncos de árvores, cada um com a marca de seis galhos decepados.

Como está preso pelo pé, nem justifica a alcunha de enforcado, parecendo mais uma demonstração de malabarismo diante das dificuldades encontradas pelos que querem inverter a ordem conhecida. Os galhos cortados, em número de 12, talvez signifiquem os meses que, segundo consta, são necessários para empreender a Via Úmida.

O que também devemos levar em consideração é que, em muitas civilizações antigas, inclusive as do Oriente, a árvore da vida foi representada com as raízes para o alto e a copa no chão. Essa árvore invertida se inspirava na concepção de que a vida vinha do céu. É bom também lembrar que, com a cabeça tão ao rés do chão, talvez seja mais fácil se enxergar a matéria-prima, expressa pelo símbolo das pernas, que dizem ser tão reles e encontradiça.

ENIGMA

Ver **Esfinge**.

ENXOFRE

Enxofre é a denominação dada ao princípio masculino, fixo e ativo, existente na matéria-prima da **Obra**, representando no **Magistério** o esperma mineral. Sua participação é traduzida pelo elemento **fogo**. Para os alquimistas, a ação do *enxofre* sobre o **mercúrio** produz o **cinabre**, presença base no elixir da imortalidade. É simbolizado tanto pela **salamandra** como pela **fênix** e seu nome é **azufre;** figurando por um triângulo sobre uma **cruz**, representa o fogo sobre os quatro elementos.

"Elemento químico do grupo dos calcogênios — S (sulfur) N.A. = 16, P.A. = 32,06 —, largamente distribuído na natureza, tanto na forma ativa como na de compostos.(...) Combinado, encontra-se sobretudo em forma de sulfetos, dos quais vários são **minérios** muito importantes (**pirita**, blenda, **galena**, **estibina**, **cinábrio**, etc.); existem também diversos sulfetos duplos, como, por exemplo, a **calcopirita** (Cu Fe Se). Encontra-se igualmente em forma da sulfatos (anidrita, gipsita, espato pesado, sal de Epson, etc.). O *enxofre* nativo é extraído da ganga, seja mediante liquação (calcaroni), seja por destilação em **fornos** de retortas com recipientes (Dopioni). É corpo cristalizado, de cor amarelo-pálida, quebradiço, sem **odor** nem sabor, insolúvel na água. Muito mau condutor de **calor**, não conduz eletricidade. Queima ao ar com chama azul e formação do anídrico (dióxido) S O2. O *enxofre* é conhecido desde os tempos mais remotos" (26).

"O *Enxofre* contém três princípios úmidos:

O primeiro desses princípios é, sobretudo, aéreo e ígneo; encontra-se nas partes externas do Enxofre, por causa da mesma grande volatilidade dos seus elementos que facilmente se evaporam e consomem os corpos com os quais se põe em contato.

O segundo princípio é fleumático, também chamado aquoso; encontra-se colocado imediatamente sobre o precedente. O terceiro é radical, fixo, aderente às partes internas só. Aquele é geral, não se pode separar das outras sem destruir todo o edifício. O primeiro princípio não resiste ao **fogo**; sendo combustível, consome-se no fogo e calcina a substância do metal com o qual se aquece; portanto, não só é inútil, mas ainda nocivo para o fim a que nos propomos. O segundo princípio não faz mais que molhar os corpos, não engendra, tão pouco pode servir-nos. O terceiro é radical, penetra todas as partículas da matéria que lhe deve as suas propriedades essenciais. Há que desembaraçar o *Enxofre* dos dois princípios para que a subtilidade do terceiro possa servir para fazer um composto perfeito" (156).

"Toda **Arte** se resume em descobrir a **semente**, *enxofre* ou caroço metálico, em lançá-la em terra específica, ou **mercúrio**, e, depois, em submeter esses elementos ao **fogo**, de acordo com um **regime** de quatro temperaturas crescentes, que constituem as quatro estações da Obra" (7).

"Quando ele (o *enxofre*) é libertado, prende seus carcereiros e dá seus três reinos ao libertador. Também lhe oferece um **espelho** mágico, no qual as três partes da **sabedoria** do mundo podem ser vistas e conhecidas em um relance: e este espelho exibe claramente a criação do mundo, as influências das virtudes celestiais nas coisas terrenas e a maneira pela qual a Natureza compôs substâncias, regulando o calor" (72).

"O *enxofre* que reside nos metais
está encerrado (se é perfeito), ou participa
das **fezes** terrenas, e de cruezas
que aborrecem ao mercúrio, que não se unirá a eles
embora à vista pareça mesclado.
E se separais primeiro estas fezes
obtereis um mercúrio fluido,
e um *enxofre* cru, o qual endurecia
a umidade por congelação;

também encontrareis um sal luminoso,
porém todos estes são do gênero muito distante do **ouro**.(...)
Afastadas as fezes, aparece uma noz
na forma como um metal (porém pode ser
pulverizada a golpes) na qual se encerra
uma alma terna que se eleva como fumo
em pouco fogo, como o *enxofre*
ligeiramente congelado, que arrebata assim o fogo (73).

"Joga-se com o termo 'zeion' (q'îon), que em grego tanto quer dizer 'enxofre' como divino. Trata-se dos 'fogos', dos poderes internos das coisas" (179).

"O artista deve conhecer bem o *enxofre*, que é a base de suas operações; e deve ajudá-lo e ao Mercúrio, prisioneiros de Saturno. Só então o Menino se poderá manifestar" (202)

"O *enxofre* é um artesão que faz mil obras diferentes, é o coração de todas as coisas; é ele que corrompe o ar e que, pouco depois, o purifica; é o autor de todos os odores do mundo e o pintor de todas as cores" (224).

Na Idade Média, o cheiro do *enxofre* era atribuído ao diabo; percebe-se agora, com o nítido intuito de tornar *diabólicas* todas as pessoas que o manipulassem em experiências secretas. Essa ameaça afugentava pretensos alquimistas e até mesmo sinceros interessados no resultado dessas buscas, os quais preferiram esquecer seus interesses, evitando assim as perseguições religiosas, atraídas por determinados odores e escapando das teias da "Santa" Inquisição.

EQUINÓCIO

Os equinócios, registrados no Outono e na Primavera, marcam o ponto em que o **Sol** passa pelo Equador, permitindo duração idêntica entre as horas do dia e da noite. São datas importantes para a **Alquimia**, porque envolvem procedimentos que devem ser executados com o mais absoluto respeito às influências cósmicas da época. Para tornar essas datas indeléveis, os **festivais** foram uma constante entre os mais variados povos, na Antiguidade.

No Equinócio da Primavera, os celtas homenageavam a deusa Eostre ou Ostara. Nele era celebrado o desabrochar da natureza, por meio de rituais que visavam promover a fertilidade da terra. O símbolo desses rituais era um **ovo** pintado com caracteres mágicos para ser ofertado à deusa.

No Equinócio de Outono, Mabon, festejava-se o fim das colheitas. A partir desse dia, a escuridão começava a aumentar, prenunciando o inverno governado pelo deus Samhain (pronuncia-se Souen). Em 1º de novembro, para os celtas, os véus entre os mundos eram mais tênues e a comunicação com as almas dos mortos, muito mais fácil. Faziam oferenda para os espíritos ancestrais e tentavam assustar os espíritos maus usando máscaras talhadas em abóboras e iluminadas por velas.

O dia 1º de maio era de festa em Beltane, quando se celebrava o casamento da deusa e do Deus Verde da Vegetação, com danças, fogueiras e alegria. O símbolo era um mastro (totem fálico), enfeitado com fitas, celebrando a união do Deus com a Deusa, e iluminado pela fogueira que, por sua vez, representava o fogo da purificação.

EREMITA, O

A nona lâmina do **Tarot** é a representação do Tempo. Um velho que caminha apoiado em seu bordão, tendo suspensa na mão uma lanterna, com a qual vai clareando, parcamente, o seu caminho.

Na Antiguidade, o tempo era Cronos, também chamado **Saturno**, o primeiro dos sete deuses. O caos e as trevas. É a natureza cumprindo o seu ciclo.

É uma figura que também orienta para a paciência, a precaução, a cautela e, acima de tudo, para a solidão do trabalho. Não há pressa para atingir os objetivos, apenas a persistência e autodeterminismo importam nessa via que vai sendo iluminada, aos poucos, pelo conhecimento.

EROS

"Nas mais antigas teogonias, como se viu em Heródoto, Eros nasceu do Caos, ao mesmo tempo que Geia e Tártaro. Numa variante da cosmogonia órfica, o Caos e Nix (a Noite) estão na origem do mundo: Nix põe um **ovo** de que nasceu *Eros*, enquanto Urano e Geia se formam das duas metades da casca partida" (2).

Outras fontes informam que Eros, também denominado **Fanes**, era filho de Afrodite (**Vênus**) e Ares (**Marte**), de Afrodite e **Hermes** ou de **Ártemis** e Hermes.

Representado sob a forma de uma criança, simboliza a juventude eterna; às vezes com asas, lembra a ligação do que está embaixo com o que está em cima; e, figurado segurando um globo, damos conta de sua universalidade e poder. Por isso é interpretado por alguns como a personificação do **Rebis**.

Ver também **Fanes**.

ERROS

Em um caminho como esse, em que se tateia em meio a tantas alegorias, símbolos estranhos e informações tendenciosas; em que alquimistas **invejosos** asseguram técnicas e os **caridosos** baralham suas *receitas*, fazendo com que se confundam as **vias** escolhidas e não se tenha noção quanto a *com que*, *quando* e *como* a obra se realiza realmente, torna-se válida a informação que se segue:

"É verdade que há filósofos que, parecendo por demais sinceros, levam os Artistas ao *erro*, sustentando com toda seriedade que os que não conhecem o Ouro dos filósofos poderão, não obstante, encontrá-lo no **ouro** comum, cozido com o **Mercúrio** dos filósofos. **Filaletes** e desta opinião; assegura que o **Trevisano**, Zachaire e **Flamel** seguiram este caminho; acrescenta, sem embargo, que este não é o verdadeiro caminho dos **Sábios**, ainda que conduza ao mesmo fim. Porém estas afirmativas, por mais sinceras que pareçam, não deixam de enganar aos artistas, os quais, querendo seguir ao mesmo Filaletes em suas purificações e animação que ensina do Mercúrio comum, para fazer dele o Mercúrio dos Filósofos, empreendem, baseados em sua palavra, uma **obra** muito penosa e absolutamente impossível; assim, depois de um largo trabalho cheio de contrariedades e perigos, não têm senão um Mercúrio um pouco mais impuro do que era antes, em vez do Mercúrio animado da **quintessência** celeste: *erro* deplorável, que perdeu, arruinou e que arruinará ainda a um grande número de Artistas" (96).

Um sinal de alerta para os perigos de um trabalho mal executado encontramos também nas recomendações que se seguem:

"No terreno dinâmico, apresentar-se-ão, regra geral, todos os perigos que pode produzir a inserção de um alto potencial em circuitos cuja resistência e capacidade de transformação são limitadas.

Eis o que é de esperar, quando a 'mortificação' não haja sido rigorosa. Por isso os alquimistas exortam a proteger-se das cores avermelhadas ou amarelas que podem aparecer *depois* do **negro**, mas *antes* do **branco**: seria um sinal de que existem resíduos ..." (179).

"Nesta operação há que se evitar dois *erros*: o primeiro é reunir as duas **raízes** quando estão todavia impuras; o outro é querer purificar a **terra** antes de havê-la despojado de todos os seus **espíritos** voláteis.

O primeiro *erro* se prova porque as raízes impuras podem alterar-se uma a outra, sem entretocar-se imediatamente; e assim a raiz fixa não pode subir, e a raiz volátil não é cozida melhor, por todas as **sublimações** que se possam fazer.

A razão do segundo *erro* é que, quando a raiz fixa não está separada da raiz volátil, não pode ser limpa e purgada, nem por todas as infusões da volátil sobre a fixa, nem por todas as **calcinações** que se possam fazer.

A **sublimação** purifica perfeitamente as raízes, e dá a última perfeição a todo **elixir**" (9).

"Por isso se disse no livro dos *Setenta Preceitos*: 'Faz com que o seu **fogo** dure sempre e que não se esqueça nenhum dos seus dias' Razi disse: 'A saciedade que leva sempre consigo o excesso de fogo é sempre seguida pelo diabo e pelo *erro*'." (36).

"A intenção de alguns que trabalham com esta **Arte** é esta: purgar por diferentes modos o **Mercúrio**, sublimando-o com **sais** com o qual o mesclam; outros, com diversas **fezes**; outros, vivificam-no por si mesmo e, deste modo, com repetidas operações, crêem que se faz o Mercúrio dos filósofos; porém *erram*, porque não trabalham na natureza, única que se emenda com sua natureza" (1).

ESCADA

Símbolo da ascensão gradual nos mais tradicionais ritos iniciáticos. A *escada* representa o desenvolvimento, passo a passo, só galgar uma posição superior quando o pé estiver bem fixado na posição anterior. Um degrau após o outro.

A *Escada de Jacob* representa o processo pelo qual a pedra bruta é transformada.

A *escada* de **Mitra** tinha **sete** degraus, cada um feito de sete metais diferentes e cada um representando um dos sete planetas. Interpretados segundo os regimes ou graus do **magistério**, nos levam-nos a crer que simbolizavam as sete fases do processo. Uma iniciação nos mistérios alquímicos É conhecida a visão de Santa Perpétua, durante o seu martírio: uma *escada* em cujo primeiro degrau tinha um **dragão** e, no último, um **jardim**, alegorias permanentes da **Grande Obra**.

Há ainda, figurado nela, como símbolo usado na Alquimia, o **ascenso** e o **descenso**, processo bastante comentado em todos os textos, que ocorre no **matraz** quando a matéria se eleva em forma de **vapor** e volta à Terra em forma de chuva ou **rocio**. É a **sublimação,** representando a matéria quando sobe aos céus e desce à Terra. Em geral, o número de degraus apresentada na alegoria especifica o número de sublimações requeridas na fase explicita do trabalho.

ESCARAVELHO

Ver **Kheper**.

ESCÓRIA

Ao que tudo indica, a *escória* é o "corpo", o resíduo que não pode ser abandonado, pois é um elemento precioso no **Magistério**. O verdadeiro filho da Arte sabe que não pode desprezá-las.

Assim como as **fezes**, as **cinzas** e outras superfluidades, as escórias são consideradas algo precioso, originando-se delas o "Ouro dos Filósofos".

Segundo informou **Zózimo**, o resíduo das matérias queimadas é a *escória:*

"Ficai sabendo que as *escórias* constituem todo o mistério: por isso os Antigos falam do **chumbo** negro que é a base da substância".

"Quando com a destilação extraímos a Água que é a Alma e o Espírito, o Corpo fica no fundo do vaso, como uma terra morta, negra e impura, que não é todavia desprezada... A superfluidade da terra converte-se numa verdadeira essência, e quem pretender separar alguma coisa do nosso sujeito nada sabe de Filosofia" (172).

"Tem vários superfluidade que eu o asseguro pelo Deus vivente, se transforma em uma Essência sem igual, se só há o nosso **fogo**. E quem — acreditando para ser necessário tal — subtrair qualquer coisa do assunto, não conhece com certeza nada de Filosofia. Para o supérfluo, sujo, escorbuto, **fezes** e, em geral, infrinja as regras, substância inteira do assunto é aperfeiçoada na pessoa, fixando o corpo espiritual por meio de nosso fogo. Que nunca foi revelado pelo Modo que está sendo feito aqui, mas que ninguém tenha sucesso nesta **Arte**; imaginando que alguma infração e coisa vil que deve ser tirada fora" (227).

Ver também **Fezes.**

ESFINGE

Monstro com cabeça de mulher e corpo de leão, filha da união de Quimera e **Cérbero**.

O célebre **enigma**, em forma de ameaça, formulado pela *esfinge* egípcia às pessoas que dela se aproximavam —, *Decifra-me ou te devorarei* — seria o seguinte: "Qual é o animal com quatro pernas pela manhã, duas ao meio-dia, e três ao fim da tarde ?" Segundo nos conta a lenda, Édipo teria encontrado a solução, afirmando ser o "Homem", que engatinha ao nascer, anda ereto em sua fase adulta, e encurvado sobre uma bengala, no fim de sua vida.

Mas o famoso alquimista **Michel Maier**, nos apresenta outra teoria em seu *Atalanta Fugiens*, o verdadeiro significado desse *enigma* seria a **Pedra Filosofal**: no início, composta por quatro elementos — **terra**, fogo, água e ar —; em sua segunda fase, as duas energias básicas, do **mercúrio** e do **enxofre** se digladiando; e, por fim, já pacificadas e devidamente purificadas, dando existência ao **sal** que completa a **trindade**: Mercúrio, Enxofre e Sal.

Há bastante lógica em tal associação, principalmente quando se considera que esse enigma se originou no Egito, terra que, ao que consta, é o berço da Alquimia.

ESMERALDA

Pedra preciosa, considerada de valor esotérico por ser a pedra de **Hermes** Trismegisto. É associada à **Alquimia**, pela cor **verde**, que a torna um atributo de **Vênus**, e pela **Tábua de Esmeralda**, onde **Hermes** teria gravado seus ensinamentos para manipulação da **Grande Obra**, a serem entregues aos homens.

Na tradição de alguns povos, há a crença de que a *esmeralda* tenha poder de cura, expectativa que pode advir de antigos conhecimentos perdidos, de cuja memória deturpada, o verde, a medicina e a pedra, passaram a induzir a falsas esperanças.

ESPADA

Na Alquimia, a espada representa o **fogo** secreto, escondido no interior da **Pedra**, que surge ativado pelo fogo exterior do **forno**.

Simbolizando luta, é associada ao deus **Marte** e, por analogia, ao **ferro**. Arrancada de sua prisão na pedra, como na lenda do rei Arthur, significa a conquista do poder. Pelo brilho e rapidez de seu movimento, é associada ao **relâmpago** e à **luz**. Está também relacionada à água e ao fogo, pois sua têmpera só é adquirida pelo perfeito equilíbrio entre estes dois elementos.

"A espada, além de ser o relâmpago e o fogo, é também um **raio** do **Sol**. (...) Na China, o trigrama 'li', que corresponde ao Sol, corresponde igualmente ao relâmpago e à espada" (38).

"Esta espada nua resplandecente é a pedra branca, comumente descrita pelos filósofos sob esta forma" (36).

ESPAGIRIA

Processo, também usado pela **Alquimia**, de separação dos elementos realmente importantes de uma matéria e do posterior aperfeiçoamento destes.

Conforme nos explica Antonio Carlos Braga em seus comentários no livro *A Chave da Alquimia* de Paracelso, a "spagyria" origina-se:

"Das raízes gregas 'tirar', 'extrair', 'separar' e 'reunir', é um termo moderno que parece ter sido empregado pela primeira vez por Paracelso, e que todos os autores tomam como sinônimo de Alquimia. Em suas duas raízes etimológicas estão os dois conceitos ou operações fundamentais da química: a análise e a síntese. No pensamento, de Paracelso a ideia primária tinha um sentido mais elevado ainda, pois significa a arte de separar nos corpos os fermentos puríssimos de sua essência, únicos que deviam ser empregados na medicina, excluindo, portanto, a massa envolvente, inativa e inclusive prejudicial. Alguns outros alquimistas usaram para isto os termos 'solve' e 'coagula'. Mas seja de uma ou de outra maneira, corresponde mais uma vez a Paracelso o título de precursor, ao fazer o conceito do 'princípio ativo' que hoje domina toda farmacologia e toda quimioterapia".

"A verdadeira **Química**, a *Espagiria* ou Alquimia, separa a substância pura de cada misto, de tudo que tem de impuro ou estranho" (9).

"A Filosofia Hermética contém, em verdade, três partes: a *Espagiria*, a Química e a Alquimia. A *Espagiria* ensina a separar os corpos e a dividi-los, de modo que se façam aptos para o manejo dos resíduos de dois modos; de onde a *Espagiria* é a antiga Química e Alquimia. A Química ensina a tirar o sumo e a melhor substância das coisas, a purgá-las e aperfeiçoá-las, tanto para seu uso medicinal como para a geração das coisas; de onde a Química não trata só de metais, senão também os vegetais e os animais. A Alquimia só versa sobre o **ouro**, e sobre a preparação do magno **Elixir**" (74).

ESPAGNET, JEAN D'

Jean d'Espagnet, filósofo hermético, e Alquimista, nasceu na França em 1564. Formado em Direito, chegou a ser *Conselier* Principal de Paris, em 1592, e presidente, nomeado pelo Parlamento de Bordeaux, em 1601.

Entretanto, o trabalho que o tornou famoso, perpetuando seu nome internacionalmente através dos tempos, foi *Arcanum Philosophiae Hermeticae* (A Filosofia Secreta de Hermes), editado em 1623. Além dessa, publicou ainda outra importante obra — *Enchiridion Physicae Restitutae*.

É um dos poucos filósofos a quem se atribui, sem sombra de dúvida, a realização do **Magistério**. Em seus relatos, fica perfeitamente evidenciado o conhecimento sobre determinadas particularidades, só passíveis de serem constatadas por um Adepto, conhecedor dos segre-

dos da Grande Obra. Com toda a segurança, pode-se afirmar que ele foi um filósofo químico, um filho de Hermes, como se comprova no desenvolvimento de sua obra escrita.
Faleceu em 1637.

ESPELHO

Talvez pela profusão de imagens que surgem refletidas na superfície da matéria, os alquimistas denomiram *espelho* a esta fase que, segundo consta, é a parte terminal da **Grande Obra**, permitindo ao **filósofo**, com a luz do conhecimento transcendental, a possibilidade de contemplar a Essência Infinita. Em algumas outras interpretações, seria o **Aleph**, dando o poder de estabelecer uma conexão que possibilitaria a correlação entre todos os elementos da criação.

"Ilimitado saber fornecido pelo **mercúrio dos filósofos**, que não tem a menor relação com o **azougue** ou o mercúrio do comércio. O dos sábios, no grau de exaltação que conseguiu aqui, converte-se em um verdadeiro e profundíssimo *espelho*, fonte de reflexão do presente eterno e imutável" (60).

"Os alquimistas descobriram esse '*espelho* da Natureza' no mundo mineral, isto é, nas raízes da existência, no fundamento material de toda a vida. Se nos lembrarmos de que na base, no começo, assim como no fim de todo processo vital se encontra a morte, teremos mais uma oportunidade de compreender que sentido convém dar à expressão 'raiz metálica', e também às imagens fúnebres que encontramos com tanta frequência nos textos do *corpus* alquímico e em sua iconografia" (37).

"É neste *espelho*, dizem os **mestres**, que o homem vê a natureza a descoberto. É graças a ele que pode conhecer a antiga verdade em seu realismo tradicional. Pois a natureza não se mostra nunca, por ela mesma, ao buscador, senão só por intermédio deste *espelho* que conserva sua imagem refletida" (7).

"Na Antiguidade, os *espelhos* costumavam ser fabricados com os **sete** metais de **Hermes**. Alguns *espelhos* que ainda restam desse período são feitos de **estanho** e têm gravados símbolos cabalísticos. Seu polimento era bastante imperfeito, já que sua principal finalidade não era refletir as imagens detalhadamente, sim, tal como a bola de cristal, apresentar visões aos sensitivos consulentes. (...) o deus **Mercúrio** é visto (na 11ª prancha do *Mutus Liber*), tendo em lugar do capacete habitual, uma espécie de boina de olhos e asas abertas, assemelhada a uma **coruja**. Esse pássaro noturno, símbolo do conhecimento, era consagrado a Minerva e representado no reverso das moedas de Atenas. É a fase em que o Mercúrio dos filósofos concede ilimitado saber, convertendo-se em verdadeiro e profundíssimo *espelho*, fonte de reflexão do presente eterno e imutável" (60).

ESPERAVEL

Rede de pesca. Os filósofos são constantes ao ilustrá-la ou referir-se a ela em seus textos. Simboliza a necessidade de "pescar" o **azufre** nascente, sempre representado sob a figura de um **peixe**, o que nos leva a pensar que, quando ele surge, está envolvido pela **água** mercurial.

Ver também **Peixe** e **Rede**.

ESPERMA

Como toda a **Grande Obra**, é tratado alegoricamente como um casamento, a união do feminino e do masculino e **Arte do Amor**; nada mais lógico que se denominar sêmen, ou **semente**, ao princípio básico que, originando-se da união dos dois **elementos**, procederá à geração de uma nova substância.

"Mas sobre isso eu posso falar francamente, eu digo que ele é mesmo um sal, mas extremamente mais suave e um pouco fino e fluido. Não tão duro, não tão espesso como os sais extraídos da terra comum, porque ele não é nenhum deles, nem qualquer tipo de sal que qualquer homem pode fazer. Ele é um *esperma* que a Natureza tira dos elementos sem a ajuda de arte. Não é no escritório que o homem pode achar isto, nem extrair isto, mas sim onde a Natureza deixa seu *esperma*. Já está feito e não requer nada mais que uma matriz e calor conveniente para geração. Agora você deve considerar onde a Natureza deixa tal semente" (144).

"Assim, pela união dos dois *espermas*, o fixo e o volátil, nos quais estão encerrados os dois espíritos, o sujeito das influências e virtudes celestes é especificado e sublimado ao mais alto grau de poder magnético; o Céu é convertido em terra, e a terra é feita céu, e as energias de um e da outra são reunidas" (9).

E Morienus nos aconselha:

"Não desprezes o **pó** que está no fundo por se achar num sítio baixo. É a terra do corpo, é o teu *esperma* e nele está a coroação da **Obra**".

"À parte o Ouro, que é o corpo e representa o papel de macho em nossa Obra, necessitareis outro *esperma*, que é o **espírito**, a **alma** ou a fêmea; este *esperma* é o **Mercúrio** fluido, semelhante por sua forma ao **azogue** comum, ainda mais limpo e puro. Muitos empregam, em lugar do Mercúrio, diversos **licores** e águas, aos quais denominam Mercúrio filosófico. Não os deixeis seduzir por seus belos discursos, não empreendeis tais trabalhos, porque tudo será inútil; é impossível colher o que não tiveres semeado; só se recolhe o fruto quando se esparge a semente; portanto, se semeais vosso corpo, que é o Ouro, em uma **terra** onde haja um Mercúrio não metálico ou próximo aos metais, em lugar de um **elixir** metálico, só obtereis de vossa operação uma **cal** árida, sem virtude alguma" (82).

"Pois o marido e a mulher são tomados, pelos antigos, como um só corpo, não os considerando pelo aspecto e pelo exterior, mas encarando-os cheios de amor e penetrados pela graça desde a origem, reconhecendo-os como um, no labor natural. Como pelos dois *espermas* eles podem se perpetuar e acrescer-se, assim o *esperma* da matéria, do qual nossa **Pedra** é feita, pode ser reproduzido e enriquecido" (137).

"Há quem, pensando ser melhor, sublime o Mercúrio, fixe-o e una com outros corpos e, não obstante, não ache nada. Eis aqui por que um *esperma* não pode mudar, permanecendo tal qual ele; e não produz o seu efeito a não ser quando colocado na matriz da mulher. Por isso, o filósofo Merchadus disse: *Se a nossa Pedra não for posta na matriz da fêmea, a fim de ser alimentada, não crescerá*" (164).

ESPÍRITO

O **alquimista** chama *espírito* à emanação que se desprende da **matéria** em cocção, a parte sutil do composto que se separa em razão do calor. Como sai em um tipo de fumaça branca, foi figurado como uma coisa fantasmagórica e batizado desta forma. Dizem outros que, alem desse *espírito* branco, sai também um *espírito* vermelho, e que é da união de ambos, no ar, que o **Magistério** elabora sua **trindade**. Segundo conselho de todos, essa fumaça tem que permanecer dentro do vaso para se condensar e descer, em forma líquida, sobre o corpo que está no fundo, transformando.

"O *Espírito*, ao que chamam **Mercúrio**, é o primeiro dos ativos que sai, quando se faz a anatomia de um misto. É uma substância sutil, penetrante, ligeira, que está em maior movimento que qualquer dos outros princípios. Este é o que faz crescer os mistos, em maior ou menor tempo, segundo haja dele maior ou menor quantidade; mas, por seu grande movimento, sucede que os corpos nos quais ele é mais abundante estão mais sujeitos à corrupção" (16).

"Todos os corpos metálicos, imperfeitos, são igualmente grosseiros, e não diferem entre eles senão por sua impureza. A impureza vem da falta de cocção; esta carência vem da debilidade dos *espíritos* voláteis, únicos que têm o poder de cozer a própria **matéria** nas **minas**. A força dos *espíritos* vem de sua abundância; sua debilidade vem de seu pequeno número. Os espíritos digerem seu próprio corpo e, à continuação, unem-no à matéria fixa; assim seu **magnetismo** aumenta pouco a pouco, e as impurezas que lhe são contrárias e incapazes de cocção são expulsas" (9).

"Não há nada na natureza capaz de qualificar matéria para ser harmonizada, salvo um *espírito* mineral, cuja mina é igual em atração e repulsão, e seu metal puro em um **círculo** estrelado de circulação irradiada" (75).

"Não deixes exalar o *Espírito*, porque, se saísse do vaso, a tua obra ficaria completamente destruída" (5).

"Se deve julgar também o *espírito* mineral que reside nas entranhas ocultas da **terra** e em lugares subterrâneos, onde, como primeiro motor, fecunda todas as pedras e terras, e as transforma nos diferentes **minerais** e metais, é também de uma natureza **ácida**, e saca sua origem do **sal** etéreo. Adverte-se que, de todas as minas e as **marcassitas** do talco, da pedra calaminar, do **cristal** e dos seixos, se obtém um *espírito* **ácido** após havê-los destilado com grande **fogo**" (76).

"Digo-te isto com verdade. Que um trabalho deve suceder a um trabalho e uma operação seguir-se a outra, pois ao princípio deve purgar-se e limpar bem nossa matéria, depois dissolvê-la, fragmentá-la e reduzi-la a pó e **cinzas**. Logo um *espírito* volátil tão branco como a neve e outro tão volátil e **vermelho** como o **sangue**. Estes dois *espíritos* contêm um terceiro e, apesar disso, não são senão um só *espírito*. São eles três que conservam e prolongam a vida. Põe-nos juntos e dá-lhes de comer e beber segundo a sua natureza, mantém-nos num **leite** de orvalho que esteja quente até o termo da sua geração" (137).

"Em quarto lugar, o *espírito* ilumina, pois expurga toda a escuridão do corpo, tal como é expressa no hino: 'Purificai a escuridão horrível de nossa mente, deixai que os sentidos sejam iluminados'. E o profeta diz: 'Ele os guia a noite toda na luz do **fogo**, e a noite será tão clara quanto o dia'. Como **Senior** também observou, ele torna brancas todas as coisas negras, e vermelhas todas as coisas brancas, pois a água embranquece e o fogo dá luz. E no Livro da **Quintessência** está escrito: 'Tu contemplas uma **luz** maravilhosa nas trevas'." (189).

"O Mercúrio denomina-se *Espírito* dos Filósofos, porque só os Sábios conhecem o segredo para convertê-lo em espírito, libertando-o da prisão do corpo, na qual o tinha encerrado a natureza" (172).

"O operador necessita de um entendimento sutil, para reconhecer o *Espírito* saído do corpo, para poder fazer uso dele e para, atento ao que o guarda, poder alcançar o seu objetivo; quer dizer que sendo o corpo destruído, não seja o *Espírito* também destruído ao mesmo tempo. E não é destruído, mas sim penetrado na profundidade do metal, quando o operador completou o seu trabalho" (203).

"Se não reduzires tudo a água não conseguirás a obra, pois é necessário que o corpo seja ocupado pela chama do fogo, para que seja enfraquecido e destruído com a água em que está contido. Sabei, oh investigadores desta arte, que todo o corpo se dissolve no *espírito* com que está misturado e com o qual, sem dúvida, se fez espiritual" (120).

"Portanto, a menos que os corpos se atenuem, façam-se finos e molhados pelo fogo, cultive até que ascendam em forma de *espírito*. Ou torna-se como água e vapor ou mercúrio, ou você labora completamente em vão. Mas quando eles surgem ou ascendem, eles produzem no ar o *espírito* e eles são mudados no mesmo, fazendo vida com vida, para que eles nunca possam ser separados, mas se unam como água misturada com água. E então, é dito, sabiamente, que a pedra nasce do *espírito*, porque é completamente espiritual" (5)

ESPÍRITO DO MUNDO

É o **influxo celeste** que atua sobre a matéria e é sempre representado sendo recolhido entre os meses de abril e maio (**carneiro** e **touro**). Segundo muitos autores, é mais ativo em maio que em abril.

Sobre as propriedades do *Espírito do Mundo*, fala-nos Agrippa:

"O *espírito do mundo* é isto para eles, e também se chama quinta essência, porque não provém dos quatro elementos, mas é um quinto que está sobre eles e que subsiste sem eles. Um tal espírito é, pois, absolutamente necessário como meio, através do qual as almas celestes se encontram num corpo grosseiro e lhe comunicam as suas maravilhosas qualidades..."

"Este é o Espírito da Verdade, que o mundo não pode compreender sem a interposição do Espírito Santo, ou sem a instrução daqueles que o conhecem. Ele mesmo é de uma natureza misteriosa, uma fortaleza maravilhosa, um poder ilimitado. Os santos, desde o começo do mundo, hão desejado contemplar seu rosto. Este Espírito é chamado por Avicena a Alma do Mundo. Pois, assim como a Alma move todos os membros do Corpo, assim também este Espírito move todos os corpos. E assim como a Alma está em todos os membros do Corpo, assim também está este Espírito em todas as coisas elementares criadas" (67).

"Este espírito fez de mim um verdadeiro mago; é ele o único espírito ativo dotado de propriedades mágicas que recebeu de Deus as forças que possui, já que pode alcançar toda classe de formas. É animal (...) vegetal (...) mineral (...) astral (...) universal (...) *Primum mobile* de todas as coisas; é a Natureza pura, saída da luz e do fogo, transportada depois e integrada às coisas inferiores.

"Este espírito tira e dá a vida, e com sua ajuda se podem realizar maravilhas insuspeitadas" (40).

ESPÍRITO DO VINHO
Ver **Vinagre**.

ESPÍRITO UNIVERSAL
"O primeiro princípio que se pode admitir para a composição dos mistos é um espírito universal que, estando espalhado em todas as partes, produz diversas coisas, segundo as diversas matrizes ou poros da terra em que se acha encerrado. Porém, sendo este espírito algo metafísico e não se sujeitando aos sentidos, é melhor estabelecer os sensíveis e, por esta razão, exponho aqui os que comumente estão em uso:

Os químicos encontraram cinco gêneros de substâncias, fazendo a análise de diversos mistos e concluíram dizendo que são cinco os princípios das coisas naturais: a **água**, o espírito, o **azeite**, o **sal** e a terra. Destes cinco, os três ativos são: o espírito, o azeite e o sal; e os passivos: a água e a terra" (16).

ESTANHO
O *estanho* é um metal fácil de moldar. Originário da cassiterita, participou das incursões dos primeiros homens de nossa civilização nos terrenos da metalurgia. Combinado com o **cobre** deu o bronze, aproximadamente 3 mil anos a.C., o que possibilitou um grande avanço cultural, à medida que se aprimoravam as armas e as artes eram enriquecidas com a figuração de deuses e peças ornamentais, levando o homem ao apogeu da Idade do Bronze. Mas o testemunho de sua utilização, também há dezenas de séculos, em ligas com **antimônio** e **chumbo**, é evidenciado em coleções de grande valor arqueológico, preservadas pelos museus do mundo.

Presumivelmente, é um dos componentes do **misto** ou **matéria-prima** mineral usada pelos alquimistas. É um atributo de **Júpiter**, um deus frequentemente citado como participante ativo nas alegorias da **Pedra** e com lugar de destaque em um dos degraus dos **zigurates**, construídos em honra a **Mitra**, nos quais os antigos deixaram um legado de cores, planetas e metais, interpretado por muitos como mais um *Mutus Liber* para divulgação de velhos **arcanos**.

ESTANIHURST, RICARDO
Ricardo Estanihurst é o autor de um documento, escrito no século XVI, que se encontra preservado na Biblioteca Nacional de Madrid.

No referido documento, denominado "Toque de Alquimia", presta contas à rainha da Espanha, da missão que lhe foi conferida, de percorrer diversas capitais europeias, buscando comprovar a veracidade ou não da alardeada ciência alquímica que, segundo constava na época, era responsável pela grande fortuna de Felipe, Duque de Borgonha, e de Roberto, Rei de Nápoles.

Depois de prevenir zelosamente sua Majestade contra o perigo dos trapaceiros e falsários, por certo em número bem mais avantajado do que dos verdadeiros filósofos, apresenta o seguinte depoimento no capítulo terceiro:

"E que o cobre pode se converter em prata, eu vi esta experiência quatorze vezes, na cidade de Londres, no ano de 1578, e com brevidade e verdade contarei a história como se passou. Um criado meu chamado Daniel tinha amizade com um rapaz inglês cujo nome era Garnet. Este disse a Daniel que se ele pudesse vender seguramente o que ele lhe daria, que o faria rico. Daniel lhe assegurou que podia, e que o faria, e assim ambos fundiam cobre, à noite, tornando-o prata, e Daniel a vendia entre os prateiros de Londres. Isto durou 26 dias, e Daniel, sem consentimento, quis me contar o que se passava e, ao fim, em meu serviço, em minha presença converteu com certo pó branco, quatorze diferentes vezes cobre em prata finíssima. Com esta tão manifesta experiência acabei convencido, havendo até então sido de opinião que era impossível o que a arte prometia, e certo que esta evidente prova foi o primeiro motivo pelo qual passei a dedicar meu entendimento, e empregar parte do tempo em estudos e prática desta secreta ciência.

"Verdade é que este dito Garnet não queria converter de uma vez mais que uma onça ou meia de cobre em prata, ao fim de uma pesquisa apurada, chamei-o de perdido e de enganador, porque não sabia fazer a medicina, senão que havia furtado uma quantidade dela a um velho clérigo católico, que morava no norte da Inglaterra que, segundo me informaram, morreu pouco depois.

"No ano de 1590, em 8 de outubro, um mercador flamengo chamado Francisco Vanguel que, presentemente, reside em Lyon, na França, veio a Lieja com propósito de conhecer-me e tratar-me, o qual me deu um grão de peso de um certo pó vermelho que colocado sobre uma onça de azogue que estivesse em um grande fogo de carvões acesos, no espaço de dois anos converteu todo em ouro puríssimo e tão fino e bom como podia ser, este mercador flamengo havia conseguido este pó de um seu amigo, que era o autor, cujo nome, nação, nem endereço, não quis dizer, nem o diria ele por todo bem do mundo, tendo, como dizia ele, juramentado manter o segredo ao obtê-lo".

ESTERCO DE CAVALO

Tal como o **banho-maria**, a areia, as limalhas de ferro, o esterco de cavalo foi escolhido por muitos Alquimistas para envolver o **crisol**, mantendo aquecida a matéria, sem expô-la diretamente ao contato com o fogo.

É também muitas vezes comparado à matéria, quando em seu estado de **putrefação**.

"Tomei a matéria negra e a fiz dissecar ao calor do **sol**, como já disse, reiterando as **embebições**, com o espírito astral, cessando-as tão logo percebia que a matéria começava a secar-se, e deixando-a assim dessecar-se por si mesma, e isto tantas vezes quanto foi necessário para que a matéria se tornasse como um peixe negro reluzente. Então a **putrefação** foi total, e cessei o **fogo** exterior a fim de não perder de modo algum a matéria, queimando a alma terna da **terra negra**. Por este meio a matéria chegou ao *esterco de cavalo*, ou sua imitação" (12).

"Toma mineral de **Antimônio** pulverizado, faz um afusionamento com **água de chuva** destilada, sobrepujando a matéria em alguns dedos, e digere em **vaso** hermeticamente fechado, em *esterco de cavalo*, até que comece a fermentar e expelir espuma: retira então a água, aumentando o fogo ao final, devolve sobre sua cabeça morta, e faz **cohobação** com a água que afusionaste de novo, reiterando, até que saia um **licor** ácido, semelhante ao **vinagre**" (187).

ESTIBINA

É um dos minerais constantemente apontado como possível matéria primeira a serem utilizadas pelos alquimistas em seus trabalhos de laboratório.

"Sulfureto de **antimônio** cristalizável no sistema ortorrômbico. Tem brilho metálico intenso. Sua cor é de **aço** ou de **chumbo**. Dureza 2, dens. 4'65. Queima à chama de uma vela. Em tubo aberto dá um sublimado branco e emanações de vapor sulfuroso. É decomposto pelo ácido nítrico, deixando também resíduos brancos. Encontra-se com minérios de chumbo, prata, arsênico e **cobre**.

"É o único minério importante do antimônio. No Brasil, foi encontrado em várias minas de ouro de Minas Gerais — jazida de **Blenda** do Morro do Bule, em Ouro Preto; jazida de **Pirita** de Bico da Pedra, em Rodrigo Silva; e, em São Paulo, em veio plumbífero, na Zona da Ribeira. Altera-se por oxidação, em kermesita ($Sb_2 S_2 O$), mineral monoclínico de cor vermelha.

"A estibina ocorre em filões, juntamente com a esfalerita, a **galena**, o **cinábrio**, o quartzo e a bornita" (26).

"Estas forças cósmicas que irradiam para dentro vêm à expressão de modo sumamente claro, na principal mina natural de antimônio — a estibina. Suas largas e delgadas agulhas cristalinas, semelhantes a linhas de força materializadas em feixes, ou entretecidas formações de **raios**, são como uma manifestação metálica dos raios de uma nova geometria projetiva (sintética) que tece as mais diversas formas geométricas, a partir do infinito" (77).

ESTRELA

Este é um dos mais antigos e constantes signos alquímicos e, pela descrição dos **Adeptos**, não é apenas uma figura de retórica, outrossim, um fato que pode ser presenciado em algumas fases do **magistério**. Em determinado ponto do desenvolvimento da **Obra**, surge no cadinho a cintilante figura de uma *estrela*, indicando ao praticante que o procedimento está certo e que, à continuação, o sucesso pode ser encontrado. O Caminho de Compostela (campos da *estrela*) é uma sinalização para o exercício da **Grande Obra**.

"... são as **sete** *estrelas* que a Divindade segura em suas mãos quando aparece no Apocalipse e, nesse tempo, elas naturalmente se referiam aos sete planetas.

Aos sete planetas são atribuídos os sete metais e é muito comum na Alquimia os sete metais — **estanho, cobre, chumbo, ferro**, etc. — serem atribuídos aos sete planetas. Mas eles são mais que isso; são, por assim dizer, a mesma coisa que os sete planetas. O ferro é o mesmo que **Marte** e o cobre, o mesmo que **Vênus**: portanto, no céu, podemos chamar ferro ao Marte terreno e cobre, à Vênus terrena, e assim por diante. Essa era uma forma comum de falar a respeito dos metais, nessa época, de modo que as sete *estrelas* são, realmente, os sete metais da terra, e essas *estrelas* terrenas têm que ser destiladas, limpas nove vezes, que é o ponto em que se tornam brancas; este é o processo da **albedo**" (78).

"*Estrela* de seis pontas, formada por dois triângulos equiláteros, em sentidos opostos e superpostos, em esquema gráfico da **Pedra Filosofal**. Sabe-se que o triângulo sobre sua base é o símbolo do fogo e que, sobre o seu vértice, é o símbolo da água" (60).

"Segundo a doutrina tântrica, a verdade última consiste na completa interpenetração de Shiva e Shakti, da energia masculina e feminina, da *purusha* (forma) e da *prakriti* (matéria). Shjiva, o triângulo com o vértice apontado para cima, representa o aspecto estático da realidade suprema; Shakti, o triângulo cujo vértice aponta para baixo, representa a energia cinética do universo objetivo" (233).

"Sabe-se que a *estrela* é um dos principais símbolos dos Companheiros (construtores medievais). Ela representa o ponto de convergência dos Caminhos de Santiago, numa pequena aldeia cujo nome espanhol é significativo: La Estrella, a *Estrela* em português.

Como tudo quanto diz respeito a um símbolo, o significativo desse é duplo.

Para o peregrino, como para o Companheiro, a Rota das *Estrelas*, ou Caminho de Santiago, é o nome dado à estrada que, partindo de Paris, passa pelo Centro-Este, e atinge após os Pirineus, a aldeia de La Estrella. Esse é também o nome dado à Via Láctea.

"Essa *estrela* balizará o caminho que, por suas representações, figura nos tímpanos das igrejas situadas ao longo do trajeto.(...)

"Cada grupo conhecerá da *Estrela* o necessário para orientar seu caminho, mas o Companheiro, ademais, vai saber que essa *estrela* encobre um **segredo** operativo" (18).

"Astéria, no trabalho de laboratório, é naturalmente a *estrela* que o artista vê surgir depois de realizar de modo correto as operações da primeira obra. (...)

(...) o nome Compostela, formado a partir do latim campos ('que é mestre de', 'que obteve') e 'stella' (a *estrela*); essa *estrela* que reluzia 'com um brilho maravilhoso', de acordo com uma lenda contada por Albert Poisson, acima do lugar onde foi descoberto o túmulo do apóstolo Tiago Maior, no topo de uma colina coberta de árvores.

"É exatamente no topo de uma espécie de colina, de menores dimensões, com certeza, porém não de menor importância, que surge o astro radiante, no fim do primeiro trabalho no **forno**, quando esse trabalho foi canonicamente executado; a presença desse astro indica ao operador que a matéria atingiu, doravante, o grau de pureza requerido" (37).

"Observa a *estrela*, que é solar, sem dúvida,
e isto pode ser provado, pois o **ouro** se une
com o menino de **Saturno**, purgadas suas **fezes**.
Tudo o que é perfeito cai ao fundo,
e sendo vertido, após a fusão,
mostra, quando esfria, uma *estrela*, tal como faz **Marte**" (73).

"É por ela (influência planetária) que, tal qual a água e suas formações em *estrelas* de seis pontas, nos corpos em neve, o **régulo** de **antimônio** adota, ao solidificar-se, uma configuração estrelada em sua superfície" (13).

"Na mitologia asteca, as *estrelas* são denominadas Mimixcoatl, porque o Deus da *Estrela* Polar multiplicou-se nelas. (...) Entre os coras (índios do Sudoeste da América do Norte, próximo ao México) a *Estrela* da Manhã faz parte da **Trindade** Suprema, juntamente com o **Sol** e a **Lua**. Herói civilizador, ela mata a **serpente** — senhor do céu noturno e das **águas** —, para oferecê-la como alimento à **Águia** — deus do céu diurno e do **fogo**" (38).

"Tu, quando vires teus Astros ou *Estrelas*, segue-o até o fim, e, quitando-a das impurezas, verás ali um Menino Régio, formoso, honra-o, abre suas riquezas, comunica-lhe dádivas de ouro, e assim, finalmente, depois de sua corrupção, te dará sua essência exaltada, que é a suma Medicina em todos os três Reinos" (1).

Veja também **Peregrinação**.

ESTRELA, A

A *Estrela* é a 17ª lâmina dos Arcanos Maiores do **Tarot**. Uma jovem nua, ajoelhada, entorna o líquido de dois cântaros, um sobre a terra e outro sobre a água, iluminada pelos raios de sete estrelas.

Ela representa os **influxos cósmicos** que são derramados pelos sete planetas sobre a parte sólida e a líquida da matéria, durante o Magistério. Representa também a *estrela* anunciadora do nascimento. Para o filósofo que espreita sua **Obra**, é a confirmação da perfeição do seu trabalho.

ETÍOPES

Africanos originários da Etiópia. Por sua cor, foram associados nas alegorias à matéria em negro, mas não em sua primeira ocorrência. Esse nome é dado apenas referindo-se à segunda vez em que a matéria é levada a esta coloração. Há uma diferença marcante entre a negritude do **corvo** e a negritude representada por seres humanos. No primeiro caso, a matéria em **putrefação** ainda apresenta características voláteis e odores fétidos de carne putrefata, daí o corvo. No segundo, que ocorre depois da união de dois elementos totalmente purificados, essa característica já não representa a destruição da matéria contida no **crisol**. Ainda contém **umidade**, o que a leva ao negro, mas em outro estágio de purificação. Daí, estar preparada para atingir a nova **brancura** e a posterior incidência de cores, denominada **cauda do pavão** ou **arco-íris**, após o que passa pelo **citrino** para, finalmente, atingir o tão ansiado **púrpura**.

"Olhando de longe, vi uma grande nuvem que projetava uma sombra **negra** sobre toda a **terra**, absorvendo-a, e que cobriu a minha **alma**, e porque as **águas** a tinham alcançado ficaram pútridas e fétidas ante a visão do inferno mais profundo e da sombra da morte, porque o **Dilúvio** submergiu-me. E então os *Etíopes* cairão aos meus pés, e os meus inimigos lamberão a minha terra" (189).

EVAPORAÇÃO

A maior parte do trabalho dos alquimistas, em seus extenuantes esforços pela conquista da **Pedra Filosofal**, resume-se na separação do composto em duas partes: sólida e líquida. O nome mais comumente usado pelos filósofos para definir essa extração total do úmido radical, liberando inteiramente a parte seca da matéria, é **sublimação**, o que é conseguido por meio do **calor**, por *evaporação*, no **forno secreto** dos filósofos, no qual se mantém a matéria dissolvida, permanentemente envolvida por um calor constante de fogo, pelo espaço de 40 dias.

"Após terminar tal ação, recupera o composto e separa dele a **água**, que propriamente surge da terra escassa e do ar espesso, por **destilação** no **banho-maria**, e aplica o **fogo** uniformemente até que vejas como a água é destilada por obra do dito calor. Também isto te fazemos saber: que o **vapor** que é destilado pelo calor do banho é água pura, graças à propriedade de sua natureza fria e de seu efeito" (219).

EXALAÇÃO

Vapores que sobem pelo **matraz**, quando a matéria começa a se dissolver. Segundo descrição de vários autores: são obscuras, negras, azuis e amareladas. São altamente tóxicas, o que obriga a que os **vasos** sejam selados hermeticamente.

"Entrei em um novo curso de experiências, com um metal com o qual ainda não havia tido experiência prévia. Este metal, após haver sido reduzido a seus sais, e havendo sido submetido a uma preparação e uma **destilação** especiais, liberou o **Mercúrio dos filósofos**, a **Água Bendita**, a Água Celeste, a Água do Paraíso. A primeira indicação que tive deste triunfo foi um sibilo violento, jorros de **vapor** que se vertiam desde a **retorta** e dentro do receptor com estalos agudos de uma pistola, e logo uma explosão violenta, enquanto um **odor** muito potente e sutil enchia o **laboratório** e seus arredores. Um amigo descreveu esse odor semelhante a **terra** orvalhada de uma manhã de junho, com a indicação no ar de flores que crescem, o sopro do **vento** sobre a mata e a colina e o doce odor da **chuva** sobre a terra lavrada" (57).

"Pois agora, se és vigilante,
Verás pelo ar, corrente, jorrante,
Uma *exalação* venenosa,
Maligna e malcheirosa,
Muito pior, de veneno em combustão,
Que é a cabeça de um **dragão**..." (36).

EXPANSÃO

Com signos facilmente identificáveis entre indo-europeus, sumérios, caldeus, persas, hebreus, sírios, egípcios, gregos e a maioria das civilizações conhecidas, em apogeu na Antiguidade, a Alquimia se fez presente em todo decorrer da História conhecida, por meio de mistérios, lendas, mitos e manifestações religiosas.

Na Idade Média, muitos textos alquímicos, trazidos por cruzados, mouros e judeus, foram vertidos para o latim e difundidos em uma Europa já aberta a novos conhecimentos.

"Os melhores cérebros da época, duvidavam da Alquimia como ciência e mesmo como efetiva arte. **Alberto, o Grande**, **Rogério Bacon**, **Tomás de Aquino**, entre outros, discutiram a questão. Enfatizemos, particularmente, o trabalho de Alberto, o Grande. Escreveu nada menos que 20 volumes in-fólio, dos quais, pelo menos quatro, dedicados aos minerais, indo às próprias **minas** e locais de purificação dos metais extraídos, para aprender os processos e, trabalhando em seguida, ele mesmo no **forno**. Todavia, afirma que seis ou sete tratamentos de forno ao ouro alquímico, tornavam **cinzas**. Alberto, o Grande, se inclinava, portanto, a considerar os alquimistas com os quais estava relacionado como falsos produtores de ouro. Todavia, deixou diversos tratados alquímicos, dos quais o mais conhecido é o "De Alchimia" e a realidade espantosa e simples é que os escritos mágicos de Alberto são trabalhos relativos à Alquimia, porém de forma alegórica e em linguagem muito mais complicada que o usual nesta ciência.

"A partir de 1244, Tomás de Aquino receberia aulas particulares de Alberto que, além de iniciá-lo nas ciências que ensinava abertamente, iniciou-o também na Alquimia, pois existem numerosos escritos herméticos da mão de Aquino. Além do que, na *Summa Theológica*, vemo-lo indagar-se a utilização do ouro alquímico, hermético, é legítima e concluir que não há razão alguma para se preferir o ouro natural. Ainda mais, no seu tratado 'Aurora Consurgens', o mesmo Tomás estuda o problema dos opostos em Alquimia e, sobretudo, exara parecer pessimista sobre sua obra teológica, considerada falsa rota e destino" (4).

Mas não terminam aí os relatos da Alquimia, a América Pré-Colombiana apresenta também seus testemunhos de conhecimento: maias, olmecas, incas, toltecas, astecas e índios norte-americanos falam de caos, **dragões**, **serpentes** aladas, **ovo** cósmico, **virgens** mães, casamento entre Sol e Lua, imortalidade, **águias**, **elixires** da longa vida e na associação das cores negra, vermelha e branca e em ouro.

Agora, início do século XXI, a Alquimia refloresce controvertida: endeusada e estudada por uma minoria, caluniada e desprezada pelos que não a entendem e nem se interessam por entender. Como um grande arcano, vai atravessando os tempos.

"Reis da Terra, se conhecêsseis o grande número de pessoas que se entrega em segredo, em nossos dias, à busca da Pedra Filosofal, quedaríeis admirados..." (12).

EXTRAÇÃO

Em se tratando de uma fórmula para extração do **Mercúrio**, das mais lógicas e bem explicadas dentre tantas que circulam pelos textos alquímicos, e tendo, em seu parágrafo final, praticamente descrita a aparição do tão comentado "**espelho**", pela transformação de toda a matéria que está na vasilha em mercúrio vulgar, o que, certamente, traria a possibilidade de refletir o entorno, o melhor que se tem a fazer é publicá-la na íntegra.

"Tome-se uma onça de **cal** de **Lua** copelada, calcine-se segundo o modo descrito no fim da nossa obra sobre o Magistério. Esta cal será, em seguida, reduzida a pó fino, sobre uma prancha de pórfiro. Embebereis este pó duas, três, quatro vezes por dia com um bom **azeite** de tártaro, preparado do modo descrito no fim desta **obra**; depois fá-lo-eis secar ao Sol. Continuareis assim até que a dita cal tenha absorvido quatro ou cinco partes de azeite, tomando por unidade a quantidade de cal; pulverizareis o pó sobre o pórfiro como se disse, depois de o terdes dessecado, porque então reduz-se mais facilmente a pó. Uma vez bem porfirizado, será introduzido numa **retorta** de boca larga.

Juntareis o nosso **mênstruo** hediondo feito com duas partes de **vitriolo** vermelho e uma parte de **salitre**; tereis destilado este mênstruo **sete** vezes de antemão e tê-lo-eis retificado bem, separando-o das suas **impurezas** terrenas, de maneira que, no fim, o dito mênstruo seja completamente essencial.

Então fechar-se-á perfeitamente a retorta e por-se-á em **fogo** de **cinzas**, com alguns carvão, até que se veja a matéria ferver e dissolver-se. Finalmente destilar-se-á sobre as cinzas até que todo o mênstruo tenha passado, e aguardar-se-á que a matéria esteja fria.

Quando o recipiente estiver completamente frio, abre-se e a matéria será colocada noutro **vaso** bem limpo, provido de um **capitel** perfeitamente fechado. Coloca-se tudo sobre cinzas num **forno**. Enquanto o betume do fecho estiver seco, aquecer-se-á primeiro suavemente, até que toda a água da matéria, sobre a qual se opera, tenha passado ao recipiente. Quando virdes chegar a operação a este ponto, deixareis esfriar o vaso, diminuindo pouco a pouco o fogo. Já com a retorta fria, retirareis a matéria e deduzi-la-eis a pó sutil no pórfiro. Poreis o pó impalpável, assim obtido, numa vasilha de barro bem cozida e cuidadosamente vidrada. Depois deitar-lhe-eis por cima **água** corrente a ferver, mexendo com um pau limpo, até que a mistura fique espessa como mostarda. Mexei bem com a vareta, até que vejais aparecer alguns glóbulos de mercúrio na matéria; em breve haverá uma grande quantidade dele, conforme a que tiverdes empregado do corpo perfeito, ou seja, da Lua. E até que tenhais uma grande quantidade juntando, de quando em quando, água a ferver, e mexei até que toda a matéria se reduza a um corpo semelhante ao mercúrio vulgar. Tirar-se-ão as impurezas terrenas com água fria, secar-se-á sobre um lenço e passar-se-á através de pele de camurça, e então vereis coisas admiráveis" (116).

F

FAFNIR

Foi, em princípio um anão que, por ter abatido uma lontra para os deuses, recebeu uma quantidade de **ouro** como recompensa. Isso redundou em uma transformação em seu caráter, que passou a demonstrar uma tremenda ambição, na proteção dos tesouros da Terra, inclusive se apossando do anel dos nibelungos. Por esta razão Odin o transformou em **dragão** e provocou a aridez da terra ao seu redor. Isto, entretanto, não diminuiu o seu poder bestial, fazendo com que passasse a amedrontar tudo e todos. Para combatê-lo, Odin enviou seu filho Thor — deus do trovão — que, com seu amigo Sigfried, saíram em perseguição ao inimigo. Com seu martelo encantado, Thor criou uma tempestade de **raios**, fazendo com que se abrisse uma profunda fenda na terra, por onde *Fafnir* se precipitou. Após o desaparecimento do temível dragão, uma **chuva** benéfica caiu então, permitindo que a vegetação cobrisse de **verde** a terra.

FAMA FRATERNITATIS

A *Fama Fraternitatis* foi o primeiro panfleto com cunho claramente alquímico, distribuído pela Ordem **Rosa-Cruz**. Foi publicado em Tubingen, em 1614, em idioma alemão, sendo sua autoria atribuída a **Valentim Andreae**.

Sendo a Fama, uma sociedade invisível, o manuscrito foi publicado anonimamente, sendo impossível sua localização ao grande número de interessados que acorreu, com intenção de atender às propostas apresentadas, para se filiar à instituição. Não havia uma maneira de localizar a Ordem, o que deixou frustradas importantes figuras da época, como René Descartes e **Robert Fludd**.

Narra a pseudo-história de um cidadão, denominado Christian Rosenkreutz, que teria vivido por volta de 1370, tendo, graças a seu domínio dos segredos da Natureza, chegado à posse do **Elixir** da Vida e que, por disseminar seu conhecimento entre seus seguidores, seria considerado o fundador da Ordem Rosa-cruz.

FANES

É o primeiro dos deuses, segundo o Orfismo. Foi gerado do **Caos** e do Éter e criado por Crono, o Tempo, em um **Ovo Primordial**.

Existe um baixo-relevo grego, primitivo, em que *Fanes*, o deus da luz, da verdade e da justiça, aparece envolto por um aro oval, no qual figuram os 12 signos do zodíaco. Na parte central, Fanes, despido, apresenta os quatro elementos: porta asas presas às costas, figurando o ar; tem o corpo enrodilhado pelas voltas de uma serpente, que representa a terra; sob os pés, uma cuia, associada à água; e sobre a cabeça, uma coroa de labaredas, encimada pela cabeça da mesma cobra que lhe envolve o corpo, indicando o fogo.

Confirmando a alegoria descrita anteriormente, o texto a seguir, sobre esse deus conhecido entre nós com o nome de Eros e reverenciado como deus do amor, tem para os estudantes de Alquimia um sentido bastante claro:

"Em grego, esse nome significa: *brilhar, aparecer, fazer-se visível*. É o Brilhante, a **Luz** que Brilha. Alado, **andrógino** e autógamo, brilhante e etéreo, dá à luz as primeiras gerações divinas e é o criador supremo do Cosmo" (49).

O fato de a **Grande Obra** ser também identificada como **Art D'Amour** faz com que Fanes possa ser identificado como mais uma das representações do Mercúrio dos filósofos.

FARO

Divindade suprema dos bambaras e dos dogons do Mali, senhor das águas e dos sete metais, principalmente do **cobre** vermelho, masculino e do amarelo, feminino, que vêm do quinto céu, céu de **fogo** e **sangue**. É representado com as mesmas formas de uma **sereia**, só que metade homem, metade **peixe**, sendo a cauda de cobre vermelho. Desce à Terra sob forma de **raio**.

"Representa ainda o verbo, na essência divina, É o *som do Faro:* o deus se enrola em torno dos brincos de cobre vermelho espiralado que os bambaras usam na orelha, para penetrar até o tímpano. (...) Ele usa dois colares, pelos quais ouve, todo o tempo, as conversas dos homens. O colar de cobre lhe transmite as palavras de uso corrente; o de **ouro**, as palavras secretas e poderosas. O ouro seria, assim, de certo modo, uma concentração de cobre vermelho" (38).

FECHAR

Ou desligar significa o mesmo que coagular. Termo usado para definir um dos processos usados durante a **multiplicação**. Costuma ser representado pela alegoria de uma **chave**.

Ver também **Abrir**.

FELIPE II

Felipe II, rei da Espanha, foi bem mais que um simples simpatizante das artes alquímicas, podendo mesmo ser considerado um incansável mecenas, que financiava e apoiava os que se aproximavam de sua corte em busca de auxílio.

Entre 1555 e 1559, patrocinou as pesquisas do italiano Tibério della Roca e do alemão Peter Stemberg. Em 1560, sempre disposto a auxiliar pessoas que se julgavam estar de posse dos segredos da Arte, voltou a financiar experiências alquímicas, desta vez as de um praticante belga. Em 1567, sob a supervisão do Secretário Real D. Pedro del Hoyo, apoiou os trabalhos de alguns alquimistas anônimos, alojados em uma casa, em Madrid.

Em uma declaração, na qual deixa a impressão de que as operações presenciadas por ele obtiveram algum sucesso, o próprio rei transmitiu à história a seguinte afirmação: "En verdad que aunque soy incrédulo de estas cosas, de ésta no lo estoy tanto, asi de la obra como de las personas, no estoy tan incrédulo".

E foi baseado nessa confiança que, em 1573, fundou a Real Botica do Monastério de El Escorial, com equipamento material completo e um folgado financiamento econômico. Essa Botica, em 1585, foi acrescida com a construção de um laboratório, especificamente dedicado à destilação.

FÊNIX

Pássaro de cor **púrpura**. A *Fênix* entre os alquimistas é a Pedra ao rubro, renascida das **cinzas**, ou duplo sublimado da **águia**. Opostamente à **serpente** que se localiza na base da árvore cósmica, ela figura em seu cimo, em uma representação alquímica de coroamento da **Grande Obra**.

Símbolo da matéria renovada, da vida que renasce das cinzas, do triunfo da vida sobre a morte, é a alegoria da **Obra** em vermelho ou **Pedra Filosofal**.

"Os egípcios chamavam boynu a garça que aparecia, quando transbordava as águas do Nilo. O pássaro voejava durante a manhã, o que induziu os sacerdotes a associarem-no com o deus solar Ra.

Daí a lenda segundo a qual de 500 em 500 anos um pássaro da família das garças aparecia para depor, no templo de Ra, o corpo morto do seu pai, do qual ele mesmo seria a ressurreição. Daí o mito da imortalidade do pássaro que, posteriormente, foi símbolo da imortalidade da alma que se encarna periodicamente" (50).

"Os taoistas designam a *fênix* com o nome de pássaro de zarcão (tanniao), sendo o zarcão o sulfeto vermelho de **mercúrio**" (38).

"No dia do Juízo, o mundo será julgado pelo **fogo** e o que foi feito do nada será reduzido a **cinzas** pelo fogo. Desta cinza nascerá uma *Fênix*, pois nela está escondido o verdadeiro tártaro que, uma vez dissolvido, serve para abrir as fechaduras mais fortes do palácio real" (137).

"A **tintura** física mineral é esta *Fênix* que renasce de suas cinzas. Faz-se por separação ou extração do fixo e do volátil, fora de sua terra viscosa, que se pode dissolver pelo ar ou pela água comum; purificam-se à continuação estes princípios, e se faz sua reunião com ajuda do calor do **Sol** e da **Lua**, e com a ajuda do fogo contra a natura, que é o de nossos **fornos**, consegue-se este veneno saturnino que mata todos os metais imperfeitos e cura a todos os leprosos de seu gênero, segundo dizem os Sábios nesta Arte" (9).

FERMENTAÇÃO

É a operação na qual se reúne o **azufre** dos filósofos com seu **mercúrio**. Quase todos os sábios denominaram *fermentação* a esta operação em que se dissolve o azufre que fermenta, apodrece e ressuscita com força duplicada por uma nova regeneração.

"Tão logo a matéria é dissolvida, incha, entra em *fermentação* e produz um ligeiro ruído, o que prova que está contido nela um germe vital que se desprende sob forma de ampolas. É então que o fogo tem que ser conduzido com prudência, visto que o espírito toma forma de **azeite** e passa a um certo grau de secura.

Para fazer bem a operação que acabo de descrever, há que se observar o peso, a condução do **fogo** e o tamanho do **vaso**. O peso deve consistir na quantidade de **espírito** astral necessário à **dissolução** da matéria. A condução do fogo exterior deve ser dirigida de maneira que não se façam evaporar as ampolas que contém o **espírito**, por uma quantidade demasiado grande de fogo, e de maneira que não se queimem as flores ou o azufre à continuação do fogo exterior, de modo que se leve demasiado longe a secura da matéria, após sua fermentação e sua **putrefação**, a fim de não ver o vermelho antes do negro.

Enfim, o tamanho do vaso deve ser calculado, segundo a quantidade de matéria, de maneira que este não contenha mais que um quarto de sua capacidade.

Não esqueça tampouco que a solução misteriosa da matéria, ou o matrimônio mágico de **Vênus** com **Marte**, se faz em uma bela noite, o céu calmo e sem nuvens, estando o Sol no signo de Gêmeos e a Lua plena, em seu primeiro quarto" (12).

FERMENTO

Substância a ser acrescentada à matéria para que ela cresça em quantidade. Geralmente, como a maioria dos filósofos se refere, nessa parte da obra, ao produto do seu trabalho, como, nascituro, pequeno rei, etc., refere-se também, a esse *fermento* como a **alma** que vai dotar de vida a *"criança"*, além do que, vai alimentá-la, propiciando o seu desenvolvimento.

"Ainda te advirto de que, se não limpas bem o corpo impuro e não o secas e pões branco nem o animas, fazendo-lhe entrar uma **alma**, se não o libertas de todo seu mau **odor** de modo que, depois de se limpar, caia sobre ele a **tintura** e o penetre, não terás feito nada no **Magistério** por não teres observado bem o seu **regime**. Além disso, tens de saber que a alma entra imediatamente no seu corpo e nunca se unirá num corpo estranho. (...)

Pois, quando tiveres limpo o corpo impuro da forma que se disse, põe logo junto com ele a quarta parte do *fermento* na proporção do que é; o *fermento* do ouro é o ouro, como o do pão é o pão. Então, põe-no a cozer ao **sol**, até que estas duas coisas estejam bem unidas e sejam um só corpo" (52).

"Portanto, separa o ar mediante o **fogo**, feito executado através das **cinzas**, tal como outrora te ensinei. Aqui encontrarás o *fermento* superior, tão reputado das duas naturezas de que se compõe a virtude média, que está entre a extrema virtude sólida e a volátil, das quais sai artificialmente o **sal**" (219).

"Os sais e os alúmens não são a **pedra**, senão os ajudantes da pedra. Aquele que não haja provado o sabor dos sais não chegará jamais ao desejado *Fermento* dos *Fermentos*; põe, pois, em fermentação o definido por excelência:

'O superior é como o inferior
Queima na água, lava no fogo.
Coze e recoze, e coze de novo.
Dissolve mui amiúdo e sem cessar coagula.
Mata o vivo e ressuscita o morto.
E isto sete vezes. E terás verdadeiramente
isso que buscas, se conheces o regime do fogo
O **mercúrio** e o fogo te bastam'. (80).

"É a **alma** que conjuga o espírito com o corpo; pois assim como o corpo humano sem alma é morto e imóvel, também assim o corpo é impuro sem o germe, que é sua alma; pois o germe do corpo preparado converteu em sua natureza toda pasta, e não há outro germe que as coisas apropriadas do **Sol** e da **Lua**, dominando sobre todos os outros planetas. Semelhantemente esses dois corpos dominam sobre todos os outros corpos, e os convertem em sua própria natureza, e é por isso que são chamados *fermento* ou germe; pois sem o *fermento* as gomas não podem emendar-se nem se corrigir, como o escreve Meridius, dizendo: *aquele não pode ser emendado nem corrigido, se antes de tudo não for sutilizado pela arte e pela operação*. (...)

Mas observai que o *fermento*, que é a água fixa, que tinge e colore a pedra, a vivifica, abraça e retém" (36).

"Sei que muitos autores atribuem à fermentação desta obra ao agente interno invisível, o qual chamam *fermento* ou **levedura**, com cuja virtude, por si mesmo, se espessam os fugitivos e tênues **espíritos**, sem por-lhes a mão, ou sem obra de mãos; e que ao método de nossa fermentação referida chamam dar de comer com pão e leite, como disse Ripley. Porém eu, que não preciso citar a outros, nem jurar sobre suas palavras, em uma coisa que eu sei tão bem quanto eles, observei sempre minha própria opinião. Há, pois, uma outra operação com a qual a pedra aumenta mais em peso que em virtude, e esta é: toma teu azufre perfeito, após tenha se tornado branco ou vermelho, junta a três partes dele a quarta parte de água, e, após um pequeno tempo de negrura, em seis ou sete dias de decocção, tua água se espessará como teu azufre. (...) Para isto não se requer outro trabalho senão que se tome a **Pedra** perfeita e que desta uma parte se junte com três, ou mais, com quatro partes de **mercúrio** da primeira obra, e que se governe por **sete** dias com o devido **fogo**, havendo cerrado muito bem o **vaso**, e com a maior alegria verás passar todos os **regimes** e terás enriquecido com uma virtude mil vezes maior tua Pedra antes de sua **multiplicação**" (1).

FERRO

Tido pela maioria dos filósofos como base fundamental da matéria primeira, sua participação é corroborada pelas referências constantes, nos mais diversos textos alquímicos, a **Ares** ou **Marte** — o deus da guerra que, em razão de seu simbolismo de lutas, facilmente pode ser associado a armas e ao metal do qual eram feitas, o *ferro*.

"O ferro, sabemos agora, é com efeito o único elemento do qual não se pode tirar qualquer energia: nem por fissão, nem por fusão. Em termos técnicos está no zero da ausência de massa. O que se quer dizer que se pode obter energia dos elementos mais leves que ele, adicionando-os por fusão: assim funciona o Sol... ou a bomba de hidrogênio. E pode-se obter energia de elementos mais pesados que o ferro, decompondo-os por fissão: é o caso da pilha de urânio ou Bomba A. Mas do próprio ferro, que é zero, nada se pode tirar. Ele está na orgiem da alavanca do universo. Um alquimista alemão escreveu: '*Eisen trägt das Gehhheiminis des Magnetismus und das Geheiminis des Blutes'*. Que quer dizer: '*O ferro é portador do mistério do magnetismo e do mistério do sangue'*. O ferro é portador de um terceiro mistério, o da Alquimia, e não é sem motivo que se fala da pirita de ferro na elaboração da pedra filosofal" (215).

Senior, dando identidade ao *ferro*, fala-nos:

"Eu, o *Ferro*, eu forte, pesquisador, pesquisado, todo o bem vem por mim; e a **Luz**, o **segredo** dos segredos, por mim se gera".

"Toma esta peça de *ferro* comum", e alcançou uma peça de *ferro* quadrangular, como a usada para fazer trilhos de *ferro*. "Esta não servirá. A razão é que está desprovida de vida. Está morta. Não tem mais mercúrio. Porém este aqui", pegou uma jarra, "isto contém areia de *ferro* de uma praia em Nova Zelândia". Susteve a jarra no alto, sacudiu-a de maneira que as diminutas partículas se moveram na jarra.

"Porém não parece *ferro* bruto, não tem a cor marrom, é **negro**", disse o dr. Farnsworth.

"Sim, isso é certo", disse o alquimista. "A razão por que tenho isto aqui é para provar que isto é o que a natureza produz quando o homem não interfere. Foi lavado com simples água para tirar-lhe o **sal** da água do mar, ou qualquer outra substância orgânica que possa haver se aderido a ele, porém isso é tudo. Agora bem, a partir deste, pode extrair-se, sem dissolvente, o **mênstruo**, como os velhos alquimistas o chamaram, o mesmíssimo **mercúrio filosófico**" (112).

"Há algumas fontes que convertem o *ferro* em **cobre**; isto sucede porque o **vitriolo** é um **cobre** rarificado e que abunda em **espírito** metálico, e porque estas **águas** contêm muito **vitriolo**" (9).

"Assim, para encontrar a **Quintessência** do *Ferro*, por exemplo, o metal é convertido em seu vitriolo ou sais, que, por sua vez, são purificados por vários **lavados** em água destilada e, depois de cada lavado, recristalizados. O **sal** é então calcinado até a vermelhidão, e seu **espírito** extraído de uma maneira especial, e também, à sua vez, cuidadosamente destilado várias vezes, sendo o resultado um **azeite vermelho** de *ferro* que é sua verdadeira essência, constituindo umas poucas gotas, uma dose" (57).

"Muitas fábulas identificaram a **alquimia** com a fabricação do **ouro**, quando parece que os verdadeiros iniciados não faziam muito caso desse metal. Para eles, o *ferro* era muito mais importante. Entre os sábios que estudaram a questão, o historiador francês de origem romena, Mircea Eliade, foi um dos raros a notá-lo. Em seu livro *Forgerons et Alchimistes*, chamou a atenção para a importância do *ferro* nas operações de Alquimia. Contudo, não sabia, na época em que escreveu, o que logo iria ser demonstrado pela astrofísica e pela **química** destes últimos anos: que o *ferro* é uma espécie de eixo, à volta do qual gira o mundo" (215).

FESTIVAIS

Por toda a Antiguidade, entre povos religiosos ou pagãos, a prática de *festivais* em honra à Natureza, a deuses ou divindades, é uma constante nos relatos históricos.

Muitas dessas festas, oriundas das iniciações nos **Mistérios**, ainda persistem, até os nossos dias, guardando algumas de suas características. Como exemplo temos o *Natal*, no qual, em tempos anteriores se celebrava o início do ciclo anual do Sol — o *Culto do Sol Invictus* —, coincidindo com o solstício de inverno, ou, posteriormente, festejando o *Nascimento* de **Mitra** e atualmente o de Jesus; o *Carnaval*, que, nos tempos do apogeu grego, se denominava *Dionísias Rurais*, em honra ao deus do vinho, em que os mascarados se divertiam celebrando a fertilização dos campos; as *Fogueiras de São João*, antigas *Fogueiras de Belthane* dos celtas, também em culto à fertilidade da Natureza; entre 27 de fevereiro e 24 de março, em Roma, os cavalos eram consagrados a **Marte**, nas *Equínias*, que duravam três meses e, apesar de serem dedicadas ao deus da guerra, sua finalidade era celebrar a fecundidade do solo e a abundância; a *Festa das Serpentes*, em honra à *Senhora da Montanha do Cobre*, comemorada no Ural, dia 25 de setembro.

Argumentam alguns autores, bastante conceituados no gênero, que esse arrefecimento na severidade dos costumes, em determinadas épocas, era um meio de permitir um extravasamento dos instintos, bastante cerceados pela ética das leis civis ou religiosas excessivamente exigentes durante os outros dias do ano.

Analisando, sob um prisma alquímico, dada a constância das épocas escolhidas para suas realizações, notamos que apenas são trocados os motivos das comemorações, mas as datas continuam as mesmas. Parecem, mais uma forma de manter viva uma única tradição, embora aproveitando oportunidades diferentes para ressaltá-la. O que parece importar é a preservação de preciosos **arcanos**, cujo conhecimento não pode desaparecer. É assim que as *Dionísias Urbanas*, realizadas em

Atenas, nos fins de março, com procissão, concurso dramático e representações de tragédias, têm detalhes comuns com a *Via Sacra* cristã, mas também os têm com a **putrefação** das matérias, em aperfeiçoamento no **cadinho** dos **Adeptos**, e, talvez, com a **Via Seca**.

Escrito por um professor anônimo do Balliol College, Oxford, em seu tratado "Mankind, Their Origin and Destiny" e transcrito por Manly Palmer Hall, fundador da Philosophical Research Society de Los Angeles, na revista *Planeta*, de agosto de 1978, este interessante texto sobre a Assunção confirma a preservação das datas através dos tempos, mesmo trocando os personagens principais:

"No fim de oito meses, quando o deus **Sol**, tendo crescido, atravessa o oitavo signo, ele absorve a Virgem celeste em sua carreira fogosa, e ela desaparece no meio dos raios luminosos e da glória do seu filho. Esse fenômeno, que ocorre todo ano no meio de agosto, dá lugar a um *festival* que ainda se comemora, e no qual se supõe que a mãe de Cristo, deixando sua vida terrestre, associou-se com a glória de seu filho, e é colocada a seu lado nos céus. O calendário romano de Columella marca nesse período a **morte** ou desaparecimento de Virgo. O Sol, diz ele, passa por Virgo no décimo nono dia, antes das calendas de setembro. É aí que os católicos assinalam a festa da Assunção, que é a reunião da Virgem a seu Filho. (...) Os antigos gregos e romanos fixavam a ascensão de Astrea, que é a mesma virgem, no mesmo dia.

A Virgem Mãe, tão bem conservada pelo Cristianismo, é um eco daquela inscrição no templo de Saís, a respeito do protótipo egípcio da Virgem, que é a deusa **Ísis**: *O fruto que dei à luz é o Sol*. Embora os antigos pagãos associassem a Virgem com a **Lua**, não há dúvida de que também sabiam que ela era uma constelação dos céus, porque todos os povos da Antiguidade viam nela a mãe do Sol e percebiam que, embora a Lua não pudesse desempenhar (astrologicamente) esse papel, o signo de Virgem podia, e de fato dava nascimento ao Sol no dia 25 de dezembro".

Os povos nórdicos e os celtas identificavam a evolução da Terra ao Redor do Sol com uma Roda de nascimento, vida, morte e renascimento. Consideravam que as mudanças que se operavam no período deviam originar festas no Céu e na Terra: 2 Solstícios e 2 Equinócios, além de 4 Festivais Solares, ou do Fogo, e era preciso que fossem exaltadas pelos homens. Passaram então a comemorar essas datas com grandes festas, denominando-as "Sabbats". Antes do Cristianismo, essa denominação não teve nenhuma associação com magia negra ou demonologia, conotação que surgiu, posteriormente, pela perseguição da Igreja às antigas tradições.

FEZES

São as escórias que acompanham o **mineral** — tudo aquilo que não se volatizou na **circulação**, nem se reduziu a **cinzas**, na **calcinação**, e que, segundo alquimistas **invejosos**, ao que parece, tem que ser eliminado para a perfeita purificação do sujeito. É necessário desembaraçar a **matéria** das partes heterogêneas. Por meio das muitas circulações, a separação vai se realizando até restar o princípio puro que é fundamental para o prosseguimento dos trabalhos. É importante ter em mente um conselho do Adepto Andreae:

"Se não te purificaste por completo, as núpcias só te causarão dano".

"Pelo qual conheceram finalmente, os **Sábios** Varões que, no **mercúrio**, para que não chegue a digerir-se ou fixar-se, atrapalham as cruezas aquosas e as *fezes* térreas, as quais, estando radicalmente metidas dentro, não se podem consumir senão trazendo para fora o que está no interior do composto. Também souberam que, se o mercúrio pudesse se livrar dessas coisas, no mesmo instante se fixaria, porque tem em si um **azufre** fermentativo, do qual seria bastante um mínimo grão para congelar todo o corpo do mercúrio se, tão somente, pudessem separar as *fezes* e as partes cruas" (1).

"Quando tiveres alvejado, terás vencido os **touros** encantados que lançavam fogo e fumaça pelas narinas. **Hércules** limpou o estábulo cheio de excremento, podridão e negrume" (36).

"Para teu entendimento nada mais que o **fogo** fraco e sutil separa dois corpos dissolvidos que nossa **água** mantém para sua gloria, se tu procederes com um fogo lento ou gentil, separando o homogêneo do heterogêneo das coisas. Este **composto** tem sua imundície, então, limpando por nosso fogo úmido que dissolve e sublima o que é puro e branco, lançando suas *fezes* ou sujeira adiante, como um vômito voluntário, como uma **dissolução** e **sublimação** natural, erguendo para cima e soltando ou desatando dos elementos, limpando e separando o puro do impuro. De forma que a pura e branca substância ascende acima e os restos impuros e térreos fixo no fundo da água na vasilha. Isto deve ser levado embora e removido, porque não tem nenhum valor e leva só a substância branca mediana, que derreteu ou dissolveu e fluiu, e rejeita a terra impura que permanece abaixo, no fundo. Estas *fezes* estavam em parte separadas pela água, e é o *dross* e *terra damnata* que não são de nenhum valor nem podem fazer qualquer serviço quando o assunto é claro e branco. Mas é puro e claro que se faz uso dele, é só lavar completamente.

E contra esta pedra de *Capharean* que o navio do conhecimento ou arte, do jovem filósofo, frequentemente colide, como também aconteceu comigo. Porque os **filósofos** falam a maior parte das vezes pelos contrários, os navios acabam colidindo e se destruindo em pedaços. Quer dizer que nada deve ser removido ou deve ser levado fora, exclua a **umidade** que é a **negritude**; a qual todavia eles falam, mas só escrevem para o imprudente. Quem, sem **mestre**, leitura infatigável, ou súplicas humildes para a graça de Deus, jogaria a lã dourada fora? Será observado, então, que esta separação, divisão, e sublimação são sem dúvida a **chave** do trabalho inteiro (5).

"Entre os bambaras do Mali, os detritos costumam ser queimados; depois suas **cinzas** são lançadas ao Níger, como oferenda ao deus **Faro**, organizador do mundo, tido como capaz de restituir aos homens as **forças** que continham os detritos, devidamente purificadas e regeneradas, sob a forma de **chuvas** por ele mandadas para dessedentar a terra" (38).

"Os excrementos da pedra são todas as substâncias que impedem as virtudes e ações naturais do mercúrio filosófico.

Na sublimação, a graxa que dá a continuidade e a ligação aos excrementos, é arrebatada pelas numerosas infusões do volátil sobre o fixo, pelo que o fixo vem a ligar-se ao volátil" (9).

"É, pois, necessário purgar perfeitamente este mercúrio de todas as suas *fezes*, a fim de que se converta em mercúrio dos filósofos, que pode unir-se ao ouro e torná-lo mais que perfeito. É só pela dissolução que todo composto natural pode ser limpo perfeitamente de suas imundícies" (217).

FILALETES, IRINEU

Irineu Filaletes é, segundo alguns, o pseudônimo de Thomas Vaughan, nascido em Breconshire, em 1621, e formado em Medicina em Oxford. Foi padre e alquimista, deixando importantes textos, entre os quais: "A Entrada Aberta ao Palácio Fechado do Rei", "Princípios para Dirigir as Operações na Obra Hermética", "Experimentos de Preparação do Mercúrio", "A Medula da Alquimia", e "Speculum Veritatis".

O heterônimo escolhido por Vaughan para assinar os seus trabalhos, não deixa de ser um aval às suas afirmativas, pois a palavra "Filaletes" (*Philalèthe*) vem do grego, e pode ser traduzida como "amigo da verdade".

FILHA DE SATURNO

Um dos nomes pelo qual é chamada a **matéria-prima**, ou **mineral** extraído da **mina**, para a execução do **magistério**. Como Saturno para os antigos é o nome pelo qual designavam o chumbo, presume-se que *Filha de Saturno* seja um material associado a esse mineral.

"Esta vida está somente no **azufre** metálico; este, buscaram-no os **Sábios**, em **Vênus**, e em outras substâncias semelhantes, porém debalde. Já, por último, tomaram nas mãos a *filha de Saturno*, e a provaram; era purificadora do **ouro** e, posto que tinha forças para separar do ouro maduro suas **fezes**, confiaram que faria o mesmo com o **mercúrio**; porém provaram, com a experiência, que esta tinha também suas **impurezas**; (...) ... querendo, com afinco purgar esta matéria, quase o acharam impossível, pois não tem em si azufre metálico algum, ainda que abunde em um **sal** de natureza purgadíssima. Notaram que o que no mercúrio era pouco era somente o azufre passivo, porém nesta *filha de Saturno* não acharam nenhum atuante, senão só potencial, por cuja razão tem aliança com o azufre arsenical que arde e, sem este, enlouquecendo, não pode subsistir em forma coagulada; (...) Por último, buscando-o com enorme trabalho, os Sábios acharam-no escondido na casa do carneiro; este foi tomado com grande desejo pela *filha de Saturno*, a qual, creia-me, é uma matéria metálica muito pura, muito terna e muito chegada ao primeiro ser dos metais, privada de todo azufre atuante, ainda que, em potência para recebê-lo, pelo qual, como a pedra **ímã**, o atrai até si e o esconde em seu ventre, e Deus Onipotente, para adornar extraordinariamente esta obra, na parte de fora, imprime-lhe seu Régio **selo**" (1).

FILOSOFIA HERMÉTICA

Hermes Trismegisto, segundo a maioria dos autores, foi um deus egípicio que legou aos homens o conhecimento da **Alquimia**, por meio de vários ensinamentos, inclusive a famosa **Tábua de Esmeralda**, em que o **segredo** é revelado, embora que de forma um tanto ou quanto velada, para ser entendido por poucos.

Após tantas recomendações, um dos sinônimos de "fechado" passou a ser "hermético", fazendo com que fosse recomendado às vasilhas do laboratório alquímico estarem "hermeticamente fechadas, para não permitir o menor escapamento dos gases oriundos da matéria, sob pena de arruinar-se todo o trabalho.

Daí a que toda a filosofia se denominasse hermética, em razão da necessidade de se manter secreta, fechada, longe do vugo, foi uma progressão natural.

Embora tal mistério seja de difícil entendimento, a pessoa que se mostrar realmente interessada em descobrir os segredos da natureza, comprovando isso com muita dedicação e estudo, receberá a bênção do entendimento.

"Quando o pupilo estiver pronto, o Mestre aparecerá." Esse antigo preceito ainda é verdadeiro. Pode-se aspirar, pode-se trabalhar e estudar com afinco, até altas horas da madrugada e, no entanto, não há nenhuma evidência de que o Adepto atinja essa glória sem preço: O Grande Arcano. Para alcançá-lo, requer-se muito mais do que um mero estudo. Um coração honesto, um coração puro, um coração verdadeiro, um coração benévolo e contrito realiza muito mais do que todos os livros de ensino poderiam oferecer. No entanto, bastante estranhamente, o estudo deve acompanhar as virtudes acima citadas. Sem um conhecimento e uma compreensão das leis naturais e seus correspondentes paralelos espirituais, ninguém poderá jamais ser verdadeiramente chamado de **Alquimista** ou **Sábio**. (...) Mas, se todas as dúvidas forem rejeitadas e se uma firme crença transformar-se em poderosa Fé, então esse momento rápido que produz o conhecimento ajudará eventualmente alguém a 'entender', a 'compreender a unidade do universo, o segredo que se oculta atrás da Criação e a expansão da consciência Cósmica'." (81).

Essa teoria, transcrita anteriormente, de que só os bons recebem a graça de conhecer a Filosofia Hermética, de que só o estudo, apesar de sumamente importante, não torna ninguém apto à conquista da **Grande Obra**, é bastante incoerente com todos os relatos dos próprios **Adeptos**, quando justificam sua escrita criptográfica e confusa, pela necessidade de impedir que caiam em mãos de pessoas desqualificadas para possuir tão grande poder.

Pelo visto, a exigência de pureza total, de santidade, é mais um dos artifícios para afastar os indesejáveis, até da simples pretensão de enveredar pelos caminhos da Alquimia, uma vez que tal segredo seria perigoso em mãos indignas.

FILTRO

Vários autores, em sua descrição de determinada fase do **magistério**, citam o emprego de *filtros*, que são utilizados para a separação dos elementos sólidos dos líquidos, em uma operação que, ao que parece, não se faz necessária pela interferência humana, mas sim pelo fogo de maneira natural, exceto no caso em que se deseje separar os compostos mais rapidamente para acelerar o processo. Esse método, que os filósofos denominam **roda**, é o mesmo **solve** e **coagula**, e se realiza repetidas vezes, até que a mistura esteja inteiramente homogênea.

"À continuação tomarás dois *filtros*, um mais fino que o outro e farás passar tua matéria pelo maior, de tal maneira que não separes do corpo toda a parte volátil; ao contrário, deves colar o corpo inclinando o *filtro*, para que toda a substância do corpo dissolvido mesclada com a prata viva transpasse o dito *filtro*.

Cuidarás também, ao inclinar o *filtro*, de que nenhuma matéria espessa do corpo o transpasse, o que se faz colando-a cuidadosamente. (...) Repita a operação até que no composto não fique mais nenhuma terra para unir" (219).

"Este **azufre** excrementoso que nada sobre a água destilada é combustível e queima, com efeito, como o azufre que se encontra nas montanhas, e que se vende vulgarmente. Todos estes **excrementos** da substância espirituosa devem ser quitados, a saber: os terrestres e sulfurosos por um *filtro*, e os aquosos por numerosas **destilações**" (9).

FIXAÇÃO

Ato de reter, no sujeito da obra, todas as coisas julgadas fundamentais ao seu posterior desenvolvimento. Ao mesmo tempo em que o alquimista se separa das substâncias indesejáveis, ele trabalha para que as indispensáveis não se percam volatizadas no ar, tornando a matéria em seu **crisol** sem qualquer valor. Só o sujeito que chega ao fim dos trabalhos, mantendo todos os elementos necessários, guarda o **magnetismo** desejado para obtenção da **Pedra dos Filósofos**.

"Esta substância, incorruptível por sua **pureza**, está envolvida por outras substâncias heterogêneas que não podem resistir aos agentes exteriores, os quais, vindo a penetrá-las, rompem a cadeia dos **espíritos** de seu magnetismo, e, em consequência, a **força** que unia suas partes, de sorte que se tornam voláteis e se separam facilmente do grão fixo ao qual rodeavam.

Embora possa parecer bem dissolvida pela ação de seu volátil, esta substância fixa tende sempre a tornar-se permanente, a coagular-se e fixar-se, o que faz, tanto mais facilmente dada a permanência e fixidez natural no centro dos mistos.

É assim que, quando a secura intrínseca desta substância é aumentada pela ajuda do **calor** externo e do **fogo** natural que constitui seu magnetismo, se torna mais poderoso pelos novos espíritos que recebe do fogo exterior, atua sobre o **úmido radical** que o rodeia, penetra as moléculas dele, determina a secura que lhe é própria e a fixa na natureza de seu sujeito.

A *fixação* química é mais constante e consistente que a natural, porque o fogo natural, que está demasiadamente extendido nos mistos espontâneos, é extraído deles pela **arte** química e reunido em muitíssima maior quantidade, ainda que, pela separação do fogo contra natura, ou das substâncias heterogêneas, o **misto** seja reduzido a um volume muito pequeno" (9).

"Mudar as naturezas não é fazer com que os mistos passem de um reino da natureza a outro, mas, pelo contrário, exatamente, espiritualizar os Corpos e corporificar os Espíritos, quer dizer, fixar o volátil e volatizar o fixo. É, em síntese, realizar a consciência como corpo e o corpo como consciência, através do ato puro da vida-luz" (129).

"O úmido radical que não é fixado, senão só coagulado, deixa-se vencer pelos agentes externos diferentes a sua natureza específica, a qual é sensivelmente mudada e alterada por eles em pouco tempo, em uma substância de todo diferente. Ao contrário, o que é fixo e permanente não cede a nenhum agente externo" (9).

FLAMEL, NICOLAS

Um dos mais famosos alquimistas medievais, nasceu em Pontoise, no século XIV, transferindo-se, ainda jovem, para Paris, onde passou a exercer a profissão de escrivão público, o que, segundo ele, possibilitou-lhe o primeiro contato com um livro de autoria de um certo Abraham, o Judeu, em que se iniciou nos segredos da Alquimia.

Casado com Perrenele, contagiou-a com o desejo de realizar a **Grande Obra**, o que foi conseguido após muitos anos de buscas e experiências, conforme narra em seu *Livro das Figuras Hieroglíficas*, escrito em 1399.

A caridade de Flamel, morador de uma humilde casa vizinha à igreja de St. Jacques, ajudando órfãos e viúvas, construindo hospitais e cemitérios, era incompatível com seus aparentes parcos recursos e chamou a atenção do rei Carlos V. Tanta prodigalidade merecia ser investigada, visto estar interditada, por ordem real, a prática da Alquimia.

Flamel saiu-se muito bem do seu encontro com o chefe das finanças do rei. Segundo alguns, Flamel contou-lhe toda a verdade, subornando-o com um pouco de **pó de projeção** e garantindo-se contra novas investigações.

Algum tempo depois, Perrenele veio a falecer. Flamel sobreviveu pouco tempo a essa ausência, morrendo logo depois.

Muitos acreditam que essas mortes foram para fugir do controle real. Se possuíam o **Elixir** da imortalidade, adquirido com a **Pedra Filosofal**, esse desenlace foi forjado.

No livro de Paul Lucas, editado em 1714, *Viagem na Turquia, Ásia, Síria, Palestina, Baixo e Alto Egito*, há o relato de um sufi, que teria encontrado o casal Flamel, na Índia, onde faziam parte de um pequeno grupo de **sábios** que, de forma dissimulada, prestavam auxílio à humanidade.

FLECHA

Atributo de **Diana**, a **Lua** e de **Apolo**, o **Sol**, a flecha é, nas alegorias alquímicas, a representação do **raio** em todo o seu simbolismo fecundante. É uma das referências usadas para exemplificar o fogo secreto, e também a fixação. Na gravura *Speculum veritatis,* do século XVII, pertencente ao acervo da Biblioteca Vaticana, veem-se o deus Mercúrio e Cadmo, traspassando um rei e uma serpente, fixando-os no tronco de uma árvore. É a fixação do mercúrio filosofal e do enxofre em um só corpo — a árvore dos filósofos.

"Nas tradições japonesas, quando **associada** ao arco, a flecha simboliza o amor. Sua aparência fálica é evidente, pois ela penetra no centro; o princípio masculino finca-se no elemento feminino" (38).

Nota-se também que, para muitos autores, a flecha tem o mesmo significado que a **chave**, melhor dizendo, ela serve para abrir e fechar, dissolver e solidificar.

FLEMA

Líquido proveniente da destilação que conserva várias propriedades sutis necessárias ao desenvolvimento do Magistério.

"É a água, o primeiro dos princípios passivos; sai na **destilação** primeiro que os **espíritos**, quando são fixos, ou depois, quando são voláteis. Esta nunca se retira pura, porque sempre tem algo dos princípios ativos de onde vem, que sua virtude seja mais retentora que a da água natural. Serve para dilatar os princípios ativos e para moderar seu movimento" (16).

"A *flema* do misto deve ser, ordinariamente, o **mênstruo** mais próprio para retirar dele a **tintura** e o extrato, porque conserva ainda algum caráter de seu **composto** e alguma ideia de sua virtude; porém, principalmente, acompanhada mais amiúde do espírito volátil do misto, que a torna capaz de poder penetrá-lo mais facilmente e extrair dele sua **virtude**, pois participa de uma natureza mesclada de **azufre** e de **Mercúrio** muito sutil e os que mais se aproximam ao universal" (6).

FLOGÍSTON

Teoria de George Ernst Stahl e Johan Joachim Becher, estudiosos dos processos metalúrgicos, apresentada no início do século XVIII, sobre um princípio existente no fogo que faria arder os corpos combustíveis. Na realidade, inspirados pela confusa alegoria dos textos alquímicos, acreditavam ser o tal princípio, o **embrião**, um componente primeiro ou **semente**, o mesmo que os alquimistas buscavam isolar, corporificado, durante seu exercício do **Magistério**. Elemento fundamental, segundo os que se haviam perdido no vasto cipoal de simbologias estranhas, preparado pelos **Adeptos** para despistar curiosos, possibilitaria o aperfeiçoamento de qualquer coisa a qual se ligasse.

A procura desse elemento por parte de inúmeras pessoas bem intencionadas e com formação científica relevante em sua época ajudou na descoberta de um sem-número de processos químicos, sem que, entretanto, fosse provada sua existência.

Lavoisier — considerado o pai da Química Moderna — comprovou a inexistência desse elemento, mostrando que o flogíston nada mais era que a reação de um mineral com o oxigênio do ar. Sua verdade incontestável, não desmente, entretanto, os tratados alquímicos que nunca disseram estar o embrião presente no fogo, outrossim ser ele um elemento criado pela combinação de determinadas matérias em seu mais absoluto grau de pureza.

FLOR DE AÇAFRÃO

Água de espuma de ouro que serve para tingir a terra calcinada.

"Semeai o ouro em terra branca folhosa. Daí procede a água espiritual e a **alma** permanece com o corpo, a qual é a **tintura** do **Sol**. Esta alma é como um fumo sutil, que só se mostra pelo seu efeito; e sua ação é uma manifestação de **cores**" (36).

"Quando este **sal** solar, que não é outra coisa que um **nitro** muito purificado, é concentrado e petrificado por uma hábil preparação, embebe a **luz** e se converte em um pequeno sol artificial. (...) Este mesmo sal, sendo reduzido, devidamente, em **licor**, converte-se em **Alcaest**, o dissolvente universal, tão escondido pelos mestres da **Arte**: também a experiência faz ver que o sal volátil do **orvalho** de maio dissolve ao ouro tão facilmente como a água quente dissolve o gelo" (60).

FLOR-DE-LÓTUS

O loto é símbolo dos deuses Brahma e Vishnu; é uma planta sagrada.

"O brilhante *loto* é a flor do mundo, que é o sonho de **Visnu**; e o deus que está nele, **Brahma**, o 'Criador', constitui uma emanação do útero universal que é o sonho cósmico de Visnu. (...) Brahma suplicou ao verdadeiramente Desperto (Buddha) que abrisse seu caminho a todos, pois poderia haver alguns, salientou o deus, alguns poucos felizardos dentre estes seres iludidos, cuja visão não estivesse obstruída pela poeira da paixão, e estes poderiam entender. Como as flores de loto emergem das águas escuras de um lago em vários estágios de maturidade — algumas ainda com os botões nas águas profundas, outras próximas à superfície, outras já abertas e prontas para sorver os raios do sol —, exatamente assim poderia haver entre os homens e entre os deuses alguns poucos preparados para ouvi-lo" (42).

FLOR DE OURO

No Tao, ela é a união dos **opostos**. A flor de **luz** branca central, surgida na **matéria** insignificante, pelas artes do **Magistério**.

No livro *O Segredo da Flor de Ouro*, Richard Wilhelm nos esclarece:

"A *Flor de Ouro* é o **Elixir** da Vida (Gin Dan, cujo significado literal é esfera de ouro, pílula de ouro)". E descreve os ensinamentos do Mestre Lu Dsu:

"O princípio, no qual tudo ainda é um e que portanto parece ser a meta mais alta, jaz no fundo do mar, na escuridão do inconsciente. Na vesícula germinal, consciência e vida (ou 'essência' e 'vida', isto é *sing-ming*) são ainda 'uma só unidade', 'inseparavelmente misturada como a **semente** do fogo no forno da purificação'. 'Dentro da vesícula germinal está o fogo soberano'. 'Todos os **sábios** começaram a sua obra pela vesícula germinal'. (...)

Este é o sinal de que a *flor de ouro* desabrocha.

Além disso, o corpo inteiro sente-se firme e vigoroso, de modo que não receia nem a tempestade nem a geada. Coisas que são desagradáveis para os outros não podem perturbar em mim a claridade do **espírito**-semente. O **ouro** amarelo enche a casa e os degraus são de **jade** branco. Coisas podres e nauseabundas sobre a terra, quando tocadas por um alento da verdadeira **força**, tornam-se imediatamente vivas. O **sangue vermelho** transforma-se em **leite**; o corpo carnal e frágil é puro ouro e pedras preciosas. Este é o sinal de que a *flor de ouro* se cristaliza" (185).

FLOR DE VIOLETA

Expressão usada por **Fulcanelli** para definir o **mercúrio filosófico** ou o mercúrio duplo. Um sal de cor *violeta* que, em meio ao líquido e tendo que ser "pescado", nos remete às alegorias de **peixe**, **rêmora**, **delfim**, **sereia**, e, por fim, **rede**.

"E, embora seja preferível não extraí-lo do meio em que habita — deixando-lhe para suas necessidades bastante água, a fim de manter sua vitalidade —, aqueles que tiveram a curiosidade de isolá-lo puderam verificar a exatidão e a veracidade das afirmações filosóficas. Trata-se de um corpo minúsculo — levando em conta o volume da massa de onde provém — com a aparência externa de uma lente biconvexa, amiúde circular e, em ocasiões, elíptica. Com aspecto metálico, este leve rebento infusível, porém muito solúvel, duro, quebradiço, friável, negro em uma fase e esbranquiçado na outra, *violeta* ao romper-se. (...)

Assim, por exemplo, um quilograma de excelente **ferro** da Suécia ou de ferro eletrolítico, fornece uma porção de metal radical de homogeneidade e pureza perfeitas, que varia de 7,24 e 7,23 gramas. Este corpo, muito brilhante, está dotado de uma magnífica coloração *violeta* — que é a cor do ferro puro —, análoga, quanto ao brilho e à intensidade, a dos **vapores** de iodo. Advertir-se-á que o **enxofre** do ferro isolado, **vermelho**-encarnado e seu **mercúrio** colorido de azul-claro, dão, ao combinar-se, o *violeta*, que revela o metal em sua integridade" (7).

FLOR DO CÉU

É o nome dado, por alguns alquimistas, ao **Sal** extraído do **orvalho** ou **rocio**. É recolhido durante os meses de primavera (no hemisfério Norte), entre os signos de **carneiro** e **touro**. Esse trabalho de observância às leis naturais é uma das causas para a denominação de **jardineiro** dada aos praticantes da Arte.

"Reside nisso um segredo cuja revelação foi chamada pelos Adeptos de o 'Dom de Deus', o do agente muitas vezes denominado *flos coeli*, o verdadeiro animador da matéria inerte a que ele transmite força e vida ao se encarnar. Vem daí seu nome 'rosée' ('rocio', 'orvalho'), tirado diretamente do grego *rhôsis*, 'força'" (37).

FLORESTA

O termo grego que designa *"floresta"* também designa "matéria". Esta é a razão pela qual os filósofos se referiram tanto a ela em seus textos, seguindo a velha tradição de dificultar ao máximo o livre acesso dos curiosos às suas informações.

"Os filhos de **Hermes** muitas vezes compararam sua matéria a uma *floresta* profunda e obscura, onde residem todos os perigos e todas as maravilhas do desconhecido. Entrar nessa floresta é abrir a **matéria** e penetrar em seus mistérios, dos quais, o primeiro, é o **mercúrio dos filósofos**" (37).

"Encontra-se na *Floresta* um ninho", escreve Lambsprinck, "onde o **Pássaro de Hermes** abriga seus filhotes".

FLUDD, ROBERT

Matemático, astrônomo, cosmólogo, filósofo, cabalista, considerado "o alquimista anglicano", nasceu em Bearested, município de Kent, em 1574; filho de Thomas Fludd, Tesoureiro da Raínha Elizabeth I.

Aos 17 anos, ingressou na Faculdade de St. John, Oxford. Após se formar em ciências médicas, vagou por toda a Europa, durante seis anos, buscando aprimorar seus conhecimentos. Nesse período, interessou-se pela Química, atração que o levou aos círculos médicos paracelsianos, dedicando-se a estudar ciências ocultas: Cabala, Magia, Astrologia e Alquimia. Nesse mesmo período, talvez em razão de sua amizade com **Michael Maier**, passou a adotar a filosofia Rosa-cruz.

Ao voltar a Oxford, em 1605, suas especulações místicas e esotéricas foram consideradas suspeitas, sendo por isso tratado com reservas. Ao ser aceito, em 1609, na Faculdade de Médicos de Londres, pôde manter o próprio **laboratório**, onde criava remédios eficientes para seus tratamentos especiais, bem como procedia suas experiências alquímicas. Além dessas atividades, fazia uso de estudos zodiacais para, por meio de horóscopos, aprimorar o diagnóstico dos seus pacientes.

Foi um médico bem-sucedido. Acreditava-se que o reconhecido êxito em seu trabalho era por causa de um magnetismo natural que influenciava seus pacientes, originando o sucesso de seus medicamentos.

Escritor prolixo, considerado sucessor filosófico de **John Dee**, escreveu, entre outras coisas *Apologia* 1616, *Utriusque Cosmi Historia* 1617, *Filosofia Magnética*, *Rosacrucianismo* e *Clavis et Philosophiae Alchymiae* 1633.

Faleceu em 1637.

FOGO

A importância do *fogo* na Alquimia está implícita no fato de ser ele um dos quatro elementos que, na opinião dos sábios antigos, são os componentes da **Pedra** ou um dos seus quatro estados.

O *fogo* ideal ou energia pura é constituído por proporções combinadas de outros elementos. Nessa análise é importante considerarmos que nenhuma substância é regida por um único elemento. Assim, toda e qualquer característica elementar é sempre produto de relacionamento entre outras substâncias, embora em proporções desiguais. Acreditando estar ajudando a Natureza a processar com maior presteza o seu trabalho de autoaperfeiçoamento, os interessados pela **Arte** começam a procurar, por meio da fundição dos minérios, a transmutação fundamental da matéria. Na contínua utilização desse processo, foram adquirindo métodos especiais na utilização do *fogo* e, sendo o **enxofre** altamente inflamável, torna-se explicável sua presença fundamental na **matéria-prima**, como um dos elementos preponderantes.

Na realidade, há dois *fogos* fundamentais para a realização do Magistério: um procede do combustível que o alquimista usa para manter o calor em torno do seu **cadinho**, o outro é liberado pela própria matéria, ao que parece, em fase mais adiantada do **magistério** e é, segundo vários autores, originário de uma espécie de **sal** que se apresenta como produto da própria matéria. Aceitando a afirmativa geral, sabemos que é indispensável a atenção do **Adepto** às condições do fogo exterior, que deve ser brando, durante a maioria do trabalho, ou a força dos **espíritos** faria arrebentar o vaso contenedor, e capaz de percorrer vários graus, até as mais altas temperaturas, em fases subsequentes.

Um alquimista anônimo escreveu em seu texto, denominado "Alquimia Misteriosa":

"Eis aqui o mais adimirável do *fogo* filosófico. É de todo semelhante à matéria de sua pedra e extraído, por meio da arte, de um esconderijo secreto da puríssima substância de suas víceras. Este *fogo* é o verdadeiro **banho-maria** dos Filósofos. Os **segredos** de sua preparação estão tão escondidos como a matéria mesma da pedra filosófica, pois a ciência de uma compreende o conhecimento do outro".

"Em quinto lugar, o espírito segrega o puro do impuro, pois elimina todas as coisas acidentais da **alma**, os **vapores** e os maus odores, e, como foi dito: o *fogo* separa o que é diferente e agrega o que é semelhante. Por isso o profeta diz: Tu provaste no *fogo* e nenhum mal foi encontrado em mim. E Hermes diz: Separarás o denso do sutil e a **terra** do *fogo*. E Alfídio diz: A terra torna-se líquida e é transformada em **água**, a água torna-se líquida e é transformada em ar, o ar torna-se líquido e é transformado em *fogo*, o *fogo* torna-se líquido e é transformado em terra glorificada. E esse efeito é o que Hermes quer dizer quando afirma em seu segredo: Separarás a terra do *fogo* e o sutil do denso, e isso deve ser feito regularmente" (189).

"O *fogo* tem que arder, continuamente e com igualdade, de modo a não aumentar ou diminuir, mas que esteja todo tempo igual, de outra maneira sucederia um grande transtorno" (52).

"Nas minas, o *fogo* não está em contato imediato com a matéria do **enxofre** e do **mercúrio**: encontra-se separado pela terra da montanha. De igual modo o *fogo* não deve ser aplicado diretamente no recipiente que contém a matéria, pelo que há que colocar o dito vaso noutra vasilha fechada com tanto cuidado quanto a primeira, de tal modo que um calor igual atue sobre a matéria, por cima, por baixo e em todos os sítios que seja necessário" (178).

"Três fogos são empregados na **Grande Obra**, sem os quais, assegura **Artéfio**, 'a arte não se aperfeiçoa e o que trabalha sem eles empreende as tarefas em vão'. O primeiro — o mais nobre — é o *fogo* natural que é também o espírito da vida, oculto na matéria; o segundo é o *fogo* secreto ou **Vulcano lunático**, que está encerrado no componente salino, vítreo e composto pelo alquimista; o terceiro é o *fogo* contra a natureza, que nutre, excita e anima os dois precedentes e que produz todo combustível.

O *fogo* do **azeite**, por exemplo, que preferiram o **Adepto** de *Mutus Liber* e o alquimista, igualmente anônimo do "Filet d'Ariadne", mostra-se como a fonte ideal de **calor** igual, doce e úmido, favorável à **putrefação**" (60).

"O *fogo*, nos ritos iniciáticos de morte e renascimento, associa-se a seu princípio contrário, a **Água**. Os chamados Gêmeos de **Popol Vuh** do mito maia, após sua incineração, renascem de um rio, onde suas **cinzas** foram lançadas.

Mais tarde, os dois heróis tornam-se o novo **Sol** e a nova **Lua**, Maia Quiché, efetuando uma nova diferenciação dos princípios antagônicos, *fogo* e **água**, que lhes presidiram a morte e ao renascimento. (...) Para os astecas, o *fogo* terrestre, ctônio, representa a força profunda que permite a "complexio oppositorum", a união dos contrários, a ascensão, a sublimação da água em nuvens, isto é, a transformação da água terrestre, água impura, em água celestial, água pura e divina. (...) Quanto ao *fogo* propriamente dito, a maior parte dos aspectos de seu simbolismo está sintetizada no hinduísmo, que lhe confere uma importância fundamental. **Agni**, Indra e Sûrya são as 'chamas' do nível telúrico, do intermediário e celestial, quer dizer, o *fogo* comum, o **raio** e o **sol**. Existem ainda dois outros, o *fogo* da penetração ou absorção (Vaishvanara) e o da destruição, que é outro aspecto do próprio Agni" (2).

"Compreende bem, igualmente, que o *fogo* de nossos lugares, ou dos fornos, ou de uma lâmpada, é o tirano da destruição, e que a natureza não emprega o *fogo* vulgar, senão para destruir; por exemplo, o *fogo* do raio ou o dos vulcões" (12).

"Sem **umidade**, sem o elemento da água, nenhuma **putrefação** pode ser feita. Porém, se uma certa **geração** deve seguir-se à putrefação, é necessário que ela seja excitada e alimentada pela qualidade quente, inerente ao elemento fogo" (137).

FOGO ELEMENTAR

Ao que parece, quando os alquimistas aludem ao *fogo elementar* em seus textos, é à combustão que se processa dentro do crisol, que se referem. Esse *fogo elementar* seria provocado pela união das duas raízes extraídas do **úmido radical**, a fixa e a volátil, e se processa intenso pela junção dos dois magnetismos, ainda que o calor externo seja brando.

"O fogo não é mais que vapor do **enxofre**; o **vapor** do Enxofre bem purificado e sublimado branqueia e torna mais compacto. Por isso, os **alquimistas** hábeis têm o costume de retirar ao Enxofre os seus dois princípios supérfluos por meio de lavagens ácidas, tais como o vinagre de limões, o leite agre, o leite de cabras e a urina de infante. Purificam-no por lixiviação, digestão e **sublimação**. Finalmente é preciso retificá-lo por resolução, de modo a não ter mais que uma substância pura contendo a força ativa, perfectível e próxima do metal. Eis-nos em possessão de uma parte da nossa **Obra**" (156).

"Há um fogo celeste volátil, que tem o poder de excitar o **fogo** escondido na terra; extrai-se pela destilação de uma terra que os filósofos conhecem, e a que chamam a mãe de sua **pedra**.

Este mesmo fogo, depois de extraído da terra, leva a terra à perfeição da pedra, e é denominado o pai da pedra.

A longa duração do misto depende da forte união do espírito celeste com o úmido radical. A morte ou a corrupção do misto é a solução deste nó pela potência de um **magnetismo** contrário e superior (...).

O segredo que a **Química** propõe para prolongar a vida, se faz de um sal fixo muito puro com o volátil muito puro, nos quais estão ocultos o espírito fixo e o volátil" (9).

O *fogo elementar* é o céu ou o firmamento mesmo, onde existem os astros, cujas influências visíveis convencem de seu erro os que a negam. Contém, abundantemente, o Espírito do Universo, que é o fogo, e se comunica, pelo veículo do ar, às coisas sublunares e da vida, porque a vida não é mais que um fluxo de fogo natural no corpo vivo.

É, portanto, também do céu que nos vem esta vida, condensada nos astros e, particularmente, pelo que a Terra respeita no **Sol**.

A **alma** do mundo ou **Espírito Universal**, possui este astro, poderosamente, e se lança por seus rios, para dar vida e movimento ao universo" (62).

"O *fogo secreto* interno é um instrumento de Deus e suas qualidades não são perceptíveis pelos homens. Falaremos amiúde aqui, deste fogo, embora pareça que nos referimos ao **calor** externo; isto é a origem dos frequentes **erros**, nos quais tropeçam os falsos filósofos e os imprudentes. O dito fogo é o nosso fogo graduado, pois o calor externo é quase linear, isto é, uniforme e igual em todo o processo; este não sofre nenhuma alteração durante a Obra, ao **vermelho** ou **branco**, excetuando os **sete** primeiros dias nos quais o rebaixamos para conservar a pureza da Obra, porém o Filósofo experimentado não requer estas advertências" (82).

"A Teologia, como se pode constatar, situa as alegorias extraídas do fogo quase acima de todas as demais. Observarás, efetivamente, que ela não nos apresenta apenas a representação de rodas inflamadas, mas também a de animais ardentes e a de homens de certo modo fulgurantes; é que ela imagina, em torno das essências celestes, amontoados de brasas escaldantes, e rios que rolam, trazendo chamas em caudal, em meio a um ruído atroador. Ela afirma, além disso, que os troncos também são escaldantes, e invoca a etimologia da palavra 'serafins', para declarar que essas inteligências superiores são incandescentes e para atribuir-lhes as propriedades e os atributos do fogo" (83).

"A **tintura** extraída do ouro vulgar se obtém pela preparação de seu **azufre**, que é o resultado de sua **calcinação** filosófica que faz perder sua natureza metálica e a torna uma terra pura; calcinação esta que não pode ter lugar pelo fogo vulgar, senão, somente, pelo *fogo secreto*, que existe no **mercúrio dos sábios**, vista sua dupla propriedade; e é, em virtude deste *fogo celeste,* secundado pela trituração, que penetra até o centro do ouro vulgar, e que o fogo central duplo do ouro, mercurial e sulfuroso, que se encontra aí como morto e aprisionado, se torna livre e animado. O mesmo *fogo celeste*, após haver extraído a tintura do ouro, fixa-a por sua qualidade fria e coagulante; e se torna perfeita, podendo multiplicar tanto em qualidade como em quantidade" (12).

FOGUEIRAS DE SÃO JOÃO

Conforme está dito em outra parte deste livro, a Noite de São João é uma das poucas noites do ano em que se registra um grande **influxo cósmico** sobre a terra. No hemisfério norte, ela marca o solstício de verão e o ponto culminante do Sol; se não levarmos em conta antiquíssimas tradições, será difícil entender o porquê de se comemorar São João acendendo fogueiras.

Será difícil entender que um profeta, descrito sempre como alguém intransigente nos terrenos da Fé, possa ser patrono de uma festa pagã, cujo ponto alto são as danças, magia, sortilégios e descontração, festa esta que, em tempos remotos, fazia parte do culto ao deus Belenos e que foi punida, durante a Inquisição, com torturas e mortes.

"Na Irlanda, por exemplo, os textos fazem menção unicamente à festividade denominada *Beltane*, que se realizava a 1º de maio, data que marca o início do verão. Nessa ocasião os druidas acendiam grandes fogueiras – *o fogo de Bel* – e faziam passar o gado por elas, a fim de preservá-lo das epidemias" (38).

Mas, considerando que, para os **alquimistas**, as **cinzas** e o **fogo** precisavam permancer como elementos de uma antiga tradição, entendemos a razão pela qual lhes eram atribuídos grandes poderes, fazendo com que as pessoas levassem para casa tições queimados e cinzas das *fogueiras de São João*, como se neles se concentrasse um invisível poder.

"Se nos lembrarmos de que, para os alquimistas cristãos, a paixão do **mercúrio filosófico** está para a realização da **Grande Obra** mineral assim como a paixão de **Cristo** está para a redenção do universo, admitiremos sem dificuldade que tudo o que refere a São João, o Precursor, possa ter relação com o 'poderoso mediador' chamado *vitríolo filosófico*, frequentemente figurado sob o aspecto de uma *chave* destinada a abrir a porta do santuário. Todos os que caminharam um pouco nos inícios da prática encontraram, tenham ou não prestado atenção, a *caveira* em um prato de prata, que é necessário oferecer à jovem e bela Salomé para que ela consinta em tirar até seu último véu" (37).

FONTE

Sacralizadas em muitas tradições, as nascentes d'água são também constantemente ressaltadas, nos textos alquímicos. Uma analogia bastante apropriada, pois, segundo se afirma, o **mercúrio filosofal** jorra da matéria-prima aquecida, em dado momento do **magistério**. É, no interior dessa água, que se originam os **sais**, o **orvalho**, a **tintura**, as **cinzas**. É ainda, no interior dessa água que se processa a **putrefação**, o verdor do renascimento, as **núpcias químicas**, a **fermentação** e a **multiplicação**. Assim como das *fontes*, essa água miraculosa também brota pura do interior da **terra** impura, para vivificar a Terra.

A *fonte* da Juventude, dos velhos mitos, aparece ao lado da **Árvore da Vida**. Nos processos do **laboratório,** o decantado **Elixir da Imortalidade** também é conseguido pelos **filósofos**, após o **regime da Lua**, quando a matéria no **vaso** toma forma de uma árvore de prata.

Johan Isaac Hollandus, em seu manuscrito datado de 1670, ensinando aos interessados que estavam por vir a fazer a Água do Paraíso, deu esta fórmula, na qual encontramos a celebre *"fonte"*, tão mencionada pelos alquimistas:

"Minha Criança, você pode se lembrar de que eu ordenei que você reservasse a metade do Saturno purificado em uma panela de Pedra, junte a isto uma garrafa ou mais de Vinagre de Vinho destilado. Fixe em uma cabeça, destile o Vinagre novamente em um Banho, a cabeça tem que ter um buraco no topo para verter mais Vinagre fresco ao assunto, e resume o Vinagre novamente disto, mais Vinagre fresco novamente, e novamente resume isto; isto que verte fora resumindo ou destilando têm que continuar por longo tempo. Preste atenção ao Vinagre sendo puxado fora, que seja tão forte quanto era quando foi posto em circulação, então é bastante isto, isto e o fim do trabalho com muito do Espírito de Vinagre como ele pode conter; então tire a Panela do Banho, se vá a cabeça, e tire o assunto, e ponha em um vidro espesso que pode suportar o Fogo. Fixe uma cabeça nisto, ponha primeiro envolto em Cinzas que fixaram em um Forno. Faça um Fogo pequeno, e contínuo. Com um fogo um pouco mais forte, cultive seu assunto que se faz tão vermelho quanto Sangue, espesso como Óleo, e docemente como Açúcar, com um Odor Celestial, então mantenha isto naquele calor tão longo como destila, e quando começa a relaxar, então aumente seu Fogo até o Vidro começar a arder, continue este grau de calor até que nada mais destile, então deixe esfriar de si mesmo, se vá o Receptor, pare muito íntimo com Cera, tire o trabalho do Vidro, bata para polvilhar em um Morteiro Férreo, com um aço Pestle; e então moa isto em uma Pedra, ponha este trabalho assim só em uma Panela na qual duas partes estão cheias, com aguaceiro destilado de Vinagre, fixe a Panela em um Banho com uma cabeça nisto, destile o Vinagre fora, acrescente Vinagre fresco novamente nisto, destile novamente fora: faça assim até que o Vinagre seja tão forte quanto era quando foi vertido primeiro nisto, então deixe esfriar, tire o trabalho do Banho, e vá a cabeça, tire o assunto da Panela, ponha em um Vidro redondo muito forte que possa suportar o Fogo, como você fez antes, fixe em um Forno em um Cupel com Cinzas peneiradas, fixe uma cabeça, e um luted de Receptor para isto, então destile, primeiro com um fogo pequeno que aumenta através de graus cultive um trabalho bem vermelho como Sangue, e espesso como Óleo, como supracitado; dê isto grau de fogo nenhum mais testamento destile, então deixe esfriar por si mesmo, se vá a cabeça, quebre a panela de vidro, e tire o Assunto, polvilhe novamente, e moa em uma Pedra com Vinagre destilado, ponha novamente na panela de Pedra com o aguaceiro Vinagre fresco nisto, fixe no Banho, e destile o Vinagre disto, verta novamente como foi sendo ensinado, vigie para que o Vinagre permaneça forte como era.

Reitere esta destilação no Banho até o fim do assunto, quando nenhum Espírito do Vinagre existir mais nisto, então tire, fixe em uma panela de vidro. Daqui para a frente tudo aquilo será destilado em forma de cinzas, vigie o trabalho até que se torne um Óleo vermelho, então vai ver a água mais nobre do Paraíso afluir de todas as pedras fixas, aperfeiçoando a Pedra; este é um modo. Esta água de Paraíso destilou assim, os Anciãos chamaram o Vinagre afiado delas, claro, porque eles escondem seu nome."

"Na quinta folha (do livro de Abraham, o Judeu), havia uma bela roseira florida, no meio de um belo **jardim**, apoiada contra um **carvalho** oco; ao pé dos quais borbulhava uma *fonte* de água límpida, que ia precipitar-se nos abismos, passando, muito embora primeiramente, entre as mãos de infinitos povos que cavavam a terra, em sua busca; mas porque eram cegos, ninguém a reconhecia, excetuando-se algum que sentia a sua **força**" (36).

"Nessas condições, não deve causar surpresa o fato de que o **mercúrio dos filósofos**, considerado a 'mãe' dos metais, tenha sido em todas as épocas, apresentado como a água primitiva que lhes deu nascimento, e que, por essa razão, é reconhecida como sendo seu próprio dissolvente. As **Adeptos** a designam com frequência pela imagem de uma nascente de água pura e clara, a respeito de que Jean de la Fontaine, de Valenciennes, escreveu na cidade de Montpellier, no ano de mil quatrocentos e treze, seu tratado sobre 'A *Fonte* dos Amorosos da Ciência', que pretendia ter descoberto, 'na época do mês de maio' (37).

Em seu comentário, em *Mutus Liber*, Magophon fala sobre o **Mercúrio**:

"Uns dizem que é um corpo; outros afirmam que é uma água. Uns e outros estão com a verdade, pois uma água, denominada 'a bela de prata', brota deste corpo que os **Sábios** chamam a *Fonte* dos Amantes da Ciência. Esta é a misteriosa 'selago' dos **Druidas**, a matéria que proporciona o **sal**".

"De princípio, saibas que o **mercúrio** vulgar de nada serve, mas que do melhor metal, por arte espagírica, provém nosso mercúrio puro, sutil, claro, brilhante como uma pequena *fonte*, transparente como o **cristal** e sem nenhuma sujidade. Disto faz água ou **óleo** incombustível, pois o mercúrio, de início, foi **água**, em que todos os **Sábios**, neste particular, mostram-se completamente de acordo com minha opinião e meu ensinamento" (137).

"Do mesmo modo que o ar separa as águas, assim mesmo nosso ar proibe ou impede a entrada das águas, que estão fora do centro, nas que estão no centro; porque, se entrassem e se mesclassem, cresceriam juntas no mesmo instante, com uma união inseparável. Por isto digo que o **azufre** externo, vaporoso, que arde, está pertinazmente unido com nosso **caos**, o qual, não podendo resistir a sua tirania, voa puro no **fogo**, sob a espécie de um **pó** seco. Tu, se esta terra seca souberes regar com água de seu gênero ou natureza, lavarás seus poros, e este ladrão exterior, com os demais que causam esta maldade, atirar-se-ão fora, e se purgará a água da impureza da **lepra** e do humor hidrópico supérfluo, pela união com o verdadeiro azufre, e terás, em uma posse amigável, a Fontezinha do Conde de Trevis, aquele filósofo cujas águas são dedicadas à Donzela **Diana**" (1).

Em um rolo medieval, coberto de ilustrações em seus quase seis metros de comprimento, cuja confeção é atribuída ao monge George Ripley, está escrito:

"A pedra misteriosa está envolta em uma *fonte* secreta".

FORÇA

Um bastante explicativo texto, escrito pelo dr. Márcio Bontempo em um dos seus guias práticos "Medicina Natural", desenvolve uma ideia de força com características bem alquímicas:

"Segundo a tradição oriental, tudo aquilo que pertence à vida manifestada tem uma só origem, uma força cósmica superior, um princípio eterno, atemporal, uma realidade absoluta não sujeita a transformações. Os **Vedas** afirmam que essa força é tão transcendente que dela nasceu o próprio **Brahma**, o Deus Puríssimo, criador do Universo. (...).

Obedecendo a uma lei cíclica, essa força ou substância eterna manifesta-se periodicamente, polarizando-se e fazendo surgir dois polos antagônicos, mas complementares. A substância primordial é o 'Nao Ser' que se polariza no 'Ser'. Portanto, tudo o que existe, tudo o que 'é', obrigatoriamente tem uma manifestação polar. Assim, o espírito e a matéria (ou o **Purusha** e o **Prakriti** dos hindus), o bem e o mal, a luz e as trevas, a atração e a repulsão, a inércia e o movimento são atributos ou qualidades da Substância Eterna, ou **Tao**".

"O pensamento bramânico (fundamentado na filosofia **Veda**) esteve centrado, desde o início, no paradoxo do simultâneo antagonismo e identidade das **forças** e formas manifestadas no mundo fenomênico, tendo como meta conhecer e controlar efetivamente o poder oculto que precede todas as coisas, que está por trás e no interior de tudo, como sua fonte recôndita. (...).

...do começo ao fim, através de todas as transformações da civilização indiana, a observação bramânica — quer na forma relativamente primitiva da magia ariana, quer nos extremos refinamentos do pensamento posterior — continuou sendo a mesma, ou seja, engajada no problema da natureza da força que, em todas as partes e de maneira incessante, apresenta-se ao homem sob novos disfarces.

"A tarefa de sondagem deste mistério foi tratada primeiramente com o espírito de uma ciência natural arcaica. Mediante a comparação e a identificação de diversos fenômenos, descobriu-se que estes provinham de uma mesma raiz, mostrando assim que eram basicamente um" (42).

FORÇA, A

A décima carta do **Tarot**, nos apresenta uma jovem clara, que traz sobre o vestido azul um manto vermelho, e, na cabeça um chapéu, cuja aba tem a forma de um oito. A seus pés, um leão completamente domado permite que sua boca seja escancarada pela dama, sem muito esforço.

O manto vermelho, cobrindo parte do vestido azul, demonstra-nos a úmida terrestrialidade quase vencida, o que é comprovado pela submissão das poderosas energias, simbolizadas pela passividade do **Leão**. No todo, é a representação de uma máxima alquímica que assegura ser a **Obra** de execução fácil: "Um trabalho de mulher...".

FORÇAS CÓSMICAS

"É este mesmo Espírito Divino que ilumina a imensidão do universo que, impulsionando-se e voltando a se impulsionar, por virtude enérgica e elástica, em circuito, do centro para o exterior e na capacidade do todo, retorna sem cessar e perpetuamente nos círculos que descreve por seu movimento, e seus cursos eternos e universais. É o *jiva*, a divina energia vital do jainismo.

"É assim que este **Espírito Universal**, por seu fogo e o úmido, nutre os peixes na água, aos animais sobre a terra, aos insetos na terra, faz vegetar as plantas e produz os minerais e os metais, no centro e nas entranhas da Terra; porque sua influência circulante, como fogo vital unido ao úmido radical, pelo **Sol** da Sabedoria, é a **semente** universal que se congela e cujo vapor se espessa no centro de todas as coisas: esta semente espiritual opera nas diferentes matrizes, segundo suas disposições, sua natureza, seu gênero, sua espécie e sua forma particular para produzir todas as gerações, pondo nelas o movimento e a vida" (84).

"O Sol e os planetas não são outra coisa que os estados condensados deste Princípio Universal, distribuindo sua abundância, desde seus palpitantes corações e enviando-as às formas dos mundos inferiores e a todos os seres, atuando através de seus próprios centros e impulsionando essas formas até um mais alto estado, no caminho da perfeição.

Este espírito pode ser obtido do mesmo modo em que é comunicado à Terra: das **estrelas**" (85).

Ver também **Influxo Cósmico**.

FORMAN, SIMON

Famoso filósofo e alquimista inglês cuja notoriedade foi bastante eclipsada pela popularidade de John Dee, de quem foi contemporâneo. Nasceu em 30 de dezembro de 1551, de uma família de classe média rural, mas, embora contasse com o apoio de seu pai para seguir sua vocação de estudos aprofundados, teve que se contentar com escolas de menor prestígio para sua formação. Após a morte do pai, ainda com 11 anos, as coisas ficaram mais difíceis, pois sua mãe e irmãos não entendiam e muito menos aprovavam a tendência demonstrada por ele, visando a complementação de seus estudos.

Embora lutando contra todas essas adversidades, chegou a frequentar, ainda que por um período não muito longo, o Magdelen College School, Oxford.

Paralelamente às suas tentativas de uma formação acadêmica, dedicava-se ao estudo de cartas numerológicas, atendendo a diversos clientes, o que lhe valia a subsistência, e a práticas alquímicas, fundamentadas em profundos estudos. Outra de suas atividades era a Medicina, a qual exercia com abnegação e sucesso, apesar de não ter concluído o seu curso. Isto lhe granjeou a inveja dos doutores que, embora formados nas várias universidades existentes, não conseguiam lograr o seu êxito. Por ocasião da peste, como conseguisse curar vários doentes com o tratamento específico que dispensava, fazendo uso de uma fórmula particular, denominada "água vitae", foi denunciado pelos médicos. Várias vezes foi levado aos tribunais, acusado pelo exercício ilegal da Medicina.

Embora pouco conhecido, foi uma das pessoas mais cultas de seu tempo, e sua vasta produção literária, entre as quais muitos relatos de experiências alquímicas, encontra-se na Bodleian Library de Oxford. Entre eles, o conselho que se segue:

"Deseja a sabedoria divina, a capacidade de entender, ou não te metas aqui, nem trabalhes com isso. Pois te custará muita riqueza mundana; não confies este labor a outro, mas faças tu mesmo. Aprende, portanto, primeiro a limpar, purificar e sublimar, a dissolver, congelar, destilar e, num certo momento, a conjugar e separar e a como fazer tudo, a fim de que, quando pensares subir, não caias. Confia esse trabalho a ti mesmo, e não a outro. Eu não poderia te dizer mais, mesmo que fosses meu irmão".

FORNO

Todo o trabalho da **Arte**, segundo se apreende na leitura dos mais variados textos, é efetuado com um calor constante, sendo que esse calor é um dos pontos mais importantes do **Magistério**. Para consegui-lo, é necessário um forno especial, onde o **matraz** deverá ser envolvido pelo calor, sem no entanto estar diretamente colocado sobre o fogo. Assim, fala-se em **banho-maria**, **limalhas de ferro** e, até mesmo em **esterco de cavalo** que, circundando o matraz, transmite o aquecimento de forma indireta.

"Ora, esse **vaso** de terra abre-se por cima, para aí se colocar a escudela e o **matraz**, sob os quais, por essa porta aberta, se introduz o **fogo** filosófico, como tu sabes. Assim tens três vasos, e o vaso triplo. Os invejosos o chamaram **atanor**, crivo, monturo, **banho-maria**, fornalha, esfera, leão verde, prisão, sepulcro, urinol, frasco, **curcúbita**, eu mesmo, em meu "Sumário Filosófico", que compus há quatro anos e dois meses, denomino-o, ao fim, a casa e habitáculo do frango, e às **cinzas** da escudela, a palha do frango. Seu nome comum é forno, nome que jamais encontraria se Abraham, o Judeu não tivesse pintado com seu fogo ateado, o que constitui uma grande parte do segredo. Ele é como o ventre e a matriz, contendo o verdadeiro **calor** natural, para animar nosso jovem **rei**" (36).

"O fornilho dos alquimistas chineses tem a forma de uma ampulheta, i.e., a de dois cones contrapostos e unidos entre si pela parte mais estreita — que é a forma do monte Kuen-luen, centro do mundo, como também a da cabaça, imagem do cosmo. Nesse fornilho, a substância morre para renascer uma configuração sublimada" (38).

"Posto que nos propomos imitar a natureza no regime do fogo, imitemo-la também no recipiente. Examinemos o lugar onde se elaboram os metais. Antes de tudo vemos claramente uma **mina** e que, debaixo da montanha, há **fogo** que produz um calor igual e cuja natureza é aumentar sem cessar. Ao elevar-se, disseca e coagula a **água** espessa e grosseira contida nas entranhas da terra e transforma-a em **mercúrio**. As partes untuosas minerais da terra são cozidas, reunidas nas veias da terra e correm, através da montanha, gerando o **enxofre**.

Como se pode observar nos filões das minas, o enxofre nascido das partes untuosas da terra encontra o Mercúrio. Então tem lugar uma coagulação da água metálica. Como o calor continua a atuar na montanha, os dois metais aparecem depois de um largo tempo. Nas minas, observa-se uma temperatura constante; disto podemos deduzir que a montanha que encerra minas está perfeitamente fechada com rochas por todos os lados; porque se o calor pudesse escapar-se, nunca nasceriam os metais.

'Portanto, se queremos imitar a natureza, é absolutamente necessário que tenhamos um fornilho semelhante a uma mina, não pelo seu tamanho, mas por uma particular disposição, de modo que o fogo colocado no fundo não encontre saída para se escapar quando subir, para que o calor reverta sobre o recipiente, cuidadosamente fechado, que encerra a matéria da **Pedra**" (178).

"Não é que tenha necessariamente de servir-se do banho-maria, excremento de cavalo, cinzas ou areia, ainda que tenha que reger e governar os seus fogos por tais graus. A pedra fechada em forno vazio, provido de tripla muralha, forma-se e coze quase sempre, até que todas as nuvens e vapores se dissipem e desapareçam, fique vestida e adornada com trajes triunfais e de glória..." (137).

FORNO DE ALFARERO

Forno construído de barro pelo oleiro, que em espanhol é chamado *alfarero*.

FORNO DOS FILÓSOFOS

Denominação dada ao processo pelo qual a matéria dissolvida permanece aquecida, indiretamente, proporcionando a **putrefação** dos elementos que a compõem.

"Após haver posto o lodo em uma vasilha, envolva-a com terra, em uma circunferência que ultrapasse o **banho** e esteja o banho totalmente cheio de água. A isto se chama propriamente *Forno secreto dos Filósofos*, é nele que se apura a matéria anteriormente dita, ou seja, a matéria dissolvida e se mantém ao **fogo**, do modo já explicado, por um espaço de quarenta dias, pois assim se crê que, mais facilmente, a essência perfeita poderá separar-se da pútrida e elevar-se ao alto, mediante emersão, o que depois nos levará ao **fermento** perfeito" (219).

FRACASSO

A técnica operacional da Alquimia está em estreita relação com a evolução espiritual do alquimista, segundo a maioria dos textos existentes. Essa grande inspiração que vem de Deus não premia ambiciosos, conforme podemos ler, neste trecho de Nicolas Valois, datado do século XV:

"Pois ainda que por tuas mãos tiveres visto toda a **Obra** levada até o fim, não serás por isso mais **sábio** se tua consciência estiver suja, pois desencaminhamento sobreviverá a todo homem que aquela pense em usurpar, e já não terá êxito em suas práticas, por melhor que seja seu engenho e por mais reta que seja a **via** em que se mantenha. Pois será dessas práticas repelido por seus vícios, mesmo que tenha experiência".

FRANCO-MAÇONARIA

Por todo o hermetismo de seus trabalhos e de seus estudos; dos vários detalhes históricos que os ligam aos **templários**, inclusive ressaltando a figura de seu grande mártir Jacques de Molay; da manutenção dos mesmos símbolos: **Estrela** Flamejante, compasso, esquadro, **pelicano**, notória ligação com os construtores das catedrais; os franco-maçons são considerados uma ordem iniciática, mantenedores da tradição alquímica e guardiães de seus segredos. Sua origem é bem antiga e, embora o texto abaixo, registre sua existência no século XVI, há indícios da presença de suas *Lojas* no século XV, já em plena atividade.

A Maçonaria é, simbolicamente, designada pelo termo "Viúva" e esta denominação parece advir da situação de **Ísis**, viúva de **Osíris**, e de seu empenho em recolher os pedaços espalhados do esposo para reconstituir a **unidade** primordial. Assim como a deusa, este também figura como o empenho maior do maçom.

"As diferenças entre a Franco-Maçonaria e a Alquimia são visíveis, numerosas e profundas. As analogias não são menos constantes, a ponto de ser impossível duvidar que houvesse uma filiação direta entre os mestres da Arte de Hermes e os primeiros a elaborar os rituais maçônicos antigos, muitos dos quais são praticados ainda hoje nas Lojas" (37).

"Em 8 de julho de 1781, Jean-Baptiste Willermoz, de Lyon, escreveu ao landgrave Carlos, príncipe de Hesse e amigo do célebre e misterioso conde de **Saint-Germain**, uma carta onde declarava sem ambiguidade o parentesco íntimo que, segundo ele, juntava a Alquimia e a Franco-Maçonaria: *Por meio da conjunção do Sol e da Lua, praticando exatamente o que é indicado de maneira emblemática pelos três graus simbólicos, será produzido um filho filosófico, por cujas virtudes seu possuidor prolongará desse modo seus dias, curará doenças e, por assim dizer, espiritualizará seu corpo, se tiver a coragem necessária e confiança bastante para procurar a vida até na morte.* Willermoz criara em Lyon, em 1763, o capítulo dos *Cavaleiros da Águia Negra*, três anos depois de ter fundado, na mesma cidade, a *Grande Loja de Mestres Regulares*, cujos membros conheceram, desde 1761, de acordo com Paul Naudon, 'vinte e cinco graus, entre os quais os do Cavaleiro da Águia, do Pelicano, de Santo André ou Maçom de Heredom' que, com base em um ritual de 1765, ostenta igualmente o título de *Rosa-Cruz"* (37).

FRASCO DE VIDRO

Ao que parece, o **laboratório** do alquimista não precisa de muitos objetos, mas os frascos de vidro são fundamentais. Claros, fortes o bastante para suportar elevadas temperaturas, com a parte inferior bem larga, alguns com gargalos longos e tampas capazes de fechar, hermeticamente, o conteúdo.

A matéria que é colocada neles, segundo a maioria das instruções, nunca deve ultrapassar um terço do seu espaço, já que os dois terços restantes são necessários para a circulação dos **vapores**. A transparência também é importante, porque todo o processo deve ser acompanhado, já que as cores, formas e sinais são condutores seguros na elaboração da **Pedra**.

Todas essas informações, no entanto, parecem se referir à **Via Úmida**, que, ao que tudo indica, utiliza vários utensílios, ao contrário da **Via Seca**, por certo, o caminho seguido pelo filósofo que se segue:

"O recipiente deve ser redondo, com um pequeno gargalo. Deve ser de vidro ou de um barro tão resistente como o vidro; fechar-se-á hermeticamente com uma tampa de asfalto. Nas minas o fogo não está em contato imediato com a matéria do **Enxofre** e do **Mercúrio**: encontra-se separado pela terra da montanha. De igual modo, o **fogo** não deve ser aplicado diretamente no recipiente que contém a matéria, pelo que há que colocar o dito **vaso** noutra vasilha fechada com tanto cuidado quanto a primeira, de tal modo que um calor igual atue sobre a matéria, por cima, por baixo e em todos os sítios que sejam necessários. Por isso Aristóteles disse em 'Luz das Luzes' que o Mercúrio deve ser cozido num triplo recipiente de vidro muito duro ou, o que é melhor, de barro que possua a dureza do vidro".

FULCANELLI

Misterioso alquimista contemporâneo. Surgiu na França, em 1926, em razão do lançamento do seu livro *O Mistério das Catedrais*, confirmando suas tendências alquímicas em 1930 com o lançamento de *As Mansões Filosofais* tidos como importantes tratados relacionados à Grande Obra.

Segundo consta, foi **Eugene Canseliet**, outro autor moderno de grande prestígio entre os aficcionados da **Arte**, que protegeu seu anonimato, encarregando-se dos contatos com a editora para as publicações de seu **Mestre**, mantendo o **mistério** em torno da figura do consagrado **Adepto**, com justificativas, como a que se segue, na qual tentou explicar sua inexplicável ausência:

"O meu mestre sabia-o. Desapareceu quando soou a hora fatídica, quando o sinal foi dado. Quem ousaria subtrair-se à lei? Eu próprio, apesar do sofrimento de uma separação dolorosa, mas inevitável, se de mim se apossasse a feliz exaltação que obrigou o meu mestre a fugir das homenagens do mundo, sei que não agiria de outra forma".

Mas há pessoas que atribuem ao próprio Eugene Canseliet e a um certo senhor Jean-Julien Champagne a autoria desses trabalhos, acreditando que *Fulcanelli* tenha sido apenas um mero pseudônimo, sob o qual se encobriram, para apresentar teorias pouco compatíveis com a tradicional crença dos frequentadores das famosas catedrais góticas.

Por último é importante registrar a existência de mais uma obra atribuída ao misterioso autor, escrita em português *Finis Gloriae Mundi*, surgida em 1999, transcrita de um manuscrito assinado pelo próprio Fulcanelli, em que revela a chave final sobre a transformação alquímica e comunica o fim do mundo como o conhecemos.

FUNERAIS

Um dos grandes momentos do processo alquímico é a negrura completa da matéria, após, aproximadamente, 50 dias de paciente trabalho. É o chamado **regime de Saturno** e representado, geralmente, por um esqueleto com uma foice ceifadora.

Ao que parece, essa alegoria foi se diversificando, através dos tempos e se disseminando em todas as culturas em funerais míticos, cujo único ponto em comum é a data de sua realização, entre os signos de **áries** e **touro**.

"Sempre houve *enterros* simbólicos, análogos às imersões batismais, seja com a finalidade de fortalecer as energias ou curar, seja como rito de iniciação. De toda forma, esse *regressus ad uterum*, essa descida ao útero da terra, tem sempre o mesmo significado religioso: a regeneração pelo contato com as energias telúricas; morrer para uma forma de vida, a fim de renascer para uma vida nova e fecunda. É por isso que nos **Mistérios** de Elêusis se efetuava (...) uma descida à caverna, onde se dava um novo nascimento" (2).

G

GALENA

"Protosulfuro de chumbo (S Pb), que se cristaliza na classe Hexaoctaédrica do sistema cúbico, com cristais perfeitos. Cor cinza de ferro, porém com um brilho metálico; traços e pó negros. Peso específico de 7,4 e 7,6 e dureza de 2'5 a 3. Boa condutora de calor e de eletricidade. (...)

Contém sempre muitas impurezas, entre as quais a **prata**, o **zinco**, o **ferro**, o **estanho**, o **antimônio**, o arsênico, etc. (...)

"A galena é sempre um mineral de filão, encontrado em grande quantidade nos E.U.A., na Austrália, México, Canadá e, principalmente, na Espanha" (26).

"Podem-se encontrar excelentes razões para declarar matéria-prima dos alquimistas quase a qualquer corpo. (...) Por exemplo, já citei a galena, que razões poderiam alegar-se para tomá-la como matéria-prima?

Saturno é o caos e as trevas, a cor negra, condições iniciais de todo processo. O primeiro dos 7 deuses mitológicos, um primeiro estágio da evolução metálica a partir do **mercúrio**, que nas minas se coagula para formar os metais. É **Binah**, na Cabala hebreia, o Mar das Águas Primordiais, (...) galene é o mar sereno, gala, o leite, de onde o **leite da virgem**, o mercúrio. Podemos derivar a Galinha dos ovos de ouro, (...) Também, Galileia, a Terra Santa. E enfim, é o esquadro e o compasso da Maçonaria" (13).

GALÍCIA

Região da Espanha bastante conhecida pela riqueza mineral, e também pelo culto de São Tiago. Suas minas de Rivadeo, Campomarzo, Larazo e Mondoñedo, atraíam os *peregrinos* que procuravam esconder suas tentativas alquímicas sob o manto de uma profunda fé.

"É muito curioso o fato de a época de ouro das peregrinações se situar na época das cruzadas" (18).

"Enfim, tendo perdido a esperança de vir a compreender essas figuras, fiz um voto a Deus, e a S. Jacques da Galícia, para perguntar a interpretação delas a algum sacerdote judeu, em qualquer das sinagogas da Espanha. Então, com o consentimento de Perrenele, portando comigo o extrato dessas figuras, tendo tomado o hábito e o bordão (...) Da mesma forma me pus a caminho e enfim cheguei a Montjoie, e depois a S. Jacques, onde com grande devoção cumpri o meu voto" (36).

GARUDA

Os **vedas** se referem a uma **águia** denominda *Garuda*, passaro solar, brilhante, montaria de **Vishnu**, que é um destruidor de **serpentes**, por sua vez um animal lunar e sombrio.

Mais uma vez, nos mitos o confronto entre os dois **opostos**, o masculino e o feminino, o positivo e o negativo, perpetuando, em cada mitologia signos imorredouros de uma mesma história: O **Mercúrio Filosofal** e o **Enxofre**, um alado e o outro, áptero, em luta aberta pela supremacia, mas com tal equilíbrio de forças que, chamados a se transformar em um príncípio único, somente com uma boa condução, pode acontecer uma gloriosa paz: a **Pedra dos Filósofos**.

GASTOS

Ao que tudo indica, se forem usadas as substâncias corretas, os trabalhos da **Grande Obra** não serão dispendiosos, muito pelo contrário.

Sendo a matéria-prima um mineral abundante e de muito baixo custo, como descrevem alguns, não é necessário seguir as recomendações de Adeptos **invejosos** que criaram histórias de um **magistério** no qual se utilizam metais valiosos como **ouro** ou **prata**, que só serviriam para encarecer o trabalho, sem nenhum resultado proveitoso. É bom, portanto, ter em mente os conselhos de **Geber**, um dos primeiros alquimistas árabes que, em *A Súmula da Perfeição*, nos avisa:

"Advirto-te, contudo, que não é preciso que gastes os teus bens nesta busca, pois asseguro-te que, se não conheceres os princípios desta **Arte**, mas entenderes bem aquilo que te vou ensinar, conseguirás a perfeição total da **Obra** sem que te custe nada, e sem que te vejas obrigado a um só gasto extraordinário em todo o teu Trabalho. Depois disto, se perderes o teu dinheiro por teres menosprezado os conselhos e censuras que te dou no meu livro, não percas o tempo maldizendo-me pelo que devias atribuir à tua ignorância e à tua insensata pretensão".

"Saturno não vale quase nada ou muito pouco, requer pouco tempo e pouco trabalho, isto que eu lhe conto é verdade, minha Criança, guarde isto em teu coração, entendendo. Este Saturno é a Pedra que os filósofos não nomearão, de quem o nome é escondido até este dia. Porque, se esse nome fosse conhecido, muitos operariam e a Arte seria comum, porque este trabalho é pequeno e sem a carga explosiva de um mau trabalho. Então o nome permanece escondido, por causa dos males que poderia provocar. Todas as Parábolas estranhas que os filósofos falaram misticamente, de uma Pedra, uma Lua, um Forno, uma Vasilha, tudo isso é Saturno; porque você não deve por nenhuma coisa estranha junto ao que vem disto. Então, não há ninguém tão pobre neste mundo, que não possa operar e promover este trabalho. A Lua pode ser feita facilmente de Saturno, em pouco tempo e, em tempo um pouco mais longo, o Sol. E, entretanto, um homem pobre ainda pode atingir muito bem isto, e pode ser empregado para fazer a Pedra do Filósofo" (147).

"Necessita-se muito pouco combustível, e menos ainda de vasos. A obra custa muito pouco para fazer, e pode ser feita em todo lugar, porém é conveniente começá-la com a da natureza, para terminá-la bem" (12).

GEBER

Entre os árabes conquistadores, a Alquimia ressalta um dos maiores Mestres de todos os tempos: Abu Mussah Jabir Ibn Haiyan (721-803), mais vulgarmente chamado de Geber, conhecido na Europa por sua extrema e variada erudição. Suas teorias sobre a transmutação dos metais, influíram grandemente no desenvolvimento da Alquimia, a partir do século VIII.

Praticou a Medicina e a Alquimia em Kufa, durante o califado de Harum al-Rashid.

Profundo conhecedor, devendo mesmo ser considerado o pai da Química moderna, pois acreditava que "aquele que não faz experiências não conseguirá nada". Dentro destes princípios, aperfeiçoou novas técnicas científicas, tais como a destilação, cristalização, calcinação, sublimação e evaporação, desenvolvendo diversos instrumentos com essas finalidades, entre eles o **alambique** considerado sua maior invenção. Classificou os elementos, embora de forma primária, como metais, não metais e substâncias temporárias. Criou termos como alcaloide, difundido pelos séculos no vocabulário científico mundial, além de identificar os ácidos: nítrico, cítrico, tartárico e hidroclorídrico.

Grande sábio, aplicava seu conhecimento de matemática no estudo do cosmo. Legou ao mundo várias descobertas, entre as quais o conhecimento da água-régia, do sublimado, da água-forte ou ácido nítrico e do ácido azótico, além de muitos textos sobre a Alquimia, entre eles: "Livro das Raízes", "O Livro Perfeito da Arte", "O Livro dos Fornos" e "A Summa Perfectionis Magisterii".

Teoricamente, desenvolveu as ideias de **Aristóteles** com variantes próprias. Enquanto o grego considerava que as exalações da Terra geravam minerais e metais, Geber não acreditava ser um processo tão direto. Os vapores brumosos primeiro se transformavam em enxofre, enquanto os fumarentos se transformavam em mercúrio, tornando-se os blocos básicos para todos os metais.

Para *Geber*, toda a confusão nos textos alquímicos era intencional; visava a desistência do curioso e provocava o empenho maior das pessoas realmente interessadas em descobrir a ciência. Dele, o comentário:

"E, como sempre, nós revogamos deliberadamente em um livro o que nós dizemos em outro. A finalidade é confundir e conduzir ao erro a todos, exceto àqueles que Deus ama".

Levado ao exílio, durante o reinado do califa Harun-al-Rashid, por demonstrar posições políticas discordantes, veio a morrer longe de sua pátria, mal se iniciava o século IX.

GEIA

"É a Terra concebida como elemento primordial e deusa cósmica, diferenciando-se, assim, teoricamente de **Deméter**, a terra cultivada. Geia se opõe, simbolicamente, como princípio passivo ao princípio ativo; como aspecto feminino, ao masculino da manifestação; como obscuridade, à **luz**; como **Yin**, ao **Yang**; como *anima*, ao *animus*; como densidade, **fixação** e **condensação**, à natureza sutil e volátil, isto é à dissolução. Geia *suporta*, enquanto Urano, o Céu, *cobre*. Dela nascem todos os seres, porque Géia é mulher e mãe. (...) Ela é a virgem penetrada pela charrua e pelo arado, fecundada pela chuva ou pelo sangue, que são o *spérma*, a semente do Céu. Como matriz, concebe todos os seres, as fontes, os minerais e os vegetais. Géia simboliza a função materna: é *Tellus Mater*, a Mãe Terra" (2).

GERAÇÃO

Para a Alquimia, citada sempre como a Arte do Amor, a união das duas **raízes**, ou dois princípios é alegoricamente representada por um casamento, pela *geração* que ocorre dessa união. Esse "filho" oriundo da união tem vários nomes: **semente**, **embrião**, **delfim**, **azufre**, flor do ouro, **luz**, **sereia**, **enxofre**, etc.

"A geração é a união de um novo espírito que retorna tributário do magnetismo vencedor e que aumenta sua energia. (...)

Assim, pela união dos dois espermas, fixo e volátil, nos quais estão encerrados os dois espíritos, o sujeito das influências e virtudes celestes é especificado e sublimado ao mais alto grau do poder magnético; o Céu é convertido em terra e a terra feita céu, e as energias de uma e de outro são reunidas" (9).

Em *O Segredo da Flor de Ouro*, Lü Dsu nos revela a antiguidade dessas mesmas teorias:

"Mas quando a luz que circula brilha para dentro, não aparece dependente das coisas e a força do obscuro é fixada, e a **Flor de Ouro** brilha concentradamente. Isto é a **luz** polar concentrada. O semelhante atrai o semelhante. Dessa forma, a linha polar de luz do abissal força para cima. Não se trata apenas do luminoso no abismo, mas da luz criativa que se encontra com a luz criativa. Logo que estas duas substâncias se encontram, ligam-se indissoluvelmente e surge uma vida incessante, que vai e vem, sobe e desce por si mesma, na casa da **força** originária. Somos colhidos por um sentimento de claridade e de infinitude. O corpo inteiro torna-se leve e quer voar. Este é o estado do qual se diz: As nuvens conferem plenitude às mil montanhas. Pouco a pouco, vai-se de um lado para outro, levemente, e de um modo imperceptível se sobe e desce, o pulso pára e cessa a respiração. Este é o momento da verdadeira união geradora, o estado do qual se diz: A lua concentra as 10 mil águas. Em meio a esta escuridão, repentinamente, o coração celeste inicia um movimento. Este é o retorno da luz una, o tempo do nascimento da criança".

"Não se pode levar a cabo nenhuma *geração*, nem do homem nem do animal, sem a **putrefação**. E nenhuma **semente** deitada a terra, ou um vegetal, pode germinar sem que primeiro apodreça, pois até muitos animais imperfeitos tomam a sua vida e origem só da podridão, coisa que, em justa lei, deve colocar-se entre as maravilhas da **natureza**, que fez isto porque escondeu na terra uma grande virtude produtiva que se levanta estimulada pelos outros **elementos** e por influência da semente celeste" (137).

"O mesmo sucede com os outros metais. O **Enxofre** é, por assim dizer, seu pai e o **Mercúrio**, sua mãe. É, ainda, mais verdadeiro se se disser que, na **conjugação**, o Enxofre representa o **esperma** do pai e que o Mercúrio figura o **mênstruo** coagulado para formar a substância do **embrião**. O Enxofre só, não pode engendrar, tal como o pai, só.

Assim como o macho engendra a sua própria substância misturada com o sangue menstrual, assim também o Enxofre engendra com o Mercúrio, mas por si só não produz nada. Por esta comparação, queremos dar a entender que o **Alquimista** deverá, antes de tudo, extrair ao metal a especificidade que lhe deu a **Natureza**, e, depois, que proceda como procedeu a natureza com o Mercúrio e o Enxofre preparados e purificados, seguindo sempre o exemplo da Natureza" (156).

GERME METÁLICO

O fundamental, aconselhado em todos os tratados, é conseguir isolar a **semente** perfeita que se encontra no âmago da **matéria primeira**. Todo o mister de separação e junção de elementos específicos tem por finalidade o surgimento desse fruto. Bem cuidado e criteriosamente alimentado com as coisas que lhe são próprias, apesar de ser um **germe metálico**, vai passar por um processo vegetativo que redundará no desenvolvimento da **árvore da vida**, etapa fundamental na conquista da **Grande Obra**.

"... A pedra é a primeira matéria dos metais e, por conseguinte, precede o **ouro** e todos os metais; se ela tira deles sua origem, ou se nasce de sua destruição, isso não quer dizer que ela seja uma produção posterior aos metais; pelo contrário, ela é anterior a eles, pois é a matéria de que todos eles foram formados. O segredo da arte consiste em saber extrair dos metais essa matéria primeira, ou esse *germe metálico*, que deve vegetar graças à fecundidade da água do mar filosófico" (172).

GILGAMESH

Herói sumeriano, em cuja lenda se percebem os mesmos detalhes das alegorias alquímicas: Sacrifício de um monstro, touro, grande-mãe, serpente, imortalidade, etc., sempre sob a mesma fórmula que foi guardando símbolos mas perdendo a coerência, após séculos e séculos de relatos.

Grande guerreiro, semidivino, destruiu o monstro Khumbala, que assombrava o bosque dos cedros sagrados da montanha, com a ajuda de seu amigo Enkidu.

Após ter se recusado a casar com Ishtar — uma **Grande-Mãe**, foi obrigado a matar um **touro** furioso que a deusa enviou para liquidá-lo.

De seu encontro com Utnapishtin — sobrevivente sumeriano do **dilúvio** (o correspondente ao Noé bíblico), saiu convencido a ir procurar a planta da **imortalidade**, no fundo do mar; planta essa que daria vida nova, vigor e juventude aos velhos. Após uma dificultosa conquista, a planta lhe foi roubada por uma **serpente**.

GIOBERTITA

"Carbonato de **Magnésia** (CO_3 Mg) que cristaliza em sistema romboédrico. Cor branca ou amarelenta, com lustre vítreo quando está cristalizado (raro). Peso específico 3'1, e dureza de 3'5 a 4'5. Efervescência em calor. É própria das rochas magnesianas (serpentinas, cloritas, etc.). A curiosa rocha chamada *doelo* ou *pedra de Múrcio*, muito abundante no Noroeste da **Galícia**, é uma mescla de giobertita e clorita, muito empregada na construção de edifícios" (26).

GLOBO CRUCÍFERO

Signo gráfico que apresenta o mundo encimado por uma **cruz**. Muito usado em representação de reis, para designar poder, é também o símbolo do **Antimônio**.

"Nosso globo, reflexo e **espelho** do macrocosmo, nada mais é que uma parcela do **caos primordial**, destinado, pela vontade divina, à renovação elementar, nos três reinos, mas que uma série de circunstâncias misteriosas orientou e dirigiu para o reino **mineral**. Assim determinado pela impressão de uma forma e especificação, submisso às leis que regem a evolução e progressão minerais, esse *caos* tornado corpo contém em estado confuso a mais pura **semente** e a substância mais próxima que existe dos minerais e dos metais" (7).

GOBINEAU
Ver **Montluisant, Esprit Gobineau de**.

GOLAM
Veja **Homúnculo**.

GOLFINHO
É a representação do **sal** nitroso, agente universal dos **Filósofos**. Ver também **Delfin**.

GORDURA
"O mercúrio homogêneo, puro e limpo, grávido por nosso artifício, de **azufre** interno, administrando-lhe só um calor conveniente, coagula-se ele mesmo, como a nata de leite, nadando por cima como a terra sutil sobre a água" (1).

"Esse vaso de terra (...) é chamado pelos filósofos O triplo vaso; pois em seu interior há um suporte sobre o qual há uma escudela cheia de cinzas tépidas, nas quais está pousado o **ovo filosófico**, que é um **matraz** de vidro (...), e que está cheio das confecções da **arte**, isto é, da escuma do *Mar Vermelho*, e da gordura do vento mercurial" (36).

"Sorve a manteiga, ó **Visnu**,
tu que tens por matriz a manteiga...
Elas jorram do oceano espiritual,
esses fluxos de Manteiga
cem vezes contidos em comportas;
como rios, as ondas de manteiga confluem,
clarificadas no interior pelo coração e pela **alma**.
Leva aos deuses nosso sacrifício
que aí está!
As ondas de manteiga se clarificam deliciosamente.

Sobre o seu poder, sobre a sua vitalidade,
assenta o universo,
no seio do mar, no seio do **espírito**" (86).

"Nas pedras e nos metais está contida, mais ou menos abundantemente, a substância untuosa que pode ser convertida como alimento no úmido untuoso dos outros reinos, ainda que, *per se*, ela seja incapaz de vida.

Esta substância untuosa de todo misto não é senão o **sal** fixo e brando" (9).

"Sem dúvida alguma que o sal comum, por várias e repetidas calcinações, soluções, evaporações e coagulações, converte-se em um corpo fusível no fogo, como o sebo" (196).

GRAAL

As primeiras citações feitas ao *Graal*, encontram-se nos textos de um escritor medieval — Chrétien de Troyes — cuja presença é registrada a partir da segunda metade do século XII (1130 a 1170). Em sua novela *Cliges*, encontra-se a primeira menção a Camelot, à Távola Redonda, à espada invencível e ao lago. Seu último trabalho foi *Percival* ou *A História do Graal*, uma taça miraculosa, de ouro puro, cheia de pedras preciosas, cuja inspiração foi obtida através da leitura de um velho e original manuscrito céltico encontrado por ele. Posteriormente, outro escritor, Robert de Boron, enveredando pelo mesmo meio, dá ao *Graal* uma interpretação religiosa, revelando que o conteúdo da taça seria o sangue de Cristo. Com o apogeu do Cristianismo medieval, imposto pela força do papa Inocente III, prevaleceu essa última versão de ser a taça o objeto usado por José de Arimateia para colher o sangue de Jesus Cristo.

Perdido em meio às posteriores lendas medievais, o *Graal* seria a conquista máxima almejada pelo ser humano. Atrás dele partiram cruzados e **templários**, envolvendo-se nas aventuras de sua busca até os míticos Cavaleiros da Távola Redonda.

Há autores que definem o *Graal* como sendo uma pedra caída do céu: *lapis exillis;* outros, a fonte inesgotável de desconhecida, mas outros ainda o associam ao **Velocino de ouro**, características da **Pedra Filosofal**. Aparentemente, entretanto, essa lenda é muito mais antiga. O poeta árabe Omar Khayam fala de um cálice mágico de um certo rei Jamshyd, formado por **sete** anéis de ouro, que continha o **elixir da vida**. Esse cálice, após ter desaparecido por longos anos, foi reencontrado na fundação de Persépolis.

"Símbolo eucarístico cristão a cuja busca se devotaram muitos cruzados e os lendários cavaleiros do Rei Arthur. (...)
"Sua descrição assemelha-se ao caldeirão de abundância dos **druidas**, mas assemelha-se, também, à Pedra Filosofal procurada por muitos" (4).

GRANDE MÃE

Já no Paleolítico, por conta de grafismos e imagens, constata-se o culto à Grande Mãe, por toda a parte onde o homem se reuniu a outros homens, em grupos. Por todas as culturas e por todos os tempos, essa figura lembrando a perpetuação, a virgindade, a fecundidade, a natureza, a divindade, foi e continua sendo alvo de cultos, sacrifícios e adoração. Nela é homenageada a natureza feminina da força universal. Nas tradições mitológicas escandinavas, é Idhunn, a guardiã das maçãs de ouro da imortalidade. Nos **Vedas** é citada no casamento do Pai-Céu com a Mãe-Terra, como elemento fundamental no matrimônio cósmico. Para os jainos é um ser primordial que sempre existiu, gerando tudo. No Egito, é Nut, a abóboda celeste, com a conformação de um corpo feminino, que, unida a Geb — a Terra —, deu nascimento a Rá — o deus solar —, e, mais tarde, a **Ísis** — outra deusa universal — que, com **Osíris**, gerou Hórus. É **Kãli** — a **virgem negra** ou Mãyã-Sakti, na Índia — o movimento da dança cósmica. Na Frígia é **Cibele**, adorada na forma de uma pedra negra. **Ishtar** dos persas, a Mãe-Terra **Deméter** dos gregos, **Diana** ou Reia entre os romanos, e mais uma infinidade de personificações.

Seus atributos: a **serpente**, a **árvore** do conhecimento, a **Lua**, a **pedra**, o **leão**, a **águia**, **flechas**, **fontes**, **estrelas**; são significados de uma identidade única, encobertos e modificados em muitas versões.

Para a Alquimia, todas essas alegorias se fundem na matéria primordial, fecundada pelo Espírito de Deus, sob a forma do **influxo cósmico**. Crença que vem sendo transmitida desde a antiga propagação dos **Mistérios** e chega aos nossos dias, interessando a poucos sobre os grandes arcanos.

GRANDE OBRA

Em razão de ter se perpetuado nos relatos da história humana como a maior conquista efetuada pelo homem, em todos os sentidos, a Alquimia foi denominada, com muita propriedade, **A Grande Obra**. Se a definimos como uma ciência que conseguiu conciliar as energias cósmicas e terrestres, subjugando-as em simples fornos caseiros, em proveito da transmutação da matéria imperfeita em uma **Quintessência**, temos que nos curvarmos diante da aquisição desse conhecimento, reconhecendo tal trabalho como o maior feito já alcançado pela humanidade.

"A alquimia, constatando que *todo o observável é simbólico*, afirma que *todo simbólico é observável* e que, em consequência, o **Símbolo** supremo do símbolo, a saber, a **Unidade**, é observável, e que o *homem verdadeiro* pode contemplar a encarnação do *Logos* na matéria. Tal é, em toda sua generalidade, uma das mais extraordinárias empresas do gênio humano; tal segue sendo o verdadeiro sentido da elaboração da *Grande Obra*" (207).

GRAVURAS

Através dos tempos, um grande número de instrutores da Arte alquímica tentou passar os seus conhecimentos de forma visual, procurando, com isso, vencer as barreiras idiomáticas. Essa fórmula, experimentada desde os primeiros Mestres, sob a forma de símbolos como o uróboro, triângulos, dragões, serpentes, leões e astros, chegou ao seu apogeu no século XVII, quando verdadeiras histórias em quadrinhos foram criadas para melhor esclarecer os estudiosos. A primeira a surgir foi a "Aurora Consurgens", ainda no fim do século XIV; seguida por "Norton's Ordinali" , no século XV; "Philosophia Reformata", de Mylius, em 1622; o "Mutus Liber" , de Altus, em 1677; "Speculum Veritatis", ainda no século XVII; e "De Summa", no século XVIII; entre outras.

Embora tornando facilmente identificável todo o processo, pois os desenhos são claros, os Mestres, percebe-se, tiveram o cuidado de evitar que sua sequência real desvendasse, aos indesejáveis, o grande segredo, achando por bem baralhar suas etapas, dificultando o entendimento aos realmente pouco interessados.

GRIFO

Animal fabuloso com cabeça de **águia** e garras de **leão**, cuja alegoria foi bastante empregada, assim como o ícone do **dragão**, para simbolizar as energias fantásticas contidas na matéria-prima, que necessitam ser domadas durante o **Magistério**. Na Grécia, o *grifo* era consagrado a **Apolo** e **Atena**, enquanto na Índia, segundo antigas lendas, era o guardião do ouro da terra.

"Se desejais, pois, possuir o *grifo* — que é nossa pedra astral — arrancando-o de sua ganga arsenical, tomai duas partes de terra virgem, nosso dragão escamoso, e uma do agente ígneo, o qual é esse valente cavaleiro armado com a lança e o escudo" (7).

GRUTA

Assim como cavernas e **minas**, as grutas figuram nos ritos de iniciação mais antigos lembrando **morte** e renascimento. A regeneração pelo contato com as energias telúricas ou, segundo conceitos mais modernos, uma busca da verdade nessa volta ao útero simbólica, e sua consequente conscientização na saída para a **luz**.

Nas velhas tradições europeias, as **virgens negras** — figuras de deusas bastante comuns no mundo pré-cristão — costumavam ser cultuadas em cavernas e grotões.

Para o **Adepto** esse simbolismo não poderia ser mais claro, ele representa a chave de um conhecimento hermético, pois indica o local onde costuma ser detectada a **matéria** primeira para a execução da **Grande Obra**. Se é um mineral que se busca, logicamente a procura deve se efetuar no ventre da terra. Só nas entranhas do solo, pode ser encontrada a Virgem Negra, ainda não tocada, que, após o extremo rigor do **Magistério**, cumpridas todas as etapas do seu aperfeiçoamento, se transformará na **Pedra Filosofal**, condutora do Adepto em seu processo evolutivo.

GUANAJUSTITA

"É um sulfoseleniuro de bismuto natural, de fórmula (Se S)3 Bi$_2$), rômbico, que se apresenta em pequenos cristais aciculares ou em massas fibrolaminares de cor cinza-azulada e brilho metálico. (...) No carvão arde com chama azulada e forte odor de **putrefação**" (26).

GUNA

Denominação dada pelas escrituras clássicas indianas do Sãnkya e do Vedãnta aos três elementos da matéria (*prakrti*): *tamas* que significa tenebroso, escuro, negro; *rajas*, impureza, mênstruo, vermelhidão; *sattva*, puro, cristalino, brilhante.

GUR UNIVERSAL

Também denominado por alguns *tártaro dos filósofos*. Sedimento encontrado após a evaporação do **rocio**. Parte fundamental da matéria que os alquimistas tentam isolar para, juntando-a após com elementos purificados, conseguir uma **semente** de perfeição, utilizável na manipulação de seus trabalhos de aperfeiçoamento dos três reinos da Natureza.

"Guhr = matéria líquida, esbranquiçada ou cinza, ou de outras cores, que flui nas montanhas; está composta de substâncias minerais ou terrosas, de tal modo atenuadas, que podem ficar longo tempo suspensas na água, antes de precipitar-se nela" (87).

"Dentro da água se encontra a semente universal. Dentro da água se encontra o que se chama a primeira matéria, a terra pré-adâmica, o verdadeiro *gur universal*, que contém todas as sementes dos reinos mineral, vegetal e animal" (...)

O espírito implantado do Arqueiro, que há dentro da água, faz com que a água comece a pôr-se mais quente, que sofra a putrefação, o que ocasiona uma separação do sutil e do grosseiro. A água se torna turva, olorosa e limosa. Aparece na água algo esponjoso, um sedimento que se forma na parte de cima e cai quando se há reunido bastante. Este parece ser como lã fina e é pegajoso ao tato (...)

Destilada toda a água, o resíduo, o *verdadeiro gur universal* mostra um PH alcalino: 8" (88).

H

HAMSA

Diz-se, na Índia, que *hamsa* é o **Espírito** — o sopro divino. É representado por uma gansa que choca o **ovo cósmico** nascido das águas primordiais, dando origem ao Céu e à Terra.

HAOMA

Espécie de **soma** védico, doador da imortalidade. **Quintessência** vegetal considerada guardiã de toda criação animal.

A planta *Haoma* é o elemento primordial da lenda em torno da concepção de **Zoroastro**. Conta-se que seu pai, Pouroshaspa misturou um pedaço desse vegetal com leite, dando metade para sua esposa Dugdhova beber, ingerindo, em seguida, a outra metade. Após esse ritual, conceberam Zoroastro que nasceu com as características da planta, promovendo a justiça e a introspecção.

HÉCATE

Antiga deusa grega, lunar, ctônia, de origem bastante indefinida, pela antiguidade de seu culto. Era representada com três rostos. Tão poderosa quanto **Apolo** e **Ártemis**, simboliza a Lua Negra, sendo a deusa dos mortos, mas também da germinação e dos partos.

Como senhora da magia e da bruxaria, era cultuada nas encruzilhadas e nos cemitérios, onde se colocavam oferendas para a proteção contra os espíritos, monstros e medos noturnos. Seu culto era também celebrado nas **grutas**.

Por essa estranha triplicidade: três cabeças em uma só figura, sempre seguida por **Cérbero** — cão de três cabeças, guardião das portas do inferno, além de **lobos**, faz com que a associem à **matéria-prima** dos filósofos, interpretação intensificada pela crença de que *Hécate* concedia todos os dons e glórias a seus seguidores.

HEFESTO

(Vulcano) Deus da Metalurgia e do fogo. A etmologia de seu nome, segundo Junito de Souza Brandão: "é muito discutida. Talvez se pudesse, partindo da forma dórica (Aphaistos), decompor-lhe o nome em *ap aph*, "água" e *aidh aistos*, "acender", "pôr fogo em". Coxo, mutilado como o **relâmpago**, precipitado como ele, do céu para a terra ou para a água, Hefesto é o fogo nascido nas águas celestes.

Ver também **Vulcano**.

HELIOGABALO

Deus da montanha reverenciado em cultos sírios e fenícios sob a forma de uma pedra cônica. Esse **betilo** tinha o mesmo nome do deus — *heliogabalo* — e era guardada em um grande templo, na Siria, como a forma diminuta de uma montanha.

HELMONT, JAN BAPTISTA VAN

Alquimista, médico e fisiologista, nascido em Bruxelas, em 12 de janeiro de 1580 e falecido em Vilvoorde, Flandres, em 30 de dezembro de 1640.

Como todos os outros químicos do seu tempo, estudou a **transmutação** de metais, afirmando ter obtido sucesso na produção de **ouro** do **mercúrio**, crença da qual jamais procurou se esquivar. Reverenciava a **Grande Obra** e considerava que jamais um **filósofo** conseguiria obter o conhecimento radical da Natureza sem o auxílio do **fogo**, além de afirmar ter testemunhado os efeitos da **Pedra Filosofal** em várias ocasiões, comprovando velhos ensinamentos.

Foi um memorável pesquisador, obtendo importantes comprovações sobre sua teoria dos gases, em especial o gás carbônico. Seus estudos sobre o suco gástrico foi de grande valia para os estudos posteriores da anatomia. Sua teoria da expansão de gases, sobre o ácido sulfúrico, o ácido nítrico e óxido de nitrogênio, abriu novas portas ao conhecimento de sua época. Notando a diferença entre a fumaça da combustão e o ar, inventou o vocábulo *gás*. Em experiências posteriores, provou que no ar existiam vários tipos de gases, descoberta que facilitou os estudos posteriores de Boyle, Hooke, Black e muitos outros. Acreditava que a água era uma substância básica, defendendo seus pontos de vista em várias publicações: *Ortus Medicinae, De magnetica vulnerum curatione, Febrium doctrina inaudita, Opuscula medica inaudit.*

HELVÉTIUS

John Frederick Schweitzer, um dos mais brilhantes cientistas holandeses do século XVII, apesar de frontalmente condenar como superstição o grande arcano dos sábios, apresentou como autêntica a melhor descrição de um trabalho alquímico:

Segundo seu relato, em uma fria tarde de dezembro de 1666, estava em sua residência, em Haia, quando foi procurado por um homem de aspecto simples, que começou a desafiar seus conceitos em relação à conquista da Pedra Filosofal e à Medicina Universal. Sem conseguir convencê-lo do contrário, o estranho retirou do bolso uma pequena caixa de marfim e dela três pedras de um cristal amarelado, do tamanho de castanhas pequenas, e disse que, além de prolongar vidas, com elas se poderiam transmutar 20 toneladas de metal vil em ouro. Disse não poder oferecer nenhuma parte delas a Helvétius e que voltaria na próxima. Mas Helvétius não esperou; como havia retirado de uma delas uma pequena partícula com a unha, mal o visitante saiu se propôs a experimentar o seu efeito. Derreteu o chumbo e jogou nele a porção furtada. Nada aconteceu, para a confirmação de sua descrença. Na semana seguinte, o estranho voltou para provar o que afirmara. Ofereceu um pequenino pedaço da fabulosa pedra a Helvétius, ensinando-o a enrolá-lo em cera, antes de jogá-lo no chumbo derretido; e, para sua surpresa, a operação foi um sucesso. O chumbo derretido havia se transmutado em ouro.

HENCKEL, JUAN FREDERICO

Famoso químico do século XVIII, relatou suas decepções com o **Antimônio** em seu "Tratado de la Apropriación":

"O régulo de antimônio é considerado como um meio de união entre o mercúrio e os metais, e eis aqui a razão: já não é mercúrio, nem todavia um metal perfeito; deixou de ser um, e começou a converter-se no outro. Sem embargo, não devo deixar em silêncio que empreendi, inutilmente, enormes trabalhos para unir mais intimamente ao ouro e ao mercúrio, mediante o régulo de antimônio".

HERÁCLITO

Vivendo em Éfeso, Grécia, no século VI a.C., Heráclito pregava, como Lao Tsé na China, a polaridade dos opostos: "O caminho para cima e o caminho para baixo são o único e o mesmo caminho". "Deus é dia-noite, inverno-verão, guerra-paz, saciedade-fome". "As coisas frias se aquecem, o quente esfria, o úmido seca, o seco se torna úmido".

HÉRCULES

(Héracles para os gregos). Filho de **Zeus** e Alcmena, foi perseguido sempre pela ciumenta Hera, que não o perdoava por ser fruto de um dos adultérios do marido. Quando ainda era um recém-nascido, Zeus ordenou a **Hermes** que o levasse para sugar o leite de Hera — o que lhe daria a imortalidade. Durante o ato, Hera descobriu a quem pertencia a criança que começara a amamentar, repelindo-o bruscamente. Isso fez com que seu leite se espalhasse pelo céu, transformando-se na Via Láctea.

Dono de uma força prodigiosa, aos oito meses estrangulou duas víboras; aos dezoito, matou o **leão** do monte Ciretrão; recusando-se, mais tarde, a pagar o tributo anual com que Tebas indenizava o rei Orcomano, desviou o curso de um rio e afogou os soldados do rei que vinham para prendê-lo.

Enlouquecido por artes de Hera, matou a flechadas os filhos e os lançou ao fogo, mas recuperou a razão; foi a Delfos pedir ao oráculo de **Apolo** um meio para se purificar. O castigo imposto foram 12 anos a serviço do primo Euristeu, que lhe ordenou a execução dos conhecidos 12 trabalhos, nos quais a **Alquimia** reconhece, de forma velada, várias etapas do **Magistério**. O prêmio conferido a *Hércules* por Apolo e **Atená**, após a conclusão dos penosos trabalhos, foi a imortalidade.

"Para fazer os trabalhos de *Hércules*, é necessário que se use de grandes precauções; uma vez que tenham passado, o resto é um trabalho bem agradável, que não custa um soldo de despesa" (12).

HERMAFRODITAS

Nome originário da união de dois deuses: Hermes (Mercúrio) e Afrodite (Vênus), significando a união de dois opostos. Na **Alquimia**, é simbolizado pelo **rebis**.

Denomina lendários seres nascidos da união entre os elementos da Terra e o Fogo Divino. O **mercúrio filosofal** é considerado *hermafrodita* porque tem nele o princípio masculino de ser metal e ser seco, e o princípio feminino de ser líquido e úmido.

"Então mesclaram a vida com a vida; por uma coisa líquida a seca umedeceram, e, também, pela ativa aguçaram a passiva, e por uma coisa viva vivificaram uma coisa morta; deste modo se nublou o Céu por algum tempo, e este, após mui prolongados **rocios**, tornou a serenar. Este mercúrio saiu fora *Hermafrodita*; a este puseram no **fogo**, por um tempo longo e o coagularam e em sua **coagulação** acharam **Sol** e **Lua** muito puros" (1).

"Aconteceu que Mercúrio e Vênus se casaram,
os quais, no contato amoroso, enlaçados e nus,
o filho engendraram onde os seus sexos se unem,
parecendo-se com os dois que em nada se lhe parecem.
Vênus, sentindo-se prenha, explorou a sorte

do seu querido embrião, do seu nascimento e morte.
Três Oráculos distintos, confusa, a afligiram
e nenhum deles enganá-la ousou.
O primeiro pressagia-lhe um filho ao fogo submetido.
O outro, pela sua redondeza uma filha lhe promete.
Logo o terceiro anuncia um novo feto
que, nascendo filho e filha, não é macho nem fêmea
e cuja frágil vida o ar há de expirar" (228).

Ver também **Andrógino.**

HERMES

Hermes é o codinome que define o deus conhecido pelos gregos como **Mercúrio**, reverenciado como Toth no antigo Egito e como Crióforo, por apresentar-se às vezes com um cordeiro nos ombros, lembrando o bom pastor e atividades agrárias. Sua atuação, entre esses dois povos, como Mestre de muitos tipos de conhecimento, é bastante notória, mas foi associado à **Alquimia** que se projetou pelos tempos, eternizado nos velados ensinamentos do **Magistério**. A ele são atribuídas a autoria e a concessão aos homens da "**Tábua de Esmeralda**", um dos mais antigos e divulgados textos sobre a **Grande Obra**.

De seu nome, origina-se o termo "hermético", cujo significado, secreto, fechado, encaixa-se harmoniosamente com os mistérios pretendidos, para que a Alquimia se mantenha a salvo da vã curiosidade.

A alcunha Trismegisto, pela qual costuma ser designado, deve-se à triplicidade de sua Sabedoria, considerada três vezes grande.

Por ter oferecido a Apolo a lira que inventara, recebeu como recompensa o **caduceu**, atributo pelo qual é universalmente conhecido, e que lhe assegura a manutenção do equilíbrio entre as forças celestes e terrestres.

"Filho de Zeus e de Maia, a mais jovem das Plêiades, Hermes nasceu num dia quatro (número que lhe era consagrado), numa caverna no monte Cilene, ao sul da Arcádia. Apesar de enfaixado e colocado no *vão de um salgueiro*, árvore sagrada, símbolo da fecundidade e da **imortalidade**, o que traduz, de saída, um rito iniciático, o menino revelou-se de uma precocidade extraordinária. No mesmo dia em que veio à **luz**, *desligou-se* das faixas, demonstração clara de seu poder de **ligar** e **desligar**, (...) Inventor de práticas mágicas, conhecedor profundo da **magia** da Tessália, possuidor de um **caduceu** com que tangia as almas na luz e nas trevas. (...) Assimilado ao deus egípcio Tot, mestre da escritura e, por consequência, da palavra e da inteligência, mago terrível e patrono dos magos, que, já no século V a.C., era identificado a Hermes, como ensina Heródoto (2, 152), bem como ao inventivo e solerte **Mercúrio** romano, o deus de Cilene, com o nome de Hermes Trismegisto, isto é, 'Hermes três vezes máximo', sobreviveu através do hermetismo e da alquimia até o século XVII" (49).

Tem por atributo, sandálias com asas, característica de sua volatilidade, que lhe empresta a condição de mensageiro e viajante, na mitologia de alguns povos, mas também o aproxima do volátil **Mercúrio Filosofal**, recolhido após a circulação da **matéria** no **matraz** e sua **condensação**.

"O clarividente *Hermes* com olho de Lince abriu
a terra até o centro e — sutil — descobriu
os **segredos** mais profundos onde a sua **Natureza** invejosa
emprega, ao esconder-se, a sua mão industriosa" (228).

HERMÉTICO

Oculto, fechado. Termo originário do nome de **Hermes** Trismegisto, em razão dos **segredos** que envolviam seus ensinamentos alquímicos. Houve época em que essa expressão tinha apenas uma classificação esotérica, designando os conhecimentos da **Grande Obra**, só alcançados mediante a iniciação por revelação divina, ou ministrados por algum **Mestre**. Com o correr do tempo, popularizou-se, passando a classificar qualquer coisa referente a Ocultismo. Por este motivo, nem toda a literatura hermética está hoje ligada às tradições de transmutação da matéria e engloba **mistérios** de menos importância.

Hermético é também o termo empregado como referência a um **vaso** ou panela, que se veda totalmente, de forma a que não deixe escapar nada, nem o ar.

HERMÓGENES

Reza a lenda ter sido um mago que foi vencido por São Tiago, pelo qual teria sido obrigado a revelar o seu saber oculto. Analisando a lenda, há os que consideram *Hermógenes* a personificação de Hermes Trismegisto e a vitória de São Tiago, a conquista do segredo da manipulação do Mercúrio Filosofal.

HERRENGRUNDITA

"Sulfato de cobre e cálcio, de completa fórmula $SO_4 Cu.3 (OH)_2 3SO_4 Ca.3 H_2O$ (Urvolgita), monoclínico, forma cristaizinhos tubulares ou agrupamentos esféricos. Cor verde-esmeralda e lustre vítreo. Encontra-se nos conglomerados de quartzo de Herrengrund (Hungria)" (26).

"Mas por causa de que se requer para esta operação **vitriolo** puro, que não seja imbuído na sua mina de espíritos arsenicais, nem de outras coisas heterogêneas, e que um não se está seguro em si (quanto) aos vitriolos que se trazem de Chipre e Hungria serem adulterados ou não, aconselho a servir-vos do vitriolo extraído do **verdete**, *veridis aeris*, que é de cor esmeralda, de um grau muito alto, e que esparrama sua cor de forma geral, pois por este meio tereis suficiente matéria para reduzi-la e fazer dela o **Magistério** dos **Sábios**, em caso de que estivésseis em dúvida de não poder levar a cabo este arcano por outros vitriolos" (48)

HESED

Esta Sephira é ocupada por Zeus (Júpiter) na Árvore da Vida, cuja origem está enraizada na tradição da Cabala. Zeus, o propagador de sementes, gerador de deuses e heróis, é o arremessador do **raio** da energia criativa que infunde a vida. Se, segundo dizem, a Cabala é uma **escada** para o céu, é também por ela que descem os influxos cósmicos geradores da vida.

HESPÉRIDES

Ver **Jardim das Hespérides**

HÉSTIA

Filha de Cronos e Reia, era deusa da lareira, personificação do fogo sagrado correspondendo para o grego à Vesta romana e ao próprio Agni indiano. Virgem, representa a pureza absoluta, de onde advém a prosperidade.

"Héstia é a própria lareira em sentido estritamente religioso ou, mais precisamente, é a personificação da lareira colocada no centro do altar; depois, sucessivamente, da lareira localizada no meio da habitação, da lareira da cidade, da lareira da Grécia; da lareira como fogo central da terra; enfim da lareira do universo. (...) Se bem que muito cortejada por Apolo e Poseidon, obteve de Zeus a prerrogativa de guardar para sempre a virgindade. (...)

"Personificação do fogo sagrado, Héstia preside a conclusão de qualquer ato ou acontecimento. Ávida de pureza, ela assegura a vida nutriente, sem ser ela própria fecundante. É preciso observar, além do mais, que toda realização, toda prosperidade, toda vitória são colocadas sob signo desta pureza absoluta. Héstia como Vesta, e suas dez Vestais talvez simbolizem o sacrifício permanente, pelo qual uma perpétua inocência serve de elemento substitutivo ou até mesmo de respaldo às faltas perpétuas dos homens, granjeando-lhes êxito e proteção" (2).

HÊ VÔ HÊ

"O grito Hê Vô Hê era o grito sagrado dos iniciados do Egito, da Judeia, da Fenícia, da Ásia Menor, da Grécia. As quatro letras sagradas *Iod Hê Vô Hê* representavam Deus em sua fusão com a natureza, incluindo a totalidade do ser, o universo vivo. *Iod* (Osíris) significava a divindade propriamente dita, o intelecto criador, o Eterno-Masculino que está em tudo. Hê Vô Hê representava o Eterno-Feminino, Eva, Ísis, a Natureza fecundada por ele. A letra *Iod* era a mais alta iniciação. As outras ciências eram das letras de *Evé*.

"Orfeu reservou as ciências das letras *Iod* (Iove, Zeus, Júpiter) e a ideia da unidade de Deus aos iniciados do primeiro grau, querendo interessar o povo nas artes e seus símbolos vivos. Por isso o grito *Evoé* ouvia-se nas festas de **Dioniso**, onde estavam os simples aspirantes. Nisso consistia a diferença entre a obra de Moisés e a de Orfeu. Partem da iniciação egípcia, mas dirigem-se em rumos diferentes. Moisés, asperamente, glorifica o deus masculino. Confia sua guarda a um sacerdócio fechado e submete o povo a uma disciplina implacável. Orfeu, amoroso da Natureza, glorifica-a, em nome de Deus que a penetra. Por isso o grito *Evohé!* é o grito sagrado dos **mistérios** da Grécia" (89).

HIDRA

Serpente de sete ou nove cabeças, hálito venenoso, fatal a quem dela se aproximasse. Suas cabeças renasciam à medida em que iam sendo cortadas, motivo pelo qual foi esse o mais difícil dos doze trabalhos de **Hércules**. É, claramente, uma alegoria alquímica. Sob a fábula de Hidra, oculta-se o embranquecimento da matéria. Diz-se cortar a cabeça para referir-se a tirar a negritude ou toda a umidade.

"Hidra, em grego, tem a mesma raiz que 'água'. O Sânscrito tem 'udra', animal aquático; o alemão, 'otter', víbora, lontra. A origem de tudo é o indo-europeu 'ued', estar úmido.

'Hidra de Lerna é um monstro gerado pela deusa Hera, para *provar* o grande **Héracles** (**Hércules**). Criada sobre um plátano, junto da fonte Amimone, perto do pântano de Lerna, na Argólida, a Hidra é figurada como uma **serpente** descomunal, de muitas cabeças, variando estas, segundo os autores, de cinco ou seis, até cem, e cujo hálito pestilento a tudo destruía: homens, colheitas e rebanhos. Para conseguir exterminar mais esse monstro, o herói contou com a ajuda preciosa do sobrinho Iolau, porque, à medida que Héracles ia cortando as cabeças da Hidra, onde houvera uma renasciam duas. Iolau pôs fogo a uma floresta vizinha e, com tições, ia cicatrizando as feridas e impedia assim o renascimento das cabeças cortadas. A cabeça do meio era imortal, mas o filho de Alcmena a cortou assim mesmo: enterrou-a e colocou-lhe por cima um enorme rochedo. Antes de partir, Héracles embebeu suas flechas no veneno ou, segundo outros, no sangue de Hidra, envenenando-as.

"A interpretação evemerista do mito é de que se trata de um rito aquático. A Hidra, com as cabeças que renasciam, seria na realidade o pântano de Lerna, drenado pelo herói. As cabeças seriam as nascentes, que, enquanto não fossem estancadas, tornariam inútil qualquer drenagem" (2).

HIDRARGÍRIO

Designação antiga, dada ao **mercúrio**, razão pela qual Hg passou a ser o símbolo químico referente a esse metal. Também denominado **azogue**.

Na linguagem alquímica, subentende-se que este vocábulo é mais um dos muitos nomes criados para definir um mercúrio bem diferente, muito especial, oriundo de um certo tipo de mineral, após várias manipulações em laboratório. Primeiro estágio no processo do **Magistério**.

"Umidade untuosa e viscosa, que é a raíz de todos os metais. Porém é preciso saber que esta **semente** mineral não se apresenta nunca a nossos sentidos nas **minas**" (217).

O autor anônimo de um documento surgido em 1692 ensinava que não é qualquer azogue que contém a semente mineral, homogênea ao **ouro** e à sua natureza, "senão só o *hidrargírio* dos filósofos, quer dizer, só pela umidade untuosa e viscosa, que é a raíz de todos os metais".

"Toma o **azufre** negro do ouro, ou a quintessência da **sublimação** filosófica feita por meio do *hidrargírio*. Aperfeiçoa o espírito do vinho nobilíssimo, ou sua **quintessência**. Mistura perfeitamente e deixa macerar por um mês. Abstrai por **destilação** e repete a operação até que o pó apareça de todo purpúreo. Circula este com a quintessência e, se quiseres, extrai e terás a tintura quintessencial. Se refletir brilho, podes dissolvê-lo em licor" (101).

Ver também **Mercúrio**.

HIEROGAMIA

Casamento sagrado, efetuado durante a realização dos **Mistérios**, entre o Hierofante (o que mostra, o que patenteia o sagrado) e a sacerdotisa, em uma câmara mergulhada nas trevas. Comunhão entre os deuses e os homens, para garantir a prosperidade. União do princípio divino com a natureza humana. União dos dois opostos no **ovo filosofal**. Momento em que o deus, sob a forma de **espírito** universal, se unia à matéria purificada pela **Arte**. Um casamento entre o **céu** e a **terra**.

HILÉ

Primeira matéria, oriunda da essência espiritual, quando esta, pelos processos da Arte, não perde suas propriedades metálicas. Esse produto, denominado Hilé ou Hyle, torna-se assim a **semente** dos metais e minerais.

Em outras definições, é a água primordial, oriunda do caos. Dela, originam-se após sucessivas **destilações** o **Mercúrio**, o **Enxofre** e o **Sal**, trindade fundamental para a feitura da **Pedra**.

"Toma, pois, em nome de Jesus Cristo, o nosso Mercúrio venerável, **Água dos filósofos**, *Hylé* primitivo dos sábios; é a **pedra** que te foi revelada neste tratado, é a matéria do corpo perfeito, como adivinhaste. Põe a tua matéria num **forno**, num **vaso** apropriado, claro, transparente, redondo, que lutarás hermeticamente, de forma que nada possa sair.

A tua matéria será colocada sobre um leito plano, ligeiramente quente; deixa-a, aí, um mês filosófico; manterás o calor sempre igual, tanto que o suor da matéria sublime, até que não sue mais, que nada suba, que nada desça, que comece a apodrecer, a sufocar, a coagular-se e a fixar-se, como consequência da constância do fogo" (156).

"Assim como de **Vênus** e **Marte** se pode fazer **vitriolo**, o que é propriamente retroceder, recrudescer, e reduzir o metal a **mineral**, assim pode reduzir-se o mineral, melhor dizendo, o vitriolo puro, que cresce nas **minas**, a uma essência espiritual que conserva todas as propriedades metálicas; sem embargo, esta substância não é a primeira matéria, porém pode ser convertida e reduzida pela arte na primeira matéria ou *Hilé*, que é a semente dos metais e dos minerais" (48).

Nicolau de Cusa, referindo-se à matéria-prima da Grande Obra, alerta-nos:

"Não tem um nome. No entanto, chamam-lhe *Hyle*, Matéria, Caos. A possibilidade ou a capacidade de desenvolver ou estar subjacente e ainda outras coisas..."

"*Força primária*! Aqui está o portal dos grandes vestíbulos da ciência arcana, do Templo da Sabedoria Cósmica em que reside o segredo da criação. O Hyle da Alquimia" (81).

"A matéria primeira não contém nenhum corpo em ação, ela os representa em potência. Era chamada *Hylée* pelos gregos, que apresentavam pelo mesmo nome a água e a matéria.

Esta contém o fogo que flui, desempenhando o papel de macho, para satisfazer à matéria, primeira fêmea. Assim, por este meio nasceram todos os corpos que compõem o universo" (222).

HIRANYAGARBHA

É o **embrião** do ouro, da mitologia hindu, oculto no **ovo** do mundo. É a **luz** celestial contida no caos primordial. Às vezes é confundido com **Agni**.

"O embrião de ouro do **Veda** é o princípio da vida levado sobre as águas primordiais, o germe da luz cósmica. (...)

"A relação possível entre o simbolismo de Hiranyagarbha e o fruto da **Grande Obra**, no **cadinho** do alquimista, que é, ele próprio, embrião de ouro. Dele nasce, diria Angelus Silesius, o Filho dos Sábios, ou seja, a **pedra filosofal**" (38).

HISTÓRIAS INFANTIS

Certas *histórias infantis*, às vezes se nos apresentam repletas de ensinamentos iniciáticos. Uma das principais, entre elas, talvez seja a Branca de Neve e o Sete Anões, em que os símbolos alquímicos se apresentam de forma evidente, embora guardando confusas transcrições para posteriores interpretações.

Assim, a rainha má poderia ser vista como uma matéria qualquer, recusada pelo **espelho** pela impossibilidade de ver nela as qualidades necessárias. Branca de Neve, ou a **matéria** em sua forma quase perfeita, foi ligada aos Sete Anões, que na história significam os **sete minerais**, que preservam no interior da floresta os tesouros da terra.

O surgimento do príncipe e as **bodas**, a união final dos dois princípios, já aperfeiçoados, para o surgimento da **Pedra Filosofal**.

HOCHMA

Tradicionalmente, esta **Sephira** é preenchida pelo **Zodíaco** e nela está todo o ciclo natural, do nascimento à podridão e novamente a renovação, pois mantém a raiz primordial das coisas que vivificam e morrem nesse contínuo processo cósmico.

É a Sephira da força potencial, maior em Capricórnio e mais dinâmica em seu desenvolvimento em **Áries**.

No **Magistério**, também, uma parte importante é representada pelo Zodíaco, sem cuja perfeita conjunção com os trabalhos, nada por ser realizado.

HOD

É, na **Árvore** da **Vida** da Cabala, a Sephira de **Mercúrio**, capaz de multiplicar as qualidades dos planetas aos quais se conjuga. É ele que empunha o **caduceu** com as duas **serpentes**, representando as energias em equilíbrio. Com Malcut-Terra, Netzah-**Vênus** e Yesod-**Lua**, compõe a base do processo das transmutações.

HOMEM DESPERTO

Diz-se do ser humano que abriu seus olhos para os mistérios da vida, adquirindo uma consciência superior. Que domina em especial, toda área do conhecimento relativa aos segredos da Natureza. Esta expressão define o verdadeiro Mestre.

"O alquimista, no fim do seu *trabalho* sobre a matéria, vê, segundo a lenda, operar-se em si mesmo uma espécie de transmutação. Aquilo que se passa em seu **crisol**, passa-se igualmente na sua consciência ou na sua alma. Há uma mudança de estado. Todos os textos tradicionais insistem nesse ponto, evocam o momento em que a **Grande Obra** se realiza e em que o alquimista se transforma num 'homem desperto'. (...)

"O verdadeiro objetivo das operações alquímicas é a transformação do próprio alquimista, o seu acesso a um estado de consciência superior" (17).

"Assim ela arrebata também o homem deste vale de lágrimas, isto é, para longe das incomodidades da pobreza e enfermidade e, com asas, sobreleva-o gloriosamente das estagnadas águas do Egito (que são os pensamentos ordinários dos mortais) e, fazendo-o desprezar a vida e as riquezas presentes, o faz noite e dia meditar em Deus e nos santos, saudar o céu empíreo e beber das doces águas das fontes da esperança eterna" (36).

"Existe um meio de manipular a matéria e a energia, de maneira a produzir aquilo que os cientistas contemporâneos chamariam um campo de força. Esse campo de força age sobre o observador e coloca-o numa situação de privilégio em face do Universo. Desse ponto privilegiado, ele tem acesso à realidade que o espaço e o tempo, a matéria e a energia habitualmente nos dissimulam. É aquilo que chamamos a Grande Obra" (90).

HOMÚNCULOS

Em razão da estranha simbologia usada pelos alquimistas, em muitos textos, personificando o produto da união do **mercúrio** com o **enxofre** e ocultando-o alegoricamente sob vários nomes: príncipe, pequeno rei, delfim, etc.; não é difícil imaginar a possibilidade que foi dada para que mentes atrasadas ou mal-intencionadas, pudessem acreditar e até passar a descrever a existência de *homúnculos*, como pequenos seres fabricados artificialmente, por meio do **Magistério**, capazes de se tornarem escravos de seus criadores.

Essas péssimas interpretações, gerando a imaginária e aberrante ideia da criação de um *homúnculo*, também denominado Golam, foram responsáveis pelo descrédito e perseguição aos verdadeiros alquimistas, considerados, por esta razão, bruxos e feiticeiros.

Em *De Signatura* J. Bohme, por força de um simbolismo comparativo, pode ter contribuído para esse desvio em imaginações férteis demais, com esta codificada indicação:

"O Artista deve conhecer bem o Enxofre, que é a base das suas operações; e deve ajudá-lo e ao Mercúrio, prisioneiros de Saturno. Só então o Menino se poderá manifestar".

Este confuso trecho de Paracelso, transcrito a seguir, também pode ser um dos responsáveis por essa desatinada interpretação:

"Eis como é preciso proceder para o conseguir: encerrai num **alambique**, durante quarenta dias, o **licor** espermático do homem; deixai-o putrefazer-se até começar a viver e a mexer-se, o que é fácil de verificar. Depois deste tempo aparecerá uma forma semelhante à do homem, mas transparente e quase sem substância. Se depois disto prudentemente e cuidadosamente se alimenta todos os dias este jovem produto com **sangue** humano, e se se conserva durante 40 semanas a um calor constantemente igual à do ventre de um cavalo, este produto transforma-se numa criança verdadeira e viva, com todos os seus membros, como a que nasce da mulher, e apenas muito mais pequena."

"Agora, a respeito ao corpo que criastes e formastes do **embrião**, pelos efeitos e as operações das estrelas, chamadas planetas, deveis observar, em primeiro lugar, que a matriz do homem que deve ser engendrado, estando tomada e contraída pela frialdade e secura de **Saturno**, recebe deste planeta uma virtude fortificante e vegetativa com um movimento natural; e a isto se deve que os médicos digam que se atribui a Saturno a queda do esperma. (...)

"Isto suposto, é necessário que todos os seres inferiores daqui de baixo dependam universalmente, e em particular, de todos os corpos celestes, porquanto nada se pode criar dos elementos sem suas participações e influências" (156).

Outro grande insentivador dessa crença absurda terminou sendo Goethe que, em sua criatividade de grande escritor, incluiu em sua obra *Fausto* a criação de um *homúnculo* em um frasco, aquecido em seus fornos, em um fantástico pacto com Mefistófoles.

HORTAS DE OSÍRIS

"Na Antiguidade tardia, por exemplo, em muitas cidades egípcias havia rituais durante os quais um pinheiro era abatido e escavado, representando o corpo de Ísis, ou o esquife — o esquife é a deusa-mãe, como se sabe. Trigo, ou milho, ou cevada, era então colocado nele e regado, e o grão brotava quando posto ao Sol, representando assim um ritual primaveril de ressurreição. No museu do Cairo, pode-se ainda ver essa múmia de cereal. Numa espécie de caixa rasa com areia, o cereal era semeado na forma da múmia de **Osíris**. Era borrifado com **água**, germinava e depois era posto para secar. Essas múmias eram conhecidas como *hortas de Osíris* e representavam a ressurreição dos mortos. (...)

Ora bem, perguntará agora o leitor: O que é que tudo isso tem a ver com a **alquimia**? Isso parece referir-se claramente a certos **mistérios** antigos dos mortos no mundo egípcio helenístico, e podemos reconhecer a ligação com o famoso mistério arquetípico da **morte** e ressurreição do jovem deus da primavera" (78).

HÓRUS

Filho de **Ísis** e **Osíris**, era a personificação do **Sol** nascente. Simbolizado por um falcão, representava Rá, com a cabeça dessa ave.

"O pentagrama, sob sua forma de **estrela** e não de pentágono, foi chamado na tradição maçônica, de Estrela Flamejante. J. Boucher cita, entretanto, com reservas, esta interpretação de Ragon: Ela era (a estrela flamejante), entre os egípcios, a imagem do filho de Ísis e do Sol, autor das estações e emblema do movimento; desse *Hórus*, símbolo dessa **matéria** primeira, fonte inesgotável de vida, dessa fagulha do **fogo** sagrado, semente universal de todos os seres" (38).

HUEHUETOTL

Antigo deus do **fogo** asteca, correspondente ao **Agni** védico, **Vulcano** romano ou **Hefestos** grego.

"... Aparece nos Códices, tendo como emblemas um penacho encimado por um pássaro azul, um peitoral em forma de borboleta e um cão. Na sua testeira, interpenetram-se dois triângulos isósceles, sendo um na posição reta e o outro, invertido" (91)

HYELE

Denominação dada a um pássaro alegórico, originário da **putrefação**.

"Artificialmente erigido teu **forno**, há um pássaro chamado Hyele, que se cria no **fogo** e põe **ovos** transparentes. Este pássaro se encontra mui comumente, próximo a algum convento de frades negros, que gostam, em sua maior parte, de se sentar junto a bons e cálidos fogos. Escolhe um dos ovos mais puros e claros; os melhores são os que têm um colo mais largo" (70).

I

ÍBIS

Os pássaros, representados na mitologia de vários povos, costumam revelar uma analogia com os arcanos alquímicos. Cultuados pelos egípcios, porque destruíam os répteis que se ocultavam nas margens do Nilo; o Íbis era um grande pássaro de plumas brancas, tendo no pescoço e na cabeça plumagens negras. Era considerado a encarnação de Toth e, por conseguinte de **Hermes Trismegisto**.

I CHING

Segundo a maioria dos analistas, o *I Ching* ou *Livro das Mutações* originou-se dos oráculos existentes na China, há, aproximadamente, 3.000 anos a.C. e aconselhava os consulentes novas formas de conduta, sendo que, temas como saúde e medicina, também foram abordados com frequência. É, seguramente, um dos mais antigos livros a resguardar o conhecimento humano. Uma sabedoria, praticamente, desconhecida, na qual sábios antigos, conscientes de que os fenômenos que ocorrem no cosmo estão relacionados uns com os outros, traduziram seus conhecimentos em símbolos que, tomados ao acaso, passaram a satisfazer a qualquer pergunta. Interpretados à luz da Alquimia, revelam a matriz geradora das **transmutações**, sua obediência à **Ordem Cósmica** e às leis naturais com seus ciclos de estações.

Todas as versões conhecidas são atribuídas a Confúcio que fez o comentário das várias combinações possíveis entre seus oito trigramas e os 64 hexagramas.

Segundo Richard Wilhelm, um estudioso da civilização e cultura chinesas, em seu livro *A Flor do Ouro*:

"A mutação é concebida como sendo, em parte, a contínua mudança de uma força em outra e, em parte, como um ciclo fechado de acontecimentos complexos, conectados entre si, como o dia e a noite, o verão e o inverno. (...)

"Na literatura chinesa, quatro sábios são citados como autores do *Livro das Mutações*, respectivamente Fu Hsi, rei Wen, o duque de Chou e Confúcio. Fu Hsi é uma figura lendária que representa a era da caça e da pesca, devendo-se a ele também o hábito de cozer os alimentos. O fato de ser ele indicado como o inventor dos signos lineares do *Livro das Mutações* significa que lhe é atribuída uma tal antiguidade que antecede a memória histórica. Além disso, os oito trigramas têm nomes que não aparecem em qualquer outra passagem da língua chinesa, razão pela qual julgou-se que tivessem origem estrangeira" (236).

ILHA

Bastante simbolizada alegoricamente pela **Alquimia**, a *ilha* representa o momento em que, no *mar primordial,* ou na liquefação total das substâncias que estão sendo elaboradas, uma parte da **matéria** vem à tona. É importante também ressaltar que, o nome *Delos*, com que é denominada a ilha mais importante da simbologia alquímica, onde **Latona** trouxe à luz **Diana** e **Apolo**, significa **Delfim**.

"É dela, desta fé robusta, que o **sábio** obreiro tirará as virtudes indispensáveis na solução deste grande mistério. O termo não é exagerado: encontramos-nos, com efeito, ante um mistério real, tanto por seu desenvolvimento contrário às leis químicas, como por seu mecanismo obscuro, **mistério** que o sábio melhor instruído e o alquimista mais esperto não saberiam explicar. Até tal ponto é certo que a natureza, em sua simplicidade, parece comprazer-se em propor-nos enigmas ante os quais nossa lógica retrocede, nossa razão se transtorna, nosso juízo se extravia" (173).

"Em nossa posição de único discípulo do último **Adepto** nesse tempo, em nossa qualidade de Hermano Caballero de Heliópolis, fomos testemunha, e depois praticante avezado, da fase operatória que examinamos neste lugar. É por isso que aconselhamos guardar bem que a ilha de **Delos** é um refúgio, cuja origem mitológica, no seio do **oceano**, expressa de forma bastante exata o fenômeno físico-químico que eleva, através do dissolvente mercurial, e que fixa aí, na superfície, o princípio sulfuroso e ígneo do magma terroso subjacente" (60).

"Desde os tempos remotos, cultuava-se no templo de On um fetiche com a forma de coluna cônica, símbolo do primeiro montículo de barro, emerso das águas primordiais, quando houve a criação do Universo. De acordo com a lenda, foi sobre esse montículo que o deus-**sol** apareceu pela primeira vez sob a forma de uma **fênix**" (92).

No livro *Ísis Unveiled* de Mme. H. P. Blavatsky, há o relato de que, em antigas tradições asiáticas, existia um vasto mar interior, ao norte do Himalaia, no centro do qual havia uma *ilha* de maravilhas, de onde os Elvins controlavam os elementos, exerciam domínio sobre a **terra**, o **fogo**, o **ar** e a **água** e possuíam uma ciência psíquica que revelavam a iniciados escolhidos.

"As *ilhas* primevas nipônicas: Awa, ilha de espuma, e, sobretudo, Onogorojima, formada pela cristalização do **sal** que pingou da lança de Izanagi, são, ainda, ilhas brancas" (38).

"Quando Latona dá à luz Diana e Apolo —, 'o irmão e a irmã', futuros pais da **pedra**, fixa **Astéria (Estrela)**, que a partir desse instante toma o nome de Delos: visível, claro, manifesto, evidente. Trata-se, pois, de uma fase de **coagulação** sob a ação sulfurosa, embora o resultado da operação seja obter aquilo a que os **Adeptos** deram o nome de *seu mercúrio*, isto é, o **mercúrio filosófico**" (37).

ÍMÃ

A constante citação desse magneto nos textos alquímicos é, com certeza, uma alusão à atração e repulsão das duas fortes correntes de energia que são manipuladas no **Magistério**, o **Yin** e o **Yang**, ou negativo e positivo. Acredito, também, que o fato de ser o **ferro** o metal a que se referem com frequência os autores que afirmam ter alcançado sucesso em seus trabalhos, essa associação seja lógica, dado seu conhecido magnetismo.

"Com cristais de distinto signo de **pirita**, podem-se fazer pares termoeléctricos mais enérgicos que os de antimoniobismuto" (26).

"Este **sal** é um *ímã* que atrai, sem cessar, para si, as virtudes celestes e contribui para a vida dos minerais, das plantas, dos animais e dos homens. Segundo dizem os filósofos, o **orvalho** encerra o **espírito** universal ou a **alma** do mundo, princípio de vida e de fecundidade veiculado sob a forma aquosa e fixado neste salitre que se diz ser o **sal da pedra**" (93).

Falando sobre a figura de **Saturno** devorando um menino em meio a altas chamas de um braseiro, **Filaletes** nos informa:

"Este menino é o **azufre** que os Magos buscaram e encontraram na casa de **Áries** e que a geração de Saturno recebe com avidez. É por isto que, assim como o *ímã*, o atrai para si, absorve-o e o esconde em seu ventre.

"O agente hermético, promotor misterioso das transformações da natureza mineral (...) era outrora designado, entre os **Adeptos**, sob o epíteto de *ímã*, ou de 'atrativo'. O corpo carregado com esse *ímã* chamava-se **Magnésia**, e era ele, esse corpo, que servia de intermediário entre o céu e a terra, alimentando-se das **influências astrais**, ou dinamismo celeste, que ele transmitia à substância passiva, atraindo-a à maneira de um verdadeiro *ímã*" (94).

"E do mesmo modo que o **ferro** atrai o *ímã* por simpatia e qualidade oculta que nos dois reside, também no nosso **ouro** existe *ímã*, que é a primeira matéria da nossa **pedra** preciosa. Se compreendes isto, és já bastante rico e ditoso para toda a vida" (137).

"A potência deste sal é semelhante à de um ímã que atrai, não o ferro, mas a força da vida universal e a serve de envoltório. Ao administrá-la seriam forçados a reconhecer sua potência celeste, pôr-se-iam de joelhos ante este belo sal magnético, dotado de uma força sobrenatural e milagrosa..." (12).

Ver também **Pedra ímã**.

IMDUGUD

Estranho animal, misto de **águia** e **leão**, cuja representação é encontrada entre as mais diferentes civilizações antigas.

"Águia-leão, que os sumérios chamavam Imdugud (...) Foi em El Obed, nas vizinhanças de Ur, que, em maio de 1911, R. F. Hall encontrou o protótipo da águia-leão sobre os animais. A águia de asas despregadas em todo o seu comprimento, com a cabeça de leão saindo da moldura, encontra-se ameaçadoramente suspensa entre dois gamos, colocados de costas um para o outro. (...)

A propósito, vamos agora examinar uma fascinante curiosidade que envolve a questão, de como este eficasíssimo motivo sumeriano, desaparecido por muitos anos (...) tenha em seguida novamente aflorado da escuridão do subconsciente humano e iniciado novo caminho triunfal, num mundo completamente diferente. Encontramos de fato a águia-leão, com dois animais alcançados ou agarrados por seus artelhos, nos tecidos de seda bizantinos e mouros, do século XI d.C.; no século XII a encontramos de novo como **basilisco** sobre animais de rebanho, na face lateral de um capitel da catedral de Autun (Saône-et-Loire) e, um século mais tarde, sobre alguns brocados sicilianos.

Novamente a encontramos pintada, na volta da cripta da catedral de Clermont (Puy de Dôme, França, século XIII) e, com uma semelhança surpreendente, num capitel de St. Pierre, em Aulnay (Charente Inferieure). Reencontramos este símbolo persa no portão do palácio Bonomeu, na Ilha Bela, no Lago Maggiore, onde a águia está suspensa sobre dois **unicórnios**, colocados de costas um para o outro. (...) São, em seguida, os bordados das ilhas gregas (séculos XVII e XVIII) que trazem o motivo quase imortal; afinal ele é recebido e guardado pela arte popular da Rússia setentrional.

Contemplamos, com verdadeira maravilha, como se espraia um símbolo sumeriano, cujo significado originário, certamente, há muito tempo, não mais é compreendido" (95).

IMPERATRIZ, A

A terceira carta dos arcanos maiores do **Tarot** nos apresenta uma mulher, tendo a cabeça coroada fixada entre nove estrelas. Na mão direita, segura um escudo triangular em que está figurada uma **águia** e, na esquerda, um cetro encimado por um globo terrestre, ostentando na parte superior uma **cruz** — o símbolo do **antimônio**.

Retrata a **Grande Obra**. O triângulo de seu escudo representa a trindade dos princípios: mercúrio, enxofre e sal e, a águia, a sublimação necessária ao **Magistério**, confirmada pelas nove **estrelas** que lhe aureolam a cabeça, número de sublimações necessárias à purificação. O emblemático cetro, um dos minerais mais indicados como matéria-prima a ser utilizada.

IMPERFEIÇÃO

Sábios antigos acreditavam que a tendência de todos os **minerais** seria a perfeição do **ouro**, para isso tinham sido dotados de **semente** apropriada. Mas que, pelo seu desenvolvimento em terrenos diferentes, terminavam perdendo determinados elementos e ganhando outros, impregnando-se de forma diversa e criando a variedade com que se reproduziram na Natureza.

"Finalmente conheceram que o **mercúrio**, nas entranhas da terra, foi destinado a ser um metal, caminho para o qual tendia, todos os dias, seus movimentos, tanto em tempo, quanto em capacidade do lugar e as demais coisas exteriores estando bem dispostas; porém, sendo estas viciadas por acidente, tornava-se imperfeito voluntariamente este aborto, ou filho por madurar; deste modo se vê fenecer o que está privado de seu movimento e vida, pois é impossível voltar imediatamente da privação à forma. Julga que é passivo no mercúrio o que deveria ser ativo, de modo que é necessário introduzir aqui outra vida, de sua mesma natureza, a qual, sendo introduzida, desperta a vida do mercúrio que está escondida" (1).

IMPREGNAÇÃO

Denominação usada para classificar o ato de embeber a matéria.

"A *impregnação* se faz quando a terra se aclara pelo predomínio e governo da natureza. A água misturada com a terra cresce e se multiplica, e a **geração** se faz com o aumento de nova linhagem. (...)

A *impregnação*, corroborando e confrontando o que foi mudado e transformado, promete-nos, após a **concepção**, algo da mais alta perfeição; e o que foi bem purgado e limpo se liga em seguida e se conjunta por boa paz" (36).

"Trata-se, em suma, de embeber, de praticar estas embebições ou **destilações** das que falam os tratados, e que fazem com que a terra, até então estéril, se impregne, abrande-se, adube-se, sustente seu germe e se torne fecunda" (60).

IMPUREZAS

Sendo bastante suja a matéria extraída da mina, o que é um ponto em comum nos mais variados textos, é preciso que seja purificada em seu grau máximo de purificação. O primeiro dos 12 trabalhos de Hércules perpetua, figuradamente, esse conceito: a limpeza das estrebarias.

"Os excrementos da **pedra** são todas as substâncias que impedem as virtudes e ações naturais do **mercúrio filosófico**" (9).

"Essa é a *prima matéria* que tem que ser constantemente lavada e destilada e, assim, a primeira atividade da *opus* consiste em destilar, lavar e limpar repetidamente" (78).

"Eles perceberam que a digestão do Mercúrio é impedida por certas cruezas aquosas e por refugos terrestres; e que a natureza radical dessas *impurezas* tornou a sua eliminação impossível, exceto pela inversão completa de todo o composto. Sabiam que o Mercúrio se tornaria fixo se pudesse ser libertado de suas *impurezas*, pois contém **súlfur** fermentador, que não coagula o corpo mercurial apenas por causa dessas *impurezas*. Descobriram finalmente que o Mercúrio, nas entranhas da terra, tende a tornar-se um **metal**, e que o processo de desenvolvimento cessa apenas por causa das *impurezas* com que foi maculado" (1).

Ver também **Fezes**.

INFLUÊNCIA LUNAR

Para a Alquimia mais do que qualquer outra crença, as forças cósmicas regem os destinos de tudo, limitando cada coisa dentro de sua lei cíclica. Se para o comum dos mortais a influência da **Lua** é inegável, para a **Alquimia** ela é preponderante.

"Toma nove libras desta **terra**, antes de haver provado o **fogo**. Introduze-a em uma **retorta** e aplica um grande recipiente, destila durante 12 horas, seguindo os graus do fogo e terás uma **água** branca e dulce, que hás de retificar três vezes e se fará mais dulce e mais clara. Dessa água, toma uma libra, coloca-a em um **vidro** cuja terceira parte permaneça vazia, o qual, bem obturado com **cera** e bexiga, é colocado em lugar seguro, e a água crescerá no plenilúnio, de modo que encherá o vidro até em cima e, no minguante da lua, a partir de então, a verás decrescer. Depois, na lua nova, aquela parte que cresceu diminui, todavia, em outra parte e se faz poderosa, retendo sem embargo seu primeiro peso" (44)

"A Lua tem em si um Mercúrio fixo, pelo qual suporta mais largamente a violência do fogo que os outros metais imperfeitos, e a vitória que obteém mostra bem até que ponto é fixo, pois o arrebatador Saturno nada lhe pode tirar nem diminuir" (137).

INFLUXO CÓSMICO

Este é o ponto em que, conforme considerações de Magofon em *Mutus Liber*, a **Alquimia** se distancia da **Química**. Enquanto a primeira depende, fundamentalmente, da conjunção dos astros, a segunda encara esse detalhe sem nenhuma consideração, fato que, pelo menos para alguns autores, já começa a ser revisto.

Sendo o Universo, para o alquimista, um conjunto vivo, onde tudo é mobilizado por um princípio único, as influências astrais têm que ser levadas em alta conta, para que o seu trabalho tenha êxito. Só canalizando as energias cósmicas, o resultado desejado poderá ser obtido.

Essa **força** imponderável é sempre representada pelo **carneiro** e o **touro**, para conscientização de que, o seu ponto alto é entre os meses de março e maio, os mais próprios para se recolher *a flor do céu*.

"Agora sabe, desta **semente**, que ela é produzida dos metais destarte: a saber, que a influência celeste, pelo comando e ordem de Deus, desce do alto e se mistura com as propriedades dos astros. Quando, em seguida, esta **conjunção** tem lugar, então essas duas fazem nascer uma substância terrestre, de certa forma terceira, a qual é o princípio de nossa semente, de sua primeira origem por que ela possa indicar os ancestrais de sua geração. Destes três nascem e aparecem os elementos, como a **água**, o ar, e a **terra**, os quais em seguida, pelo **fogo** subterrâneo, trabalham até produzir algo perfeito" (137).

"As influências celestes se dirigem naturalmente a unir-se com o úmido radical; elas se insinuam na terra, onde este **úmido radical** recebe a combinação de seus **elementos**, e concorrem a determinar a especificação de seu **magnetismo** (...).

"Daí vem que numerosos **filósofos** assegurem que a dominação do astro favorável deve ser observada na união dos princípios do **Elixir**; pois pretendem que quando este astro domina influi mais virtude ao elixir que quando o astro contrário é dominante" (9).

"Sem o concurso do céu o trabalho do homem é inútil" (35).

"Há que se recolher a **água da chuva**, durante o espaço de oito dias, antes do equinócio de março e oito dias depois, porque, neste tempo, o ar está todo cheio das verdadeiras sementes celestes, que estão destinadas à renovação de todas as produções naturais" (6).

"Não esqueças tampouco que a solução misteriosa da matéria, ou o matrimônio de **Vênus** com **Marte**, se faz no tempo que falei anteriormente, em uma bela noite, de céu calmo e sem nuvens, e estando o **sol** no signo de Gêmeos, estando a **lua** em seu primeiro quarto, plena, com a ajuda do **ímã** que atrai o espírito astral do céu, o qual é **sete** vezes retificado, até que pode calcinar o **ouro**" (12).

"É precisamente a intervenção desse agente cósmico que diferencia a alquimia da química orgulhosamente empírica e paralela" (208).

"O ponto fundamental, válido também para o recolhimento do espírito astral, é a necessidade de se trabalhar na primavera, ou talvez no outono, a partir do equinócio. Trata-se de aproveitar o período do ano mais abundante nas forças sutis imprescindíveis ao trabalho" (96).

"Vários **filósofos** assinalaram a estação do ano mais propícia para esta operação. Uns não fizeram mistério algum dela; outros, mais reservados, só explicaram este ponto por parábolas. Os primeiros nomearam o mês de março e a Primavera. Zachaire, e alguns outros filósofos, dizem que começaram a **Obra** na Páscoa e que a terminaram, felizmente, no curso de um ano. Outros se limitaram a apresentar o **Jardim das Hespérides**, esmaltado de flores e, particularmente, de **violetas** e de jacintos, que são os primeiros produtos da Primavera, dizem, para indicar que a estação mais propícia para o trabalho filosófico, é aquela em que todos os seres vivos, sensitivos e vegetais, parecem animados por um fogo novo, que os empurra reciprocamente ao amor e à **multiplicação** de sua espécie, que Vênus é a deusa desta **ilha** encantadora, na qual descobriram eles, muito rapidamente, todos os segredos da Natureza; porém, para assinalar mais exatamente esta estação, disseram que se viam pastar cordeiros e touros no prado, acompanhados por dois jovens pastores, expressando claramente, com esta alegoria espiritual, os três meses de Primavera, mediante os três signos celestes que lhes correspondem: **Áries**, Touro e Gêmeos" (96).

"Sabe-se que a água é facilmente magnetizável. Do mesmo modo o **antimônio** é, particularmente, sensível às influências da aura planetária. Como indicou Rudolph Steiner, o antimônio se abre facilmente às correntes etéricas e se ajusta à influência formadora de suas **forças**" (13).

Segundo trecho de um artigo sobre Astrologia, na revista *Planeta* de janeiro de 1978: "...o médico holandês Nicholas Kollerstrom, pesquisador do Medical Research Hospital de Londres, refazendo uma experiência do filósofo Rudolf Steiner, demonstrou que certas reações químicas com **íons** metálicos têm seu resultado alterado quando realizadas sob determinadas conjunções planetárias. Kollerstrom observa que os planetas que tiveram o poder de alterar essas reações foram precisamente aqueles que, segundo a tradição astrológica, estão relacionados com os metais que, em solução, ele usou na experiência. **Saturno**, cujo metal tradicional é o **chumbo**, alterava as reações com sulfato de chumbo, e ficava indiferente às demais; a Lua, cujo metal é a **prata**, só mexia com o nitrato de prata; Vênus só alterava o sulfato de **cobre**, já que o seu metal é o cobre; e Marte, que rege o **ferro**, alterava as reações de sulfato de ferro".

"As extraordinárias pesquisas do professor Giorgio Piccardi, da Universidade de Florença, sobre a química cósmica, provam que os campos de energia do espaço modificam a matéria física, nas experiências químicas" (59).

No folheto "Spirit in Matter" (Espírito na Matéria) escrito pela antroposofista **L. Kolisko**, é relatada a comprovação dessa influência, durante suas experiências. O trabalho resultou no seguinte comentário de Manuel Algora Corbi, em *La Tabla Redonda de los Alquimistas*:

"A técnica é bem simples, embora deva ser levada a cabo com cuidado para sua precisão, e consiste na imersão de um papel de filtro em uma solução metálica, que ascende então por aquele, sobre o que vai precipitando. Comprova-se assim que o resultado desta precipitação depende das condições cósmicas presentes. A obra de Kolisko mencionada, traz, por exemplo (entre outras), as fotografias da experiência repetida ao longo do ano, com uma solução de l% de nitrato de prata. No precipitado se observam umas linhas, a modo de irradiação, resultado da ação das forças formativas ou etéricas; estas mostram sua máxima aparição nos meses de primavera, e chegam a desaparecer durante o inverno. Resultados especiais se conseguem também, neste tipo de experimento, nos dias da **Páscoa** cristã, de **São João** (24 de junho, cuja noite foi considerada sempre pela tradição mágica e pelos coletores de ervas medicinais) e do *Arcanjo S. Miguel*, o que não é senão mais uma prova do esoterismo, velado sob a religião oficial, e do conhecimento antigo que a ciência moderna depreciou, para nossa desgraça".

Vale notar que o dia do Arcanjo S. Miguel é comemorado em 29 de setembro, no signo de Libra.

INICIAÇÃO

Na Antiguidade, para que os **Mistérios** de Demeter, Ísis e Osíris, Elêusis, Orfeu e Dioniso fossem revelados, fazia-se necessário que o interessado passasse a pertencer a um grupo, dentro do qual, por meio de provas de perseverança, paciência e coragem, fosse comprovado ser ele merecedor da obtenção de conhecimentos antigos, cujas verdades secretas eram habitualmente transmitidas oralmente, de gerações a geração. Geralmente esses ensinamentos tinham caráter religioso. Dentro desses cultos, o neófito, mediante um sistema rígido de hierarquia, correspondendo a uma lenta ascensão a degraus ou níveis, de acordo com o seu aprendizado, ia sendo informado dos segredos existentes na Ordem. Os festivais de iniciação duravam dias e, geralmente, culminavam com uma dramatização de morte e renascimento.

Na Alquimia, cujos vestígios se observam nesses antigos Mistérios, mas que, na Idade Média, foi melhor compreendida como antiga ciência que é a iniciação se faz, em regra geral, pelo estudo de textos antigos. É importante que se façam reiteradas leituras do mesmo tratado, até que as palavras comecem a fazer sentido. Posteriormente, é importante também o contato com outros autores, pois trechos tratados obscuramente por um autor podem estar mais compreensíveis em outros e vice-versa.

É bastante divulgada a máxima de Khunrath: *Ora, Lege, Lege, Lege, Relege, Labora et invenies*. Induzindo o iniciado a ler muito, o máximo possível, para chegar a confiar em si mesmo e se arvorar à prática do **Magistério**, já que esse trabalho só se completa com a prática do laboratório.

A fé, a humildade, a perseverança e a paciência também são requisitos indispensáveis, complementando o detalhe mais importante, a influência superior. Sem o consentimento de Deus, todo o esforço nunca passará de um infrutífero trabalho.

INICIADO

Pupilo, aluno. Aquele para quem a Alquimia já se tornou, de alguma forma, matéria de interesse, e que, ajudado por Mestres ou por meio de incessantes estudos e experiências práticas, encontra-se no caminho do grande conhecimento.

"Os estudantes da Natureza deveriam ser como o é a própria Natureza — verdadeira, simples, paciente, constante, e assim por diante. Acima de tudo, eles deveriam temer a Deus e amar o próximo. Deveriam sempre estar prontos para aprender da Natureza e serem guiados por seus métodos, verificando, por exemplos visíveis e sensatos, se o que pretendem realizar está de acordo com as possibilidades dessa mesma Natureza. Se quisermos reproduzir algo, já realizado por ela, devemos segui-la, mas, se quisermos nos aperfeiçoar em seu desempenho, devemos conhecer em que e pelo que ela chega à perfeição" (81).

INRI

Dístico afixado no alto da cruz. Para os cristãos significa *Iesus Nazarenus Rex Iudorum* — "Jesus de Nazareth Rei dos Judeus". Para os filósofos *Igni Natura Renovatur Integra* — "Toda a natureza renovada pelo fogo".

O fato de estar encimando a cruz, que, por sua vez, representa para os alquimistas os quatro elementos, a Grande Obra mostra, mais uma vez, o seu relacionamento com a Ascensão e com os fundamentos do Cristianismo.

INTI RAYMI

Festa do Sol, comemorada pelos antigos Incas em 22 de junho, evidenciava o **Solstício** de Inverno. Consta a tradição que essas comemorações visavam garantir uma proteção de luz e calor, oriundas do Sol, já que a escuridão traria a fome ao povo.

A festa em honra a *Inti Raymi* foi proibida, depois de ser considerada profana pelos espanhóis.

O registro dessa comemoração vem intensificar a teoria de que, fosse qual fosse a raça, longitude ou latitude, um conhecimento maior parecia ser preservado por todo o globo terrestre, no inequívoco destaque de determinadas datas.

Ver também **Festivais**.

INVEJOSO

Epíteto dado pelos **Adeptos** a alguns **filósofos** que, por meio de seus textos, induziram estudantes a erros, por explicações falsas ou o obscurecimento demasiado de determinados pontos em seus tratados.

O antônimo é **Caridoso**.

IO

Segundo a mitologia grega, era filha de Inaco, rei de Argos, a quem Zeus, para proteger dos ciúmes de Hera, metamorfoseou em uma vaca.

Nas tradições mais antigas, a vaca, talvez pelo seu simbolismo de abundância e fertilidade, foi associada à Grande Mãe. Sua característica de nutriz fez dela: no Egito — *Hator*, entre os sumerianos, a *Lua*; entre os vedas, uma importante *Mãe Cósmica que simboliza a aurora inicial, mas, também, o* andrógino. Para os gregos é Io, que muda de cor, durante as fases da Lua e é preta, branca e vermelha.

Ver também **Vaca**.

ÍON

Para a Química é a molécula carregada eletricamente ou, mais claramente, um átomo que ganhou ou perdeu elétrons. O *íon* é positivo, se tem carga elétrica positiva (cátions), em caso contrário é negativo (ânions). Sob a influência de algum solvente, podem existir associados à molécula do solvente. São encontrados também em forma gasosa, circulando na corrente elétrica, e em muitos sólidos como cristais iônicos.

Para a Alquimia, é a faculdade geradora. Em sentido restrito, é representada por uma pomba, símbolo de **Vênus**. Para os indianos, é *yoni*, o órgão feminino, para os chineses, é **Yin**.

Desse vocábulo teria se originado o nome Jônia, dado à Grécia. Com ele, os gregos designavam a **violeta**. Em grego, *íon* é a cor violeta, a cor do **ferro** em seu maior grau de pureza.

Segundo o professor Horácio Macedo, em seu *Dicionário de Física Ilustrado*, ionização é a: "formação de um *íon* a partir de um átomo ou de uma molécula. Diversos processos podem provocá-la, entre os quais são importantes:

"A ação de um solvente sobre a rede cristalina de um sólido, que leva à formação de *íons* solvatados. Neste processo, o solvente contribui para diminuir a atração entre os constituintes da rede e concorre para a destruição das respectivas ligações. O fenômeno ocorre, por exemplo, quando um **sal** cristalino dissolve-se em **água**.

Outro mecanismo de formação de *íons* é o da interação de duas moléculas, ou de um átomo e uma molécula, ou de uma partícula com um átomo ou uma molécula. Este processo passa-se, por exemplo, num gás suficientemente aquecido, em que o choque inelástico das moléculas é suficiente para ionizá-las (ionização térmica)".

IOSE

Virtude ativa conferida aos corpos pela água divina, pela sutilização.

ÍRIS

Mensageira e alada, carregando também um caduceu, *Íris* foi tida na Mitologia grega como a correspondência feminina de Mercúrio. Simboliza o **arco-íris**. É filha de Electra, a quem foi associado o âmbar pelas propriedades magnéticas deste último. A esse mesmo âmbar se atribuem as virtudes de portar essências celestes do ouro e da prata e da pureza suprema.

No Japão, é uma flor primaveril à qual conferem um papel purificador, sendo tradição, no dia 5 de maio, os japoneses tomarem banho com pétalas de *íris*, na esperança de proteção divina durante o ano.

Na Alquimia, ela representa a fase em que a umidade começa a ceder, na matéria existente no crisol, dando lugar a uma profusão de cores. *Íris* costuma ser considerada também a mantenedora do véu, com o qual vela ao homem o conhecimento da **Grande Obra**. A retirada dos véus, que encobrem a Revelação, dependem de muito estudo e ascese. Só com paciência e perseverança a **Sabedoria** pode ser alcançada.

ÍSIS

Filha de Geb — deus da terra e de Nut, a deusa celeste. Nos últimos séculos do apogeu egípcio, foi elevada à categoria de deusa universal, no mundo greco-romano.

Segundo reza a tradição, foi parida por Nut, com o corpo negro e a face rosada, simbolizando a noite e a aurora, além de encarnar o princípio feminino, sendo considerada a Iniciadora.

Esposa e irmã de **Osíris** cujo corpo, assassinado por Sete, ela inuma e transforma em deus do Mundo dos Mortos; é também cultuada como mãe de Hórus — confundido com Rá, o Sol; anulador do caos e Senhor da Terra Negra.

O culto de *Ísis* que, em determinada fase, extrapolou o Egito abrangendo o Oriente Médio, Grécia, Roma e toda a bacia do Mediterrâneo, era difundido pela iniciação em seus **Mistérios**. Consideravam-na possuidora dos segredos da vida, da morte e da ressurreição, e a *Cruz Ansada* ou *Nó de Ísis* simboliza os seus prodigiosos poderes.

ISHTAR

Ou Inanna, era a única deusa dos semitas, associada ao planeta **Vênus** e representada por uma **estrela** de oito pontas. O metal que lhe correspondia era o **cobre**. Era deusa do amor sexual e da guerra e em Súmer e na Babilônia era considerada como **Grande-Mãe**. Primeiramente, foi uma deusa **andrógina**, sendo muitas vezes retratada com barba, para enfatizar essa peculiaridade.

"Poemas maravilhosos, em sumeriano e acádico, falam dos amores de *Istar* por Tamuz, o deus da primavera, que, como **Osíris**, Adônis e Átis, foi morto para viver novamente. Esse antigo mito da fertilidade do deus mortal, a ressurreição, o triunfo da vida sobre a morte, pode ser a verdadeira fonte da história de Jesus.

"*Istar*, como Perséfone, desceu ao mundo subterrâneo para salvar seu amante das mãos de Erestigal, deusa da **morte**. Essa epopeia verdadeiramente maravilhosa da antiga Súmer inspirou os mitos gregos e precedeu o significado oculto do Cristianismo; o homem, como a natureza, morre para viver novamente" (59).

IXIR

Um dos inúmeros nomes dados ao **Leite Virginal da Lua**, com o qual se fazem as **embebições** durante a **fermentação**.

J

JACQUES, SÃO

Conta a história que, pescador no lago Genesareth, Galileia, são Jacques foi apóstolo de Jesus, acompanhando seus passos em vida e sendo preso e decapitado por ordem de Herodes, logo após o calvário.

Seus restos foram colocados em um esquife, subtraído, clandestinamente e levado para fora da Judeia, por seus discípulos Athanásio e Theodoro. Chegando em Flávia Iria, uma cidade da Espanha situada na Galícia, eles colocaram os restos mortais do santo em um *loculus*, à maneira romana, numa cripta sobre a qual ergueram uma pequena capela. Quando mais tarde morreram os dois discípulos, o povo de Flávia Iria enterrou-os junto ao santo, ficando os três na mesma cripta.

O local sofreu várias invasões de bárbaros e normandos que incendiavam tudo, destruindo até a memória dos seus habitantes. Mas, nas entranhas da terra, os três corpos continuavam preservados.

O tempo passou e, só no século X, o bispo de Flávia Iria, iluminado pela luz resplandescente de uma estrela, reencontrou a tumba. Graças à luz dessa misteriosa estrela, a cidade ganhou um novo nome, passando a se chamar Compostela. Esse fato miraculoso fez com que peregrinos trassassem um caminho especial, fizendo um verdadeiro corredor com destino a Compostela. Isso é visível nas crônicas medievais, nas lendas e na arquitetura local.

Talvez pelo simbolismo de estar enterrado em uma gruta e, assim como o **mercúrio** filosofal, ter ao seu lado mais dois corpos, mais ainda por esta revelação ter sido feita pela luz de uma **estrela**, São Tiago terminou se tornando o padroeiro dos alquimistas. Citado por muitos, especialmente **Nicolas Flamel** que, além de fazer uma peregrinação a S. Jacques da Galícia para compreender o significado do seu livro de figuras hieroglíficas, conforme seu próprio relato, patrocinou a construção do pórtico da Igreja de S. Jacques da Boucherie, em Paris, após conseguir o seu intento, a realização da **Obra**.

Essa igreja gótica, construída por Flamel, foi destruída em 1797, só restando a torre do sino que, ainda hoje, é uma das atrações de Paris.

Ver também **Tiago e Santiago de Compostela**.

JADE

"É citado em muitos textos mais, presumivelmente, pela analogia, já que sua cor **verde** e a preciosidade o assemelham à matéria em sua fase regenerativa. Em muitos mitos, ele se forma na terra, pelo efeito da colisão de um **raio**, o que, por sua vez, o associa ao constantemente descrito *Sol Alquímico*. Na antiga civilização mexicana e entre os maias, a água com partículas de pó de *jade* era considerada preciosa e revitalizante, o que nos leva a pensar em reminiscências da famosa **medicina** dos alquimistas — o **elixir**. (...)

Os imortais da ilha Ho-tcheu, relata Lie-tse, alimentam-se de ar e **orvalho**. O orvalho é tirado da **Lua** com a ajuda de uma grande **concha** (ta kiue). É recolhido também, como o faz o imperador Wu des Han, numa taça de *jade*, para que se beba misturado ao pó de *jade*" (38).

No *Livro do Castelo Amarelo* de filosofias chinesas, está escrito, definindo *a flor do ouro*, que não é outra coisa, no "Tao", senão a Pedra dos Filósofos:

"Na sala purpúrea da cidade de *jade*, mora o deus da vitalidade e do vazio extremos".

JAIME IV

Rei da Escócia de 1488 a 1513. Foi um grande patrocinador da cultura em seu país, aperfeiçoando a educação e apoiando os primeiros pintores escoceses Mas foi diante da **Alquimia** que seus reais interesses se evidenciaram mais fortemente. Queria tanto expandir seus conhecimentos sobre o assunto, quanto abastecer seus tesouros, sempre esvaziados pelas guerras constantes contra a Inglaterra.

Seu desejo de conquistar a **Quinta-essência** muitas vezes o levou a trabalhar junto com *sopradores* contratados por ele, nos laboratórios do castelo. Há registros feitos pelos tesoureiros reais dos pagamentos efetuados a pretensos alquimistas, além do relato das despesas com aparelhos destinados ao laboratório alquímico, bem como à compra de grandes quantidades de combustível e matéria-prima que ardiam dia e noite nas fornalhas do castelo.

Um dos **sopradores** privilegiados pelas simpatias de *Jaime IV* foi o médico francês John Damian, instalado confortavelmente a expensas do rei, desde 1501, até a morte do seu protetor em 1513. É atribuído a ele o significado pejorativo da palavra sanguessuga, por sua costumeira prática médica e pela indisfarsável exploração de privilégios durante tão longo tempo.

JARDIM

Não tanto pelas flores constantemente enumeradas nos tratados — rosas, flores de régulo de **antimônio**, flor de **bismuto**, **violeta**, **flor de ouro**, etc. —; nem pelas **fontes** cristalinas: da água da vida ou da **imortalidade**; nem pelas frondosas **árvores**: do conhecimento, da vida, da ciência do bem e do mal; o Jardim é, para o **filósofo**, a alegoria perfeita de sua **Obra**, pela restauração da Natureza, o predomínio das virtudes, a fecundação e frutificação da vida, abundância, riqueza, sabedoria, perfeição, saúde, beleza. O Jardim é o verdadeiro Paraíso, lugar de gozo eterno e contato divino, mas seu acesso é dado apenas aos eleitos, segundo nos informa Michael Maier em *Atalanta Fugiens*:

"Quem quer que deseje entrar no *Jardim*-das-Rosas Filosofal sem a **chave**, é como um homem que queira andar sem ter pés".

"O jardinzinho hermético de Daniel Stolcius, boêmio de Stolcenberg, formado pelas flores dos filósofos gravadas sobre **cobre** e explicado em mil preciosos versículos, pelo qual, os apaixonados da **Química**, e os servidores fatigados dos **laboratórios**, como em uma Filoteca, podem recrear-se" (98).

JARDIM DAS HESPÉRIDES

Paraíso mitológico, coberto de árvores de pomos de ouro, com que Geia, a Terra, presenteou a deusa Hera, por ocasião de seu casamento com **Zeus**. Essas maçãs, além de simbolizar a fortuna, concediam também a imortalidade, sendo por isso cobiçadas pelos homens.

Para impedir o roubo de tal tesouro, a entrada para esse magnífico lugar, era guardada por um **dragão** de cem cabeças e pelas ninfas Hespérides: Egle — a brilhante, Erítia — a vermelha, e Hesperaretusa — a Aretusa do Poente, filhas de Atlas e Hésperis.

Sob essa alegoria, os alquimistas simbolizaram a execução da **Grande Obra**: Na época propícia, ou primavera, o interessado em possuir tais dons teria que matar o dragão para conseguir as simbólicas maçãs de ouro, assim como **Hércules** em um dos seus doze trabalhos, quando em busca da imortalidade.

"O *jardim das Hespérides* encontra-se guardado por um terrível dragão; logo à entrada, apresenta-se uma **Fonte** de Água viva, claríssima, que sai de **sete** nascentes e se derrama para todos os lados. Fazei beber o dragão tantas vezes quantas o número mágico de três vezes sete até que, ébrio, dispa a sua suja veste" (68).

"Todas as maçãs que se colhem antes de amadurecer murcham e quase não servem para nada. O mesmo acontece com os vasos e vasilhas, que não servem se antes não forem cozidos num grande fogo. De igual modo, é preciso dar atenção ao nosso **elixir** para que não seja falseado, em nenhum dia dedicado e consagrado à sua geração, por temor que o nosso fruto, ao ser colhido prematuramente das macieiras das *Hespérides*, não possa chegar à maturação total e a culpa será do operador que se terá precipitado loucamente, pois é evidente que não se pode produzir um fruto com uma flor arrancada de uma árvore" (137).

JARDINEIRO

Além de ser uma obra estreitamente ligada à natureza, dado que sua fase mais importante acontece no período primaveril, a substância que está sendo elaborada, em determinados momentos, toma a forma ou a coloração de certas flores. Em assunto no qual tudo é motivo para símbolos e alegorias, a fim de melhor dissimular a verdadeira nomenclatura, o alquimista ganhou a alcunha de jardineiro, pelo cuidado a que se obriga, na preservação de sua "flora". Assim, Martinus Ortholanus, no século XV, já se identificava como Hortolanus, o Jardineiro.

Frater Albertus, em seu *Guia Prático da Alquimia*, cita o seguinte trecho, do século XVIII, originário de um mosteiro de Praga:

"Um agricultor melhora o seu solo com adubo, queima as ervas daninhas, e faz uso de suas operações. Ele embebe sua semente em vários preparados, tomando apenas o cuidado de não lhe destruir o princípio vital; na verdade jamais lhe passa pela cabeça torrá-la ou fervê-la, no que mostra ter mais conhecimento da Natureza do que alguns pseudo filósofos. A Natureza, tal como mãe liberal, recompensa-o com uma abundante colheita, proporcional às melhorias que concedeu à semente e à matriz adequada que forneceu para o seu crescimento.

O jardineiro inteligente vai mais longe; ele sabe encurtar o processo da vegetação, ou retardá-lo. Ele colhe rosas, corta verduras e arranca ervilhas verdes, no inverno. Estão os curiosos propensos a admirar plantas e frutas de outros climas? Ele pode produzi-las, à perfeição, em suas estufas. A Natureza segue o seu comando sem constrangimento, sempre desejando obter o seu fim, a perfeição da prole".

JASÃO

Ver **Velocino de Ouro**.

JIVA

Para os jainistas é a divina **força** vital. São átomos circulando pelo organismo cósmico, como na Alquimia se considera a energia cósmica que vivifica todas as coisas. Impressiona, também, na descrição do *jiva*, a afinidade das cores, com as que são atingidas pela matéria, durante o **magistério**. Em virtude desses conhecimentos serem muito antigos, com alguns milhares de anos (há até quem creia que são muitos milhares), a lógica pode estar perdida no tempo e, como em outras tantas histórias e lendas, haver, hoje, apenas **vestígios** associados discretamente à grande ciência.

"... o jainismo considera que a mônada vital (*jiva*) se difunde por todo o organismo; o corpo constitui, por assim dizer, sua veste a mônada vital é o princípio que anima o corpo. A substância sutil desta mônada vital está misturada com partículas de *karman*, como a água no leite, ou o fogo numa bola de ferro incandescente. Além disso, a matéria cármica transmite à monada vital, em série ascendente, cada qual com sua cor, odor, gosto e qualidade de tangibilidade, como segue:

6. Branca
5. Amarela ou rosa
4. Vermelho-fogo
3. Cinza-chumbo
2. Azul-escuro
1. Preto.

"Estes seis tipos se distribuem em três pares, e cada par corresponde precisamente a um dos três *guinas*, ou "qualidades naturais" descritas com frequência nas escrituras clássicas do Sãnkhya e do Vedãnta. As lesyã jainas de número 1 e 2 são escuras, estão relacionadas com o *guna tamas*, escuridão. A lesyã 3 é cinza-chumbo, enquanto a 4 é vermelho-flamejante; ambas pertencem ao fogo e, deste modo, correspondem ao *guna rajas*. Finalmente, as lesyã 5 e 6 são claras e luminosas pois são estados de relativa pureza, logo, são as contrapartes jainas do clássico *guna sattva*: 'virtude, bondade, excelência, claridade; ser ideal; o estado supremo da matéria'." (42).

JOÃO XXII

Jacques de Euse, nascido de Cahors, França, em 1245. Sucedeu a Clemente V, tendo exercido as funções papais entre 1316 a 1334. Foi cúmplice de Felipe, o Belo, em sua perseguição aos templários, quando sustentou o rei nas acusações de vergonhosos crimes, feitas ao grupo, no intuito de se apoderar dos incontáveis bens da instituição. Foi acusado de professar doutrinas contrárias à Igreja, por Luis da Baviera, em represália à excomunhão que lhe negou os bens espirituais, por ter se nomeado rei dos romanos sem o consentimento papal. É uma figura controvertida, segundo se subentende do texto seguinte:

"As condenações dessas atividades eram frequentes e, no tempo em que viveu Flamel, vigorava a bula de João XXII, *Spondent Pariter*, que proscreve os alquimistas do seio da Mãe Igreja; muito embora, segundo a tradição, ter deixado João XXII prodigiosa fortuna, dita, pela sua corte, de procedência alquímica, fora um tratado alquímico de sua autoria, *Ars Transmutatoria*" (4).

No Manuscrito de São Marcos, conservado na Itália: "alude-se a uma condenação pronunciada por um concílio, em 1326, sob o pontificado de João XXII, o mesmo que, em 1317, condenou a Alquimia, explicando que os alquimistas enganam o povo e se utilizam de ouro alquímico para fabricar moeda falsa".

"Ele sabia, naturalmente, do que falava, de vez que lhe é atribuído um tratado intitulado 'A Arte da Transmutação Metálica'." (18).

JUNG, CARL GUSTAV

Nasceu em Besel, Suíça, em 1875. Como psiquiatra e psicólogo, foi durante alguns anos, seguidor de Freud, até desenvolver sua própria teoria, denominada "Psicologia Analítica".

A ele, o século XX deve o ressurgimento da Alquimia, pois foi, graças ao seu interesse e incansáveis estudos sobre o tema, aparentemente superado, que antigos e desprezados textos ganharam evidência.

Atento aos detalhes dos sonhos de seus pacientes, começou a ficar intrigado com a simbologia comum, revelada por pessoas com características muito diversas. Motivo mais que instigante para obrigá-lo a pesquisar velhos livros, em busca da raiz, invocadora dessa coincidência, assim projetada no tempo e no espaço. Encontrou a chave que buscava, nas ilustrações do magistério do *Manuscrito Ripley* — os arquétipos do inconsciente coletivo. Escreveu, então, *Psicologia e Alquimia*, além de dedicar-se com afinco na solução de antigos arcanos.

Graças a essa visão moderna, feita por um prisma peculiar, longe das práticas de **laboratório**, importantes textos foram restaurados e traduzidos, possibilitando que pessoas interessadas tivessem como se aprofundar no assunto.

Faleceu em 1961.

JÚPITER

É a principal divindade mitológica dos romanos, filho de **Saturno** e de Reia. Da mesma forma que os gregos adoravam **Zeus**, *Júpiter* era adorado por Roma. O Capitólio foi o seu principal templo e nele reinava com Juno e Minerva. Era, principalmente, deus do **raio** e da **Justiça**, e seus atributos eram a **águia** e o **carvalho**. Atribuem a ele o **calor** natural, o que explica grandemente seu conceito na **Obra**, visto ser a temperatura um dos pontos mais importantes a ressaltar no **Magistério**. Seu metal, o **Estanho** (outros dizem o **latão**), é outra das causas de sua referência constante.

"Em linguagem poética os *Vedas* pregam um monismo total, o Deus único que paira sobre os muitos. A essência universal, o Absoluto, sonhando a existência do universo por um período finito de tempo, de 154 milhões de milhões de anos segundo se dizia, era **Brama**, que sustentava cada **estrela** e cada átomo; o Pai dos Deuses, um ser pessoal, era Dyaus-Pitar (Deva-Deus, Pitar-Pai), helenizado para **Zeus**-Pater, em latim *Júpiter*, o Pai do Céu, adorado sob vários nomes pelos celtas, os egípcios, os babilônios, os mexicanos, os chineses e os povos nativos de todo o mundo" (59).

JUSTIÇA, A

Oitava carta dos Arcanos Maiores do **Tarot**, representa uma mulher, que tem ao ombro uma coruja. Empunha, na mão direita, uma **espada** e, na esquerda, uma balança, significando a ordem e o equilíbrio que têm que ser respeitados, entre as forças opostas, mas também chamando a atenção para as proporções, dos pesos e das medidas, sem cujo critério todo trabalho redunda em **fracasso**. Está sentada em um trono dourado, que repousa sobre um piso de ladrilhos pretos e brancos.

É a **Pedra**, já liberta dos últimos vestígios da umidade, representada pelo piso; dona da **sabedoria**, figurada na coruja — ou pássaro de Atena; administrando as quantidades exatas, separando o falso do verdadeiro, por meio do perseverante método do alquimista. Fala do êxito da **Pedra**, simbolizado pela espada nua, e do incansável cuidado com as proporções, representado pela balança.

K

KAABA

Kaaba ou Ka'bah é um **betilo**, em forma de grande cubo negro, com iguais 60 pés de comprimento, largura e altura, provavelmente originário de um meteorito. Está colocado no centro de um gigantesco santuário, na cidade de Meca, Arábia Saudita, próximo ao Mar Vermelho, onde recebe o culto diário de milhares de fervorosos muçulmanos, que o consideram como representação de Allah.

Consta a tradição que teria sido construído pelo profeta Abraão, como um marco da Casa de Deus. Um santuário digno, onde os homens deveriam patentear a sua adoração.

KAIRÓS

Nome dado pelo antigo alquimista grego **Zózimo** ao momento astrológico preciso para a realização dos trabalhos alquímicos. Dentro da teoria de que os processos químicos não acontecem sempre de forma expontânea, resta ao alquimista não só conhecer a técnica, mas respeitar o *kairós*, que oferece a perfeita condição para a realização do seu trabalho.

KALI

Na mitologia hindu, *Kali*, cujo nome em sânscrito significa **negra**, é a deusa da **morte** e da sexualidade. O que não a torna uma deusa má, pois a morte é indispensável à preservação da vida. É conhecida também sob a forma de Gauri (dourada), a esposa mais jovem de **Shiva** que, para satisfazer os desejos do marido, tomou um banho de **ouro**.

"*Kali* é, verdadeiramente **Brahman**, e Brahman é verdadeiramente *Kali*. Trata-se da única e mesma realidade. Quando pensamos nela como inativa, ou seja, como não engajada nos atos da criação, preservação e destruição, denominamo-la Brahman. Porém, quando ela participa dessas atividades, então a chamamos *Kãli* ou **Sakti**. A realidade é uma e a mesma; a diferença está no nome e na forma" (99).

KAMALA JNANA

Ao que tudo indica, é este o pseudônimo de um alquimista contemporâneo que, sob tal alcunha, escreveu o *Dictionaire de Philosophie*

Alchimique. Há sérias desconfianças de que sua real identidade seja **Roger Caro** que, por sua vez, publicou, em 1968, o livro *Tout La Grand Oeuvre Photografie*, ilustrado por inportante sequência fotográfica do Magistério, levada a termo no laboratório do referido *Kamala Jnana*.

Comprovando essa desconfiança, há o depoimento do filho Daniel Caro que, ao prefaciar o livro póstumo do pai *Bible Science et Alchimie*, escreveu, entre outras coisas: *Só tu decifras-te, compreendes-te e reencontrado o UN sob o múltiplo da tradição e tu quiseste permitir a todas as boas vontades consegui-lo também. Então tu fazes aparecer os livros de alquimia, sob o teu verdadeiro nome e sob os pseudónimos Kamala Jnana, Pierre Phoebus...*

KATAGARAMA

Deus menino, adorado pelos indianos em uma cidade do mesmo nome. O local é ponto de encontro das peregrinações, mortificações e até mutilações numa adoração fanática, cheia dos misticismos de um ritual milenar inteiramente desvirtuado.

É um menino alquímico e eterno, que nasceu duas vezes. Filho da **semente** de Shiva que saltou, em forma de esperma, do **fogo** onde fora tornado **cinza**, e foi recolhido pelas Plêiades em seis partes. *Katagarama* nasceu assim dos seis espermas do deus. É a síntese de tudo. O feto de **ouro** das lendas. Apesar do atraso a que foi relegada a compreensão de sua história, totalmente perdida em meio a uma fé cheia de interpretações absurdas e superstições estranhas, percebem-se ainda vestígios dos velhos ensinamentos da **Grande Obra** quando se analisam os atributos de determinados detalhes dos mil nomes que lhe são atribuídos: é Kumara, o que morre facilmente; Agnibhuva, o que nasceu do **fogo**; Kartikeiya, o filho das Plêiades; Murugan, com seis cabeças, seis rostos e doze braços, cuja montaria é um **pavão** e tem uma **serpente** enrolada em seus pés; além de ser **andrógino** e ter como lança um **raio** de sol que serve para partir o **vaso** da ignorância. É um deus de luz, capaz de restaurar o mundo em seu esplendor original e prodigaliza a paz estabelecendo o **equilíbrio** entre duas forças contrárias do pássaro e da serpente. Seu nascimento está registrado no primeiro livro do Ramayana.

KERMÉS

Denominação dada, em muitos textos, ao **carvalho**. Derivando para kermesita ou **quermesita**, designa o mais importante minério do **antimônio** — a **estibina** —, quando alterada por oxidação.

KEROTAKIS

Detalhe engenhoso, criado na Idade Média, para cobrir os alambiques onde se procedia a condensação do vapor, possibilitando que a preciosa substância destilada, caísse gota a gota em um recipiente próprio — o **pelicano**. Era formado por dois tubos, onde os líquidos destilados circulavam, condensando-se no cabeçote em forma de cone.

"A destilação, uma característica especial da alquimia, permaneceu por muitos séculos como uma técnica **incomparável**. Era utilizado um **destilador** ou alambique. (...) Outro invento da época era o *kerotakis*, uma peça do equipamento que produzia vapores a partir da substância, pela aplicação de aquecimento. Os vapores então atuavam sobre uma porção do metal, localizada na parte alta da aparelhagem. Frequentemente, o resultado se manifestava na forma de uma liga, mas é provável que também fosse importante o conceito de partilha de cores através do *kerotakis*, uma vez que esta palavra tem o significado de *'paleta do artista'* (71).

KETHER

A Sephira que representa **Netuno** na Cabala, é a coroa da **Árvore da Vida**. A tradição nos define Kether como o movimento primeiro. Acima dela existem três outros universos que formam a cadeia que, partindo do divino, chega até **Malcut** a Terra. "O que está embaixo é como o que está em cima".

Sendo Netuno a representação das águas, seu sentido é perfeito dentro do **Magistério**, em sua afirmativa de que as águas primordiais são a fonte do movimento primeiro. O que vem do alto é da mesma substância do que está embaixo.

KHEPER

Escaravelho, também denominado Chepera, Khepra ou Akheper, servia de amuleto, no antigo Egito, como protetor da vida. A fêmea do escaravelho deposita seus ovos em um monte de esterco, ocultando-o depois no interior da terra. Dali saem seus filhotes, dando a impressão de renascimento e justificando uma simbologia de ressurreição. Sua utilização como símbolo alquímico talvez se explique por isso: a Pedra Filosofal se origina também de matéria impura.

Entre os egípcios, era figurado segurando entre as patas a bola do **Sol**, que renascia do negrume da noite,. Na China, consideravam seu nascimento no esterco como uma comprovação da **imortalidade**. Entre os maias, também eram tidos como divindades, apesar de nascidos da lama da **terra**.

Em um papiro reproduzido por Albert Champdor em *Le Livre des Morts*, vê-se Kheper rodeado por **sete** deuses, sustentando em suas patas dianteiras um disco que simboliza o mundo inferior. Ele se encontra dentro de uma barca solar que está sendo elevada dos abismos por Num, deus das águas primordiais.

KHISR

Mitológico *Homem Verde* dos muçulmanos. Nasceu em uma gruta e teria sido alimentado pelo **leite** de um animal. Por ter descoberto a **fonte** da vida, tornou-se imortal colorindo-se de **verde**. É considerado o rei da vegetação e das **águas** e frequentemente associado ao **oceano** primordial, sendo padroeiro dos navegantes. Na Índia, onde também é cultuado como deus dos rios, é representado sentado em um **peixe**, sob o nome de Khawdja Khidr.

KHMER

Em Angkor-vat, um dos mais importantes templos do Camboja, há aspectos da mitologia hindu e, particularmente, cenas tiradas do Râmâyana, frequentemente confundidas com a representação de Nagas, os fundadores do povo kimer, e com relatos históricos de batalhas travadas pelos soberanos.

"O conjunto é, antes de mais nada, erguido à glória de **Vichnu**, que é o verdadeiro senhor local e cuja exaltação se manifesta na mais célebre das lendas, a do batismo do mar de leite.

Os deuses e os demônios decidiram conseguir o **Amrita**, o **elixir da imortalidade**; para tanto é preciso bater o oceano. Em torno de uma montanha, os deuses (devas) e os demônios (asuras) enrolam, à guisa de corda, a enorme **serpente** Vasuki. A própria montanha repousa sobre o dorso de uma tartaruga, encarnação do deus Vichnu, que na altura sustinha sobre o dorso a terra novamente criada.

O movimento de rotação obtido ao puxar, alternadamente, por cada uma das pontas da serpente espanta os animais marinhos, que são cortados e destroçados. Deuses e demônios vão, deste modo, agitar o oceano durante mil anos. Dele sairão criaturas de sonho, as apsaras, bailarinas que ornam os frisos, depois a deusa Lakshimi, que se tornará mulher de Vichnu e, por fim, o elixir da imortalidade, o **amrita**" (100).

KHNUM

Deus totêmico, adorado no sul do Egito, em especial na cidade de Elefantina. Era representado com a cabeça de **carneiro**. Considerado como "aquele que derrama o **sêmen** oculto aos deuses e aos homens", foi promovido a Khnum-Ra, após a revolução religiosa que ressaltou a supremacia do deus-**Sol**.

"Em um mito cosmogônico, Khnum figura como deus criador, oleiro que modelou, em seu torno, o **ovo** do qual saíram o mundo e o homem" (101).

KHUNRATH, HEINRICH

Famoso alquimista cuja presença marcante é registrada na Alemanha, entre o fim do século XVI e princípio do século XVII. Acredita-se que tenha nascido em Leipzig, por volta de 1560. Cursou a Universidade de Baseileia, na Suíça, colando grau em Medicina, em 3 de setembro de 1588. Clinicou em Hamburgo e em Dresde.

Seguindo ensinamentos de Paracelso, procurou encontrar a matéria secreta, responsável pelo aprimoramento e cura, tornando-se um Adepto.

Foi exaltado por seus contemporâneos pelos conhecimentos científicos demonstrados, seus dons cabalísticos e sua fama de mágico divino. Essa mesma impressão tem atravessado os séculos, influindo no desenvolvimento de ideias alquímicas, atraindo novos estudantes interessados na fantástica **Arte** da transmutação, que procuram boas explicações para execução dos seus trabalhos de laboratório.

Na Universidade de Wisconsin, Madison, encontra-se uma raríssima cópia da primeira edição de *Amphitheatrum Sapientiae Aeternae*, sua mais famosa obra, publicada em 1595. Compõe-se de inscrições místicas, ilustrada por vários desenhos coloridos à mão. *Amphitheatrum Sapientiae Aeternae* (O Anfiteatro de Sabedoria Eterna), é considerada um dos mais esclarecedores relatos da literatura alquímica, não apenas por suas gravuras, artisticamente apresentadas, mas pela sinceridade do conhecimento implícito e consequente indução a um melhor desenvolvimento do **Magistério**.

Apesar de, em seu livro, *Khunrath* admitir e realidade física da **Pedra Filosofal**, aconselhava a quem quer que tivesse interesse em alcançá-la, que fosse movido por exclusivos desejos de um conhecimento universal, em um total refinamento do espírito. Em sua opinião, a pedra filosofal correspondia à presença de **Cristo**.

Da primeira edição, datada de 1595, ainda existem três cópias: uma em Darmstad, outra em Basileia e ainda outra em Wisconsin. Como curiosidade, vale declarar que foi um livro condenado pela Sorbonne, em 1625, o que não impediu o interesse popular demonstrado, a julgar por suas numerosas edições.

Heinrich Khunrath morreu em Dresden, em 9 de setembro de 1605.

KIRCHER, ATHANASIUS

O jesuíta *Athanasius Kircher* (1601-1680) foi um dos mais brilhantes pensadores do século XVII. Sua sede de conhecimento fez com que, ao longo de incansáveis pesquisas, buscasse respostas às dúvidas dos filósofos de seu tempo, nos mais variados setores da sabedoria humana, das ciências naturais ao ocultismo, não escapando aos seus olhos argutos, principalmente, a tradição hermética.

Embora não aceitasse que a transmutação podia ser feita em laboratório, acreditava que todas as coisas materiais provinham de uma semente universal, o principal postulado da **Alquimia**.

Escreveu diversos livros, todos com ricas e curiosas ilustrações: *Obeliscus Aegyptiacus*, em Roma (1652); *Mundus Subterreaneus*, Amsterdã (1662); *Ars Magna Lucis et Umbrae*, Amsterdã (1665); *Magnetium Naturae Regnum*, Amsterdã (1667); *Musurgia Universalis*, Amsterdã (1668); e *Ars Magna Sciendi*, Amsterdã (1969). A gravura que ilustra o *Ars Magna Sciendi* feita por Kircher, retrata **Sophia** tendo na mão o alfabeto da **Arte** de **Rámon Llull**, que contém em suas chaves hieroglíficas toda a sabedoria alquímica à disposição do homem nos livros da Natureza.

De todas os seus trabalhos, porém, o mais importante foi a descrição, em 1646, de uma câmera escura, a que ele denominou "máquina mágica", que nada mais era que a precursora das máquinas de cinema descobertas séculos depois. Com velas e lentes projetava imagens pintadas em lâminas de vidro que eram trocadas, o que possibilitava a ideia de movimento. A "lanterna mágica", como o povo a denominou, serviu como meio de diversão até o advento do filme, em 1890.

KLEOPATRA

Responsável por alguns textos alquímicos surgidos no primeiro século d.C.

"Alguns outros textos do mesmo período, são atribuídos à *Kleopatra* e, enquanto muitos historiadores se inclinam a considerar que esta é uma tentativa de elevar a famosa rainha Cleopatra à posição de sacerdotisa alquímica, Jack Lindsay, por sua vez, considera os trabalhos originários da escola de uma *Kleopatra* diferente, uma alquimista da época, cujos ensinamentos foram perpetuados por seus discípulos. Os escritos em questão são: 'O Diálogo de Kleopatra e os Filósofos' e 'A Produção de Ouro de Kleopatra'. No primeiro, encontramos uma descrição precisa a respeito do processo alquímico" (71).

KOLISKO, LILLY

Pesquisadora, nascida em Viena em 1889, como perfeita seguidora de Rudolf Steiner, também acreditava que forças espirituais invisíveis interagiam na natureza, especialmente as forças cósmicas na formação dos metais.

Buscando provar essa teoria, durante meses a fio *Lilly Kolisko* fez com que um papel de filtro químico absorvesse uma pequena quantidade de certa mistura de cloreto de ouro, sulfeto de ferro e nitrato de prata e água. Após um ano, nas marcas deixadas nos filtros de papel que serviram à experiência, ficou comprovada a influência das forças cósmicas, maiores e menores, dependendo da época do ano em que atuavam.

KORAX

Termo que, em grego, designa **peixe**, mas também **corvo**. Esse peixe é muitas vezes enunciado nos textos alquímicos e simboliza o **enxofre** — o espírito divino animador da **Grande Obra** —, que tem que ser *pescado*, ou melhor dizendo, isolado, para figurar como agente masculino, ativo e fixo, na complementação do **mercúrio** feminino, passível e volátil.

KUBERA

Divindade indiana, guardiã dos Tesouros ocultos. Tem como atributo um **caneiro** que lhe serve de montaria, e seus tesouros, mantidos nos subterrâneos, em **grutas** e cavernas, seriam tesouros simbólicos: **sabedoria**, **imortalidade**, guardados por **dragões**.

"Conta-se que o Indra da morada Sudharma (o plano celeste mais próximo da terra) dirigiu-se a Kubera, o senhor dos gnomos, que controla todos os tesouros em joias e pedras preciosas escondidos nas montanhas e lhe disse: 'O Indra do décimo terceiro céu, muito acima de mim, logo descerá à terra e irá encarnar-se como filho do rei Benares. Ele será o 23º *Tirthankara* da Índia. Alegra-te, pois, e faze chover as Cinco Maravilhas sobre o reino de Benares e sobre o piedoso monarca e a fiel rainha que serão pais do Tirthankara' (...).

Em uma noite superlativamente auspiciosa, a adorável rainha Vãmã teve quatorze sonhos premonitórios e, tão logo o rei Asvasena foi informado, compreendeu que seu filho seria um salvador — um Cakravartin ou um Tirthankara. A pura mônada desceu ao ventre real daquela que seria sua última mãe terrena, durante o benéfico mês primaveril chamado vaisākha (um mês lunar que corresponde a abril ou maio), em meio a comemorações celestiais; e assim que deu vida ao **embrião** que já estava há três meses no ventre (sendo este o momento da recepção de sua própria vida), os tronos de todos os Indra tremeram nos céus e a futura mãe sentiu o primeiro movimento do seu filho" (42).

KUMU

"Na língua dos bambaras, a palavra Kumu — fermentar — designa todo o processo, pelo qual uma substância ou até mesmo um objeto, é posto em estado de acidificação e de efervescência, capaz de conferir-lhe maior influência sobre os seres que sofrem a ação. As bebidas fermentadas, portanto, são a imagem do conhecimento efervescente que permite ao espírito ultrapassar seus habituais limites, a fim de alcançar — pela intuição ou pelo sonho — o conhecimento profundo da natureza, o conhecimento do segredo das coisas. Isso explica o consumo ritual de bebidas fermentadas, tais como a cerveja de milho miúdo, de mandioca, de banana e de milho, na África, na América e, de maneira geral, em todas as sociedades agrícolas" (38).

KUNDALINI

Na representação tântrica, duas **serpentes** enroladas em torno de um falo representam a energia cósmica cujo nome, em sânscrito, é *kundalini*.

Seu reduto é a base da coluna vertebral, em um local chamado mulādhāra (*ādhāra*, a base e *mula*, raiz), onde fica adormecida. É o poder divino da **Sakti**, no interior da matéria grosseira. Para despertá-la, o iogue tem que fazê-la subir por um canal sutil que fica no interior da coluna vertebral denominado "susumn", localizado entre o canal lunar "ida", à esquerda, e "pingalã", o canal solar situado à direita.

O fluxo vital da *kundalini tem que se elevar c*hacra por chacra, que são os centros de energia do corpo: O *Mulāndhāra*, onde ela dorme, é a **terra** —; **loto** carmesim de quatro pétalas; o seguinte, o Svādhisthāna, ao nível dos órgãos genitais — loto rubro-escarlate de seis pétalas —, é a sede da **água**; o terceiro, à altura do umbigo, é o M*anipura*, sede do elemento **fogo**, representado por um loto azul-escuro de dez pétalas; o quarto fica na altura do coração, é um loto rosa de doze pétalas e sede do elemento **ar**; o quinto é a sede do **Éter** e se chama *Visuddha chacra*, fica na região da garganta, é um loto de 16 pétalas **púrpura-**

enfumaçado; no centro das sobrancelhas está o *Ãjñã,* loto branco como a Lua, de duas pétalas cintilantes; e, por último, no alto da cabeça, o *sahasrãra,* o loto multicolorido de mil pétalas — é o centro além da dualidade. Aqui a Sakti se une a **Shiva,** e é nessa união de formas complementares, que **Brahman** se manifesta.

KYBALION
Ver **CAIBALION**.

L

LABIRINTO

O *labirinto* é um dos mais antigos e complexos desenhos da humanidade e, ao que parece, simboliza uma caminhada sinuosa e cheia de dificuldades, em direção a um fantástico centro, pleno de mistérios. Consideravam os antigos, que, de certa forma a figura do *labirinto* estava associada a ritos de fertilidade bem como à **morte** e ao renascimento de **reis** divinos.

Babilônios e egípcios, em cujos históricos da civilização encontramos vestígios de uma memória transcendental, acreditavam que o que existia no âmago de um labirinto era o mais sagrado dos sagrados e essa rota tortuosa era necessária para que o núcleo sacrossanto só fosse atingido após um grande esforço evolutivo. Em escavações arqueológicas efetuadas na Babilônia, foram descobertas inscrições em que os *labirintos* eram associados às entranhas da terra.

Atento à mensagem dos símbolos, o estudante de Alquimia vê, nesse caminho tortuoso, que, na grande maioria das representações, circunvoluteia sete vezes, avançando e recuando ao redor do centro, um dos mais perfeitos símbolos gráficos da **Grande Obra**: uma infinidade de possibilidades que confundem o alquimista, só permitindo o acesso, a seu interior, aos verdadeiros eleitos. É um símbolo de proteção dos **mistérios**. Esse percurso incerto, tateante, em que muitas vezes retorna ao mesmo ponto, vai eliminando os ambiciosos e os curiosos, e fortalecendo a paciência e perseverança do verdadeiro **Adepto**.

Para o pesquisador britânico C. N. Deedes: "Acima de tudo, o labirinto era o centro de atividades relacionadas aos maiores dos mistérios, a vida e a morte. Nele, o homem tentava derrotar a morte e renovar a vida, utilizando todos os meios por ele conhecidos. (...) Atualmente, a capacidade mágica do labirinto de gerar vida está perdida, e mesmo que se descubra um grande número de fragmentos desse poder, é duvidoso que se consiga entender todo o seu mistério".

"Ofertei-te essas duas figuras (um homem com uma roupa branco-alaranjada, orlada de ouro, segurando uma **espada** nua, tendo a seus pés um homem vestido com uma roupa alaranjada, branca e negra) para expressar a albificação ou o embranquecimento; é, portanto, a essa altura que terás necessidade de grandes cuidados, pois aí todos encontraram empecilhos. Esta operação é verdadeiramente um *Labirinto*, pois aqui se apresentam mil caminhos ao mesmo tempo (além do que se deve prosseguir até seu fim e, inversamente, ao começo, coagulando o que antes dissolveste, e fazendo **terra** o que antes fizeste água)" (36).

"Existe um *labirinto* num manuscrito alquímico grego do século VII, encontrado e comentado pelo célebre químico Marcellin Berthelot. É muito interessante constatar que o desenho grego é exatamente o mesmo que o do *labirinto* da Catedral de **Chartres** e que é reencontrado no caderno de Vilart de Honnecourt (construtor de catedrais, na Idade Média). De onde Vilart tirou esse desenho? Teria sido ele quem forneceu esse modelo ao arquiteto de Chartres e, neste caso, de quem o recebeu ? Ou então tê-lo-ia copiado durante uma visita à Loja Maçônica que construiu a Catedral de Chartres e, sendo assim, de quem os construtores teriam recebido o manuscrito alquímico?

"Houve, portanto, uma transmissão de uma mesma imagem simbólica, conhecida no século VII, em país muçulmano, que chegou, no século XIII, a Chartres e foi reproduzida num pavimento de 12 metros de diâmetro" (18).

"Este é aquele grande *labirinto* no qual se quedam quase todos os principiantes, porque os Filósofos, em seus livros, escrevem sobre ambos os caminhos, que não são verdadeiramente mais que um caminho, salvo que um é mais perfeito que o outro. Aqueles que escrevem sobre o **Sol** do vulgo (como nós neste tratado e, do mesmo modo, Artéfio, **Flamel**, **Ripley** e outros mais) não devem ser entendidos senão que nosso Sol, ou Filosófico se faz de nosso **mercúrio** e do Sol vulgar, o qual, por uma liquefação reiterada, dará o **azufre** e a **prata** viva incombustível" (1).

LABORATÓRIO

Na Europa medieval, controlada pelas rígidas leis que imperavam proibição às artes alquímicas, os laboratórios funcionavam em meio às mais precárias condições, em cozinhas, porões ou sótãos, escuros e enfumaçados, para torná-los o menos identificáveis possível, evitando assim que fossem denunciados.

Para os que não consideram a Alquimia e todo o seu ocultismo, como uma coisa mística e reconhecem nela os vestígios de uma grande ciência, existe a informação de que, não basta que se leia tudo sobre o assunto ou estude com paciência e fidelidade seus melhores autores, se esse conhecimento não for acompanhado pela prática no laboratório.

Os processos alquímicos tem muito pouco a ver com as técnicas da Química moderna, portanto esse laboratório, por todas as ilustrações que nos têm sido apresentadas, também é bastante diferente.

Sua peça mais importante é o forno que, segundo todos, tem que ser mantido aceso permanentemente, enquanto durarem os trabalhos; porém, vasos, jarros, vidros com tampas que podem ser fechadas hermeticamente, funis e frascos para destilação, também se fazem necessários.

Outra coisa que nos transmitem ser de especial importância é a oração. É insuficiente sozinha, mas, acompanhada da ação, já afirmava Jacob Sulat "o resultado que se busca pode sobrepujar toda a esperança". É levada em tão alta consideração que o termo "laboratório" segundo J. Van Lennep, no livro *Alchimie*, é originário do célebre preceito alquímico *Ora et Labora* (reza e trabalha), expresso na utilização dos radicais "lab", de labor, e "oratorium", de pequeno altar.

"O químico, à imitação da natureza, trabalha em elevar e sublimar o azufre volátil, ou o calor natural de seu mineral, para despojá-lo de todas as impurezas que o rodeiam, e juntá-lo, à continuação, a um corpo que seja também capaz de receber uma concção inteira.

Esta **arte** não se adquire só com **leitura**; a experiência é aqui necessária" (9).

LAMBSPRINCK

Ou Lambspring, é o autor de um dos mais significativos textos sobre a **Grande Obra**, surgidos no século XVII. Seu trabalho, editado na Alemanha por volta de 1559, denomina-se "De Lapide Philosophico" (Tratado da Pedra Filosofal); e é uma bem elaborada obra, escrita em versos e ilustrada por 15 sugestivas figuras, artisticamente desenhadas, nas quais, através de vários símbolos já bem divulgados por outros autores, ele nos revela todo o procedimento do **Magistério**.

Tudo leva a crer que o nome adotado não passa de um pseudônimo, em razão de associações feitas em sua grafia, por alguns estudiosos, com os termos *Lam* e *springen,* cujos significados nos dão *Fonte do Carneiro*, em uma referência bastante clara à Fonte da Juventude. Presume-se, também, que tenha vivido entre 1620 e 1690, mas é só. Qualquer outro detalhe sobre esse personagem perdeu-se no tempo, já que sua verdadeira identidade ele cuidou de esconder suficientemente bem, exatuando nas poucas informações que ele fornece sobre si mesmo, no prefácio do seu livro:

"Eu sou chamado Lambspring e nasci
de família nobre e cristã,
cujo nome carrego com honra e justiça.
Eu compreendi claramente a Sabedoria
E cheguei pela Arte, até seus fundamentos,

Porque Deus me dispensou a Sua Graça
E me deu capacidade de entender o conhecimento.
Assim eu me tornei autor deste livro
Onde reina uma ordem a ser notada pelo merecedor
De forma que todos entendam, pobres e ricos".

LAPIS

Toda a finalidade da **Grande Obra** é a união do **mercúrio** com o **enxofre**, à qual dão o nome de casamento, bodas, **conjunção**, etc. A finalidade dessa união é o terceiro elemento que surge, um produto indestrutível denominado *lapis* — o **Mercúrio Filosófico**, o **Sol** Vermelho, ou o sangue sólido do **Leão** Vermelho.

Também em "**Aurora Consurgens**", texto atribuído a **São Tomás de Aquino**, o *lapis* é comparado ao **embrião** que se desenvolve no útero, durante nove meses.

Na realidade, o *lapis* é o resultado de um processo pelo qual um tipo determinado de matéria bruta, composta por elementos praticamente irreconciliáveis, após um trabalho recorrente de **liquefação**, **sublimação**, **destilação** e **coagulação**, chega a um tal grau de perfeição e **pureza** que torna possível a **fixação**, em uma conciliação definitiva, uma solidificação em altíssimo nível. Todos os autores concordam com isso, mas também são unânimes em afirmar que aquele que conseguir **abrir** os elementos, durante essa busca, encontrará lá dentro a juventude eterna.

"Sabe, meu filho, que esta nossa **pedra** (...) é composta de quatro elementos. Deve ser dividida e os seus fragmentos, separados e, em seguida, transformada na natureza que tem dentro de si" (80).

"Planta esta **árvore** no *lapis* (...) para que as **aves** do céu venham e se reproduzam nos seus ramos; é dela que brota a **sabedoria**" (132).

LATÃO

Nome que os filósofos dão à matéria, que será levada ao embranquecimento, após muitas **lavagens** mercuriais. Pela palavra dos filósofos, percebe-se que o latão guarda em suas entranhas, mesmo após o embranquecimento, as cores que tingirão a Pedra na fase de seu aperfeiçoamento.

"Outro filósofo disse que: *Se o latão se queima com o enxofre e se estende sobre ele a brancura, então e com a ajuda de Deus, a sua natureza melhorará*. Outro filósofo disse que, quando o *latão* coze durante largo tempo e se põe brilhante como olho de **pez**, há a esperar que neste estado seja útil. Tens de saber que então voltará à sua natureza primitiva. Outro disse que, quanto mais vezes for lavada uma coisa, mais clara aparecerá, ou seja, melhor será. Se o *latão* não for lavado, não aparecerá claro nem transparente e não recuperará a sua **cor**. Maria disse também: *Nada pode tirar ao latão a sua obscuridade e cor, mas o Azot é como a sua primeira cobertura. Isto se percebe quando se faz a cocção porque então o Azot cobre o latão e torna-o branco. Mas o latão recupera o seu domínio sobre o Azot pondo-o vermelho como o vinho.* Outro filósofo acrescenta que o **Azot** não pode tirar a cor do *latão*, substancialmente, nem transformá-lo a não ser na aparência. Antes o Azot vê-se privado pelo *latão* da sua **brancura** substancial; porque tem uma forma maravilhosa que surge por cima de todas as cores.

Quando se lavam as cores e se tiram a negrura e a sujidade de maneira a que apareça o branco, o *latão* domina sobre o Azot e põe-no vermelho" (52).

"Portanto, minha Criança, tudo do qual nós temos necessidade está escondido em **Saturno**; nele está um **Mercúrio** perfeito, nele estão todas as cores do mundo que pode ser descoberto; nele está o verdadeiro **negro**, cores **branco** e **vermelho**, também está o peso, Saturno é nosso *latão*" (147).

LÁTEX

Seiva leitosa e viscosa de determinadas **árvores**. Importante notar que todas as árvores e plantas que contêm látex eram consideradas sagradas, na Antiguidade: **visco**, bétula, **carvalho**, figueira, etc. Acreditavam que sua essência portava a energia universal. Talvez fossem restos adulterados de consciência de uma antiquíssima **árvore da vida**, elaborada em laboratórios, cujo leite levava ao embranquecimento a matéria que, daí para a frente, já podia ser considerada uma preciosa medicina.

Convém acrescentar também que essas árvores produtoras de látex geralmente estão incluídas nas lendas e fábulas, associadas à **serpente.**

LATONA

Latona, na mitologia romana, engravidou de **Júpiter**, Para fugir aos ciúmes de Juno (Hera), esposa traída, personificados em uma perseguição sistemática feita pela **serpente** Piton, buscou esconder-se em algum canto, mas Gaia, a Terra, por ordem da vingativa deusa, não lhe deu qualquer abrigo. Às vésperas de dar à luz, já exausta e desanimada, recebeu o auxílio de **Netuno** que, com seu tridente, fendeu uma pedra fazendo surgir a ilha de **Delos**, onde nasceram **Apolo** e **Diana**. *Latona* personifica a noite, antes do surgimento da aurora.

"*Latona* é um nome de código da prima matéria durante a fase de **putrefação** e de enegrecimento (**nigredo**). Na **Obra** alquímica, esse enegrecimento produz a união do corpo e do espírito" (233).

LÁUDANO DE OURO

Medicina. **Quintessência**. O mesmo que **Elixir**. Segundo Daniel Mylius, essa substância é capaz de restabelecer um moribundo.

LAVAGEM

"Quando o **mercúrio** vulgar é amalgamado com a matéria, tudo se dissolve sob o aspecto de um líquido branco como **leite**, que se encontra fixado pela matéria em um **sal** fixo, pela ação de seu próprio fogo.

Então se recomeçam as lavaduras mercuriais que a tornam branca como **cristal**, com a ajuda de **sete** lavaduras diferentes, a cada uma das quais se junta o mercúrio revivificado a partes iguais, como explicado anteriormente, depois, por média, terceira, quarta, quinta e sexta e sétima parte do peso da matéria fixada, a fim de que o peso da matéria seja sempre maior que o do mercúrio revivificado empregado.

Mas desde a primeira lavagem a partes iguais, é preciso não cessar, nem de dia nem de noite, o **fogo**, é dizer, as **embebições** do líquido destilado que contém o fogo da matéria, a fim de que esta não seja atrapalhada pelo frio e perdida: o composto é o **latão** dos filósofos" (12).

"Desta maneira represento-te que tens duas naturezas reconciliadas, que (se forem conduzidas e regidas sabiamente) podem formar um **embrião** na matriz do **vaso** e, depois, dar-te à luz um rei poderosíssimo, invencível e incorruptível, porque será uma **quintessência** admirável. (...) O segundo, que é também notável, é que tive que desenhar dois corpos, porque nesta operação deves distinguir o que foi coagulado, para dar-lhe mais tarde uma **nutrição**, um **leite** de vida, à criancinha nascitura, que está dotada (pelo Deus vivo) de uma **alma vegetativa**. O que é um segredo muito admirável e escondido, que faz enlouquecer, por falta de entendimento, todos os que o procuram sem encontrá-lo; e que se tornou sábia toda pessoa que o contemplou com os olhos do corpo, ou do espírito.

Precisas então fazer duas partes e porções desse corpo coagulado, uma das quais servirá de **azoth** para lavar e purgar a outra que se chama **latão**, que se deve embranquecer. O que é lavado é a **serpente** Piton que, tendo tomado seu ser da **corrupção** do limo da terra, reunido pelas águas do **dilúvio**, quando todas as confecções foram água, deve ser morta e vencida pelas **flechas** do deus **Apolo**, pelo louro **Sol**, ou seja, por nosso fogo igual ao Sol.

"Aquilo que lava, ou melhor, essas purgas, devem continuar com a outra metade; são os **dentes** da serpente que o sábio operador e valente **Teseu** semeará na mesma terra, de onde nascerão soldados que se destruirão a si mesmos, deixando-se, em contrapartida, resolver na mesma natureza da terra. Ele se dissolve a si mesmo, congela-se, enegrece-se, embranquece-se, mata-se e se vivifica a si mesmo" (36).

"...e fique em **putrefação** por um mês filosófico ou quarenta dias. Acrescente água de cinco em cinco, e aparecerá a verdadeira **cabeça de corvo**. Afaste esta última com sua cutícula, e conserve-a à parte. Quando já não sublime mais nada, inume a cabeça de corvo, e lave-a, isto é, embeba-a em sua água, de forma que a devore por partes, em calor moderado de cinzas, até que se faça o branco, mais obscuro que a **brancura**" (101).

LEÃO

Dentro da linguagem alquímica é um símbolo solar: É a **força**, o poder, que se reflete em sua representação no trono dos reis e sua associação aos grandes nomes da humanidade: Krishna é "o leão entre os leões"; Buda — "o leão dos Shakya"; Cristo, "o leão de Judá". Essa força natural, aparentemente incontrolável, pode ser domada pelo sábio e colocada a serviço do homem.

"E aprende que só por este caminho se pode obrar em matérias puras, pois se lava e se purga o Leão com o **sangue** do **Lobo**, e a natureza do Leão se deleita na tintura do Lobo porque há uma grande afinidade e certo parentesco entre o sangue de um e de outro" (137).

A matéria bruta, composta por elementos praticamente irreconciliáveis, após um processo recorrente de liquefação e coagulação, dentro do qual os elementos se aperfeiçoam, chega a um tal grau de pureza que torna possível uma conciliação.

LEÃO CELESTE

Signo comumente indicado para a **destilação** do **úmido radical**.

"A substância espirituosa que se eleva do centro da terra domina, seguindo o incremento que recebe das fases da **Lua**, da qual o torvelinho, por relação à Terra e a suas iluminações recíprocas é, ora mais ou menos vivo, mais ou menos capaz de interromper ou repelir os ímpetos desse espírito que faz o magnetismo da Terra e que a faz rodar, no vasto mar de águas rarificadas que a sustentam. (...)

O caráter que significa a destilação é o do *Leão Celeste*, e a água destilada dos filósofos é, por isso, chamada Leão" (9).

LEÃO DE NEMEIA

Perigoso monstro que habitava o bosque de Nemeia, na Argólida. Vencê-lo foi um dos 12 trabalhos de **Hércules**. Invulnerável às flechas, foi subjugado pelo herói que o apertou em seus braços, sufocando-o. Tomando-lhe a pele, envolveu-se com ela, tornando-se, por sua vez, invulnerável.

O nome Nemeia, segundo alguns autores, pode se originar do latim *nemus* que significa "bosque sagrado", o que para a Alquimia definiria o sentido do simbolismo: O leão (Sol) do bosque sagrado (floresta = matéria) sendo dominado, para a glória e indestrutibilidade do herói.

"Talvez para ocultar seus mistérios sob o véu da alegoria, os Poetas fingiram que antigamente vários animais ferozes caíram da **Lua** sobre a Terra. Contaram que um deles foi o poderoso *Leão de Nemeia* que, engendrado da espuma congelada da brilhante **Diana**, caiu do **Céu** aqui embaixo e foi morto pelo valente Hércules.

"Sob a fantasia desta Fábula, esconde-se uma grande verdade. Já que, nas faces do Leão, oculta-se uma coisa que os Sábios valorizam mais que todos os bens do mundo e que é de grande utilidade. Encontrá-la não é coisa fácil, porém, quem será o vencedor do Leão?

Para domar esse monstro, precisa-se, no mínimo, dos braços e da força de Hércules. Deve forçar-se a entrar no reduto úmido e côncavo do leito preparado, perfumado de **açafrão** e âmbar, de agradável odor. Ali todos os membros do animal se abrandarão e, sufocado pelas águas que o rodeiam, perecerá sob as ondas.

Aplique-se em conhecer este Leão. Do Astro de onde caiu flui um **rocio** celeste que umedece as plantas, leva o gérmen à sua **semente** e cobre de flores seu talo. Este rocio é o que dá crescimento a nossa pequena planta e a faz produzir o alimento agradável ao Leão e proveitoso para os que estão enfraquecidos" (218).

LEÃO VERDE

Segundo anotação feita por Weidenfeld, em *La Médula de la Filosofia Química*, o termo *Leão Verde* é usado pelos **Adeptos**, com sete sentidos diferentes: 1º) O Sol celeste que governa o mundo. 2º) Nosso **mercúrio**, mais comum que o mercúrio comum. 3º) O dito mercúrio, em cor verde, dissolvido. 4º) **Adrop**, **vitriolo** mercúreo e **chumbo** dos filósofos. 5º) *Menstruum faetens*, sangue de *Leão Verde*. 6º) Leo *viridis fatuorum*, vitriolo romano, verdete. 7º) Mercúrio vulgar sublimado.

"Procura teu **enxofre** no semelhante metal; em seguida, saibas tirá-lo de seu corpo sem nenhum corrosivo, com o metal, por purificação, destruição e reverberação do precedente. Processos que anotei discretamente e recordei também em minha terceira chave. Após essas operações, dissolverás esse enxofre em seu próprio **sangue**, do qual ele mesmo foi feito antes de sua fixação, segundo seu peso indicado na sexta chave. Então dissolveste e nutriste o verdadeiro **leão** pelo sangue do *leão verde*, porque são de uma única natureza" (137).

"É desse modo que, de uma matéria vil, lamacenta e fétida, descrita por certos autores como um 'caldo negro', deve ser extraído o 'sal dos metais', receptáculo do espírito, de que recebe a cor, e é essa cor que ele deve o fato de ser chamado *leão verde* pelos Adeptos" (37).

"O *leão verde* que engole o Sol é o nosso Mercúrio. Só ele atua no fundo de cada corpo e o eleva. Por isso, se for combinado com um corpo, anima-o, liberta-o e transforma-o, passando de uma consistência à outra" (80).

LEBRES

Assim como os coelhos, as *lebres* povoam grande parte das mitologias humanas. São animais lunares e estão ligados simbolicamente à renovação da vida, à **multiplicação**. Vista como uma manifestação da **Lua**, no Taoismo, é a preparadora do **elixir** da imortalidade por sua associação com o mercúrio, mineral de características analogamente fugidias. **Osíris** toma a forma de *lebre* na mitologia egípcia. Em vários países asiáticos eram consideradas divindades agrárias, portadoras das chuvas fertilizantes.

"Menebuch, o Grande Coelho (...) apareceu sobre a terra com as características de uma *lebre* e (...) combateu os monstros aquáticos das profundezas; depois de um dilúvio, recriou a terra, e, ao partir, deixou-a no seu estado atual. (...) Menebuch é, portanto um Herói-Filho, o que o aproxima do Cristo, segundo Gibert Durand: Para os negros da África e da América, assim como para alguns índios, a Lua é a *lebre*, animal herói e mártir, cuja ambivalência simbólica deve ser associada ao cordeiro cristão, animal doce e inofensivo, emblema do Messias lunar" (38).

LEIBNIZ

Gottfried William *Leibniz* nasceu em 1º de julho de 1646, em Leipzig, na Alemanha. Doutorou-se em Direito aos 21 anos.

É considerado um dos maiores gênios da humanidade. Teólogo, filósofo, físico, matemático, jurisconsulto e historiador alemão, foi membro da sociedade de alquimistas Rosa-cruz de Nuremberg. Enunciou a teoria do cálculo diferencial, publicou "Geometria Mecânica",

"Novo Código de Procedimento Civil", "Arte Combinatória", "Sistema Monetário"; criou um novo método de estudos jurídicos, foi eleito membro da Real Sociedade de Ciências, de Londres, e condecorado por Pedro, o Grande, e por Carlos pelos serviços prestados.

Foi um entusiasta admirador de *Rámon Llull*, considerando-o o padrinho da formalização da lógica matemática.

Fundou, em 1700, a Academia de Ciências de Berlim, sendo seu primeiro presidente. Em seu currículo consta o fato de ter tomado parte na maioria dos trabalhos científicos de seu tempo.

Faleceu em 14 de novembro de 1716, em Hanover.

LEITE DE VIRGEM

Um dos elementos aperfeiçoados no trabalho alquímico do laboratorio que, por ser branco e leitoso, recebeu essa denominação. Esse líquido, também chamado *Leite Virginal da Lua,* segundo vários relatos, é originário da dissolução de um **sal** que se encontra fixado na **matéria** e que, na primeira operação, passou a compor o **mercúrio** extraído dessa mesma matéria.

O mineral, já livre de impurezas e viscosidades pelo Magisterio, costuma ser representado sob a alegoria de uma **virgem**, que é mãe em relação ao elemento nascido dela por imaculada concepção ou auto geração. Por essa razão, o produto de suas entranhas tambem é simbolicamente denominado *leite de virgem.*

É ele considerado como alimento necessario à criança hermética, que é acrescentado, em determinada fase, ao que os alquimistas chamam nascituro ou embrião, produto da união ou *"casamento"* das energias positiva e negativa ou **yin** e **yang**, ou macho e fêmea.

"Com efeito, quando o **mercúrio** vulgar é amalgamado com a **matéria**, tudo se dissolve sob o aspecto de um líquido branco como *leite*, que se encontra fixado pela matéria em um **sal** fixo, pela ação de seu próprio fogo" (12).

Em seu manuscrito "Coelum Terrae", publicado em Londres em 1650, Thomas Vaughan nos dá esta definição:

"Esta substância de transformação é a criança dos elementos e é uma mais pura virgem de doçura. Mas, se a qualquer hora ela cria, o faz com o **fogo** de Natureza, seu marido. Ela se rende para nada mais que amor, pois seu fim é geração e isso nunca foi executado, ainda, através de violência. O filósofo que sabe disso e, como temerário, brinca com ela, receberá todos os seus tesouros. Primeiro, ela derrama dos seus mamilos uma água espessa, pesada, branca como neve: os filósofos chamam a isto o *Leite de Virgem*".

"Sublime-se o mercúrio com **sal** e **vitriolo**; sublimado algumas vezes, reverbere-se a fogo baixo, em **vaso** cerrado. Moa-se em mármore, dissolva-se por **fixação** da água, em **banho**; destile-se a solução em **alambique**, e ao que sai se chama *Leite de Virgem*" (101).

"O seu nascimento deu-se na **terra**, a sua força ela adquiriu no **fogo** e aí se tornou a verdadeira **Pedra dos Sábios** antigos. Que ela seja alimentada por duas vezes seis horas com um líquido claro, até que os seus membros comecem a expandir e a crescer a passo acelerado. Então, que ela seja colocada num local seco e moderadamente aquecido por outro período de 12 horas, até que se tenha purgado, expulsando uma densa névoa ou **vapor**, e se torne sólida e internamente dura. O *Leite da Virgem*, que é extraído da melhor parte da **Pedra**, é então preservado num recipiente destilador de **vidro** em forma oval, cuidadosamente fechado, e a cada dia ela se transforma extraordinariamente em razão do fogo estimulante, até todas as diferentes **cores** se resolverem num esplendor fixo e gracioso de radiância branca que, em pouco tempo, sob a influência contínua e genial do fogo, transforma-se num **púrpura** glorioso — que é o signo exterior e visível da perfeição final de vossa obra" (164).

Sobre este assunto, também existe o comentário de Petrus Johannes Faber, escrito em 1653:

"Extrai logo o espírito por **destilação**, até que o corpo esteja seco, e voltes a pôr o **espírito** sobre o corpo; tens que repetir isto muitas vezes, até que o espírito, por várias coobações repetidas sobre seu corpo, permaneça com ele e, finalmente, o corpo se faça volátil graças a seu espírito; o corpo feito volátil deste modo há de ser embebido com novo espírito, até que, finalmente, por várias e frequentemente repetidas coobações, passe pela retorta ao **vaso** recipiente em forma de água láctea, coagulável no frio como manteiga. Esta água láctea se há de retificar **sete** vezes em **cinzas**, e se há de conservar em um vaso de vidro perfeitamente cerrado; a qual, certamente, se se coze por si só em vaso cerrado, finalmente se coagula em forma de **sal** fixo e permanente, primeiro **branco** e por último, continuando a cocção, em **vermelho**".

LEITE VIRGINAL DO SOL

É a denominação dada a tintura que colore a matéria já quase no grau de perfeição. É o mercúrio laranja-vermelho, utilizado para o enrubescimento da pedra.

"Continuando com prudência o fogo exterior, a matéria se torna amarelo-limão: é o grau de **Marte**. Esta cor aumenta de intensidade e se torna cor de **cobre**. Levada a este ponto, já não pode aumentar de intensidade por si mesma; é então que se há de recorrer ao mercúrio aurífero vermelho, ou melhor dizendo, ao nosso **azeite** reservado, e embeber a matéria com este azeite até que se torne vermelha: então começa o grau do Sol" (12).

"A (substância) branca é a Lua dos filósofos e a **vermelha**, ou a interior, é o seu Sol, e é desta última que os Mestres da **Arte** extraem, com o **espírito** do vinho, uma **tintura** que é o verdadeiro Ouro potável dos filósofos, depois do que o **Nitro**, sendo resfriado, tomou uma cor azul, abandonando o **verde** que havia adquirido no **crisol** por duas horas de cocção. É também esta parte interior do Nitro, a que é o **enxofre** homogêneo ao do **ouro**, já que adquire sua cor por graus e, estando preparado de uma certa forma, dá uma belíssima tintura de ouro ao **Régulo** de **Antimônio**" (145).

LEITURA

A importância da *leitura* é fundamental para os que enveredam pelos terrenos da Alquimia e isto é bastante frisado pela maioria dos Adeptos, em razão de nunca, em um determinado tratado, estar contida a sequência real de todos os passos que devem ser seguidos para a concretização do Magistério. Além disso, há a desordem com que costumam ser apresentados os manuscritos, visando dificultar o entendimento de pessoas que apenas os consultam por curiosidade. Assim, procedimentos finais da Obra são descritos como atitudes iniciais e vice-versa, ou apenas uma parte do processo é apresentada como se fosse um trabalho completo, em detalhes que não são sequer citados por outros autores.

Como os trabalhos no laboratório são executados em varias etapas, somente a *leitura* reiterada de textos diversos fornece a visão global necessária ao entendimento.

"Belus, o filósofo, naquele Sínodo famoso e mais clássico de Arisleus, inverte a ordem para esconder a prática; mas se justamente entendeu ele fala ao mesmo propósito" (144).

"Na falta dessa preparação mental, que exige anos de ardente pesquisa, o plano experimental propriamente dito não pode ser atingido e não há meios de se obter nenhum resultado de ordem operativa. Estamos convencidos de que é indispensável insistir nesse ponto, que muitos autores tradicionais acreditavam dever deixar na sombra. Mesmo que conhecesse a fórmula exata e a sucessão das operações alquímicas, nenhum químico seria capaz de efetuá-las, o que, aliás, não é mais misterioso que muitos casos análogos observáveis na prática das artes, onde, por exemplo, não basta conhecer a composição das cores de um quadro para estar à altura de refazê-lo" (207).

"Não desdenhes, nem desprezes, ó meu amigo, os verídicos **livros** daqueles que obtiveram a **Pedra** antes de nós, pois, após a revelação de Deus, é deles que a recebi. E tanto quanto esta *leitura* seja renovada, e diversa e mui frequentemente, que o fundamento não desapareça e que a verdade não seja extinta como o seria uma lâmpada" (137).

"É por isso que deves ler e refletir contigo mesmo sobre tua *leitura*: se nada percebes por meio dela, relê novamente os mesmos livros, depois relê outros; pois o último que leres poderá te proporcionar a inteligência de todos os outros; da mesma forma que aqueles que tiveres lido primeiro poderão te fazer entender os últimos" (206).

LENDAS

A par das revelações dissimuladas nos textos antigos, muitas das **chaves** dos ensinamentos alquímicos estão ocultas em *lendas*, fábulas e mitos. Nessas tradições, podem-se perceber muitos vestígios do grande conhecimento perdido, cuja tentativa de preservação burlou a longa morosidade dos séculos, repetindo-se de geração em geração, mas, inegavelmente, perdendo pelo caminho a coerência de seu conteúdo.

Muitas dessas fórmulas foram reestruturadas de tal maneira que, é quase inconcebível reconhecê-las como algum legado científico e identificar em seus estranhos signos os símbolos que as identifiquem como tal. Somente pessoas muito atentas e interessadas conseguem ir juntando os pedaços desse quebra-cabeça, na busca do maior arremedo possível de seu sentido inicial.

A constância de determinadas alegorias, preservadas no tempo, fornece, aos que querem ver, alguns indícios dessa história.

É importante então, para o verdadeiro interessado, não dispensar as *lendas*, os mitos, as cosmogonias, as mitologias, as **histórias infantis**, toda e qualquer tradição preservada pelos povos. Há muito trigo em meio a esse joio.

"A tradição, quando galgamos a escada da Alquimia, é guia certo, fio de Ariadne, réstia luminosa pelos escuros desvãos da rota em seu início. O mais rico conteúdo subjaz em jogos e contos infantis. A mitologia, a única religião de todos os povos, mostra-nos assaz clara e precisa, mesmo sem nenhuma variável escondida, a função única que se pode exercer: o autoconhecimento.

Os mitos egípcios, bem como os mitos gregos, sob forma alegórica, além do relato de proezas históricas, encerram, entre outros, todos os segredos da arte alquímica" (4).

LEPRA

Um dos nomes pelo qual são designados os elementos estranhos incrustados na matéria-prima recolhida da mina e que impedem a união perfeita dos verdadeiros princípios e o consequente aperfeiçoamento do ouro filosofal. Os outros nomes que se referem à mesma coisa são: **fezes** e **impurezas**.

"Tens que saber, meu amigo, que todos os corpos imundos e leprosos são impróprios para a nossa obra, pois a sua *lepra* e impureza não só não podem produzir algo de bom como também impedem que o que é limpo possa engendrar. (...)

E assim como o médico, por meio de seus medicamentos, purga e limpa o interior do corpo, de onde expulsa as impurezas, assim os nossos corpos devem ser **lavados** e purgados de toda sua impureza, a fim de que, em nossa geração, a perfeição possa ser atingida. Nossos **Mestres** buscam um corpo puro e sem mancha que não seja alterado por nenhuma sujeira ou mistura outra: com efeito, a adição de coisas estranhas é a *lepra* de nosso" (137).

"Tu, se esta terra seca souberes regar com **água** de seu gênero ou natureza, vedarás seus poros, e este ladrão exterior, com os demais que causam esta maldade, se lançarão fora, e se purgará a água da impureza da *lepra* e do humor hidrópico supérfluo, pela união com o verdadeiro **azufre**, e terás, em uma possessão amigável a Fontezinha do Conde de Trevis, aquele filósofo cujas águas são dedicadas à Donzela **Diana**" (1).

LETO

Ou Latona, mãe de **Apolo** e **Diana**, deu à luz seus divinos filhos, frutos dos adulterinos amores de Zeus, na **ilha** de Astéria (**Estrela**), depois batizada de Delos.

"Quanto a Latona, os **Adeptos** se compraziam em brincar com seu nome, com ele fazendo *la tonne* (o tonel) ou *le tonneau* (a pipa) que frequentemente representam sob a imagem de um barril de carvalho, ou mesmo de um **carvalho** oco; às vezes escreviam *laton* ou *laiton* (**latão**), sendo esse último termo igualmente usado para designar o **cobre**, cujo nome vem do grego *kypros*, a ilha de Chipre, onde esse metal era abundante" (37).

LEVEDURA

Ver **Fermento**.

LEVI, ELIPHAS

Um dos mais renomados ocultistas do século XIX. Seus estudos foram de tal forma abrangentes que, disseminados pelos seus livros, tornaram sua obra uma das mais importantes enciclopédias da filosofia oculta existentes, indispensáveis aos que buscam o conhecimento alternativo.

Inteligência privilegiada, conhecedor de vários idiomas, traduziu manuscritos árabes, gregos hebreus e latinos, possibilitando a divulgação dos textos de antigos alquimistas: **Khurath**, **Jacob Boehme**, **Kischer**, **Guilhaume Postel**, **Raymund de Lully** e outros, além de desvendar o Zohar e enveredar pela Cabala, em uma análise profunda de suas Sepher Yetsirah.

LEVIGAÇÃO

Processo alquímico que consiste em diluir alguma substância a ser moída, ou inseri-la em muita água, a fim de separar seus componentes sólidos, as menores de suas partículas menos densas.

LIBAVIUS, ANDREAS

Famoso alquimista, filho de um artesão pobre que viajou de Harz para Halle, na Saxônia, em busca de trabalho. Nessa cidade nasceu Andreas, no ano de 1560. Sua inteligência privilegiada o levou a estudar nas Universidades de Wittenberg (1576) e Jena (1577).

Recebeu seu Ph.D. em 1581, registrando-se na Universidade de Basileia, em 1588, onde recebeu seu M.D.

Formado em Medicina, deu pouca atenção a sua profissão e muita atenção às Sociedades Científicas. Dedicou-se à Alquimia, o que fez com que seu nome atravessasse os séculos, por meio do estudo de seus textos.

Era um luterano ortodoxo. Foi professor entre 1588 e 1591 de história e poesia, na Universidade de Jena.

Em 1591, foi para Rothemburg onde assumiu o posto de médico municipal. Em 1592, tornou-se inspetor de escolas. Discussões com o reitor terminaram por afastá-lo do cargo e de Rottemburg, em 1607. Foi para Coburg, onde foi nomeado reitor do ginásio Casemirianum Academicum.

Correspondia-se com o Landgrave Maurice de Hesse, a quem dedicou o livro *Metallicorum de Commentationum*.

Morreu em Coburg, em 25 de julho de 1616.

LICOR

Ao que tudo indica, esta é outra das denominações dadas ao **azeite**. Sua cor é descrita como amarelo-jacinto ou cor de **açafrão**.

Corroborando essa afirmação, diz-nos Le Breton, em *Las Chaves de la Filosofia Espagírica*:

"O licor volátil mineral, é sumamente áspero e *mordente*; dulce, sutil, límpido, aglutinado e sumamente pesado".

LIGAR E DESLIGAR

Esta expressão bastante utilizada pelos alquimistas, significando coagulação e liquefação, é usada, no mesmo sentido, em vários outros textos históricos, inclusive na Bíblia.

"Chamaram *abrir* e *desligar*, fazer o corpo (que é sempre duro e fixo), mole, fluido e líquido como água e *fechar* ou *ligar*, coagulá-lo por e segundo decocção mais forte, remetendo ainda uma vez à forma de corpo" (36).

"O sentido simbólico da mutilação, e **Hefesto (Vulcano)** foi o grande mutilado, a ponto de o tornar-se mais perito e astuto xamã do Olimpo (...) Há, não obstante, uma faceta muito importante do deus que merece algumas ponderações. Trata-se de seu poder de *atar* e *desatar* (...) E todo esse poder maravilhoso e terrível, construtivo e destrutivo, Hefesto o deve ao *domínio do fogo*, apanágio dos xamãs e dos mágicos, antes de se tornar um grande segredo dos ferreiros, metalúrgicos e oleiros" (49).

"E eu te digo que tu és Pedro e sobre esta pedra edificarei a minha igreja e as portas do inferno não prevalecerão contra ela. E eu te darei as **chaves** do reino dos céus e tudo o que *ligares* sobre a terra, será ligado também nos céus e tudo o que *desatares* sobre a terra, será desatado também nos céus" (102).

Ver também **Chave**.

LIMONITA

Conforme nos mostra o livro *História Natural* Tomo IV, Geologia, do Instituto Gallach de Libreria Y Ediciones, de Barcelona:

"Pode interpretar-se este mineral, ou *ferro pardo*, como um coloide de fórmula ($Fe_4 O_3 (OH)_6$), ou como um hidrato de ferro ($2 Fe_2 O_3 3 H_2 O$). (...) Cor parda obscura, amiúde irisante e com brilho quase metálico; outras vezes, terrosa e mate. (...) O peso específico da limonita é de 3'6 a 4, e dureza 5. Fusível com dificuldade em glóbulo magnético. É solúvel em ácido clorídrico.

Oferece numerosas variedades. A concrecionada, submetálica, é chamada *hematita parda*; a terrosa, amarelenta, *ocre amarelo*. Há também a pisolítica (a que se usa chamar *perdigones*), geódica e estalactítica; encontra-se com frequência em nódulos ocos — *etites* ou *pedra de águia* — que costumam levar um núcleo interior solto, que soa quando se o agita. O *ferro dos pântanos* é uma limonita vítrea, resinosa às vezes, cavernosa, rica em fósforo, produto de alteração de outros minerais ou formada em águas estagnadas pela ação redutora dos vegetais em decomposição. Uma variedade negra, concrecionada, de aspecto vítreo na superfície, recebe o nome de estilpnosiderita. (...)

Outros minerais de **ferro**, em particular a siderita e a **pirita**, transformam-se espontaneamente em limonita, que é então pseudomórfica. O processo se chama limonitização.

A limonita é muito frequente na Natureza e constitui a principal mina de ferro. Forma grandes massas nos terrenos, impregna terras soltas e ainda constitui filões".

Na Espanha, uma das regiões mais importantes pela abundância da limonita é a **Galícia.**

LIQUEFAÇÃO
Veja **Dissolução**.

LIVROS
Simbolizam, nas alegorias, o sujeito **mineral**. Quando aparecem fechados o Conhecimento ainda não está disponível. Aparecem abertos à medida que a **matéria** vai sendo manipulada, durante o Magistério, e o Conhecimento vai sendo liberado.

LIVRO DAS PEDRAS
Ou "Lapidário Del Rey Alfonso X", é a comprovação do grande interesse existente, na Antiguidade, pela mineralogia. Trata-se de um célebre códice, manuscrito e brilhantemente ilustrado, da segunda metade do século XIII, que se encontra atualmente na Biblioteca do Real Monastério de El Escorial. Consta que o original era caldeu, traduzido depois para o árabe pelo mouro naturalista Abolais, e deste para o castelhano, por ordem do Rei Sábio que lhe legou o nome. É formado por 118 folhas, contendo a descrição de 360 pedras.

LIVRO MUDO
Ou *Mutus Liber* — É um tratado de Alquimia, composto unicamente por imagens, lançado em S. Germain, em 23 de novembro de

1666. Atribuído a Jacobus Sulat — Señor des Marez —, aliás, Altus, conforme está assinado na primeira prancha.

Contém quinze pranchas, ou páginas só com desenhos que, segundo se pode deduzir, foram idealizadas para possibilitar, aos povos de muitas nações e diferentes idiomas, o entendimento perfeito de várias fases da execução da **Grande Obra**.

Apesar dessa precaução para com o entendimento geral, a ponto de alguém idealizar uma linguagem universal, exclusivamente expressa por figuras em atividade ligadas ao processo alquímico, as edições têm vindo complementadas com comentários elucidativos sobre cada uma das pranchas, o que auxilia, de algum modo, o entendimento de pequenos detalhes que, de outra forma, poderiam passar despercebidos aos iniciantes. Entre os melhores comentaristas das várias edições do *Mutus Liber*, destacam-se: Magophon, que muitos afirmam ser **Fulcanelli**, e **Eugène Canseliet**.

Mesmo com essas informações adicionais, as figuras são de um entendimento extremamente difícil para leigos, em razão das alusões a deuses gregos e seus atributos, já tão afastados dos interesses populares, nos tempos atuais. Portanto, as metáforas do Mutus Líber só poderão ser compreendidas por pessoas persistentes em seu estudo ou que cheguem a ele com conhecimentos mais avançados, adquiridos anteriormente, nos textos de outros **filósofos**.

LIXÍVIA

Água alcalinizada, proveniente de fervura com **cinza**. Produto da **lavagem** das cinzas, de onde são extraídas as partes solúveis. Líquido composto de todas as substâncias possíveis de extração, em uma matéria pulverizada.

LLULL, RAMÓN

Ramon Llull nasceu em Palma de Maiorca em 1232 e morreu em 1316. Era também conhecido como **Raimundo Lulio,** tendo sido un franciscano pertencente a Orden Tercera dos frades Menores.

Filósofo, poeta, místico, missionário, escritor, cabalista e profundo estudioso da Alquimia, deixou uma obra variada e de alta qualidade escrita em catalão, árabe e latin. Foi o primeiro autor que utilizou uma língua neolatina para expressar conhecimentos filosóficos, científicos e técnicos.

Conhecido em seu tempo pelos apodos de Árabe Cristão, Doutor Inspirado e Doutor Iluminado, *Llull* era uma figura das mais avançadas nos terrenos espiritual, teológico e literário da Idade Média.

Até 1266, Ramon levou uma vida normal, casou-se e teve dois filhos. A partir de 1267 sofreu uma transformação radical, após ter tido cinco visões de Cristo crucificado. A profunda impressão que lhe causou estas visões levou-o a vender suas propriedades, adiantando para a esposa sua parte da herança; saiu para pregar pelas estradas, atendendo ao chamado de Deus.

Sua etapa de formação teológica começou em 1275, quando conheceu um escravo mouro que lhe ensinou o árabe. Logo se retirou para o Monte Randa, em Maiorca, onde se entregou à meditação, recolhendo-se posteriormente ao Monastério cisterciense de La Real, onde os monges lhe ensinaram latim, gramática e filosofia, além de outros antigos conhecimentos.

Passou a escrever em código, o que lhe grangeou a fama de alquimista, atividade esta comprovada pelos relatos de que, em uma de suas idas a Londres, transmutou cerca de 23 mil quilos de chumbo, estanho e mercúrio em ouro, enriquecendo os cofres do rei Eduardo II.

LOBO

Uma das numerosas alegorias apresentadas pelos **Adeptos** em sua referência à **matéria-prima** é *lobo*. Assim como esse animal, a matéria-prima se notabiliza por sua condição de devoradora de todos os metais, à exceção do ouro. Na mitologia escandinava, o *lobo* é apresentado como um devorador de astros. No texto abaixo, o filósofo o identifica, pouco veladamente, como Antimonita ou **Estibina**:

"Que o diadema do rei seja de ouro puro e que a casta noiva a ele seja unida no casamento.

Eis por que, se desejas trabalhar por nossos corpos, tomas o *Lobo* cinzento avidíssimo que, pelo exame de seu nome está sujeito ao belicoso **Marte**, mas, por sua raça de nascença, é o filho do velho **Saturno** e que, nos vales e montanhas do mundo, é presa da mais violenta fome. Atira, a esse mesmo *Lobo*, o corpo do **rei**, a fim de que aquele receba sua **nutrição**, e, quando tiver devorado o rei, faz um grande **fogo** atirando aí o *Lobo*, para consumi-lo inteiramente, e então o rei será libertado. Quando isto tiver sido feito três vezes, então o **Leão** terá triunfado do *Lobo*, e este nada mais encontrará para devorar naquele. E assim nosso corpo está bom para o início de nossa **Obra**.

"E sabe que esta via é a única direta e real à **purga** de nossos corpos. Pois o Leão se purifica pelo **sangue** do *Lobo* e, da **tintura** desse sangue, contenta-se surpreendentemente a tintura do Leão, visto que os sangues dos dois são mutuamente unidos por uma certa afinidade de parentesco" (137).

Reza a **lenda** que Rômulo e Remo — fundadores de Roma, eram filhos do deus Marte e de Reia Silvia e foram amamentados por uma loba. A origem do nome *Louvre* também é cercada de lendas e mistérios:

"A aventura, como chegou até nós, começa na época da Primeira Cruzada, embora não se saiba até onde ela mergulha no passado as suas raízes, se é na caça aos *lobos* (*lupara*) ou no local de uma antiga fortaleza franca (*lower*), nomes que foram evocados, dentre muitos outros, para explicar o do Louvre. O segundo desses nomes, ao que parece, designava uma construção constituída por uma torre circular que se erguia no centro de um circuito quadrado de muralhas, estrutura que também descreve o castelo de Felipe Augusto, construído logo depois. É claro que é preciso mais uma vez subir nos ombros de Gargântua, para reconhecer nessa estrutura, definida como um quadrado com um ponto central assinalado, o signo gráfico que os antigos químicos usavam para representar a **urina**, em que Artéfio via a imagem do **mercúrio dos filósofos**. Mas a evocação adquire força e torna-se mais precisa na alusão que o nome latino do Louvre, Lupara, faz ao *lobo*, e mais ainda quando ficamos sabendo que o santo padroeiro do castelo foi Rieule, **Regulus**, no texto latino sobre a vida de São Dionísio" (37).

LOCAL

Aos que se sintam estimulados a empreender a arte de **Hermes**, é importante lembrar que essas experiências não devem ser realizadas no centro da cidade. Como é importantíssima a influência cósmica, o contato direto com a atmosfera pura é fundamental, o que obriga o alquimista a se afastar das aglomerações urbanas, em busca de maior contato com a Natureza.

LOKE

Deus mitológico escandinavo, representava o tenebroso, o comprimido, o fechado. Associado a **Saturno**, era considerado o gênio do mal e cultuado aos sábados.

LOTS

Antiga medida de peso alemã, equivalente a 14,17 gramas, citada por alguns alquimistas medievais, ao se referirem a quantidades manipuladas no exercício do **Magistério**.

LÓTUS

Nascida das águas estagnadas ou na lama, a flor-de-lótus, com sua imagem de pureza, passou a ser vista como uma representação perfeita da **Obra**. No Egito, o lótus violáceo era considerado sagrado. Na Índia é um atributo de **Vishnu**, de cujo umbigo desabrochou, enquanto este dormia no mar primordial. Para a Alquimia, é a Pedra em branco, nascida da **putrefação**.

"Parece enfim que o lótus tenha apresentado, no Extremo Oriente, uma significação alquímica. Com efeito, várias organizações chinesas tomaram o lótus (branco) como emblema, o mesmo ocorrendo com uma comunidade amidista, fundada no século IV, no monte Lu, e uma importante sociedade secreta taoista, à qual o simbolismo budista talvez sirva de *cobertura*, mas podendo também referir-se ao simbolismo da alquimia interna, porque a *flor de ouro* é branca" (38).

LUA

Satélite da Terra, astro da noite, é a reguladora das águas que crescem e decrescem, segundo sua influência. Como a água, é o receptáculo da vida, e, por isso mesmo, é um símbolo de fecundidade presente na mais remota memória humana, sendo associada à **Grande-Mãe**: **Deméter**, **Ísis**, **Ártemis**, **Diana**, etc.

Na Alquimia, é a prata, a pedra em branco, a energia **yin**, o feminino.

A *Lua* não apenas movimenta os mares, mas todos os fluidos de todas as coisas vivas. Entre os sumérios e hindus, era associada ao **touro**. Para os caldeus estava ligada à **prata**. Em Ur, Sin — o deus da *Lua* —, simbolizado pelo crescente, era **andrógino**. Mais tarde tornou-se Isthar, conservando a androginia. Para os maias, era a deusa-nove — Bolon Tiku, representada em seu plenilúnio.

"Os mitos do nascimento e de morte da *Lua* são mostrados em **Diana**, a caçadora, e em Ártemis, deusa de muitos seios" (56).

"O ciclo lunissolar de 19 anos tornou-se a base dos calendários judaico e cristão, uma vez que resolvia o problema do estabelecimento das datas das *luas* novas para fins religiosos. Em particular, a origem do problema do estabelecimento da data da **Páscoa** remonta aos babilônios. Os rituais celebrados pelo rei-sacerdote, em especial no Festival de Ano-Novo, eram vistos como repetições de ações divinas e pretendia-se que correspondessem exatamente, tanto no tempo como em caráter, aos rituais realizados nas alturas. Dessa ideia primitiva brotou a crença de que era importante celebrar a Páscoa na data correta, uma vez que aquele era o momento decisivo do combate entre Deus (ou Cristo) e o Demônio, e Deus precisava do apoio de seus adoradores para derrotar o inimigo" (209).

"Curioso é que, para os antigos gregos, o real poder da *Lua* não estava na *Lua* Cheia, na *Lua* Brilhante, no seu aspecto positivo, que para nós surge como o mais importante, mas na *Lua* Nova, a *Lua* Negra, isto é, na poderosa deusa-*lua* Hécate" (49).

"Todo mundo sabe hoje que a luz que a *lua* nos envia é reflexo do Sol, ao qual se vem mesclar a luz de outros astros. A *lua* é, por conseguinte, o receptáculo, um lugar comum do que todos os filósofos entenderam falar; ela é a fonte de sua água viva. Se, portanto, quereis reduzir à água os raios do **Sol**, escolhei o momento em que a *Lua* nô-los transmite com abundância, é dizer, quando está cheia ou quase cheia; tereis por este meio uma água ígnea dos raios do Sol e da *Lua*, na sua maior **força**.

Ao meio dia de França, o trabalho pode ser começado no mês de março e repetido em setembro, porém, em Paris e no resto do reino, não é antes de abril que se pode começar e a segunda energia é tão débil que seria perda de tempo ocupar-se dela no outono" (103).

LUA, A

Décimo oitavo arcano maior do **Tarot**, apresenta-nos a Lua Cheia, dentro da qual se acha desenhado um crescente; ao seu redor, oito gotas azuis, cinco amarelas e seis vermelhas. No chão, duas torres ameiadas, dois **cães** de goelas abertas, face a face, ao lado de um lago onde está mergulhado um caranguejo.

Primeiramente, a lâmina nos fala da influência lunar sobre as águas primordiais, porém, mais precisamente, lembra-nos que, na linguagem alquímica, a Lua é o **mercúrio**. O caranguejo nos indica que há vida vegetativa no seio das águas e, como se alimenta da sujeira reinante, é uma imagem purificadora. Os cães, presentes na ilustração, falam das forças elementares, prontas a se digladiarem, até a pacificação total. As torres nos fazem lembrar dos **fornos**, elemento fundamental do **Magistério**, responsáveis pelo calor constante que conduz à sublimação, vista na lâmina em forma de gotas, dotadas das capacidades necessárias para albificação e tingimento da matéria.

Em resumo, é uma carta que fala da importância do Mercúrio, do qual tudo deriva e sem cujo perfeito aproveitamento nada pode ser realizado.

LUBICZ, RENE A. SCHWALLER DE

Rene A. Schwaller de Lubicz nasceu em 1887, na Alsácia-Lorena, então Alemanha; filho de um químico rico, cresceu em um mundo de arte, ciência e natureza.

Autor de *Esoterismo e Símbolo, O Templo do Homem, Do Símbolo e do Simbólico, O Milagre Egípcio*, estudou como poucos a tradição egípcia com sua visão metafísica central, sobre a harmonia cósmica. Considerando-a, por seus conhecimentos, como muito mais antiga do que sugerem seus historiadores.

Entre 1913 e 1914, *Lubicz* participou de grupos teosóficos franceses. Rejeitou a interpretação de Jung, da Alquimia ter uma finalidade especificamente psíquica. Acreditava que ela envolvia a consciência do alquimista, obrigando-o a práticas mais objetivas.

Fascinado por segredos esotéricos, conviveu com Fulcanelli de 1918 a 1920, em Montparnasse, participando de um grupo de discípulos desse Mestre, denominado "Os Irmãos de Heliópolis".

Faleceu em 1961.

LUNÁRIA

Planta ornamental. É constantemente usada como referência por autores alquímicos por suas características especiais: suas flores são **púrpura** e seus frutos redondos e brancos, como a **Lua**, tornando bastante aproximada a associação com elementos da **Arte**.

Outra razão, presumível, pela qual os filósofos empregam essa alegoria parece ser para identificar como um certo tipo de vegetal, a pequenina árvore que se forma no **crisol** quando a matéria atinge a pureza do branco. Esse estado é também identificado como a **árvore da vida**, pois, dali para a frente, a **medicina** já é de grande potência, embora ainda não tenha atingido o seu ponto máximo de perfeição.

LUPERCÁLIA

Festival romano em louvor à fertilidade. Era comemorado em 15 de fevereiro em honra a Lupercus. Teve início na colina Palatina, na caverna em cuja lenda os gêmeos **Rômulo** e **Remus** foram amamentados por uma **loba**. Era visto como uma **purificação** para o rito da fertilidade.

O ritual envolvia o sacrifício de uma **cabra**, em cujo **sangue** era molhada a ponta de uma espada. Com ele era ungida a testa de dois jovens nobres. A simbólica purificação consistia em limpar os pontos sangrentos com uma esponja de lã embebida em **leite**. O couro da cabra era cortado em tiras, formando um tipo de chicote chamado *"februa"* (originando-se daí o nome de fevereiro para denominar o mês), com o qual os dois jovens saíam tocando e golpeando as pessoas que encontravam, especialmente as mulheres que se aproximavam, voluntariamente, considerando que com isso se tornariam férteis.

Essas cerimônias eram acompanhadas de muita festa e bebida e, como não podia deixar de ser, de amor carnal. As virgens vestais traziam bolos sagrados feitos com os cereais das primeiras colheitas.

O hábito desse ritual foi aos poucos sendo difundido pelo exército romano, por todas as terras conquistadas, contagiando com sua prática os povos dominados.

Com o Cristianismo, veio a necessidade de substituir os festivais em honra aos deuses até então reverenciados. Em 494 d.C., o Papa Gelasius enterveio, por achar a comemoração pagã e imoral, passando a comemorar, no dia 15 de fevereiro, o Banquete da Purificação da Virgem Maria. Para dar uma compensação ao Amor, tão celebrado na data, escolheu para padroeiro do dia 14 de fevereiro São Valentim, um mártir da religião que, segundo relatam, teria patrocinado casamentos de jovens enamorados, que estavam impedidos de se unirem por richas familiares ou convenções. Isso explica, no Hemisfério Norte, o Dia dos Namorados ser comemorado em 14 de fevereiro, no Dia de São Valentim.

Para a **Alquimia**, assim como a maioria dos **festivais** antigos, a *Lupercália* é uma insinuação dos velhos preceitos de que, fevereiro é a época do ano em que os trabalhos devem ser elaborados para a **purificação** da **matéria**. Procedimento a ser respeitado para que a fertilização se processe no **cadinho**.

LUZ

"A natureza compreende as criaturas visíveis e invisíveis de todo o universo. O que chamamos natureza é, especialmente, o **Fogo** universal ou *Anima Mundi*, que enche todo o sistema do universo; e portanto é um agente universal, onipresente e dotado com um instinto infalível, que se manifesta em Fogo e *Luz*. É a primeira criatura da onipotência Divina. (...)

Quando Deus criou o Fogo universal, deu-lhe o poder de fazer-se material, isto é, fazer-se Vapor, Umidade, Água e Terra, ainda que, em sua própria natureza, seja e permaneça centralmente ele mesmo. (...)

Este Fogo universal se converte em um vapor de imensa extensão, que por seu espessamento posterior se converte em Água caótica e, a partir desta Água, o Criador separou a Luz, isto é, separou (ou subdividiu) o Fogo universal invisível em Luz. Vemos assim que o Fogo invisível se manifestou em dois princípios — Luz e Umidade. Por conseguinte, Deus criou todas as coisas a partir da Luz e Água (caótica)" (25).

"A *Flor Dourada* é a *Luz*. De que cor é a *Luz*? Utiliza-se a *Flor Dourada* como um símbolo. Ela é a verdadeira energia do grande Uno transcendente. (...) Quando a *Luz* circula, as energias de todo o corpo aparecem do seu trono, onde, se um rei sagrado tiver estabelecido a capital e decretado regras fundamentais da ordem, todos os estados se aproximam em tributo. (...) Por essa razão, você precisa apenas fazer a *Luz* circular: este é o segredo mais profundo e mais surpreendente. A *Luz* é fácil de movimentar, mas difícil de fixar. Se é posta para circular tempo suficiente, ela se cristaliza; (...) A *Flor Dourada* é o **Elixir** da Vida" (104).

"Há, nos elementos terrestres, um pouco de Sol e um pouco de Lua, que podem unir-se e engendrar: fogo e umidade no ventre da Terra. Todavia, a determinação do que se irá gerar é dada pela porção da *luz* original, encerrada na substância em questão, que é o artífice invisível que determina que do Leão nasça o leão" (4).

M

MAÇONARIA

Falar em Alquimia sem falar na *Maçonaria* seria até um contrasenso, na medida em que, aparentemente, pelo menos para os leigos, as duas estão interligadas desde a mais remota Antiguidade. Oficialmente, a *Maçonaria* que conhecemos hoje foi fundada em 24 de junho de 1717, em Londres, mas sua real origem se perde na noite dos tempos, sendo em muitos casos atribuída ao Rei Salomão, à Ordem dos Templários ou até mesmo a Ísis e Osíris, no antigo Egito.

Sua origem, reza a lenda, é associada aos pedreiros, detentores de antigos segredos, construtores das medievais catedrais góticas. Corroborando com essa associação, é bom saber que a palavra *maçonaria* é originária da expressão francesa *maçonnerie*, cujo significado é *construção*, definição que eles procuram manter, resguardando como símbolos-base o esquadro e o compasso.

É uma associação iniciática, sem fins lucrativos, que vem conservando seus símbolos, com características ligadas ao **Magistério**, como a estrela composta por dois triângulos superpostos, os quatro elementos, o Sol e a Lua, as duas colunas de seus templos, Boaz e Jachim, e a estrela flamejante; além de manter os princípios alquímicos de filantropia e fraternidade.

Cada loja compreende 3 graus: Aprendiz, Companheiro e Mestre, que são distribuídos entre os seus 33 graus, no rito Escocês Antigo e Aceito; nos 13 graus do Rito de York; e nos sete graus do Rito Moderno e Escocês Retificado.

É constituída por homens de todas as nacionalidades, congregados em Lojas por iniciação para trabalhar em benefício da humanidade, em geral. Mas, apesar disso o papa Clemente XII, em 28 de abril de 1738, por meio da bula *In Eminenti Apostolatus Specula*, proibiu os católicos de pertencerem à *Maçonaria* por sua incompatibilidade com a fé católica. Uma exagerada preocupação, vista que os maçons são liberados para seguir livremente os seus credos.

MAGIA

Muitas experiências positivas adquiridas desde os primórdios dos tempos foram transmitidas por intermédio do misticismo, visto que, se fossem divulgadas de forma diferente, não obteriam o crédito necessário à sua preservação. Talvez sejam mesmo fragmentos de conhecimentos científicos, preservados e adulterados pela transmissão oral, que foram se degenerando em continuadas práticas e assumindo características sobrenaturais.

A crendice popular fez com que muitos exploradores da credulidade pública enriquecessem e adquirissem poder, mas fez também com que muita técnica e sabedoria passassem através dos séculos, ainda que de forma canhestra, em um somatório fantástico, para os arquivos do conhecimento humano. Entre esses legados, que chegaram até nós, com resquícios insólitos, está a **Alquimia** que, ao que parece, tem tudo para advir de uma super-cultura existente na noite dos tempos e que como o **veda** nos ensina, buscava fundamentalmente a **semente** da energia.

"O conhecimento de tais afinidades e inter-relações constituía uma parte importante da mais antiga sabedoria sacerdotal ariana. Pode dizer-se que era um tipo de ciência natural intuitiva e especulativa. E, assim como as ciências especulativas de nossos dias, oferecem o fundamento e a base teórica para as tecnologias aplicadas, igualmente a remota sabedoria dos sacerdotes védicos sustentava uma técnica aplicada de magia prática. A magia foi a contraparte primitiva da moderna ciência prática, e as cogitações dos sacerdotes foram o antecedente da ciência pura de nossa Astronomia, Biologia e Física teóricas. (...) Os elementos do macrocosmo foram identificados com as faculdades, órgãos e membros do microcosmo e ambos com os detalhes dos ritos de sacrifício tradicionalmente herdados. O ritual foi o principal instrumento com o qual as forças do universo eram contatadas e controladas, subordinadas às necessidades e desejos humanos" (42).

"Mais pagão, porém não menos significativo, era o costume que se observava antigamente em Touraine, de atirar nos tanques e nos charcos, para purificar suas águas, os carvões ainda ardentes das **fogueiras de são João**" (37).

No misticismo de muitos povos antigos, fazendo parte dos Mistérios de **Cibele**, e, até hoje, em algumas cerimônias de crenças de origem africana, os iniciados recebiam e ainda recebem sobre a cabeça o sangue de animais mortos, em um ritual de renovação. Má interpretação dos arcanos ?... Sim, porque, nos Mistérios o **sangue** da renovação que deveria ser utilizado era apenas a **tintura** do **enxofre** a ser lançada sobre a **matéria** filosofal.

Agrippa, entre mil e uma magias, ensina-nos que:
"Diz-se que o sangue do **basilisco**, chamado também sangue de **Saturno**, tem tal força sobre os venenos que atrai poderes sobre quem

o tem, êxito nas suas petições, e dos deuses o remédio para as suas doenças e os dons dos seus benefícios".

"Existe em todo antigo domínio celta um certo número de dodecaedros em bronze, perfurados e embolados, de dimensões e peso variáveis (entre 35 e 1.100 gramas), sobre cuja utilidade e emprego os especialistas hesitaram por muito tempo, mas cujo papel religioso já não deixa qualquer dúvida. Representam, com toda verossimilhança, *o céu* ou *o universo*, e serviram, sem dúvida, de dados em jogos de adivinhação em que se lança a sorte" (38).

MAGISTÉRIO

É toda a execução da **Grande Obra**. O que se busca nele é, a partir da semente primeira, executar todo o processo da Natureza, em tempo infinitamente menor. Segundo vários autores, o *Magistério* compreende três obras distintas: a primeira que vai desde a escolha da matéria-prima, ainda na mina, respeitando-se a época propícia para essa retirada, até a separação dos sais e do mercúrio; a segunda refere-se à junção dessas duas substâncias, semipurificadas, sua putrefação e embranquecimento; a terceira subentende a conquista do **azeite** ou **azufre que leva ao tingimento da pedra e à sua multiplicação**.

"Acabei por acreditar que os homens, num passado muito longínquo, tinham descoberto os segredos da energia e da matéria. Não somente por meditação, mas por manipulação. Não apenas espiritualmente, mas tecnicamente" (17).

"Toda a nossa operação consiste em nada mais do que tirar a **água** da **terra** e voltar a pô-la outra vez na terra, até que apodreça. Pois esta terra apodrece com a água e limpa-se com ela: depois de se ter limpo, estará terminado o **regime** de todo o *Magistério*, com a ajuda de Deus. Esta é a operação dos **sábios**; é a terceira parte de todo o *Magistério*. Ainda te advirto de que se não limpas bem o corpo impuro e não o secas e pões **branco** nem o animas, fazendo-lhe entrar uma **alma**, se não o libertas de todo o seu mau **odor** de modo que, depois de se limpar, caia sobre ele a **tintura** e o penetre, não terás feito nada no *Magistério* por não teres observado bem o seu regime" (52).

"Digo-te isto com verdade. Que um trabalho deve suceder a um trabalho e uma operação seguir-se a outra, pois ao princípio deve purgar-se e limpar-se bem a nossa **matéria**, depois dissolvê-la, fragmentá-la e reduzi-la a **pó** e **cinzas**. Logo um **espírito** volátil tão **branco** como a neve e outro volátil e **vermelho** como o **sangue**. Estes dois espíritos contêm um terceiro e, apesar disso, não são senão um só espírito. São eles três que conservam e prolongam a vida. Põe-nos juntos e dá-lhes de comer e beber, segundo a sua natureza mantém-nos num **leite** de **orvalho** que esteja quente até o termo de sua geração" (137).

"Uma obra é secretíssima e puramente natural, a qual se faz em nosso **mercúrio** com nosso **Sol**, obra a que devem atribuir-se todos os sinais escritos pelos Filósofos. Esta obra não se faz com **fogo**, nem com as mãos, senão somente com o **calor** interno, e o calor externo está somente para expelir o frio e vencer seus acidentes.

A outra obra é no Sol purificado com nosso mercúrio, a qual se faz com um fogo candente, por longo tempo, no qual um e outro se cozem por meio de **Vênus**, tanto, até que a mais pura substância se extraia, que é o sumo das lunações; há que se tomar este, separando-se as **fezes**; não é ainda a **Pedra**, porém é nosso verdadeiro **azufre**, que, depois, com nosso mercúrio (com seu **sangue** apropriado), há de cozer-se, até coagular a **Pedra** do fogo, que tinge substancialmente e é penetrante.

"Por último, a terceira, é uma obra mista, na qual se mescla o ouro do vulgo com nosso mercúrio, na devida quantidade, e se acrescenta um **fermento** de nosso azufre (o quanto baste); então se cumprem todos os milagres do mundo, e se faz o **Elixir**, ou tintura tão poderosa para as riquezas como para a saúde" (1).

"Mas creia-me, filho, que todo nosso Magistério está e consiste em um regime de fogo somente, com a capacidade da indústria. Porque nós nada obramos, mas a virtude do fogo bem regido, com pouco trabalho, faz nossa pedra com poucos gastos.

Julga que quando nossa pedra fosse uma vez liberada de sua primeira natureza, a saber, na primeira água, ou leite de virgem, ou cauda de dragão, então a mesma pedra, ela mesma se calcina, sublima, destila, reduz, lava, congela e, pela virtude do fogo proporcionado, a si mesma, aperfeiçoa-a em um só vaso, sem operação manual de outro" (220).

"Em **Alquimia**, a Obra toda nada mais comporta que uma série de diversas soluções" (7).

"O mais esplêndido dos *Magistérios* e Arquimagistérios é a **Tintura** da Sagrada Alquimia, a ciência maravilhosa da Filosofia secreta, a dádiva extraordinária concedida aos homens pela graça de Deus Todo-Poderoso — que os homens nunca teriam descoberto pelo trabalho de suas próprias mãos, mas apenas por intermédio da revelação e do ensinamento de outros" (106).

"Lute o **leão** vermelho com o velho **lobo** e, se o vence, sairá glorioso vencedor. Encerre-o então em um cárcere transparente, com dez ou doze **águias** virgens e outorgue a **Vulcano** as chaves do cárcere. Começarão as águias a lutar com o leão, e a vencê-lo, despedaçando e desgarrando seu corpo. Ao apodrecer, buscarão as águias evitar seu fedor e pedirão a Vulcano que as deixe sair, procurando todas as fendas do cárcere; porém, sendo Vulcano inexorável, e fechadas perfeitamente todas as partes do cárcere, também as águias se corromperão pelo fedor do cadáver do leão, infectar-se-ão e apodrecerão, em uma horrorosa **putrefação**.

Verdadeiramente, como a corrupção de uns é a geração de outros, deste cadáver duplo nascerão vários. Primeiro aparecerá o **corvo** que, apodrecendo também, desaparecerá; depois nascerá uma **cauda** multicor de **pavão** real; desaparecida esta, virão as **pombas** que, já que o corvo não pode encontrar lugar seco, elas encontrarão, porém um novo, pois, assim como a terra pristina do dilúvio era corrupta, esta, sem embargo, é virgem, e mostrará a tiza dos filósofos; não privadas ainda de todo, estas palomas da corrupção se transformarão, pouco a pouco, em uma fênix, que Vulcano queimará em seu cárcere, de modo que, de suas cinzas, sairá um fruto novo, incorruptível e imortal, que restabelecerá o vigor aos corpos sublunares" (74).

"A prática dos **minerais** é a separação das duas **raízes**, sua purificação, a primeira **conjunção**, a **sublimação**, a união fecunda e a **fixação**.

"Uma só operação contínua e amiúde repetida, que contém a **destilação** do volátil e a **calcinação** do fixo, despoja o fixo de todos os **espíritos** voláteis e o libera, ao mesmo tempo, de todo excremento terrestre; e esta operação é a primeira das **sete**, a saber, a calcinação" (9).

"Quando se inicia a corporificação do Menino, **Saturno** arrebata-o e submerge-o nas trevas... Depois, a **Lua** apodera-se dele e mistura as propriedades celestes com as terrestres, e então manifesta-se a vida vegetativa. Mas resta ainda um perigo que tem de ser superado. Depois da Lua, **Júpiter** constrói uma morada para a vida em Mercúrio e imprime-lhe o movimento da roda que o eleva à maior angústia, onde **Marte** fornece a Mercúrio a **Alma** ígnea. Em Marte, inflama-se a vida mais sublime, dividida em duas **essências**: um corpo de amor e um espírito de fogo. A vida de amor sobe na efervescência ígnea interior e manifesta-se em toda a sua, então num corvo negro; e Marte oprime Mercúrio até à sua aniquilação. Então libertam-se dele os quatro elementos e o Sol recolhe o **Menino** e apresenta-o no seu corpo virgem ao **elemento** puro. A **luz** brilhou na qualidade Marte, nela nasceu a verdadeira vida do Elemento Único, contra o qual nada poderão a Cólera nem a **Morte**" (202).

Segundo Carl Gustave Jung declarou em *Mysterium Conjunctionis*:

"A operação alquímica consiste essencialmente em separar a *prima materia*, chamada *chaos*, em um princípio ativo, a alma, e em um princípio passivo, o corpo, que eram então reunificados de forma personificada na *conjunctio* ou "bodas químicas"... a cohabitação ritual de Sol e Lua".

"Mas crea-me, filho, que todo nosso *Magistério* está e consiste somente no **regime do fogo**, e na capacidade de sua indústria. Porque nós nada fazemos, mas a virtude do fogo bem dirigido, com pouco trabalho e poucos gastos, faz nossa **pedra**.

Julga que quando nossa **matéria** for uma vez liberada em sua primeira **natureza**, a saber, a primeira **água** ou **leite de virgem** ou cauda de **dragão**, então a mesma matéria se calcina, sublima, destila, reduz, lava, congela, tudo pela virtude do fogo proporcionado, aperfeiçoa-se a si mesma em um só vaso, sem operação manual de outro" (79).

Explicando que o *Magistério* se cumpre em apenas três fases de **sete** operações cada, **Nicolau Flamel** deixou claro em seu *Livro das Figuras Heroglíficas* que o livro adquirido por ele, de autoria de Abrahan, o Judeu: "se compunha de três vezes sete folhas, onde, em cada sétima, não havia nada escrito, mas, em vez de texto, estavam pintadas, na primeira, uma vara e **serpentes** que se entredevoravam; na segunda, uma **cruz** onde uma serpente estava crucificada; e na última, desertos em meio aos quais fluíam várias e belas **fontes**, de onde saíam numerosas serpentes, que corriam de uma lado para outro".

MAGNÉS

Tanto em grego quanto em latim, seu significado é ímã, o que proporcionou aos filósofos a oportunidade de ocultar sua matéria sob mais um nome; em virtude da atração que o mineral dos Adeptos exerce sobre o **espírito** universal, passou a ser chamado, também, de "**magnésia**"

"Eles chamam de Magnésia (do grego *magnés*, a matéria feminina bruta, que atrai, por uma virtude oculta, o espírito encerrado sob a dura casca do aço dos Sábios" (7).

MAGNETISMO

Tem grande influência nos trabalhos alquímicos. É por meio da atração de substâncias afins e repulsão às substâncias impróprias que se procede a purificação dos mistos.

"O *Magnetismo* dos **espíritos** minerais, que é débil e languidescente, enquanto as partes que os unem são impuras e mal escolhidas, torna-se-a forte e vigoroso à medida que os excrementos se separam pela cocção, e que as partes se conformam e homogenizam.

A **quintessência**, o *magnetismo* específico, o laço, a **semente** dos elementos, a composição dos **elementos** puros, são expressões sinônimas de uma mesma coisa, de uma mesma matéria ou sujeito, no qual reside a forma; é uma essência material, na qual o **espírito** celeste está encerrado e opera" (9).

"Agente real da transmutação no seio do reino **mineral**, se bem que é inegável que o mesmo deve ser impulsionado por uma fonte de energia externa" (60).

"A **Arte** excita e põe em condição de atuar os *magnetismos* da substância pura e neles reside toda a diferença dos procedimentos químicos e alquímicos: os distintos *magnetismos* em que se baseiam" (13).

"Por último, e com grandioso trabalho, buscando (o primeiro material), os **Sábios** o acharam escondido na casa do Aríete; este foi tomado com grande desejo pela filha de **Saturno**, a qual, creia-me, que é uma matéria metálica muito pura, muito terna e muito chegada ao primeiro ser dos metais, privada de todo **azufre** atual, ainda que em potência para recebê-lo, pelo qual, como a pedra ímã, o atrai até si e o esconde em seu ventre, e Deus Onipotente, para adornar extraordinariamente esta obra superficialmente, imprimiu nela o seu Régio selo" (1).

"Este é o mistério divino e grande, o objeto buscado. Isto é o todo. Dele, o todo e, por ele, o todo. Duas naturezas, uma só essência: porque uma atrai a outra e uma domina a outra. Esta é a água luminosa, o que sempre foge, o que é atraído pelos seus próprios elementos. É a água divina que foi ignorada por todos, cuja natureza é difícil de contemplar: porque não é um **metal**, nem **água** perpetuamente móvel, nem uma corporeidade. Ela é indômita. Tudo em tudo; possui uma via e um espírito, e o poder da destruição" (203).

"Porém, se eles conhecessem a **medicina** universal, veriam que a potência deste **sal** é semelhante à de um **ímã**, que atrai, não o **ferro**, senão a força da vida universal, e a serve de envoltório. Ao administrá-la, seriam forçados a reconhecer sua potência celeste, pôr-se-iam de joelhos ante este belo sal magnético dotado de uma força sobrenatural e milagrosa, proclamando em alma e consciência que nenhuma enfermidade resiste à sua ação, como eu me convenci disso, dando vida a enfermos abandonados por eles" (12).

MAGNO, ALBERTO

Nasceu em Lawingen, Suábia, ducado de Neuburg, Alemanha, em 1193, primogênito da família Bollstädt. Passou a mocidade em Pádua, onde cursou a famosa universidade. Em 1223, ingressou na Ordem dos Pregadores de São Dominic. Depois de completados seus estudos, ensinou Teologia e Filosofia nas escolas da Ordem em Freiburg e Ratisbon, local em que foi elevado à categoria de Bispo; Strasberg e Cologne, onde conheceu e se entusiasmou com a capacidade intelectual de **Thomas de Aquino**. Convidado para ir a Paris, em 1245, onde seria agraciado com o título de Doutor, fez-se acompanhar por esse seu brilhante discípulo, nessa viagem.

Teólogo e filósofo, quando a Filosofia englobava todo o conhecimento humano: Física, Astronomia, Alquimia, Matemática, Metafísica, Zoologia, surpreendeu seus contemporâneos por sua perspicácia quanto aos mistérios da Natureza. Seu interesse pela Alquimia era puramente científico, e, em uma época em que os Cruzados voltavam do Oriente com seus comentários sobre transmutação de metais, juntamente com seu pupilo Tomás de Aquino, partiu para as experiências de comprovação da veracidade dos relatos.

Escritor prolíxo, deixou uma infinidade de tratados, inclusive para encaminhamento dos praticantes da Alquimia. Supostamente, ele teria conseguido realizar a **Grande Obra** e transmutado metais. Há registros de que teria produzido fenômenos surpreendentes, chegando até a lhe atribuírem a criação de um androide capaz de falar, respondendo a perguntas que lhe fossem formuladas.

Em seu tratado "O Composto dos Compostos", *Alberto Magno* afirmou: "Não ocultarei uma ciência que me foi revelada pela graça de Deus, não a guardarei ciosamente para mim, por temor de atrair sua maldição. Qual a utilidade de uma ciência guardada em **segredo**, de um tesouro escondido? A Ciência que aprendi sem ficções, vô-la transmito sem pena. A inveja transtorna tudo. Um homem invejoso não pode ser justo ante Deus. Toda ciência e toda sabedoria provêm de Deus...".

Dele, ainda, essa revelação clara sobre o elemento a ser encontrado pelos que buscam a Grande Obra: "O **Mercúrio** dos homens sábios é um elemento aguado, frio e úmido. Isto é a **Água Permanente** deles, o espírito do corpo, o vapor insincero, a água abençoada, a água virtuosa, a água dos homens sábios, o **vinagre** do filósofo, a água mineral, o **orvalho** da graça divina, o **leite da virgem**, o completamente o Mercúrio; e com outros nomes inumeráveis está nomeado nos livros dos filósofos; que verdadeiramente nomeia, entretanto, eles são todavia os mergulhadores, sempre significam um e a mesma coisa, isto é, o Mercúrio dos homens sábios. Fora deste Mercúrio estão todos. A virtude da Arte é, de acordo com sua natureza, a Tintura, vermelho e branco".

"Santo Alberto Magno e São Tomás de Aquino, seu discípulo, embrenharam-se no estudo dos escritos de Avicena e viram-se metidos em grandes dificuldades, pois estavam absolutamente fascinados pela ideia da internacionalidade do cosmo, a noção de que o cosmo tem uma inteligência, e não sabiam como reconciliar isso com suas ideias cristãs. Santo Alberto era um intuitivo e um grande gênio, mas não um pensador muito acurado, e limitou-se a observar habilmente que isso era algo como o Espírito Santo" (78).

Em 1263, renunciou a todos os cargos que exercia e retirou-se para um convento, em Colônia, onde se dedicou exclusivamente aos estudos. Morreu em Colônia, em 15 de novembro de 1280.

MAGO, O

A primeira lâmina do **Tarot**, simboliza a iniciação. Um jovem com um chapéu, cuja aba tem a forma de um oito — símbolo matemático de infinito, está ao lado de uma mesa onde só três pés são visíveis, para figurar a base tríplice da composição da matéria. Sobre a mesa: uma taça, uma espada e uma moeda. Na mão esquerda, suspensa, o Mago segura um bastão — o **caduceu** —, atributo de Mercúrio, o elemento que vai transformar a matéria (moeda) e as energias masculina (**espada**) e feminina (taça), na **Grande Obra** representada pela flor, ainda em botão, plantada sob a mesa.

O Mago, que muitos afirmam ser **Hermes**, é um **Mestre**, um guia, convidando-nos a desenvolver o nosso potencial, iniciando um trabalho cuja simplicidade é aparente.

MAGOPHON

Ver **Dujols, Pierre**.

MAHABHARATA

É o poema épico mais extenso que se tem notícia. Composto de 18 livros de versos, na métrica dos Upanishads. De sua ampla mitologia, é importante para nossas considerações feitas pelo prisma da Alquimia, trechos de um resumo feito por Molinero, em seu livro *Os Sete Véus de Ísis*.

"Parigata é a **árvore** do paraíso de **Indra**. E será conveniente ressaltarmos aqui que tampouco a árvore do paraíso, sempre o veículo da comunicação com Deus, é um patrimônio da Bíblia Cristã.

Candra, a **Lua**, sai também da água ou, para sermos mais exatos, do **leite**, pois é um símbolo de mãe, de umidade, de **brancura**. E ainda pela ideia tantas vezes descrita, de que no seu aparecimento, a Lua dava impressão de estar nascendo das águas.

Mas não termina aqui o parto desse oceano, senão que também surgem dele dois personagens ilustres: Surabhi — mãe de tudo o que vive —, representada, em certas lendas, com cabeça de mulher, asas e três caudas de **pavão real** e, em outras, simplesmente como a riqueza da natureza do nosso planeta. E Shanvantari — médico dos deuses —, representação do Quirão grego; pois a **medicina** é, indiscutivelmente, uma ciência divina. (...)

Por isso, Bhanvantari deve ter tirado daquele **oceano de leite**, como uma recuperação do poder da ciência divina, para a humanidade.

Traz ele consigo a taça de **Amrita**, o **licor** da imortalidade, destinado a curar Indra, debilitado pelo **dilúvio**, em sua força e seus poderes".

MAÏER, MICHEL

Nasceu em Rendsbourg (Holstein), em 1568. Iniciou seus estudos de Medicina na Universidade de Bale, mas foi concluí-los em Rostok, em 1597. Foi médico e Conselheiro de Estado na corte de **Rodolfo II**, de Praga, o que favoreceu, sobremaneira, a liberdade com que pôde se dedicar à **Alquimia**, ciência pela qual foi atraído, desde cedo, ao testemunhar uma cura maravilhosa feita com medicamento alquímico de **Paracelso**.

Rosa-cruz, místico, sábio, estudou a fundo o comportamento da Natureza, aplicando os seus conhecimentos na Medicina, Alquimia, Mitologia, Música, matemática e Artes plásticas, na tentativa de compreender a evolução alquímica dos minerais, buscando encontrar a chave da medicina universal.

Posteriormente, ainda na corte, foi nomeado secretário particular do imperador, quando recebeu o título de conde.

Deixou Praga em 1611, após a abdicação de seu protetor, dirigindo-se à Inglaterra, depois de uma breve estadia em Amsterdã. Em 1616, voltou a Praga, onde Matthias, sucessor de Rodolfo II, se mostrava bem menos acolhedor para com os alquimistas. Três anos depois, foi nomeado físico do landgrave Maurice de Hesse-Cassel que, assim como Rodolfo II, acreditava na realidade da **transmutação**, atraindo os alquimistas a sua corte para lhes dar o seu apoio.

Mais tarde, foi residir em Magdebourg, onde exerceu a Medicina até o seu falecimento em 1622.

Deixou vários tratados alquímicos, cheios de simbolismos e alegorias, interessado que foi pela linguagem hieroglífica dos antigos egípcios. Seus trabalhos só foram divulgados a partir do século XVII, talvez pela pressão religiosa de sua época, mas estão entre os mais importantes tratados conhecidos: *Atalanta Fugiens*, considerado hoje em dia como a primeira obra multimídia; *Symboles de la Table d'Or des Douze Nations*, publicado em 1617; e *Cantilenae Intellectuales de Phoenice*

Redivivo, seu último tratado, publicado no ano de sua morte e dedicado ao príncipe Frederico da Noruega.

MALKUT

Na Árvore da Vida, da Cabala, esta Sephira representa a Mãe-Terra. É a base da árvore, formada por rochas, minérios e metais, coberta de água e envolta em ar e ondas eletromagnéticas. Nela estão representados os quatro elementos: Terra, Fogo, Água e Ar, para serem aperfeiçoados na Quintessência dos elementos.

MANA

Muitos nomes têm sido dados a essa energia que preenche o Universo, pressentida, desde tempos imemoriais, pelas mais diversas culturas, muito mais pelo instinto ou pela memória de antigos conhecimentos do que pela capacidade técnica de comprovação.

É essa mesma fonte de energia que a Alquimia busca unificar em seus opostos e condensar na Pedra Filosofal.

"Da história comparada da religião, sabemos que um dos mais antigos conceitos do Divino em muitas religiões primitivas é o conceito de mana, *mulungu,* etc., a ideia de uma energia divina, que muitos etnólogos compararam a uma espécie mística de eletricidade. É algo como uma energia divina, que impregna certos objetos e atinge certas pessoas. Um rei tem mana, um chefe também o tem, assim como a mulher menstruada e a que deu à luz; uma árvore atingida por um raio também tem mana.

O mana deve ser tratado sempre com respeito, ou mantendo-se longe dele por conta de tabus, ou abordando-o sob certas regras. Ele pode ser destrutivo ou positivo. Uma mulher menstruada, por exemplo, tem mana negativo e cumpre-lhe manter-se distante da tribo e dos rituais tribais durante o seu período, pois ela está carregada de eletricidade destrutiva, por assim dizer. O mana também pode ser neutro: se o chefe de uma tribo tem mana, ele pode conceder fertilidade à tribo, ao gado e ao solo em seu domínio, ou, se for abordado de maneira irreverente, pode enfeitiçar as pessoas, fazendo-as adoecer, etc" (78).

MANDALA

As *mandalas* clássicas, são diagramas compostos de formas geométricas concêntricas, envolvendo um quadrado, interpretado por alguns como representação dos quatro pontos cardeais, provido de entradas que levam à divindade central, representada por figuras geométricas denominadas *iantras*, quase sempre com a forma de triângulos.

São utilizadas no Hinduísmo, Budismo, Tantrismo e nas práticas psicofísicas do ioga, para favorecer a meditação.

Para Yung, a *mandala* seria um círculo mágico representando, simbolicamente, a luta pela unidade total do eu.

Em nosso afã de associar antigas e inexplicáveis representações a um remoto e excepcional conhecimento alquímico, podemos ver na *mandala*, provavelmente, mais um símbolo usado pelos antigos a atravessar os séculos, recebendo interpretações desconexas. Realmente, percebe-se, foi criada como uma alegoria a merecer atenção especial na busca de uma correta interpretação. O que não quer dizer que tenha sido elaborada para originar um tipo de meditação em torno da figura, buscando atingir algum estado alfa, através da auto-hipnose.

Pela sua apresentação costumeira, um círculo, muitas vezes encerrado em uma moldura quadrada, dividido em quadrados menores de **quatro** ou **nove** casas, será que não teria sido engendrada para mostrar a existência de uma **força** oculta no âmago da **matéria-prima**, à qual poderia ser atingida, mediante várias circulações, atravessando para isso os quatro estados primordiais da matéria: **terra**, **água**, **ar** e **fogo**, em busca de um centro onde permanece situado o trono de um universo material e espiritual?

"A *mandala* pela **magia** dos seus símbolos, é ao mesmo tempo a imagem e o motor da ascensão espiritual, que procede através de uma interiorização cada vez mais elevada da vida e através de uma concentração progressiva do múltiplo no uno: o eu reintegrado no todo, o todo reintegrado no eu" (38).

MANDAMENTOS

Precauções que devem ser tomadas pelos alquimistas, segundo regras elaboradas por Alberto o Grande:

"1) Deve o alquimista ser silencioso, discreto, e não revelar a ninguém o resultado de suas pesquisas e operações;

2) Habitar longe dos homens, em casa particular, onde destine dois ou três cômodos às sublimações, soluções e destilações;

3) Escolher bem o tempo e horas convenientes ao seu trabalho;

4) Ser paciente, perseverante, assíduo até o fim;

5) Executar, segundo as regras da arte, a trituração, a sublimação, a fixação, a calcinação, a dissolução, a destilação e a solidificação (coagulação);

6) Possuir recipientes de vidro ou cerâmica envernizada, pois os licores ácidos atacam os vasos de cobre, ferro e chumbo;

7) Ter proventos suficientes para comprar todo o necessário para as operações;

8) Evitar toda a relação com príncipes e poderosos".

MANTEIGA DE ANTIMÔNIO

"Numerosos alquimistas consideram a *manteiga de antimônio* como sua água mercurial, na qual fazem digerir seu ouro, já dissolvido em seus princípios. Esta manteiga lhes serve também para fazer a extração do cinábrio de antimônio. O ouro em folhas que se digere nela se reduz logo a uma matéria negra e podre. É certo, sem dúvida, que, por mais longa que seja a digestão e qualquer que seja a intensidade do negro que se produza licor, a dissolução do ouro não é perfeita e é assim que é absolutamente necessário preparar diferentemente o ouro, antes de digeri-lo com a *manteiga de antimônio*" (39).

"Os antigos denominavam *manteiga de antimônio* ao cloruro antimonioso Cl_3Sb, que, quando é puro, se apresenta em forma de uma massa branda, branca, translúcida, folhosa, cristalina, que se funde a 73.2 ^{0}C, com emissão de vapores voláteis, e ferve a 221.5^0 C. Solúvel em álcool absoluto, clorofórmio, éter e sulfuro de carbono, hidroliza-se para dar o mercúrio de vida ou pó angélico. Se pode preparar por destilação de uma mescla de **régulo** de antimônio com sublimado corrosivo. Hoje, sem embargo, se define-se a *manteiga de antimônio* como a dissolução, a 33% em Cl H" (13).

Ver também **Gordura**.

MARCASSITA

"Bissulfuro ferroso — S_2Fe — É de cor mais clara que a **pirita**, com raios e pó verdosos. Dureza de 6 a 6'5 e peso específico 4'6 a 4'8. Compacta e frágil. Tem as reações de seu isômero, a pirita, porém maior tendência a alteração (sulfatização com liberação de ácido sulfúrico).

Na Natureza a *marcassita* se encontra nas mesmas condições da pirita, porém é menos comum nas rochas cristalinas e nos filões metalíferos, em troca é abundante em forma de nódulos (gorrons) e solidificação de origem orgânica, em rochas sedimentares" (26).

"A *marcassita* não é outra coisa que o excremento de um metal, ou uma terra cheia de partes metálicas. (...)

Acha-se, ordinariamente, o **vitríolo**, próximo às minas dos metais, algumas vezes cristalizado naturalmente, porém, a maioria das vezes, mesclado com a terra e as *marcassitas*, de onde deverão ser tirados por **lixívia**, como se tira o **salitre**" (16).

Para fazer o **azeite** doce de vitriolo, Glauber fala de "tomar pedras de forma redonda ou oval, da espessura de um **ovo** de pombinho ou galinho, e também menores, como a articulação de um dedo, negras por fora, por dentro de um belo amarelo, semelhante a uma *marcassita*, ou mina rica de ouro. Estas pedras não são outra coisa senão que o melhor e mais puro minério do vitriolo, ou **semente** dos metais".

MARIA, A JUDIA

Não é possível precisar a época em que viveu *Maria, a judia*, a primeira mulher alquimista que se tem notícia e, em meio às lendas ou reminiscências históricas que nos revelam seus textos e seus trabalhos, associa-se a informação de que teria sido irmã de Moisés, o condutor do povo judeu.

A antiguidade de sua presença, realmente, é confirmada pelo próprio Zózimo, que, no século IV, já nos falava dela em suas citações sobre os sábios antigos, chegando mesmo a apresentar parte de um texto da referida alquimista. Nele, ela dá as coordenadas para o fabrico de um aparelho necessário à destilação, denominado "tribicos", composto de três tubos de cobre, devidamente presos por solda na cabeça do alambique e encarregados de levar os gases oriundos da fervura para frascos de vidro grandes e resistentes.

Outra invenção atribuída a *Maria, a judia*, é o método de manter a matéria no fogo, onde deve ser cozida vagarosamente, pela imersão do recipiente continente em outra vasilha maior, cheia d'água, esta sim posta diretamente sobre o fogo, possibilitando um aquecimento constante, sem que a matéria corra o risco de queimar pelos excessos de um calor direto — o tradicional **banho-maria**.

Um dos textos mais reconhecidamente aceito como autêntico é o "Diálogo de Maria e Aros sobre o Magistério de Hermes", que apareceu no quinto volume do "Teatro Químico", nas "Alegorias dos Sábios" e em "Ars Aurífera", com o título "Incipit Practica Marie Prophetissae in Artem Alchemicam".

A título de curiosidade, apresento a seguir um pequeno trecho desse famoso diálogo, no qual Maria fala das possibilidades de abreviar o tempo do Magistério:

"— Asseguro-vos, Aros — disse Maria —, e ponho Deus como testemunha que, se vós não fôsseis quem sois, não vos diria o que vou dizer-vos e esperaria para o revelar que Deus me inspirasse a fazê-lo. Tomai, pois, o alúmen, goma branca e goma vermelha que é o *Kibric* dos filósofos, o seu ouro e a sua maior tintura e juntai em verdadeiro matrimônio a goma branca com a vermelha. Não sei se me entendeis.

— Sim, senhora — disse Aros —, entendo e compreendo o que dizeis.

— Reduzi tudo isto a água corrente — continuou Maria — e purificai sobre o corpo fixo esta água verdadeiramente divina, tirada dos enxofres, e fazei com que esta composição se torne líquida pelo segredo das naturezas no vaso da filosofia. Entendeis-me, Aros?

— Sim, senhora — respondeu Aros —, entendo-vos muito bem.

— Conservai os vapores — ripostou Maria — e não deixeis que nada se escape. Fazei o vosso fogo em proporção com o calor do Sol nos meses de junho e julho. Mantende-vos junto do vosso vaso e vereis coisas que vos surpreenderão. Em menos de três horas e vossa matéria tornar-se-á negra, branca e alaranjada; os vapores penetrarão no corpo e o espírito ficará preso. A mistura tornar-se-á então como leite penetrante e fundente. Este é o segredo escondido.

Aros, tomando a palavra, disse:

— Não poderia crer que se fizesse de tal maneira".

Outro detalhe interessante é que, para *Maria*, a **Alquimia** seria um presente do Deus — o *donum dei*, mas este presente teria sido dado exclusivamente ao povo escolhido, isto é, ao povo judeu. Isso fica bastante claro em um texto em que é narrada sua advertência a um não judeu, pela ousadia de se meter em área proibida: "Não toca na pedra do filósofo com suas mãos; você não é de nossa raça, você não é da raça de Abraão".

MARTE

Marte (ou Áries), filho de **Júpiter** e Juno (ou Zeus e Hera), o quarto planeta do sistema solar, foi reverenciado na Mitologia de gregos e romanos os quais, reconhecendo sua força e malignidade, o tornaram o Deus da Guerra. Essa característica também foi considerada na Babilônia, onde o cultuavam sob o nome de Nergal. Violento, guerreiro, sanguinário, sempre representado com uma lança ou **espada**, e armadura de bronze. Seu metal é o **ferro** e sua pedra, o **rubi**.

De seus amores com **Vênus (Afrodite)**, restou a suprema humilhação de ter sido apanhado em flagrante pelo marido da deusa, **Vulcano (Hefesto)**, que os deixou presos em sua **rede**, para escárnio dos outros deuses.

Na mitologia romana, era também o deus da vegetação e da natureza geratriz. De seus amores com Reia Silvia, nasceram dois filhos, **Rômulo** e **Remo**, os fundadores de Roma. Gêmeos que foram alimentados por uma **loba**.

Na Alquimia, é constantemente chamado a simbolizar o ferro, e seria por demais extenso descrevê-lo representando esse papel; porém, sendo o trecho abaixo, bastante esclarecedor, é importante ressaltá-lo.

"O **sal** fixo deu ao belicoso *Marte* um corpo sólido, rude e firme pelo qual é manifestada sua magnanimidade de alma, e nada, com esforço, pode ser levado deste chefe guerreiro. Seu corpo é, com efeito, neste particular, tão compacto que, dificilmente pode ser ferido. Mas se sua potente virtude é unida espiritualmente, por mistura e concordância, com a fixidez da **Lua** e com a beleza de **Vênus**, uma assaz doce música pode mesmo ser destacada... Pois a qualidade fleumática e a natureza úmida da **Lua** devem ser dissecadas com o **sangue** ardente de Vênus, e seu grande **negror** corrigido pelo sal de *Marte*" (137).

MAR VERMELHO

A travessia do *Mar Vermelho* é outro dos relatos que encontra contestadores, nos tempos atuais. Dizem eles que, excetuando a Bíblia, não se encontram vestígios desse fato, no Egito, onde um episódio de tal magnitude, viria causar, no mínimo, um terrível desastre econômico, pelo desaparecimento da mão de obra gratuita, utilizada por séculos. E nenhum registro dessa evasão de escravos — desse tão decantado êxodo — foi encontrado na história daquele país.

Pelo sim, pelo não, resta-nos a linguagem alquímica, que retratou seus feitos usando em suas alegorias muitas fórmulas conhecidas, mas também da qual muitas imagens foram tiradas e, com o passar do tempo, sacralizadas como acontecimentos religiosos, mitológicos ou históricos. Para a Alquimia o *Mar Vermelho* é apenas a água mercurial e atravessar o *Mar Vermelho* corresponde apenas a mais um sucesso no Magistério.

"O símbolo do *Mar Vermelho* que se tem de atravessar, utilizado pelo mesmo hermetismo, poderia formar parte desta mesma ordem de alusões: especialmente se recordarmos que, em algumas escolas gnósticas, de cujos símbolos frisamos já, em várias ocasiões, a convergência com os herméticos, ensinava-se que 'sair do Egipto quer dizer sair do Corpo' e 'atravessar o *Mar Vermelho* é atravessar as águas da corrupção, Águas que não são outra coisa senão Cronos' e se explicava que aquilo chamado por Moisés *Mar Vermelho* é o Sangue" declarando peremptoriamente que 'no sangue está a espada de chama ondulante que corta o acesso à **Árvore da Vida**" (179).

"Quem quer que seja que deseje saber o que são todas as coisas em todas, que na **terra** faça enormes asas, e bem reforçadas, a fim de que, por si só, se eleve, e, voando pelo ar, erga-se à mais alta região do céu superior. Então queime suas asas por um **fogo** muito vivo, a fim de que a terra precipitada caia no *mar vermelho* e aí seja engolfada. E pelo fogo e pelo ar, desseque a **água** para que, de novo, terra seja. Então, digo-te, tens todas as coisas em todas as coisas" (137).

MASSACRE DOS INOCENTES

O *massacre dos inocentes* é a imagem utilizada por alguns **Adeptos** para simbolizar a operação alquímica denominada banho dos metais. Para fixar o **Mercúrio**, segundo textos dos próprios alquimistas, faz-se necessária "uma larga decocção em um **sangue** muito puro de meninos pequenos".

O filósofo citado abaixo nos apresenta uma definição lendária, menos trágica, para essa assustadora alegoria, bastante divulgada nas páginas do **Magistério**:

"O inocente que **Saturno** come sob nossos olhos, não é o único: o filho do Céu e da Terra massacra, no mesmo ano, a todos os que vivem sob seu reino. Da imolação geral pelo sabre, que assegura a existência do bebê Jesus, do **pez (peixe)** divino ou **azufre** dos sábios, se encontrará a cena pintada, no *Livro de Abraham*, atribuído a **Nicolas Flamel**. A imagem sobre couro deste belo manuscrito nos mostra, cheia de sangue dos meninos degolados, a mesma cuba onde se banha o deus, para seu festim feroz, e nos revela que a Lua e o Sol, conjuntamente, vêm mais tarde se banhar nela.

É útil que voltemos aqui sobre a observação que temos feito acima, a propósito da primeira estampa, e que concerne ao mesmo Saturno, assim como a ambiguidade que nasce de sua pessoa, com respeito ao sulfuro simbolizado, sobre o plano da alquimia experimental. Qual é, enfim, este corpo cujo ávido apetite por toda juventude, depende da ação dos elementos maiores, a saber o **fogo** e a **água**? É o muito antigo filósofo **Artéfio** que nos responde desde a primeira frase de seu *Livro Secreto*:

O **antimônio** é das partes de Saturno do qual tem, em todas as maneiras, a natureza; o antimônio convém ao Sol, e nele está o **azougue** no qual não se submete nenhum metal, se não é o ouro" (60).

"Na outra página da quinta folha, havia um rei com um espadão, que fazia matar em sua presença, por soldados, grande multidão de criancinhas, cujas mães choravam aos pés dos impiedosos soldados, e esse sangue era depois recolhido por outros guerreiros, e colocado em um grande vaso, no qual o Sol e a Lua do céu vinham se banhar. E porque esta história representava aproximadamente aquela dos inocentes mortos por Heródes, e que nesse livro aprendi a maior parte da arte, é porque coloquei em seu cemitério esses símbolos hieroglíficos desta ciência. Eis o que havia nessas cinco primeiras folhas. (...)

Aquela foi a causa pela qual, durante o longo espaço de 21 anos, fiz mil confusões, não todavia com o sangue, o que é maldoso e vil. Pois encontrei em meu livro que os filósofos chamam sangue o espírito mineral que está nos metais, principalmente no Sol, na Lua e no Mercúrio, ao complexo dos quais eu sempre tendi" (36).

MATÉRIA PRIMEIRA

Ou matéria-prima, é o **mineral** a ser extraído das **minas**, para a execução da **Grande Obra**. Ele se constitui no maior segredo, relativo ao **Magistério**. Pelas informações dos filósofos, torna-se bastante difícil identificar a substância a que se referem, tal a variedade e divergência de nomes e informações com que é definido o real sujeito da **Arte**. Alguns falam de um mineral rijo, fotossensível, que, após uma longa exposição à luz solar, tem sua superfície enegrecida. Outros informam ser cinzento. Alguns o definem como pastoso, oleaginoso. Há quem afirme que, antigamente, bem triturado, era usado nas pinturas a óleo. Há os que o descrevem seco, e os que falam dele como úmido e vil, dando a impressão de que vários tipos de minerais foram usados, nos diversos procedimentos de diferentes alquimistas que conseguiram realizar, com sucesso, o seu trabalho.

"Alberto, o Grande, o chamava **Marcassita** e Basílio Valentim, **Magnésia** (espécie impura de estanho).

Este **bismuto**, **estanho** de gelo ou **chumbo** cinzento era considerado uma marcassita sulfúrea ou, por outra, um excremento metálico. Paracelso disse que é um falso **estanho**, ou uma marcassita de chumbo, ou um **antimônio** branco; chama-o antimônio branco ou feminino e marcassita por excelência. Para Rulland é um chumbo, o mais ligeiro, pálido e comum de todos, um estanho refratário, leproso e não maleável. Outros, como Lázaro Ercker, creem que é uma **Lua** imperfeita. Chamaram-na também **Pirita** cinzenta e **Zinco** branco.

Como se vê, não parecem estar de acordo sobre sua natureza, exceto quanto à sua deplorável natureza. Porém, como esta é precisamente uma característica que os Adeptos deram à sua matéria-prima, não é estranho que Libávio creia que é a Magnésia de Geber, o chumbo dos filósofos, o *Eletrum Immaturum*, o **Ímã** mineral, etc., ou melhor dizendo, o que o Anônimo Pantaleón chamaria *Pai de todos os metais"* (13).

"Há um sujeito, no Reino Metálico, de um nascimento muito prodigioso, no qual nosso Sol está mais próximo que Sol e a Lua do vulgo, se o buscarem na hora de seu nascimento, o qual se derrete em nosso mercúrio como gelo em água morna e também de algum modo se assemelha ao ouro" (1).

"Quero prevenir aqui, não esquecer jamais, que não fazem falta senão duas matérias da mesma origem: uma volátil, a outra fixa; que há duas vias, a via seca e a via úmida. Eu sigo esta última de preferência, por dever, embora a primeira me seja muito familiar; ela se faz com uma matéria única" (12).

"Chamaram-na com numerosos nomes enigmáticos, como o de **Lobo**, porque consome e devora a todos os metais, a exceção do ouro. Outros a chamaram **Proteu**, porque recebe toda a classe de formas, e se reveste de todas as cores por meio do fogo. Outros a chamam raiz dos metais, tanto porque se encontra próxima de suas minas, como por causa de que há os que crêem que é a raiz e o princípio dos metais. Chamam-na também Chumbo Sagrado, Chumbo dos Filósofos e Chumbo dos Sábios, porque tem alguma relação com a natureza de **Saturno**, que devora seus filhos como ela devora os metais e porque há quem a tome pelo sujeito da Grande Obra dos Filósofos e de sua **quintessência**. Glauber nô-la descreve como o primeiro ser do ouro" (107).

"É de matéria vil, e seu exterior, asqueroso (...). A substância que tomamos primeiro é um mineral familiar ao mercúrio, que amalgama na terra um azufre cru; vil à vista, porém glorioso interiormente, o filho de Saturno. (...) É de cor de sabre, com veias prateadas que aparecem entremescladas no corpo, cujo matiz cintilante é manchado pelo azufre contido. É de todo volátil e nada fixo, porém tomado em sua crueza nativa, purga toda superfluidade do Sol. É venenoso em sua natureza e, sem embargo, abusado por muitos de modo medicinal" (73).

"Atenta bem no seguinte: a *matéria* da Pedra dos filósofos é de baixo preço; encontra-se por todo o lado; é uma água viscosa como o **Mercúrio** que se extrai da terra. A nossa água viscosa encontra-se por toda a parte, até nas latrinas, disseram certos **filósofos**, e, alguns imbecis, tomando as suas palavras à letra, procuraram-na nos excrementos" (156).

"Conhece pois filho, como os filósofos falaram figuradamente das operações manuais, pois, para que estejas seguro da purgação de nosso Mercúrio, te ensinarei que, com uma verdadeira operação, nosso mercúrio comum é preparado levissimamente.

Recebe, pois, Mercúrio mineral ou terra hispânica, *antimonium nostrum*, ou *terra oculosa*, todas as quais são uma mesma coisa, não inferiores de seu gênero, o qual não se tenha posto antes em obra alguma, cinco libras e vinte, no máximo, e faz que passe por um pano de linho espesso três vezes. Depois faz com que passe por um couro de lebre. Por último faz com que por um pano de linho espesso e esta é a verdadeira **lavadura**. E atenta, se alguma coisa de sua grossura ficar no corpo, ou alguma porcaria espessa ou sujeira, então esse mesmo mercúrio não vale para nossa obra. Porém, se nada aparece, é ideal.

Atenta que, com este Mercúrio, sem juntar coisa alguma, podem fazer-se uma ou outra obra" (79).

"Morien fala: existe uma pedra oculta, secreta e amortalhada, no mais profundo de uma fonte vil, abjeta, pouco estimada, e coberta de fezes e excrementos, e embora não seja mais que uma, dão-se-lhe inumeráveis nomes. Acerca do que, diz o sábio Morien: esta pedra, não é pedra, é animada, e possui a virtude de procriar e engendrar. Esta pedra é pássaro, e nem pedra nem pássaro. Esta pedra é mole e toma seu início, sua origem e sua raça de Saturno ou de Marte, Sol ou Vênus, e ela também é Marte, Sol e Vênus" (36).

"Com o material que tinha a seu dispor, o Pai fez o corpo do universo e lhe deu forma esférica. Conferiu depois a este as qualidades, tornando-o imortal e perenemente material. Depois disso, o Pai fechou os seus atributos na esfera, como numa caverna, e com eles adornou a sua criação. Encheu então todo o corpo de imortalidade, para que a matéria não voltasse à desordem primitiva, porque, quando estava privada do corpo, mesmo a própria matéria era caótica. E ela conserva, aqui embaixo, um pequeno vestígio de tal desordem na faculdade que tem a Natureza de crescer e de diminuir, coisa que os homens denominam de 'morte' (108)".

"Há minerais que não contêm senão pouco úmido volátil; outros possuem muito, porém sumamente impuro e estreitamente ligado ao seu corpo, do qual é difícil separá-los; alguns outros receberam em sua composição muito deste úmido volátil, o qual é puro e fácil de despojar dos excrementos terrestres que o envolvem. (...)

Há um mineral nitroso que dá facilmente as duas raízes que possui, das quais se faz um circulado que vivifica e anima os metais perfeitos; extrai deles uma substância que a arte converte em **azufre** metálico, o qual é a base do **elixir**" (9).

"Não há nada na natureza capaz de qualificar a matéria para ser harmonizada, salvo um **espírito** mineral, cuja **mina** é igual em atração e repulsão, e seu metal puro em um círculo estrelado de **circulação** irradiada. **Antimônio** purificado por **ferro** e moído finamente poderia ser circulado, isto é, digerido até uma harmonia perfeita dos princípios. Porém, na fusão de sua purificação, perdeu a proporção original de seu espírito sutil. A fim de restaurá-la, usa pó fresco. Digere em um matraz de colo largo, três meses ao calor do sangue, três meses ao calor da febre, e três meses ao calor da água fervendo, por meio de um termômetro" (75).

"O metal que está fora de sua mina, ou aquele que já esteja fundido, não libera mais suas impurezas pelo calor interno, pois perdeu seus espíritos voláteis e, em consequência, seu calor atuante, motriz e vegetativo" (9).

MATRAZ

Balão de vidro, bojudo, o fundo chato e o gargalo longo.

"A ação dos matrazes cerrados é como a da natureza, sob o teto rochoso das minas, que retém o que sublima e o reverbera, até que se coagule em metal.

O agente da obra é o mercúrio invisível, que é o gás, **espírito** ou ar do **antimônio**, excitado em um calor constante de areia, tão quente como o **sangue**" (75).

"O matraz, sem o qual não podeis concluir vosso labor, deve ter a forma ovalada ou esférica, e capacidade suficiente para vosso composto, melhor dizendo, sua capacidade deve ser duas vezes superior à matéria que pretendeis colocar nele; nós o chamamos **ovo filosófico**; o vidro deve ter espessura, muita transparência e limpidez; o colo do matraz deve medir, todo o mais, meio pé (16.5 cm.). Quando tiverdes metido ali vossa matéria, cerrai o colo hermeticamente; não deverá haver nenhuma fissura, ou, do contrário, e ainda que fosse ínfima, o espírito mais sutil se evaporaria e a **Obra** se frustraria" (82).

MATRIMÔNIO QUÍMICO DE CHRISTIAN ROSENKREUTZ

O último da série de três manuscritos surgidos na Alemanha, entre 1610 e 1616, atribuídos a membros da Ordem Rosa-cruz. Veio seguindo o famoso *Fama Fraternitatis* e o *Confessio Fraternitatis R. C.*, complementando uma trilogia alquímica que foi atribuída, especificamente a **Johan Valentin Andrae**.

MEDICINA

A grande busca dos verdadeiros alquimistas, não é a transmutação em ouro dos metais menos nobres. Sua verdadeira meta é o **elixir** que, conforme afirmativa de todos, restaura a saúde e prolonga a vida. É essa *medicina* fantástica, descoberta por alguma civilização remota e que vem sendo transmitida por intermédio de mitos, religiões e lendas, a verdadeira finalidade dos **artistas** que, ainda hoje, buscam esse conhecimento.

Na alegoria alquímica, a *medicina* é representada por uma mulher com duas cabeças e largas asas, tendo na mão direita uma taça de onde saem três serpentes. Está de pé sobre um dragão de três cabeças. No seu lado esquerdo, figura um pelicano e, no direito uma árvore solar.

"Na Idade Média, muito se escreveu sobre dragões que guardavam tesouros soterrados. Dentre o diverso material literário desse gênero, é interessante um livro que chegou até nós, chamado *O Verídico Dragão de Fogo*, que fala de misteriosos 'unguentos dragontinos' abrindo caminho até os tesouros enterrados, e de diversos mistérios da magia negra" (201).

"É um **sal** magnético que serve de envoltório a uma força estranha, que é a vida universal. Tão logo esse sal se encontra no estômago, penetra por todo o corpo, até as últimas vias, regenerando todas as suas partes; provoca uma crise natural, seguida de abundantes suores; purifica o sangue assim como o corpo, fortifica este último, em lugar de debilitá-lo, dissolvendo e expulsando, pela transpiração, todas as matérias mórbidas que contrariam o **fogo** da vida e suas correntes. Este sal faz desaparecer também, por sua qualidade fria, toda sorte de inflamações, já que a força estranha deste mesmo sal, se espalha pelos principais órgãos da vida, impondo-se neles e vivificando-os" (12).

"Oh, conhecimento desejável, digno de ser querido acima de todas as coisas que estão sob o círculo da **Lua**, por ele que a Natureza é fortalecida, e o coração e os membros são renovados, a juventude florescente é preservada, a velhice é afastada, a debilidade destruída, a beleza em sua perfeição preservada, e a abundância assegurada em todas as coisas que aprazem aos homens!" (67).

"Diz-se que esta *medicina* é admirável para curar todo gênero de enfermidades, porque não cura por contrariar-se com os humores nocivos, quanto por corroborar tanto com a natureza, que a faz poderosa para vencer seus contrários. A dose é de 1, 2 e 3 grãos, em veículo conveniente (1 grão = 0,053 gr.)" (109).

"Quem quer que beba desta fonte de ouro, sente a renovação de sua natureza, a supressão do mal, o reconforto do **sangue**, o fortalecimento do coração e a perfeita saúde de todas as partes compreendidas pelo corpo, seja interior, seja exteriormente. Ela abre, em verdade, os nervos e os poros, a fim de que a enfermidade possa ser expulsa, e que a saúde, pacificamente, a substitua" (137).

"Assim como a vida dos ramos se situa nas raízes da árvore, também se curam magicamente os corpos doentes socorrendo-nos do humor radical, do Espírito da Vida e, em suma, da própria Natureza, não com outros, mas sim com eles mesmos" (204).

"A **Alquimia** é a ciência que ensina a preparar uma certa *medicina* ou **elixir**, o qual, sendo projetado sobre os metais imperfeitos, lhes comunica a perfeição" (178).

MEDIDA

Uma das coisas que tem de ser levada em alta conta, durante a manipulação da matéria, para a elaboração da Grande Obra, é a *medida*. Se os elementos que participam dessa elaboração não forem devidamente dosados a finalidade pode não ser atingida. Essa recomendação é uma constante nos mais variados autores.

"Oh, medida de todas as embebições, como aplacas os corpos! Oh, medida da água celeste, és substancial para todo o mundo! Oh, medida, como temperas os corpos! Oh, medida, como os conjuntas! Oh, medida, de que modo conjugas o mundo e o apartas da corrupção! Oh, medida, como perpetuas os corpos e transformas em ouro todo metal! Oh, medida, como sabes reger o mundo, conservá-lo, fazê-lo viver e morrer! Com medida a natureza rege o mundo e tudo quanto é composto pela natureza. Oh!, medida, como congelas agora aquilo que dissolveste e o conjuntas! Por isso, afirmo que se não houvesse medida nunca se poderia tirar proveito de uma pedra. Quando quiseres, pois, uma pedra bem executada, usa de singulares meios, pois que este meio, e todas as suas naturezas, não são outra coisa senão medidas puras" (219).

MEDULA

Diz-se da parte mais íntima ou essencial. No corpo humano, é o tecido existente no interior dos ossos. Essência.

Pelo seu posicionamento e peculiar importância, alguns alquimistas têm denominado *medula* ao fundamento de sua Obra. Sendo que Irineu Filaletes batizou com o nome de "A Medula da Alquimia" um dos seus mais importantes tratados.

"Dado seu sincero desejo de progredir no estudo da filosofia metafísica, considerei adequado dar à sua senhoria uma mostra dessa *medula* que, pela ajuda de Deus, chupei dos ossos da antiga Filosofia" (65).

MEDUSA

Monstro com a cabeça coberta de serpentes venenosas; asas de ouro que lhe permitam voar; mãos de bronze; pontiagudas presas de javali; e um olhar que petrificava quem a fitasse. Era uma das guardiãs do **Jardim das Hespérides**.

Foi morta por **Perseu** que a fez refletir em seu escudo de bronze, polido, decapitando-a, depois, com a **espada** de **Hermes**.

O sangue escorrido de seu pescoço foi recolhido por Perseu, em virtude de suas propriedades. O da veia esquerda, venenoso, e o da veia direita, capaz de ressuscitar os mortos. A parte desse sangue que caiu no solo fecundou a Terra, dando nascimento a Pégaso — o cavalo alado.

MÉLANDRE

Fada, cujo trecho de insólita história, narrada por Bernard Roger, chamou-me a atenção pelos códigos alquímicos, aos quais já me acostumei nessa busca e, principalmente, pela identificação existente entre o radical "melan", e o nome do mineral **melanterita** que, como poderão constatar no próximo verbete, é um dos elementos de dissertação de vários Adeptos:

"Não longe do Castelo de Milandre, entre Delle e Montbéliard, há uma gruta cujas profundezas tinham a reputação de atrair para suas trevas, como um **ímã**, quem passasse perto dela. Em seu interior, achava-se a fada Mélandre, sentada sobre um cofre. As duas **chaves** incandescentes que podiam abri-lo, ela as guardava entre seus dentes transparentes. Aquele que tivesse descoberto, em um certo **livro**, o meio de se apossar dessas chaves, sem se queimar, transformar-se-ia, em pouco tempo, em um homem rico. (...) Quanto ao nome da fada, ele é dos mais reveladores: Mélandre vem diretamente do grego *melandruon*, composto de *drus* (**carvalho**) e de mélania (negritude); essa palavra designa o âmago do carvalho" (37).

Em *Filosofias da Índias* de Heinrich Zimmer outra surpresa, em variações sobre o mesmo tema:

"...uma das mais célebres escrituras budistas em páli, não canônicas, é chamada *As questões de Milinda*, e conta os diálogos religiosos de um rei grego chamado 'Milinda' (Menandre, aprox. 125 a.C. — 95 a.C.) com o monge budista Nãgasena. Algumas das moedas de Manandre (hoje em museus) ostentam a **Roda** da Lei budista; e o relato de Plutarco sobre a distribuição de suas **cinzas** após sua **morte** evoca a lenda da distribuição das cinzas do Buda, o que parece indicar que, se o rei grego não era, de fato, um membro da Ordem budista, no mínimo era um benfeitor tão grande que a comunidade o considerou como um de seus integrantes".

MELANTERITA

"Sulfato de **ferro**, de fórmula $SO_4Fe_7H_2O$ (carrapatosa verde, **vitriolo** verde, vitriolo de ferro). Os cristais são de faces prismáticas. Na natureza se apresenta em massa fibrosa ou capilares, concrecionadas, estalactíticas e ainda cobertas de pó, por efeito de sua fácil eflorescência. Cor verde, que com o tempo se transforma em amarelo e branco; brilho vítreo nas superfícies frescas; (...) Peso específico 1'9 e dureza 2. É quase sempre um produto de alteração dos sulfuros de ferro em atmosfera úmida e se encontra amiúde nas galerias abandonadas das minas. (...) Tem-se encontrado, com frequência, nas minas de **cobre**, de carvão e de ferro" (26).

"A maneira de fazer o vitriolo, consiste unicamente em deixar decompor-se as **piritas** ao ar e fazer, à continuação, sua **lavagem**, **evaporação** e cristalização; sobre o qual referem-se estas atas um fenômeno singular, a saber, que quando se as deixa expostas ao ar por tempo demasiado, ou quando o ar é disposto de uma certa maneira, não se faz nenhuma cristalização e a massa permanece graxa e viscosa" (110).

"Há que se advertir aqui que a pirita que se oxida é branca, a esperkisa ou **marcassita**, pois a amarela é inalterável. A *melanterita* (cujo nome alude à cor negra deste mineral) é o vitriolo de marte natural, resultante desta alteração da pirita" (6).

MENEBUCH

Ver **Coelho**.

MENORAH

Castiçal hebreu de sete braços, representando os sete que planetas mostram a origem astrológica de seu simbolismo. Presume-se que tenha sido feito pelo artesão Bezalael, seguindo as ordens inspiradas por Deus a Moisés.

Segundo Zacarias (4-2, 3, 6) ele viu "um candelabro todo de ouro e um vaso de **azeite** em cima, com suas sete lâmpadas e sete tubos (...) Junto a este, duas oliveiras, uma à direita do vaso de azeite e a outra à esquerda" e o anjo lhe explicou seu significado: "Esta é a palavra do Senhor a Zorobabel: 'Não por força, nem por poder, mas pelo meu **Espírito**'.

Em Êxodos (25-31/40) consta que "O Senhor disse a Moisés: Farás um candelabro de ouro puro, e o farás de ouro batido, com o seu pedestal e sua haste... Seis braços sairão dos seus lados, três de um lado e três do outro. Estes braços formarão um todo com o candelabro, tudo formando uma só peça de ouro batido. Cuida para que se execute este trabalho segundo o modelo que te mostrei no monte".

Há, visivelmente, um significado oculto na determinação da feitura da *Menorah*. Um eixo único que se bifurca em sete lâmpadas pode ser associado à matéria-prima cuja constituição são os sete minerais.

MÊNSTRUO

Líquido vermelho que brota da matéria, na segunda fase da Obra, e que, por analogia, considerando-se a mulher tal como a matéria-prima do Magistério sob forte influência lunar, foi associado ao ciclo mensal da mulher.

"Os povos primitivos acreditavam que as mulheres eram dotadas de uma natureza semelhante à da **Lua**, não apenas porque elas *incham* como esta, mas porque têm um ciclo mensal com a mesma duração que o do astro noturno. O fato de que o ciclo mensal feminino depende da Lua, era para os antigos prova evidente de sua semelhança com o corpo celeste" (49).

"O *mênstruo* é um **sal** celeste, ou de celeste virtude, com cujo único benefício os **Filósofos** dissolvem o corpo terrenal metálico, e depois de dissolvido o transformam no nobre **Elixir** dos Filósofos. A operação, sem dúvida, é levada a cabo, do princípio ao fim, em um **crisol**, a **fogo** aberto: toda o trabalho em verdade não começa e se consome em muitos dias, senão em quatro dias, em cuja **Obra** não se gastam, em total, mais de três florins" (235).

"Toma **sal** amoníaco, três vezes sublimado, quatro onças; **espírito** de vinho destilado sobre sal de tártaro, de modo que libere toda **flema**, dez onças; põe em um frasco, em **fogo** de digestão, de modo que o espírito do vinho se encha de **enxofre** ou fogo do sal amoníaco; destila logo pelo **alambique**; repete isto, e termina este trabalho com a terceira **destilação**, e terás o verdadeiro Mênstruo, que extrai a vermelhidão do vidro do **antimônio**" (111).

"A partir desta (areia de **ferro** de uma praia da Nova Zelândia) pode extrair-se, sem dissolvente, o *mênstruo*, como os velhos alquimistas o chamaram, o mesmíssimo **mercúrio filosófico**" (112).

MERCÚRIO

O *mercúrio*, ao qual se referem tantos **Adeptos**, é o símbolo do **soma** e não pode ser comparado ao *mercúrio* comum, empregado habitualmente na feitura de termômetros, barômetros, extração do ouro nos rios, ou em soluções como antisséptico. É um elemento específico, comum a todos os metais, como se fosse uma semente primeira da qual se originam as várias espécies de minérios, dependendo do solo onde se localiza. Sendo assim, os vários autores falam em *mercúrio do* ferro, *mercúrio do cobre, mercúrio da prata*, etc. A concordância entre eles é que é um dissolvente conseguido através de manipulações especiais, capaz de penetrar o centro da matéria primeira, libertando o elemento sulfuroso que está contido em seu interior, ao qual eles denominam **alma**, melhor dizendo o **enxofre**. Esse misterioso *mercúrio* contém a **semente** da **Pedra Filosofal**. Para a Alquimia, o seu *mercúrio,* costumeiramente representado sob a forma de **serpente**, não tem nada a ver com o descrito abaixo:

"Elemento químico metálico (*hidrargyrum*), N.A. = 80, P.A. = 200.61. Encontra-se no estado nativo sendo, porém, a fonte principal do **Cinábrio**, do qual é obtido por ustulação (forte aquecimento de certos minerais em presença de ar atmosférico em abundância. Assim, transforma-se o cinábrio em mercúrio). É o único metal líquido à temperatura ordinária. P.F.= 38.87^0. Tem forte brilho argênteo que se conserva na atmosfera. Dilata-se com grande regularidade. Já à temperatura ordinária, apresenta sensível tensão de **vapor**, sendo os vapores bastante tóxicos. É o único dissolvente físico de metais, formando liga com a maioria deles (**amalgama**). É largamente usado em aparelhos, como termômetros, barômetros, etc. e grandes quantidades são usadas num dos processos eletrolíticos da fabricação de soda cáustica, na extração do **ouro** e **prata** (processo de amalgamação). Os sais solúveis são muito tóxicos" (26).

"O *Mercúrio* encerra duas substâncias supérfluas, a terra e a água. A substância terrosa tem alguma coisa com o **Enxofre**, o **fogo** a rubifica. A substância aquosa tem uma **umidade** supérflua.

O *Mercúrio* facilmente se desembaraça das suas **impurezas** aquosas e terrosas por **sublimações** e lavagens muito ácidas. A natureza separa-o no estado seco do Enxofre e o despoja da sua terra pelo **calor** do **Sol** e das **estrelas**.

Ela obtém, assim, um *Mercúrio* puro, completamente livre da sua substância terrosa, não contendo mais partes estranhas. Então, une-o a um Enxofre puro e produz, enfim, no seio da terra, os metais puros e perfeitos. Se os dois princípios são impuros, os metais são imperfeitos. Por isso, nas **minas** se encontram metais diferentes, o que procede da **purificação** e da digestão variável dos seus Princípios. Isto depende da cocção" (156).

"Nós dizemos: o *mercúrio* vulgar não pode ser o *Mercúrio* dos filósofos, por nenhum artifício que tenha sido preparado, porque o mercúrio vulgar não pode suportar o fogo a não ser com a ajuda de um

Mercúrio diferente dele, corporal, que seja quente, seco e mais digerido do que ele. Por isso digo que o nosso *Mercúrio* físico é de uma natureza mais quente e mais fixa que o *mercúrio* vulgar" (116).

"Extrair o mercúrio dos corpos metálicos não é outra coisa que levar os metais à sua primeira matéria, ou melhor dizendo, ao mercúrio fluido, tal como era no centro da terra, antes da geração dos metais, ou seja, um vapor úmido e viscoso que é o ouro e a prata dos filósofos e que contém, invisivelmente em si, o Mercúrio e o axufre da natureza, princípio de todos os metais. Um Mercúrio tal está dotado de uma força e de uma virtude inefáveis e encerra segredos muito divinos" (212).

"Em **Marte**, ou **ferro**, ele (vapor que os filósofos chamam *Mercúrio*), se apresenta numa proporção menos impura e misturado com um súlfur adusto" (81).

Em "Disertación III, Del *Mercurio*", F. Hoffmann nos ensina:

"Os Químicos referem-se, com respeito a este *mercúrio* virgem, que é especificamente mais ligeiro que o que se retira das **minas** menos puras e que já tenha passado pelo **fogo**; o que nos faz supor, talvez com razão, que é mais sutil e mais espirituoso, e, consequentemente, muito mais próprio a ser empregado na grande obra dos Alquimistas".

"Sabe também, por certo, que o *mercúrio*
que deve começar a obra, deve ser líquido
e branco, não seques com fogo excessivo
a **umidade**, até pó (vermelho a vista)
pois assim se corrompe teu esperma feminino,
e perderás teu desejado resultado" (73).

"Nosso *Mercúrio* parece ser uma substância similar ao **azougue** ordinário, porém se diferencia em sua compleição, pois tem uma forma celeste e ígnea e uma virtude excelsa, qualidades que recebeu de nossa **Arte**, dedicada à sua preparação" (82).

"O **segredo** desta preparação consiste em escolher um **mineral** que tenha certo parentesco com o Ouro e o *Mercúrio*. Há que se impregná-lo com o ouro volátil que se encontra na *región lumbar* de Marte; deve-se purificar o *Mercúrio* com este elemento pelo menos **sete** vezes. Feito isto, o *Mercúrio* está preparado para o **Banho do Rei**, ou melhor dizendo, do Ouro.

"O *mercúrio* é aquele fluido etéreo, agudamente penetrante, e extraordinariamente puro, ao qual se deve toda nutrição, sentido, movimento, potência, cores, e atraso ou retardamento da idade. Deriva-se do ar e da **água**; é o *pabulum vitae* e o instrumento mais próximo à forma" (143).

"O *Mercúrio* é um corpo mineral, composto de **terra** muito sutil e sulfurada, e de uma água sutil estreitamente mesclada com ela; sua substância terrestre tem necessidade de ser purgada da terrestrialidade crassa sulfurosa, e sua substância aquosa, da umidade supérflua" (19).

"Não há senão uma via, a saber, o *mercúrio*, ora natural, ora artificial, ou seja, extraído dos corpos e sobretudo dos perfeitos, já que nestes a substância do *mercúrio* é sutilíssima e pura, capaz de ser fixada pelos filósofos, mais que nenhum outro *mercúrio* no mundo inteiro" (149).

MERCÚRIO AURÍFERO

Ver **Azeite**.

MERCÚRIO COMUM

Apesar do nome — *mercúrio comum* —, os filósofos muitas vezes, quando se referem a ele, fazem questão de frisar que não estão designando o mercúrio comprado nas farmácias ou drogarias, outrossim, o primeiro elemento da **Obra**.

Primeiro mercúrio conquistado, quando da execução dos trabalhos. É apresentado costumeiramente sob a alegoria de uma **fonte** nascendo de um rochedo ou solo árido; ou ainda sob a forma de **serpentes** que nela vêm beber. Ele se origina do *Sujeito dos Sábios* — matéria bruta saída da mina, e dá origem ao **Rebis**, matéria-prima da **Pedra Filosofal**. É também chamado *dissolvente universal* e é o agente de todas as transformações que ocorrem na matéria.

MERCÚRIO DOS SÁBIOS

"Deste modo encontrei uma via ótima para preparar o *Mercúrio dos Sábios*. Ponho a massa amalgamada, esposada com seu devido casamento, tão intimamente quanto possível, em um **crisol** e em **forno** de areia; permanece ali, sem embargo, de modo que não sublime durante meia hora, retiro-a e trituro-a, diligentemente, colocando-a, em seguida, de novo no crisol e no forno e, após um quarto de hora, ou próximo, moo-a de novo em um pilão, igualmente quente.

"Nesta obra a **amalgama** começa a soltar muito pó brilhante; ponho-a de novo no crisol e o coloco de novo no fogo, por um tempo conveniente, de modo que não sublime, embora, por outra parte, quanto maior seja o fogo, melhor. Continuo desse modo aquecendo e moendo, até que quase tudo apareça como pó; logo lavo e afasto facilmente a escória e recolho a amalgama para seu uso; então lavo com sal, volto a pôr no fogo e moo, repetindo isto até a desaparição completa das impurezas" (11).

"O *mercúrio* encerra duas substâncias supérfluas: a terra e a água. A substância térrea tem alguma propriedade de **azufre**: o **fogo** a avermelha. A substância aquosa tem uma umidade supérflua.

Com facilidade se desembaraça o *mercúrio* de suas impurezas aquosas e terrosas por sublimação e lavagens muito ácidas. A Natureza o separa do azufre no estado seco e o despoja de sua umidade pelo calor do **sol** e das **estrelas**.

Assim obtém ela um *mercúrio* puro, completamente livre de sua substância terrosa, que já não contém partes estranhas. Então, une-o a um azufre puro, e produz ao final, no seio da terra, metais puros e perfeitos. Se os dois princípios são impuros, os metais são imperfeitos. Por isso nas minas se acham metais diferentes, o que procede da purificação e digestão variável de seus princípios. Isto depende da cocção" (149).

MERCÚRIO FILOSOFAL

É um **sal**, já dotado do espírito nitroso e celeste, que vai facilitar a separação do germe sulfuroso, ao qual, unido posteriormente, proporcionará a **coagulação**.

"Este nosso **mercúrio** é superior a todos os corpos metálicos que dilui em duas matérias mercuriais mais próximas, separando seus **azufres**. Sabe pois que o **azougue** de uma **Águia**, ou de duas ou três, manda a **Saturno**, a **Júpiter** e a **Vênus**; manda à **Lua** desde a terceira Águia até a sétima e, por último, manda ao **Sol** desde a sétima até a décima Águia. Por isto te faço saber que este azougue é o mais próximo ao primeiro ser dos metais, mais que qualquer outro azougue porque, radicalmente, se mete por seus corpos e manifesta suas profundidades escondidas" (1).

"Ele tirou do sal marinho, das costas da Espanha, todo seu sabor, fazendo digerir e apodrecer, ao menos durante quarenta dias, no **espírito** mais sutil do **rocio**; o que lhe produziu um sal de todo diferente: fusível como **cera**, ao simples **calor** de uma lamparina; de um sabor mais ou menos amargo, que parecia aproximar-se da natureza nitrosa, sem ter, sem embargo, nem forma cúbica nem prismática; os sais estavam amontoados sob a forma de pequenas lâminas, tão transparentes, que não as percebeu, senão após haver decantado seu **licor** (113).

"Nós dizemos: o mercúrio vulgar não pode ser o *Mercúrio dos filósofos*, por nenhum artifício que tenha sido preparado, porque o mercúrio vulgar não pode suportar o fogo a não ser com a ajuda de um **Mercúrio** diferente dele, corporal, que seja quente, seco e mais digerido do que ele. Por isso digo que o nosso Mercúrio físico é de uma natureza mais quente e mais fixa que o mercúrio vulgar. O nosso Mercúrio corporal converte-se em mercúrio fluido que não molha os dedos; quando se lhe junta o mercúrio vulgar, penetram-se tão bem com a ajuda de um laço de amor que é impossível separá-los um do outro, como sucede com a **água** misturada com água. Tal é a lei da natureza. O nosso Mercúrio penetra no Mercúrio vulgar e mistura-se com ele, dessecando a sua umidade indiferente, tirando-lhe a sua frieza, tornando-o **negro** como o carvão e, finalmente, fazendo-o cair em **pó**" (116).

Esta forma do sal, citada anteriormente, nos leva a duas considerações, à **terra folhada** em que a matéria aparece em forma de folhas muito finas e aos **dentes do dragão**, lançados por **Teseu** na Terra, de onde saíram os soldados aos quais teve que dar combate.

"Essa Água, que pode ser coagulada e que engendra todas as coisas, torna-se uma terra pura que, por uma forte união, retém a virtude dos mais altos céus, encerrada em si; e porque, nessa mesma terra, ela se acha unida e vinculada com o Céu, é por isso que lhe dou este belo nome: o Céu Terrestre" (114).

"Há que se recomeçar o **fogo** exterior para coagular a matéria e seu **espírito**. Após havê-la deixado dissecar-se por si mesma, embebe-se, pouco a pouco e cada vez mais com seu líquido destilado e reservado, que contém seu próprio fogo, amolecendo-a por **embebições** e dissecando-a a um ligeiro **calor** solar, até que haja bebido toda sua água. Por este meio a água é mudada inteiramente em terra, e, esta última, por sua **dissecação**, se muda em um pó branco que se chama também **ar**, cai como uma **cinza** e contém o sal ou *mercúrio dos filósofos*" (12).

"Que o artista, por conseguinte, pelo fogo e pela operação manual, separe as quantidades impuras de seu sujeito, triturando, lavando e calcinando, até que nenhuma negrura seja comunicada ao seu **mênstruo**, para o que água pura da chuva é suficiente. Ver-se-á em todas as repetições desse processo que o que suja a água é estranho, e que o minério ainda subsiste em sua natureza metálica individual, exceto se é fundido por um calor muito intenso, caso em que ele não é mais útil para o nosso propósito; portanto, deve-se utilizar minério fresco.

Preparando-se o material dessa maneira, o seu fogo central será despertado, se é tratado adequadamente, de acordo com o processo para extrair prata de seus minérios, mantendo-se num calor constante e conservando sem a admissão de ar cru, até que a umidade radical seja elevada na forma de um vapor, e condensada numa água metálica, análoga à prata. Esse é o verdadeiro *mercúrio dos filósofos*, adequado a todas as operações da **Arte** Hermética" (128).

"A intenção dos filósofos é, foi sempre e será fazer do corpo o **espírito**, ou seja, do **Mercúrio** puro, chamado filosófico, pois é feito por procedimento da Filosofia; contendo em si uma dupla natureza, igualmente é preciso compor a **Pedra** de duas substâncias: volátil e fixa. É necessário fazer ou desfazer previamente a união destes dois do seu Mercúrio, antes de fazer o **elixir** completo" (181).

"É menos móvel, escorre mais lento do que o outro mercúrio; deixa vestígios do seu corpo fixo no fogo; uma gota deitada sobre uma lâmina aquecida ao rubro deixa um resíduo" (156).

MESTRE

Alquimista que desvendou todos os arcanos e que, em sua missão de não deixar que se perca a **Sabedoria** suprema, escolhe, aleatoriamente pelo mundo, pessoas comprovadamente dignas a quem ensinar os seus conhecimentos.

"Quando o pupilo estiver pronto o *Mestre* aparecerá." Segundo **Frater Albertus**: "Esse antigo preceito ainda é verdadeiro".

"Não é a leitura dos filósofos que constitui o filósofo, é, antes de tudo, a prática, precedida pelas descobertas de um amigo fiel que nos demonstra a **Arte**" (105).

Isaac Newton escreveu em uma carta, datada de 1676: "Existem outros segredos além da transmutação dos metais, e os grandes *mestres* são os únicos a compreendê-los".

METAL

Ver **Mineral**.

MINA

Na referência de alguns filósofos, é o local, nas profundezas da terra, onde se recolhe a **matéria primeira**, ainda não conspurcada. Para outros, no entanto, este termo está afeito apenas à parte do filão que pode ser beneficiada, para a obtenção dos compostos e não à cavidade, no subsolo, onde se extrai o minério. Mas, parece que ninguém nos aconselhou tão detalhadamente, quanto *Lemery*, a busca desse local:

"O **Mercúrio** se acha ordinariamente debaixo das Montanhas, coberto de pedras brancas e frágeis, como de cal. As plantas que nascem sobre estas montanhas parecem muito mais verdes e maiores que as de outra parte. Porém, as árvores que estão próximas da mina do **azougue** produzem raras vezes flores e frutos e suas folhas são mais tardias que as dos outros lugares. Um dos indícios para descobrir a mina do azougue é quando pelas manhãs de abril e maio, saem, de algum lugar particular, **vapores** ou névoas espessas".

No "Poema sobre o Azot" de autoria do barão de Nuisement, publicado em Paris, em 1609, o caminho da mina também é indicado como o local onde encontrar a matéria-prima:

"A sua tenda está no ventre da terra,
onde, engenho admirável, ela junta e fabrica
dos princípios primeiros estes princípios próximos
dos quais ela vai formando com mãos peritas
uma massa confusa, onde por peso, ela une
as quatro qualidades dos dois espermas juntos".

Em sua natureza, a *mina* talvez seja, para os filósofos, a mais clara forma de esclarecimento das possibilidades reais da transmutação, efetuada pela própria Natureza, visto serem os metais fabricados, naturalmente, na fornalha interior da terra, por um processo essencialmente alquímico.

MINERAL

Os *minerais* são compostos naturais inorgânicos, formados como resultado de processos geológicos. A primeira classificação dos *minerais* de que se tem notícia, data do século I d.C., e foi organizada por Plínio — o Velho, sendo, como se pode presumir, um trabalho bastante incipiente. As técnicas atuais permitem precisar divisões e subdivisões estruturais dos elementos, baseados em critérios permitidos, atualmente, pelo desenvolvimento da Química.

"Os *minerais* são as matérias que não são pedra nem metal. O **vitriolo**, o **mercúrio comum**, e o **antimônio** são os que mais participam da matéria metálica. O último é a matriz e a veia do **ouro** e o seminário de sua **tintura**. Um e outro contém uma **medicina** excelente" (62).

"Há *minerais* que não contêm senão pouco úmido volátil; outros possuem muito, porém sumamente impuro e estreitamente ligado com seu corpo, do qual é por demais difícil separar; alguns outros receberam em sua composição muito desse úmido volátil, o qual é puro e fácil de despojar dos excrementos terrestres que o rodeiam. (...)

Desprende-se o misto de toda **impureza** corrompendo-o, para separar dele, mais facilmente, o úmido radical puro, que é levado por cozimento e animação até o grau de tintura fixa, que é a perfeição da **obra** química" (9).

"O **fogo** é a vida dos metais enquanto eles ainda estão em seus minérios, e o fogo de fundir é a sua **morte**. Mas a **matéria-prima** dos metais é uma certa **umidade** misturada com **ar** quente. Sem a aparência da **água** oleaginosa que adere a todas as coisas puras e impuras; mas em alguns lugares ela se encontra mais abundantemente do que em outros, porque a **terra** é mais aberta e porosa em um lugar do que em outro e tem uma grande **força** magnética" (164).

"A fim, por outro lado, de que saibas, meu amigo, de onde provém essa **semente**, procura em ti mesmo com que objetivo empreendes a elaboração de nossa **Pedra**. Então tornar-se-á manifesto que não é de outra coisa, senão de uma certa **raiz** metálica, da qual os metais são destinados, pelo Criador, a serem produzidos. Nota como isso decorre e se cumpre" (137).

"Porém nosso estimadíssimo *mineral*,
exceto por seus desperdícios crus, que são todos separáveis,
contém um **mercúrio** puro, o qual
restaurará a vida aos corpos mortos, de modo
que sejam capazes de propagar sua própria espécie,
como todas as coisas, gerando seu semelhante.
Porém não contém em si **azufre** algum,
salvo um azufre ardente pelo qual é congelado,
e, sem embargo, é quebradiço e negro, com veias brilhantes.
O azufre não é metalino, de modo algum, e se
diferencia pouco do vulgar, quanto ao aspecto externo,
se se separa, corretamente, como mostra a **arte**" (73).

MISTÉRIOS

Segundo alguns autores, a palavra *Mistério* vem do grego *teletai*, ou perfeição, e de *teluteia*, morte. Houve uma época em que qualquer vestígio de conhecimento era transmitido por meio de iniciação: Medicina, Astrologia, arte, religião e até adivinhação. Tudo costumava ter seu simbolismo e ser sacralizado.

Em geral, os *Mistérios* eram fúnebres, representando a morte e a ressurreição e os heróis e deuses, associados a planetas e astros.

Os *Mistérios* de **Ísis**, no Egito; de Elêusis; de **Mitra**, na Pérsia; dos caldeus; dos essênios, de **Orfeu**; de **Cibele** e de Atis, são provas de sua difusão por toda Antiguidade, preservando o conhecimento das leis da Natureza, transmitindo conhecimentos herdados ou adquiridos, muitas vezes adulterando informações, na medida dos interesses da época, ou mesmo da falta de compreensão dos grandes legados de antigas civilizações, muito mais evoluídas que os homens encarregados de divulgá-las.

Conforme confessou **Leibniz**: "Eu me decidi a estudar a natureza e, por sua anatomia, a procurar seus *mistérios*: o que é reconhecido como mais alto, depois das coisas eternas, entre as coisas da terra".

"Dia virá, ó filho meu — diz o três vezes grande Trismegistos —, em que os *Mistérios* contidos nos sagrados hieróglifos egípcios não cheguem a ser mais que ídolos. O mundo então tomará, equivocadamente por deuses, os santos emblemas da ciência e acusará o Egito de haver adorado os monstros infernais. Contudo, aqueles que de semelhante maneira nos caluniam, adorarão a **morte** em lugar de adorar a vida; seguirão para a loucura, em vez de praticar a sabedoria; atacarão o amor e a fecundidade; a pretexto de relíquias encherão seus templos com ossos de homens mortos; e, em pranto e solidão, inutilizarão a sua juventude. Suas virgens serão viúvas antes de serem esposas; e elas hão de consumir-se da dor, porque os homens terão desaparecido e profanado os sagrados *mistérios* de **Ísis**" (115).

"Os *Mistérios* de Elêusis não foram os únicos a existir na Hélade. Mas Deméter era a mais venerada e a mais popular das deusas gregas", diz com razão Mircea Eliade, "e a mais antiga, também. De certa forma a deusa de Elêusis prolonga o culto das Grandes Mães do neolítico. (...) As grandes cerimônias de Elêusis tinham como prólogo os Pequenos *Mistérios*, que se realizavam uma vez por ano, de 19 a 21 do mês Antestérion (fins de fevereiro e começo de março), em Agra, subúrbio de Atenas. (...) Seis meses depois, no mês Boedrómion (mais ou menos 15 de setembro a 15 de outubro), realizavam-se os prelúdios em Atenas, e a parte principal em Elêusis, os Grandes *Mistérios*, para os que houvessem cumprido em Agra os ritos preliminares" (2).

MISTO

Denominação dada ao mineral no qual estão contidas várias substâncias indispensáveis à execução da Grande Obra.

"Os químicos encontraram cinco gêneros de substâncias, fazendo a análise ou resolução de diversos mistos, e concluíram dizendo que são cinco os princípios das coisas naturais: a água, o espírito, o azeite, o sal e a terra. Destes cinco, os três ativos são: o espírito, o azeite e o sal; e os dois passivos: a água e a terra" (16).

"O **azougue** é um corpo mineral líquido, pesado e reluzente, composto de uma terra sulfurada e sutil e de água metálica, dotada da mesma sutileza, uma e outra fortemente unidas e ligadas conjuntamente.

O **chumbo** é um metal imperfeito, composto naturalmente de um **sal** impuro, de um **mercúrio** indigesto e de um **azufre** terrestre, o qual abunda neste corpo.

O **estanho** é um metal imperfeito, por causa da composição desigual de seus princípios, pois abunda muito em azufre e terra; contém mercúrio bastante puro, porém em pequena quantidade, assim como muito pouco sal.

O **ferro**, que os químicos chamam **Marte**, é um metal imperfeito que contém muito pouco de mercúrio, porém muito de sal fixo e azufre terrestre.

O **cobre** é um metal imperfeito, composto de pouco sal e de pouco mercúrio, porém muito azufre, vermelho e terrestre; é, sem embargo, mais puro que o ferro, e contém menos terra e pouco sal.

O **ouro** é o mais puro, fixo, compacto e pesado de todos os metais, tornado tal pela união do sal, azufre e mercúrio, igualmente digeridos e purificados ao mais alto ponto" (116).

MITRA

Apesar de todos os esforços envidados pelos cristãos para esconder a importância de sua existência entre os deuses antigos, o que os levou até a apropriarem-se do seu nome para designar o barrete usado pelo papa, cardeais e outros prelados, na tentativa de confundir os dados históricos. Sabe-se, hoje, que *Mitra* foi um importante deus asiático, cuja crença se espalhou com grande abrangência, pelo Ocidente, levada pelas legiões do exército romano, que mantinha sua crença como religião semioficial.

Seu nascimento, assim como o do **Sol** que representava, era comemorado no dia 25 de dezembro, no **solstício** de inverno, assim como, posteriormente, se decidiu comemorar o nascimento de **Cristo**.

No veda dos indianos, há referência a Mitra, o que prova a antiguidade de sua devoção. A descrição de seus atributos não deixa qualquer dúvida de que seja o mesmo deus, que foi mais tarde adorado na religião iraniana de Zaratustra.

Os persas o cultuavam como Sol Invicto e acreditavam que seu nascimento ocorrera em uma **gruta**.

Como Deus, acreditava-se que *Mitra* havia nascido de uma pedra negra que deveria subjugar o Sol, o que talvez explique o porquê de, nos textos gregos, a **Obra** hermética ter sido muitas vezes descrita como *Mistério de Mitra*. Em sua luta perene contra o mal, teria sacrificado um enorme touro, de cujo sangue surgiram todas as ervas úteis existentes na Terra. Foi esse milagre que tornou *Mitra* um deus regenerador da Terra.

"Identificado como o deus Sol assírio, Sámas; no Ocidente, ele era visto como Atis, Baco e **Apolo**. *Mitra*, em persa, significa *sol*, e *amigo*, simbolizando o deus do amor, o **Cristo** pagão. A adoração de *Mitra* foi difundida pelas legiões romanas, pelo mundo mediterrâneo e rivalizou com o Cristianismo, que ameaçou eclipsar" (117).

"Nos **mistérios** de *Mitra*, a **escada** possuía sete degraus, cada qual confeccionado com um metal diferente. O primeiro era de **chumbo** e correspondia 'ao céu' do planeta **Saturno**; o segundo, de estanho, correspondia a **Vênus**; o terceiro, de bronze, era **Júpiter**; o quarto, de **ferro**, consagrado a **Mercúrio**; o quinto, de uma liga de metais, correspondia 'ao céu' de **Marte**; o sexto, de prata, consagrado à **Lua**; e o sétimo, de ouro, era o do **Sol**. Subindo essa escada cerimonial, o iniciado percorria efetivamente os sete céus, elevando-se, desta forma, até o Empíreo Sagrado" (49).

"Zoroastro foi quem primeiro consagrou em homenagem a *Mitra*, um antro natural, regado por fontes, coberto de flores e de folhagens. Esse antro representava a forma do mundo criado por *Mitra*... Inspirando-se nessas crenças, os pitagóricos e depois deles, Platão chamaram o mundo de antro e de **caverna**" (38).

"Nos mistérios de *Mitra*, era costume repetir ao iniciado uma lenda sobre a justiça, recomendando aos homens a virtude de que aqueles mistérios davam exemplo. A suposta morte do Sol, nas cerimônias de iniciação, ocasionava luto; ao celebrar-se-lhe a ressurreição, havia as maiores demonstrações de regozijo. Tais cerimônias se fizeram extensivas às iniciações nos mistérios de **Adonis**, que se praticavam na Fenícia" (118).

"O culto de *Mitra*, de origem iraniana, comportava igualmente o sacrifício de um **touro**. (...) As tropas romanas difundiram o culto de grande deus asiático por todo o Império. No dia 25 de dezembro, após o solstício do inverno, quando os dias recomeçavam a crescer, celebrava-se o nascimento do Sol, o *Natalis Solis*, quer dizer, o nascimento de *Mitra*, deus salvador, vencedor, invencível, nascido de um rochedo. (...) O ato fundamental da vida de *Mitra* foi o sacrifício do touro primitivo, o primeiro ser vivo criado por Ahura-Mazda. Após dominá-lo e conduzi-lo para seu antro, *Mitra* o degolou por ordem do Sol. De seu **sangue** e de sua medula nasceram os animais e os vegetais, malgrado os esforços da **serpente** e do escorpião, agentes enviados por Ahriman, o que simboliza a luta pelo poder do bem contra as forças do mal" (49).

"Associado ao deus do Tempo infinito, ele (*Mitra*) se encontra na origem do universo dos vivos e o dirige. É representado sob a forma de um herói degolando um touro, o primeiro ser vivo, cujo sangue disperso fará nascer os vegetais e os animais; ou sob a forma de um ser humano com cabeça de **leão**, cujo corpo é envolvido por uma serpente, que representa os cursos sinuosos do Sol e do Tempo" (38).

"Duas diferentes imagens iconográficas de *Mitra* sobreviveram. Numa, encontrada apenas no Ocidente, mais precisamente no curso de escavações feitas na cidade de Londres, ele aparece como um belo deus que mata um touro, significando a renovação do mundo por ocasião do Ano-Novo. A mais notável característica de um grupo de mármore conservado no Museu Britânico, representando o *Mitra* matador de touros, é a presença de três espigas de trigo que saem do ferimento do animal sacrificado.

A outra forma de *Mitra*, encontrada tanto no mundo oriental como no ocidental, é um monstro com cabeça de leão, em cujo corpo se enrosca uma **serpente**. A serpente é por vezes decorada com signos do zodíaco. Representa, portanto, a trajetória do Sol em torno da eclíptica e indica a vinculação de *Mitra* com Zurvan, o deus iraniano do tempo. Esse simbolismo é similar ao encontrado em muitas culturas antigas, inclusive as da Mesoamérica, em que a serpente representa ciclos de um tempo infindável, devido, talvez, ao fato de que a serpente periodicamente perde e renova sua pele" (209).

Ver também **Aion**.

MODRA-NECT

Noite-Mãe para os celtas, designava o solstício de inverno, época de recolhimento da terra para fecundação da vida.

MÓLI

Planta miraculosa com que **Hermes** salvou Ulisses dos feitiços de Circe. Na *Odisseia*, Homero explica a Ulisses o método para escapar dos feitiços da bruxa.

"Havendo falado assim, o deus dos **relâmpagos** brilhantes, arrancou do solo uma erva que me ensinou a reconhecer, antes de entregá-la: sua raiz é **negra** e a flor **bra nca** como leite; *'moly'* a chamam os deuses, é muito difícil para os mortais arrancá-la, mas os deuses tudo podem.

"Sua raiz é negra, mas sua eflorescência é branca. É pelas virtudes desta flor que o homem se liberta dos tentáculos das potências tenebrosas, nas quais também plantou suas raízes, porque, sendo igualmente uma criatura celeste, ela, com sua eflorescência, com seu eu espiritual, abre-se para o alto, 'puro e branco como o leite'. Mas, e este é o ponto decisivo na simbólica do mito, nada disso lhe é possível, a não ser com o auxílio que vem de Deus, simbolizado na força transformadora de Hermes" (49).

MOMENTO

Antigos **Adeptos** sempre alertaram aos principiantes sobre o envolvimento do alquimista com a sua **Obra**, chegando mesmo a falar da profunda transformação que essa prática pode operar na natureza do praticante. É interessante, por isso mesmo, vermos que a ciência moderna parece estar voltando ao ponto de partida, como podemos constatar no trecho que se segue:

"Na Física atômica não podemos falar acerca das propriedades de um objeto como tal. Estas apenas possuem significado no contexto da interação do objeto com o observador. O observador decide a forma pela qual se estabelecerá a medição e essa disposição determinará, de uma certa forma, as propriedades do objeto observado. Se se modifica a disposição experimental, modificar-se-ão, em consequência, as propriedades do objeto observado.

"Isso pode ser ilustrado com o simples caso de uma partícula subatômica. Ao observarmos uma partícula desse tipo, podemos optar por medir — entre outras quantidades — a posição da partícula em seu *momentum* (uma quantidade definida como a massa da partícula, multiplicada por sua velocidade) (...) Uma das mais importantes leis da Teoria Quântica — o princípio da incerteza, de Heisenberg — afirma que essas duas quantidades jamais poderão ser medidas simultaneamente com precisão. Podemos obter um conhecimento preciso acerca da posição da partícula e permanecer completamente ignorante no tocante a seu *momentum* (e, portanto, sua velocidade) ou vice-versa; ou, então, podemos obter um conhecimento tosco e impreciso a respeito de ambas as quantidades. O ponto que importa assinalar agora é que essa limitação nada tem a ver com a imperfeição de nossas técnicas de medida. Trata-se de uma limitação inerente à realidade atômica. Se decidirmos medir, de forma precisa, a posição da partícula, esta simplesmente não precisará um *momentum* bem definido; se, por outro lado, optarmos por medir o *momentum*, ela não possuirá uma posição bem definida.

"Na Física atômica, o cientista não pode desempenhar o papel de um observador objetivo, distanciado; torna-se, isto sim, envolvido no mundo que observa, na medida em que influencia as propriedades dos objetos observados" (24).

MÔNADA

Núcleo. Um ponto de energia invisível que gera a **unidade** da **matéria** primordial. A *mônada* é o princípio que anima o corpo. Em seu estado elementar de existência, apresenta-se sob a forma de **ar**, **fogo**, **água**, **terra** ou éter.

As escrituras clássicas do Vedãnta relatam que a matéria cármica transmite várias cores a esse tipo de energia vital: 1) Preta; 2) Azul-escura; 3) **Cinza**-Chumbo; 4) **Vermelho**-fogo; 5) **Amarela** ou rosa; e 6) **Branca**. Essas cores estão classificadas em três pares: as de número 1 e 2 são escuras, pertencem ao guna *tamas*, "escuridão". A de número 3 é cinza-chumbo, e se junta a de número 4 que é vermelho-flamejante, ambas são associadas ao fogo e, deste modo, identificadas com o guna *rajas*. Finalmente, as de número 5 e 6 são luminosas e claras pois já se encontram em estado de relativa pureza, estando assim atribuídas ao guna *sattva*.

"Quando ela (a mônada vital) se encontra livre da contaminação produzida pelas colorações cármicas, então brilha com uma transparente lucidez, porque o cristal da mônada vital, em si mesmo, é absolutamente diáfano. Além disso, quando limpo, torna-se capaz, imediatamente, de espelhar a verdade suprema do homem e do universo, refletindo a realidade como ela realmente é" (42).

MONTE

Elevação de **terra** sagrada, presente em várias cosmogonias, que guarda o sentido de centro da terra, umbigo ou de eixo. Do *Monte* Helicom, onde **Apolo** mantém suas nove musas e onde está plantada a **árvore da vida** e jorra a **fonte** da juventude; passando pelo *Monte* Meru dos indianos, em torno do qual existem sete oceanos e está contido no centro de um imenso **ovo cósmico**, fechado entre paredes de **ferro** em forma de **concha**; pelo Montsalvat do **Graal**; o Olimpo dos deuses gregos; o Qaf dos muçulmanos o Sinai do Velho Testamento, todos representam um liame entre a terra e o céu e nos fazem lembrar a terra emersa do **oceano** primordial dos alquimistas.

"Esotericamente falando, o *Monte* Meru, isto é, a montanha central da cosmografia hindu e budista, em torno da qual nosso cosmos se acha disposto em **sete** círculos de oceanos separados por sete círculos concêntricos de montanhas douradas, é o cubo universal, o suporte de todos os mundos. Poderemos, possivelmente considerá-lo como o **Sol** Central da Astronomia ocidental, como o centro gravitacional do universo conhecido" (197).

"É preciso insistirmos ainda no simbolismo cósmico da montanha central. Além do Meru, a Índia conhece outras montanhas axiais: Kailasa, residência de **Xiva**; Mandara, que serviu de "batedeira" no célebre episódio do Mar de **Leite**. Além do Kuen-luen — que é também um pagode de nove andares, representando os nove estágios da ascensão celeste —, os chineses têm quatro pilastras do mundo, entre as quais o *monte* P'u-tcheu..." (38).

MONTPELLIER

Um dos mais importantes centros culturais da Europa, a Universidade de Montpellier foi fundada em 1289, nas faldas dos Pirineus franceses e pode ser considerada como um centro difusor do conhecimento alquímico, aos privilegiados estudantes que receberam ali sua orientação, na busca pela sabedoria. Para confirmar esta afirmativa basta que se diga que, coincidentemente ao período em que surgiam na França os preciosos manuscritos alquímicos trazidos por cruzados e peregrinos, em seu retorno do Oriente, lecionavam na referida Universidade dois dos maiores cientistas que a história registrou como observadores empenhados na descoberta dos mistérios da Natureza e pesquisadores responsáveis pelas cuidadosas experiências efetuadas nas fórmulas, apresentadas como capazes de conduzir à produção do elixir filosofal: **Alberto Magno** e **Thomas de Aquino**.

Não bastassem esses dois nomes para referendar o caráter de seriedade com que a Alquimia foi recebida na instituição, convém complementar que por suas cátedras também passaram **Arnau de Villanova e Ramon de Llull**, homens cujo legado de conhecimento tem se mantido como fonte de estudos confiável, por quase oito séculos.

MORIENUS

Lendário alquimista alexandrino que teria revelado ao rei Calid os **segredos** do **Magistério**. Em sua biografia, de pouquíssimos dados referenciais, consta que, morando em Alexandria, centro do conhecimento na Antiguidade, aprendeu a **Arte** com um filósofo cristão chamado Adfar, passando a divulgá-la entre as pessoas interessadas.

Desse modo, foi convidado a ir ao reino de **Calid**, para fazer dele o destacado alquimista, cujo nome chegou até nós como autor de vários e importantes conceitos que se conhecem sobre o Magistério.

Igualmente importante é o Diálogo entre o "Rei Calid e o Filósofo Morien", cujas hipotéticas versões conduzem, ainda hoje, os neófitos pelas trilhas da Alquimia.

MORTE

A Alquimia, tão cheia de alegorias de esqueletos com foices ceifadoras, túmulos, putrefação e outros simbolismos, tem uma explicação toda especial para essa aparente morbidez: O **Regime de Saturno**, em que a matéria é mortificada para sua posterior geração. Só uma semente que morre, germina. Assim também é a putrefação hermética. Só quando a dissolução atinge o negror, aparentemente a *morte* que se expande por toda a matéria, o alquimista percebe que o espírito que está contido nela está mudando de forma, libertando-se do corpo a partir da desintegração do composto.

"Ao túmulo ou sepultura no qual se encerra o Rei, se diz, ou chama em nossa obra **Saturno**, e é a chave da fortuna desta **Arte**; feliz aquele que pode saudar a este lento planeta. Irmão, roga a Deus que te faça digno desta bênção, porque não é o que procura, nem tampouco o que quer, senão que esta bênção depende somente do Pai das Luzes" (1).

Nesta *morte* e corrupção, só as raízes que compõem a essência do misto ou seu **magnetismo** específico, e que contém sua virtude vegetativa e gerativa, permanecem sem lesão alguma.

Assim, a *morte* dos corpos mistos é de duas classes: uma é absoluta e substancial e a outra, acidental.

A *morte* absoluta é a separação essencial e a perda das **raízes** e da forma íntima dos **mistos**; a acidental não é mais do que a separação dos excrementos com a conservação das raízes puras e da forma que contém a ideia do misto.

"A *morte* absoluta é a **corrupção** total do misto; a *morte* acidental é uma geração nova na mesma espécie do misto, e um meio necessário para que se torne perfeito" (9).

"E fazei no fim como fizestes no princípio. E sabei que o fim nada mais é que o princípio; e que a *morte* é a causa da vida, e o princípio é o fim, vede negro, vede branco, vede vermelho: eis tudo; pois essa *morte* é vida eterna, depois da *morte* gloriosa e perfeita" (120).

MORTE, A

Décima terceira carta do **Tarot**, é a representação do **nigredo**, da **putrefação**, do tempo de transformação dos elementos, em suas partes mais recônditas. É representada por um esqueleto, ceifando um pântano negro, onde ainda persistem emersas as mãos, os pés e as cabeças de um homem coroado e de uma mulher. São os princípios masculino e feminino, que têm de desaparecer, para dar nascimento ao **andrógino**, que só é engendrado após a aparente morte de todo o composto.

MULTIPLICAÇÃO

Trabalho executado para aumentar a potência e o volume da **pedra**, depois de atingida a perfeição. Pelo que se percebe, a quantidade conseguida é pouca, já que seria apenas a parte potencial da matéria. Para aumentá-la, há uma série de procedimentos, narrados de diversas formas pelos vários filósofos.

Em um texto alquímico, em farta circulação durante a Idade Média, um anônimo aconselhava o seguinte:
"Sétima e última parte do aumento e *multiplicação* da **pedra**
Uma vez que tenhas feito a pedra, para multiplicá-la até o infinito sem necessidade de voltar a fazê-la de novo.

Uma vez tendo a pedra feita e acabada, pela quinta parte da operação, deves tomar a metade dela para usá-la na preparação necessária para a **projeção**, e a outra metade deve ser guardada para multiplicá-la.

Pesa, pois, o toda a pedra, divide em três partes, toma uma parte, porém não do **mênstruo**, senão da água da vida. Terás, deste modo, quatro partes que poderás em um **ovo** a **fogo** de segundo grau durante um mês, depois do qual passarás ao terceiro grau do fogo, até o final, como já temos ensinado antes, na quinta parte da operação".

"Quando a pedra tiver passado do branco ao alaranjado, deves multiplicar as naturezas germinantes e crescentes. Pois tantas vezes dissolveres e fixares, tantas vezes essas naturezas multiplicarão em quantidade, qualidade e **virtude**, segundo a *multiplicação* de dez desse número a cem, de cem a mil, de mil a dez mil, de dez mil a cem mil, de cem mil a um milhão, e assim por diante, sempre pela mesma operação, ao infinito. E quando teu **elixir** é assim conduzido ao infinito, um grão dele, caindo sobre uma quantidade metálica fundida, tão profunda e vasta quanto o oceano, ele o tingirá e converterá em perfeitíssimo metal" (36).

"Para isto (a *multiplicação*) não se requer outro trabalho, senão que se tome a Pedra perfeita e que, desta uma parte se junte com três, ou no máximo quatro partes de **mercúrio** da primeira **obra**, e que se governe por **sete** dias, com o devido **fogo**, havendo cerrado muito bem o **vaso**, e com grande alegria verás passar todos os **regimes**, e terás tudo enriquecido com uma virtude mil vezes maior do que a que tinha tua Pedra, antes de sua *multiplicação*; e se isto outra vez quiseres fazer, em três dias verás todos os regimes, e será a **medicina** exaltada com uma **virtude** de tingir, uma parte, mil partes mais que antes; e se quiseres repetir a operação, verás em um dia natural passar todas as cores e regimes; e o mesmo conseguirás em uma só hora de tempo, se o reiterares; de maneira que não poderás contar ou achar por conta ao que se estende a virtude de tua Pedra, que será tanta que sobrepujará a capacidade de teu engenho, se perseverares na mesma obra" (1).

"A *multiplicação* não é outra coisa que o aumento do corpo e de sua virtude, dando-lhe uma nova cocção, e reiterando, em consequência, todas as operações precedentes.

Assim, para multiplicar o **elixir**, há que dissolvê-lo em água crua para reincrudá-lo; ademais, há que separar suas **raízes**, destilá-las e sublimá-las, para dar-lhes mais sutileza e penetração.

A *multiplicação* se faz sempre, tanto mais prontamente, quanto mais amiúde é repetida; pois os **espíritos** ígneos que acabam e perfeccionam a **obra** são sempre aumentados pela adição do volátil, tanto em quantidade como em virtude.

A prática da *multiplicação* consiste em dissolver o elixir em sua água mercurial pela **putrefação**, em purificar por **destilações** e **sublimações** ligeiras, e em fazer a união, em digerir lentamente até a secura e a **brancura**, e em continuar a cocção até a vermelhidão do **rubi**.

Assim o elixir adquire mil vezes mais virtude do que tinha e sempre o mesmo cada repetição, até o infinito" (9).

"Quando, pela graça de Deus, tenhas em teu poder o **azufre** vermelho incombustível, do qual temos falado, falta-te conhecer o meio de aumentá-lo, fazendo de novo a volta da **roda** (como dizem os filósofos) e isto encerra um **segredo**, que na **Arte** não é dos menores, pois cabe aumentar pela mesma via que fizemos; e ademais, nosso azufre que é nossa verdadeira pedra, sendo regado constantemente e alimentado com seu próprio leite em um banho tépido se dissolve e seguidamente se coagula, tal como o fez na primeira obra, assim aumentarás mais sua virtude tingente, de modo que, se depois de terminada a primeira **obra**, uma parte desta pode tingir cem partes de **mercúrio** ou de algum outro metal imperfeito, tingirás mil partes depois de uma segunda solução pelo **leite da Virgem**, que não é outra coisa que sua **coagulação** e **fixação**; repetindo sempre isto, nossa **medicina** aumentará e multiplicará em quantidade e qualidade, em virtude e em peso" (214).

Ver também **Virtude**.

MUNDO, O

Esta é a vigésima segunda e última lâmina, dos arcanos maiores do Tarot. Mostra-nos uma **serpente** que engole a própria cauda, emoldurando, de forma ovalada, uma figura metade homem, metade mulher. Nos quatro cantos da carta, os símbolos: taça, **espada**, bastão em chamas e **estrela**.

A cobra engolindo a própria cauda é o **uróboros**, representação da matéria-prima, unidade autossuficiente, em que tudo provém dela, para ela. A forma ovalada é para nos conduzir a ideia do **ovo filosófico** em cujo centro por ser encontrada a figura do **Andrógino,** que é produto da união das **energias** positiva com a negativa, sob a representação do macho e da fêmea interligados, fenômeno que, através da **Arte**, pode ser desenvolvido no interior da **matéria**. As figuras que decoram os cantos, representam os quatro **elementos**, que são, na realidade, fases pelas quais passa a matéria durante a **circulação**.

Enfim, a lâmina do mundo é uma síntese do **Magistério**.

MURTA

Nome dado a vários tipos de vegetais da família das mirtáceas, de onde se extrai **óleo** usado para fins medicinais. As flores costumam ser usadas nas grinaldas e buquês das noivas. Está associada a rituais, desde as mais antigas épocas. As flores são brancas e as bagas, pretas, vermelhas ou amarelas, mas é especialmente pela tonalidade de suas folhas que ela é conhecida pelos alquimistas, pois denomina uma das fases que confirma a perfeita execução do Magistério, quando a matéria se torna **verde**.

"Sua **negridão** começa a diminuir. E quando a **água** tiver sido retirada e a **pedra** estiver seca, moa bem em um pouco de água clara e asse novamente. Começa a ser verde, e então a negridão desaparecerá. Quando notar que a pedra começa a virar verde, seguramente você está no caminho certo. Mova então quando fica bastante verde e tem o aparecimento do **verdete**. (...) Quando a pedra viva, verde nós chamamos isto *murta*" (230).

MUTUS LIBER

Ver **Livro Mudo**.

MYSI

É um sulfato de ferro, assim como o Sori, citado por alguns alquimistas como a matéria primeira. É produzido pela alteração espontânea das **piritas** sob a influência da água e do ar. Tem aspecto graxo, cheiro nauseabundo e cor vermelha, tendendo para o negro.

N

NATUREZA

A **Alquimia** é a ciência pela qual os alquimistas se propõem a reproduzir o processo perfeccionista da *natureza*, no trato dado a seus minérios, com a única diferença de abreviar o período de tempo gasto em uma idêntica execução. Em resumo, desejam a antecipação, por séculos, dos seus mesmos e satisfatórios resultados: levar um certo tipo de **minério**, contendo um simples germe ou uma insignificante **semente**, à sua mais perfeita maturação. Em sendo assim, nada mais lógico que os constantes conselhos de obediência cega, endereçados aos seus praticantes, ou apenas às pessoas curiosas, em conhecer os meios capazes de proporcionar tão incrível conquista.

"Para captar a importância do nosso assunto, é preciso ser um assíduo observador da *Natureza* e prestar atenção aos mais ínfimos pormenores dos fenômenos, quando estes parecem obedecer a leis desconhecidas e, com frequência, contrárias às leis físicas que nos são familiares. (...) Foi com base nestas observações que os antigos Magos fundamentaram grande parte do seu saber..." (188).

"Auxilia a *natureza* e trabalha com ela; e a *natureza* ter-te-á por um dos seus criadores, obedecendo-te.

E ela abrirá de par em par, diante de ti, as portas das suas câmaras secretas, desnudará ao teu olhar os tesouros ocultos nas profundezas do seu seio virgem. Impoluída pela mão da matéria, ela revela os seus tesouros apenas aos olhos do Espírito — os olhos que nunca se fecham, os olhos para os quais não há véu em todos os seus reinos.

Então ela te mostrará o meio e a senda, a primeira porta e a segunda, e a terceira, até a própria sétima porta. E então a meta, para além da qual estão banhadas, pelo sol do **Espírito**, glórias indizíveis, que só o olhar da Alma pode ver" (221).

"Considera bem os trabalhos da *Natureza*. Ela formou os metais no seio da terra, porém se requer uma coisa a mais, sua quintessência. Olha de onde retira ela a quintessência das coisas. Não é mais que na superfície da terra, nos reinos em que vivem ou vegetam: segue, pois, a *Natureza* passo a passo. Considera também como opera ela no reino vegetal, pois não é um mineral que queres fazer. Vigia, umedecendo com o orvalho ou a chuva a semente confiada à terra, dessecando-a com a ajuda do fogo celeste e reiterando deste modo até que o embrião se tenha formado e chegado a sua virtude multiplicativa, enfim, ao amadurecimento do fruto" (12).

NATUREZA DUPLA

Em grande parte das alegorias, o **Magistério** é executado por um homem e uma mulher. Essas figuras, aparentemente colocadas a esmo ou para retratar que a melhor maneira de realizá-lo é no seio da família, onde nem tudo precisa ser revelado, têm uma razão mais objetiva para sua apresentação: são usadas para simbolizar as duas naturezas ou energias que compõem a matéria — o negativo e o positivo.

"O homem aqui pintado parece-se bastante comigo, assim como a mulher representa fielmente Perrenelle. A causa pela qual estamos pintados ao vivo, não tem nada de particular. Era só necessário representar o masculino e o feminino. (...) Apresento-te então aqui dois corpos, um de macho, outro de fêmea, para te ensinar que, nesta segunda operação, tens verdadeiramente, mas não ainda perfeitamente, duas naturezas conjuntas e casadas, a masculina e a feminina, ou antes, os quatro elementos; e que os inimigos naturais, o **calor** e o frio, o seco e o úmido, começam a se aproximar amigavelmente uns dos outros, e, pelo intermédio dos medianeiros da paz, depositam pouco a pouco a antiga inimizade do velho caos. Sabes bem quem são esses medianeiros entre o calor e o frio: é o úmido, que é parente e aliado dos dois, do calor por sua tepidez e do frio por sua umidade. Aqui está por que para começar a fazer esta paz, já na operação precedente, converteste todas as confecções em água, pela **dissolução**. Depois terás coagulado a água necessária, que se converteu nesta terra negra do mais escuro negro, para fazer inteiramente a paz. A terra, seca e úmida, encontrando-se também parente e aliada com o seco e úmido, que são inimigos, os apaziguará e conciliará inteiramente" (36).

Em seu primeiro estado, aparece como um corpo terrenal impuro, cheio de imperfeições. Tem então uma *natureza* terrenal, que cura toda enfermidade e ferida nas entranhas do homem, que produz boa carne, expele todo fedor e cura em geral, interna e externamente.

Em sua segunda natureza, aparece como um corpo aquoso, algo mais belo que antes, porque sua Virtude é maior, Está muito mais próxima da Verdade, e é mais eficiente em obras. Nesta forma, cura febres frias e quentes e é um específico contra os venenos, que extrai do coração e dos pulmões curando-os, mesmo quando estão doentes ou feridos, purificando o sangue. Tomado três vezes ao dia, é de grande consolo em todas as enfermidades.

Porém, em sua terceira natureza, aparece como um corpo aéreo de uma natureza oleosa, quase livre de todas as imperfeições, em cuja forma faz muitas obras maravilhosas, produzindo beleza e fortaleza ao corpo impede a melancolia, incrementando a quantidade de sangue e semente. Expande os vasos sanguineos, cura membros enfraquecidos, restaura a visão em pessoas com deficiências, elimina o supérfluo e aperfeiçoa os defeitos nos membros.

Em sua quarta natureza, aparece em uma forma ígnea, na qual tem inumeráveis virtudes, fazendo jovem ao velho e revivendo aos que se acham em ponto de morrer. Pois se a um deles for dado o peso de um grão de cevada deste fogo, no vinho, de modo que alcance o estômago, vá ao seu coração, renovando o ponto, afastando toda umidade e veneno, restaurando o calor natural do fígado. Dando em pequenas doses aos anciãos, elimina a enfermidade da idade, dando aos velhos corações e corpos jovens. Por isso se chama Elixir da Vida.

Em sua quinta e última natureza, aparece em uma forma glorificada e iluminada, sem defeitos, brilhante como ouro e prata, e possui todos os poderes e virtudes prévios em um grau maior e mais maravilhoso. Aqui suas obras naturais são identificadas como milagres. Quando se aplica às raízes de árvores mortas, estas revivem, produzindo folhas e frutos. Uma lâmpada, cujo azeite se mescle com este espírito, continua ardendo para sempre sem diminuição. Converte os cristais em pedras mais preciosas de todas as cores, iguais àquelas que existem nas minas, e há muitas outras maravilhas incríveis que não podem ser reveladas ao indigno" (67).

NEGRO

Muitas cores são descritas pela **Alquimia**, mas nenhuma com tanta insistência como o negro. Sendo a presença mais significativa, em uma das fases da **Obra** que os **filósofos** não se importam de comentar, raro é o texto em que essa parte não é explicada, quase até a exaustão.

"Eis por que Morien diz: Não se pode ter **mercúrio**, senão dos corpos dissolvidos por liquefação; vulgar e comum liquefação não satisfazem, mas somente por aquela que permanece constante, até que o marido e mulher tenham sido unidos; o que dura até o **branco** ou embranquecimento; e notai que o corpo está inteiramente liquefeito e fundido quando o *negror* aparece na cocção. O que faz Bonellus dizer: quando virdes que o *negror* é iminente e que começa a aparecer sobre a **água**, sabei que o corpo já está liquefeito e dissolvido. Cozei-o em sua **água** com **calor** moderado, até que se desseque com **vapor** semelhante. (...)

A segunda palavra dos filósofos é que a água se faz terra por um ligeiro cozimento, continuado até que a negritude ou cor negra apareça por cima. Pois, como diz Avicena no capítulo dos Humores, o calor, produzindo sua ação num corpo úmido engendra e reveste-se da cor negra, como se vê na cal que se vê comumente. É porque, diz Monalibus, ele recomenda, àqueles que o sucederão tornar as coisas corporais não corporais, por dissolução, na qual chama cuidadosamente a atenção para que o espírito não se converta em fumaça e não se evapore num grande calor" (36).

"Velai, pois, sobre a **obra** em que trabalhais, porque talvez dentro de duas semanas, a contar desse momento, vereis a terra toda seca e extraordinariamente *negra*. Ocorre então a **morte** do composto. Porque a **cor** não é mais que uma, e esta muito *negra*, porém sem que haja fumaça ou ventos, nem aparência de vida; somente que algumas vezes se vê seco o composto e outras fervendo como resina derretida. Oh! Espetáculo triste e imagem da morte eterna, porém doce anúncio para o artífice! A negrura que se vê não é outra coisa senão uma negrura resplandescente de puro negro" (1).

NEITH

Divindade antiquíssima do panteon egípcio. Era, ao mesmo tempo, Mãe e Filha do Deus Ignoto. É representada sob a forma de uma mulher que leva na fronte a coroa vermelha. Veio à existência, emergindo das águas primordiais. Acreditavam-na **hermafrodita**. Criou o **Sol** ao pronunciar seu nome. Com Geb — a Terra — gerou Ísis, Nephtys, Seth e Haroeris.

NEPTUNO

Deus dos mares, oceanos, rios, **fontes** e lagos. Seu cetro é um tridente de três pontas. Como símbolo das águas primordiais é bastante figurado pelos **filósofos**, na representação do aparecimento das águas, após a **destilação** da terra. Seus cavalos-marinhos são comparados às **forças** cósmicas. A alegoria da segunda prancha do *Mutus Liber* apresenta *Neptuno* protegendo o **Sol** e a **Lua**, em sua infância, com vistas a uma futura união geradora do **mercúrio filosofal**. Na terceira prancha do mesmo livro, novamente *Neptuno*, guiando e retendo a barca, de onde dois alquimistas conseguem capturar um **delfim**.

"E disse Orthelio, que se deve destilar a terra, a quem Sendivogio chama mineira, de nosso calibrado **aço**, para obter água, o que Sendivogio representa pela aparição de *Neptuno*, rei das águas. Isto se faz formando glóbulos com a matéria e aumentando o **fogo**, pouco a pouco, até pôr, finalmente, a retorta em ignição.

Os modernos cabalistas, como nos casos de Hochma e Daat, atribuem por razões didáticas um deus e um planeta a **Kether** (Coroa). Ele é *Netuno*, irmão de Júpiter e deus do Mar. Tão poderoso quanto Júpiter, ele assumiu o comando do mundo médio das águas; com Júpiter acima, no céu e Plutão abaixo, no submundo. Como um símbolo de seu poder, leva um tridente, talvez uma chave para as forças divinas, ou **trindade**, criadoras do Universo. Outra qualidade de *Netuno* é que ele, como o mar, é onipotente e onipresente — uma presença como a água, em todas as partes do mundo. Alguns cabalistas acham esse ponto relevante e especulam sobre a natureza desse ser, referindo-se ao fato de que ele é o irmão mais velho de Júpiter. Essas ideias, contudo, são meros fragmentos de um conhecimento agora perdido, e, no momento, distorcido pelo tempo.

A Sepira de Kether é tradicionalmente descrita nessa escala como *primum mobile* — o movimento primeiro" (56).

NEUSTÃ

A história de *"Neustã"*, a **serpente** de bronze que foi construída sob a orientação divina, figura em Números 21 e é muito pouco comentada, talvez para evitar que constitua um convite à idolatria. *Neustã*, do hebraico "nachash", que significa serpente, segundo a Bíblia, foi o nome dado à cobra metálica, feita por Moisés no deserto, em cumprimento às ordens de Jeová. Durante a travessia do deserto, nas fronteiras de Edom, sucedeu uma rebelião, pela qual o povo de Israel foi castigado em suas desobediências, com uma insidiosa praga. Ao se insurgir contra o seu líder Moisés e desrespeitar o Criador, o povo se fez merecedor de um terrível castigo, sendo punido por Deus com mordidas mortíferas de abrasadoras serpentes. Para evitar o caos que se originou da propagação de tantos males, a misericórdia divina se fez sentir por intercessão de Moisés (Dt 21). Após confirmar o arrependimento dos pecadores, Jeová fez com que os israelitas recebessem a cura para suas aflições, simplesmente voltando seu olhar para uma serpente de bronze, que mandara construir e fixar no alto de um poste, para ser observada. Todo aquele que, ao ser mordido, olhasse para a serpente de metal seria curado.

Depois desse episódio, esta serpente foi guardada pelo povo por mais de 700 anos e, neste meio tempo, transformou-se em um ídolo, chamado ***Neustã***, ou seja, ídolo de bronze, ao qual o povo queimava incenso (2 Rs 18:4). Um comportamento muito estranho para quem proibiu a adoração de imagens (Êx 20: 4).

NEWTON, ISAAC

Nascido em 24 de dezembro de 1642, na Inglaterra e falecido em 28 de março de 1717. Físico, matemático e astrônomo, estudou no Trinity College de Cambridge, onde, uma vez terminado o curso, passou a lecionar. Graças a sua descoberta sobre ser a luz branca um somatório de todas as cores do espectro, foi eleito membro da Real Academia Britânica de Ciências. Foi professor titular de Matemática da Universidade de Cambridge. Ficou célebre por suas obras: *Arithmetica Universal*, *Princípios Matemáticos de Filosofia Natural*, *Axiomas Newtonianos* e a *Lei da Gravitação Universal*.

Menos divulgado, no entanto, são os seus estudos herméticos, que serviram de base à obra de Betty Jo Teeter Dobbs, *Os Fundamentos da Alquimia de Newton*, onde se encontram coletadas, em muitas notas, suas experiências de laboratório. A documentação original encontra-se na Biblioteca da Universidade de Cambridge e, em microfilmes no mesmo local, sob os números 660/661. Newton considerava que a Alquimia devesse permanecer secreta e, por esta razão, jamais publicou o resultado de seus experimentos químicos.

Dizem ter sido tão evidente sua certeza na possibilidade da transmutação metálica que, juntamente com outro grande cientista de sua época, Robert Boyle, propôs ao Parlamento uma lei que impedisse a prática da Alquimia, temendo uma crise no mercado financeiro.

O célebre filósofo inglês John Maynard Kaynes escreveu sobre o invulgar matemático: "Newton não foi o primeiro racionalista. Foi o último mágico, o último sobrevivente da época da Suméria e da Babilônia, o último grande espírito que olhou o mundo visível e o invisível com os mesmos olhos que começaram a reunir nossa herança intelectual há pouco menos de 10 mil anos. Por que chamei-o mágico? Porque ele via o universo inteiro como um enigma, como um segredo que pode ser compreendido, aplicando o pensamento puro a certas provas. Ele pensava que os indícios que podem conduzir à solução do enigma estavam parcialmente no céu e na constituição dos elementos, mas também em certos documentos e certas tradições que percorreram os tempos, sem interrupção, como uma corrente que nunca foi partida desde as primeiras revelações enigmáticas feitas na Babilônia".

"Muito raramente ele ia dormir antes das duas ou três horas da manhã, às vezes ficava até às cinco ou seis, dormindo depois umas quatro ou cinco horas, especialmente na primavera e no outono, épocas nas quais costumava passar seis semanas, aproximadamente, fechado em seu laboratório, onde o fogo quase nunca se apagava, seja de noite ou de dia. Ele velava uma noite e eu outra, até terminarem os experimentos químicos, na execução dos quais ele era extremamente acurado, rigoroso e preciso. Eu não fui capaz de perceber qual poderia ser o seu objetivo, mas o cuidado e a diligência que adotava nesses períodos me fizeram pensar que ele almejava algo além do domínio da arte e do esforço humano. (...) Que eu me lembre, nada de extraordinário aconteceu na realização de seus experimentos; se acontecesse, ele era tão sério e reservado, que eu talvez nem chegasse a descobrir" (97).

NIGREDO

É a negrura perfeita que se estabelece durante a **dissolução** da matéria. Sua alegoria é a morte; seu nome constante, a **putrefação;** e seu símbolo, **Saturno**.

"Esta operação não é outra coisa que a dissolução do fixo no não fixo, para que depois, um e outro, conjuntamente, façam uma só matéria. (...)

Pelo que se sabe, que nossa obra requer uma verdadeira mutação das naturezas, a qual não se pode fazer, se não se faz a união última de uma e outra natureza, porém não se podem unir se não é em forma de água.

Neste regime (de **Saturno**), quase um delinear, ou desenhar a respeito da cor, porque a cor não é mais que uma, e esta muito negra, porém sem que haja nem fumos nem **ventos**, nem aparência de vida. (...) Oh! Espetáculo triste, e imagem da **morte** eterna, porém doce anúncio para o Artífice. A negrura que se vê, não é como outra qualquer, senão uma negrura resplandecente de puro negro" (1).

"Na Alquimia, o etíope é frequentemente o símbolo da *nigredo*."(78)

"Então, regozija-te, porque certamente, em pouco tempo, verás tudo negro como carvão, e todos os membros de teu **composto** serão reduzidos a átomos" (7).

"Esta massa negra é a chave, o começo, o sinal de uma perfeita maneira de operar o segundo regime de nossa Pedra preciosa. Assim Hermes disse, vendo este enegrecimento: *'Crede que vós haveis operado pela boa via. (...) Cuidai, portanto, docemente, a fim de que ele, cuidado, fique primeiramente Negro, depois Branco, em seguida Cítrico e Vermelho e, finalmente, Púrpura'"* (206).

NINHO

Denominação dada ao local em que a matéria é colocada para engendrar. No **Mutus Liber**, fica bem claro que, após as dez **sublimações** (ou dez **águias**) que se seguem à **Putrefação**, são retiradas do **matraz** algumas formas coaguladas que são repartidas em quatro pequenos frascos e colocados em um forno especial, sem estar diretamente no **fogo**, mas, recebendo o efeito do mesmo em forma de um calor brando. É a **digestão** lenta, que dura 40 dias e 40 noites. Um real **calor** de ninho, com o fogo muito bem regulado, porque, nesta fase, nada pode sublimar. Mas, como veremos abaixo, o nome *ninho* deve realmente se referir a um forno com uma temperatura especial, uma tepidez apropriada, visto **Flamel** falar em ninho no momento em que coloca toda a matéria em um único vidro.

> "Nada faria além de guardar
> Os ovos, quando o frio chegar,
> Sob uma galinha não lavados. (...)
> Mas assim como foram aperfeiçoados
> Sob a galinha são colocados,
> E só se precisa os virar
> Todos os dias, e os revirar
> Sob a mãe, sem mais o que fazer
> Para logo o frango obter. (...)
> Primeiramente, não lavarás
> Teu mercúrio, mas o tomarás
> E com seu pai o colocarás,
> Que é o fogo, isto aceitarás,
> E sobre a **cinza**, que é a palha
> Que este ensinamento te valha,
> Num só **vidro** o *ninho* é feito,
> Sem adorno nem confeito
> Num único **vaso**, como dito é
> O habitáculo compreende o que é
> Num **forno** construído com razão,
> O qual é chamado sua mansão;
> E do **ovo** frango surgirá,
> Que teu **sangue** curará..." (36)

NÍNIVE

Capital dos Assírios conquistadores e encruzilhada de importantes rotas comerciais. Foi bastante poderosa na Antiguidade. Seus palácios e templos eram, costumeiramente, ornamentados por esculturas de **leões** com cabeça humana e asas; e **touros**, também alados e com cabeça humana. Esses animais tinham, geralmente, mais um detalhe estranho à sua anatomia real, eram representados com cinco patas.

Segundo informações de magos da Pérsia a Alexandre, o Grande, as asas representavam a **águia** que residia no **Sol**, cujo **espírito** descia à Terra.

NITRO

Tudo leva a crer que a finalidade de todo o trabalho são três tipos diferentes de **sal**, conseguidos após a liquefação da **matéria-prima**, sua **coagulação**, variadas **sublimações**, **calcinações**, umidificações e **evaporações** até que, completamente seca e purificada, a **trindade** dos sais esteja pronta a ser tornada *unidade*.

Importante destacar também a época do ano em que as forças cósmicas atuam, cristalizando na água o *nitro celeste* — esse tipo de sal, capaz de enriquecer o sal terrestre. Falam alguns autores que essa incidência é notável no período que vai da Lua crescente à cheia, no mês de maio; outros a indicam por signos, entre **carneiro** e **touro**; outros, ainda, mais precisamente, na semana da **Páscoa**.

"Os raios solares de **luz** não são outra coisa que um *Nitro* espiritual, sumamente sutil, que gradualmente se torna cada vez mais nitroso, conforme se aproxima da Terra, não sendo senão Sal de Mar no oceano, animando a atmosfera com fogo ou vida e dando por isto elasticidade ao ar, e vida e preservação à **água**" (16).

"Nosso *nitro* é um trabalho puro da **arte** e está composto de dois elementos ou princípios, dos quais um é um sal muito simples, universal, **ácido** e primordial, contido no ar; e o outro, uma terra alcalina, sulfurosa e **graxa**, que, semelhante a uma matriz ou a uma pedra **ímã**, atrai e recebe o ácido universal alojado no ar. Não há que se crer, no entanto, que toda sorte de terra, inclusive a exposta ao ar livre e descoberta, seja própria à formação do *nitro*; só aquelas cuja natureza é alcalina, e que contêm uma substância graxa e sulfurosa. (...)

"A terra necessária à produção do *nitro* deve ser não só alcalina, senão também graxa e sulfurosa; é preciso ademais que tenha um princípio alcali volátil: assim, toda putrefação contribuirá para a formação do *nitro* nas terras" (119).

"O fogo universal enche esse imenso espaço do universo, entre os Corpos Celestiais, e, posto que tem um poder de fazer-se material, gera um vapor sutil ou Umidade invisível, seu primeiro princípio passivo. Por essa causa, uma reação suave, e uma **fermentação** sumamente sutil, tem lugar, universalmente, e, por esta razão, o **ácido** universal é gerado em todas as partes, ao que não podemos chamar senão um *Nitro* incorpóreo, sumamente sutil; é interiormente **fogo** e exteriormente frio.

Assim, a este *Nitro* espiritual ou **Ácido** universal o chamamos a segunda transformação invisível do Fogo universal, gerando a partir da Umidade caótica invisível; e conforme se aproxima da atmosfera dos Corpos Celestiais, torna-se, gradualmente, cada vez mais material, até que encontre um princípio alcalino passivo, onde se fixa, e forma o *Nitro* nativo, de modo que, a partir do *Nitro* espiritual universal, se converte em *Nitro* material" (25).

Segundo Christianus Adophus Balduinus:

"O licor **Alkahest** se prepara, devidamente, se o *nitro*, regenerado de modo peculiar, e unido em certa quantidade com seu espírito, retificado uma e outra vez, apodrece no banho, destila-se, cohoba e sublima; cohoba-se então com um novo espírito e se reiteram as cohobações, até fazer uma água láctea, coagulável no frio como a manteiga, destilando-se e retificando-se finalmente" (187).

NÓ

Uma das alegorias pelas quais é representada a **Arte**. O entrelaçamento de duas energias intrinsecamente ligadas. Cortado, significa o domínio sobre essa **força**, a liquefação, a separação dos dois polos dessa energia, ou abertura do grande livro da Natureza. A **espada** cortando o *nó* nos leva ao **ferro** abrindo a matéria ou ao mesmo que a vara fazendo jorrar água da **pedra**.

"A morte ou a corrupção do **misto**, é a solução deste *nó*, pela potência de um **magnetismo** contrário e superior" (9).

"Segundo Abraham Abuláfia (século XII), o objetivo da vida é tirar o selo da **alma**, isto é, desfazer os diferentes liames que a mantêm encerrada. Quando os *nós* são desfeitos, sobrevém a **morte**, isto é, a verdadeira vida" (38).

NOMES

A **Alquimia**, aparentemente, uma **Arte** difícil de ser entendida; se não tivesse essa diversidade de *nomes* que, em regra geral, tem para indicar as mesmas coisas, poderia ser facilmente explicada e assimilada.

O engraçado é que todos os filósofos criticam isso, mas, em sua hora de escreverem os tratados, inovam os termos, criam outros sinônimos para os mesmos fatos e aumentam ainda mais a confusão que se deduz, não seja involuntária, mas proposital.

"Os filósofos também compararam o seu **Magistério** com a romã, com o trigo e com o **leite**. Para além de outros *nomes* que têm todos uma mesma base ou **raiz**, mas aos quais, segundo os seus efeitos ou cores diferentes — assim como as naturezas distintas deste Magistério —, se dão vários *nomes* diferentes, como disse o filósofo Herisartes. E posso assegurar que nada enganou tanto os que quiseram fazer o Magistério como essa variedade de *nomes* que se lhe deu. Mas, uma vez reconhecido que todos estes *nomes* lhe foram dados apenas pela diversidade de cores que aparecem na conjunção (das duas matérias que se originam da mesma raiz), não será fácil perder-se no caminho que deve seguir para fazer o Magistério" (52).

"Ela é algumas vezes chamada pedra predita, o mar repurgado e purificado com seu **enxofre**. De modo que os filósofos mudam e variam os *nomes*, pois não querem manifestar tal segredo aos tolos e ignorantes, e envolvem este mistério sob diversos *nomes* e formas, a fim de que apenas os **sábios** e os doutos possam desenvolvê-lo e compreendê-lo" (36).

Ver também **Dissimulação**.

NORTON, THOMAS

Pouco se sabe sobre *Thomas Norton*, apenas que foi um cidadão inglês proeminente em Bristol, sendo Conselheiro Municipal em 1436; além disso, existem alguns registros em que confirma ter aprendido **Alquimia**, aos 28 anos, com um Mestre, em Bristol, em 1477. Sobre suas atividades neste terreno, existem poucos relatos, mas a sua crença nas reais possibilidades da Grande Obra se exemplifica na preocupação demonstrada em alguns textos, nos quais se revela o medo de que os segredos alquímicos viessem a cair em mãos profanas, provocando a destruição da sociedade, como pregava a Igreja de sua época.Em um desses textos que lhe são atribuídos, advertiu:

"Tal arte para sempre deve ser.
A causa disso em seguida podeis ver:
Se acaso um homem mau a tivesse à vontade
A paz arruinaria de toda a cristandade,
Fazendo derrocar com espírito arrogante
Príncipes legítimos e reis de fama retumbante".

NOSSO

O popular emprego deste pronome possessivo, nos tratados alquímicos — *nosso* **mercúrio**, *nossa* **prata**, *nosso* **enxofre**, etc., é um alerta ao neófito de que as substâncias enunciadas não são as vulgarmente conhecidas por esses mesmos nomes. Os nomes usuais de metais e **minerais**, quando acompanhados do pronome possessivo *nosso*, correspondem a outras substâncias, "invejosamente", ocultas por esse código cujo entendimento está reservado apenas aos iniciados.

"Por isto pode se vender o *nosso* **Sol** ao vulgo, porém não se pode comprar do vulgo, porque para que seja *nosso* se necessita de *nossa* **Arte**" (1).

"A sua fraseologia alegórica é empregada apenas como um método de ocultamento. 'Leão vermelho', 'dragão verde', 'sangue de dragão', esses termos não devem ser tomados literalmente, assim como o Mercúrio, o Súlfur e o Sal filosofais não são as substâncias comuns que conhecemos por esses nomes. A experimentação baseada na leitura literal das obras alquímicas está fadada ao fracasso." (81).

NOSTOC

Vegetal, tipo alga, bastante citado em textos antigos para exemplificar os termos: flor do céu, espuma de primavera, graxa do rocio, etc. Essa associação deve-se ao fato desse vegetal absorver em suas folhas uma grande quantidade de orvalho.

"É este, cremos, o lugar de retificar certos erros cometidos, a propósito de um vegetal simbólico, o qual, tomado ao pé da letra por ignorantes sopradores, contribuiu fortemente para lançar o descrédito sobre a Alquimia e o ridículo sobre seus partidários. Referimo-nos ao Nostoc. Este criptograma que conhecem todos os campesinos se encontra em toda parte pela campina, seja sobre a erva, seja sobre o solo desnudo, nos campos, na borda dos caminhos, no limite dos bosques. Pela manhã, bem cedo, na primavera, encontram-se volumosos, inchados de rocio noturno, gelatinosos e trêmulas — de onde seu nome de *tremelas* —; são frequentemente verdosos e se dessecam tão rapidamente, sob a ação dos raios do sol, que se torna impossível encontrar de novo seu vestígio no mesmo lugar onde se estendiam, algumas horas antes" (60).

"Para o Adepto Fulcanelli, é por analogia que os autores, que os filósofos, escolheram o *Nostoc*, a fim de falar mais livremente do sujeito mineral de seus trabalhos filosóficos" (60).

NOSTRADAMUS

Michel de Notre Dame, médico, astrólogo e alquimista, nasceu em Saint Remy, em 14 de dezembro de 1503, filho de um conceituado tabelião da cidade. Tinha origem judia, sendo que um dos seus avós, responsável direto por sua educação, além de médico era cabalista, encaminhando-o, desde cedo, para as ciências herméticas. Cursou Medicina em Montpellier, onde recebeu o título em 1533. Em razão de sua origem, foi obrigado a se converter ao catolicismo, fugindo às perseguições da Inquisição, e mudar seu nome para Miguel de Nostradamus.

Interessado nos estudos alquímicos, passou algum tempo em Toulouse, a convite do alquimista Julius Scalinger. Durante essa estadia, conheceu e casou-se com Marie Auberligne, auxiliar de Scalinger em suas experiências e grande estudiosa da antiga simbologia utilizada pelos Adeptos. Após o casamento, foi morar em Ange, bastante próximo a Toulouse, onde passou a exercer medicina e de onde podia, durante a noite, frequentar a biblioteca secreta do amigo, aprofundando, assim, seus estudos nos tratados e livros proibidos, em virtude das perseguições religiosas.

Um terrível golpe lhe estava reservado por ocasião da incidência da peste na Europa: sua esposa e dois filhos morreram vitimados pela doença. Sozinho e desolado, retirou-se para a Bretanha, onde se recolheu à Floresta de Brocelândia, conhecida pelas lendas do Mágico Merlin. Em 1546, durante um novo ataque da peste, pode combatê-la com o conhecimento adquirido nos exaustivos estudos aos quais se dedicou. Associando seu ataque a microorganismos, desinfetou a cidade de Provence, fazendo queimar corpos e objetos infectados e diminuindo a contaminação.

Por essa época já havia se tornado famoso pelas suas advinhações e, em 1555 publicou a primeira edição das Centúrias, tornando-se protegido de Catarina de Médicis.

NOTRE DAME DE PARIS

A inclusão desta famosa catedral francesa, em um Dicionário de Alquimia, deve-se às inúmeras citações em livros e manuscritos de **Adeptos** conhecidos, fazendo-nos crer que, realmente, durante sua construção, suas paredes serviram de páginas, para que se imprimissem nela o grande segredo.

"Pelo **Carneiro** e o **Touro**, assim como os **Gêmeos**, situados um em cima do outro (pórtico Norte, ou da Virgem, em Notre Dame) e que reinam nos meses de março, de abril e de maio, ensinam que é, neste tempo, que o **sábio** alquímico deve sair ao encontro da **matéria** e recolhê-la no instante em que desce do céu e do fluido aéreo" (84).

"Por meio do **Mestre**, temos visto em *Notre Dame de Paris* a *Scala philosophorum* sobre o pilar mediano do pórtico central, onde uma mulher sentada, em um medalhão circular, a faz passar entre suas pernas e a recebe sobre seu peito. Majestosa criatura que, coberta de um amplo manto, a cabeça tocando as ondas do céu, sustem, contra seu ombro esquerdo, o cetro da onipotência, e suporta sobre o direito, os dois **livros** que simbolizam o sujeito mineral, primeiro cerrado e, à continuação, aberto.

"Nada poderia determinar melhor o alcance capital deste pequeno baixo-relevo, que o curto parágrafo que vem em conclusão das linhas que o Adepto Fulcanelli escreveu a seu respeito: *Tal é o título do capítulo filosofal deste Mutus Liber que é o templo gótico; o frontispício desta Bíblia oculta, nas maciças folhas de pedra; impresso, o selo da Grande Obra laica à frente da Grande Obra Cristã.* Não podia estar melhor situada que no umbral mesma da entrada principal" (60).

"Sabe-se, pelos resultados das escavações empreendidas no subsolo da *Notre Dame de Paris*, que esse terreno era o lugar de um culto pagão. (...) Em 1711, no subsolo de Notre Dame, durante os trabalhos empreendidos debaixo do coro que tem a dedicatória dos marinheiros do Sena ao Imperador Tibério, foram encontrados os famosos altares em que se veem Cernunnos com os **cornos** de veado; o **Touro**, com três gruas *Tarnos Trigaranus*; Esus podando uma árvore, com machado de lenhador. (...) E por quais razões, ainda, não se pode nunca visitar o pórtico de Notre Dame que dá para o Jardim do Arcebispado e por quais razões esse mesmo pórtico está oculto à vista, por placas de ferro que impedem a tomada de fotos sob qualquer ângulo? (...) Em *Notre Dame de Paris*, onde no pilar do pórtico central se vê a representação do Conhecimento, os pés no chão e a cabeça nas nuvens, segurando numa das mãos a escada de nove degraus (os degraus do conhecimento) e, na outra, dois livros, um que todos podem ver e outro oculto aos profanos, que só os iniciados podem conhecer" (18).

NUCTEMERON

Texto atribuído ao filósofo grego Apolônio de Tiana, no qual se veem, claramente descritos em determinados trechos, os notórios símbolos da Alquimia:

"A luz saindo das trevas, ou o dia da noite, é uma das evocações assírias de alta magia, extraída de um antigo manuscrito.

2ª hora — ... As **serpentes** de **fogo** se entrelaçam em redor do **caduceu** e o **raio** torna-se harmonioso...

3ª hora — ... As serpentes do caduceu de Hermes se entrelaçam três vezes. **Cérbero** abre sua tríplice goela e o fogo canta os louvores de Deus, pela língua do raio.

Aqui se realizam, pelo fogo, as obras da eterna **luz**.

Está dividido em 12 horas, síntese dos signos do Zodíaco e é também um texto de iniciação.

7ª hora — Um fogo que dá a vida a todos os seres animados é dirigido pela vontade dos homens puros. O iniciado estende a mão e os sofrimentos cessam.

10ª hora — É a **chave** do ciclo astronômico e do *movimento circular* da vida dos homens".

NUISEMENT, BARÃO DE

Em 1609, em uma edição do livro de Basílio Valentim — *As Doze Chaves da Filosofia*, foi publicado um "Poema sobre o Azot", único trabalho que se conhece deste autor, o *Barão de Nuisement*, mas onde o assunto foi tratado de maneira muito peculiar, sendo o processo descrito com rara inteireza.

Ao que consta, é um alquimista bem pouco conhecido, que teria vivido na França no século XVI. Foi citado por Fulcanelli, em seu livro *Mansões Filosofais*, como tendo ressaltado a analogia perfeita da **Pedra Filosofal** com o **espírito** do **orvalho**:

(...) "A **Arte** imitando a Natureza realiza a obra inteira
com a mesma prática e idêntica matéria,
no ventre de um **vaso** claro, em globo arredondado,
o agente e o paciente, bem purgados une.
Deles o **fogo** faz nascer um vapor sutil,
Que às vezes se eleva e às vezes destila,
Desanimando o corpo que os vai produzindo,
Logo com a sua própria alma, neles se vai reduzindo (...)"

NÚPCIAS

Figuradamente, esta é a grande finalidade da **Obra**, unir, de maneira total, duas substâncias para que se consiga, dessa junção, uma terceira. Desse simples procedimento químico, originaram-se rituais, lendas, mitos, religiões e filosofias. O macho e a fêmea não são outra coisa senão as energias negativa e positiva, ou o corpo e o espírito de uma mesma matéria, o fixo e o volátil, ou ainda, o **mercúrio** e o **enxofre** filosofais.

Essa ideia de pureza extrema, necessária à matéria presente no **crisol** para realização da união dos opostos, pode ter influenciado a escolha do branco, como cor preferida para o traje das noivas. É bastante provável que essa tradição tenha tido sua origem nessa necessidade de purificação total dos elementos que participam das Bodas Químicas. O alquimista, em sua busca pela **quintessência**, só administra o segundo elemento no **vaso**, para proceder a união perfeita, após haver preparado a matriz da matéria — chamada "fêmea" —, até levá-la a atingir o **branco** perfeito, refulgente. Só nessa condição ela estará apta a ser fecundada pelo "macho".

Ver também **Bodas**.

NÚPCIAS QUÍMICAS

A alegoria do casamento é um dos mais recorrentes símbolos da **Alquimia**. Seu único intuito, no entanto, seria levar o pesquisador à consideração de que dois elementos de gêneros diversos, deviam se unir solidamente, pela fusão, em determinada fase da Obra. Essa unificação dos **opostos** é parte preponderante do **Magistério**. Seguindo o hábito de representar codificadamente as várias etapas do trabalho, os Adeptos personificaram os elementos negativo e positivo passando a citar a união como um relacionamento sexual, ainda mais que nela buscavam a produção de um terceiro elemento. Originaram-se assim expressões como: "Casamento do Rei e da Rainha", "do Céu e da Terra", ou, como foi transcrito mais comumente — "do Sol e da Lua", que nada mais são que a união das duas naturezas antagônicas. Graças a esse simbolismo de sexualidade e de bodas, uma das denominações da Alquimia é **Art d'Amour**.

O constante emprego dessa alegoria justifica o nome de "Núpcias Químicas", dado a um dos mais célebres tratados alquímicos surgido na Europa durante a Idade Média. Nele é narrada a aventura de Cristian Rosenkreuz, é convidado a ir a um monumental castelo, para assistir a um Casamento Alquímico que, como no Gênesis, se processa em **sete** dias e sete jornadas.

"As naturezas se encontram, e se perseguem mutuamente, e apodrecem, e se engendram; pois a natureza é governada por natureza, que a despedaça, e a põe em pó, e dela faz nada, depois a renova e a procria muitas vezes. Estudai e lede para que saibais a verdade e para que saibais quem fez a natureza apodrecer e a renova, e que coisas são essas, e como elas se amam mutuamente, e como, após seu amor, lhes sobrevêm inimizades e corrupção, e como elas se abraçam ao mesmo tempo, até que se tornem uma só" (120).

"Estas operações se devem entender com a advertência de que, de qualquer modo que seja esta água seca, disposta e manipulada, se não for preparada e adaptada, segundo a doutrina dos **filósofos**, de nenhum modo será legítima esposa, nem digna do Régio Esposo, senão muito desigual a ele: com que, sem este requisito, embora ambos se juntem e abracem em moldura reluzente para que, mediante o **fogo** e operações do artífice, se lhes obrigue a consumar o matrimônio, nunca a esposa por muitas carícias e afagos que faça a seu esposo, poderá atrair, à sua vontade, o intrínseco do seu coração; e muito menos lhe poderá persuadir a intromissão do **sêmen** aurífero, sem o qual, em vão, esperará o artífice o nascimento da Régia Prole" (121).

"Por isto, quando viveis em teu **vaso** que as naturezas se mesclam juntas, como um **sangue** requeimado congelado, já a fêmea foi abraçada, ou sofreu o abraço do macho; pelo que, desde a primeira excitação ou secura de tua matéria, até o término de 17 dias, aguarda que as duas naturezas se convertam em guisado, ou caldo grosso; as quais, juntas, darão voltas ao redor como uma névoa das mais grosseiras ou espessas, ou como a espuma do mar (...) cuja cor será muito obscura. Então conserva ou detém firmemente a Régia Prole que foi concebida" (1).

NUTRIÇÃO

"A nutrição se faz quando a criatura, estando fora do ventre, tem necessidade de ser nutrida. A primeira nutrição é o **leite**, com um calor conveniente, a fim de que o nascituro seja pouco a pouco confortado e corroborado, aumentando a alimentação à proporção de seu crescimento; pois quanto mais os ossos se fortificam, mais facilmente o menino chega à juventude, e, por consequência, a uma idade perfeita de substância forte e de grande virtude. (...)

É verdadeiro que ele se alimenta de seu próprio **leite**, quer dizer, do **esperma** do qual foi feito desde o começo. Seja então embebido e recozido repetidamente, e muitas vezes, pouco a pouco, de seu **mercúrio** também, até que beba à saciedade e à sua suficiência" (36).

O

OBRA

Arte ou Arcano. É todo o trabalho voltado para a conquista da **quintessência** ou **Pedra Filosofal**, através da manipulação conveniente de determinado mineral, em um momento astrológico propício. Para alguns **filósofos** herméticos, há também a **Pequena Obra**, ou Circulação Menor, em que a Quintessência é extraída de vegetais. Nada se compara, entretanto, com a **Grande Obra**, executada com minerais, que, elevando a vibração da matéria, torna-a capaz de transmutar corpos, com os quais mantenha contato.

Dizem grandes filósofos como Jacob Behmem, em seu tratado "Primeira Matéria ou Primeiros Princípios" que a base fundamental da Obra é harmonizar os três princípios discordantes: atração, repulsão e **circulação**.

"Em três meses de circulação a matéria está na fase da **digestão**, o pó estará completamente negro; a oposição de atração e repulsão cessa; a atração do fixo que produzia a repulsão do volátil é morta pela circulação, que também desaparece, e os três entram em um descanso. Já não há compressão ou expansão, ascenso ou descenso; tudo desaparece embaixo, negro e imóvel.

Os mesmos três princípios (atração, repulsão e circulação) assumem, gradualmente, uma nova vida, infinitamente mais poderosa em virtude, porém sem nenhuma disputa violenta, e, em três meses mais, a doce ação dos princípios em harmonia, produz uma brilhante **brancura** na matéria que, em três meses mais, passa ao amarelo brilhante, **vermelho** ou **púrpura**."

Na realidade, percebe-se, após a leitura de variados textos e autores que, a Grande Obra são três Obras distintas: a primeira Obra resume-se em obter da **matéria-prima** o úmido radical que contém as duas raízes, em forma de água pesada. A segunda Obra consiste na separação dos três princípios aí existentes e em sua **purificação**. E a terceira Obra, na união definitiva desses princípios.

Nota-se, também que, durante toda a execução do **Magistério**, a matéria passa inúmeras vezes pelas mesmas fases: **Solução**, **Putrefação**, **Destilação**, **Sublimação**, **Calcinação**, União e **Coagulação** ou **Fixação**.

É, por meio desse longo processo, que vão sendo eliminadas as superfluidades da matéria, até sua purificação total.

"Ao começo da Obra física, tudo o que pode chegar à fixação é transformado em **água**; as substâncias heterogêneas não podem ser fixadas, porque não se dissolvem em água. (...) A prática é a destilação forte, a exposição da terra negra para tornar a dissolvê-la, e a destilação reiteradas vezes, até que quase toda a terra seja convertida em **espírito** volátil.

"A água que é destilada extrai a **tintura** da terra e, ambas, conjuntamente, se convertem em **azufre** metálico; dissolve-se, todavia, este azufre, pela mesma água, coze-o até a perfeição do azufre volátil do ouro; dissolve-o de novo, e, por fim, coze-o até a perfeição do **elixir**" (9).

"Uma obra é secretíssima, e puramente natural, a qual se faz em nosso **mercúrio** com nosso Sol, obra a que se devem atribuir todos os sinais escritos pelos filósofos. Esta obra não se faz com **fogo**, nem com as mãos, senão somente com o **calor** interno, e o calor externo existe somente na medida em que expele o frio e vence seus acidentes.

A outra obra é no **Sol** purificado com nosso mercúrio, a qual se faz com um fogo forte, por longo tempo, no qual um e outro se cozem, por meio de **Vênus**, tanto, até que se retire a mais pura substância, que é o sumo de lunaria; se há de tomar essa, tirando-lhe as fezes; não é ainda a Pedra, porém o nosso verdadeiro azufre, que, depois, com nosso mercúrio (como com seu **sangue** próprio) há de cozer-se até coagular a Pedra do Fogo, que tinge sumamente e é penetrante" (1).

OBSTÁCULO

Em virtude do grande desconhecimento científico sobre a estrutura da matéria, na quase totalidade das camadas sociais, facilmente constatado por toda a história da evolução humana, a **Alquimia**, sempre foi vista como uma aberração, sendo associada, naturalmente, à magia e bruxarias. Essa marginalização deve-se, principalmente, à má-fé dos charlatães, que passaram a ver em sua representação um filão para suas atividades inescrupulosas e a algumas entidades interessadas em afastar o povo, o mais possível, da compreensão dessa possibilidade de manipulação da matéria, com a consequente distribuição de poder.

Mesmo se levarmos em conta o grande interesse demonstrado por insignes membros da Igreja em estudá-la com afinco, durante a Idade Média, período em que a Europa foi invadida pela divulgação de textos árabes e gregos, podemos perceber que o conhecimento dessas atividades religiosas não atingia o vulgo e, quando o atingia, era para informar por exemplo, que o monge dominicano **Alberto Magno** havia construído uma máquina que, aos ser untada com **elixir** filosofal, ganhou vida, falando e procedendo aos trabalhos caseiros; que o frade **Ramon de Llull** transformou 23 mil quilos de chumbo em ouro, para o rei Eduardo II; que o frade franciscano **Roger Bacon** invocava o diabo e fabricava espelhos através do qual via o futuro; que **Flamel**, transcrevendo o processo do **magistério** citado no livro do judeu **Abraão**, falava no uso de sangue de inocentes; ou ainda que **Paracelso**, ex-aluno do mosteiro de Sponhein, na Alemanha, criara um homúnculo para lhe servir de escravo.

É compreensível que, com informações tão deletérias, o vulgo achasse mesmo que algo não ia bem com essa ciência.

OCEANO

Em virtude da união do Sol e da Lua, alegoricamente, no seio das águas, para o nascimento do Mercúrio Filosófico, uma série de outros símbolos marinhos foi sendo acrescentado neste grande relato codificado: **Neptuno**, **ilha**, pescaria, **rede**, delfim, **sereia**, peixe, etc. Ele representa também as águas primordiais, sobre as quais pairava o espírito divino.

No mito hindu, o Oceano Lácteo da Vida Imortal é **Vishnu**, dele surge o universo transitório e nele volta a se dissolver. Ele também é Ãdi-sesa, a **serpente** primordial e o **dragão** doador da vida.

"...em grego (*okeanós*), sem etimologia ainda bem definida. É possível que se trate de palavra mediterrânea com o sentido de 'circular', 'envolver'. Parece que o Oceano era concebido, a princípio, como rio-serpente, que cercava e envolvia a Terra. Pelo menos esta é a ideia que do mesmo faziam os sumérios, segundo os quais a Terra estava sentada sobre o Oceano, o rio-serpente. No mito grego é a personificação da **água** que rodeia o mundo: é representado como um rio, o Rio-Oceano, que corre em torno da esfera achatada da Terra. (...)

De outro lado, o simbolismo do Oceano se une ao da água, considerada como origem da vida. Na mitologia egípcia, o nascimento da Terra e da vida era concebido como uma emergência do Oceano, à imagem e semelhança dos montículos lodosos que cobrem o Nilo, quando de sua baixa. Assim a criação, inclusive a dos deuses, emergiu das águas primordiais. O deus primordial era chamado *a Terra que emerge*" (2).

OCCULTUS LAPIS

Pedra oculta. Nesse ponto, os autores se contradizem bastante; muitas vezes essa referência é feita para designar o mineral em seu primeiro estágio, ao ser recolhido na mina, com toda a sua ganga, mas conservando intacto o seu potencial. Outras vezes, significa, em alguns textos, a própria Pedra Filosofal, já desobstruída de todas as suas impurezas, pronta para a projeção.

OD

Fluido cósmico. Agente universal das obras da Natureza, para os hebreus. O mesmo que o prana para os hindus. O domínio e uso possível dessa força constituem o Grande Arcano.

ODOR

"Antes de ser feita, tem um odor forte e cheira mal, mas, uma vez feita, cheira bem; isto fez exclamar o sábio: *Esta água deita o cheiro do corpo morto e já privado de sua alma.* O corpo neste estado cheira muito mal, com um odor de tumba. Por isso o sábio disse que aquele que tenha branqueado a alma, tenha-a feito subir pela segunda vez e tenha conservado bem o corpo e rechaçado toda obscuridade e mau cheiro, já poderá fazer entrar a alma no corpo, e quando estas partes se juntam acontecem coisas maravilhosas" (52).

ODRE

Animal mitológico chinês, símbolo do **caos** primordial, segundo nos conta M. Granet, em *A Civilização Chinesa*. Sem cabeça e sem qualquer abertura, foi fulminado quando lhe quiseram fazer **sete** orifícios. Os seus perfuradores, Chu e Hu, eram o **relâmpago** e lhe proporcionaram um segundo nascimento iniciatório.

"Encerram-se em *odres* os mortos e os condenados, que são assim reenviados ao caos. O *odre* do caos, chamado Huen-Tuen é **vermelho** como o **fogo**; tem relação com o fole da forja, que é uma imagem do mundo intermediário, mas também um instrumento cosmogônico. E, entretanto, o *odre* é uma configuração do Céu: Wu-yi atirou **flechas** sobre ele; mas o **raio** escapou do *odre* celeste e fulminou Wu-yi. Quando Cheu-sin, mais feliz — mais virtuoso — atingiu-o da mesma maneira, caiu uma **chuva** de **sangue** fecundo e regenerador" (38)

ÓLEOS

A Grande-Mãe **Atená** fez brotar a oliveira da terra, em uma briga com Poseidon (**Neptuno**), razão pela qual lhe foi atribuída a criação do *óleo* sagrado e o seu uso ritual entre inúmeros povos da Antiguidade. Entre os hebreus, o *óleo* simboliza o **Espírito** de Deus ou o Espírito

Santo e era usado na unção dos reis de Israel. No Cristianismo, os *santos óleos* são lançados sobre o cadáver ao término da vida. Para o alquimista, é o **enxofre** — uma das principais metas do Magistério.

"Quanto à hora da conjunção, nela se veem aparecer muitas coisas miraculosas. (...) Esse doce **elixir**, como diz **Avicena**, tinge-se com sua própria **tintura**, mergulha e se submerge em seu *óleo*, e se fixa com sua **cal**, da qual encontramos a água, tal como é o **mercúrio** entre os **minerais**, e assim é o seu *óleo* em relação ao enxofre ou o **arsênico**" (36).

"Também nota, estudante da **arte**, que o **sal** extraído da **cinza** se mostra mais forte e que nele se escondem numerosas virtudes. Não obstante, o sal é inútil, se suas entranhas mais profundas não forem descobertas e se seu exterior não for impelido para o centro. Pois o espírito é o único que dá as **forças** e a vida; o corpo despojado de outro modo, nada fornece. Quando souberes reconhecer isso, terás o sal dos Filósofos e o *óleo* mui verdadeiramente incombustível, sobre os quais, antes de mim, apareceram tantos livros" (137).

"Realmente, é por sua natureza um *óleo* quente, sutil, que penetra, afunda e entra em outros corpos. É chamado o **elixir** perfeito ou grande, e o segredo escondido dos pesquisadores, sábios da natureza. Ele então sabe este sal de **Sol** e **Lua**, e sua geração e perfeição e, como vai conduzi-lo depois, fazendo-o homogêneo com outros corpos perfeitos. Ele, em verdade, sabe um dos maiores **segredos** da natureza e o único modo que conduz à perfeição" (5).

OLIMPIODORO

"Foi ministro e funcionário da corte bizantina, no século V d.C.. Foi membro de uma delegação enviada à Átila, rei dos hunos, e escreveu uma história consideravelmente famosa de sua época, publicada em 425. Alguns de seus biógrafos dizem que, ao mesmo tempo, ele era conhecido como um grande mágico e curandeiro na corte bizantina, e, de acordo com os textos, estava muito ocupado com experimentos alquímicos. Entretanto, nas histórias da Alquimia, diz-se que isso não era verdade, pois *Olimpiodoro* não possuía grande conhecimento prático e, mesmo que realizasse tais experimentos, estava certamente mais interessado nos aspectos teóricos e simbólicos da Alquimia" (78).

Graças a *Olimpiodoro,* uma valiosa coleção de textos antigos foi preservada, agrupados que foram por ele, no século V. Essa coleção serviu de base, mais tarde, para que o químico francês M. Berthelot, traduzindo os trabalhos já existentes e acrescentando novos textos, elaborasse o **Codex Marcianus**.

Apesar de muitos acharem que *Olimpiodoro* não possuía conhecimento prático de alquimia, trechos de seus manuscritos provam o contrário:

"Vejamos agora como o **chumbo** negro é preparado. Como disse antes, o chumbo comum é negro, desde o começo, mas o nosso chumbo torna-se negro, o que no princípio não era. (...) O **ouro** da terra **etíope** é produzido através de suas gotas. (...) Ponha-se junto com sua esposa de **vapor**, até que a divina água amarga apareça. Quando ela ficar espessa, ou de cor vermelha, como suco do vinho dourado do Egito, passe sobre ele as folhas da deusa portadora da **luz** e também do **cobre** vermelho ou de **Vênus** vermelha e então deixe-se que engrosse, até que coagule em ouro. Ora o filósofo Petásios, que fala sobre o começo do mundo alquímico, está em completa harmonia com isso, e ele também se refere ao nosso chumbo quando diz que a esfera do **fogo** subjuga e sufoca através do chumbo. (...) Eles chamam ao chumbo de *o ovo*, ou seja, o **ovo** dos quatro **elementos**.

ONÇA

Medida de peso antiga, equivalente a 28, 691 grs. Muitos dos velhos alquimistas usaram-na em seus textos, descrevendo, sob esta forma maiores detalhes dos seus métodos de trabalho.

"Toma duas *onças* de **prata**, que dissolverás em quantidade suficiente de água forte; precipita esta dissolução pelo espírito do **sal**, ou o sal comum dissolvido, (podes empregar em seu lugar uma *onça* de **azeite** de **vitriolo**); verte aí três *onças* de **mercúrio** fluido, e destila toda a umidade em uma **curcúbita** de **vidro**, em um **fogo** muito baixo; aumentarás em continuação o fogo por graus, e o manterás em sua violência durante algumas horas; o mercúrio arrancará, por assim dizer, a parte sulfurosa da prata, que se encontrará aberta por esta operação, e formará, como tem costume de fazer com todas as substâncias sulfurosas, um **cinábrio vermelho**, que conterá realmente o **azufre** da prata" (39).

ÔNFALO

Centro do mundo, centro, matriz, útero onde se encontra o **embrião** ou a **pedra**. Em Delfos, a pitonisa penetrava em uma **gruta** para tocar o *omphalós* — a pedra — antes de transmitir os oráculos de **Apolo**. Esse ônfalo de Delfos, considerado o umbigo do mundo, era uma pedra branca que, no mito, encobria o túmulo da serpente Píton, simbolizando também o renascimento.

"No mundo céltico, o simbolismo do umbigo é representado principalmente pelo teônimo Nabelcus, cognome de **Marte**, atestado por algumas inscrições do sudeste da Gália. A palavra tem relação com o galês *naf*, chefe, senhor, e constitui, no nível indo-europeu, um correspondente do grego *omphalós*, ponto central, centro (o irlandês *imbliu* possui apenas o sentido físico de umbigo). Marte Nabelcus é, pois, um mestre ou um senhor, ou melhor ainda, *o deus de um centro*" (38).

Veja também **Umbigo**.

OPERAÇÕES DA ALQUIMIA

Vários autores nos afirmam que as operações da Alquimia são na seguinte ordem: "1ª **Calcinação**, 2ª **Putrefação**, 3ª **Solução**, 4ª **Destilação**, 5ª **Sublimação**, 6ª **Conjunção** e 7ª **Coagulação** ou **Fixação**".

Isto, segundo alguns autores **invejosos**, já que está claro que, nessa Obra, jamais se poderia começar pela calcinação, nem se precisa ser muito entendido para perceber isso. Agora, que são essas as operações, não resta dúvida.

Ao que parece, também, são práticas repetidas inúmeras vezes, em cada um dos **Regimes**, recomeçando sempre dos primeiros passos, até que se tenha chegado ao **púrpura**. Aí se explica a paciência requerida aos que se interessam pela execução dos trabalhos.

"Quando se consulta uma obra de alquimia é preciso verificar de qual operação se trata:

1º) Se é da fabricação do **mercúrio dos filósofos**, e aí o assunto parecerá ininteligível a olhos e ouvidos profanos.

2º) Se é da fabricação da **pedra** propriamente dita, e aí a linguagem é clara e comum;

3º) Se é da **multiplicação**, e aí as explicações são óbvias e acessíveis a todo mundo" (122).

"Todo o trabalho da Alquimia se reduz a obtenção de substâncias nas quais os princípios ativos, os espíritos, dominem sobre a matéria que lhes serve de corpo. Então estas forças naturais, que inicialmente estavam sufocadas pelas impurezas, entram em jogo para transformar a matéria, até convertê-la no veículo apropriado para elas: o elixir. O que importa considerar aqui, a fim de compreender o porquê da variedade alquímica, é que estes espíritos, ou magnetismos, seja qual for o veículo externo de que se revistam, tendem sempre para um mesmo objetivo final de perfeição. Esta tendência para a perfeição se acha na Natureza mesma, e a Arte só separa os impedimentos a sua ação, e proporciona as circunstâncias idôneas para um mais rápido processo de evolução" (13).

OPOSTOS

São conceitos antagônicos. Para o masculino, tem-se o feminino; para o claro, o escuro; para o bem, o mal, mostrando que, na realidade os *opostos* são pólos diferentes, referentes a uma mesma coisa. A Alquimia busca domar a energia cósmica que nos chega polarizada em negativo e positivo e corporificá-la na Pedra Filosofal.

Esse equilíbrio dinâmico que ela busca, está representado no **caduceu**, com os dois opostos, simbolizados pelas duas serpentes que se enroscam simetricamente pelo bastão.

Nos textos alquímicos, as referências feitas aos princípios: *Masculino*, **Sol**, **Yang**, Rei, anima, **fogo**, terra, **Enxofre**; e *Feminino,* **Lua**, **Yin**, Rainha, **água**, ar, **Mercúrio**; e todo o processo de purificação, e união dos mesmos, confirma ser a **Grande Obra** uma busca da interação perfeita e harmoniosa dos *opostos*.

"Esses são dos metais **sêmen** (...)
Enxofre (...) constituído de terra e fogo
Tão só (...).
O outro **esperma** que feminino tem o ser (...)
Tem-se o hábito de chamar
Mercúrio, que nada mais é que água e ar (...)
Esses dois espermas, por anuência,
Figuraram por dois **dragões**,
ou **serpentes** piores que grifões
Um, tendo asas terríveis,
O outro sem asa, ambos horríveis..." (36)

"No fundo da complexidade aparente do universo, jaz oculta uma simplicidade. Ela consiste nas tendências *opostas* e complementares em que sempre oscila a mutação" (236).

OPUS MAGNUM

A Grande Obra é a operação filosófica de transformação da matéria bruta em **Quintessência** — Pedra Filosofal.

"A matéria irá passar por experiência dramática, análoga às *paixões* de determinados deuses dos **Mistérios** Greco-Orientais: sofrimento, morte, ressurreição. O *Opus Magnum, a grande operação*, ou *opus philosophicum*, a *operação filosófica,* fará com que a matéria sofra, morra e ressuscite, como se fora o drama místico do deus (paixão, morte e ressurreição), o qual se vê projetado sobre a matéria, a fim de transmutá-la. O alquimista, portanto, tratará a matéria tal qual o deus era tratado nos Mistérios: os minerais padecem, morrem e renascem em uma outra forma, isto é, são transmutados" (49).

ORFEU

Personagem mitológico de origem bastante remota. No século VI a.C., já era conhecido na Grécia como filho da Musa Calíope e do rei Eagro, mas frequentemente era confundido como sendo filho de Apolo. Seu feito mais notório foi ter descido ao Hades, para buscar a esposa Eurídice, trabalho que não conseguiu realizar, pois, quando retornava, esquecendo as severas ordens recebidas, olhou para trás. Sua desobediência se traduziu em castigo sendo despedaçado pelas Mênades e sua cabeça usada como oráculo. Esse tipo de morte e o consequente culto posterior é bem comum na antiguidade: foi assim com Osíris e também com Dioniso. Alguns autores atribuem a esse tipo de martírio o significado de renascimento a uma forma de vida superior, mas, assim como o sacrifício dos dois deuses leva-nos a outro tipo de simbologia, os Mistérios Órficos nos conduzem, senão a um conhecimento verdadeiro de antiga ciência, pelo menos a uma degenerada superstição baseada na ancestral sabedoria.

Era tido como fundador dos Mistérios, onde, por meio da iniciação dos neófitos, eram divulgados os livros sagrados, disseminando entre eles as instruções religiosas que precisavam ser preservadas. "Nos santuários de Apolo, onde se mantinha a tradição órfica, celebrava-se, no equinócio da primavera, uma festa misteriosa. E a grande sacerdotisa (...) cantava somente para os iniciados o nascimento de Orfeu, filho de Apolo e de uma sacerdotisa do deus. Ela invocava a alma de Orfeu, pai dos iniciados, melodioso salvador dos homens — Orfeu soberano, imortal, três vezes coroado, nos infernos, na terra, no céu, e que andava entre os astros e deuses com uma estrela na fronte.

"O canto místico da sacerdotisa de Delfos aludia a um dos numerosos segredos guardados pelos padres de Apolo, ignorados pela multidão. Foi Orfeu o gênio vivificante da Grécia sagrada, aquele que despertou sua alma divina. Sua lira de sete cordas envolve todo o universo. Cada uma das cordas corresponde a uma feição da alma humana, contendo a lei de uma ciência e de uma arte. Perdemos a chave da sua plena harmonia, cujos tons, entretanto, não deixam de vibrar em nossos ouvidos" (89).

"O orfismo, foi uma religião revelada, com seus profetas e seus livros sagrados. O orfismo primeiramente designou uma forma ascética de vida religiosa; posteriormente, uma especulação com elementos provindos de diversas fontes, e, afinal, nos começos da era cristã, um elemento componente do vasto sincretismo religioso, de onde saíram diferentes formas tardias do paganismo e o Cristianismo" (123).

OROPIMENTE

Mineral pertencente ao grupo dos sulfuros As_2S_3. Sistema monoclínico, brilho resinoso, cristais pequenos, tubulares e prismáticos curtos. Dureza 1.5 — 2. Densidade 3.4 — 3.5.

Caracteriza-se por sua cor amarelo-limão e se distingue do **azufre** por sua esfoliação perfeita. É fortemente tóxico. Contém 61% de **arsênico** e 39% de **enxofre**.

É utilizado na fabricação de tintas para pintura.

Em um dos trechos de manuscritos alquímicos, traduzidos por Santiago Jubany e publicados no livro *Edição Índigo*, pode-se ler:

"Toma uma **onça** e meia do humor (tintura ?) e a Quarta parte do vermelho meridional ou Alma do Sol, que será de uma meia onça e toma a metade de *Oropimente*, que são oito, ou melhor dizendo, três onças. E sabe que o **vinho** dos Sábios se extrai em três e que seu vinho é perfeito ao terminar as 30."

"Repeti-los-ei, tal como me foram ensinados, os quatro espíritos e sete corpos em sua justa ordem, como amiúde ouvi dizer o meu mestre: o primeiro espírito é o **azougue**, o segundo o *oropimente*, o terceiro o **sal amoníaco** e o quarto o azufre. E vede agora os sete corpos: o **ouro**, que é o **Sol**; a **prata** que chamamos **Lua**; ao **ferro**, **Marte**; ao azougue, **Mercúrio**; ao **chumbo, Saturno**; ao **estanho, Júpiter**; e ao **cobre, Vênus**. Valha-me Deus que é assim" (225).

ORVALHO

Na **Cabala**, o orvalho é oriundo da **Árvore da Vida**; na China, o monte K'uen-fuen é o centro do mundo e nele existe a árvore do *orvalho* que permite que se atinja a imortalidade.

Frequentemente os textos nos falam de *orvalho* e **rocio**, como a água do céu que tem que ser recolhida, entre os meses de março e maio, contendo todo o **magnetismo** cósmico necessário para dar vida à **matéria**. Só que esse *orvalho*, apesar de em certas alegorias figuras como a umidade oriunda do céu, absorvida por lençóis espalhados ao ar livre; ocorre dentro do próprio **matraz**, na mesma época descrita.

"Ver-se-ão as grossas gotas de **água** que se formam no alto do nosso **vaso**, caírem embaixo, e tornarem à terra quase negra, e será sinal de **concepção** e dentro de oito ou dez dias se consumirá a dita água dentro de sua terra; e em caso que ela volte a subir, dentro de 14 ou 15 dias, é mister aumentar outro fio na torcida (da lamparina), até que não suba mais, que será, ao mais que possa tardar, 25 ou 30 dias; alguma vez sucedeu congelar-se em 15 dias" (30).

"Depois da união celestial, a **Lua** é feita tal como o **Sol** em perfeição e dignidade, de modo que, ligada ao Sol tão intimamente, se eleva logo da mais baixa à mais elevada das posições: entretanto, as Águas sob o Firmamento, quer dizer, postas debaixo dele, vão-se concentrando pouco a pouco num único e eminente lugar, vão-se reduzindo àquele sítio, até que apareça a **Terra** árida finalmente, a qual, mais árida ainda, depois de um estival e extrínseco **calor**, e mais sedenta ainda, atrai a si, de novo, com a sua virtude atrativa, parte dessa **Água**, à semelhança de... uma *orvalhada* celestial que, regando, suavemente, e fecundando esta Terra, excitada nela e põe em movimento a virtude vegetativa; dela é indício manifesto a cor **verde**, de novo... aparece sobre ela. A cor verde é o símbolo da **Alma** vegetativa e ao mesmo tempo da Natureza universal" (204).

Ver também **Rocio**.

OSÍRIS

Deus egípicio, filho de Geb, a terra e de Nut o céu. De Geb, o pai, herda a soberania terrestre e de Nut a mãe, a soberania celeste.

Ao que tudo indica, antes de ser personificado e endeusado, *Osíris* deveria ter simbolizado, no plano dos **Mistérios** egípcios, um dos elementos da grande ciência dos antigos — a **Alquimia**. À medida que os séculos foram se sucedendo, passou a ter uma representação antropomórfica e foi redefinido como um mártir, morto e ressuscitado. Sua luta com seu irmão Seth, pode ser interpretada como um símbolo do antagonismo existente entre as duas **energias** que se digladiam nos primeiros passos do **Magistério** até a morte e consequente **putrefação** que leva a matéria à ressurreição. Nessa luta, *Osíris* foi mutilado, despedaçado e encerrado em um esquife de **chumbo**, **hermeticamente** fechado; desceu ao mundo dos mortos, de onde foi ressuscitado pelo sopro de sua irmã e esposa — a deusa **Ísis** —, tornando-se imortal.

Pode-se perceber que, de um texto com alguma possibilidade de uma experiência real, restaram enxertos lendários criando uma história absurda, costumeiramente apresentada em trechos esparsos, sem grandes explicações lógicas, que foram aceitos e incorporados na mitologia de uma época de poucos esclarecimentos.

"Os mitos egípcios, bem como os mitos gregos, sob forma alegórica, além do relato de proezas históricas, encerram entre outros, todos os **segredos** da arte alquímica; exemplifiquemos: *Osíris* e Ísis representam, como **Zeus** (Júpiter) e Hera (Juno), o princípio masculino (**yang**) e o feminino (**yin**), o ativo e o receptivo. *Osíris* (**matéria-primeira**, homem em sentido lato) é feito em postas pelo seu irmão Tifon (Seth) e colocado numa tumba (**vaso** alquímico) onde sofre a ação de **Fta** (fogo primacial). Ísis (irmã, mãe e esposa) recolhe os pedaços do corpo de *Osíris*, reconjunta-o e obtém um corpo mais perfeito. Hórus nasce da união de Ísis e *Osíris* e recebe de sua mãe todos os segredos da **grande obra**" (4).

"Os oráculos de **Apolo** também estão em harmonia com o que pretendemos dizer, porquanto eles mencionam o túmulo de *Osíris*. Mas o que é o túmulo de *Osíris*? Há um cadáver, envolto em faixas de linho da múmia, apenas com o rosto nu visível, e interpretando *Osíris*, o oráculo diz: *Osíris* é o esquife sufocado em que estão escondidos seus membros, e cujo rosto só é visível a seres mortais. Ocultando os corpos, a natureza está atônita. Ele, *Osíris*, é o princípio original de todas as substâncias úmidas. Ele é mantido como prisioneiro pela esfera do **fogo**. Ele, portanto, sufocou todo o chumbo" (124).

"Como se sabe, a ressurreição de Osíris foi representada com muita frequência pelo símile — embora seja muito mais do que um símile — da ressurreição do trigo. Na Antiguidade tardia, por exemplo, em muitas cidades egípcias havia rituais durante os quais um pinheiro era abatido e escavado, representando o corpo de Ísis, ou o esquife — o esquife é a deusa-mãe, como se sabe. Trigo, ou milho, ou cevada, era então colocado nele e regado, e o grão brotava quando posto ao Sol, representando assim um ritual primaveril de ressurreição. No museu do Cairo, pode-se ainda ver essa múmia de cereal. Numa espécie de caixa rasa com areia, o cereal era semeado na forma da múmia de Osíris. Era borrifado com água, germinava e depois era posto para secar. Essas múmias eram conhecidas como hortas de Osíris e representavam a ressurreição dos mortos" (78).

OURO

Para a Alquimia, o *ouro* é a matéria perfeita, enquanto os outros metais, alguns com o mesmo potencial, permanecem empobrecidos na natureza por não terem atingido a maturação perfeita.

Na busca da regeneração desses metais, filósofos antigos dizem ter conseguido uma energia vital sólida — a **Pedra Filosofal** — responsável pela transmutação de alguns minerais que, purificados e enobrecidos, tornaram-se *ouro*.

"Para que nada tenhais a desejar, no tocante à teoria e à prática de nossa Filosofia, vos direi que, segundo os **filósofos**, há 3 classes de *Ouro*:

"O primeiro é um *ouro* astral, cujo centro está no **sol**, que, com os seus **raios**, o comunica, ao mesmo tempo que sua **luz**, a todos os astros inferiores a ele. É uma substância ígnea, e uma contínua emanação de corpúsculos solares, que estando em perpétuo fluxo e refluxo, pelo movimento do Sol e dos astros, enchem todo o universo. Tudo é penetrado por este *ouro* na imensidão dos céus sobre a terra e, em suas entranhas, respiramos continuamente este *ouro* astral, estas partículas solares penetram em nossos corpos e se exalam dele sem cessar.

"O segundo é um *ouro* elemental, melhor dizendo, a mais pura e mais fixa porção dos Elementos, e de todas as substâncias compostas por eles; de sorte que todos os seres sublunares dos três gêneros, contém em seu centro um precioso grama deste *ouro* elemental.

"O terceiro, é o formoso metal, cujo brilho e perfeição inalteráveis lhe dão o preço, que faz com que todos os homens o considerem como o soberano remédio de todos os males, e de todas as necessidades da vida, e como o único fundamento da independência, da grandeza e do poder humanos; é por isto que, não somente cobiçado pelos maiores Príncipes, senão também desejado por todos os povos da Terra" (96).

"Dissemos pois que, em nossa obra, não há nada secreto e oculto, exceto só o **mercúrio**, cuja obra de mestres é prepará-lo como se deve e casá-lo com o *ouro* (com boa proporção), e governar o **fogo** como pede o mercúrio, porque o *ouro* por si, não teme o fogo; logo o acomodar a direção do **calor** à tolerância do mercúrio é o trabalho da **obra**. O que não preparou seu mercúrio como se deve, embora tenha juntado o *ouro* com ele, seu *ouro* será todavia *ouro* vulgar, por haver sido acrescentado a um agente desproporcionado, no qual ficará sem mutação alguma, como se estivesse guardado em uma arca; porque com nenhum grau de fogo deixará sua natureza corpórea. Verdadeiramente, com nosso mercúrio, não é daquele modo, porque nosso *ouro* é espermático, como o trigo, que semeado é também **semente**. (...)

(...) quando dissemos, sem ambiguidade, que o mercúrio era um dos princípios e o outro o Sol, um vendável e o outro que se deve fabricar pela **Arte**, quero que saibas que nosso mercúrio dá de si *ouro*, o qual, se não sabes que seja o sujeito ou causa de nossos segredos, te convém que o vendas por *ouro* vulgar. É, pois, *ouro* verdadeiro, a toda prova, e por isso comercializável, isto é, que se pode vender a qualquer um, sem escrúpulos. Por isto nosso Sol se pode vender ao vulgo, porém não se pode comprar do vulgo, porque, para que seja nosso, necessita de nossa Arte" (1).

"O ouro não tem mais perfeição que a que necessita para ser ouro. Necessitamos, pois, torná-lo mais perfeito, para que possa comunicar sua abundância de perfeição aos metais imperfeitos. Para isso, há que corrompê-lo primeiro, reduzindo-o a sua primeira matéria úmida untuosa, a fim de dar lugar a uma nova geração" (217).

OURO FILOSÓFICO

"Quando se procede a união do **Espírito** com o **Sal**, faz-se na proporção de dez por um, em uma **retorta** perfeitamente lacrada. Destila-se por graus de fogo, cohoba-se, deixa-se algum tempo e se volta a destilar. Isto se repete até sair um **licor** lácteo, gorduroso, coagulável no frio e que se liquefaz no **calor**, como **manteiga**, o que acontece na sexta ou sétima **destilação**. Esse licor se retifica várias vezes para melhor união do volátil com o fixo e é a este licor que chamam *Ouro Filosófico*, com cuja obtenção se encerram os trabalhos da 2ª Obra" (58).

"Quando obtive este **pó** enriquecido com sais e partículas extremamente ativas, procedi da maneira seguinte, ao preparar o primeiro remédio: introduzi num tubo de **vidro**, fechado num extremo, alguns centímetros cúbicos de pó novo ao qual juntei alguns gramas de ouro em pó. Juntei ao total **orvalho** destilado numa quantidade tal que sobravam 10 ou 15 milímetros, por cima da massa de **cinzas** auríferas. Fechei logo, hermeticamente, a extremidade aberta do tubo, para proceder à cocção em **vaso** fechado. Submetido a um **fogo** suave e progressivo, a mistura começa logo a ferver enquanto, no recinto, se manifesta uma espécie de agitação rítmica, que permite o ataque das partículas de ouro. Ao cabo de algumas horas de cocção, estas darão cor à preparação e, quando a mistura estiver em repouso, pode ver-se o orvalho, que flutua em cima, tomar a cor do ouro, coisa que evidencia o trabalho interior levado a cabo durante a cocção. De qualquer forma, para obter este primeiro **elixir**, há que se proceder a várias cocções de algumas horas, com intervalos de algumas horas de repouso, durante as quais se examina a **coloração** que pouco a pouco vai tomando a preparação, esperando a aparição da **estrela** simbólica que flutua na superfície. A aparição desta estrela é o sinal de que o elixir é perfeito...

A minha experiência feita com o mesmo pó dissolvente e com o orvalho, mas sem ouro metálico, dá igualmente um licor alcalino, mas incolor. A cor de ouro só aparece quando há pó de ouro.

Contudo, a análise espectral deste líquido, nunca revelou a presença de ouro. Há que admitir então que, na sua essência, o ouro não aparece às leis da óptica, o que está de acordo com as antigas teorias dos alquimistas, que pensavam que o ouro possui uma alma e um corpo e que, esta alma, *que é a sua cor*, contém nela virtudes medicinais e terapêuticas do ouro. Nas operações que aqui descrevemos, o ouro fica de alguma maneira separado da sua envoltura material e é transportado até um plano superior, que a ciência futura terá de descobrir" (188).

"A **espada** de um esgrimista que não sabe bater-se de nada lhe serve, pois desconhece o seu manejo (...) O mesmo acontecerá àquele que — com a ajuda de Deus — adquirir a **tintura** e não a souber empregar, como ao gladiador que não sabe do seu ofício. Mas, como já temos a duodécima chave que fecha este livro, não falarei com ambiguidade filosófica, porém explicarei nova e claramente esta chave a respeito da tintura:

Toma uma parte desta **medicina** e **pedra dos filósofos** devidamente preparada e faz **leite virginal** e três partes de ouro puro, passado pelo copo com **antimônio** e cortado em lâminas muito finas, junta-os num recipiente e dá-lhes um fogo moderado nas primeiras doze horas, depois, sobe-o e tem-no neste fogo, pelo espaço de três dias. A **pedra** converter-se-á em verdadeira **medicina** de natureza sutil, espiritual e penetrante. Não caberá bem, por causa de sua grande sutileza, sem o **fermento** do ouro, mas, quando fermentado pelo seu semelhante, a tintura entrará facilmente. Toma depois uma parte dessa massa fermentada e deita-a sobre o metal fundido que queiras fundir, e a totalidade converter-se-á em bom ouro, pois um corpo toma facilmente outro e, ainda que não seja semelhante, deve, contudo, juntar-se a ele e, com sua grande força e virtude, torná-lo semelhante a si mesmo" (137).

"A partir da água dourada que descrevi, pode obter-se esta água branca e uma tintura, **vermelho** profundo, que intensifica sua cor quanto mais tempo se a conserva; estes são o **mercúrio** e o **azufre** descritos pelos alquimistas, **Sol** o Pai e **Lua** a Mãe, os Princípios Macho e Fêmea, os Mercúrios Branco e Vermelho, que unidos de novo formam um líquido âmbar profundo. Este é o *Ouro Filosófico*, que não se faz a partir do ouro metálico, senão a partir de outro metal, e que é um **Elixir** muito mais potente que o **azeite** de ouro" (57).

OURO POTÁVEL

Ver **Azeite**.

OVO

É, talvez, o símbolo mais constante em todas as tradições. Por maiores divergências que em torno de deuses e seus mágicos rituais, elas comungam em uma unanimidade de crenças em relação ao *ovo*. Nele, está sempre presente a ideia de renascimento, de renovação, de criação periódica, de imortalidade. Para os egípcios, o **oceano** primordial contendo o germe da criação o acondicionou em um *ovo*, do qual saiu o deus **Khnum** criador da vida diferenciada na Terra. Segundo o Rig-**Veda**, do *Ovo* Cósmico, depois de ter-se aberto no começo do mundo, saíram duas metades, a superior se converteu no céu e a inferior quedou-se como terra. No Tibete, o *Ovo* saiu da essência dos cinco elementos primordiais, em uma espécie de renascimento após o caos. Nas Rapsódias Órficas: Crono, o Tempo, gera **Éter** que cria, com a colaboração do Caos, o *Ovo* Primordial. Para os chineses, quando o ovo-caos se abriu, da gema **yin**, formou-se a terra e da clara **yang**, originou-se o céu. Na cosmologia finlandesa, a virgem — deusa das águas, deixou que seu joelho viesse à tona, e nele um pássaro depositou **sete** *ovos*, um de **ferro** e seis de **ouro**, que submergiram nas águas primordiais quando a deusa afundou, e de suas várias partes gerou-se o Universo.

"A maior festa religiosa da ilha (da Páscoa), a única sobre a qual existem pormenores precisos, era a do homem pássaro, intimamente relacionado com o culto do deus Makemake. O longo drama místico que todo ano era vivido nos recifes de Orongo não tinha simplesmente profundo significado religioso, mas influía de maneira determinante sobre a vida social da ilha.

A descoberta e a posse do primeiro ovo de manutara, deposto nos recifes de Moto-nui, constituía o principal objetivo dos ritos que se repetiam cada ano. (...) O ovo era a encarnação do deus Makemake e a expressão palpável de forças religiosas e sociais de uma grande intensidade. O prêmio da luta pela posse do ovo era o favor dos deuses e a sanção do poder político" (125).

"O Grande Templo inca de Coricancha, em Cuzco, tinha como ornamento principal uma placa de ouro de forma oval, ladeada por efígies da Lua e do Sol. Lehman Nitsche vê nela a representação da divindade suprema dos incas, Huiracocha, sob a forma de *ovo* cósmico. (...) O nome Huiracocha seria a abreviação de Kon-Tiksi-Huira-Kocha, que significa Deus do mar de lava, ou fluido ígneo do interior da terra. Huiracocha era, com efeito, o senhor dos vulcões" (38).

OVO DE PÁSCOA

Pela época em que se realiza essa festividade — em pleno período da maior incidência de energia cósmica, segundo antigos textos — pela preservação da simbologia do **ovo** como origem primordial da vida e, até por último, pela associação de um **coelho** encarregado da distribuição de ovos comemorativos; percebe-se uma clara intenção na perpetuação de dados que são totalmente inconsistentes, a menos que sejam olhados pelo prisma de um conhecimento alquímico.

"Os *ovos de Páscoa* se tornaram uma parte popular das celebrações pascais. Os soviéticos, tradicionalmente, presenteiam-se com ovos, na época da **Páscoa**. Os povos da Ucrânia, no sudoeste da antiga URSS, elaboravam decorações complexas em seus ovos. O czar Alexandre III deu à sua mulher a joia em formato de *ovo de Páscoa*, elaborada pelo famoso joalheiro Carl Fabergé, na década de 1880. (...) Os ovos representam a nova vida que retorna à natureza, na época da Páscoa. O costume de presentear ovos, começou na Antiguidade. Os egípcios e os persas costumavam tingir ovos com as cores primaveris e os davam a seus amigos. (...) No antigo Egito, o **coelho** simbolizava o nascimento e a nova vida. Alguns povos da Antiguidade o consideravam símbolo da **Lua**. É possível que ele tenha se tornado símbolo pascal, devido ao fato de a Lua determinar a data da Páscoa" (126).

OVO FILOSÓFICO

Representa a união do **enxofre** com o **mercúrio**. Confeccionado no crisol, é a polarização do **andrógino**.

"Aprende a maneira ou a marcha do **vaso** de nossa obra, porque o vaso é a raiz e a origem de nosso **Magistério**. E este mesmo vaso é como a **matriz** nos animais" (127).

"Tudo está preparado naturalmente no trabalho filosófico, nesta **Alquimia** que foi chamada também a arte da música ou a grande harmonia. Desde o mesmo ponto de vista, o ovo ou **matraz** filosofal, não poderia ser o frasco que o *'soprador'* tapa com sua lamparina, na décima prancha (do **Mutus Liber**). Só o **Sal Harmoníaco** pode fechar canonicamente o receptáculo da natureza, pode *selá-lo* no alcance cabalístico do vocábulo. A **Grande Obra** não é outra coisa senão uma muito positiva ontogênese da que o ovo fecundado, em sua perfeição, não deve ser devedor de nenhum artifício exterior, se não é, evidentemente, o do **fogo** elemental. O ovo filosofal é um verdadeiro corpo organizado, provido de sua casca de proteção, de seu envoltório duro e friável, cuja natureza é calcária, proporcionada pela transformação do sal ao seu redor" (60).

"O vaso que os filósofos fazem cozer sua obra é de origem dupla: um é da Natureza, e o outro, da **arte**. O vaso da Natureza, que se chama também o vaso da Filosofia, é a terra da **Pedra**, ou o feminino, ou ainda a matriz na qual a **semente** do macho é recebida, apodrece e se prepara para a **geração**. Agora bem, a vasilha da arte é tríplice, com efeito, o segredo se coze em sua tríplice vasilha" (68).

Fulcanelli lembra que: "O filósofo é o que sabe fazer o vaso, fazendo entender, claramente, que a vasilha secreta não é o continente, embora seja do mais nobre cristal, mas o conteúdo do mesmo, que, quando submetido à fusão, apresenta a consistência e o aspecto de vidro, igualmente líquido".

"E já que o **elixir** se faz por meio do **vapor** e misturado com o ar, como acreditaste conseguir o fim dos inimigos muito afastados em natureza? Pois nem o corpo permite que se separe sem a sua natureza, nem o espírito quando sobe sem a sua secura se pode converter em elixires, por que por meio do vapor não podem misturar-se uns com os outros, e esta é a razão por que os filósofos chamaram Ovo ao seu Mercúrio, e isto é assim porque como o ovo é uma coisa circular, redonda, que contém em si duas naturezas e uma substância, o branco e o amarelo, tira de si mesmo outra coisa que tem alma, vida e geração, ou seja, a saber, sai um pinto. Assim também o Mercúrio contém em si duas coisas de uma natureza, corpo e espírito, e tira de si a alma e a vida, quando o total é espiritual, de onde depois se faz a geração do verdadeiro elixir, o que fez Mirandus dizer: *'Este Ovo tira a vida de si, logo a alma e a geração.'* Platão disse: *'No Ovo dos filósofos há coisas que, estando completamente misturadas e pútridas, se convertem em espírito, pois está vivo e não morto'*. É o mesmo Ovo que, posto ao lume, só pela cocção sem que lhe toquem as mãos, faz um pinto, por uma só disposição, aperfeiçoa-se a si mesmo e comprime-se" (181).

P

PALOMAS DE DIANA

"O grande segredo e artifício da preparação do **mercúrio dos sábios**. São feitas distintas especulações sobre estas *palomas*. Para uns, e lembrando-se de que a mítica **Diana** caçadora, deusa lunar, cuida-se de trabalhar sob a influência da **Lua**, citando a alegórica passagem de 'a Lua que brilha quando está cheia proporciona abundância de asas, e a **Águia** empreenderá o voo, etc.'. Para outros se trata da lua dos metais, ou melhor dizendo, a **prata**. (...) Para outros, não se trata da Lua perfeita, senão da Lua imperfeita, dizendo melhor, o **bismuto**; (...) Para outros, as *Palomas de Diana* representam os sais ressuscitativos, o que explicaria por que se fala das *palomas* em número de dois. Estes sais ressuscitativos são o **sal** fixo do tártaro e o sal armoníaco" (13).

"Resíduos que ficam no **matraz**, após as reiteradas **sublimações** do Mercúrio.

"Fiz voar a primeira águia e ficou Diana como resíduo, com um pouco de **cobre**. Comecei a segunda águia, separando o supérfluo e depois a fiz voar e, de novo, ficaram como resíduos as *Palomas de Diana*, com uma tintura de cobre. Esposei a terceira águia e a purguei, separando o supérfluo até a pureza, logo a fiz voar e deixou para trás uma grande parte do cobre com as *Palomas de Diana*; Então a fiz voar duas vezes, separadamente, para extração completa de todo o corpo; depois casei a quarta águia, juntando-lhe gradualmente seu humor, cada vez mais e se fez de uma consistência muito mais branda, na qual não havia nenhuma água, encontrada nas três primeiras águias" (11).

"Daqui se faz um Camaleão, ou nosso **caos**, no qual estão escondidos todos os **arcanos** em virtude, porém não em ato. Este é o menino **Hermafrodita**, que desde seus primeiros momentos está envenenado por uma mordedura do raivoso Cão Corasceno, pelo qual, odiando a **água**, torna-se louco; porque, ainda que a água seja para ele, de todas as coisas, a mais natural e próxima, com tudo isso, aborrece-o e faz com que fuja dela. Oh! providências! Não obstante, há na selva de **Diana** duas *palomas* que apaziguam sua louca raiva (se são aplicadas pela arte da ninfa **Vênus**); tu então, para que não volte padecer o aborrecimento da água, afoga-o nas águas para que nelas pereça, e que, pondo-se **negro** e impaciente o cão raivoso, suba sobre a superfície das águas quase sufocado; e tu, com **orvalhos** e **azotes**, faze com que fuja para longe do castelo, e assim as trevas desaparecerão. (...)

Seja a ti favorável, Diana, que sabe domar as feras, cujas duas *Palomas* afastarão com suas plumas a malignidade do ar, pelos poros do qual entra facilmente o mancebo; no instante, sacode suas asas, uma contra a outra, e levanta uma nuvem negra: cairão muitas ondas em cima, até que chegue a brancura da **Lua**, e assim as trevas, que estavam sobre a face do abismo, mediante o **espírito** que se moverá nas águas, desaparecerão; e assim, por mandado de Deus, aparecerá a **luz**" (1)

PANACEIA

Pejorativamente, é a denominação que se dá a um incrível remédio capaz de curar todos os males, na tentativa de desacreditar o **elixir** dos filósofos, que dizem ter essa propriedade, e recebia esta alcunha.

"Tendo assim completado a operação, deixai o recipiente esfriar e, quando o abrirdes, percebereis a vossa **matéria** fixar-se numa massa pesada de uma absoluta cor escarlate, que é facilmente redutível a pó por raspagem, ou qualquer outro processo, e que, ao ser aquecida no **fogo**, derrete-se como cera, sem produzir fumaça ou chama, ou causar perda de substância, retornando quando fria à fixidez inicial, mais pesada do que o ouro, peso por peso, embora fácil de dissolver em qualquer líquido e cuja ação prodigiosa, quando dela se ingerem uns poucos miligramas, invade todo o corpo humano, extirpando-lhe todas as doenças e prolongando-lhe a vida à sua duração máxima; é por essa razão que ela obteve a denominação de Panaceia, ou remédio universal" (128).

PARACELSO

Philippus Aureolus Theophrastus Bombastus von Hohenhein (1493-1541) nasceu na aldeia de Villach, próximo a Zurique. Com o alquimista Sigismund Fugger aprendeu técnicas de mineração, no Tirol, e com o abade alquimista Johannes Trithemius, do mosteiro Sponheim, em Wurzburg, aperfeiçoou-se em assuntos ocultistas.

Seu pai, o médico Wilhelm Bombast, encaminhou-o nos segredos de sua profissão. Desejoso de renovar os conhecimentos de Medicina, existentes em sua época, após frequentar as Universidades da Alemanha, França, Itália e Áustria, insurgiu-se contra os conceitos existentes, ditados por Celso, Galeno e Avicena. Daí se originou o nome pelo qual se tornou conhecido — *Paracelso* — "além de Celso".

Dele, dizia-se ser um homem nervoso, provocando polêmica onde quer que se encontrasse, o que lhe impedia de permanecer por muito tempo em um mesmo cargo. De físico franzino e de aparência geral tão afeminada, que seus inimigos costumavam acusá-lo de ter sido emasculado quando criança.

Viajou por toda a Europa, curando doentes e ensinando suas práticas sobre as virtudes dos metais; havia descoberto o zinco e foi o primeiro a identificar o hidrogênio. Apesar dos muitos inimigos que o caluniavam, impôs o seu profundo conhecimento médico, sendo convidado a ocupar uma cadeira na Universidade de Basileia, em 1527.

Profundo estudioso da Alquimia, cuja verdadeira missão considerava ser curar os enfermos, acreditava na influência das energias cósmicas: planetas e metais estavam, para ele, estreitamente relacionados ao homem e regidos pelas mesmas leis. Passou a usar alguns minerais básicos nos estudos alquímicos como remédios, entre eles, o ferro, mercúrio, sal e enxofre. Buscando a quintessência, encontrou o láudano que passou a usar como analgésico e o éter, produto da combinação de álcool e ácido sulfúrico, como anestésico.

Divulgava que o princípio vital, ou arcano de uma substância, devia ser usado para curar as doenças provocadas por esta mesma substância. Corretamente preparado, o veneno poderia se tornar remédio, contrariando a crença da época de que só os opostos poderiam proporcionar a cura.

Morreu em 1541, deixando um grande mistério para a posteridade quando, no século XIX, seus restos mortais foram exumados no cemitério de São Sebastião, onde fora enterrado. No esqueleto havia uma pelve feminina...

Teria conseguido executar a **Grande Obra**, tornando-se um **Adepto** e, por conseguinte imortal? E, para fugir à evidência do fato diante de seus muitos inimigos, sendo obrigado a simular sua própria morte, enterrando um cadáver qualquer em um sepultamento forjado?

Para confirmar essa teoria, consta que, entre os Salmos que pediu, fossem executados em seu funeral, está o de número XXX: "Da cova fizeste subir a minha alma; preservaste-me a vida, para que não descesse à sepultura".

PÁSCOA

A inserção da *Páscoa* entre referências alquímicas, deve-se apenas ao fato de ser uma festividade bastante antiga, realizada muito antes do advento do Cristianismo, tendo se constituído, ao que tudo indica, em uma advertência para a preservação de um determinado período astronômico importantíssimo ao **Magistério**.

É notório que os **festivais**, determinados desde a mais remota Antiguidade por grupos encarregados de preservar os **Mistérios**, transmitindo esse conhecimento para futuras gerações, de forma velada, procuravam dar ênfase a certas épocas do ano que fossem importantes à realização dos seus secretos trabalhos. A *Páscoa* é a mais difundida dessas comemorações, por ter chegado até os nossos dias, mas refere-se a um mesmo período astrológico entre **carneiro** e **touro**, bastante destacado em muitas outras tradições antigas. Para uns, é determinada pelo equinócio da primavera, que ocorre entre os dias 21 e 22 de março no hemisfério norte. Observando a Lua nova que antecede o equinócio, o primeiro domingo após o 13º dia de Lua nova é o Domingo de Páscoa. Como o primeiro dia de Lua nova, antes de 21 de março, é entre 8 de março e 5 de abril, a Páscoa só pode ser entre 22 de março e 25 de abril. Para outros é orientada pela Lua cheia existente entre os signos de **Áries** e **Touro**, na qual fica circunscrito o **Domingo de Ramos**. Se contarmos 40 dias para trás, encontramos a Quarta-Feira de **Cinzas** e, após uma semana, o Domingo de *Páscoa*. Essa semana, ao que tudo indica, é fundamental para os trabalhos no **laboratório**, pela incidência dos raios cósmicos que têm atuação preponderante na matéria, durante a execução da **Grande Obra**.

Na Antiguidade, a deusa **Diana**, irmã de **Apolo**, era festejada no mês de abril, durante a fase da Lua cheia. Na atualidade, o Cristianismo comemora a ressurreição de Cristo, enquanto em Meca, os fiéis costumam dar **sete** voltas em torno da **Kaaba**. Crenças diversas para preservação de uma data idêntica.

Pelo que se pode concluir, consultando os estudiosos no assunto, há uma preocupação exagerada, sem muita explicação lógica, orientando os responsáveis pela definição do Domingo de Páscoa. Esse aparentemente simples episódio, que pela história já mobilizou famosos matemáticos e astrônomos em inumeráveis cálculos denominados *cômputos*, chegou a provocar até a realização de concílios, para que se pudesse determinar com precisão o momento exato em que seria impreterível a fixação da data. Isso só vem nos confirmar que não se trata de um dia comum ou apenas de mais um procedimento religioso como tantos outros. Existia, por certo, alguma coisa bem mais importante do que jantar carneiros assados, obrigando que esses cálculos fossem previstos e elaborados com a máxima precisão por tais sumidades técnicas, buscando impedir que se perdesse um determinado momento cósmico.

"Repartir um carneiro, no decorrer de um banquete, nada tem de especificamente cristão. A primeira referência a esse costume, remonta a Moisés, que fixara, no 14º dia do primeiro mês do ano, a imolação e a partilha do carneiro, entre todos os filhos de Israel, para lembrar a noite de passagem do anjo exterminador Yaweh, na véspera da saída do Egito.

"Como o ano começa no equinócio da primavera, e o 14º dia do mês, segundo o calendário lunar dos antigos hebreus, é dia de Lua cheia, é claro que a festa da Páscoa sempre esteve ligada a eventos de ordem astronômica e luminosa. Ocorre o mesmo com a festa celebrada pelos Cavaleiros Rosa-cruzes, nas proximidades da Lua cheia, que se segue à passagem do Sol pelo signo de Carneiro. Em seu ritual, citado por Jean-Pierre Bayard, explica-se que o objetivo desse ágape é festejar o retorno do Sol no equinócio da primavera e a renovação da Natureza. O texto acrescenta que essa passagem do astro sobre o equador é marcada pelo eclipse da constelação de Carneiro, que se perde nas regiões do Sol. A noite dessa cerimônia situa-se, por conseguinte, entre o início do signo astrológico de Carneiro e o de Touro, sob a dominação da Lua cheia, como as operações figuradas nas pranchas quatro, nove e doze do Mutus Liber" (37).

Em um panfleto, distribuído em abril de 1999, pela Prefeitura da cidade do Rio de Janeiro, na Fundação Planetário, há o seguinte texto assinado por Alexandre Cherman:

"(...) Fugindo do debate teológico que este tema desperta e tentando nos concentrar em seu aspecto histórico, podemos lembrar que a celebração da Páscoa é bastante mais antiga do que a própria Paixão de Cristo. Chamava-se *Pessach*, que quer dizer passagem em hebraico, em uma alusão ao êxodo do povo hebreu em sua fuga do Egito.

Como o calendário hebraico se baseia na Lua, também por isso nossa Páscoa atual varia de data.

Como calcular, então, a data da Páscoa? Normalmente se diz que a Páscoa se celebra no primeiro domingo seguinte à primeira Lua cheia depois do equinócio vernal. Equinócio vernal?! Este termo técnico nada mais é do que o início do nosso outono. Neste ano o equinócio se deu no dia 20 de março. A primeira Lua cheia após este dia foi em 31 de março. Assim, o primeiro domingo depois desta data é o dia 4 de abril: o domingo de Páscoa.

Este cálculo não está de todo correto. Rigorosamente, a Páscoa se celebra no primeiro domingo após a Lua Pascal. O que vem a ser a Lua Pascal? Esta não é uma lua astronômica, e sim uma lua média calculada pelos elementos do cômputo eclesiástico — o número áureo e a epacta. O cálculo em si é bastante engenhoso, mas também muito complicado. Basta saber que a Lua Pascal pode diferir em, no máximo, três dias da lua cheia astronômica. Assim é possível que nosso cálculo inicial nos dê um resultado incorreto. Mas não é muito provável que isso aconteça.

Com a Lua Pascal ou a Lua cheia, o importante é saber que a data da Páscoa é definida astronomicamente"

Por último, vale a pena nos determos na citação desses dois ratificadores parágrafos:

"A expressão 'lua cheia' em conexão com a Páscoa designa a lua eclesiástica, isto é, o 14º dia da lua contando a partir de sua primeira aparição após conjunção. A determinação efetiva disso era atribuída aos astrônomos de Alexandria, os únicos que tinham competência técnica para tanto. (…)

"No Ocidente, as diferenças regionais na datação da Páscoa estavam eliminadas no fim do século VIII, mas no século XIII o afastamento do equinócio da primavera em relação ao dia 21 de março começou a causar preocupação, já que chegava então a sete ou oito dias. Essa divergência foi assinalada, entre outros, por Sacrobosco em seu *De anni ratione*, e por **Roger Bacon** em seu *De reformatione calendaris*, enviado ao papa. Entretanto, só em 1474 o papa Sisto IV convidou o mais eminente astrônomo da época, Regiomontanus, para ir a Roma fazer a reconstrução do calendário. Sua morte prematura adiou o andamento das coisas e só em 1582 o Calendário Juliano foi substituído pelo mais preciso Calendário Gregoriano" (209).

Ver também **Ovo de Páscoa**.

PÁSSAROS

Com exceção das **Palomas de Diana**, todos os *pássaros* que figuram alegoricamente nos tratados alquímicos — **águias**, pássaros de Hermes, etc. — referem-se ao vapor sublimado da matéria. O número de pássaros representa o número de **sublimações** exigidas na fase dos trabalhos ao qual se refere o texto.

PAVÃO

Atributo de **Júpiter** — o pavão representa na **Alquimia** a renovação da vida, que simboliza a fase da obra em que a matéria se apresenta **verde**, mostrando seus sinais de revitalização. Em várias alegorias, no Oriente Médio, os pavões são representados ladeando a árvore da vida. Pelo **colorido** de sua cauda, também ilustram uma das fases mais comentadas do **Magistério**, a cambiante sequência de cores que antecede a secura perfeita. Em determinadas culturas, por representar a seca, ele costuma ser sacrificado aos deuses em um ritual de apelo pela fertilização das **chuvas**.

"É ainda nesse caso o símbolo da beleza e do poder de **transmutação**, pois a beleza de sua plumagem é supostamente produzida pela transmutação espontânea dos venenos que ele absorve ao destruir as **serpentes**. Sem dúvida, trata-se aí, acima de tudo, de um simbolismo da **imortalidade**. Interpretado assim na Índia, é um fato que o próprio Skanda transforma os venenos em bebida de imortalidade" (38).

"Fenômeno da obra, meteoro do céu dos sábios, que os antigos autores chamam de *cauda do pavão real*, em comparação com as irisantes tonalidades do aristocrático pássaro. Parecidamente, no **crisol** da **Via Seca**, brilham as malhas tecidas da **rede** circular, diversamente iluminadas por baixo, como a grande roseta de uma catedral que se denominava também rota (**roda** e que o sol poente beija" (60).

"No Livro dos Sete Selos Egípcios, onde está dito (como também por todos os autores) que antes de abandonar completamente o negrume, e alvear-se à maneira de um mármore reluzente e de uma **espada** nua flamejante, a pedra se vestirá de todas as **cores** que poderás imaginar" (36).

"Também aparecem antes da brancura as cores do *pavão*; um filósofo fala disso, nestes termos: 'Sabei que todas as cores existentes no Universo, ou que alguém possa imaginar, aparecem antes da brancura, só depois vem a verdadeira brancura. O corpo será aquecido até que se torne brilhante como os olhos dos peixes e então a pedra coagular-se-á na circunferência" (178).

PEDRA DOS FILÓSOFOS

Para um grande número de autores, este termo não caracteriza a Pedra Filosofal, outrossim o minério. A ganga que o filósofo busca nas minas para a execução do seu trabalho.

Um filósofo antigo conhecido por Belus, citado por Arisleu, dá-nos uma definição bastante intrigante:

"Entre todos os grandes filósofos, é magistral que nossa *Pedra* não é nenhuma pedra; mas entre ignorantes, é ridículo e incrível.

Para quem acreditar que uma *pedra* pode ser feita **água** e uma água, *pedra*, nada é mais diferente que estes dois elementos? E ainda assim, é muito verdade que é assim. Para esta Água muito Permanente é a *Pedra*; mas há tempos em que é água, isto é, não é nenhuma pedra".

"É uma *pedra* e não é *pedra*: é chamada *pedra* pela sua semelhança, primeiramente, porque o seu minério é verdadeiramente *pedra* no início, quando foi extraído das cavernas da terra. É uma matéria dura e seca, que se pode reduzir em pequenas partes e triturar como uma *pedra*. Secundariamente, porque depois da destruição da sua forma e da divisão das suas partes, que foram compostas e unidas pela natureza, é necessário reduzi-la a uma essência única, digeri-la docemente segundo a Natureza, numa pedra incombustível, resistente ao fogo, e fundente como cera" (224).

PEDRA DO SOL

Ou Calendário Asteca. É uma escultura redonda, em forma de disco, usada, ao que se sabe, para culto ao **Sol**. Nela o astro-rei aparece circundado pelos quatro elementos: água, vento, jaguar e chuva de fogo.

PEDRA FILOSOFAL

Agente transmutador. **Quintessência**. Condensação dos opostos. Materialização da **luz** celestial. **Chave** de todos os conhecimentos. **Elixir** da Imortalidade. Perfeição da Natureza. **Fênix** gloriosa. **Medicina** Universal. Estes são alguns dos nomes pelos quais é conhecido o ideal maior do alquimista e a glória dos **Adeptos**.

Para seus conhecedores, é o microcosmo perfeito que encerra em si, em comunhão absoluta, as energias do Universo. Mas é uma perfeição que só pode ser conseguida pelo ser humano. A Natureza não pode processá-la sozinha.

"Primeiro, observarás no corpo uma certa cor **citrina**, e, enfim, uns vapores citrinos (estando o corpo embaixo, ou fundo do **vaso**), tintos de cor **violeta**, e, algumas vezes, **púrpura** obscura. Depois de haver esperado 12 ou 14 dias neste governo do Sol, verás a matéria em sua maior parte úmida e, embora seja pesada, a verás ir de um lugar a outro, no ventre do vento. Finalmente, por volta do 26º dia deste **regime**, começará a secar, e então se derreterá e se congelará, e se voltará a derreter cem vezes ao dia, até que comece a fazer-se grãos, e se verá como se tudo fossem grãos separados; outra vez se juntarão, e infinitas figuras de formas tomará, dia a dia, e isto durará por duas semanas; por último, por mandado de Deus, a luz encherá de **raios** tua matéria, de um modo tal, que nunca pudeste imaginar. Aguarda então com brevidade o fim, o qual verás depois de três dias, porque a matéria se fará grãos, como os átomos do Sol, e terá uma cor **vermelha** forte" (1).

"A cor **vermelha** de laca desse **leão** volátil, semelhante ao puro escarlatino do grão verdadeiramente vermelho-granada, demonstra que ela está agora cumprida, com toda a retidão e uniformidade. Ela é como o leão, devorando toda a natureza pura metálica, transformando-a em sua verdadeira substância, em verdadeiro e puro **ouro**, mais fino que o das melhores minas" (36).

"O fim e meta da natureza é produzir ouro, adquirido o qual cessa todo o trabalho, e não pode promovê-lo a maior eficácia; a arte procede realmente mais além. Com efeito, primeiro produz o ouro a partir de seu mercúrio e depois, certamente, sua tintura e pedra filosofal; mescla seu ouro em seu peso justo, com seu mercúrio, dissolve-o em vaso perfeitamente cerrado, e finalmente o transmuta, por vários graus de alteração, em pedra filosófica de rapidíssimo fluir, penetrante, colorante e fixa" (182).

"E assim, por este tratado, desejei indicar-te e abrir-te a Pedra dos Antigos, que nos vem do céu, pela saúde e consolação dos homens, neste vale de misérias, como o mais alto tesouro terrestre que é concedido, e, por mim, igualmente legítimo. Como assim o lês, escrevi para utilidade dos pósteros e não para a minha. Após ter adquirido o conhecimento pelos livros de numerosos varões mui experimentados, estabeleci meu ensinamento, submisso à Filosofia, tão sóbrio de palavras quão abundante de sentido, de maneira que possas atingir a Pedra, sobre a qual se apoia a Verdade, como a recompensa temporal e a promessa da eternidade. Assim seja" (137).

"Não conheci nenhuma Pedra comparável a esta Pedra, ou que pudesse ter o mesmo efeito. Pois nesta Pedra estão contidos os quatro elementos, e ela é similar ao mundo e à composição do mundo" (52).

"É interessante refletir, por exemplo, sobre a notável lenda da pedra filosofal, uma das crenças mais antigas e universais; por mais longe que acompanhemos seus traços no passado, nunca encontraremos a verdadeira fonte. Atribui-se à pedra filosofal o poder não só de efetuar a transmutação dos metais, mas também de agir como elixir da vida. Ora, qualquer que seja a origem dessa associação de ideias aparentemente despida de qualquer sentido, ela se mostra, na realidade, como expressão muito correta e apenas alegórica de nossa atual maneira de ver. Não é necessário grande esforço de imaginação para se chegar a ver na energia a própria vida do universo físico: e hoje sabemos que é graças à transmutação que surgiram as primeiras fontes da vida física do universo.

Não é então, simples coincidência, esta antiga aproximação do poder de transmutação e o elixir da vida? Prefiro crer que seria antes um eco vindo de uma das inúmeras idades quando, nos tempos pré-históricos, antes de nós, os homens seguiram a mesma estrada por onde hoje caminhamos. Mas esse passado é provavelmente tão longínquo que os átomos seus contemporâneos tiveram tempo de desintegrar-se totalmente" (43).

"Não são fábulas. Você o tocará com suas mãos, vê-lo-á com seus olhos, o **Azoto**, o **Mercúrio dos filósofos**, que sozinho é suficiente para obter a nossa pedra... A Escuridão aparecerá na face do Abismo; a Noite, Saturno e o Antimônio dos sábios aparecerão; o negrume e a **cabeça de corvo** dos **alquimistas**, e todas as cores do mundo, aparecerão na hora da **conjunção**; e também o **arco-íris**, e a **cauda do pavão**. Finalmente, após a matéria passar da cor de **cinzas** para **branca** e **amarela**, você verá a *Pedra Filosofal*, nosso **Rei** e Supremo Dominador, saindo do seu vítreo sepulcro para montar em sua cama ou trono com seu corpo glorificado... diáfana como cristal; compacta e muito pesada, derrete ao fogo qual resina, e com a fluidez da **cera**, mais ainda que a do mercúrio vulgar... com a cor do **açafrão** quando pulverizada, mas **vermelho** como **rubi** quando em massa integral" (186).

PEDRA ÍMAN

Um dos muitos nomes dados pelo alquimistas à matéria retirada da mina. Em muitos textos, há referência ao magnetismo que faz com que todos os elementos da matéria primeira se atraiam, obrigando o alquimista a muitas circulações para definir cada um deles, em particular, purificando-os. Segundo consta, tendo como elemento principal desse minério extraído da terra o ferro, esta atração fica justificada, explicando certos parágrafos de alquimistas famosos.

"Do mesmo modo que o **acero** é atraído pela *Pedra Íman*, e que esta por sua natureza se volta até o acero, da mesma maneira a *Pedra Íman* dos Filósofos atrai até si seu acero; pois assim como ensinei que o acero é a mina do **Ouro**, igualmente também nossa *Pedra Íman* é a verdadeira mina de nosso Acero; pelo que te faço saber que nossa *Pedra Íman* tem um centro escondido, abundante de **sal**, o qual é **mênstruo** na esfera da **Lua** que pode calcinar o ouro (1).

Ver também **Ímã**.

PEDRA NEGRA

A *pedra negra* representa uma das fases mais importantes do **Magistério**, a unificação dos elementos, quando as duas forças já estão unidas na putrefação, preparando-se para dar início ao aperfeiçoamento final. Só depois de dominada inteiramente pela **umidade**, quando adquire a cor negra total, a matéria vai iniciar o seu processo de embranquecimento por força de seu próprio **fogo** interno. É após a morte e a corrupção que "o Uno emerge do dois". A *pedra negra* é, assim, o início da formação da **Trindade**.

A Ka'ba, símbolo supremo do Islã, é uma *Pedra Negra* com quatro lados, que muitos atribuem aos quatro elementos. E também considerada o trono de Deus na Terra, ou o umbigo do mundo.

"A *Pedra Negra* de Passimonte (na Ásia Menor), que era a expressão concreta da Grande Deusa Mãe, **Cibele**, adorada pelo povo frígio, foi transportada para Roma, no início do século III, com grande pompa, e instalada sobre o Palatino. Essa *Pedra Negra* simbolizava a entronização, em Roma, de uma divindade oriental, primeira conquista mística de uma vaga que iria rebentar e apagar as mais antigas tradições da Cidade" (38).

PEDRAS PRECIOSAS

Dizem os filósofos que, de posse da Pedra Filosofal, muitas coisas ditas miraculosas podem acontecer, inclusive a transformação de vidro ou outras substâncias em pedras preciosas. Vejamos o que nos fala sobre isso um dos mais importantes autores:

"XXII — O Artista, após haver feito a resolução das pedras, produz outras novas a partir da essência das primeiras, porém as torna infinitamente mais puras e mais poderosas com as mesmas raízes das primeiras que purificou, após havê-las decomposto.

XXIII — Porém as pedras preciosas falsas artificiais não são senão uma substância terrestre, excrementosa, fixa, convertida em vidro por uma forte fusão, pela qual a parte volátil escapa inteiramente, e a maior parte dos sais se fixa ao mesmo tempo que os espíritos.

XXV — A pedra sofística retém a cor e a pureza da pedra natural de onde foi tirada por resolução, porque os excrementos terrestres que compõem esta pedra artificial contêm uma parte dos espíritos minerais fixos.

XXVI — Assim, o Sofista químico pode extrair a esmeralda do cobre e do ferro; o rubi, do chumbo; o diamante, do estanho e da prata.

XXVII — O segredo das pedras preciosas, que está composto de três princípios puros, é mais precioso que todas as pedras preciosas verdadeiras e naturais.

XXVIII — O segredo das pedras preciosas muda qualquer vidro em pedras preciosas verdadeiras e naturais.

XXIX — O mesmo arcano tem a virtude de voltar ao vidro dútil e maleável como o metal; tem o mesmo efeito sobre as outras classes de pedras" (9).

"Não descreverei aqui operações muito curiosas que fiz, para meu grande assombro, com os reinos vegetal e animal, assim como o modo de fazer vidro maleável, pérolas e pedras preciosas mais belas que as da natureza, seguindo o procedimento indicado por Zachaire, e servindo-me do vinagre e da matéria fixa ao branco, e de grãos de pérolas ou de rubis, triturados muito finos, moldando-os e fixando-os logo, pelo fogo da matéria, não querendo ser perjuro, e parecer passar aqui dos limites do espírito humano" (12).

PEDRA VEGETAL

Apesar de muitos filósofos falarem em *circulação menor* ao afirmar que os vegetais também têm propriedades suficientes para nos fornecer a **Quintessência**, vejamos o que nos relata **Basílio Valentim** acerca da **Pedra**:

"Por exemplo, se alguém dissesse que a Pedra é de natureza vegetal, o que é impossível, ainda que nela apareça um não sei quê vegetal, é preciso que saibas que se a nossa **lunária** fosse da mesma natureza que as outras plantas, serviria tão bem como elas, de matéria própria para arder e não se tiraria dela senão o **sal** morto ou, como costuma dizerse, a cabeça morta, e ainda que os nossos antepassados tenham escrito muito sobre a *Pedra vegetal*, se não fores mais clarividente que Linceo, crê que isto ultrapassará os alcances do teu espírito, pois eles só lhe chamaram vegetal porque cresce e se multiplica como coisa vegetal".

PÉGASO

Filho de Poseidon (Neptuno) e da Gorgona; nasceu, segundo alguns relatos, nas fontes do **Oceano**, dada a relação de seu nome com fonte ou riacho. Em outras interpretações, foi fecundado na Terra pelo **sangue** da cabeça da Gorgona, quando esta última foi decapitada por **Perseu**. Sendo alado, simboliza a **sublimação**, da qual se serve **Zeus** para transportar seus **raios**.

Belerofonte o encontrou na **fonte** de Pirene e, graças a sua ajuda, conseguiu derrotar a Quimera, um monstro com cabeça de **leão**, corpo de **cabra** e cauda de **serpente**, que lançava **fogo** pelo nariz.

O simbolismo do mito de Pégaso é, facilmente, identificável dentro de uma visão alquímica na qual cada signo tem total relação com o **Magistério**.

Apesar de a história quase não conservar mais qualquer sentido, percebe-se que essas peças, hoje isoladas e desconexas, em determinada época devem ter tido alguma coerência e montado um esquema lógico no quebra-cabeça do conhecimento humano.

PEIXE

Na Alquimia, é o **azufre** nascente. Água da vida, geralmente representado pelo **delfim** ou pela **rêmora**. É, para os indianos, o avatar de **Vishnu** (matsya), que salva o legislador Manu do **dilúvio**, e lhe entrega o **Veda** revelando ao mundo a ciência sagrada. Ligado a **Neptuno**, como símbolo da dissolução e da integração, tem representação constante nos tratados de muitos **Adeptos**.

O *peixe* inspirou também os cristãos que fizeram dele o símbolo de **Cristo**. E convém lembrar que foi um *peixe* chamado Oannes que, segundo as lendas, saiu das águas para ensinar aos babilônios as artes da civilização.

Peixinho vermelho ou *Peixe* do *mar* vermelho também são denominações dadas pelos alquimistas para essa materialização que em determinado momento se forma no **crisol**, mostrando ao alquimista que o seu trabalho está quase concluído.

"É como, neste **Magistério**, o **regime** do **fogo** deve ser respeitado. Que a fluidez úmida seja justamente e sem muita pressa dessecada, que a **terra** dos **sábios** não se liquefaça e se dissolva de súbito. Com isto, teu é o *peixe*; sem, engendrarás escorpiões em tuas **águas**" (137).

Ver também **Rêmora Delfim** e **Flor de Violeta**.

PELICANO

Na alegoria alquímica, o *pelicano* equivale a uma fase anterior da **fênix**; à natureza úmida destruída pelo fogo e renascida das próprias **cinzas**. Na iconografia cristã é o símbolo de **Cristo** em sua ressurreição, após o martírio e a **morte**.

Pela característica que tem de alimentar seus filhotes com sua própria carne, o *pelicano* passou a ser tomado como símbolo da matéria dos **filósofos**, como uma advertência aos interessados no **Magistério**, de que o **misto** contém, em si mesmo, tudo o que é necessário ao aperfeiçoamento da **Pedra**. Para alguns **Adeptos**, o fato de se alimentar com a própria carne, equivale ao período de **multiplicação**.

"Quem quiser e desejar preparar o nosso **enxofre** incombustível, que o procure numa **matéria** que seja incombustível. O que não se pode fazer antes que o mar salgado tenha tragado um corpo e arremessado este, sendo sublimado a um ponto que ultrapasse em muito o esplendor dos outros astros e o seu **sangue** tão aumentado e aperfeiçoado, que possa como o *pelicano*, que criva o seu peito sem molestar a sua saúde e sem nenhum incômodo para as outras partes do seu corpo, alimentar com seu próprio sangue todos os seus filhos.

É esta a **tintura** dos filósofos de cor purpurina e o sangue vermelho do **Dragão**, de que falaram e sobre quem escreveram todos os filósofos: é o escarlate do imperador da nossa arte, com o qual cobre a rainha de saúde e a **púrpura** com a qual os metais frios e imperfeitos se aquecem e se tornam completos" (137).

Em alguns textos, o nome *Pelicano* também se refere ao vaso de **circulação**.

"Transcorridos estes dez dias, coloquei a **dissolução** total a fermentar em um *pelicano* durante quarenta dias, ao cabo dos quais se precipitou, pelo efeito do **calor** interno da **fermentação**, uma matéria negra" (12).

PEREGRINAÇÃO

Em plena época das Cruzadas, um grande número de peregrinos tornou famoso o caminho de **Santiago de Compostela**. A lenda que originou todo esse movimento diz que o primeiro peregrino teria sido Carlos Magno que, uma noite, após mais um combate aos sarracenos, viu um caminho de **estrelas** que começava no mar, atravessava a Gasconha, Navarra, cruzando o céu até a **Galícia**. Essa visão repetiu-se por várias noites, sem que ele conseguisse entendê-la.

A mais antiga notícia que se tem desse culto a **São Tiago** ou **Saint Jacques** data do ano 860, e era um culto local. A partir do século X, uma constante *peregrinação* teve início, partindo da França, o que não deixa de ser um fato bastante curioso tendo em vista que, durante as Cruzadas, todo interesse cristão deveria estar voltado para a Terra Santa, e não perdido em adoração a interesses menores. Não é fácil para os estudiosos compreenderem essa atração pelo suposto túmulo do apóstolo que, tendo falecido na Judeia, não deixa justificativa para um sepultamento na **Galícia**.

Há, no entanto, detalhes que nos fazem crer serem outros os motivos reais dessa peregrinação: A **Alquimia**, embora execrada pela bula do papa **João XXII**, começou a penetrar na Europa a partir do século X, chegando a constituir em uma verdadeira febre, entre os séculos XIII e XVI. Muitos manuscritos tinham chegado à Europa trazidos por cruzados e árabes, e o interesse sobre o assunto era total. A forma de burlar a Igreja não seria um meio mais lógico para explicar essa maciça peregrinação? Uma dissimulada ida às minas de **pirita** e bissulfureto de ferro de Mondoñedo, na Galícia, em busca da **matéria-prima**, passaria completamente despercebida, sob uma capa de extrema religiosidade. Parecendo confirmar tal suposição, é bom lembrar que o emblema do peregrino é a **concha** e que o caminho é conhecido por *Caminho das Estrelas*.

"Simbolicamente, de um ponto de vista esotérico, explica-se assim a presença flamejante, que não pode ser a Estrela Polar, porque está situada a sudoeste do templo, exatamente na direção da Igreja de la Estrella (**estrela**), na Espanha, onde se juntam os três caminhos da *peregrinação*. E, em toda etapa, encontra-se a letra G, como inicial da maior parte dos nomes das pessoas que tinham qualquer relação com a peregrinação. Guillaume é um nome corrente; (...) Saint-Genés, Saint-Gilles, Gellone torna-se Saint Guilhem, Girart de Roussillon, Gaifes d'Aquitaine, Galienne, Geoffroi Gerar de Blaye. Encontra-se também a Estrela na fachada de todo edifício religioso" (18).

É bom que se explique a evidência dada à letra "G", no trecho acima: Muitos alquimistas consideravam a **Galena** como sendo o **primeiro assunto**, ou matéria a ser extraída da **mina** para dar início ao **Magistério**.

"Enfim, tendo perdido a esperança de vir a compreender essas figuras, fiz um voto a Deus e a S. Jacques da Galícia para perguntar a interpretação delas a algum sacerdote judeu, em qualquer uma das sinagogas da Espanha. Então, com o consentimento de Perrenele, portando comigo o extrato dessas figuras, tendo tomado o hábito e o bordão, da mesma maneira que se me pode ver por fora da arcada, na qual coloco essas figuras hieroglíficas, no cemitério, onde também pus no muro, de um e de outro lado, uma procissão onde são representadas, pela ordem, todas as cores da pedra, tal como aparecem e acabam, como neste dito francês: *Moult Plait a Dieu Procession s'elle fait en dévotion*. O que é o começo do livro do Rei Hércules, tratando das cores da pedra, intitulado *O Íris*, nestes termos: *Operis Processio multum naturae placet etc.*, que lá coloquei expressamente para os sábios que entenderão a alusão. Da mesma forma pus-me a caminho, e enfim cheguei a Montjoie, e depois a **S. Jacques**, onde, com grande devoção, cumpri meu voto" (36).

Ver também **Jacques, São** e **Santiago de Compostela**.

PERIGO

A **Grande Obra** não pode ser considerada um trabalho fácil, passível de ser praticado por mulheres e crianças, como fizeram questão de escrever determinados autores. Pelo menos em suas primeiras fases, podemos considerá-lo bastante *perigoso*, bastando para isso levar em conta que uma das mais importantes alegorias clássicas que o representa são os Doze Trabalhos de **Hércules**: vencendo touros, matando **dragões**, hárpias, degolando as **sete** cabeças da **hidra**, tudo para justificar a convulsão dos elementos que tem que ser dominada, dentro de um processo de **purificação** da matéria. Outros autores, ainda, falam da malignidade do ar, de fortes ventos, de mar revolto, trevas, para prevenir os novos praticantes de incidentes encontráveis no caminho.

Além disso, muitos alquimistas, na ânsia de conseguir a fórmula da Grande Obra, agiam precipitadamente, fazendo uso de materiais cuja combinação redundava em perigosos explosivos, ou até mesmo misturavam elementos certos, antes do tempo previsto, fazendo com que se arruinasse todo o trabalho. A importância da purificação para a realização dessas misturas, seria fundamental ao bom êxito do **magistério**, bem como o respeito à época própria para sua execução.

"No terreno dinâmico, apresentar-se-ão, regra geral, todos os *perigos* que pode produzir a inserção de um alto potencial em circuitos cuja resistência e capacidade de transformação são limitadas" (179).

"Se cada fonte conservar ainda o seu sumo quando as separardes do mundo, então o fogo que se inflama, no último Juízo, não nos danará: não serão presa dele os espíritos que servem de órgãos para o vosso sumo, e, depois desta terrível tempestade, sereis na vossa ressurreição um triunfador e um anjo" (210).

"Sabe também por certo que o mercúrio
que deve começar a obra deve ser líquido
e branco, não seques com um fogo excessivo
a umidade até pó (vermelho à vista).
pois assim se corrompe teu esperma feminino,
e perderás teu desejado resultado" (73).

PERNETY, ANTOINE JOSEPH

Antoine Joseph Pernety nasceu na França, em 23 de fevereiro de 1716, tornando-se famoso pela alcunha de Dom Pernety, autor do *Dictionnaire Mytho-Hermétique*, editado em 1758.

Monje beneditino da Congregação de Saint-Maus, ficou famoso por seus estudos de Alquimia e Cabala, tendo contribuído grandemente para maior divulgação e esclarecimento dessas duas ciências.

Foi membro atuante de "La Société Philosophique d´Avignon", reconhecido centro de estudos avançados de ciências herméticas.

Faleceu em 16 de outubro de 1796.

PÉROLA

Pequeno glóbulo precioso que cresce escondido no interior da **concha**. Nascida da **água**, representa o elemento feminino, o que faz dela um símbolo lunar, complementado pela forma e coloração branco-nacarada.

Considerada um embrião oculto e precioso, foi facilmente comparada ao **embrião** alquímico, gerando em muitas culturas toda uma alegoria usada pelos **Adeptos**, inclusive o simbolismo da **concha**, senha usual dos peregrinos de Santiago de Compostela.

Em *O Segredo da Flor do Ouro*, traduzido por Richard Wilhelm, podem-se ler os ensinamentos do Mestre Lu Dsu:

"Com o tempo, o **espírito** originário transforma-se na morada da vida, na verdadeira **força**. Devemos neste ponto empregar o método de girar a **roda** do moinho, a fim de destilá-lo e transformá-lo no Elixir da Vida. Este é o método do trabalho concentrado.

Quando a *pérola* do **Elixir** da Vida está pronta, o embrião santo poderá formar-se e devemos então orientar o trabalho no sentido do aquecimento e nutrição do embrião espiritual."

PERSEO

Na mitologia grega *Perseu* era filho de **Júpiter** e Danae, uma jovem que fora encerrada em uma torre de metal pelo pai, na tentativa de evitar que tivesse filhos, livrando-se assim do destino profetizado por um oráculo que previu sua morte pelas mãos de um neto. Júpiter invadiu a torre em forma de **chuva** de ouro e, da união dos dois, nasceu *Perseu*. Seu feito mais importante foi cortar a cabeça da **Medusa**, de cujo **sangue** nasceu **Pégaso**.

Nos textos alquímicos, com o nome ligeiramente modificado, *Perseu* aparece personificando o **peixe**, que nada mais é senão uma alegoria do **enxofre**, conforme nos comprova o seguinte texto de Fulcanelli:

"O corpo, reduzido a fino pó e posto em digestão com uma pequena quantidade de água, é, à continuação, umedecido e irrigado pouco à pouco, à medida que a vai absorvendo, técnica esta que os sábios chamam **embebição**. Obtém-se assim uma pasta cada vez mais branda, que se torna grossa, oleosa e, por fim, fluida e limpa. Submetida então, em certas condições, à ação do **fogo**, parte desse **licor** se coagula em uma massa que cai ao fundo, e que se recolhe com cuidado. Esse é o nosso precioso enxofre, o menino recém-nascido, o reizinho e o nosso **delfin**, peixe simbólico chamado por outro nome, *echeneis*, **rêmora** ou piloto. Perseo ou peixe do mar vermelho".

PEZ HERMÉTICO

Outra das denominações dadas ao enxofre, escondido nas entranhas da matéria, ainda apresentado sob a alegoria de peixe.

PIRITA

"Bisulfuro de **Ferro** S_2Fe (...) É frequente uma marca de complemento dos piritoedros a que se chama *Cruz de Ferro* (...) Cor amarela com brilho metálico intenso. Encontram-se também em grandes massas, formando nódulos. São notáveis também os gorrones de Almadén (Ciudad Real — Espanha), nódulos de pirita recobertos de matéria betuminosa. (...) Dureza de 6 a 6'5. Tem grande tenacidade, porém é frágil; peso específico de 4'8 a 5'2.

Geralmente as piritas não são puras, contendo outros metais, inclusive **cobre** e **ouro**, constituindo-se em riquíssimas minas dos ditos metais. Em Mondoñedo, na **Galícia**, há registro de uma pirita estanhífera a que se denominou *ballesterosita*.(...) As auríferas e cupríferas produzem a maior parte do ouro e do cobre entregues à indústria. Não é boa mina para o ferro, porque não se pode expulsar delas, por completo, o **enxofre (azufre)**, e dá uma fundição muito frágil" (26).

"A maneira de fazer o **vitriolo** consiste unicamente em deixar decompor-se as piritas ao ar, e fazer-se, à continuação, sua lavagem, evaporação e cristalização; sobre o qual referem estas atas, um fenômeno singular, a saber, que quando se as deixa expostas ao ar, por tempo demasiado grande, ou quando o ar é disposto de uma certa maneira, não se faz nenhuma cristalização e a massa permanece graxa e viscosa" (110).

PIRROTITA

"**Pirita** magnética ou magneto pirita, é um sulfuro de **ferro**, para o qual se dão as fórmulas $S_{12}Fe_{11}$ e S_7Fe_6, sempre $S_{n+1}Fe_{n1}$, embora aceita, depois das investigações de Alsen, é $S Fe$, se bem que admitindo um tanto por cento de **enxofre** que chega a sete, em conceito de impurezas. (...) Em geral se apresenta em pequenas massas de textura algo laminar, com fratura concoide e um cruzeiro básico bastante perfeito. Cor de bronze com brilho metálico e pó enegrecido. Muito frágil. Dureza 3'5 e 4'5 e densidade de 4'6. Sempre atraível por **ímã** e às vezes magneto-polar. É fusível ao maçarico e se ataca por ácidos; com frequência leva níquel e cobalto. É própria de filões piritíferos, de rochas plutônicas antigas e dos meteoritos. Os maiores cristais procedem de Morro Velho (Brasil) (...) Como mina espanhola, podem citar-se Teixidelos (**Galícia**)" (26)

PITÁGORAS

Filósofo e matemático grego, nascido em Samos, em 582 a.C. Viajou pela Índia e pelo Egito, adquirindo grande sabedoria. Baseado em seu conhecimento dos números, criou os intervalos harmônicos entre as notas musicais. Acreditava na esfericidade da Terra e em seus movimentos no espaço, em torno de uma chama central. Na "Turba dos Filósofos" há um texto alquímico, cuja autoria é atribuída a Pitágoras:

"Cortai, pois, a Galinha negra, e embebei-a com seu **leite**, e dai-lhe goma para comer, para que ela se cure, e guardai seu **sangue** dentro de seu ventre, e alimentai-a com tanto leite que ela acabe perdendo e mudando suas penas negras, e perdendo suas asas e não mais voando. Então, a vereis bela, ganhando penas brancas e reluzentes: nesse instante, dai-lhe **açafrão** e ferrugem para comer, e depois dai-lhe sangue para beber, e alimentai-a dessa forma, por muito tempo, e depois deixai-a ir embora; pois não haverá veneno que a possa prejudicar e que ela não vença. E ela poderá olhar o **Sol**, sem recuar, embora ele incida diretamente em seu olho. Sabei que toda a intenção e o começo da **obra** é a **brancura**, após o que vem a vermelhidão, que é a perfeição da obra" (37)

PÍTON

Dragão nascido do lodo da Terra após o dilúvio, morto a flechadas por **Apolo**. Suas **cinzas** foram colocadas em um sarcófago e enterradas no centro da **ilha** de Delfos, dita *centro do mundo*. Isto porque, quando **Zeus** quis descobrir o **ônfalo** da Terra, soltou duas **águias** de seus pontos geográficos mais extremos. No mito, elas se encontraram no centro de Delfos, que tem também o significado de *útero*.

A lenda do dragão morto pelas **flechas** de Apolo, que foi reduzido a **putrefação**, em seguida transformado em **cinzas** pelos ardores do **Sol** e enterrado no centro da **matéria**, tenta conservar uma grande simbologia alquímica, em uma história, que, pela perda de muitos detalhes, chega até nós, como tantas outras, quase sem nenhum sentido.

PLANETAS

Na literatura alquímica há uma constante referência a sete planetas. Na realidade, deveriam chamá-los apenas astros, porque os planetas a que sempre fazem alusão são apenas cinco: Mercúrio, Saturno, Vênus, Marte e Júpiter. Os outros dois corpos celestes são o Sol que é uma estrela e a Lua, um satélite.

Eles simbolizam os minerais: Sol = Ouro, Lua = Prata, Mercúrio = Mercúrio, Saturno = Chumbo, Vênus = Cobre, Marte = Ferro e Júpiter = Estanho.

PLEROMA

Os antigos gnósticos o descrevem como "Nada". Entretanto, o *pleroma* não é a ausência de tudo, outrossim um Estado de não ser, algo divino além do Ser. O pleno, de onde toda existência manifesta se origina. O que está completo. Por esta razão muitos autores se referem à **Pedra Filosofal** ou à **Quintessência** como o *Pleroma* — a **Obra** definitiva. Nada sendo necessário lhe acrescentar para sua total perfeição.

PNEUMA

Ar. Vento mercurial. Princípio espiritual. **Alma do mundo**. Espírito vivo de uma substância; mescla de ar e **calor** vital. **Fogo** puro do éter.

"Em terceiro lugar, o espírito amacia e liquefaz a dureza da terra. Enquanto isso, ele divulgará sua palavra e produzirá a **liquefação**, seu *pneuma* soprará e a **água** fluirá. E diz-se em outro lugar: A mulher dissolve o homem, assim como o homem congela a mulher, isto é, o espírito dissolve o corpo e amacia-o, e o corpo deixa o espírito solidificar. (...)

Em sétimo lugar, ele confere o **espírito** vivo, espiritualizando pelo sopro o corpo terreno, do qual se diz: espiritualizaste o homem pelo teu sopro. E Salomão diz: O espírito de Deus encheu a terra. O profeta também diz: E através do *pneuma* de sua boca existe toda a sua glória. E Rasis diz em a Luz das Luzes: O pesado só pode ser erguido pelo leve e o leve só pode ser vergado pelo pesado. E no Turba se diz: Fazei o corpo incorpóreo e o sólido volátil" (189).

"Para os romanos, o *pneuma*, em latim *spiritus*, é ao mesmo tempo, observa Jean Beaujeu, o princípio da geração para o conjunto dos seres animados, e, sob um aspecto puramente inteligível e espiritual, o princípio do pensamento humano. O fogo que entra na natureza do *pneuma* provém do fogo puro do **éter**, não de uma combustão terrestre; essa origem estabelece o parentesco real da **alma** com o céu...

A noção de *pneuma*, mescla de ar e de **calor** vital, estreitamente relacionado e muitas vezes identificado com o **fogo** puro do éter, que é a alma do mundo, parece ter seu ponto de partida num dos primeiros tratados de Aristóteles, de onde se transmitiu para os estoicos" (38).

PÓ DE PROJEÇÃO

Segundo antigos textos, o *pó de projeção*, originado da **Pedra Filosofal**, levaria qualquer matéria, dos três reinos da Natureza, a adquirir suas formas perfeitas.

Após a conclusão do **Magistério**, o alquimista está de posse de uma pedra **púrpura**, feita por milhares de partículas aglutinadas, mas que pode ser triturada e tornada pó. É a esse pó, capaz de misturado a azeite tornar-se o precioso **elixir** da imortalidade e, envolto em **cera** e derretido com metais pouco nobres, determinar sua perfeição tornando-os **ouro**, que se denomina *pó de projeção*.

"É um pó resultante da **Arte** dos Alquimistas, que lançado em muito pequena quantidade sobre os metais imperfeitos, em fusão, por meio do qual os transmutam, segundo o grau de sua perfeição" (129).

"Toma uma parte de tua **Pedra** perfeita, como foi falado, branca ou vermelha, ou segundo a qualidade de tua **medicina**; toma de qualquer dos dois luminares quatro partes, e funde-os em um **crisol** limpo, e depois põe dentro dele tua Pedra, segundo a espécie de luminar que tiveres fundido, branco ou vermelho, e a mistura esvazia-a em uma lingoteira, e será uma massa que se deixará transformar em pó. Desta massa, toma uma parte, e de **mercúrio** bem lavado, dez partes; esquenta-o até que teu mercúrio comece a fazer ruído, e vira sobre ele tua mistura, a qual, em um abrir e fechar de olhos, o penetrará; funde-o aumentando o fogo, e toda a massa será medicina de ordem inferior; desta toma uma parte e derrama sobre qualquer metal que esteja fundido e é purificado ou limpo, tanto quanto tua Pedra queira tingir, e terás **ouro** ou **prata** de tal modo puro, que mais puro não o fará a natureza. É melhor fazer a projeção gradualmente, até que cesse a **tintura**, e, deste modo, mais longe se estenderá; porque quando um pouco se põe sobre maior parte (se não se faz a projeção sobre o mercúrio) se desperdiça, ou se perde notavelmente a medicina, em razão das escórias que estão unidas aos metais imundos ou imperfeitos, pelo qual, quanto mais se purguem os metais, antes da projeção, tanto melhor êxito terá a operação no **fogo**" (1).

POIMANDRES

Divindade descrita na cultura hermética como sendo uma espécie de **dragão**, responsável pela mente e pela clarividência da alma humana. Também é chamado de O Dragão da Sabedoria. No livro *A Tábua de Esmeralda*, supostamente inspirado a um Faraó egípcio, nos primeiros séculos da era cristã, pelo deus egípcio **Thot** ou **Hermes Trismegisto**, lê-se em uma das passagens:

"Hermes Trismegisto, Trêz Vezes o Grande, caminhava por um estranho rochedo e decidiu meditar. Fechou seus olhos e, respondedo às leis divinas, viu-se dentro do mundo invisível. Uma vez lá, deparou-se com o grande dragão da sabedoria, uma figura imponente cujas asas cobriam o Sol como nuvens imensas emitindo raios luminosos: 'Hermes Trismegisto, o Três Vezes o Grande, por que tentas adentrar o mundo invisível?' Espantado com aquela figura, Hermes Trismegisto abaixou a cabeça como símbolo de humildade e respeito, e disse: 'Nobre criatura. Embora vós sabeis meu nome, eu não sei o vosso. Como eu poderia comprimentar-vos? Vossa presença me enche de honra'. 'Chamo-me Poimandres. Sou a mente e a luz do Universo. Sou eu quem transmite inteligência e criatividade para a mais ignorante das criaturas'. 'Sublime! Conduzi-me pelos mundos invisíveis'. 'O que desejas encontrar lá, Hermes? Quais são suas intenções?' 'Tenho em mente ajudar a humanidade. Eu amo todas as pessoas da Terra!' Após um exame na mente de Hermes Trismegisto, Poimandres percebeu o afeto de Hermes pela humanidade e a compaixão que sentia pelo seu sofrimento. 'O que diz é verdade', concordou Poimandres, 'Tu terás minha ajuda em sua santa tarefa'."

POISSON, ALBERT

Albert Poisson, nascido na França, em 1869, foi um dos mais dedicados pesquisadores da tradição alquímica, estudos aos quais se dedicou, a partir dos 13 anos de idade, tornando-se um dos mais renomados alquimistas do século XIX.

Com apenas 22 anos, publicou o tratado "Théories et Symboles des Alchimistes" que, segundo comentários de conhecedores do assunto, é um verdadeiro atalho, um caminho seguro, para a prática do **Magistério**.

Vítima, talvez, de um cansaço excessivo, pela extrema dedicação a seus estudos, faleceu em 1893, aos 24 anos, não sem antes restaurar, com seriedade, a corrente da Tradição Hermética, perdida por anos, em meio à intolerância e à charlatanice.

De Albert Poisson, convém ressaltar um pensamento de valorização à Grande Obra:

"A escolástica com sua argumentação sutil,
a Teologia com o seu fraseado ambíguo,
a Astrologia tão vasta e complexa,
são todas brincadeiras de criança, quando comparadas à Alquimia".

PONTANUS, JOHANNES

Johannes Pontanus (1571-1639), alquimista, conhecido como O Filósofo da Pedra, foi um dos mais divulgados autores do século XVI. Seu tratatdo "O Fogo Secreto", editado em 1600, impresso em latim, foi recebido com muito interesse por leitores ávidos de um texto mais informativo e menos cifrado.

Embora não seja ainda um texto muito claro, *Pontanus* conseguiu relatar o seu trabalho com uma simplicidade bem maior que muitos dos seus predecessores, como se pode constatar por este pequeno trecho de seu tratado:

"A epístola do Fogo Filosófico"

Eu, *John Pontanus* que tenho trabalhado em vários reinos e domínios em minha indagação de conhecer uma certeza do que é a Pedra dos Filósofos, viajei por todas as partes do mundo e achei mais falsos Filósofos e enganadores. Ainda estudando, nada menos que, nos livros do Modo, minhas dúvidas aumentando, eu descobri a verdade: – e mesmo assim, todavia, tendo conhecimento do material, eu errei 200 vezes antes de achar a verdadeira operação e prática daquele material.

Eu comecei minhas operações primeiro com **putrefação** do Corpo deste material, por todo um período de nove meses, mas isto veio a naufragar. Eu coloquei isto nos banhos por períodos longos, há pouco errando o mesmo. Eu levei e coloquei isto no fogo de **calcinação** durante três meses, o que se revelou errado. Tudo ordena tipos de **destilação** e **sublimação** falados, ou aparentemente falados pelos filósofos — **Geber**, Archelaus, e quase todos os outros —; eu tentei e tentei, mas, igualmente, não encontrei nada. Em resumo, eu tentei aperfeiçoar, em todos os sentidos concebíveis, o assunto da **Arte** da Alquimia, fiz isto através de adubo, **banho**, **cinzas**, ou os outros mil tipos de pífaro mencionados pelos filósofos nos trabalhos deles, mas nada fez com que eu descobrisse seu valor".

POPOL VUH

A chegada dos espanhóis à América fez desaparecer, na onda de destruição que provocou, 3 dos 4 códices mayas, com sua história oriunda de um período clássico daquele povo, presumivelmente o ano 900 d.C. Milagrosamente um desses códices foi conservado ou reescrito em idioma quiché, posteriormente, por líderes indígenas, com a intenção de preservar para o povo a sua memória.

Essa Bíblia Maya, como é chamada, surpreendeu o sacerdote dominicano Francisco Ximenez ao desembarcar na Guatemala, em 1688. Aquele era o último vestígio da lendária Tulán, todos os demais códices tinham desaparecido nas fogueiras da incompreensão. Com ideias e atitudes bem diferentes dos outros padres que passaram por lá, pilhando e destruindo, o padre Ximenez aprendeu o quíchua, conquistando a confiança dos índios e descobriu, registrado no Popol Vuh, uma cosmogonia, bem semelhante às já existentes no Velho Mundo. O **dilúvio**, o

corvo anunciando o surgimento da terra sobre as águas e a presença de um astro brilhante que o Padre identificou como a **estrela** de Belém. Há ainda, nessa narrativa, vestígios da mesma mitologia que nos remete à Alquimia, quando conta a história dos dois gêmeos Hunampu e Ixbalamqué, que foram a Xibalbá, o inframundo Maya, para derrotar **nove** deuses, em uma luta do bem contra o mal, voltando depois a renascer convertidos no **Sol** e no planeta **Vênus**.

Fazendo uma tradução para o espanhol, o padre Ximenez salvou essa transcrição, conservando-a em sua Ordem. Quando os dominicanos foram expulsos da Guatemala, o códice foi para a Europa e, de mão em mão, acabou chegando onde se encontra atualmente, à biblioteca da Universidade de Newberry, em Chicago.

PRAJÃPATI

Deus védico de grande importância entre os anos 900 e 600 a.C., "Senhor das Criaturas" e criador das águas. Segundo o *Rig Veda*, ao acabar de criá-las, dissolveu-se nelas, renascendo depois sob a forma de uma **semente** áurea.

"Este antigo deus criador não era um abstrato espírito divino, como o que vemos nos primeiros capítulos do Antigo Testamento, o qual flutuando no puro vazio — além e separado do confuso tumulto produzido pelo escuro mundo da matéria — criou o universo com a pura magia das ordens emanadas de sua santa voz, dando vida a todas as coisas apenas pronunciando seus nomes. Em vez disso, Prajãpati era uma personificação da matéria animada, que a tudo contém, e da própria força vital, que anseia desenvolver-se em fervilhantes mundos" (42).

PRAKRTI

Segundo ensinamento do Vedãnta, Prakrti é a energia materializada. Na Índia, a palavra que designa essa substância primordial, significa também **cabra**, a Mãe do Mundo.

"Segundo a clássica concepção hindu, a matéria (prakrti) caracteriza-se pelas três qualidades (guna) seguintes: inércia (tamas), atividade (rajas) e tensão ou harmonia (sattva). Estas não são simplesmente qualidades, mas a própria substância material do universo, que se diz estar constituído pelos *guna*, como uma corda de três fios trançados: o *guna tamas* é, por assim dizer, negro; o *rajas,* vermelho; e o *sattva*, branco" (130).

"Livre do pó da paixão que normalmente ofusca a atmosfera interior e da pesada e entorpecedora escuridão que envolve toda existência fenomênica, o material da natureza e sua inata força vital (prakrti) transformam-se inteiramente em *sattva*: calmo, transparente, como um **espelho** sem manchas, como um lago sem ondas, luminoso em sua quietude cristalina. Tendo removido os impedimentos (*klesa*) que normalmente fragmentam e enegrecem a visão, a iluminação se apresenta ante a mente de modo automático e a consciência viva compreende que é idêntica à **luz**" (42).

PRANA

Energia vital que preenche todo o Universo, fonte primária de vida. Alento penetrante que se dissemina por todo o organismo.

Segundo as filosofias indianas, **Prakrti** é a matéria do universo que envolve o **Purusa**. Embora se apresentando sob formas diferentes, ambas são *prana*. Isto é, sutil ou densa, a matéria é composta pela mesma energia. O Deus universal é ao mesmo tempo **matéria** e **espírito**.

PRATA

Um dos sete metais a que constantemente se referem os textos alquímicos. Retrata a Obra em branco, quando a mesma, pela condição alcançada no Magistério, está capacitada a transmutar metais vis em *prata* pura e já pode ser usada como medicina, ainda que menos poderosa. Assim, quando um Adepto fala em *nossa prata*, está fazendo referência à matéria branca, conseguida no **crisol**, pelos seus próprios artifícios.

Preciosa, era usada para reverenciar os deuses e, em muitos casos, transformada em *pista* no caminho dos **Mistérios**, como no caso da **escada** de **Mitra**, na qual o penúltimo degrau era de *prata*, indicando a ordem a ser seguida pelo iniciado.

A *prata*, por ser acetinada e luminosa é associada à Lua e, por sua frieza, à água. É considerada um princípio feminino. Pura brilhante e bela, sempre atraiu a cobiça dos homens, sendo considerada um metal nobre e usada como adorno desde a Antiguidade.

"É um corpo puro, quase perfeito, composto de um **mercúrio** puro, quase fixo, brilhante e branco. Seu **azufre** tem as mesmas qualidades. Não falta à prata senão um pouco de fixidez, cor e peso" (178).

PRATA VIVA

Denominação dada ao **mercúrio** em razão de sua cor e maleabilidade. Sendo o mercúrio considerado a base fundamental do **magistério**, o termo é bastante empregado na maioria dos textos alquímicos.

"Se queres trabalhar como deves, necessariamente tens que começar tua obra pela solução e sublimação dos dois luminares, pois o primeiro grau da obra é fazer deles *prata viva*, porém, como nossos corpos, quanto mais perfeitos são tanto mais compactos, tendo sofrido uma maior coagulação para que possam ser reduzidos a Mercúrio, é necessário que tenham de antemão uma preparação e uma calcinação física; não obstante, para a *prata viva* não é tão necessária, pois a causa de sua brancura e pureza, nossa água pode atuar sobre ela com facilidade, o que não ocorre com o ouro e os demais metais, que precisam de toda uma calcinação prévia após a qual nossa água pode facilmente atuar sobre eles, especialmente se estão depurados, o que torna uniforme suas substâncias" (213).

"A **Arte** imitando a **Natureza** realiza a obra inteira,
com a mesma prática e idêntica matéria,
no ventre de um **vaso** claro, em globo arredondado,
o agente e o paciente, bem purgados une.
deles o **fogo** faz nascer um **vapor** sutil,
que às vezes se eleva e às vezes destila,
desanimando o corpo que os vai produzindo
logo com a sua própria **alma**, neles se vai reduzindo.
É **Azote**, é o **espírito**, é a alma fugitiva,
Quem, fumo invisível, volteando chega
Ao alto do nosso globo onde, perdendo força e coração
Visivelmente cai num **licor** perolino
E não *prata viva*, comum fria e úmida,
ainda que apareça resplandescente e fluida.
Assim o Mercúrio extrai dos corpos sutis
pela prata viva vulgar, abertos e desligados
Espírito que chamar-se pode Mercúrio do Mercúrio,
mais sutil, quente e maduro que o da Natureza" (228).

"Segue, pois, ao Santo **Alberto Magno**, meu Mestre, e trabalha com *prata viva* mineral e a mesma é a perfeição de nossa **obra** por combustão, preserva o efeito pela fusão, porque quando se fixa é **tintura** de **brancura** e **vermelho**, de uma quantidade abudantíssima, de um esplendor resplandescente e não se separa do mixto porque se identifica com os **metais** e com a capacidade de juntar as tinturas, porque se mescla com eles, entrando em seu âmago e penetrando naturalmente, porque se junta com eles" (79)

PRICE, JAMES

Químico, membro da Real Sociedade Londrina para o Aperfeiçoamento do Conhecimento Natural que, no fim do século XVIII, realizou, por duas vezes, **transmutação** de minérios de pouco valor em metais nobres, usando apenas **pó de projeção**. Na primeira demonstração, transformou mercúrio em prata pura, com a ajuda de um grão de pó branco. Na segunda, diante de uma plateia altamente interessada na comprovação de todos os seus movimentos, na qual se incluíam membros da Igreja, da Câmara dos Lordes e refinadores de ouro, transformou prata viva em ouro, usando apenas meia onça de pó vermelho.

Alegando não ter mais nenhuma quantidade do pó de projeção, foi convidado a voltar no ano seguinte, 1783, para repetir a façanha, ou seria considerado charlatão e expulso da Sociedade. Na data prevista para o novo encontro, *James Price* suicidou-se.

PRIMEIRO ASSUNTO

Esta expressão, encontrada costumeiramente nos mais antigos textos, é relativa ao misterioso **mineral** extraido inicialmente das minas, define a matéria antes de qualquer alteração pela **Arte**. Alquimistas dos séculos XIV e XV, principalmente, como Johan Isaac Holandus e Thomas Vaughan, só se referiam dessa forma à matéria-prima empregada nos trabalhos iniciais da **Grande Obra**.

O trecho seguinte, um dos muitos encontrados em velhos tratados, mostra-nos o emprego da expressão:

"O dito cabalista: 'O edifício do Santuário debaixo do qual está, aqui é emoldurado de acordo com o Santuário, sobre o qual é'. Aqui nós temos dois mundos, visível e invisível, e duas Naturezas universais, visível e invisível fora de qual ambos esses mundos procederam. A Natureza universal passiva foi feita na imagem do universal ativo, e a conformidade de ambos os mundos ou Santuários consiste na conformidade original dos seus princípios. Esses estudantes, então, teriam se instruído melhor se soubessem primeiro que há um agente universal. Em segundo lugar, eles devem saber que há um paciente universal, e esta Natureza passiva foi criada pela Agente Universal. Deste paciente em geral é o caráter universal, imediato do próprio Deus, em sua Unidade e trindade. Francamente dito, é aquela substância que nós chamamos comumente o *Primeiro Assunto* (matéria). Mas, verdadeiramente, é em vão saber esta noção (ou) *Assunto* a menos que nós saibamos a própria coisa para a qual a noção relaciona. Nós temos que considerar isto, mediante a demonstração ocular experimental saber as essências invisíveis centrais, e propriedades desta matéria. Duas naturezas universais — material e espiritual" (144).

"Pelos capítulos anteriores, nós fomos ensinando que todos os metais são gerados de **Mercúrio** e **Enxofre**, e como a impureza deles corrompe, e que nada pode ser incluídos com os metais que não foram feitos ou foram extraídos deles, nenhuma coisa estranha que não seja original destes dois pode aperfeiçoá-los, fazendo mudança ou transmutação neles; de forma que isto será importante saber, que qualquer homem sábio não deveria fixar sua mente em criaturas viventes, ou vegetais que estão distantes, quando há minerais para serem achados que se aproximam bastante: nem nós podemos pensar de qualquer forma, que quaisquer dos filósofos colocaram a **Arte** nessas coisas distantes, exceto por via de comparação; mas dos dois supracitados, todos os metais são feitos, nenhum precisa que qualquer coisa parta até eles ou seja unida com eles, nada os muda, mas o que é deles, e assim de direito nós temos que levar Mercúrio e Enxofre para o *assunto* de nossa **pedra**: Nenhum faz com que Mercúrio por si só, nem Enxofre por si só, procrie qualquer metal, mas do composto de ambos esses metais diversos os minerais são diferentemente produzidos. Nosso *assunto* deve então ser escolhido do composto de ambos" (178).

PRINCÍPIOS

Embora as diferentes leituras dos muitos tratados existentes, nos levem a divergências de ideias quanto ao **Magistério**, ao analisarmos com critério, veremos que há uma unidade de conceitos regulando o processo. Muitas formas que querem, no fundo, dizer a mesma coisa, parece que são empregadas mais para confundir o neófito que para encaminhá-lo ao sucesso. São as provas que se interpõem no percurso, apenas para desanimar o curioso.

"Atividade e repouso, movimento e inércia, ascensão e declínio são os eternos e mesmos caminhos que sempre o irrepetível percorre. Muda constantemente a natureza, porém sempre ao longo das mesmas estações. Nunca as mesmas flores, mas sempre a primavera. Os fenômenos são incontáveis e distintos uns dos outros, porém regidos, em suas tendências de mudanças, pelos mesmos e constantes princípios" (236).

PROJEÇÃO

Alguns Filósofos se referem à *projeção* como sendo a transmutação de um metal vil em ouro; outros, entretanto, classificam a *projeção* como a fase da multiplicação, visando à obtenção de maior quantidade do produto que é obtido ao fim do **Magistério**.

"Faz-se a *projeção* desta suma Medicina sobre os corpos deste modo: quanto mais sutil for a Pedra, tanto mais se há de observar nesta *projeção*, de modo que seja sempre maior e mais quantidade a do corpo que da Medicina e isto deve observar-se, como regra geral, em toda a *projeção*, tanto para o branco como para o vermelho, conforme o maior ou menor peso desta medicina: por exemplo, toma uma **onça** da Medicina e 50 onças de **chumbo** ou de **estanho** e, funde-o no fogo, deita esta onça de **Medicina** sobre o chumbo ou o estanho derretidos e tudo se converterá em Medicina; e se esta não tiver toda a virtude necessária para fazer a dita conversão, então tomarás menor porção de corpo e mais de Medicina. Disto tudo assim convertido, toma uma onça e do mesmo modo a deitarás sobre 30 onças de estanho ou chumbo derretido e tudo se converterá em medicina, não tão forte como a primeira que fizeste; desta última conversão toma também outra onça e verte-a sobre outras 50 de metal e converter-se-á em lunífico ou solífico, conforme a cor da Medicina, porque se o elixir for branco sairá preto e se for vermelho, ouro; e este Sol, ou Lua convertidos e engendrados pelo dito medicamento excedem o Sol e a Lua naturais, tanto em quilates como em todas as propriedades medicinais; e do mesmo modo se faz a projeção sobre o mercúrio, com esta medicina farás o vidro mais belo e colorido e fingirás pedras preciosas" (216).

PROMETEU

Segundo estudiosos, analisada, a etmologia da palavra *Prometeu* nos dá: *pró*, que quer dizer *em favor*, e *manthánein*, cujo significado é *aprender, saber*. O que nos leva a pensar que todo o castigo que se abateu sobre essa mitológica figura — ser acorrentado em uma **coluna** onde durante o dia uma **águia** lhe devorava o fígado, por ordem de **Zeus**; órgão que voltava a crescer durante a noite para lhe eternizar os sofrimentos — foi uma punição recebida por ter roubado o fogo dos deuses para ofertar aos homens. Um ato com vistas à evolução da humanidade.

Considerando que a maioria dos mitos são pálidos e deturpados vestígios de algum acontecimento que a **tradição** popular conservou, resta-nos imaginar que algum herói antigo, ousou desafiar a casta dominante, para popularizar o **conhecimento** de alguma coisa, que até pode ser o domínio do próprio fogo, e foi severamente punido por seu ato, de forma que seu exemplo permanecesse indelével na memória da humanidade. E, em virtude da libertação de *Prometeu* estar incluída entre os **doze trabalhos de Hércules**, de reconhecido cunho alquímico, é possível irmos mais além, concluindo que, o **fogo** roubado pode ter sido o **fogo secreto**, um dos maiores segredos do **Magistério**.

"O *Rig Veda* menciona uma raça de sacerdotes chamados bhrigus, a quem Matarisvan deu o fogo secreto roubado do céu. Essa versão indiana de *Prometeu* sugere, com outras lendas semelhantes na Grécia, um conflito de âmbito mundial, na antiguidade distante, entre povos da Terra e os homens do espaço" (59).

PROPORÇÃO

Há critérios rígidos que regem as manipulações no laboratório e que são deixados transparecer por alguns autores, apesar que de forma um tanto vaga.

"Na união há que se empregar maior quantidade de raiz volátil que da fixa, a fim de superar a compactação e a secura da raiz fixa, qualidades que adquiriu na sublimação. (...)

A umidade ou a água espirituosa imprime e comunica seu movimento ao seco; penetra todas as suas partes, separa-as, e o magnetismo do úmido se compõe e se aproxima do seco; assim, entre um e outro se faz ação e paixão.

Há que se empregar o volátil em tal quantidade e peso que não possa destruir a virtude generativa ou coagulativa do fixo" (9).

PROSTITUTA DA BABILÔNIA

Nome dado à matéria em seu primeiro estado, recém-saída da mina, quando ela se apresenta ainda cheia de viscosidade, parecendo extremamente suja. É dela que nasce a **Virgem**, após a purificação pela **Arte**.

"A *prostituta* dos Filósofos é a sua Lua... ou Dragão Babilônico: a Arte purifica-a de todas as impurezas e torna-a virgem de novo. Quando se fala neste estado, os filósofos chamam-lhe *a Virgem*" (129).

PROTEU

Na mitologia era vassalo de **Netuno** (Poseidon) e conhecedor de todos os abismos do oceano. Segundo a mitologia, ele retém a chave do mar e o poder sobre todas as coisas. Quem conseguir retê-lo realizará grandes feitos. Acredito que, por esta razão, é também a denominação dada pelos alquimistas ao **Sal dos Sábios**. Princípio radical de todas as coisas. Corporificação das duas naturezas, fixa e volátil; consequência da correta união do **mercúrio** com o **enxofre**. M. de Grimaldi o identifica com a matéria primeira dos filósofos:

"Chamam-no por numerosos nomes enigmáticos, como o de **Lobo**, porque consome e devora a todos os metais, à exceção do **ouro**. Outros o chamaram *Proteo,* porque recebe toda a classe de formas, e se reveste de todas as cores por meio do fogo. Outros o chamam **raiz** dos metais, tanto porque se encontra próximo de suas **minas** como porque há os que creem que é a raiz e o princípio dos metais".

PROVAS

No princípio do século XX, sob a influência de técnicas mais avançadas, alguns cientistas passaram a comprovar a real conformação do átomo e, baseados em seus novos conhecimentos, os químicos Frederick Soddy e William Ramsay confirmaram, por meio espectroscópio, que fragmentos de átomos de rádio haviam adotado a configuração de outros elementos, em uma das primeiras provas incontestáveis de **transmutação**.

Em 1941, os cientistas Herbert H. Anderson, Rubby Sherr e Kenneth T. Bainbridge, em plo **laboratório** da Universidade de Harvard, bombardearam 400 gramas de **mercúrio** com uma chuva de nêutrons altamente acelerados. O produto dessa experiência foi acondicionado em um frasco de **destilação** a vácuo onde, em meio a refugos moleculares, foram encontrados três isótopos de **ouro**.

Foi o momento glorioso para a **Alquimia**, em que, a própria ciência, incapaz de novas contradições, foi obrigada a espanar a poeira dos velhos tratados alquímicos, restaurando sua credibilidade.

PSELLOS, MIGUEL

Miguel Psellos filósofo neoplatônico, poeta, orador e historiador bizantino do século XI, veio ao mundo no fim de 1017 ou princípio de 1018. Escreveu sobre Direito, Filologia, Arqueologia, **Alquimia**, História, Medicina, Teologia e Matemática. Sua mente lúcida e seu espírito de um conhecimento abrangente possibilitaram que ocupasse os mais altos cargos do governo durante 36 anos.

Aos 8 anos de idade, já vinha demonstrando suas extraordinárias qualidades, obrigando sua família a arcar com as despesas do aperfeiçoamento de sua formação. Apesar de seus dotes, aos dezesseis anos, foi obrigado a interromper os estudos e trabalhar na Macedônia. Logo, porém, regressou a Constantinopla, onde reiniciou seus estudos. Durante os anos seguintes, com apenas vinte anos, foi promovido a Governador Provincial por interferência do seu amigo Senador Constantino Licudes.

No fim de 1054, repentinamente, se tonsurou como monge, adotando o nome monástico de Miguel. Ao que se acredita para fugir a intrigas palacianas, que condenavam seus avançados pensamentos que chegavam a encarar a Alquimia como ciência positiva e racional, podendo ser vista como despida de todo seu aspecto esotérico.

Suas narrativas históricas feitas com dados corretamente inventariados tornaram-se o mais importante livro de memórias da Idade Média.

PTAH

Deus egípcio, criador do mundo por meio do verbo divino, cuja veneração teve início em Mênfis, espalhando-se mais tarde por todo o Egito. Sua representação na Terra é o **touro** Ápis, seu atributo e forma de encarnação. Com a leoa Sekmet, deusa que traz sobre a cabeça um disco solar decorado com uma **serpente** e cuja missão é destruir os inimigos do **Sol**, *Ptah* forma o casal divino.

Segundo François Daumas, em *Les Dieus de L'Égypte*:

"Parece que, desde o princípio, ele esteve ligado aos artesãos, no desempenho dos seus ofícios, particularmente aos ourives e escultores, dos quais ele sempre será o patrono. Como Ptah-Totenen, foi ligado também, mais tarde, a uma antiga divindade do Delta —, Totenen, nome que significa *terra emersa*. Um deus ctônio, isto é, relacionado ao solo, criador de **minerais**, vegetais e **fontes**".

Por ser adorado como um deus funerário, protetor das necrópoles, acaba sendo confundido com **Osíris**.

Em uma laje muito antiga, encontrada em ruínas egípcias, está gravado que *Ptah* é "aquele que se gerou a si mesmo...".

PURGAR

Purificar, limpar, tornar puro. Desembaraçar de impurezas. Para Bernardo Trevisano, há dois tipos de purga: por **sublimação** ou por **amalgamação** e **cohobação** com metais.

Na realidade, purgar é a síntese do **Magistério**. É despojar a matéria de suas substâncias impróprias, até a perfeição máxima.

PURIFICAÇÃO

Todo o trabalho da **Grande Obra** é tornar totalmente puros os radicais, usando-se para isso uma série de procedimentos, que incluem **sublimações**, **calcinações**, **conjunções**, e isto por numerosas vezes, fazendo com que, ao fim do Magistério, os excrementos tenham sido eliminados, permitindo ao alquimista manipular substâncias com um incrível grau de pureza. Segundo todos os autores, a união perfeita só se consegue nessa condição, sem a qual os elementos continuariam sendo incompatíveis, não permitindo sua transformação em unidade, isto é, em **Quintessência**. Vejamos a confirmação dos filósofos, que são os que mais entendem do assunto. Morienus nos fala que:

"Esta terra com sua água vem à putrefação, mundifica-se, purifica-se, e quando estiver bem limpa, todo o segredo, pela ajuda de Deus, será bem dirigido.

Porém, meu amigo, muito a isto atenta que o noivo seja unido com sua noiva, ambos nus, um e outro, devendo tudo o que foi preparado para ornamento das roupas e concernente à beleza do rosto ser de novo retirado, de forma que entrem nus no túmulo, nus como nasceram e que sua **semente** não seja corrompida por uma mistura extrínseca" (137).

"É então necessário fazer o co-mixão do **fermento** com o corpo puro e limpo, e não com o corpo sujo e impuro. Porque — diz Bafius — esses corpos não se podem aceitar nem se misturar, se não forem antes bem limpos e purgados; pois o corpo não recebe o **espírito**, nem o espírito recebe o corpo, de sorte que o espiritual se torne corporal e o corporal espiritual, se antes de sua mistura não forem bem limpos e perfeitamente purificados de toda sujeira e impureza; mas quando estão bem limpos e purgados, o espírito abraça subitamente o corpo e o corpo igualmente abraça o espírito, e pelo seu mútuo abraço, advém a uma operação perfeita da **obra**" (36).

"A abundância das duas **raízes** aumenta o **calor** natural e, em consequência, a energia do **magnetismo**; a *pureza* destes princípios extende também a potência dos espíritos, porque expulsa os impedimentos do calor natural que seria sufocado em um sujeito impuro" (9).

"Ouvimos um erudito afirmar que a refinação e a *purificação* indefinidamente repetidas de um metal ou metaloide não alteram absolutamente nada as propriedades deste; seria então necessário ver nas recomendações alquímicas uma mística aprendizagem da paciência, um gesto ritual comparável ao desfiar das contas do rosário. E, no entanto, é com essa refinação por meio de uma técnica descrita pelos alquimistas e que a hoje se chama "a fusão da zona" que se prepara o germânio e o silício puros dos transistores. Atualmente sabemos, graças a esses trabalhos sobre os transistores, que, se se purificar profundamente um metal e introduzir em seguida alguns milionésimos de grama de impurezas cuidadosamente escolhidas, concedem-se ao corpo tratado novas e revolucionárias propriedades" (17).

"Disto entenderás que há algumas partes que são conjuntivas e outras, divisivas: as puras, conjuntivas, são de essência pura da verdade composta, porém as outras não são de causa similar, por isso dividimos estas últimas acrescentando-lhes, naturalmente, as puras. E isto a Natureza realiza de um só modo: atraindo com sua propriedade de atração o que for de sua mesma essência, e separando e vomitando, com sua propriedade expulsiva, tudo aquilo que não pertence a seu composto. Esta separação jamais poderia realizar-se de forma manual, como muita gente acredita, sem a ajuda natural, e do modo devido propriamente apreendido, com grande perspicácia, posto que as partes puras e as impuras, que se consomem com o fogo e se vertem na terra, são de tão grande sutilidade que a separação não poderia ser levada a cabo senão com a intervenção da própria Natureza, que aceita em seu ventre quando é de sua mesma essência e recusa o estranho" (219).

PURUSA

Mônada vital. A dual filosofia Sãnkhya admite que o Universo se alicerça sobre *Purusa* — natureza secreta, que só se revela após afastado o obscurecimento da matéria agitada **Prakrti**. Está imerso na matéria mas é oposto a ela.

"O jainismo conceituava a interação dos dois princípios, como se fosse uma modalidade de química sutil, um processo material de penetração e difusão que tinge o cristal da mônada vital, contaminando-a através da substância cármica" (42).

PÚRPURA

Vocábulo que designa a cor e a natureza da Pedra Filosofal. Consta que, o Código de Justiniano punia com a pena de morte o vendedor e o comprador de tecidos de cor *púrpura*, porque eram uma exclusividade dos donos do poder.

Do latim *purpura*, que significa o vermelho maior; na Alquimia, existe para classificar o *puro dos puros*, *pur puros*.

"É esta a **tintura** dos filósofos de cor purpurina e o **sangue** vermelho do **Dragão**, de que falaram e sobre quem escreveram todos os filósofos: é o escarlate do imperador da nossa **arte**, com o qual cobre a rainha de saúde e a *púrpura* com a qual os metais frios e imperfeitos se aquecem e se tornam completos" (137).

PUTREFAÇÃO

Durante a solução das duas **raízes**, fixa e volátil, para sua perfeita união, é necessário fazer com que desapareçam as impurezas que são de **magnetismo** diverso. Nessa luta dos princípios puros contra os princípios impuros existentes na matéria, o resultado é denominado *putrefação* ou **Regime de Saturno**, porque tudo se faz negro no **crisol**. A *putrefação* é o princípio da geração.

"É assim que nascem diferentes espécies de ervas, da *putrefação*; no entanto, sendo o agricultor acostumado a essas coisas, não as observa de antemão e não pode conceber a causa desta ciência, diante da qual o vulgo guarda a força do hábito.

Mas a ti, a quem convém saber mais do que aos homens comuns, escutando avisos e discursos vários, apreende as causas e os fundamentos pelos quais e dos quais a vivificação da ressurreição e da geração resulta destarte da *putrefação*. Estuda isso, não superficialmente, mas como um investigador da Natureza, com a ideia dominante de que toda vida se destaca e nasce da *putrefação*" (137).

Agora digo que neste **Magistério** nada há animado nem que nasça, nem que cresça, se não com a *putrefação*, depois de ter suportado a alteração e a mudança. Isto fez com que um sábio dissesse que toda a força do Magistério se encontra depois da *putrefação*. Se não se putrefaz, não se pode liquefazer nem dissolver, e se não se dissolve, voltará ao nada" (52).

A *putrefação* que se faz pela natureza, só, e sem ajuda da **arte**, não purifica nunca perfeitamente, porque o ar aberto, no qual se faz, é um poderoso obstáculo para ela. Porém a *putrefação* artificial, que se faz em vasilhas cerradas, purifica até a perfeição. (...).

"A *putrefação* é a **purga** do radical úmido, pela fermentação natural e expontânea dos princípios puros e homogêneos com os impuros e heterogêneos, e a ajuda dos fogos naturais e inatos, ou de um calor externo e contra a natureza (...).

Nesta **morte** e **corrupção**, só as raízes que compõem a essência do misto, ou seu **magnetismo** específico, e que contêm sua virtude vegetativa e generativa, permanecem sem lesão alguma (...).

A *putrefação* é o princípio da geração do misto semelhante; o que não se entende da *putrefação* íntima dos princípios e da substância própria do composto, senão de que produz a solução do **esperma** exterior, que ligava e abraçava estes princípios; não da *putrefação* inteira, senão só da média.

Quando o misto tiver chegado a sua inteira perfeição, não tem em si movimento, e as partes que o compõem estão em seu repouso mais perfeito. Porém, então, os **espíritos** de seu magnetismo, livres de todos os obstáculos, estão em sua ação mais viva, e não sofrem de nenhuma interrupção de movimento" (9).

"Olhando de longe, vi uma grande nuvem que projetava uma sombra negra sobre toda a terra, absorvendo-a, e que cobriu minha **alma**, e porque as águas a tinham alcançado ficaram pútridas e fétidas ante a visão do inferno mais profundo e da sombra da morte, porque o Dilúvio submergiu-me. E então os **Etíopes** cairão aos meus pés, e os meus inimigos lamberão a minha terra" (189).

"Sem a *putrefação*, não se saberia desunir as partes essenciais de um corpo seco, nem fazer a **dissolução** perfeita, se bem que já esteja reduzido em água.

É por isto que a matéria de nosso **mênstruo** e o **ouro** devem ser igualmente apodrecidos para retornarem mais que perfeitos, como dissemos antes. Agora bem, todo úmido apodrece e se corrompe no calor lento e úmido. Daí se segue que nossa matéria, estando dissolvida em umidade untuosa e viscosa, deve ser impulsionada mais adiante pela digestão. A fim de que, pela **sublimação**, as partes sutis possam ser separadas das mais espessas e as puras, das impuras" (217).

"O **fogo** engendra a morte e a vida. Um fogo ligeiro fraco disseca o corpo. Eis, aqui a razão: o fogo em contato com o corpo, põe em movimento o elemento que existe nesse corpo, e lhe é semelhante.

Este elemento é o **calor** natural. Este excita o fogo extraído em primeiro lugar do corpo; há conjunção e a **umidade** radical do corpo sobe à superfície, enquanto o fogo opera no exterior. Quando desaparece a umidade radical que unia as diversas proporções do corpo, este morre, dissolve-se, resolve-se; todas as suas partes se separam umas das outras. O fogo age como um instrumento cortante. Ainda que por si mesmo disseca e contrai, não pode fazê-lo a não ser que haja nele uma certa predisposição, sobretudo se o corpo é compacto como o é um elemento. Este último carece de um misto aglutinante que se separaria do corpo após a corrupção.

Tudo isto se pode fazer pelo **Sol**, porque é de natureza quente e úmida em relação aos demais corpos" (156).

Q

QUARENTA

É constante, na história e nos mitos de muitas civilizações, a referência ao número *quarenta*, o que nos leva a crer que, assim como o número **sete** se repete misticamente ocultando um conceito alquímico, haja nessa constância a intenção de ressaltar um período de tempo a ser respeitado na execução da **Grande Obra**: Davi reinou durante *quarenta* anos e Salomão por um período idêntico; Moisés, convocado a servir ao Senhor aos *quarenta anos*, atravessou o deserto, com o povo hebreu retirado do Egito, durante *quarenta* anos; *quarenta* dias e *quarenta* noites duraram as chuvas do dilúvio; Buda começou sua pregação aos *quarenta* anos; Jesus sai vitorioso após uma tentação de *quarenta* dias, no Monte das Oliveiras; ressucita após permanecer *quarenta* horas no sepulcro; há *quarenta* dias no espaço entre o Carnaval e o **Domingo de Ramos** — período que denominamos Quaresma e que é a preparação para a **Páscoa**, "conscidentemente" se situando em Áries (**carneiro**), signo recorrente em tantas alegorias nos textos alquímicos.

A impressão que resta depois de todas essas referências, é que talvez signifique o prazo necessário de um ciclo, que tem de ser cumprido para uma transformação material de algum coisa. Um rito de passagem.

QUERMESITA

Variedade de **estibina**, denominada *Quermes Mineral* e *Antimônio Vermelho*. É um oxisulfido de **antimônio** natural (Sb_2S_2O). Em geral se apresentam em massas de cristais capilares, de cor **vermelha** e brilho perolado, translúcidas e flexíveis. Cristaliza no sistema monoclínico; pirantimonita. Cf. quermea mineral.

É representada muitas, vezes, através da alegoria de um **carvalho** (Quermés ou **Kermés**).

QUETZALCOALT

"**Serpente** de Plumas — Configuração principal da religião asteca. Deus, **pássaro**, homem, **luz** e sombra, é a personificação dos opostos. É originário da mitologia olmeca (1000 a 300 a.C.); foi cultuado pelos maias, toltecas, chegando até os astecas. Personificação do planeta **Vênus**.

"No Melahuacuicatl, uma espécie de poesia épica dos astecas, ainda que veiculada à liturgia, uma referência a *Quetzalcoalt*:

Conta-se que no ano I-Bambú
Ele chegou à beira do mar,
À beira do grande **oceano** luminoso.
Lá, ele parou e se pôs a chorar.
Tomando seus ornamentos,
Ele os vestiu lentamente,
Seu manto de plumas de quetzal
E sua máscara de turquesas.
E após estar paramentado,
Ele pôs **fogo** em suas vestes,
E se abrasou em chamas.
Eis por que chama-se de Fogueira,
o lugar onde *Quetzalcoatl* se incendiou
e é claro que, quando ele queimou,
e quando suas **cinzas** foram levadas ao vento,
vieram vê-lo, vieram contemplá-lo
todos os pássaros de bela plumagem
Que vão e vêm nos ares:
A arara de plumas **vermelhas**,
O azulão e o tordo, tão finos,
o brilhante pássaro branco,
Os periquitos e os papagaios,
Os de plumagem amarela,
E todos os pássaros mais refinados.
E quando as cinzas já não queimaram mais,
O coração de *Quetzalcoalt* se elevou nas alturas
Ele foi visto e
segundo as testemunhas
Ele foi até o céu, entrando lá.
Os velhos dizem que ele se transformou
na **estrela** da manhã.
Que aparece próximo da aurora.
Ela veio, então, ela apareceu então,
Depois da morte de *Quetzalcoalt*
Eis por que ele ficou conhecido
Como o mestre da aurora.
E conta-se, ainda, que quando ele morreu,
Durante quatro dias,

não se viu nem se soube dele,
Posto que havia descido vivo
ao reino dos mortos.
E durante este tempo, lá embaixo
havia adquirido **flechas**
E oito dias, após, ele voltou a brilhar
como uma grande estrela.
E é claro que foi então
Que ele começou a reinar" (131).

QUIMERA

A *quimera é* uma das figuras míticas criada pelos gregos para ilustrar determinada fase dos trabalhos alquímicos. Tradicionalmente apresentada como um estranho animal de **três** cabeças: uma de **leão**, uma de **dragão** e outra de **cabra**, afixadas em um corpo de leão, com cauda de **serpente** e a capacidade de lançar **fogo** pelas narinas.

De acordo com a versão mais difundida, a *quimera* era um monstruoso produto da união entre Equidna — metade mulher, metade serpente — e o gigantesco Tífon. Outras lendas a fazem filha da **hidra de Lerna** e do **leão de Neméia**, que foram mortos por **Hércules**. Foi exterminada pelo herói Belerofonte, montado no cavalo alado Pégaso.

Por toda essa descrição, em que costumeiramente se define a cabra como o **Mercúrio filosófico**, o dragão como **enxofre** e o leão como a própria pedra filosofal, percebe-se claramente que foi mais uma figura fantástica, entre outras tantas criadas para simbolizar a **Obra**, em sua tríplice unidade, e, pela sua forma de monstro aterrorizante, os perigos relativos à sua manipulação.

QUÍMICA

Não poderia faltar aqui algumas palavras sobre a *Química*, visto ter tido ela seu desenvolvimento a partir da **Alquimia**. Enquanto os químicos enveredaram por um caminho totalmente diverso, de experiências cientificamente comprováveis em laboratórios, em atitude de extremado racionalismo, a Alquimia não modificou em absolutamente nada o seu processo: Continuou a manter sob grande mistério o elemento fundamental, que é a matéria-prima utilizada, e a descrever seu trabalho de forma codificada; continuou também a respeitar as configurações astrológicas, indiferente ao que pudessem pensar dela os cientistas que se seguiram.

Mas será este procedimento uma coisa tão desprezível, a ponto de relegar a Alquimia à posição de escárnio que vem merecendo durante séculos?

Será essa perseverança uma forma de superstição ou charlatanismo?

Não será ela uma ciência de outra civilização, de outro tempo, que, buscando o controle de uma tão decantada energia cósmica que permeia o Universo, atingiu seus objetivos, não necessitando de mais nenhuma experiência?

Por que tantos cérebros ilustres se dedicaram a seu estudo?

É importante que se analise estas perguntas para que não se julgue que a diferença entre a Alquimia e a *Química* seja apenas uma questão de sacralidade, de fantasia e de objetividade.

Espera-se uma resposta muito maior para esclarecer esse enigma.

O grande químico J. B. Dumas escreveu: "A *Química* prática nasceu nas oficinas do ferreiro, do oleiro, do vidraceiro e na botica do perfumista. A *química* é portanto, num certo sentido, mais antiga, pelo menos no seu aspecto prático, do que a **Alquimia** europeia, que como vimos tomou a forma de uma estranha aliança entre o misticismo alexandrino e a técnica. De resto, é preciso não esquecer o papel desempenhado durante toda a Idade Média pelos investigadores que não eram discípulos de **Hermes**: operários, mineiros metalurgistas, etc. Portanto, o papel da Alquimia não foi único na formação da *química*; nem por isso esse papel deixou de ser capital".

Por uma perspectiva, totalmente diversa, nos fala Andrea Aromatico em seu livro *Alquimia, Un Secreto Entre la Ciencia y la Filosofia*:

"A ciência profana, graças a sua curiosidade natural pela inesgotável multiplicidade dos fenômenos, multiplicava experiências e modelos de explicação e, vítima do seu próprio esforço, dividia-se à medida que progredia; pelo contrário, a consciência sagrada que animava o alquimista em sua busca do centro espiritual do homem e do mundo das coisas, por natureza eterno, único, indivisível, mantinha-se unitária e orgânica. A Alquimia encontrou nela, também, sua legitimidade como disciplina tradicional".

"Eu aconselharia também as pessoas que quiserem pôr-se absolutamente à busca da pedra filosofal, a não se entregar a ela senão depois de haver seguido vários cursos de química, e saber manipular. Digam o que digam muitos autores, se eu não tivesse tido os conhecimentos que possuo em química, não o haveria conseguido jamais" (12).

QUINTESSÊNCIA

A **Alquimia** é uma permanente conversão de determinadas substâncias em outras substâncias, após uma circulação constante através de vários estágios pelos quatro elementos (água, fogo, terra e ar), alcançando, ao final, a quinta essência, ou um elemento novo, dotado de perfeição absoluta, ou **Pedra Filosofal**, ou ainda **Elixir** da Imortalidade. A matéria, elevada assim a tal grau de pureza, torna-se capaz de transmitir a perfeição ao que quer que toque, nos três reinos.

Em busca da *quintessência*, **Paracelso** chegou à descoberta do láudano, extraído da papoula, que ele passou a receitar como analgésico.

"A *quintessência* é uma matéria que se extrai corporalmente de tudo o que cresce e que tem vida, uma vez separada de toda impureza, sutilizada e purificada... Deves saber que a *quintessência* se encontra em pequena quantidade em um tronco, em uma erva, em uma pedra ou coisa parecida e que o resto é puramente corpo; isso nos ensina que *quintessência* é a parte mais pura após a separação dos elementos" (27).

"Na América Central, cinco é uma cifra sagrada. No período agrário, é o símbolo numeral do deus do milho. Nos manuscritos, bem como na escultura maia, é representado frequentemente por uma mão aberta. Segundo Raphael Girard em *Le Popol-Vuh, Histoire culturelle des Maya-Quiché*, a sacralização do número cinco estaria ligada ao processo de germinação do milho, cuja primeira folha sai da terra cinco dias depois da semeadura. Os Deuses Gêmeos do Milho, depois da sua **morte** iniciática, ressuscitam do rio cinco dias depois de terem suas **cinzas** lançadas às **águas** (Popol-Vuh). O mito especifica que eles aparecem primeiro sob a forma de **peixes**, em seguida de homens-peixes (**sereias**), antes de se fazerem adolescentes radiosos (solares). Assim, o glifo maia do número cinco, constituído, de regra, por uma mão, surge também sob os traços de um peixe. Ainda hoje, os Chorti, descendentes dos maias, associam o número cinco ao milho e ao peixe. Mais adiante, na sua história, os Gêmeos se diferenciam em Deus **Sol** e Deusa **Lua**" (38).

"A força da vida não se origina do fogo, da terra, do ar ou da água. Essa força da vida é uma essência à parte que preenche o universo. Essa essência, ou quinta essência (*quintessência*), é o objetivo verdadeiramente importante que o alquimista procura. Ela é a quinta das quatro: fogo, água, ar e terra, e é a mais importante que o alquimista procura descobrir e então separar. Ocorrida a separação, a resposta àquilo que repousa atrás do segredo da criação manifestar-se-á parcialmente, na forma de um vapor denso como fumaça, que se transforma, após passar por um tubo condensador, numa substância aquosa de cor amarelada, que tem em si algo oleoso que colore a água extraída. Essa substância oleosa, ou **Sulfur** alquímico, é tão essencial aos preparados alquímicos quanto o **sal** e a **Essência**" (81).

> "Eu sou **Mercúrio**, a poderosa quintessência
> Sou o mais digno de honras,
> Sou a fonte do **Sol**, da **Lua** e de **Marte**,
> Sou o colonizador de **Saturno**
> e a fonte de **Vênus**,
> Sou a **Imperatriz**, a Princesa,
> e a Magnífica das Rainhas,
> Sou a Mãe do **Espelho** e o criador da **luz**,
> Sou o ponto culminante,
> O mais elevado
> E o mais claramente visível" (132).

"Neste mercúrio", segundo Irineu Filaletes, "o ouro espermático, já dissolvido, apodrece, o que, por necessidade da natureza, deve precisamente ser assim; pelo qual, depois da **putrefação** da morte, ressuscita um corpo da mesma essência que o primeiro, e de mais nobre substância, a qual recebe uns graus de virtude, proporcionalmente, para diferenciar-se das quatro qualidades dos elementos; esta é a razão de nossa obra, e esta é toda nossa Filosofia".

(...) esta coisa única é uma essência indestrutível, que seca todas as superfluidades de nossos corpos, e foi chamada filosoficamente pelo nome acima mencionado (*Quintessência*). Não é nem quente e seca como o fogo, nem fria e úmida como a água, nem cálida e úmida como o ar, nem seca e fria como a terra. Senão uma equação perfeita de todos os elementos, uma mescla correta de forças naturais, uma união sumamente particular de virtudes espirituais, uma união indissolúvel de corpo e alma. É a substância mais pura e nobre de um corpo indestrutível, que não pode ser destruída nem perdida pelos Elementos, e é produzida pela Arte" (67).

R

RA-ATUM

"O clero de Heliópolis elaborou uma cosmogonia, segundo a qual Ra-Atum, o deus-**sol**, gerara a si mesmo, saindo de Num, o **oceano** primordial. A descendência de Ra-Atum compunha-se de Su — divindade atmosférica e Tefnut — esposa de Su e deusa da **umidade**. Estes, por sua vez, geraram Geb — o deus do solo e Nut — a deusa celeste, que simbolizava a abóbada celeste. Geb e Nut procriaram **Osíris**, **Ísis**, Seth e Neftis.

"Estes nove deuses constituíam a Eneada (grupo de nove divindades) de Heliópolis" (133).

RABELAIS, FRANÇOIS

Nasceu na França em 1494. Em sua juventude foi monje beneditino, estudando Medicina na Universidade de Montpelier, onde se bacharelou em 1530. Radicou-se em Lyon, sendo nomeado médico, em 1532, do Hopital Notre-Dame de Pitié.

Durante o monastério estudou grego, quando este era considerado herético, porque os textos dos patriarcas da Igreja Cristã Bizantina não se coadunavam com o Novo Testamento da Igeja Cristã de Roma, além do que, conhecendo bem a arte de **Hermes**, familiarizado com os manuscritos de **Avicena** e simpatizante da causa dos **Templários**, insurgia-se claramente contra a Igreja. Por essa época, abjurou a religião.

Sofreu perseguições da Igreja quando da publicação dos seus livros esotéricos *Pantagruel e Gargantua*, inspirados em narrativas populares, com evidentes referências às ciências ocultas. Principalmente *Pantagruel*, considerado uma paródia do mito do Graal.

Mediante um indulto conseguido em Roma, após entrevista com o papa Clemente VII, conseguiu liberar a publicação do seu trabalho, bem como a liberação dos seus votos.

Faleceu em 1553.

"Lançando-se por sobre os mares, após levantar âncora do Porto de Thalasse, rumo à descoberta da Divina Garrafa, as 12 naus de Pantagruel fazem, de ilha em ilha, numerosas escalas. No meio da viagem, o nobre filho de Gargântua e toda a sua companhia *abordam O Porto de*

Matéotechnie, a pouca distância do Palácio da Quintessência, no *mui célebre reino de Enteléquia.*

Na concisão desses termos de topografia *lanternesa*, Rabelais definia discretamente, mas de maneira precisa, os métodos e os objetivos da alquimia tradicional" (37).

RADIOATIVIDADE

Toda desintegração do núcleo atômico de um determinado elemento, feita a altíssimas temperaturas, nos modernos centros de física nuclear, libera partículas eletromagnéticas, catalogadas como alfa, beta ou gama, e que formam o cortejo da *radioatividade,* reconhecida como altamente prejudicial aos seres humanos.

Ao contrário disto, os **alquimistas**, ao conseguirem concluir a **Grande Obra** em seus laboratórios, com seus primitivos métodos artesanais executados em **cadinhos**, **retortas** e **alambiques**, seriam beneficiados com a **transmutação** do elemento manipulado e, o que parece ser o ideal maior dos **Adeptos**, a transmutação dos seus próprios corpos, ingressando em um outro estado. Vida, percepções e saúde atingiriam com essa fusão um ápice, dotando o alquimista de mutações biológicas incríveis, o que justificaria a ausência de doenças, longevidade e o prolongamento da vitalidade, projetando-se além das limitações comuns de espaço e tempo.

Já descrevia Jacques Bergier, em suas considerações em *Anthologie des poètes du XVIe siècle*:

"De acordo com eles (os alquimistas), a manipulação apropriada do fogo e de certas substâncias, permite que se transmutem os elementos e, o que é mais importante ainda, transforme-se o próprio experimentador. Este, sob a influência das forças emitidas pelo cadinho (hoje diríamos: pelas radiações emitidas pelos núcleos em transformação), ingressa em outro estado. Sua vida é prolongada indefinidamente, sua inteligência e suas percepções são desenvolvidas a um ponto extraordinário".

"Os físicos de agora admitem que, em certas condições, a energia de uma transmutação nuclear poderia ser absorvida por partículas especiais que eles chamam neutrinos e antineutrinos. Parece agora comprovada a existência do neutrino. Talvez haja tipos de transmutação que libertam apenas um pouco de energia, ou nas quais a energia libertada se evola sob a forma de neutrinos" (17).

RAINHA

Nos textos alquímicos, a expressão refere-se a um elemento que foi retirado da matéria-prima, preparado convenientemente, para ser unificado a outro elemento também purificado, extraído da mesma raiz. Dessas duas partes, uma é representada sob a forma de fêmea, enquanto a outra é descrita como o macho. Essa união de naturezas contrárias, do negativo com o positivo, com formas genéricas, explica a apresentação alegórica do **Magistério** sob denominação de **Art D'Amour**, ou casamento, o que possibilitou a personificação dos dois elementos opostos sob a forma de homem e mulher, céu e terra ou **Rei** e *Rainha*, tão difundida nas descrições dos antigos Mestres.

RAIO

"Quando uma nuvem carregada de eletricidade positiva, se aproxima da terra, ela age sobre a eletricidade por influência dessa última. De fato, a eletricidade negativa da terra, desliza nas nuvens, até que essas duas descargas cheguem a neutralizar-se, de forma tal que, a maior parte das nuvens do temporal, passam por cima da terra, sem manifestações sensíveis. Ao passo que, quando a nuvem elétrica está suficientemente perto da terra e se encontra na superfície desta, os objetos mais salientes, como torres, árvores, cumes de colinas, funcionam como antenas e favorecem o deslizamento da eletricidade. As duas correntes então se encontram, provocando uma violenta centelha que nós chamamos *queda de raio*.

O raio de fato se manifesta quando o campo elétrico entre duas nuvens, ou então entre uma nuvem e a terra, alcança uma intensidade suficiente à ionização por choque, provocando assim a separação com a tremenda centelha; a diferença de potencial anula-se assim, através dela.

Quando uma nuvem, que nós supomos carregada de eletricidade positiva, se aproxima muito da superfície da terra, ela atrai uma quantidade correspondente de atividade negativa desta última; porém, quando o **relâmpago** chega e descarrega a nuvem de sua eletricidade positiva que havia sido atraída à superfície, a negativa volta imediatamente à reserva comum, isto é, no interior da terra, causando assim uma sacudida denominada *golpe de retorno*. Ela é menos violenta que o raio, não se incendeia e, quando por ela um homem é atingido, não se revela nele sinal exterior de violência" (134).

Quis, antes de qualquer outro comentário, transcrever esse texto técnico, em virtude do grande número de citações sobre o fenômeno luminoso denominado raio ou relâmpago, que ocorre no **matraz** em determinada fase da **obra**. Conforme tem sido demonstrado por vários verbetes, **símbolos** e alegorias, todo o **Magistério** consiste em unir, casar, apaziguar, duas energias opostas: positivo, negativo; **yin**, **yang**; masculino, feminino, tornando-as uma **unidade**.

Conforme o relato citado, vimos que a diferença potencial se anula quando, após alcançar uma intensidade suficiente à ionização por choque, surge a centelha, o que pode explicar a lógica de tal fenômeno no microcosmo.

Outra coisa interessante é sabermos que a molécula carregada eletricamente se denomina **íon** e a **vaca cósmica**, adorada na Índia, é chamada *Io*, provedora do alimento ou substância vital que preenche todo o corpo do universo.

O Popol Vuh — a bíblia dos Maias — nos explica assim a criação: "Na noite e na escuridão, pelo Coração do Céu, chamado Huracan. A sua primeira manifestação é o raio, Cakulha. Sua segunda, o trovão, Chipi Cakulha. Sua terceira, o reflexo, Raxa Cakulha".

"Certos autores, e não dos menores, pretenderam que o maior artifício operatório consiste em captar um *raio* de sol e aprisioná-lo em um frasco cerrado com o **selo de Hermes**. Esta imagem grosseira fez rechaçar a operação como uma coisa ridícula e impossível. E, sem embargo, ela é verdadeira ao pé da letra, a tal ponto que a imagem faz corpo com a realidade. É antes bem incrível que alguém não esteja, todavia, advertido disso. Este milagre, o consegue o fotógrafo, de alguma forma, ao servir-se de uma placa sensível, que se prepara de diversas maneiras. No *Typus Mundi,* editado no século XVII pelos P.P. da Companhia de Jesus, vê-se um aparato, descrito também por Tiphaigne de Laroche, por meio do qual se pode furtar o fogo do Céu e fixá-lo. O procedimento não pode ser mais científico, e declaramos candidamente que revelamos aqui, se não um grande mistério, ao menos sua aplicação à prática filosofal" (135).

"O **lobo**-azul era, para os turcos, a manifestação da **luz** uraniana (raio) e cuja união com a corça-branca ou ruiva, que representa a terra, colocava na origem deste povo a hierogamia terra-céu. " (38).

"Na tradições judaica e cristã, o **chifre** simboliza a **força** e tem o sentido de *raio* de luz, de clarão, de relâmpago" (2).

Illalpa — o *raio*, foi um deus supremo, em três pessoas distintas, adorado em tempos antigos, no Peru.

"Convém observar que, em cada uma dessas lendas, a nascente jorra de um rochedo ou de um solo árido, isto é, de uma matéria mineral dura e seca, sob o choque de um agente de caráter misterioso, sagrado, de origem celeste, vindo de outro mundo. É precisamente dessa maneira que, no final da *separação* que inaugura a primeira obra, nasce a **fonte** dos filósofos, ou seu **mercúrio**, por efeito do choque infligido ao rochedo de nome **Magnésia**, por esse agente de origem sideral que **Filaleteo**. chama de 'aço mágico'. (...) Quanto à natureza desse princípio, seu caráter ígneo é atestado pela lenda em que a fonte *Sauve*, na *Côte-d'Or*, nasce sob a ação de um *raio*; estamos na presença desse 'fogo aquoso' e dessa 'água ígnea' a que os **Adeptos** deram o nome de **mercúrio comum**, dissolvente, **louco**, vento, **espada** e muitos outros..." (37).

RAIZ

Denominação dada ao elemento primeiro, fundamento no qual se executam os trabalhos de **laboratório**. Para a Alquimia, a *raiz* da **Pedra Filosofal** é um minério, tendo que ser extraída do seio da terra, nas **minas**, sendo inútil procurá-la em qualquer outro lugar.

"Temos experimentado exatamente todas as coisas, e por razões verificadas delas mesmas, jamais pudemos encontrar algo que fosse permanente ao fogo, exceto a umidade viscosa, única *raiz* de todos os metais. Todas as demais umidades escapam facilmente do fogo e seus elementos se separam uns dos outros, já que não estão bem unidos em homogeneidade; porém a umidade viscosa, a saber, o mercúrio, não se consome jamais no fogo e sua água nunca se separa da terra, já que tudo permanece junto ou tudo se vai" (198).

"Vemos, entre o firmamento e a nossa Terra, contínuos Vapores, Nuvens e Brumas, que ascendem como uma transpiração da Terra; e são sublimados para cima, pelo **calor** central da Terra.

Esta Água e **Vapor** caóticos contêm e são a primeira matéria de todas as coisas, e, embora esta pareça muito simples ante nossos olhos, sem embargo é dupla, pois contém fogo e umidade. O invisível no visível — o Fogo ou **espírito** é o agente e a Água, a mãe ou matriz.

Quem quer que deseje chegar à **fonte** da **Sabedoria** secreta, que estude isto bem e vá com o ponto central de verdade à circunferência, e imprima para sempre em sua memória que, a partir do Fogo e da Água, o Espírito encerrado na Umidade, são todas as coisas no mundo geradas, preservadas, destruídas e regeneradas.

Quem quer que compreenda isto, não encontrará dificuldades alguma em analisar as coisas naturais. Pode facilmente volatizar o fixo, e fixar o volátil: pode converter um sujeito podre em um de agradável odor; a partir do veneno, pode fazer uma **medicina** saudável, porque sabe que todas as coisas procedem de uma raiz, e retornam a essa raiz" (25).

"A **pedra** é uma só coisa, uma só substância, uma raiz, (...) ela procede da raiz de sua matéria, sendo ela desta raiz e nesta raiz, e nada entra nela que dela não tenha procedido, e que dela não tenha saído. (...)

Todos os filósofos disseram que nossa pedra é formada pelos quatro elementos, que contêm corpo, **alma** e **espírito**; e eles dizem que estas três coisas são de uma natureza e de uma **matéria** e que elas o são como uma água e uma raiz. Certamente dizem a verdade, pois toda nossa obra se faz com nossa **água**; e dela, nela e por ela são todas as coisas necessárias" (36).

"L — A matéria próxima da água poderosa não é outra coisa que as duas *raízes*.

"LXVII — Existe um certo mineral que contém abundância de **mercúrio** puro e **azufre** puro, e cuja preparação nem sequer é difícil para um bom Artista.

"LXVIII — As duas *raízes*, fixa e volátil, sacam-se deste **mineral** por uma destilação violenta.

"LXXIX — Purificam-se estas duas *raízes*, uma depois da outra, e se as apodrecem, conjuntamente, por um **calor** lento, para dissolvê-las uma pela outra.

LXXX — Unem-nas, à continuação, pela circulação, para fazer delas a água mineral poderosa, a qual deve ser purificada por **sete** destilações" (9).

"Afirmo-vos que todos os **metais** e minerais crescem da mesma maneira, oriundos da mesma raiz e que, portanto, todos os metais têm uma origem comum. Esse princípio primeiro é um mero **vapor** extraído da **terra** elementar através dos planetas celestes e, por assim dizer, dividido pela **destilação** sideral do Macrocosmo. Essa quente infusão sideral, descendo do alto nas coisas que estão embaixo, com a propriedade aerosulfúrica, tanto age e opera que, de alguma maneira espiritual e invisível, comunica-lhe uma certa força e virtude. Esse vapor transforma-se, em seguida, na terra, em uma espécie de **água**, e é esta água mineral que gera todos os metais e que os aperfeiçoa. O vapor mineral torna-se esse ou aquele metal, de acordo com o predomínio de um ou de outro dos três princípios fundamentais, isto é, de acordo com a circunstância de apresentarem muito ou pouco **mercúrio**, **súlfur** ou **sal**, ou uma mistura desigual destes" (190).

RAM

"(6.700 a.C.) Reformador religioso de origem celta. Esse druida sofria na sua alma, ao ver os estragos causados pela lepra no corpo dos brancos, e também pelos estragos causados nos espíritos pelos sacrifícios sangrentos das druidesas. Tomado por esses pensamentos sombrios, o jovem **druida** adormeceu ao pé de um **carvalho** e logo depois o plano astral se manifestou a seu ser luminoso.

"Ram viu aparecer a alma coletiva de sua raça, o grande Hermann, que lhe revelou ser o visgo do carvalho (**visco**), preparado de uma certa maneira, o remédio contra a lepra. (...) Os druidas conservaram o segredo da preparação do visgo e uma festa transmitiu, de idade em idade, esse grande acontecimento. Essa festa foi a colheita da resina do carvalho, realizada anualmente, na ocasião do renovamento das forças da terra (no Natal). (...) Senhor do mundo que iria presidir à civilização de toda sua raça, Ram organizou seu império, segundo as formas teocráticas e religiosas. Fixou no Tibete o trono do soberano Pontífice, mudou seu nome de combate Ram (**carneiro**) pelo de sacerdote Lan (cordeiro) e criou o culto lâmico, o culto do cordeiro místico, que é uma característica da raça ariana" (136).

O poema épico *Rāmāyana* descreve os feitos heroicos de Ram, realizados há mais de 6 mil anos, antes de nossa era. Sua presença é constante na tradição de vários povos: Rama, para os hindus; Lama, no Tibete; Fô, na China; Pa, no Japão; Pa-pa, Pa-di-shah ou Pa-si-pa, no norte da Ásia; Giam Shyd, para os persas e iranianos; e **Dioniso**, para os arianos. A ele é atribuída a criação do **Zodíaco**.

RAMEIRA

Em razão de ser esta expressão usada para definir uma mulher vulgar, alguns alquimistas a adotaram para classificar o seu **mineral** ou matéria primeira, recém-saída da mina, com toda a ganga impura que a acompanha na natureza e que tem de ser retirada, pelo aperfeiçoamento da Arte.

"Há em nossos princípios muitas superfluidades estranhas, que nunca (para nossa obra) se podem reduzir à **pureza**, pelo que é melhor separá-las de todo, o que será impossível de fazer sem a teórica de nossos **arcanos**, por meio do qual ensinamos o modo em que se saca o Diadema Real, a partir do **mênstruo** da nossa *Rameira*." (...)

"Chama-se este caos nosso **Arsênico**, nosso Ar, nossa **Lua**, nossa **Pedra Íman**, nosso **Acero**, considerado por muitos modos; pois nossa matéria passa por vários estados antes de que, do mênstruo de nossa *Rameira*, se saque o Diadema Real" (1).

RASIS

Abu Bakr Muhammad ibn Zakariya al Razi, mais conhecido apenas como Al Razi, foi um dos **Adeptos** árabes cujo renome perdurou através de séculos, pelo caráter científico que imprimiu ao **Magistério**. Nasceu presumivelmente no ano 825, na cidade persa de Ravy. Aos

30 anos, foi estudar Medicina em Bagdá, onde manteve seus primeiros contatos com a **Alquimia**. Apaixonado perdidamente por essa ciência, buscou alcançar a **Pedra Filosofal**, por meio de experimentos práticos, a serem facilmente repetidos por neófitos interessados na mesma conquista. Na obra que lhe é atribuída — *O Livro do Segredo dos Segredos*, prega a importância do estabelecimento de medidas exatas, na confecção da **Grande Obra**, instruindo para que esta tenha um caráter muito mais técnico que simbólico; descreve claramente as diversas fases do Magistério e os instrumentos necessários à atividade no **laboratório**, como filtros, retortas, cadinhos, funis, béqueres, caldeiras, banhos de areia, etc.

Uma das principais inovações que, segundo consta, foi instituída por ele nos ensinamentos alquímicos é a proposição de que, além do **mercúrio** e do **enxofre**, na composição primeira dos minerais, é imprescindível que se considere a presença do **sal** — um importante constituinte da **trindade**.

REBIS

Mercúrio duplo ou coisa dupla é a verdadeira matéria da Pedra. Resulta da união do **mercúrio** em estado de pó ou **sal** ao mercúrio em forma de azeite; do **azufre** com o mercúrio filosofal, quando a matéria, deixando para trás o negro da putrefação, mas, ainda apresentando seus sinais na cor azulada que exibe, mostra que a umidade ainda predomina no corpo que deve ser levado à secura.

Costuma ser representado pela figura do **Hermafrodita**.

"Permitimos-nos atrair a atenção do leitor sobre este feito de que a cocção filosofal do *rebis* dá como resultado um azufre e não uma união irredutível de seus componentes, e que este azufre, por assimilação completa do mercúrio, reveste propriedades particulares que tendem a afastá-lo da espécie metálica. E, sobre esta constante de efeito, está fundada a técnica da multiplicação e de crescimento (**fermentação**), porque o azufre novo permanece sempre susceptível a absorver uma quantidade determinada e proporcional do mercúrio" (7).

"O anil e o azul são as primeiras cores que nos deixam ver a obscura fêmea, quer dizer, a umidade cedendo um pouco ao calor e à secura. O homem e a mulher (figurados no livro) são, na maior parte, alaranjados. Significa que nossos corpos (ou nosso corpo que os sábios chamam de *Rebis*) ainda não mostram digestão suficiente, e que a umidade, donde provêm o negro, o azul e o anil, não está ainda meia vencida pela secura. Quando a secura dominar, tudo será branco. (...)

"O *Rebis* começa a embranquecer primeiramente nas extremidades. A **escada** dos filósofos diz: o signo da primeira perfeita brancura é quando se vê um certo pequeno círculo capilar, ou passando pela cabeça, que aparecerá em volta da matéria, nos flancos do vaso, em cor tendente ao alaranjado" (36).

Irineu Filaletes o comparou ao creme:

"Isso talvez te parecerá incrível, mas é verdade que o **Mercúrio** Homogêneo, puro e limpo, inseminado pelo **enxofre** interno, graças ao nosso artifício, coagula a si mesmo sob a ação do calor externo adequado. Essa **coagulação** se faz em forma de creme de leite, como uma pedra sutil que nada sobre as águas" (1).

"Os alquimistas denominam *Rebis* à primeira decocção do *espírito mineral* misturado a seu próprio corpo, uma vez que é feito de duas coisas, do masculino e do feminino, isto é, do dissolvente e do corpo solúvel, embora se trate, no fundo, da mesma coisa e de matéria idêntica. Deu-se também o nome de *Rebis* à matéria da *obra transformada em albedo*, *no branco*, porque então aquela é um mercúrio animado de seu enxofre e estes dois elementos, provenientes de uma mesma **raiz**, constituem-se um todo homogêneo, assimilando-se destarte ao **andrógino**" (49).

RÉBUS

Enigma. Mensagem transmitida de forma obscura, sob alegorias. Detalhes cujos esclarecimentos são ocultos sob diversas representações. A finalidade é que determinados assuntos sejam mantidos afastados do vulgo; sejam desvendados apenas por pessoas que tenham algum conhecimento, ou as que se acham movidas por grande e real interesse.

REDE

Formação que, em dado momento, surge no interior do **crisol**, cujo aspecto é bem semelhante às malhas de uma rede.

"É, por conseguinte, uma matéria em estado radiante, que convém reter e isso exige o emprego de um instrumento apropriado, a que os filósofos deram os nomes de *rede sutil* e de *rede fina*. Esse tecido inscreve a imagem de sua realidade física, na textura tangível do *mercúrio*, e a iconografia alquímica oferece muitas figuras que o representam. Os países da costa normanda conservam uma lenda, onde ele toma a forma de um certo manto, sob o qual vê-se nascer uma **ilha**" (37).

"**Vulcano** crescerá em ciúmes e estenderá
sua rede para capturar a sua esposa com

Marte, no ato; (...)
Mostra a ambos amantes apanhados
dentro de sua rede,
na qual ambos estão envoltos..." (73)

"Sem o conhecimento do segundo **sal**, é impossível fabricar a rede ou **fogo secreto**, verdadeiro instrumento que permite ao **sábio** pescar o **peixe hermético**" (60).

O objetivo é estabelecer três capas sucessivas no **crisol**. A inferior está formada por **mercúrio** e **enxofre** unidos e é à obtenção desta pasta que se refere o Adepto francês (Fulcanelli), com o processo de **embebições**. A capa média é constituída pelo mercúrio em fusão; a superior é o dissolvente salino.

O mercúrio extrai a tintura da **terra adâmica**, constituindo assim o primeiro dos dissolventes utilizados nesta via; o composto salino, segundo dos dissolventes empregados, arrebata por sua vez a **tintura** de mercúrio, e a entesoura em si. Daqui que se compara este sal com o **Graal**, continente do **sangue** de **Cristo**.

Como resultado desta operação, o mercúrio mostrará, em sua superfície, a figura de uma Rede, enquanto o sal se tornará **violeta**, e é por ele que Fulcanelli se refere ao resultado dessa operação como a **flor violeta**" (13).

Ver também **Esperavel**.

REGIME DA ÁGUA

Pouquíssima coisa precisa ser acrescentada, a este texto de Alberto Magno, "DA PREPARAÇÃO DAS ÁGUAS DONDE SE EXTRAI A ÁGUARDENTE

Toma duas libras de vitriolo romano, duas libras de salitre e uma libra de alúmen calcinado. Mói-os bem, mescla perfeitamente e coloca-os num **alambique** de **vidro**; destila segundo as regras, vedando bem as junturas, para que os **espíritos** não saiam. Começa com um **fogo** suave, aquecendo, depois, mais forte; aquece, em seguida, fortemente, até que o aparelho fique **branco** e os espíritos destilem. Cessa o fogo e deixa arrefecer o **forno**; coloca esta *água* cuidadosamente de lado, porque dissolve a **Lua** e separa-a do **ouro**; calcina o **Mercúrio** e as flores de **Marte**; comunica à pele uma coloração castanha que sai dificilmente. É a água prima dos filósofos, é perfeita ao primeiro grau. Prepararás três libras desta água.

ÁGUA SEGUNDA PREPARADA PELO **SAL** AMONÍACO

Em nome do Senhor, toma uma **libra** de água prima e dissolve quatro lots de sal amoníaco puro e incolor; feita a dissolução, a água muda de cor, adquirindo outras propriedades. A água prima era esverdeada, dissolvia a Lua e não tinha ação sobre o Sol; mas, desde que se lhe junte o sal amoníaco, toma uma cor **amarelo**, dissolve o ouro, o Mercúrio, o **enxofre** sublimado e comunica à pele uma coloração amarela. Conserva-a preciosamente, porque nos servirá em seguida.

ÁGUA TERCEIRA PREPARADA POR MEIO DO MERCÚRIO SUBLIMADO

Toma uma libra de água segunda e onze lots de Mercúrio sublimado (pelo **vitríolo** e pelo sal) bem preparado e puro. Deitarás, pouco a pouco, o Mercúrio na *água* segunda. Em seguida, selarás o orifício do **matraz** para que o espírito do Mercúrio não se escape. Colocarás o matraz sobre **cinzas** temperadas; a *água* começará, em seguida, a atuar sobre o Mercúrio, dissolvendo-o, incorporando-o. Deixarás o matraz sobre cinzas quentes; não deverá haver um excesso de *água*, sendo necessário que o mercúrio sublimado se dissolva completamente. A *água* atua por embebição sobre o Mercúrio, até que o dissolva.

Se a *água* não pode dissolver o Mercúrio todo, toma o que resta no fundo do matraz, desseca-o em fogo lento, pulveriza-o e o dissolverás numa nova quantidade de *água* segunda. Reunirás numa só todas as **dissoluções**, num frasco de vidro bem limpo, o qual fecharás perfeitamente com **cera**. Coloca-o cuidadosamente de lado. Porque esta é a nossa água terceira, filosófica, espessa, perfeita ao terceiro grau. É a mãe da Aguardente que reduz todos os corpos à sua **matéria-prima**.

ÁGUA QUARTA QUE REDUZ OS CORPOS CALCINADOS À SUA MATÉRIA-PRIMA

Toma *água* terceira mercurial, perfeita em terceiro grau, límpida e coloca-a a putrefazer em ventre de cavalo, num matraz de colo longo, bem fechado, durante 14 dias.

Deixa fermentar; as **impurezas** caem no fundo e a *água* passa de amarelo a ruivo. Neste momento, retirarás o matraz e o colocarás sobre cinzas com fogo muito suave; adapta-lhe um capitel de alambique com o seu recipiente. Começa a **destilação** lentamente.

O que passa, gota a gota, é a nossa aguardente, muito límpida, pura, pesada, **Leite virginal, Vinagre** muito agre. Continua o fogo docemente, até que toda a aguardente tenha destilado tranquilamente; agora cessa o fogo, deixa arrefecer o forno e conserva com cuidado a tua *água* destilada, Esta é a nossa Aguardente, Vinagre dos filósofos, Leite virginal que reduz os corpos na sua matéria-prima. Deram-lhe uma infinidade de nomes.

Eis, aqui, as propriedades desta *água*: uma gota depositada sobre uma lâmina de cobre quente penetra-a imediatamente e deixa nela uma mancha branca. Deitada sobre carvões, emite fumo; ao **ar**, congela-se e parece gelo. Quando se destila esta *água*, as gotas não passam seguindo todas o mesmo caminho, cada uma passa por seu lado. Não atua sobre os metais como a água-forte corrosiva, que os dissolve, mas reduz em Mercúrio todos os corpos que banha, como mais adiante verás.

Depois da **putrefacção**, da destilação e da clarificação é pura e mais perfeita, despojada de todo o princípio sulfuroso, ígneo e corrosivo. Não é uma *água* que corrói, não dissolve os corpos, mas os reduz a Mercúrio. Deve esta propriedade ao Mercúrio primitivamente dissolvido e putrefacto ao terceiro grau da perfeição. Não contém já as **fezes** nem **impurezas**. A última destilação separou-as; as impurezas negras ficaram no fundo do alambique. A cor desta água é azul, límpida e ruiva; coloca-a de lado, porque reduz todos os corpos calcinados e putrefactos na sua matéria-prima radical ou mercurial.

Quando quiseres reduzir com esta água os corpos calcinados, prepara-os assim: toma um marco do corpo que queiras, Sol ou Lua; lima-o docemente. Pulveriza bem esta limalha, sobre uma pedra mármore, com sal comum preparado. Separa o sal, dissolvendo-o em *água* quente; a cal pulverizada cairá no fundo do líquido; decanta. Seca a **cal**, embebe-a três vezes com **óleo** de tártaro, deixando, de cada vez, a cal absorver todo o óleo; coloca, em seguida, a cal num pequeno matraz; deita em cima o óleo de tártaro, de forma que o líquido tenha uma espessura de dois dedos; cerra, então, o matraz e coloca-o a putrefazer em ventre de cavalo, durante oito dias; depois, toma o matraz, decanta o óleo e desseca a cal. Feito isto, coloca a cal em peso igual à nossa Aguardente; fecha o matraz e deixa digerir com um fogo suave, até que toda a cal seja convertida em Mercúrio. Decanta, então, a *água* com precaução, recolhe o Mercúrio corporal, coloca-o num vaso de vidro; purifica-o com *água* e sal comum; desseca conforme as regras, coloca-o sobre um pano fino e espreme-o em gotas. Se passar tudo, está bem. Se restar alguma porção do corpo amalgamado, porque a dissolução não tenha sido completa, põe esse resíduo com nova quantidade de água bendita. Sabe que a destilação da *água* deve ser feita em **banho-maria**; para o ar e o fogo, destilar-se-á em cinzas quentes. A *água* deve ser extraída da substância úmida não de outra parte; o ar e o fogo devem ser extraídos da substância e não de outra" (156).

REGIME DO FOGO

Quase tão importante quanto saber com que matéria se trabalhará para conseguir sucesso no Magistério, é saber qual o grau de **calor** a se mantido para que as substâncias não se destruam nem pelo excesso nem pela escassez.

"O calor externo é quase linear, ou seja, uniforme e igual em todo o processo... Estudante principiante, podes certamente crer e confiar que não há outra coisa encoberta em toda obra da **pedra** senão o *regime*, ou governo do fogo; pelo qual é certo o que disse o **filósofo**: *Qualquer que o supere cientificamente, os Príncipes e magnatas da terra o honrarão*. E, te juro por minha fé que, se tão somente se expuser isto claramente, os tontos ririam da **Arte**, porque, conhecido isto, os demais passos não são outra coisa que obra de mulheres e jogo de crianças" (1).

"A matéria se abre e dissolve na água; une-se e se incha na **putrefação**; na **cinza** adquire **flores**, dignas vanguardeiras do fruto; em sua **areia** se seca toda a umidade supérflua; a chama do **fogo** a amadurece totalmente e a fixa. (...)

"O grau que os filósofos consideram mais conveniente é o da galinha que encuba seus ovos; é ordinariamente de 30º; porém (...) deve-se começar esta operação por um grau de calor como de 20º a 25º, até a **putrefação**, elevá-la depois a 30º, desde a **negrura** até a **brancura**; à continuação, aumentar, todavia, um tanto, embora seja pouco, este calor, porém isto requer uma grande prudência. (...) Não se pode, seguindo este mesmo grau de calor (da negrura à brancura), deixar de ter êxito no resto da cocção, que conduz ao final da obra, de onde a matéria branca termina em vermelhidão perfeita; o único inconveniente que resultará disso é que a obra se atrasará" (138).

"Uma vez cessado o fogo, tudo se arruinará, e arte alguma conseguirá reparar" (139).

"Ao obterdes a **matéria** por esse meio, depois não te ocupes de outra coisa senão do fogo e observa o seu *regime*. Aqui é que reside o mais essencial e o alvo da Obra. Pois o nosso fogo é o fogo comum, e nosso forno, o forno comum. E se bem que aqueles que vieram antes de mim tenham deixado escrito que nosso fogo não seja comum, no entanto digo-te, em verdade, que esconderam todos os segredos, a fim de obedecer à sua disciplina. Como a matéria é vil, a Obra, sumariamente, é apenas suportada e desvelada pelo regime do fogo.

O fogo da lâmpada com espírito de vinho é inútil. Esses meios mostram-se de incrível despesa: o **esterco de cavalo** é a ruína e a matéria só pode ser libertada pelos graus perfeitos do fogo.

Os fornos numerosos e variados não são úteis. É somente no triplo forno que os graus do fogo são respeitados proporcionalmente. Que o sofista indiscreto, com múltiplos fornos, não te atire no erro, visto que o nosso forno é comum, que nossa matéria é sem valor e que o vidro é tornado semelhante à circunferência da Terra. Não tens necessidade de ensinamento suplementar sobre esse fogo, esse regime e forno. O que tem a matéria, encontrará o seu forno: o que tem a farinha pode encontrar também o forno de panificação e não se preocupa muito mais com o cozimento do pão.

Não é necessário escrever sobre isto livros especiais, visto que sigas unicamente o regime do calor, pelo qual saibas distinguir entre o quente e o frio. Chegando aí, acabaste a **Obra** e conduziste a arte ao seu fim: pelo que o Criador de toda a natureza deve ser louvado eternamente. Amém" (137).

"Mas crê-me, filho, que todo nosso **Magistério** consiste tão somente no *regime do fogo* com a capacidade do trabalho. Porque nós nada fazemos, mas a virtude do fogo bem regido, com pouco trabalho, faz nossa pedra e com poucos gastos.

Julga que quando nossa pedra uma vez liberada de sua primeira natureza, e, a saber, em sua primeira água, ou leite de virgem, ou cauda do dragão, então, a mesma pedra se calcina, sublima, destila, reduz-se, lava, congela e, pela virtude do fogo proporcionado, aperfeiçoa-se a si mesma em um só **vaso**, sem operação manual de outro." (79).

"Tem cuidado com esta obra, não irrites muito o **espírito** porque é mais corporal que antes; porque se o fizeres voar ao alto do **vaso**, dificilmente voltará por si mesmo, precaução que se tem que observar no **regime da Lua**, no qual começa a se espessar o espírito, razão pela qual se há de cuidar, então, suavemente, e não com violência, para que não provoque, fugindo para o alto do vaso, a queima de tudo aquilo que está no fundo, ou ao menos se faça **vidro**, para destruição da obra. Quando, desta maneira, vês a cor **verde**, sabes que contém ou encerra nela uma virtude generativa, pelo que tem cuidado. Não seja que agora, por um calor excessivo, se mude a cor verde pela cor torpe e negra, senão que governes o fogo, prudentemente, e, deste modo, depois de quarenta dias, terás acabado o **regime de Vênus**" (1).

REGIME DO MAGISTÉRIO

Por informação de alguns alquimistas, apreende-se que *Regime* é o tempo "quando" a obra deve ser realizada. Por isso a correspondência astral expressa nos vários *regimes* descritos nos textos, que têm de ser obedecidos para o perfeito sucesso do trabalho.

Entretanto, segundo comentários de Irineu Filaletes, nos trechos transcritos abaixo, *Regimes* são fases que devem ser seguidas. O **Magistério** pode ser dividido em *Regimes,* de maneira que todo o processo seja seguido por etapas, facilmente identificáveis:

O Primeiro — O **Regime de Mercúrio** vai desde que se acende o fogo até a negrura e dura de 40 a 50 dias:

"Toma o corpo que te mostrei (o **mineral**) e coloca-o dentro da água do nosso mar, e coze-o continuamente com um **fogo** devido, de maneira que subam o **rocio** e as neves e caiam as gotas, de dia e de noite, sem cessar; e sabe que o mercúrio sobe com a **circulação**, em sua primeira natureza e que, abaixo, queda-se o corpo também em sua primeira natureza, até que comece o corpo a reter algo dessa água e assim ambos participem dos graus um do outro. Porém, como nem toda água sobe com esta **sublimação**, senão que parte dela fica embaixo com o corpo, no fundo do **vaso**, por esta razão, com uma contínua vigilância, o corpo se criva ou esmiuça na água que caiu; e, por este meio, as gotas que caem perfuram a massa que se quedou embaixo, e, com a **circulação** contínua, havendo-se feita a água mais sutil, finalmente extrai a **alma** do Sol, branda e suavemente; deste modo, por meio da alma, se reconcilia o **espírito** com o corpo e se faz entre ambos uma união de cor negra".

O Segundo — O **Regime de Saturno**. "Morrendo o **Leão**, nasce o **Corvo**. (...) A cor não é mais que uma, e esta muito negra, porém sem que haja fumos nem **ventos**, nem aparência de vida; somente que algumas vezes se vê seco o composto, e outras, fervendo como piche derretido. (...) A **negrura** que se vê não é como outra qualquer, senão uma negrura resplandecente de puro negro.

Logo que vejas a matéria inchada abaixo, como uma pasta, alegrate, pois sabe que o espírito que está encerrado está vivo".

O Terceiro — O **Regime de Júpiter**. "Júpiter, que é de diversas **cores,** sucede ao negro de Saturno, porque depois de feita, no fundo do vaso, a devida **putrefação** e **geração**, a mando de Deus, verás, pela segunda vez, que se mudam as cores e que a sublimação circula. Este regime não é duradouro, pois não dura acima de três semanas; neste tempo, aparecem todas as cores imagináveis, das quais não se pode dar a razão certa. Nestes dias se multiplicarão os **rocios** e as **chuvas**, e finalmente, depois de todas estas coisas bonitas à vista, se deixará ver, por si mesma, uma **brancura** nos lados do **vaso**, como raios ou cabelos.

(...) todo o *Regime* de Júpiter foi empregado em lavar e limpar o **latão**. O espírito que lava ou limpa é muito branco de natureza e o corpo que se há de limpar é negro, muito negro."

O Quarto — O **Regime da Lua**. "Ao final do quarto mês te aparecerá o sinal do crescente da Lua; (...) Porém, não se faz perfeitamente reluzente no primeiro dia, senão que pouco a pouco, ou gradualmente, de branco se torna alvíssimo. Sabe, pois, que neste *regime* tudo se converte, à vista, como se fosse **azougue** vivo, e isto é o que se chama *encerrar e selar a mãe no ventre de seu filho, ao qual pariu.*

"Neste *regime* haverá muitas, diversas e formosas cores, que se deixam ver por um momento, e que logo desaparecem, (...) E sabe que, ao cabo de três semanas, será cumprido o *regime* da Lua; porém, antes que se cumpra, vestir-se-á o composto de mil formas diferentes, porque este, em crescendo os rios antes da **coagulação** total, se liquefará e se congelará cem vezes por dia. Algumas vezes aparecerá como os olhos dos peixes; outras se parecerá a figura de uma **árvore** de prata fina polida, com seus raminhos e folhas. (...) Havendo terminado o tempo que Deus Onipotente impôs a esta operação, mostrar-se-á um **espírito** consumado em perfeição, e dará a mesma perfeição a seu corpo; certamente, subirá e circulará suavemente, e sem violência, e subirá desde o centro até o céu, e outra vez baixará desde os céus até o centro, e arrebatará a força do superior e do inferior."

O Quinto — O **Regime de Vênus**. "Antes de tudo é de admirar que nossa **Pedra**, já perfeita de todo, e que pode comunicar perfeita **tintura**, humilha-se por si mesma outra vez, e, sem que se toque com as mãos, retoma uma nova volatização. (...) por mandado de Deus, seja dotado de um espírito, o qual voará até o alto, levando consigo a Pedra, e dará novas cores, e entre as primeiras, uma cor **verde** venéreo ou de **cobre**, o qual durará largo tempo, de modo que, nem em prazo de 20 dias desaparecerá de todo; aguarda também o azul, e a opalina, ou acardenalado, e próximo ao fim do *regime* de Vênus, a cor pálida de **púrpura** obscuro. (...) Governa o **fogo** prudentemente; e, deste modo, depois de 40 dias, terás acabado este *regime* de Vênus."

O Sexto — O **Regime de Marte**. "Demonstra pela maior parte alguma cor flava, ou **vermelho** desbotado, como um vitrificado obscuro, o qual dará de si umas cores famosíssimas (embora passageiras) de Íris e **Pavão Real**. (...) Sabe que nossa terra virgem já padece o último cultivo, para que nela se semeie e se madure o fruto do **Sol**; pelo qual, continua um bom **calor**, e verás certamente que aparecerá a cor citrina, ou de limão, cerca de 30 dias deste *regime*, a qual cor, ao cabo de duas semanas desde que se tornou visível, cobrirá quase tudo da dita cor citrina, ou de limão."

O Sétimo — O **Regime do Sol**. "Primeiro observarás no corpo uma certa cor citrina e, enfim, uns vapores citrinos (estando o corpo assentado embaixo, no fundo do vaso) tintos de cor **violeta**, e algumas vezes de púrpura obscura. Depois de haver esperado 12 ou 14 dias neste governo do Sol, verás a matéria em sua maior parte úmida, e, ainda que pesada, a verás ir de um lugar a outro, no ventre do vento. Finalmente, cerca do 26º dia deste *regime*, começará a secar, e então se derreterá e se congelará, e se tornará a derreter cem vezes ao dia, até que comece a fazer-se grãos, e se verá como se todos estivessem separados; outra vez se juntarão e infinitas figuras e formas tomará a cada dia, e isto durará quase duas semanas; por último, por mandado de Deus, a luz encherá de **raios** tua matéria de um modo tal, que nunca pudeste imaginar. Aguarda então, com brevidade, o fim, o qual verás depois de três dias, porque a matéria se fará grãos como os átomos do Sol, e terá uma cor vermelha tão elevada que de puro vermelho se enegrecerá, como um sangue muito são, coagulado" (1).

RÉGULO

Pequeno rei. **Estrela** de primeira grandeza na constelação do **Leão**. Metaloide correspondente a um determinado mineral. O régulo, na Alquimia, é o **enxofre**, o pequeno rei gerado.

REI

Forma que evidencia o princípio masculino em muitas alegorias alquímicas, mas uma substância nova, somente conseguida por intermédio da Arte. Em outros textos, já é a **Pedra**, com todo o seu poderio, em uma de suas duas formas: branca ou vermelha. Em virtude disso, cabe ressaltar que, em todas as tradições, os reis sempre tiveram seus poderes associados ao **Sol**. Outro simbolismo constante que lhe é atribuído, é a figura do **leão**, o que não é de se estranhar: se o *Rei* está no **Magistério** representando o **ouro** — o rei dos metais, a figura do rei dos animais surge como uma representação à altura.

"Reportando-se ao século V a.C., Tito Lívio descreve um imperador gaulês, rei dos bitúriges, *Ambigatus*, o que combate dos dois lados; mas é preciso ver no nome, sobretudo, *aquele que possui os dois poderes*, o espiritual e o temporal. Auxiliado por seus dois sobrinhos, Bellovèse e Sègovêse, ele os envia em *ver sacrum* (primavera sagrada), um para a Floresta Negra, o outro para a Itália, e existe aí, certamente, um simbolismo que Tito Lívio não compreendeu" (38).

"Alimentai, pois, vosso fogo, até a aparição das cores, e então vereis, ao fim, a **brancura**. Quando esta se encontrar visível — o que ocorrerá pelo fim do quinto mês — estará já próxima a formação da pedra branca. Então podereis celebrá-lo, porque o *Rei*, vencedor da **morte**, aparecerá pelo Oriente envolto em glória, e seu arauto ou embaixador, será um **círculo** citrino" (82).

REIA

Grande-Mãe cretense. Gerou **Zeus**, **Deméter** e **Héstia**. Na época romana, *Reia*, antiga divindade da Terra, acabou tendo seu culto fundido com o de **Cibele**. *Reia* simboliza a energia escondida no seio da Terra. Gerou os deuses dos quatro elementos. É a fonte primordial ctônia de toda a fecundidade" (2).

"Segundo Plutarco (Ísis, 106), os pitagóricos afirmavam que o quadrado reunia as potências de *Reia*, de Afrodite, de Deméter, de Héstia e de Hera. Ao comentar essa passagem, Mário Meunier especifica: o quadrado significava que *Reia*, a mãe dos deuses, a fonte da duração, se manifestava mediante as modificações dos quatro elementos simbolizados por Afrodite, que era a **água** geradora, por Héstia, que era o **fogo**, por Deméter, que era a **terra**, e por Hera, que era o **ar**. O quadrado simbolizava a síntese dos elementos" (38).

REINCRUDAÇÃO

Conforme nos explicam alguns autores, é a volta do **mercúrio** ao seu estado inicial, não coagulado. A finalidade é liberar a **tintura** de **ouro**; para tanto, há que se tornar a dissolvê-lo com um **mênstruo** de sua própria natureza, ou melhor dizendo, um dissolvente metálico, para que o seu corpo denso se divida em suas menores partículas.

REINOS

Através da maioria dos textos podemos constatar que para se atingir a **Medicina** por meio da **Grande Obra**, o **Magistério** pode seguir três caminhos: mineral, animal e vegetal; sendo que, pelo visto, o costumeiramente aconselhado é o mineral, para que a conquista do **Elixir** seja mais perfeita. Segundo dissertação de um dos mais conceituados filósofos:

"Este reino contém em maior abundância que os outros, e em maior grau de pureza, o princípio do fogo e da luz. É verdade que uma combinação mais estreita torna este princípio mais compacto, porém quando, pela ajuda das operações químicas, chega-se a despojá-los dos impedimentos grosseiros que o retêm e se o possue em suficiente grau de pureza, então se percebe quão grandes e poderosas são as qualidades que nele se reconhecem" (39).

RELÂMPAGO
Ver **Raio**.

REMO E RÔMULO

Segundo conta a lenda, Rhéa Silvia, filha do rei Numitor, foi feita vestal, isto é, uma virgem proibida de casar-se. Marte, o deus da guerra, apaixonou-se por ela e engravidou-a, nascendo dessa união os gêmeos Rômulo e Remu.

O tio Amulius, usurpador do trono, temendo uma vingança futura dos dois herdeiros, colocou-os em uma cesta e lançou-os ao rio Tibre. A cesta foi parar no Monte Palatino, onde sobreviveram amamentados por uma loba.

"Da união, pois, de **Marte**, ou **Aries**, e **Reia**, não podia nascer senão uma rebelde e gloriosíssima raça de **lobos** ou welsungos. Tal o motivo de Remo e Rômulo (melhor fora denominá-los **Rama** e Râmalus, de acordo com a massora ou mudança de vogais) terem sido abandonados por sua mãe; e, por triste destino, amamentados por uma loba — destino começado junto à figueira Ruminal da margem do Tibre. Daí, podermos dizê-los lobinhos, tal como outra instituição iniciática diria.

"Neste último parágrafo, há um oculto mundo, cujas tônicas principais não se podem omitir, porque ensejam paralelos sublimes, dignos da melhor atenção.

Com efeito: Reia dá à luz dois filhos, sob a figueira Ruminal (ou de Rama), o mesmo que Maya dando à luz Buddha, sob a árvore Bodhi, ou da sabedoria solar. Por sua vez, a welsunga Siglinda dá à luz o herói Siegfried, junto à caverna de Fafner, sob uma tília sagrada. Finalmente Isomberta — (Ísis-Bertha), na lenda do Brabante, como se lê em Bonilla San Martin (*El Mito de Psyche*) dá à luz seus sete filhos... Por outro lado, se Remo e Rômulo foram abandonados em frágil barca nas águas de um rio, eis que o menino Sargão, da lenda caldeia, também o foi, e Moisés, da lenda hebreia, além de **Quetzalcoatl**, da mexicana (...).

Os dois gêmeos solares Remo e Rômulo (êmulos dos gregos Cástor e Polux, representativos da noite e do dia), logo que chegaram à puberdade, decidem, ao que dizem os clássicos, fundar uma cidade, no local onde haviam sido abandonados na infância. Fundariam, assim, o que em linguagem iniciática se denomina um *larario*, um novo culto. Com efeito, com arado de relha de **cobre** (cobre é calcas, o metal caldeu ou calcídio, sucedâneo do ouro e da prata) e com a junta de um **touro** branco e de uma **vaca** vermelha, sem mancha (alusão respectiva às raças originárias da **Ísis** sagrada e da Atlântida), abrem o sulco ou círculo mágico, delimitador da futura cidade. (...)

A lenda, entretanto, conta-nos que as **aves** do Palatino, ou seja, o macabro espectro da magia negra, surgiram entrementes, como sempre acontece em toda magia troncal, antes que fossem separados os dois caminhos, o da direita e o da esquerda. Os **corvos**, aves com asas escuras da noite, voavam sobre Remo, como o fizeram com Siegfried, no *Crepúsculo dos Deuses*, de Wagner.

Sobre este fatídico augúrio, Rômulo-Hagen tinge a sua traidora **espada** com o **sangue** do fratricídio, tal como na lenda hebreia de Caim e Abel, de que já falamos. O fato ocorreu, segundo os clássicos indicam, na famosa **lua** de abril de 753, antes de nossa era: a lua sagrada de Baira, no Oriente; a lua dos grandes sacrifícios do ano, entre **druidas** e mexicanos; a lua **pascal** do cordeiro hebreu, e do cordeiro cristão também, símbolo tudo isso desse grande deicídio cometido pela humanidade, ao substituir a primitiva religião da natureza... pelos demais cultos dogmáticos, vulgares ou exóticos" (118).

RÊMORA

Pequeno **peixe** negro, frequentemente figurado nas alegorias alquímicas substituindo o **azufre** (**enxofre**), que é necessário reter na **rede**. Sua "pesca", nos trabalhos alquímicos está associada à captação e condensação do **raio** que, em certo momento, se produz no **crisol**. Daí também pode se originar a superstição sobre a *pedra do raio* — **pedra** negra que se formaria nas profundezas da terra, no local atingido pela faísca elétrica e que traz sorte aos que, porventura, consigam encontrá-la, por suas propriedades mágicas e curativas.

REXA

Víbora pela qual alguns sábios representaram a matéria em negro, cuja cabeça precisa ser cortada, isto é, tornada sem umidade ou negritude.

Ver também **Serpente**.

RIPLEY, *SIR* GEORGE

Monge agostiniano que, no século XV, estudou no Priorado de Santo Agostinho, em Bridlington, Yorkshire, onde se tornou abade, dedicando-se ao estudo de ciências físicas. Lá criou um laboratório de pesquisas alquímicas, primeiro passo para se tornar um dos maiores alquimistas da Inglaterra.

Em busca de conhecimentos mais avançados, percorreu a França, Alemanha e Itália, onde foi feito Chamberlain pelo Papa Inocêncio VIII. Quando voltou à Inglaterra, em 1478, já possuía o segredo da **Transmutação** e isso ficou bastante evidenciado pelas polpudas ajudas dadas aos Cavaleiros de São João, em Rhodes, contribuindo dessa forma para a defesa de Jerusalém, contra as investidas turcas. Toda essa liberalidade, entretanto, contrariou os cânones da Igreja e ele foi expulso da ordem. Decidiu então juntar-se aos Carmelitas, em Boston, onde morreu em 1490.

Foi contemporâneo de **Thomas Norton** e, como uma das maiores inteligências de seu tempo, foi feito cavalheiro pelo rei Edward IV, o que justifica o título de *sir* que antecede seu nome.

Muitos dos seus textos, em que esclarece detalhes importantes sobre a história da Arte secreta dos antigos alquimistas, estão conservados no Museu Britânico, na Biblioteca de Oxford e na Biblioteca da Universidade de Princeton.

Seu nome é associado a uma infinidade de tratados alquímicos, a maioria deles escritos em versos, entre os quais se destacam "O Livro das Doze Portas", "Speculum Trinitatis", "O Composto Alquímico", "Ripley Scrowle", "Portões", "O Mistério do Alquimista" e "Medula". Com alguma controvérsia, é atribuído a ele também o manuscrito "Visão", publicado em Londres em 1677:

> "Certa noite, quando com o meu Livro ocupado me achava.
> A visão que aqui relato apareceu perante a minha vista cansada:
> Vi que um Sapo Avermelhado bebia o suco de Uvas com tanta pressa
> Que, cheio transbordando do Caldo, lhe explodiram as Tripas.
> Depois disto, do seu Corpo envenenado escapou o Veneno letal,
> E os seus membros começaram a inchar, se sentia tão Doído e tão Mal.
> Empapado em suor Envenenado, se dirigiu à sua secreta Madrigueira,
> E exalando um Cheiro pestilento branqueou as paredes da Cova.
> Depois de um tempo, começou a aparecer uma Neblina de cor Dourada,
> Cujas gotas pintavam o chão de vermelho ao cair do alto
> e quando ao Sapo começou a lhe faltar o alento vital
> Negro como o Carvão ficou o moribundo Animal.
> E desta forma, se afogou dentro do Veneno que pelas suas veias fluía
> Assim esteve, apodrecendo, durante Oitenta e Quadro dias.
> Eu desejava Experimentar para extrair aquele Veneno,
> De modo que coloquei o Cadáver sobre um Fogo muito lento.
> Uma vez feito isso, oh, Prodígio para a vista que não pode ser narrado!

Apareceram Cores estranhas por todo o Cadáver do Sapo:
Tornou-se branco quando as cores desapareceram de lá;
Logo, após se tingir de vermelho, ficou para sempre assim.
Com o Veneno obtido um Remédio fabriquei,
Que destrói o Veneno e salva o Envenenado.
Glória ao que nos proporciona estes secretos Métodos,
Aos Domínios e Honra, Adoremos e Louvemos. Amém."

A *Ripley* é atribuído também a feitura de um rolo, surgido durante a Idade Média, que, desenrolado, tem quase seis metros de comprimento e apresenta uma série infinita de enigmas alquímicos, descrevendo os estágios negro, branco e vermelho, pelo que passa o **alquimista** na execução do **Magistério**.

ROCIO

É o veículo por onde circula o sal imantado, com as virtudes do céu. Ele encerra o **espírito universal** ou **alma do mundo**. Traz a **força** generativa para a vida dos animais, vegetais e minerais. Por isso a Alquimia o adota para significar um dos mais importantes agentes da **Obra**. Só que, figuradamente, representa-o sendo recolhido entre os signos de **Áries** e **Touro**, ao ar livre, em lençóis e pratos, quando, na realidade, o **orvalho** a que se referem os Adeptos é recolhido, nessa mesma época, mas, dentro do próprio **crisol** em que está a matéria, no processo de **sublimação** e **descenso**.

"Sob o efeito do calor aplicado com sabedoria, graças ao seu nitro sutil, o orvalho exalta e enobrece todo o sal, qualquer que seja, e, preferivelmente, os que a natureza reservou para a Grande Obra. Na companhia desta parelha de fundentes salinos, a condensação noturna sofre a ação do fogo facilmente e, sem dano, é aí que reside a razão secreta pela qual os membros da Rose-Croix (Rosa-Cruz) se denominam, entre eles, os irmãos do Rosée-Cruite (Rocio-Cozido)" (140).

RODA DA FORTUNA

A décima carta do **Tarot** nos mostra uma roda, suspensa em um batente sobre o qual se apoia uma esfinge coroada de ouro, com asas vermelhas, empunhando na mão direita uma **espada**. A roda está em movimento, fazendo subir num dos lados, o cão **Corasceno**, levando na boca o **caduceu**, e descer, pelo outro, a **cadela da Armênia**, com um tridente — o ar e a água.

A roda significa o circuito de **sublimações**. A circulação da matéria no **matraz**. O **ascenso e descenso**, ao qual a matéria tem que ser submetida para sua purificação. A esfinge representa o Grande Arcano a ser decifrado.

"Faz com que o que está no alto esteja embaixo, e que o que é visível, invisível; o palpável, impalpável; e, novamente, faz com que do que está embaixo seja feito o que está no alto; do invisível, o visível; do impalpável, o palpável. Essa é toda **arte** interiormente perfeita, sem falta nem omissão, na qual habitam a morte e a vida, a destruição e a ressurreição. É uma esfera redonda pela qual a Deusa da Fortuna impele seu carro e dispensa aos homens de Deus o dom da **Sabedoria**" (137).

RODOLFO II

Filho do Imperador Maximiliano II, da Alemanha, governou a Tchecoslováquia de 1583 a 1611. Em sua corte, no Castelo de Praga, recebeu **alquimistas** de todas as nacionalidades, buscando satisfazer sua curiosidade em assistir ao desempenho dos que se diziam conhecedores da fantástica **Arte**. Ali, eles encontravam completos laboratórios, criteriosamente montados com todos os apetrechos necessários à execução dos seus trabalhos, além de incentivo e apoio para estudos e experiências, fosse qual fosse o nível social do candidato ao reconhecimento do imperador. A demonstração de um real conhecimento da ciência era recompensada regiamente. Durante seu reinado, Praga ficou conhecida como a "Capital da Alquimia" e consta que houve época que trabalharam por lá mais de 200 alquimistas, em uma rua conhecida como Beco do Ouro, situada bem próxima ao palácio real.

Um dos mais famosos hóspedes da corte de *Rodolfo II* foi o alquimista inglês **John Dee**, que terminou sendo expulso do país pelo próprio Imperador, por suspeita de espionagem.

O interesse de *Rodolfo II* pela Alquimia surgiu, ainda na pré-adolescência, quando, aos 11 anos de idade, residindo em Madrid para conclusão de seus estudos, teve seu primeiro contato com alguns manuscritos dos antigos filósofos.

Rodolfo II abdicou em 1611, sendo sucedido no governo checo por seu irmão Matthias, que não demonstrava qualquer simpatia pelos alquimistas.

Faleceu em 1612.

ROGER CARO

Ver **Kamala Jnana**.

ROSA

É voz corrente entre os alquimistas que, em determinado momento do **Magistério**, um coágulo se forma no **composto**. Esse coágulo é simbolizado por várias flores, inclusive a *rosa*.

"(...) De forma que o conteúdo dos quatro **vasos** da **digestão** é de novo reunido na **curcúbita**. O casal ajusta o aparato e põe em marcha a fase da qual já se vê pronto o resultado, de todo inesperado, no corpo do **alambique**, melhor dizendo, esta corola de seis pétalas, somente em potência, já que se acha no seio de um magma residual que a operadora separa com a concha. Seu companheiro, após haver retirado o recipiente, confia ao deus solar *a rosa* saída das águas, cujo nome é tão próximo ao do **rocio** (...).

Poderia fazer a objeção de que os substantivos *rosa* e *rocio* vêm ambos dos termos latinos *rosa* e *ros*; isto não impede que, inclusive na língua de Virgílio, o hermetismo tenha algo que dizer na ocorrência, visto que, segundo Macróbio, *Ros*, genitivo *roris*, que significa *rocio*, era também o nome do deus, filho do Ar e da **Lua**. (...)

Certamente se terá notado que, no **matraz** substituído pelo alquimista à curcúbita recebida de sua mulher (figurada na sexta prancha), se vê sem embargo a florzinha que parece, no quadro seguinte, isolada do depósito refratário à **destilação**. Não é evidente, em consequência, que devemos considerar que o **vidro**, mesmo do matraz, tomou figuradamente o lugar do coágulo, que conserva a fração puríssima do **composto** filosofal, simbolizado pela **flor** simples de seis pétalas?" (60).

"Na quinta folha havia uma linda roseira florida no meio de um belo jardim, apoiada sobre uma azinheira oca; a seus pés cantava uma fonte de água muito clara, que se precipitava num abismo, mas que primeiro passava pelas mãos de muitíssimas gentes que escavavam no solo à procura dela; mas como eram cegos, ninguém a encontrou, exceto um que notou o seu peso" (36).

"É a *Rosa* de nossos **Mestres**, de cor púrpura, e o sangue vermelho do **dragão**, descritos por numerosos autores; é, além do mais, o manto de **púrpura** extremamente folheado de nossa **arte**, pelo qual a Rainha de saúde é coberta e com o qual todos os metais pobres, pelo **calor**, podem ser enriquecidos.

"Conserva bem esse manto honorável, em companhia do **sal** astral, que segue esse **enxofre** celeste" (137).

Outros autores também se referem à rosa como símbolo do **azufre** ou ouro espiritual.

ROSA-CRUZ

Oficialmente esta ordem iniciática, foi fundada em Lyon por Jean-Baptiste Willermoz, em meados do século XVIII, com a criação da Grande Loja dos Mestres Regulares. Mas, na realidade, em certa manhã de agosto de 1623, ela se anunciou em Paris, convocando a todos os interessados no conhecimento da verdadeira sabedoria, a filiarem-se à Congregação Rosa-cruz, uma misteriosa sociedade, cujo endereço ninguém sabia, da mesma forma que se desconheciam os emissários de seus panfletos. Comentou-se que, por trás desse estranho convite, estava a figura de um tal **Christian Rosenkreutz**, promovendo o lançamento de um livro intitulado *Fama Fraternitatis*.

Era sabido que, na Alemanha, Inglaterra e na Holanda, essa ordem vinha arregimentando um grande número de interessados. Por essa razão, a Igreja, preocupada com o risco ao qual estava sendo exposto o seu poder, emitiu manifestos denunciando os rosa-cruzes como seres demoníacos, enviados de Satã e, sob as mais absurdas acusações terroristas, condenaram às penas do inferno todos os cidadãos que atendessem tal apelo. Sob essa vigilante perseguição, o assunto terminou morrendo no nascedouro, só retornando um século depois, quando novas filosofias já se contrapunham à Teologia.

Dizendo-se herdeiros da sabedoria egípcia, os rosacruzes revelavam sua finalidade, que era transmitir o conhecimento de antigas civilizações, cuja síntese de todas as ciências conhecidas no curso da história havia sido conservada para ser restaurada quando a humanidade tivesse atingido uma elevação intelectual capaz de entendê-las.

Afirmam alguns que este conhecimento está ligado ao domínio de energias cósmicas, entre as quais, esclarecem seus membros, inclui-se a identificação dos elementos simbólicos indispensáveis à realização do **Magistério**.

Seu símbolo, uma **cruz** com uma **rosa** vermelha ao centro, é uma alegoria que identifica os quatro elementos, nos braços da cruz; e a **Pedra Filosofal**, na rosa vermelha; comprovando a ligação de sua filosofia com a **Grande Obra**.

"Se existe uma fraternidade rosa-cruz, ela se situa principalmente no nível de certas referências comuns obsedantes, na permanência de certos mitemas que têm, para o homem de todas as épocas, um atrativo indubitável: o *elixir vitae* e suas manifestações modernas que visam à regeneração do corpo e do espírito; o mestre iniciador, arquétipo do pai espiritual e do velho sábio; as núpcias químicas, símbolo da harmonização dos contrários — todos motivos fascinantes tomados da Alquimia" (194).

ROSÁRIO

Em determinados textos alquímicos, designam o destilador. Preserva também a ideia de jardim, um local cheio de rosas. Isso explica a designação de uma das primeiras e mais conceituadas obras já escritas sobre a Arte da Alquimia — o *Rosarium Philosophorum*.

ROSENKREUTZ, CHRISTIAN

Mítico personagem fundador da Ordem **Rosa-cruz**, apresentado em um manuscrito surgido na Alemanha, por volta de 1610, sob o nome de "Fama Fraternitatis", revelando a existência de um homem devoto — *Cristian Rosencreutz* — nascido em 1378, possuidor do **Elixir da Vida**, segredo este adquirido em suas viagens pelas maiores cidades do mundo então conhecidas, após profundos estudos nos domínios da natureza e da medicina.

O referido personagem também teve destaque no conto alegórico "O Matrimônio de Cristian Rosencreutz", publicado em 1459, mas jamais sua existência foi comprovada, ficando seu registro como um marco de fundação da Fraternidade da Rosa-Cruz.

ROTA

Refere-se ao processo, à circulação. Roda. Representada nas catedrais medievais pela roseta multicolorida, representa o caminho, o **uróboro**.

RUAH ELOIM

"O sopro de Deus; indica figurativamente, um movimento expansivo, a dilatação. Em sentido hieroglífico, é a força oposta à das trevas. Se o vocábulo obscuridade caracteriza uma potência compressiva, o termo Ruah caracteriza uma potência expansiva. Em um e outro encontraremos o eterno sistema de duas forças opostas" (141).

RUBEDO

Diz-se da matéria em vermelho. Cor característica da última fase da Grande Obra.

"O vermelho verdadeiro que nos conduz ao X da totalidade. O vermelho que termina o prisma do período tenebroso foi sempre qualificado de falso ante o **rubi** final que caracteriza a **Pedra** ou **Medicina** Universal ou, ainda, também a Grande **Cera** Vermelha — Ótima Cera Ruiva" (60).

RUBI

Por ser uma pedra preciosa de vermelho puríssimo, empresta seu nome à Pedra Filosofal, pela pureza e pela cor. Essa associação, oriunda talvez dos restos de um conhecimento perdido, pode muito bem explicar este trecho de Mellie Uyldert, em seu livro *A Magia das Pedras Preciosas*:

"A água que se colocava um rubi durante um longo tempo, costumava ser empregada como um meio de cura e para restauração da juventude".

"Esta vida insuflada será uma **matéria** que, em reta justiça, tem que ser chamada a Grande Pedra dos Filósofos e que, como um **espírito**, penetra nos corpos humanos e metálicos; é o remédio geral para todas as doenças, pois repele o nocivo e conserva o útil e dá, a todas as coisas, o seu ser completo. Junta e associa perfeitamente o mau com o bom; a sua cor puxa mais para o encarnado do que para o carmim, ou assemelha-se mais ao rubi do que à cor da romã. Quanto a seu peso, pesa muito mais do que o seu tamanho sugere" (137).

RUPESCISSA, JEAN DE

Ou Jean de Roquetaillade, nasceu no princípio do século XIV, na França. Estudou Filosofia em Toulouse, onde paralelamente se dedicava aos estudos alquímicos. Em 1332, ingressou na Ordem Franciscana, onde adotou posições radicais na disputa pela opção de pobreza, razão pela qual esteve encarcerado na prisão papal de Avignon, por longo tempo. Seus estudos sobre a Alquimia ficaram registrados em *Liber de Confectione Veri Lapidis Philosophorum* e seus trabalhos nessa **Arte** visavam apenas à elaboração do **elixir**, uma vez que foi proibido por sua Ordem de buscar a **transmutação** metálica. Acreditava que o Elixir deveria proteger as pessoas de espírito puro, que vivessem de conformidade com o evangelho. Mais tarde considerou que o Elixir não existia só como **quintessência** do vinho, mas podia ser conseguido de todas as coisas.

Entre 1351 e 1352, publicou o *Livro de Considerações da Quintessência*.

Foi o verdadeiro fundador da iatroquímica, doutrina seguida mais tarde, por Paracelso, que considerava a saúde o perfeito equilíbrio de três elementos primordiais: **mercúrio**, **sal** e **enxofre**.

RWTI

Leão duplo, representado por dois leões com os flancos unidos, às vezes sustentando o disco solar sobre o lombo. É a representação do deus Aker, da mitologia egípcia, que simboliza a força constituinte do ser humano, as **energias** primordiais.

"No Livro das Cavernas, um dos livros dos mortos nas muitas variações egípcias, o deus-sol, quando na região dos mortos, diz: *"Oh, Aker, eu segui o teu caminho, tu, cujas formas são misteriosas, abre teus braços diante de mim. Aqui estou; aqueles que estão em teu seio me chamam. (...) Eu vi teus mistérios, meu disco do sol e Geb, o deus da terra, são aqueles a quem carrego em minhas costas. Chepera está agora dentro de seu invólucro. (...) Abre teus braços e recebe-me. Aqui estou e afugentarei a tua escuridão".*

"No túmulo de Ramsés VI, Aker é representado pelos dois leões e sob eles estão as palavras: *Vede a aparência que tem este deus. Geb, o deus da terra, e Chepera, o escaravelho, observam as imagens que estão dentro dele.*

Outra representação encontrada no túmulo de Ramsés VI é a do leão duplo postado entre as **águas** primordiais. Por baixo está a inscrição *"Aker"* e depois uma elipse, que, nesse contexto, simboliza a região dos mortos, ou o mundo dos mortos; e a inscrição diz que Aker e Xu, o deus do **ar**, são os dois criadores do mundo. Vemos, pois, que Aker é não só o agente, na ressurreição do deus-**sol** e de todo o mundo dos mortos, mas também uma das forças motrizes na criação do mundo. Às vezes os leões duplos são substituídos, como mencionei anteriormente, pelos dois chacais de Anúbis, dois animais ciniformes, nesse caso a inscrição é: *Estes são os abridores do caminho, os agentes da ressurreição"* (78).

S

SABEDORIA

Nos textos medievais, principalmente quando escritos por religiosos, a Pedra dos Filósofos era sempre personificada como a Sabedoria de Deus, assim como um **Espírito** Santo, enviado dos céus para dotar o homem de conhecimento, altruísmo, longa vida e riquezas.

"Ela, a *Sabedoria*, é aquilo que Salomão diz que devemos usar como uma luz, e ele colocou-a acima de toda beleza e de toda a salvação, pois nem mesmo o valor das gemas e dos diamantes é comparável com o valor dela. O ouro, em comparação ela, é areia, e a prata, em comparação com ela, é como barro. Isso é muito verdadeiro, pois adquiri-la é mais importante do que o mais puro **ouro** e a mais pura **prata**. Seus frutos são mais preciosos do que as riquezas do mundo inteiro e tudo o que possamos querer não sofre comparação com ela.

A vida longa e a saúde estão em sua mão direita, e a glória e imensas riquezas, em sua mão esquerda. Seus métodos são belas obras dignas de louvor, não desprezíveis nem ruins, e seus caminhos são medidos e não apressados, mas ligados com persistente e contínuo trabalho árduo. Ela é a **árvore da vida** para todos os que a compreendem e uma **luz** que nunca se extingue.

Bem-aventurados são aqueles que a entenderam, pois a *Sabedoria* de Deus nunca morrerá, do que Alfídio dá testemunho quando diz que aquele que chegar a descobrir essa Sabedoria terá dela nutrimento legítimo e eterno. **Hermes** e os outros filósofos dizem que, se um homem tiver esse conhecimento por mil anos e tiver que alimentar 7 mil pessoas diariamente, ele ainda terá o bastante, e **Senior** diz que tal homem é tão rico quanto o homem que possui a **pedra filosofal**, da qual pode obter e assim dar **fogo** a quem quer que o deseje.

Aristóteles disse a mesma coisa no segundo livro, *Sobre a Alma*, onde escreveu que existem limites para o tamanho e o crescimento de todas as coisas naturais, mas que o fogo pode crescer eternamente se lhe dermos mais alimento. Bem-aventuradas são as pessoas que encontram essa ciência e para quem flui a *sabedoria* de **Saturno**. Pensai nela em todos os seus caminhos e ela vos guiará" (189)

"A terra está composta de ar e de água, o ar está composto de água e de fogo; o fogo é o **espírito** do mundo animado pelo primeiro espírito, pelo qual a *Sabedoria* de Deus pronunciou a criação do Universo e, no qual, a Majestade do Todo-Poderoso estabeleceu seu Trono para manifestar-se em suas Obras" (9).

"Desconfiai, pois, de fazer intervir, em vossas observações, o que credes conhecer, pois seríeis levados a constatar que valeria muito mais nada ter aprendido que tudo a desaprender... Sabemos quanto custa trocar os diplomas, os sinetes e os pergaminhos pelo humilde manto do filósofo. Foi-nos preciso, há 24 anos, esvaziar esse cálice de bebida amarga. Com o coração ferido, envergonhado dos erros de nossos anos juvenis, tivemos de queimar livros e cadernos, confessar nossa ignorância e, modesto neófito, decifrar uma outra ciência nos bancos de uma outra escola" (7).

Segundo o **Caibalion**: "Os lábios da *Sabedoria* estão fechados, exceto aos ouvidos do Entendimento".

SÁBIO

Denominação conferida ao **Adepto** que, pelo despertar da consciência, durante a realização da Grande Obra, alcançou a iluminação e, com ela, a compreensão dos mistérios do Universo.

"A **sabedoria** dos *sábios* representa uma culminação de tudo em que é essencial os homens acreditarem, conhecerem e compreenderem. Aquele que atingiu tal estado de iluminação está, na verdade, em harmonia com o universo e em paz com o mundo. Para atingir este objetivo de iluminação, a batalha neste invólucro mortal não precisa ser de natureza violenta, como pretendem alguns; deveria ser, antes, uma atenção constante às possibilidades com que nos defrontamos em nossas vidas cotidianas, no propósito de elevar nosso mundo de pensamentos acima da labuta dessa vida de todos os dias e, eventualmente, descobrir a paz em nós. Se o indivíduo não passou pela Alquimia do eu interior, ou **Alquimia** transcendental, como tem sido chamada, descobrirá que é extremamente difícil obter resultados em sua experiência prática de **laboratório**. Ele pode produzir coisas de que nada sabe, deixando-as passar, consequentemente, como sem valor. Não basta apenas saber; é a compreensão que coroa nossa **obra**. É aqui que a sabedoria dos *sábios* e Adeptos auxilia o indivíduo a compreender o que sabe mas não compreende" (81).

SACERDOTISA, A

A segunda lâmina do **Tarot** é **Sophia** — a **Sabedoria** e Deus. Sentada em um trono, entre duas colunas que representam o par de opostos, ela mantém sobre os joelhos o livro aberto, que é, figuradamente, o Conhecimento, enquanto sua mão esquerda empunha duas **chaves**.

Sophia, simboliza nos arcanos, a **influência cósmica**, o único poder capaz de abrir o livro e propiciar a execução da **Obra**.

As chaves são a alegoria do "**solve e coagula**", processo pelo qual é eliminada toda a terrestrialidade da matéria.

SAINT-DIDIER, LIMONJON DE

Alexandre Toussaint de Limonjon — Senhor de Saint-Didier —, nasceu em Avignon em 1620, filho de Ecuyer de Jean-Antoine de Mesme, Conde d'Avaux, a quem serviu como secretário, em suas atividades diplomáticas na Holanda, onde mais tarde, também veio a servir como Embaixador. Posteriormente, de 1672 a 1677, ocupou o mesmo cargo em Veneza, tendo publicado, em 1680, suas impressões sobre esta cidade no livro *La Ville et la République de Venice,* no qual apresentou uma prancha mostrando um caduceu surgindo entre duas montanhas por onde escorriam os dois elixires. Nessa alegoria, deixou patenteada pela primeira vez a sua admiração pela Alquimia. Em 1679, serviu na Irlanda, sendo encarregado de descrever a situação local ao Rei Luiz XIV, de quem se tornou assessor, após ter servido à França em vários países.

Com contínuas citações sobre Irineu **Filaletes**, **Basílio Valentim** e o **Cosmopolita**, sobre o *Livro Secreto* de **Artéfio**, e sobre *Chemin du Ciel Chymique* de Jacques Toll, confirma constantemente o seu interesse por famosos autores alquímicos, reconhecidos no século XVII.

Em 1686, dá início à divulgação de suas ideias sobre as palavras de antigos filósofos na descrição da **Grande Obra**, começando a escrever seu próprio texto, *Le Triomphe Hermétique* ou *La Pierre Philosophale Victorieuse*, no qual faz comentários sobre um pequeno tratado alquímico, anônimo, escrito em alemão, surgido em Leipzig em 1604, denominado "A Antiga Guerra dos Cavaleitos". Nesse livro também aproveita para apresentar "A Prática de Eudóxio e Pirófilo".

Infelizmente a publicação desta obra só acabou se concretizando no ano de sua morte, em 1689.

SAINT-GERMAIN

Célebre aventureiro que foi apresentado à Madame Pompadour por volta de 1750, penetrando assim nos círculos aristocráticos de Paris. Personalidade misteriosa, deixou muitas lendas a seu respeito:

"Acreditava-se que tinha o dom de rejuvenescer-se, que havia nascido em Jerusalém, e que contava uns 2 ou 3 mil anos de idade, falando com acento nacional mais puro, todos os idiomas, ostentando fortuna prodigiosa que lhe permitia viver com o fausto de nababo hindu e presentear os seus amigos com as mais caras joias, como simples bagatelas, por conhecer a fundo a arte de fazer ouro alquímico, bem como todas as demais artes e ciências. (...) Mesclando-se em todos os assuntos diplomáticos da época, passou estranha e inopinadamente pela Inglaterra, Rússia, Itália, Alemanha, etc.

"Na Prússia e outros países germânicos, foi um dos misteriosos familiares dos príncipes Orlov, do margrave Carlos Alexandre de Anspach, do langrave Carlos de Hesse, excepcional ocultista. Desempenhou o mais importante papel na grande revolução russa de 1762. (...) Suas relações com a **Franco-Maçonaria** foram certas e notáveis.

Saint-Germain, segundo as Memórias daquela dama (condessa de Ademar), contemporânea de Luiz XV e que viveu até 1823, aparece depois de muitos anos, em que era tido como morto, completamente jovem como outrora, à sua amiga condessa, que já havia envelhecido; predisse-lhe tudo quanto ameaçava o desgraçado Luiz XVI. (...) Ainda se mostra à sua ilustre dama, segundo sua promessa, outras cinco vezes nos momentos de maior angústia para ela e para a nação, ou seja, na hora de morrer o rei, a rainha, o duque de Enghien, o duque de Berry, e por ocasião da queda de Napoleão. A sexta e última visita, fê-la pressentir o dia de sua morte.(...)

Mais que o filho da verdade, Saint-Germain era um dos seus maiores mestres que os tempos têm conhecido. O músico rival de Paganini no violino; o filósofo e poliglota, dotado do privilégio das línguas do Pentecostes; o prodigioso alquimista, para quem todas as maiores riquezas não eram senão bagatelas desprezíveis; o conselheiro de sábios e de reis; o ente sobre-humano que, em seus transes de até dois ou três dias, parecia ver tudo no passado como no futuro; um ser que lia cartas fechadas sem tocá-las, e podia escrever dois documentos de uma vez, um com cada mão; o poderoso, enfim, que aparecia e desaparecia como raio" (118).

SAKTI

Extremamente interessante é, ao lermos as definições dos componentes da trindade mitológica indiana, constatarmos dados científicos, misturados à crendice e ao misticismo acumulados durante milênios de incompreensão, tornados religião, em que mesmo sem nenhuma lógica, a energia em suas polaridades é personificada, tornando-se alvo de estranhos cultos.

Diz Ramakrishna: "Apenas Sakti é a **raiz** do universo. Esta energia primordial tem dois aspectos: *vidyã* e *avidyã*. A avidyã engana. A avidyã conjura 'a mulher e o ouro', que produzem feitiço. A vidyã engendra devoção, gentileza, sabedoria e amor que nos levam a Deus.

Maithuna (coito) é a união da Sakti (**kundalini**), a mulher interior e a força cósmica que reside no centro inferior do corpo, com o supremo **Shiva** que habita o centro superior, no alto da cabeça. (...)

No momento em que esta força ascensional atinge o último **lótus** de mil pétalas, no topo da cabeça, onde **Shiva** e sua Sakti são um, a pura experiência transcende o conhecimento da dualidade e o estado do iogue é o de nirvikalpa-samãdhi: a realização da identidade de ãtman com **Brahman** *além de todas as limitações (nirvikalpa), onde são aniquilados tanto o sujeito, quanto o seu supremo objeto.*

"O Brahman, a Sakti, a substância e vitalidade da filosofia indiana não dual, é o princípio que invade e anima o panorama e as evoluções da natureza; porém, ao mesmo tempo, é o campo ou matéria da própria natureza (**prakrti**, *natura naturans*), animado, invadido, penetrado por ele. Desta maneira, simultaneamente habita e é o universo manifesto e todas as suas formas. Como o incessante dinamismo da esfera transitória do devir e do falecer, vive em todas as mudanças do nascimento, crescimento e dissolução. (...)

"Porque todo o espetáculo do universo, sem exceção, é gerado pelo dinamismo do Mãyã-Sakti, a potência da dança cósmica da obscura, terrível e sublime Mãe do Mundo, que a tudo alimenta e tudo consome. Os seres do mundo e todos os níveis de experiências não são mais que ondas e estratos de uma única corrente universal de vida, que flui sem cessar" (42).

"Os cinco elementos essenciais no culto da Sakti — afirma o Mahanirvãna Tantra — são, segundo foi prescrito, o vinho, a carne, o peixe, o grão tostado e a união do homem com a mulher. O culto da Sakti, sem estes cinco elementos, é apenas prática de magia maligna (abhicãra — ritual que danifica ou destrói); desse modo, nunca se consegue o poder que é o objetivo da disciplina, e os obstáculos surgem a cada passo. Assim como as sementes semeadas na rocha não germinam, assim também o culto (pujã) sem estes cinco elementos é infrutífero" (142).

SAL

Ao que se sabe, o *sal* é um dos mais importantes componentes da **trindade** alquímica. É extraído da **água** em que, no princípio, se converte toda a parte do **mineral** importante ao Magistério. Após várias sublimações dessa água, o elemento que se deposita no fundo é calcinado, transformando-se nas famosíssimas **cinzas**, base dos trabalhos posteriores.

No *Rosarium Philosophorum* já se assegurava: "Quem conhece o *sal* e sua solução, conhece o **segredo** oculto dos antigos Sábios. Portanto, orienta teu espírito para o *sal*, pois só nele está escondida a ciência e o segredo mais oculto de todos os antigos filósofos".

"O ar não é outra coisa que uma água sutil e, de alguma forma, é veículo do *sal* etéreo, muito penetrante. (...) Falei que este *sal* etéreo universal e seminal, dispersado em todo ar, se aproxima da natureza do **ácido**. (...) Deve-se julgar também que o **espírito** mineral, que reside nas entranhas ocultas da **terra** e nos lugares subterrâneos, donde, como primeiro motor, fecunda todas as pedras e terras e as transforma nos diferentes **minerais** e metais, é também de uma natureza ácida e tira sua origem do *sal* etéreo. Adverte-se que, de todas as **minas** e as **marcassitas** do talco, da pedra calaminar, do **cristal** e dos seixos, obtém-se um espírito ácido, após havê-las destilado com grande **fogo**" (76).

"O *sal* é aquele corpo seco e salino que protege as mesclas da **putrefação**, e possui maravilhosos poderes para dissolver, aglutinar, limpar, evacuar, dar solidez, consistência e gosto (...) Parece terra, não como uma substância fria e seca, senão como uma firme e fixa" (143).

"Enfim, estando terminada a primeira operação, se tem o **azot**, ou o **mercúrio** branco, ou o *sal*, ou o **fogo secreto** dos filósofos. Certos sábios o dissolveram de novo na menor quantidade de espírito astral necessária para fazer deste uma dissolução espessa.

Após havê-lo dissolvido, expõem-no em lugar frio para obter três camadas de *sal*.

O primeiro *sal* tem o aspecto de lã; o segundo, de um **nitro** de pequeníssimas agulhas; e o terceiro é um *sal* fixo alcalino. (...)

O primeiro *sal* é o verdadeiro **mercúrio dos filósofos**; é a **chave** que abre todos os metais, com cuja ajuda se extraem suas **tinturas**; dissolve-o todo radicalmente, fixa-o e madura tudo de modo semelhante ao fixar os corpos por sua natureza fria e coagulante. Em breve, é uma essência universal ativíssima; é o **vaso** no qual se fazem todas as operações. Vemos, pois, que o mercúrio dos sábios é um *sal* ao qual denominam água seca, que não molha as mãos; mas, para servir-se dele, há que se dissolvê-lo no espírito astral, como já o temos dito. Empregam-se dez partes de mercúrio contra uma de ouro.

O segundo *sal* serve para separar o puro do impuro, e o terceiro *sal* serve para aumentar continuamente nosso mercúrio" (12).

"O *sal* não é um princípio, mas uma consequência da união do **enxofre** e do mercúrio" (207).

Conforme nos ensina **Basílio Valentim**, é o:

"Verdadeiro instrumento que permite ao sábio pescar o **peixe** hermético. Atribuindo a ele a formação da **rede** que, em determinada etapa, se forma na Obra, envolvendo *o casal*, ou as duas substâncias antagônicas: *macho e fêmea*, ou ainda a *casca do ovo* filosofal considerada pelos Adeptos medievais como o *secretum secretorum*".

"Quando este *sal* solar, que não é outra coisa que um nitro muito purificado, é concentrado e petrificado por uma hábil preparação, embebe a **luz** e se converte em um pequeno sol artificial. (...) Este mesmo *sal*, sendo reduzido devidamente a **licor**, converte-se no **Alkaest**, o dissolvente universal tão escondido pelos mestres da **Arte**" (145).

"O sal não é um produto, mas uma consequência da união do enxofre e do mercúrio. (...) De acordo com a Alquimia, é conveniente que se considere a composição dos seres dos três reinos de uma forma dinâmica, e não estática, visto que sua fase de apoio é dita formal ou mercurial, e sua fase de suspensão, luminosa ou sulfurosa, embora o equilíbrio salino do conjunto seja, sem cessar, mantido por meio de desequilíbrios compensados" (207).

SALAMANDRA

Animal ígneo, emblema do **fogo** secreto dos filósofos, mas não do fogo material, outrossim do fogo espiritual. O nome *salamandra* pode ser traduzido como **sal** da caverna ou salitre da mina que, para o **filósofo**, é a origem do fogo alquímico.

"Trata-se de uma espécie de tritão que os povos antigos julgavam poder viver no fogo, sem ser consumido. Foi, por isso mesmo, identificada com o próprio fogo, de que era uma manifestação viva. Atribuía-se também à *Salamandra* o poder de extinguir as chamas, por sua excepcional frialdade. No Egito, a *Salamandra* era o hieróglifo de um homem morto de frio. Na iconografia medieval, representava o Justo que não perde a paz de sua alma e a confiança em Deus, em meio às tribulações e sofrimentos. Para os alquimistas, é a **pedra** fixada no vermelho. Deram-lhe o nome de **enxofre** incombustível. A *Salamandra*, que se alimenta do **fogo**, e a **Fênix**, que renasce das próprias **cinzas**, são os dois símbolos mais comuns do enxofre" (2).

"A *Salamandra* é capturada e cortada
Assim morre e entrega sua vida e seu sangue
Mas isso também acontece para o seu bem:

Porque, por meio do seu **sangue**, adquire vida imortal
E, então, a **morte** não tem mais poder sobre ela" (146).

"Sobre o referido animal, cuja imagem foi emblema de Francisco I, é interessante o texto que se segue:

"(...) Mas se ele tivesse, como temos, o direito de supor o conhecimento do grego, comum aos letrados de seu tempo, poderia blasonar o nome *Salamandra*, de acordo com o método do **rébus**, obtendo *sala mandra*. *Mandra* é um lugar fechado, um estábulo, mas também um engaste de um anel, a circunferência metálica em que se acha incrustada uma **pedra**; e *sala*, expressão dórica para *salé*, pode ser traduzida por agitação. *Solos* é um tremor de terra ou um movimento impetuoso das ondas e, por analogia, é a perturbação da alma. Lido dessa maneira, o emblema da *salamandra* designava um lugar fechado que engastava, ou encaixava, à impetuosidade um dinamismo próprio para provocar a perturbação na matéria, de modo a fazê-la evoluir: um **fermento**" (37).

"A *salamandra* de Lisieux — pequena cidade normanda que deve a suas numerosas casas de madeira e a suas fachadas rematadas com pinhões escalonados o pitoresco aspecto medieval com que a conhecemos. Lisieux, respeitosa ante o tempo passado, oferece-nos, entre muitas outras curiosidades, uma formosa e extremamente interessante mansão de **alquimista**.

Casa modesta, em verdade, porém que demonstra em seu autor o desejo de humildade que os afortunados beneficiários do tesouro **hermético** faziam voto de respeitar durante sua vida inteira. Este edifício é designado pelo nome de 'Solar da *Salamandra*', e ocupa o número 19 da Rue Aux Févres" (7).

SAL ARMONÍACO

Segundo muitos autores, é importante não confundi-lo com o sal amoníaco. A diferença é grande; enquanto o armoníaco é formado por pequenos cristais fibrosos e brancos, o amoníaco é mais graúdo e incolor.

"Este sal foi sempre olhado com admiração pelos espagiristas, como demonstra seu nome, derivado da palavra Harmonia, seu símbolo * , e seu apelido de *Occidens Stella*, melhor dizendo, **Estrela** do Ocidente" (13).

"Todo sal bem preparado retorna à natureza de sal armoníaco, e que todo o segredo está no sal comum preparado. (...) Aquele que, consequentemente, conhece o sal e sua solução, conhece o segredo oculto dos antigos sábios. Situa, pois, teu espírito sobre o sal e não penses em outra coisa" (80).

"No cristal das águas do lago Branco, acha-se desse modo realizado o sal de harmonia entre as coisas superiores e as inferiores, que também é chamado de *sal amoníaco* ou *sal de Ámon*, em memória de Zeus Ámon, dispensador do fogo celeste, em que os antigos gregos viam o rosto de um homem cuja fronte era guarnecida de cornos de **carneiro**. Porém, se é verdade que 'por essas coisas', segundo os termos da *Tábua de Esmeralda*, podem ser feitos 'os milagres de uma só coisa', é porque o carneiro celeste encontra em seu homólogo terrestre uma perfeita correspondência, no seio de uma **matéria** mineral a que os antigos atribuíam as qualidades do guerreiro **Marte**, que, com frequência trazia na cabeça um elmo adornado com os cornos espiralados de Ámon" (37).

SAL CIRCULADO

Diz-se do sal que passou pela **putrefação** e **cohobação** com o seu próprio **licor**, tendo se transformado em **azeite** e, posteriormente, em sal.

Esse sal, ou nitrocirculado, é, segundo alguns autores, a base do **alkaest**.

SAL HERMÉTICO

"Há um certo sal central, princípio radical de todas as coisas, que é o primeiro corpo de que se reveste o **espírito universal**, continente em si mesmo dos outros princípios, a que alguns chamaram *Sal Hermético*, por causa, dizem, ter sido Hermes quem primeiramente se referiu a ele; porém, pode-se chamá-lo, mais legitimamente, o sal **hermafrodita**, porque participa de todas as naturezas e é indiferente a tudo.

É a sede fundamental de toda a natureza, porquanto é o centro onde culminam todas as virtudes naturais, e que as verdadeiras **sementes** das coisas, não são senão um sal congelado, cozido e digerido; o que parece certo que, se se faz ferver qualquer semente que seja, a tornareis estéril, porque esta virtude seminal consiste em um sal muito sutil que se dissolve em água; de onde conhecemos que a **natureza** começa a produção de todas as coisas, por um sal central e radical, que retira do espírito universal" (6).

"Mas, amigo meu, tens de saber que o sal que vem das **cinzas** tem, com frequência, uma virtude oculta, mas que de nada serve, se o seu interior não se exterioriza, pois só o espírito dá a vida e a força. O corpo sozinho nada pode. Se puderes encontrar este espírito, possuirás o sal dos filósofos e o **azeite** incombustível tão nomeado nos livros dos antigos sábios" (137).

SAL VOLÁTIL

"Os álcalis mesclados em justa dose com o azeite destilado de sua planta, tratados em uma vasilha conveniente, durante um tempo suficiente, dão, por uma circulação lenta e oculta, um **elixir** admirável e um *sal volátil*" (148).

SANGRO, RAIMONDO DE

Raimondo de Sangro, o príncipe de Sansevero, nasceu em Nápoles em 1710, no seio de uma das famílias mais nobres e antigas do Reino de Borbone. Foi realmente um personagem bem estranho. Por ser um **Alquimista**, em um tempo em que a Igreja repudiava a todos que se envolviam com o Magistério, passou a ser considerado como o príncipe do diabo, enquanto a ignorância popular, que o rodeava, impingia-lhe os mais abjetos comportamentos. Mas, na realidade, a par desses conceitos todos, sua fama se fez por ser um personagem fora do comum, emérito cientista e profundo filósofo.

Viajante incansável, escritor, ocultista e mágico, unificou, em 1750, a Loja Maçônica napolitana. Foi, além de tudo, um químico excelente, dedicando-se a numerosas investigações e dotando seu tempo de maravilhosas descobertas. Sintetizou uma mistura com a qual era possível colorir o mármore e o vidro; inventou um papel incombustível. Sintetizou pedras preciosas artificiais, e uma lâmpada eterna que por longo tempo permaneceu acesa, sem precisar de manutenção, iluminando a Capela Sansevero em Nápoles. A referida capela teve sua construção iniciada lá pelos fins de 1500, mas, dois séculos após, já prestes a ruir, foi restaurada por *Raimondo de Sangro* que a cobriu com belíssimos afrescos estampados em cores indeléveis ainda hoje, conseguidas mediante desconhecido processo alquímico. Repleta de símbolos, sinais misteriosos e esculturas incríveis, apresenta, além disso as Máquinas Anatômicas, que são duas figuras humanas, resultantes de uma experiência de cristalização de tecidos. Um homem e uma nulher grávida, na qual, através de um corte, tipo cezariana, revela em seu interior um feto em sua placenta. Entretanto, sua obsessão maior era a **imortalidade**, que buscou incessante e inutilmente, falecendo em 1771 de enfarte do miocárdio.

SANGUE

O *sangue* é um dos símbolos mais constantes da literatura alquímica. Substância seminal e com propriedades corantes, oculta no interior da matéria, é o tão decantado **enxofre**, um dos elementos fundamentais na execução da **obra**. É representado, costumeiramente, pela alegoria de Heródes degolando as criancinhas, numa forma bastante esquisita de mostrar que é um nacituro, alguma coisa que nasce bastante purificada para que possa ser reabsorvida pela própria matéria.

Nicolas Flamel relata, em *O Livro das Figuras Hieroglíficas*, as explicações do "sábio" Anseaulme, a quem pediu ajuda para decifração do livro de Abrahão — o Judeu. Anseaulme o teria aconselhado: *...o primeiro agente estava pintado aí, que era a água branca e pesada, que sem dúvida era o Mercúrio, que não se podia fixar, nem cortar-lhe os pés, isto é, subtrair-lhe a volatilidade, por causa da longa decoração, num sangue muito puro de crianças; que, nesse sangue, esse Mercúrio se conjuntando com o ouro e a prata se convertia primeiramente com eles numa erva semelhante àquela que estava pintada...* (...) E, continua Flamel: "aquela foi a causa pela qual, durante longo espaço de 21 anos, fiz mil confusões, não todavia com o *sangue*, o que é maldoso e vil. Pois encontrei em meu livro que os filósofos chamavam *sangue* o **espírito** mineral que está nos metais, principalmente no **Sol**, na **Lua** e no **Mercúrio**, ao complexo dos quais eu sempre tendi".

Em um manuscrito anônimo denominado "Via do Pobre", citado em *La Tabla Redonda de los Alquimistas* por Manuel Algora Corbi:

"A mulher branca se sublimará, muito branca, como flores de neve. (...) Depois, virá aparecer o macho com cordão vermelho que faz ao redor, o qual subirá até em cima e tingirá todo o vaso como um *sangue* puro e transparente que se verá a terra que se queda no fundo do vaso. Então é sinal que subirá tudo o que tinha que subir (e se há que advertir que sobe, 24 horas depois da mulher branca)".

"Que aquele que quiser preparar nosso **Enxofre** incombustível de todos os sábios, muito pondere, a fim de que procure nosso enxofre no próprio enxofre, aonde se encontra incombustivelmente. O que não pode ser sem que o mar salgado tenha-lhe engolido o corpo e, em seguida o tenha rejeitado de seu seio. Em seguida eleve esse corpo em grau, a fim de que supere, em muito, por seu brilho todas as outras estrelas do céu, e, em sua natureza, que regurgite *sangue*, assemelhando-se ao **pelicano**, ao ferir-se no peito, sem enfraquecimento de seu corpo, para que possa, com seu *sangue*, nutrir e manter numerosos filhotes. É a **Rosa** de nossos **Mestres**, de cor **púrpura** e o *sangue* **vermelho** do **dragão**, descrito por numerosos autores; é, além do mais, o manto púrpura extremamente folheado de nossa **arte**, pelo qual a Rainha de saúde é coberta e com o qual todos os metais pobres, pelo **calor**, podem ser enriquecidos.

"Conserve bem esse manto honorável, em companhia do **sal** astral, que segue esse enxofre celeste" (137).

"Entre os astecas o sangue humano, necessário à regeneração periódica do Sol, chama-se *chalchiuatl*, água preciosa, i.e., o **jade** verde, o que o remete perfeitamente à complementaridade das cores vermelho e **verde**. A água é o equivalente simbólico do sangue rubro, força interna do verde, porque a **água** traz em si o germe da vida, correspondente ao vermelho, que faz renascer, ciclicamente, a terra verde depois da **morte** hibernal" (38).

"A prática dos espagiristas sobre o *sangue*, consiste na separação de uma substância semelhante ao leite, de um sal volátil, de um azeite vermelho, de um sal fixo, na purificação de todas estas substâncias, e em sua reunião e fixação.

O espírito volátil é o espírito do mundo: é verde por sua própria natureza, pai sem embargo de todas as cores, e o alimento do espírito fixo" (9).

SANTIAGO DE COMPOSTELA

Segundo a lenda, o apóstolo **Tiago** ou **São Jacques**, como é reverenciado na França, depois de uma infrutífera viagem de evangelização pela Espanha, teria voltado à Judeia, onde conseguiu converter o mago **Hermógenes** ao Cristianismo. Foi por isso, execrado por judeus enfurecidos e decapitado. Seus discípulos teriam colocado, então, seu corpo em um barco, que foi conduzido por anjos ao reino da raínha Loba, na **Galícia**. Lá a raínha não o queria receber e, com astúcia, começou a tentar afastar o problema do seu reino. Aconteceu então uma série de fenômenos que, apesar de não serem de fácil aceitação a um exame racional, revela em sua simbologia um cunho inegavelmente alquímico: A pedra em que seu corpo foi colocado, derreteu-se como **cera**, para lhe servir de sarcófago. Seus discípulos vão ao topo de uma montanha vencer um **dragão** que se divide em dois. Conseguem dominá-los transformando-os em dois **touros** selvagens, mas mansos como **cordeiros**. Todos esses milagres foram acompanhados pela raínha maravilhada que, reconsiderando, transformou o seu palácio em uma igreja, para culto do apóstolo.

"Quanto à transformação do palácio da 'Loba' em igreja de Santiago constitui um verdadeiro sumário da realização do Magistério, mostrando-nos a morada da *prostituta* da Obra, convertida na do 'mercúrio dos Sábios'. Compreende-se, nessas condições, por que esse lugar recebeu o nome de Compostela, formado a partir do latim *compos* ('que é mestre de', 'que obteve') e *stella* ('a estrela'); essa estrela que reluzia "com brilho maravilhoso, de acordo com uma lenda contada por Albert Poisson, acima do lugar onde foi descoberto o túmulo do Apóstolo Tiago Maior, no topo de uma colina coberta de árvores.

É exatamente no topo de uma espécie de colina, de menores dimensões, com certeza, porém não de menor importância, que surge o astro radiante, no final do primeiro trabalho no **forno**, quando esse trabalho foi canonicamente executado; a presença desse astro indica ao operador que a matéria atingiu, doravante, o grau de pureza requerido" (37).

Veja também **Jacques, São** e **Peregrinação.**

SÃO VALENTIM

Ver **Lupercália**.

SATURNO

Ou *Sol niger*, de sombra e de morte. Planeta regente de Capricórnio, época em que, no hemisfério norte, a Natureza toda se recolhe, aparentemente morta, vítima dos rigores do inverno. Talvez por isso *Saturno* seja representado pela alegoria de um esqueleto, figura que também representa-o em uma das fases da **Grande Obra** — a **Putrefação**: momento da **matéria** em **negro**, sem qualquer aparência de vida e sem vapores. Mas assim como a Natureza cumpre um ciclo, a matéria também está engendrando o seu renascimento e a vivificação do **espírito** que está encerrado em seu interior.

Quando alguns alquimistas aludem a Saturno para representar um mineral, é ao **chumbo** que eles se referem.

"*Saturno* é o **caos** e as trevas, a cor negra, condições iniciais de todo o processo. O primeiro dos **sete** deuses mitológicos, um primeiro estado da evolução metálica, a partir do **mercúrio** que nas **minas** se **coagula** para formar os metais. É **Binah**, na **Cabala** hebraica, o Mar das Águas Primordiais" (13).

"Deus da semeadura e da vegetação, etmologicamente, *Saturno* provém do adjetivo *Satur*, — a, — um, "*Cheio, farto, nutrido*" e este do verbo *saturãre, saciar, fartar,* "*saturar*", tudo muito de acordo com sua função: um deus da abundância.

Consoante o mito, quando **Zeus** destronou a Crono, este se refugiou na Ausônia (Itália), onde recebeu o nome de *Saturno*" (2).

O velho Crono, deus do Tempo, representa os princípios conservadores, pelos quais o impulso divino, em forma de **relâmpago**, toca o que está embaixo. É associado à crueldade, porque representa a destruição, mas essa destruição é imprescindível para a conservação dos princípios eternos. É o podador que com uma foice cortou os órgãos genitais do pai Urano; órgãos que, ao caírem ao mar, transformaram-se em espuma, gerando **Afrodite** (**Vênus**).

"Todos quantos Magos ou **Sábios** escreveram muitas vezes deste trabalho filosófico, falaram da obra ou governo de *Saturno*; alguns, entendendo-os incerta e falsamente, se encaminharam a diversos **erros** e se enganaram com sua própria opinião. Alguns, levados por isto, trabalharam no **chumbo**, com uma grande esperança, porém sem nenhum fruto, pelo que se sabe que nosso chumbo é mais precioso que qualquer **ouro**; é a **terra** na qual se junta a alma do ouro com o mercúrio, para que depois produza o **Sol** e a sua mulher, a **Lua**. Ao túmulo ou sepultura na qual se encerra o **Rei** é chamado, em nossa obra, *Saturno*, e é a chave da riqueza desta **Arte**; feliz aquele que pode saudar a este lento planeta" (1).

Pantaleón nos fala em *Tumullus Hermetis Apertus* sobre um eletro-mineral — o *Saturno* dos filósofos, ou matéria-prima —, já que nos apresenta a **Grande Obra** em ordem inversa:

"O circulado maior do sol se faz a partir do **sal** comum; o menor, a partir do sal de **tártaro**; o licor **Alkaest**, a partir do mercúrio; o **mercúrio** dos filósofos em forma líquida, a partir do eletromineral, melhor dizendo, o *Saturno* dos filósofos."

"Deste modo se vê que há dois poderes em *Saturno*; um, o de preparar a **matéria** em geral; e o outro, o de dar-lhe certa forma particular. Porém, quando se diz que *Saturno* domina sempre a concepção do **embrião**, só se entende que comunica uma disposição tal que outra parte celeste não poderia comunicar-lhe. Assim, se *Saturno* não reina em certas horas do dia e da noite, e suas influências cessam durante este tempo, é porque um planeta ou uma **estrela** diferente influi outra forma que é contrária a *Saturno*, ou porque os ativos não obram mais que sobre um sujeito bem preparado" (149).

Conforme Jean Pharamond Rhumelius escreveu, em 1648, em sua *Medicina Espagírica*: "Todos os filósofos estão de acordo em dizer que nosso mercúrio é mais próximo de *Saturno*, e que pode ser extraído mais facilmente dele".

"Os antigos pagãos viam *Saturno* não apenas como o tempo, mas também como a *Prima Materia* de todos os metais, sob cujo domínio alquímico encontrava a verdadeira idade de ouro" (186).

"E sabe, minha Criança, uma verdade, que no trabalho vegetal inteiro não há nenhum Segredo maior, nem mais verdadeiro que em *Saturno*, porque nós não achamos aquela perfeição em outro **Ouro**; isto é Ouro bom; nisto todos os filósofos concordam e dispensam tudo mais. Para isso, primeiro, você remove o que é supérfluo, quer dizer, a **impureza**, e o torna limpo; é então que você traz para fora o que está dentro, que é a vermelhidão; então será Ouro bom, porque Ouro não pode ser feito tão facilmente como você pode de *Saturno*, porque *Saturno* é dissolvido e congelado facilmente, e tem o **Mercúrio** que pode ser extraído facilmente, e é este Mercúrio que é extraído de *Saturno*, que deve ser purificado e sublimado como o Mercúrio, normalmente, é sublimado. Eu conto a verdade, minha Criança, que o mesmo Mercúrio é tão bom quanto o Mercúrio que é extraído do Ouro. Em todas as operações para que Saturno seja interiormente Ouro, como é em verdade. Então é preciso que o Mercúrio seja tão bom quanto o Mercúrio de Ouro. Então eu lhe falo, aquele *Saturno* é melhor em nosso trabalho que o Ouro, pois, se por acaso você tivesse que extrair o Mercúrio fora do Ouro, exigiria o espaço de um ano para abrir o corpo do Ouro, antes que pudesse extrair o Mercúrio do Ouro; e você pode extrair o Mercúrio de *Saturno* em 14 dias. Ambos são bem semelhantes" (147).

SECURA

De uma matéria-prima úmida, retirar toda a água com os seus componentes principais. Fazer, por meio de muitas sublimações e cohobações, com que tudo se condense em uma substância, completamente seca, após ter vencido toda umidade, sem permitir que perca, nessas circulações, qualquer de suas propriedades, é o que se entende por Magistério.

"É assim que, quando a secura intrínseca desta substância é aumentada pela ajuda do calor externo e o fogo natural que constitui seu magnetismo, torna-se mais poderosa pelos novos espíritos que recebe do fogo exterior, atua sobre o úmido que a rodeia, penetra em suas moléculas, determina a secura que lhe é própria, e a fixa na natureza de seu sujeito" (9).

"Como consequência dessa privação de umidade, causada pela **sublimação** filosófica, o volátil converteu-se em fixo; o brando, em duro; o aquoso, em terroso, segundo **Geber**. É a metamorfose da **natureza**, a transformação da **água** em **fogo**, segundo a **Turba**. É, também, a mudança das constituições frias e úmidas em constituições biliosas, secas, segundo os médicos. Aristóteles disse que o espírito tomou um corpo e, Alfídius, que o líquido se fez viscoso. O oculto tornou-se manifesto, disse Rudianus no *Livro das Três Palavras*. Agora, se compreendem os filósofos quando dizem: a nossa **Grande Obra** não é mais que uma permutação das naturezas, uma evolução dos **elementos**. 'É bem evidente: por esta privação de umidade, secamos a **pedra**; o volátil faz-se fixo; o **espírito**, corporal; o líquido, sólido; o fogo transforma-se em água e o **ar**, em **terra**. Assim, mudámos as verdadeiras naturezas segundo uma certa ordem, fizemos girar os quatro elementos em **círculo** e permutamos as naturezas'."

SÉFER IETSIRA

Alfabeto hebraico, composto por 22 sephiras ou vias da Sabedoria. Um número bastante curioso, quando se atenta para o detalhe de que os **arcanos** maiores do **Tarot** também são em número de 22.

"Um trabalho em particular revela a construção filosófica do alfabeto hebraico. Era o Séfer Ietsira atribuído a Abraão, mas, provavelmente, escrito nos primeiros séculos da era comum. Nele, cada letra era relacionada a um planeta e a um signo do **Zodíaco**. Muito depois da morte de Abraão, foi que o signo da Libra foi incorporado ao Zodíaco. Outras qualidades eram atribuídas a cada letra e o conjunto relacionado com um sistema de três princípios criadores, representados pelo **ar**, pela **água** e pelo **fogo**. As várias combinações dessas três forças fizeram o universo, e suas funções e diversas disposições de letras e seus respectivos valores numéricos mostravam as relações entre o macrocosmo do mundo e o microcosmo do homem" (56).

SEFIROT

Apresentada na **Cabala**, compondo estágios como se fossem chacras de armazenamento de energia, ao longo dos pilares da **Árvore da Vida**, são as formas pelas quais está disposto um sistema de influência da influência divina na vida humana. Começando por *Kether* (coroa) a energia, como um **raio**, desce até *Hochma* (sabedoria), atravessa *Binah* (compreensão), cruza uma sefira invisível denominada *Daath* (conhecimento) passa por *Hesed* (misericórdia), atinge *Gevura* (julgamento), chega a *Tepheret* (beleza), de onde a energia passa a *Netzah* (eternidade), dali chegando a *Hod* (reverberação), segue até *Yesod* (fundação), buscando então a última sefira *Malcut* (o reino).

Mas não são essas as únicas representações das sefiras. São concebidas como dez conchas ou invólucros protegendo o centro ou En-Soph; além do que, são associadas também aos astros aos metais e aos deuses que, na Antiguidade, lhe eram correspondentes: *Malcut* — a Terra — é a **Grande-Mãe** e representa o **mineral** que serve de matéria-prima à **Grande Obra**; *Yesod* — a **Lua** é **Diana** e a **Prata**; *Hod* é o planeta **Mercúrio**, o mineral e o deus do mesmo nome; *Netzah* —, **Vênus** planeta e deusa, representa o **cobre**; *Tepheret* — o **Sol** —, é **Apolo** e o **ouro**; *Gevura* — **Marte**, o planeta e o deus, simboliza o **ferro**; *Hesed* — **Júpiter** —, também o planeta e o deus —, além de personificar o **estanho**; *Daat* — Plutão —, planeta e deus —, representa o tempo do **caos** em que os elementos, ocultamente, se transformam; Binah

— **Saturno** — planeta e deus, personificado em **chumbo**; *Hochma* — Urano, o deus e o planeta —, representa o **Zodíaco** em seu contínuo processo cósmico; e *Kether* — **Netuno**, o planeta e o deus — simboliza a **água**. Estas definições são irrefutáveis pontos de ligação entre a Cabala e a **Alquimia**.

"O Sefirot na árvore deve ser encarado como um sistema de funções num circuito através do qual flui a corrente divina. Cada função cria não apenas um fenômeno mas transforma todos os subcircuitos adjacentes. Todo Sefirot pode mudar a direção do fluxo, criando vários campos e ações. A força pode ser dirigida para cima e para baixo em todo Sefirot e com isso modificar os eventos, enquanto a corrente retorna ao curso, através da terra de Malcut" (56).

SEGREDO

Segundo a declaração da maioria dos seus **Adeptos**, por ser um conhecimento que envolve a compreensão de leis universais abrangendo a dimensão espaço-tempo, e um poder incalculável sobre a matéria, os métodos para se atingir a **Grande Obra** não podem ser difundidos de forma irrestrita, em razão do total despreparo da maioria dos seres humanos para sua prática. A ilusão de que a finalidade maior da **Alquimia** é a **transmutação** de metais impuros em **ouro**, tem sido a causa de que o Magistério, desde os primórdios do seu aparecimento, seja sempre transmitido sob forma de iniciação e extremamente codificado para dificultar bastante sua compreensão por parte de ambiciosos irresponsáveis. Seu entendimento fica permitido, assim, apenas às pessoas que realmente se esforcem no estudo de velhos e complicados textos, traduzindo lentamente sua simbologia, tempo imprescindível para que adquiram a verdadeira visão da perfeita utilização de sua conquista.

Isaac Newton em um de seus relatórios alquímicos expressou-se sobre a necessidade de determinados conhecimentos serem mantido longe do vulgo:

"A maneira pela qual o mercúrio pode ser assim impregnado foi mantida em *segredo* por aqueles que sabiam, e constitui provavelmente um acesso para qualquer coisa mais nobre do que a fabricação do ouro e que não pode ser comunicada sem que o mundo corra um imenso perigo, caso os escritos de Hermes digam a verdade".

Em outro texto, confirmou sua desconfiança sobre a abrangência do enigma que o desafiava: "Existem outros *segredos* além da transmutação dos metais, e os grandes mestres são os únicos a compreendê-los".

Roger Bacon em *Opus Tertium* aconselhava:

"Revelando o *segredo*, diminui-se o seu poder. O povo nada dele pode compreender; faria do *segredo* um uso vulgar, roubando-lhe todo o valor. É loucura dar alface a burros que se contentam com cardos. E os maus, se conhecessem o *segredo*, fariam dele mau uso e revolucionariam o mundo. Não devo ir contra a vontade de Deus, nem contra o interesse da Ciência, e é por isso que não escreverei o *segredo* de tal modo que qualquer um o possa compreender".

"Se tens a pouca sorte de te aproximares dos príncipes e dos reis, eles não cessarão de te perguntar: 'Então, Mestre, como vai a Obra? Quando é que finalmente veremos qualquer coisa de positivo?' E, na sua impaciência, chamar-te-ão trapaceiro e velhaco e causar-te-ão toda espécie de aborrecimentos. E, se não obtiveres êxito, sofrerás todo o efeito da sua cólera. Se, pelo contrário, o obtiveres, conservar-te-ão em suas casas, em cativeiro perpétuo, com o propósito de te fazerem trabalhar em seu benefício" (149).

"A operação dessa **Grande Obra** consiste em saber o ponto perfeito da aliança dos seis metais, conhecimento esse obtido por meio dos pesos e medidas encerrados em cada uma das seis letras do primeiro nome de Deus, que Salomão deu a conhecer a seus iniciados, por intermédio de Adonai, compondo-lhes também a Balança, em que se acha contido todo o *segredo* da Grande Obra" (150).

"Temendo, todavia, ofender a Deus e ser o instrumento de uma tal troca que poderia ser ruim, não trato de representar ou escrever onde escondemos as **chaves** que podem abrir todas as portas dos *segredos* da natureza, e virar a Terra de cabeça para baixo, contentando-me em mostrar as coisas que ensinarão a toda pessoa a quem Deus tiver permitido conhecer, que propriedade tem o signo das Balanças, quando está iluminado pelo **Sol** e **Mercúrio**, no mês de outubro" (36).

"Estudante principiante, podes certamente crer e confiar que não há outra coisa encoberta, em toda a obra da pedra, senão o regime, ou governo do fogo; pelo qual, é certo o que diz o filósofo: *Qualquer que o supere, cientificamente, os príncipes e magnatas da terra o honrarão*. E te juro, por minha fé, que se tão somente se tornasse isto claro, os tontos se ririam da Arte, porque, conhecido este procedimento, o resto não é outra coisa que obra de mulheres ou jogo de crianças. (...)

Sabe, pois, que o maior segredo de nossa operação não está senão na coobação das naturezas, uma sobre a outra, tanto, até que a virtude, muito digerida, seja sacada do digerido pelo cru. Para isto se necessita, primeiramente, exata compra, preparação e adaptação das coisas que entram nesta obra. Segundo, a boa disposição das coisas externas. Terceiro, havendo sendo assim dispostas as coisas, necessita-se de um bom governo. Quarto, é importante o conhecimento das cores que se verão na obra, para que não se prossiga às cegas. Quinto, a paciência, para que não se acelere a obra, ou seu governo precipitadamente. De todas essas coisas diremos, por sua ordem, tudo que pode dizer um irmão a outro" (1).

"Não é por demais sabido que a nossa Arte é uma arte cabalística, quer dizer que só se pode revelar oralmente, e que está cheia de mistérios? Pobre néscio! Serás tão ingênuo de crer que te ensinem abertamente os *segredos* mais importantes e transcedentais? Asseguro-te que quem quiser explicar segundo o sentido ordinário e literal as palavras que escreveram os filósofos herméticos, acabará preso nos meandros de um **labirinto** do qual não poderá fugir, e não haverá fio de Ariadne para guiá-lo na saída" (5).

"Convém que o operador seja discreto e que a ninguém revele a sua obra, nem o lugar, nem o tempo, nem a finalidade perseguida, exceto ao seu **Mestre** ou ao seu coadjutor, que também lhe deverá ser fiel, crente, calado e digno de tanta ciência por natureza ou por cultura" (199).

"Quem quer que se ocupe atualmente de energia atômica aplicada possui em sua biblioteca o livro fundamental de John R. Lumarsh, *Introduction to Nuclear Reactor Theory* (Addison-Wesley Publishing Company Inc.). Mas o livro básico não pode ser compreendido senão por aqueles que já conhecem a Matemática; foi feito para leitores especializados. Em nenhum lugar se apresenta como tratado, retomando os princípios básicos. Somente os atomistas podem tirar proveito. Assim, também, somente os alquimistas podem compreender e utilizar os livros de Alquimia" (215).

SEGREDO DA FLOR DO OURO, O

Em seu prefácio para o livro *O Segredo da Flor do Ouro, um Livro de Vida Chinês*, traduzido por Richard Wilhelm, Carl Gustav Jung afirma:

"No primeiro momento, não dei importância ao fato de *O Segredo da Flor de Ouro* constituir um tratado alquímico, além de ser um texto taoista da ioga chinesa. Um estudo posterior e aprofundado dos tratados latinos me esclareceu e demonstrou que o caráter alquímico do texto tinha um significado essencial".

Segundo a tradução de Richard Wilhelm, deste livro, que provém de um círculo esotérico da China, o *animus* é a alma **yang** luminosa, enquanto *anima* é a obscura alma **yin**, em *processo vital descendente*, e seu ponto final é a **morte**.

"Quando, pelo contrário, se consegue durante a vida iniciar o movimento *reversivo* ascendente das forças vitais, quando as forças da *anima* são dominadas pelo *animus*, realiza-se uma libertação das coisas exteriores. Elas são reconhecidas, mas não cobiçadas. Por conta disso, a força da ilusão é rompida. Ocorre um movimento circular ascendente das energias. O eu retira-se dos emaranhados do mundo e permanece vivo depois da morte, uma vez que a *interiorização* impediu as forças vitais de se derramarem para fora; pelo contrário, estas últimas criaram um centro vital na rotação interior da mônada, que não depende de existência corporal. Um tal eu é um deus, *schen*. O sinal para *schen* significa expandir-se, atuar, em suma, é o contrário de *gui*. Em sua grafia mais antiga, *schen* é representado por um meandro, duplamente sinuoso, que também pode significar trovão, **raio**, excitação elétrica."

SELO DE SALOMÃO

Estrela de seis pontas, formada por dois triângulos equiláteros, sobrepostos em posições inversas. Simboliza a união de duas naturezas, dois opostos: **espírito** com a **matéria**, a conjunção do ativo com o passivo, o celestial com o terreno. O triângulo com a ponta para cima é o símbolo do **fogo**, com a ponta para baixo, é o símbolo da **água**. Essa figura, denominada *hexagrama*, recebe na Índia o nome de *Yantra,* a penetração da yoni pelo linga, e é interpretada como a união de **Shiva** com a Shakti. Entre os hebreus é chamada *Selo de Salomão*.

"Ainda, segundo as tradições herméticas, o *selo de Salomão* engloba também os **sete metais** básicos, i.e., a totalidade dos metais, assim como os sete planetas que resumem a totalidade do céu. No centro estão o **ouro** e o **Sol**; a ponta superior é a **prata** e a **Lua**; a inferior, o **chumbo** e **Saturno**; as pontas da direita, em cima o **cobre** e **Vênus**, embaixo o **mercúrio** e **Mercúrio**; as pontas da esquerda, em cima o **ferro** e **Marte**, embaixo o **estanho** e **Júpiter**. (...) Todo o pensamento e o trabalho da **Alquimia** consistem em obter uma **transmutação** do imperfeito, que se encontra na periferia, em uma perfeição única, que se situa no centro e que o ouro e o Sol simbolizam" (38).

SELO REAL

"... esta é nossa verdadeira **Vênus**, amada de **Marte**,
esposa do coxo **Vulcano**, porém reprovado por este ato.
Faz primeiro, pois, que este **mineral** abrace Marte,
de modo que ambos soltem suas terrestrialidades;
a substância metalina, em pouco tempo,
brilhará como o céu, e de teu êxito
encontrarás por certo como signo isto:

um *selo* impresso de tipo estrelado.
Este é o *selo real*, esta é a marca
que põe o Todo-Poderoso sobre seus estranhos sujeitos.
Este é o fogo celestial, do qual uma chispa,
uma vez aceso, causa nos corpos tal mudança,
que a **negrura** brilha agora como uma gema cintilante
e coroa o nosso jovem **rei** com um **diadema**" (73).

SEMENTE

Inspirados nos grãos que são jogados na terra para, em função da putrefação, germinarem e frutificarem, o alquimista denomina *semente* à parte interior do composto dos metais com os quais trabalha, princípio de todas as coisas, cuja liberação e revitalização são tentadas, no laboratório, para aquisição da quintessência.

"No centro de cada misto se encontra uma substância pura, na qual as **raízes** estão em grau de união e fixação quase insuperável, ou impenetrável pela potência de agente natural algum. Ela contém a energia e o caráter específico de seu misto, qualquer que seja a influência que possa receber do **esperma** no qual está oculta" (9).

"É a sede fundamental de toda a natureza, porquanto é o centro de onde culminam todas as virtudes naturais, e que as verdadeiras *sementes* das coisas não são senão um **sal** congelado, cozido e digerido; o que parece certo já que, se fazeis ferver qualquer *semente* que seja, torná-la-eis estéril, no instante, porque esta virtude seminal consiste em um sal muito sutil que se dissolve na **água**; de onde conhecemos que a natureza começa a produção de todas as coisas por um sal central e radical que tira do **espírito** universal" (6).

"A **Pedra** dos filósofos também se chama vegetal, animal, **mineral**, porque foi mesmo dela, em substância e em ser, que os vegetais, os animais e os minerais tiraram a sua origem" (186).

"Mas não é necessário procurar tua *semente* nos elementos. É que nosso esperma não está assim tão distanciado, mas o lugar é mais próximo aonde nossa *semente* tem sua estada estável e sua habitação. Só chegarás a ela se retificares tanto o **mercúrio**, o **enxofre** e o sal (compreenda-os dos filósofos) como sua **alma**, seu **espírito**, e seu corpo, que seja feita uma certa conjunção inseparável, a qual, em contrapartida, por toda eternidade, não permita ser rompida e não possa ser desligada. Agora é perfeitamente assegurado o liame de amor e também preparada no alto a morada idônea da coroação. (...)

"(...) Nenhuma *semente* metálica pode operar ou crescer, sem que seja levada à **putrefação**, por ela mesma unicamente e sem nenhuma adição ou misturas estranhas. Analogamente, nenhuma *semente* vegetal e animal, como foi dito e significado, não pode oferecer acréscimo sem putrefação, compreende que, para os metais, a putrefação deve atingir seu perfeito desenvolvimento pela intervenção dos **elementos**. Não que sejam os elementos esta mesma *semente*, como antes revelei, mas porque a *semente* metálica, nascida pela essência celeste, astral e elementar, está inclusa em um corpo, e depois deve ser conduzida pelos elementos, a uma igual putrefação e **corrupção**" (137).

"Todos os filósofos afirmam, em uníssono, que os metais têm uma *semente* que lhes propicia o crescimento e que essa qualidade seminal é a mesma em todos eles; mas ela amadurece com perfeição apenas no **ouro**, em que o elo de união é tão estreito que é muito difícil decompor o sujeito e assegurá-lo para a **Obra** filosofal. Mas alguns, que eram Adeptos da **arte**, obtiveram ouro do macho por penoso processo, e mercúrio, que eles sabiam como extrair dos metais menos compactos, de uma fêmea; não como processo mais fácil, mas para descobrir a possibilidade de fazer a pedra dessa maneira; e tiveram sucesso, divulgando abertamente esse método a fim de esconder a verdadeira confecão que é mais fácil e simples" (128).

"A *semente*, então, é o **elixir** de algo ou sua **quitessência**, ou sua digestão ou decocção perfeita, ou, ainda, o Bálsamo do **Súlfur**, que é idêntico à umidade radical dos metais" (164).

SENIOR

Mahoammed Ibn Umail at-Tamini, foi um alquimista que viveu no século X (900 a 960) sob a alcunha de Senior (*o mais velho*) Zadith. É atribuída a ele a autoria de dezenas de importantes manuscritos alquímicos, que influenciaram profundamente a Europa dos séculos XII e XIII. Os mais famosos desses documentos são: "De Chemia", cujo título original, em árabe, é "Água de Prata e Terra Estrelada", "A Lâmpada Oculta da Alquimia" e "A Pérola da Sabedoria". Em um dos seus textos ensinava aos principiantes nas artes do Magistério que os quatro portões dos quatro elementos devem ser todos abertos, simultaneamente, com quatro chaves, até que a "Casa do Tesouro da Sabedoria" fique inundada de luz.

Senior acreditava que os antigos egípcios possuíam o segredo da **Pedra Filosofal** e o haviam legado às raças que se seguiriam, nas câmaras mais secretas de suas pirâmides.

SENZAR

O *senzar* é uma língua sacerdotal, conhecida na remota Antiguidade e dedicada aos filhos da luz pelos seres divinos. Tem o seu próprio alfabeto criptográfico, com caracteres cifrados, possuindo mais ideogramas que sílabas. É um tipo de escrita que mais se assemelha, em sua maneira de ser interpretada, à escrita chinesa ou japonesa.

Lida e falada pelos iniciados de todo o mundo, foi usada para compor o *Livro Secreto de Dzyan*, misteriosa obra que narra os feitos de uma outra civilização existente na Terra, antes dos tempos conhecidos.

SEREIA

Monstros marinhos, metade peixe metade mulher que, na mitologia de muitos povos seduziam os navegadores. Como símbolo alquímico, representa a união do **mercúrio**, o feminino, com o **enxofre**, o masculino, em um só corpo.

A conotação de perigo que envolve sua aparição talvez seja uma advertência de que seu surgimento, durante a "viagem do alquimista pelos mares primordiais" (ou **Magistério**), dá-se em um momento em que se faz necessária toda atenção, para que a **Obra** não se perca.

"É assim que a sereia, monstro fabuloso e símbolo hermético, serve para caracterizar a união do **azufre** nascente, que é nosso **peixe**, com o **mercúrio comum**, denominado virgem, no **mercúrio filosófico** ou **Sal** da **Sabedoria**" (7).

SERICON

Matéria-prima do **chumbo** ou **galena**, após devidamente calcinada e rubificada, segundo Gulielmo Johnsonio, em "Lexicon Chymicum", e Ripley em "Accurtationum". Já, segundo o "Bosomebook", o *Sericon* é a matéria-prima extraída do **antimônio**.

SERPENTE

É um dos mais constantes símbolos, partilhado pela **tradição** esotérica do mundo. Na maioria delas, está ligado a funções meteorológicas, cósmicas e fecundantes. Acredita-se que o fato de ser usada como um dos principais símbolos da **Alquimia** advenha da percepção dos antigos de que as *serpentes* viviam escondidas em buracos, ocultas no interior da terra, originando daí o hábito de representar, sob a forma desses répteis, as perigosas forças subterrâneas passíveis de manipulação em seus laboratórios.

"Do México ao Peru ela é associada à umidade e às águas da Terra. Não é apenas a *serpente* de plumas **verdes** e a *serpente* nuvem com barba de chuva, mas também o filho de *serpente*, a Casa dos **Orvalhos** e (...) o Senhor da Aurora" (151).

Para os iorubas essa *serpente* é Oxumaré, o **arco-íris** que aparece depois das chuvas, ligando o céu e a terra. É arco-íris, também, nos mitos da Índia, da França, da África do Sul, e entre os selvagens da América do Norte e do Sul, e no Camboja. A *serpente* Catoblepas habitava a fonte de Nigris, na Etiópia, nascente do Nilo.

"No antigo Peru, o **sol** fecundante adquire igualmente o aspecto do **relâmpago**, com o qual se confunde, e que, por sua vez, se encarna na imagem da *serpente*, geralmente bicéfala, símbolo da **chuva**" (152).

"A palavra empregada por Moisés, lida cabalisticamente, dá-nos uma definição da descrição desse agente mágico universal, representado em todas as teogonias por uma *serpente*" (153).

"Como os feiticeiros mexicanos, os xamãs-*serpentes* da Turquia asiática têm que se submeter e privar com cobras (...) É bastante possível que esse culto ao réptil tenha viajado com alguma migração humana da Índia e da África para a América do Sul. Podem-se ainda encontrar peões guaranis (ameríndios), da área do rio da Prata, que ainda dão muita importância à escultura de uma cobra pintada de vermelho" (20).

"É nesse ponto (quando é próprio do dissolvente provocar a 'morte' dos metais) que a representação do **mercúrio comum**, sob a forma de uma *serpente*, parece adquirir seu pleno sentido. Animal furtivo, fugidio, escorregadio, inapreensível, que surge do meio de pilhas de cascalho, e nesses montões penetra com a rapidez do **relâmpago**, a *serpente* era, de fato, perfeitamente adequada para personificar o **espírito** da terra, tal como esse *espírito-corpo* ou esse *corpo-espírito* que os alquimistas sabem extrair da rocha e que dão o nome de *Magnésia*" (37).

"Uma das principais maneiras que os jainos e budistas tinham para esculpir imagens de seus salvadores era em forma de nãga (gênios semi-humanos serpentinos), dotados de intuição e poder milagrosos e que figuravam, destacadamente, no culto doméstico da Índia, desde os tempos mais remotos. Popularmente eram considerados gênios protetores e doadores de prosperidade. Suas formas aparecem em todas as portas e na maioria dos santuários locais" (42).

"É precisamente esse culto secreto ao herói Asclépio (também considerado o deus da **medicina**) que era *escondido* pelo Tholos (edifício abobadado, rotunda) de Epidauro, famoso por sua luxuriosa ornamentação e seu misterioso **Labirinto**. Neste, provavelmente, era *guardada* a *serpente*, réptil que tinha para os antigos o dom da adivinhação, por ser ctônia, e que simbolizava a vida que renasce e se renova ininterruptamente, pois, como é sabido, a *serpente* enrolada num bastão era atributo do deus da medicina" (49).

Segundo ritos de fecundidade, comum entre hindus e bretões, eram empregados, na mesma sequência simbólica, lunar, a pedra do raio e a *serpente*. No Popol Vuh, a Via Láctea é considerada como uma *serpente* branca. Padmavati (a deusa Laksmi), da mitologia hindu, tem a forma de *serpente*. Dharanendra — o senhor da Terra é a *serpente* cósmica Adi-Sesa, a primordial *serpente* gigante dos abismos cósmicos que traz o Universo desenrolado sobre sua cabeça e é o **dragão** doador de vida, nas profundezas do espaço.

"Uma capela anexa ao templo dos Jaguares (em Chichen Itza), apresenta muros cobertos de baixos-relevos pintados. Em uma dessas esculturas, pode-se identificar o deus da **Estrela** da Manhã, emergindo da boca da *serpente* de plumas" (131).

Em Chichen Itzá, também, e isto foi transcrito do Caderno de Viagem do Jornal *O Globo* de 2/11/1995:

"A duas horas de Cancún, um espetáculo a mais: o equinócio da primavera e verão na pirâmide de Kukulcán. Exatamente nos dias 21 de março e 21 de setembro, a escadaria do prédio, construída em posição estratégica para captar os raios solares, tem projetada uma gigantesca silhueta de uma *serpente*".

O deus persa Azhi Dahãka — o Dragão Rei — é representado sob forma humana, com *serpentes* que saem de seus ombros, assim como Pãrsvanãtha, da lenda jaina, também representado com duas *serpentes* saindo dos ombros.

"O Tempo, particularmente, trai sua proveniência oriental nos relatos óficos, pela forma concreta com que se apresenta: uma *serpente* alada e policéfala. Tais monstros multidivididos são orientalizantes nas suas características, principalmente de origem semítica, e começam a surgir na arte grega por volta do século VIII c.C" (49).

"A vida é uma *serpente* que se engendra e se devora incessantemente a si mesma. Precisamos fugir das suas astúcias e pôr-lhe o pé sobre a cabeça. Hermes, ao multiplicá-la, opõe-na a si mesmo e, num equilíbrio eterno, faz dela o talismã do seu poder e a glória do seu **caduceu**" (162).

Ver também **NEUSTÃ**, a serpente de bronze criada por Deus.

SETE

Em uma ilustração alquímica das mais conhecidas, podemos ver *sete* figuras escondidas no seio da terra, simbolizando os sete metais que compõem a **trindade**.

Na tradição de todas as mitologias e religiões antigas, a importância do número *sete* se torna evidente, marcando presença na normatização de fórmulas mágicas e rituais.

O número *sete*, segundo velhas definições, é o número da perfeição, o que, simbolicamente, une o **Céu** à **Terra**. Está ligado às mais variadas alegorias: Gilgamesh, o herói mítico sumeriano, derrubou *sete* árvores com um machado que pesava *sete* talentos; **Dioniso** foi despedaçado em *sete* pedaços; **Agni**, o deus do fogo do hinduísmo, possui *sete* chamas; na lenda grega, o Minotauro que habitava o **labirinto** de Creta, exigia *sete* virgens atenisenses para se pacificar; o Islamismo prega a existência de *sete* céus, *sete* infernos e *sete* purgatórios; Aúra Mazda, o deus supremo do zoroastrismo, presidia uma corte de *sete* seres divinos; *sete* são as cabeças da **Hidra**, os dias da criação do mundo, degraus da escada de **Mitra**, céus, cores do **arco-íris**, chaves do Evangelho de São João, olhos do Senhor, selos, trombetas, chacras, braços do candelabro hebreu, arcanjos, etc.

"Dentro de um grande círculo, vemos sete mulheres sentadas no interior de uma caverna. Novamente estamos diante da terra filosófica, perante o trabalho com nosso *laboratorium oratorium* (...). Estas sete mulheres estão coroadas como os santos, por uma auréola de luz. As sete mulheres são os sete corpos que devemos purificar no Magistério do fogo; devemos fabricar peimeiro estes sete corpos e logo purificá-los, retirando-lhes o óxido alquimista, dissolver o ego animal que empana a brancura de seus ditos corpos" (231).

Buscando analisar sem misticismo, conclui-se que essa constante referência nos textos é, em sua origem, indicações aos *sete* astros ou, mais precisamente, aos *sete* minerais governados por esses astros, o que nos conduz claramente ao **Magistério**. No século XVIII, em "De Signatura Rerum", **Jacob Böheme** escreveu:

"A **Obra** está consumada quando *Sete* formarem apenas Um... O Um vem do *sete*, e no entanto permanece no *sete*, mas numa só aspiração, porque cada entidade aspira ao amor da outra e assim cessa todo o conflito".

"O espírito volátil, que está contido na água, penetra facilmente o espírito fixo, que está na terra, porque são da mesma natureza; e assim os dois espíritos tomam conjuntamente um corpo aquoso, e se faz deles a água pesada. Assim, de uma substância sutil e de uma grosseira, se produz uma substância média, que a arte pode empregar, a qual deve ser purificada por *sete* destilações" (9).

Nos Provérbios, de Salomão, cap. 9:1 e 11:

"A sabedoria edificou a sua casa, lavrou as suas *sete* colunas".

"Porque por mim se multiplicam os teus dias, e anos de vida se te acrescentarão."

"Ele, que tem ouvidos para ouvir, ouvirá o que o espírito da **sabedoria** conta ao filho a respeito das *sete* **estrelas**, através das quais o santo trabalho é realizado. Sobre essas estrelas, diz **Senior** o seguinte, em seu caminho sobre o **sol** e a **lua**: 'Depois que tiveres distribuído esses *sete* pelas *sete* estrelas e os tiveres atribuído às *sete* estrelas, depois que os limpares *sete* vezes até que pareçam **pérolas**, esse é o estado de brancura' (...).

Tudo isso é feito com o nosso **espírito**, pois só ele pode purificar o que foi concebido de **semente** impura. Não dizem as Escrituras: Lava-te e serás puro? E Naaman foi instruído para mergulhar *sete* vezes no Jordão, quando ficaria limpo. Pois existe um só batismo para ablução dos pecados, como testemunham o Credo e os profetas. Quem tem ouvidos para ouvir o que o espírito da doutrina diz aos filhos da ciência do efeito do sétuplo espírito, de que as Escrituras estão repletas e a que os filósofos aludem nestas palavras: destila-o *sete* vezes, quando terás cumprido a separação de toda a umidade destrutiva" (189).

Para a **Alquimia**, o *sete* representa um ciclo de dissoluções e coagulações, a ser obedecido no processo. São as *sete* operações da Arte.

Em um trecho do "Livro de El Habir", esse método se confirma:

"Lavai *sete* vezes a **cal** ainda não apagada. Ordeno-vos que opereis sobre as **cinzas**, fazendo-as cozer e regando-as *sete* vezes (...). Com este procedimento as cinzas tornam-se dóceis, boas e belas, e vós nunca mais conhecereis a **morte**".

Filaletes nos aconselha:

"É preciso purificar o **Mercúrio**, pelo menos *sete* vezes. Então o banho para o **Rei** está pronto".

"Faz-se pelo mesmo método que os outros elixires; separam-se as duas **raízes**, purifica-as por *sete* **destilações**, reúne-as segundo os pesos que convém a este reino; elas se convertem juntas em uma **água permanente**, que deve ser purificada ainda *sete* vezes, ou até uma perfeita assimilação e uma íntima união das substâncias que entram na composição deste **elixir**" (9).

"O **segredo** desta preparação consiste em escolher um **mineral** que tenha certo parentesco com o Ouro e o Mercúrio. Há que impregná-lo com o ouro volátil que se encontra na região de Marte; deve-se purificar o Mercúrio com este elemento, pelo menos *sete* vezes. Feito isto, o Mercúrio está preparado para o **Banho do Rei**, melhor dizendo, do Ouro.

"Com os repetidos tratamentos — entre *sete* e dez — o Mercúrio se purifica cada vez mais, e se torna cada vez mais ativo, pois nosso verdadeiro **azufre** o liquefaz a cada preparação; porém, se o submetermos a um número excessivo de preparações ou **sublimações**, tornar-se-ia demasiado ígneo e, em vez de dissolver o corpo, coagular-se-ia ele mesmo e, portanto, o Ouro não se fundiria nem se dissolveria" (82).

Para **J. Böheme**, os *sete* planetas haviam sido designados pelos Sábios antigos, de acordo com as *sete* propriedades da Natureza: "mas compreendiam nela muito mais, não apenas as *sete* estrelas, mas também as *sete* espécies de propriedades na procriação de todos os seres. Não há nada no começo de todos os seres que não contenha *sete* propriedades: porque elas são a roda do centro, a causa primordial do **enxofre**, em que **Mercúrio** é o líquido do tormento do medo".

SETHON, ALEXANDER

Este escocês, conhecido como "Cosmopolita", apareceu em Edimburgo em 1602, para se reunir com Jakob Hansen, que ele tinha conhecido um ano antes, ocasião em que foi vítima de um naufrágio. Em agradecimento ao esforço de Hansen para salvá-lo, *Sethon* lhe ofereceu um pedaço de ouro, transmutado em sua presença.

Depois desse encontro, seguiram juntos por várias cidades da Alemanha: Hamburgo, Munique, Frankfurt, Colônia, onde as façanhas de Sethon chamaram a atenção do eleitor da Saxônia, Christian, que mandou prendê-los e torturar, para obter o segredo da transmutação. Como eles não revelaram nada, trancou-os em um calabouço onde outro alquimista, Michel Sendivógius encontrou-os e conseguiu fazê-los fugir.

Após a fuga, os dois foram para a Cracóvia.

Alexander Sethon escreveu vários tratados versando sobre a ciência alquímica: "Novum Lumen Chymicum", "Philosophorum Aenigma", "Traité de la Nature", "Traité du Mercure", "Traité du Soufre" e o "Traité du Soleil des Philosophes".

Sethon morreu em 31 de dezembro de 1603, depois de ter oferecido o segredo do seu pó de projeção ao seu libertador, Sendivógius.

SHESHA

Shesha é o rei de todos os nagas e um dos seres primais da criação e, de acordo com o Bhagavata Purana, é um avatar do Deus supremo sabido como Sankarshan. No Puranas, *Shesha* é descrito como sustentáculo de todos os planetas do Universo com suas capas e cantar constantemente os *glories* de **Vishnu** por todas as suas bocas. É consultado às vezes como "Ananta-Shesha", que significa "*Shesha* infinito". *Shesha* é descrito geralmente como uma forma maciça que os flutuadores recolhem no espaço, ou no oceano universal, para dar forma à cama em que Vishnu se encontra. É mostrado às vezes com cinco ou sete cabeças, mas, mais comumente, com uma centena delas, tendo em cada uma o ornamento de uma coroa. É associado próximo a Vishnu. Seu nome significa "aquele que remanesce", do *shi* da raiz de Sanskrit, porque quando o mundo for destruído no fim do kalpa, *Shesha* remanescerá, porquanto é. A **serpente** legendária Maha-Vishnu é a imagem de Ananta Sesha. Uma estátua em Vijayanagara mostra Vishnu Narasimha assentada nas bobinas de *Shesha*, com as **sete** cabeças de *Shesha* que complementam sua manifestação.

SHISHIMAI

Dado o conceito preservado por velhas lendas e mitos, de ser o **leão** o distribuidor de saúde e prosperidade, realizam-se no Japão, no dia 1º de janeiro, as *Danças do Leão*. Um homem sob uma máscara vermelha da cabeça do referido animal dirige o corpo, feito de pano, onde outras pessoas, também cobertas, fazem o papel das pernas, rodando pelas ruas, nos moldes da velha tradição do **dragão** chinês.

Essa semelhança de costumes entre chineses e japoneses, adotando o simbolismo de alegorias alquímicas por excelência, para personificar a real origem da saúde e da prosperidade, justamente na data do equinócio da primavera, evidenciada na tradição hermética pela adoração do *sol invictus*, nascimento de **Mitra**, etc., traduz-se na perpetuação de dados importantes que continuam sendo transmitidos pelos tempos, mesmo quando as pessoas envolvidas já nem sequer têm consciência do que a história representa.

SHIVA

Por tudo que se deduz das descrições desse deus, trata-se de uma representação da energia cósmica, dinâmica e torrencial.

"*Siva*, o dançarino cósmico, o divino senhor da destruição, é descrito a um tempo como modelo de fervor ascético e como típico amante frenético e fiel esposo. Os gregos alexandrinos reconheciam nele a forma hindu de **Dionísio** e, seguindo o velho costume ocidental, descreveram seu próprio deus como tendo entrado triunfalmente e conquistado a Índia" (49).

"Na noite de Brahman, a Natureza acha-se inerte e não pode dançar até que *Chiva* o determine: Ele se ergue de seu êxtase e, dançando, envia através da matéria inerte, ondas vibratórias do som que desperta e, vede, a **matéria** também dança, aparecendo como uma glória que o circunda. Dançando, ele sustenta seus fenômenos multiformes. Na plenitude do tempo, dançando ainda Ele destrói todas as formas e nomes pelo **fogo** e lhes concede novo repouso. Isto é poesia e, contudo, também é ciência" (154).

"Um dos mais antigos e populares dentre os deuses indianos aparece como o rei dos dançarinos. Segundo a crença hindu, todas as vidas são parte de um grande processo rítmico de criação e destruição, de **morte** e renascimento e a dança de *Shiva* simboliza esse eterno ritmo de vida-morte que se desdobra em ciclos intermináveis. (...).

Os artistas indianos, dos séculos X e XII, representaram a dança cósmica de *Shiva* em magníficas esculturas de bronze de figuras dançantes com quatro braços, cujos gestos soberbamente equilibrados, não obstante dinâmicos, expressam o ritmo e a unidade da Vida. (...).

A Física moderna mostrou que o ritmo de criação e destruição não se acha manifesto apenas na sucessão das estações e no nascimento e morte de todas as criaturas vivas, mas também na essência mesma da **matéria** inorgânica. De acordo com a teoria quântica de campo, todas as interações entre os componentes da matéria, através da emissão e absorção de partículas virtuais. Mais do que isso, a dança da criação e destruição é a base da própria existência da matéria, uma vez que todas as partículas materiais autointeragem pela emissão e reabsorção de partículas virtuais. A Física moderna revelou, pois, que cada partícula subatômica não apenas executa uma dança de energia, mas também é uma dança de energia, um processo vibratório de criação e destruição. (...) Para os físicos modernos, a dança de *Shiva* é, pois, a dança da matéria subatômica" (24).

SÍMBOLOS

No interesse de manter o conhecimento divulgado apenas no âmbito de pessoas previamente preparadas para recebê-lo, os alquimistas começaram a usar uma linguagem cifrada, revelada parcimoniosamente aos que se propunham a estudar os Mistérios em toda ascensão dos seus graus. Isto não se refere apenas aos reais detentores do conhecimento; na longa jornada humana, muitos se interpuseram no caminho da Verdade, modificando os ensinamentos por ignorância ou má-fé, transformando ciência em religião, com seus dogmas e rituais enquanto disseminavam a confusão e a dúvida.

"Ideias e *símbolos*, no entanto, muitas vezes reaparecem como coisas úteis. Se eles são arquétipos verdadeiros, acabam por voltar em formas modificadas, como a **Vênus** eterna de cada geração que se revela sempre de maneira bem clara, não obstante suas mudanças de traje" (56).

"O **carneiro**, o **dragão** (ou **serpente**), o pombo sobre o altar, o triângulo dentro do qual se encontra o olho que tudo vê (como também na Franco-Maçonaria), o símbolo do **peixe** sagrado, o **fogo** eterno ou a imagem do **Sol** nascente do receptáculo para a hóstia consagrada no ritual da missa católica, os símbolos arquitetônicos e a orientação das igrejas e catedrais, a própria **cruz** e até mesmo as cores e motivos das vestes do padre, do bispo e do papa, são alguns dos testemunhos silenciosos da sobrevivência, nas modernas igrejas cristãs, do simbolismo pagão. Mas a **chave** para a interpretação do significado interior de quase todos esses *símbolos* cristianizados foi inconscientemente jogada fora: clérigos não iniciados, reunidos em concílios ávidos de heresia, considerando o Cristianismo primitivo, tão profundamente envolto de simbolismo, chamado gnosticismo, como 'imagística oriental desvairada', repudiaram-no como 'herético', enquanto, 'de seu próprio ponto de vista, ele era simplesmente esotérico'." (197).

Entre uma grande variedade de símbolos, utilizados para definir elementos, gases, metais, quantidades, processos de fabricação, cores, etc., em que cada filósofo, no intuito de salvaguardar o seu segredo, criava fórmulas diversas para transmitir suas descobertas, sem, entretanto, vulgarizá-las, restou à Alquimia alguns símbolos que realmente se universalizaram pela constância com que foram estabelecidos e repetidos nos mais importantes tratados. São eles:

Metal	Astro	Simbolo
Ouro	Sol	☉
Prata	Lua	☾
Cobre	Vênus	♀
Ferro	Marte	♂
Mercúrio	Mercúrio	☿
Estanho	Júpiter	♃
Chumbo	Saturno	♄

SINÉSIO, DE CIRENE

Sinésio, natural de Cirene (370-413), bispo de Ptolemais, na Líbia, foi educado inicialmente visando à eloquência, necessária para projetar os homens de sua época; desta educação parece haver bebido os ensinamentos clássicos de Aristóteles, Homero e Platão. Antes de 395, foi enviado por seus pais para Alexandria, a famosa capital cultural do Egito, onde residiu por quatro anos, tornando-se discípulo da grande filósofa Hypatia, filha do matemático Teón, em quem, sem qualquer sombra de dúvida, reconheceu o valor como sua mãe, irmã e mestra, responsável por sua formação nos mistérios da filosofia.

Formado em Matemática, Astronomia, neoplatonismo, ciência aplicada e metafísica, e, possivelmente, nos oráculos caldeus, nas ciências ocultas e no hermetismo, tornou-se o mais famoso **alquimista** teórico de seu tempo. Escreveu o livro *Sobre a Sagrada Arte da Pedra Filosofal,* que marcou a entrada dos conhecimentos alquímicos em Bizâncio, fixando a divisão entre os estudos serios de Alquimia e o charlatanismo mágico, comum na época.

SOFISMA

Nas considerações tecidas pelo personagem "Estrangeiro", registradas nos "Diálogos de Platão", percebe-se, claramente, que a temática da conversa é a **Alquimia**:

"— A meu ver, Parmênides e todos os que com ele empreenderam discernir e determinar o número e a natureza dos seres, assim fizeram sem proceder a uma análise cuidadosa.

— Dão-me todos eles a impressão de contar-nos fábulas, cada um a seu modo, como faríamos a crianças. Segundo um deles, há **três** seres que, ou bem promovem entre si uma espécie de guerra ou, tornando-se amigos, fazem-nos assistir a seus **casamentos**, ao nascimento de seus filhos, os quais educam. Outro, contenta-se com dois; **úmido** e **seco** ou quente e frio, os quais faz coabitar e casar em forma devida. Entre nós, os eleatas, vindos de Xenófanes e mesmo de antes dele, admitiam que o que chamamos o Todo é um único ser e assim o apresentam em seus mitos. Posteriormente, certas Musas da Jônia e da Sicília concluíram que o mais certo seria combinar as duas teses e dizer: o ser é, ao mesmo tempo, uno e múltiplo, mantendo-se a sua coesão pelo **ódio** e pela **amizade**. O seu próprio desacordo é um eterno acordo: assim dizem, entre estas musas, as vozes mais elevadas; mas as de voz mais fraca diminuíram o eterno rigor desta lei: na alternância que pregam, umas vezes o Todo é uno, pela amizade que nele **Afrodite** mantém, outras vezes é múltiplo e hostil a si mesmo, em virtude de não sei que **discórdia**. Quem dentre eles fala verdadeiramente e quem, falsamente? Seria difícil dizer e pretensioso levantar críticas, em assuntos tão importantes; há homens que defendem a sua glória e antiguidade".

SOL

Dentro da simbologia alquímica, é o signo mais importante, figurando como sol metálico ou **azufre** e denominado **Ouro dos Sábios**.

Na **Cabala**, o Sol é Tepheret, assim como **Apolo**, impossível de ser olhado diretamente, sob pena de cegueira.

"No panteão asteca, a grande divindade do Sol do meio-dia, Huitzilopochtli, é representada por uma **águia** segurando no bico a **serpente** estrelada da noite. (...)

Para os dogons do Mali, cujo sistema cosmogônico é inteiramente dominado pelo simbolismo lunar, o Sol não é macho, mas fêmea. Ele é descrito como um pote de barro cercado de uma espiral de oito voltas de **cobre vermelho**" (38).

"Para os falis do norte da República dos Camarões, dois vasos de barro, um plano e outro oco, representam o **Sol** e a **Lua**. Seus protótipos, no exterior forrado de **ferro**, e no interior de **cobre**, teriam sido roubados do céu pela primeira oleira, mulher do primeiro ferreiro, antes da descida à Terra deste casal primordial" (155).

"Segundo a cosmologia heliopolitana, o sol Atum criou-se a si mesmo, acima das águas primitivas, simbolizadas na deusa Num. Levantou um outeiro no **Oceano**, e aí ficou morando. Em seguida o deus Shu e a deusa Tefnut, o ar e a umidade, os quais geraram a Terra, Geb e o Céu, Nut. Deste último casal nasceram Osíris, Ísis, Sete e Neftis" (50).

SOLSTÍCIO

É uma denominação dada ao ciclo anual da trajetória solar. Diferentemente dos **equinócios** que marcam o período de 24 horas equilibradamente dividido entre o dia e a noite, os *solstícios* assinalam a noite mais longa e o dia mais curto (soltício de inverno) e o dia mais longo seguido pela noite mais curta (solstício de verão).

Para a Alquimia, a importância dessas datas está relacionada com o hemisfério norte, quando o solstício de inverno, 25 de dezembro, abre a fase ascendente do Sol, apesar de marcar sua data mais obscura — é a noite mais longa. E o solstício de verão, 24 de junho, abre a fase descendente, apesar de ter o Sol em seu zênite, ou ponto mais alto do céu. Todos os textos alquímicos indicam essa época, em virtude de que, nada de importante existia ao Sul do Equador quando essas fórmulas foram divulgadas pela Europa. Isso faz com que um hipotético alquimista do hemisfério sul tenha ainda mais esse problema, de identificar se a época propícia para colher os fluxos cósmicos é idêntica à dos relatos antigos ou diametralmente oposta.

Na tradição chinesa, como na indiana, o solstício de inverno é associado à gestação; a Natureza está em plena fase de concepção.

No solstício de inverno, Yule, era celebrado o nascimento do Sol, a transformação do Deus da Escuridão, renascendo no ventre da mãe Terra. A promessa de uma vida nova, fora da inclemência do inverno. Na tradição celta, esse fato justificava a colocação de presentes nas árvores, em oferecimento às divindades; enfeitavam-se as casas com azevinho e visco e realizavam procissões invocando paz e prosperidade. Esses costumes foram mais tarde adotados pelo Cristianismo.

Na noite de 1º de agosto, realizavam o Festival da Colheita; era honrada a fertilidade da terra. O solstício de verão, Litha, marcava para os celtas o mais longo dia e nele se festejava a prosperidade com a colheita de ervas mágicas, procedendo-se a encantamentos e adivinhações. Danças e rodas de fogo celebravam o triunfo da luz reverenciando Lugh, o deus-Sol.

SOLUÇÃO

"A solução é a conversão do **úmido radical** fixo em um corpo aquoso: a causa que produz esta solução é o **espírito** volátil que está oculto na primeira água. (...)

A **água** supérflua é rechaçada pelas **destilações** e não se retém mais que a necessária para lançar o **espírito** à sua terra.

Por esta solução, o **sal** puro, que pode ser dissolvido, é separado de uma terra impura, que não pode ser dissolvida pela água.

Depois desta solução, faz-se subir, conjuntamente, as duas raízes pela dissipação, em forma de água pesada. (...)

A substância fixa que se deve dissolver está oculta nas cinzas e a volátil, que faz a solução, está oculta na água. (...).

O sal fixo é a causa da coagulação e o volátil é a causa da solução; pois o calor do sal fixo está acompanhado de secura e o do volátil é úmido. (...).

O Espírito do sal dissolvido está dotado de uma virtude celeste dissolvente, porque o sutil é da mesma substância que o sal fixo de cada corpo" (9).

"Parmênides ou Egadimeno, falando desta solução ou conversão, diz, na Turba, que alguns, ouvindo falar de tal solução, pensam e creem que seja a água do mar, mas que, se eles tivessem lido os livros e se os tivessem bem compreendido, veriam que é uma água permanente, que não pode ser permanente sem ser dissolvida, unida e formar uma mesma coisa com seu corpo; pois a solução dos filósofos não é a embebição da água, mas a conversão e mutação dos corpos em água, assim como foram primeiramente criados; a saber, em mercúrio, tal como o gelo se converte em água líquida, à qual deve sua essência" (36).

SOMA

Elixir da vida e da imortalidade. Relatos na Índia informavam ter sido trazido aos homens por uma **águia** para que pudessem se comunicar com as divindades. Segundo alguns autores, sua fórmula teria se perdido, sendo substituída, posteriormente, por outras substâncias, o que determinou o fim de sua potência e o descrédito de sua capacidade.

SOPHIA

A Sabedoria de Deus. No texto *Aurora Consurgens,* atribuído a **Tomás de Aquino**, podemos ler: "Não ouvis a Sabedoria e não é a sagacidade compreensível nos livros dos sábios, quando ela diz: 'Vós, homens, eu vos chamo e chamo os filhos do entendimento. Entendei a parábola e sua interpretação, entendei a palavra do **sábio** e seu enigma. Os sábios usaram todas as espécies de expressões, fazendo comparações com todas as coisas na terra, para aumentar essa sabedoria. Se um homem sábio escuta as pessoas sábias, ele obterá mais entendimento e sabe-lo-á'.

Essa é a Sabedoria, Rainha do Sul, que veio do Leste, como a aurora nascente, para ouvir e entender a sabedoria de Salomão. Em sua mão está o poder, a honra, a glória e o reino. Ela tem uma coroa de 12 estrelas refulgentes sobre sua cabeça, qual uma noiva ataviada para seu noivo, e em seu manto há uma inscrição dourada, em grego e latim: Como rainha governarei e meu reino não chegará ao fim para aqueles que me encontram com sutileza e espírito de invenção e constância. (...) Ele, que tem ouvidos para ouvir, ouvirá o que o espírito da sabedoria conta ao filho, a respeito das **sete estrelas**, por meio das quais o santo trabalho é realizado. Sobre essas estrelas, diz **Senior** o seguinte, em seu capítulo sobre o **Sol** e a **Lua**: Depois que tiveres distribuído esses sete (metais) pelas sete estrelas e os tiveres atribuído às sete estrelas, depois que os limpares sete vezes, até que pareçam **pérolas**, esse é o estado de **brancura**."

SOPRADORES

Alcunha dada, desde a Idade Média, aos falsos alquimistas. Indivíduos que se diziam conhecedores dos significados alquímicos, capazes de realizar, com sucesso, o **Magistério** e as consequentes **transmutações** da **matéria**. Há casos que eram apenas ineptos, o que não desmerecia suas boas intenções de conquistar a **Pedra Filosofal**, mas havia entre eles os inescrupulosos, os "vendedores de fumaça", que enganavam pessoas crédulas, com infrutíferos e demorados trabalhos, a troco de vantagens financeiras, ou até mesmo simples acolhimento em residências, quando não nos castelos, onde nobres ambiciosos esperavam obter fortuna fácil.

Não era raro que as experiências de um *soprador* terminassem em tragédia, em razão de alguma explosão por misturas indevidas ao fogo, ou mesmo pela inalação de gases nocivos demais.

Graças a essas figuras, a Alquimia caiu no descrédito, afastando de sua busca cérebros capazes de elucidar os **mistérios**, tornando a vida mais fácil para a humanidade.

SORI

Substância indicada por vários **Adeptos**, como a matéria primeira. Na opinião de Marculin Berthelot, era provável que fosse um elemento:

"Produzido pela alteração expontânea das piritas, sob a influência do ar e da água; consistindo em sulfato básico de ferro, mesclado com diversos outros corpos; de aspecto graxo, nauseabundo, de cor vermelha tendendo ao negro".

Veja também **Pirita**.

SPINOZA

Célebre filósofo nascido em Amsterdam, em 24 de novembro de 1632. Filho de judeus portugueses, foi um pensador extremamente racionalista, e sua presença neste compêndio só se faz em razão de ter sido testemunha, em 1667, de uma rumorosa transmutação. Ao saber que tal fato ocorrera na cidade, *Spinoza* cuidou de visitar o ourives Brechtel, moedeiro do Duque de Orange, que presenciara a fusão de uma quantidade de prata e sua consequente transformação em ouro, por artes de um pó que havia sido oferecido ao médico Jean-Frédéric Schweitzer, conhecido como Helvétius, por um misterioso alquimista.

STARYHURST, RICHARD

Esse irlandês, nascido em Dublin no ano de 1547, afirmou no documento "Toque de Alquimia", atualmente arquivado na Biblioteca Nacional de Madri sob o número 2.058, Tomo 5, páginas 248-257, e enviado ao Rei Felipe II, da Espanha, no século XVI, ter presenciado em Londres várias experiências alquímicas, nas quais, com o simples acréscimo de um pó branco, o cobre tornou-se prata de finíssima qualidade.

SUBLIMAÇÃO

A sublimação é a sutilização da matéria grosseira. Essa passagem da matéria sólida para o elemento gasoso é figurada, alegoricamente, como **águias** e representada por nove ou dez pássaros em voo, dependendo do número que o **Adepto** ache conveniente. É representada, também, por duas barras paralelas, sendo a superior côncava no centro.

A finalidade desse processo, no **Magisterio** é a homogeneidade entre os elementos existentes na matéria primeira. Unidos, eles têm que ser levados a adquirir as mesmas características de pureza, para a concretização da **Obra**.

"E fazendo com que este corpo seja convertido em um espírito, e o espírito depois em um corpo; é feita então a amizade, a paz, o acordo e a união dos contrários, para graça, entre o corpo e o espírito, que reciprocamente ou mutuamente mudam as suas naturezas, comunicando ao outro a maioria de suas partes minuciosas, de forma que o que está quente se mistura com o que está frio, o seco com o úmido, e o duro com o suave; por quais meios, há uma mistura feita de naturezas contrárias, visando unir o resfriado com o quente, e o úmido com o seco, até a mais admirável unidade entre inimigos" (5).

Hermes fala a esse respeito:

"Sublima sutilmente e engenhosamente e separa o sutil do espesso, pois da Terra ela sobe ao céu e, na sequência, retorna à Terra, para penetrar nos baixos de gravidade e peso, a fim de aí permanecer e de aí estacar".

No "Filet d'Ariane", publicado em 1695, de autor desconhecido:

"Assim como se diz que o trabalho da pedra é uma perpétua sublimação, assim também se pode dizer que ele não consiste senão numa **dissolução** e **coagulação** perpétuas.

"O **mercúrio** encerra duas substâncias supérfluas: a **terra** e a **água**. A substância térrea tem alguma propriedade do **azufre**: o **fogo** a avermelha. A substância aquosa tem uma **umidade** supérflua.

Com facilidade se desembaraça o mercúrio de suas **impurezas** aquosas e terrosas, por *sublimação* e lavagens muito ácidas. (...) Observa que, por esta operação, despojas o Mercúrio de duas impurezas. Antes de tudo, retiras-lhe a umidade supérflua e, em segundo lugar, desembaraçaste-o das suas partes terrosas impuras que restam nas **fezes**; *sublimaste*-o assim, numa substância clara e semifixa. Coloca-o de lado, como te recomendei" (156).

"Por exemplo, Almo leva a cabo sua obra com um mercúrio 7 vezes sublimado, revivificado com cal viva, e purgado com **azeite** de tártaro. Joan Azoth chega inclusive a dissolver este sublimado em água forte, feito régia pela adição do **sal armoníaco**, circula durante 15 dias, em **esterco de cavalo**, ou no **banho**, evapora e sublima de novo" (13).

"É quando o **calor** do sol age sobre elas, (a matéria) transforma-se, primeiramente, em pó ou água graxa e viscosa que, sentindo o calor, foge para o alto, na cabeça do frango, com a fumaça, isto é, com o vento e o ar; desde aí, esta água, lançada e infusa com as **confecções**, volta para baixo e, descendo, reduz e resolve tanto quanto pode do resto das confecções aromáticas, fazendo sempre assim, até que tudo seja como uma bola negra, um pouco graxa. Eis por que se chama a isso *sublimação* e **volatização**, pois voa ao alto, e **ascensão e descenso**, porque sobe e desce no **vaso**" (36).

"Na *sublimação,* os excrementos não podem subir, porque não podem ligar-se com o mercúrio volátil, porque não são de natureza mercurial; nem em forma de sais, pois não são mais que uma terra impura e heterogênea" (9).

"A fim de que pela *sublimação*, as partes sutis possam ser separadas das mais espessas e as puras, das impuras, a natureza nos dá meios para acabar estas operações, a saber, o **fogo** e a **água**.

Por meio do fogo, as partes abrasadas e voláteis se separam, e, por meio da água, as partes terrestres e que têm sedimentos ou **fezes**.

A parte da **química** consiste nesta *sublimação* filosófica do **mercúrio**, e em sua união com o ouro por numerosas **dissoluções** e **coagulações**, a fim de que ele resulte uma **medicina** universal" (217).

SÚLFUR

"É um fato maravilhoso o nosso **Mercúrio** conter *Súlfur* ativo e no entanto preservar a forma e todas as propriedades do Mercúrio. É por isso que é necessário acrecentar-lhe uma forma de nossa preparação, ou seja, um *súlfur* metálico. Esse *Súlfur* é o **fogo** interior que causa a putrefação do Sol composto. O fogo sulfúrico é a **semente** espiritual que nossa **Virgem** (permanecendo imaculada) concebeu. Pois uma virgindade incorrompida admite um amor espiritual, como o afirmam a experiência e a autoridade. A ambos (os princípios passivo e ativo), combinados, chamamos nosso **Hermafrodita**. Quando associados ao Sol, este os amolece, liquefaz e dissolve com um **calor** moderado. Através do mesmo fogo, eles se coagulam e, por meio dessa **coagulação**, produzem o Sol. Tendo o nosso puro e homogêneo Mercúrio concebido o *Súlfur* interior (através de nossa **Arte**), coagula-se ele sob a influência de um calor externo moderado, como o creme de **leite** — uma terra sutil que flutua sobre a água. Quando se une ao Sol, ele não apenas se coagula, mas a substância composta se torna mais mole dia após dia; os corpos estão quase dissolvidos, e os espíritos começam a se coagular, com uma cor negra e um odor muito fétido. Essa é a razão por que o Súlfur metálico espiritual é, na verdade, o *princípio móvel de nossa Arte*: ele é realmente ouro volátil ou não maduro, e através da digestão adequada ele se transforma nesse metal" (...).

Descobriram que o que deveria ser ativo no **Mercúrio** é passivo, e que sua debilidade não poderia ser remediada de forma alguma, exceto pela introdução de algum princípio análogo oriundo do exterior. Esse princípio, eles o descobriram no *súlfur* metálico, que agita o *súlfur* passivo no Mercúrio e, aliando-se a ele, expele as **impurezas** mencionadas. Mas procurando realizar praticamente esse processo, viram-se em outra grande dificuldade: para que esse *súlfur* pudesse ser efetivo, no sentido de purificar o Mercúrio, era indispensável que fosse puro.

"Finalmente consideraram que esse *súlfur* deveria encontrar-se em estado puro em algum lugar da natureza — e a pesquisa foi coroada de sucesso. Procuraram súlfur ativo em estado puro e o descobriram engenhosamente oculto na Casa do **Carneiro**. Esse *súlfur* mistura-se mais rapidamente com a prole de **Saturno**, e o efeito desejado produziu-se imediatamente — após o maligno veneno do 'ar' de Mercúrio ter sido temperado pelos pombos de **Vênus**" (1).

"Tudo reduzido a **cinzas** mostra o seu **sal**. Se, nessa dissolução, souberes guardar separadamente o sulfureto e o mercúrio e construir com indústria o que há que dar ao sal, poder-se-á realizar o mesmo corpo que antes da **dissolução** (...).

"Aquele que não tiver cinzas não pode fazer sal próprio para a nossa obra, pois não poderia fazer-se sem sal já que não há nada como ele para dar força a todas as coisas" (137).

"A matéria-prima dos metais é dupla, e uma sem a outra não pode criar um metal. Essa substância, os **Sábios** a chamaram de Mercúrio, e no mar filosófico ela é governada pelos raios do **Sol** e da **Lua**. A segunda substância é o calor seco da terra, chamado *Súlfur*" (164).

SYNESIUS

Mágico pagão e alquimista, convertido ao Cristianismo por São Thopemptus. Sobre ele há um número considerável de citações, nos mais antigos textos, entre os quais se destaca "O Carro Triunfal do Antimônio", de **Basile Valentim**, no qual é comentado o epílogo dado por *Synesius* à **Tábua de Esmeralda** de **Hermes Trismegisto**.

Nasceu em Cirene, aproximadamente no fim do terceiro século. Foi para Constantinopla, em busca de conhecimento, complementando-o, mais tarde, em Alexandria, com a célebre filósofa e matemática Hipatia, a quem dedicou sincera amizade, mantendo intensa correspondência.

Morreu em data pouco precisa, martirizado pelo imperador Deocleciano.

T

TÁBUA DE ESMERALDA

Um dos mais divulgados textos alquímicos de que se tem notícia; teria sido descoberto na Idade Média, sendo imediatamente aureolado por diversas lendas. Surgiu em 650 d.C., sob a denominação de Kitab Sirr al-Khaliga va Sanat al-Tabia; Em 800 d.C., tornou a aparecer como Kitab Sirr al-Asar; em 1140, novamente foi divulgado, agora sob o nome de Kitab Ustuqus al-Uss al-Thani e, por fim, no século XII, como Secretum Secretorum.

Sua autoria foi logo atribuída ao mítico deus egípcio **Hermes**, que teria gravado, em uma grande esmeralda, todo o processo de operação da **pedra**, originando por essa razão o seu nome. Falou-se ainda que fora escrita em caracteres fenícios. Mais tarde, pesquisadores levantaram a hipótese de ser um documento grego, escrito por volta do século VI, e levado para a Europa durante a época das **Cruzadas**, onde Alberto Magno o descobriu em tradução latina.

Contestou-se também o material onde fora gravado seu texto, como sendo, não uma esmeralda, mas em duas colunas de mármore verde.

Até 1923, a *tábua,* que só era conhecida em versão latina, foi então descoberta por E. J. Holmyard, em um texto árabe, no livro de **Geber**.

O seu teor, segundo um grande número de autores, é o seguinte:

É verdadeiro, completo, claro e certo. O que está embaixo é como o que está em cima e o que está em cima é igual ao que está embaixo, para realizar os milagres de uma única coisa.

Ao mesmo tempo, as coisas foram e vieram do Um, desse modo as coisas nasceram dessa coisa única por adoção.

"O Sol é o pai, a Lua, a mãe, o vento o embalou em seu ventre, a Terra é sua ama; o **Telesma** do mundo está aqui.

Seu poder não tem limites na Terra.

Separarás a Terra do Fogo, o sutil do espesso, docemente, com grande indústria.

Sobe da Terra para o céu e desce novamente à Terra e recolhe a força das coisas superiores e inferiores. Desse modo obterás a glória do mundo e as trevas se afastarão.

É a força de toda força, pois vencerá a coisa sutil e penetrará na coisa espessa.

Assim o mundo foi criado.

Esta é a fonte das admiráveis adaptações aqui indicadas. Por esta razão fui chamado de Hermes Trismegisto, pois possuo as três partes da filosofia universal.

O que eu disse da Obra Solar é completo" (157).

"Que a Pedra deve ser dividida em duas partes.

Consequentemente, ele procede a operação da pedra, dizendo: O que embaixo do qual é, é como sobre o qual é. E isto ele entende, porque a pedra é dividida em dois princípios separados por Arte: Na parte superior, aquele que ascende para cima, e na parte inferior, o que permanece embaixo, para que se fixe e clareie: e quando estas duas partes concordarem em virtude, atrair-se-ão. Esta divisão é necessária para perpetuar o milagre de uma coisa, para graça da Pedra: porque a parte inferior é a Terra que é chamada a Enfermeira e Fermento: e a parte superior é o destruidor que depressa faz com que a Pedra inteira passe para cima. Portanto a separação fez com que fosse celebrada a conjunção, onde são manifestos os milagres efetuados pelo trabalho secreto da Natureza" (229).

TAI CHI

Denominação dada, na China, ao movimento da energia cósmica. Seu ideograma é o mesmo que o do **Yin** e **Yang**: um círculo, dividido igualmente em seu interior por duas formas em movimento, contendo cada uma a semente da outra, na representação da pluralidade fundamental das duas forças antagônicas, equivalentes e complementares.

Ver também **Yin Yang**.

TAOISMO

Filosofia chinesa desenvolvida, no século VI a.C. De autoria de Lao-Tsé (*o velho mestre*) é expresso em um pequeno livro de aforismos, denominado no Ocidente de *Tao Te King*, ou *O Caminho Real*.

Tao — a essência do Universo — é equivalente ao Brahman hinduísta e ao Dharmakaya budista.

"Aquilo que ora nos apresenta a escuridão e ora nos mostra a luz é o Tao."

Esses dois pontos da Natureza, representados pelo claro e escuro, são igualmente expressos por masculino e feminino, pelo acima e abaixo e pelo Yin e Yang.

Trechos notáveis da filosofia de Lao-Tsé, muitos dos quais nos mostram sua analogia com a Grande Obra:

"XVIII — A decadência do Tao: *Quando o reto entendimento sobre o grande Tao declinou, surgiram as 'doutrinas do amor e da justiça'.*

XXV — Os quatro modelos eternos: *Antes que existissem o Céu e a Terra, havia algo nebuloso, silencioso, isolado, sozinho, imutável, dando voltas eternamente, sem falhar, e digno de ser a mãe de todas as coisas. Não conheço seu nome, chamo-o Tao. Se me forçassem a dar-lhe um nome, chamá-lo-ia 'grande'. Ser grande significa estender-se no espaço. Estender-se no espaço implica longo alcance. Longo alcance implica voltar ao ponto original.*

XLII — O Homem violento: *Do Tao nasce o Uno. Do Uno nascem dois. Existindo dois, aparecem os contrários. De dois nascem três. Dos três nasce o universo criado. O universo criado leva yin nas costas e yang na frente. Pela reunião dos princípios imperecíveis chega-se à harmonia...*

A tranquilidade na tranquilidade não é a tranquilidade real. Só quando existe tranquilidade no movimento pode aparecer o ritmo espiritual que impregna o céu e a terra."

É interessante comparar este último aforismo de Lao-Tsé com o seguinte texto de Le Breton, em *Las Claves de La Filosofia Espagírica*:

"Quando o misto tiver chegado à sua inteira perfeição, não terá mais, em si, movimento e as partes que o compõem estarão em seu repouso mais perfeito. É então que os espíritos de seu magnetismo, livres de todo obstáculo, estarão em sua ação mais viva, não sofrendo nenhuma interrupção em seu movimento".

TAROT

Usadas como um oráculo, para previsão do futuro, hábito que se constata na humanidade desde os mais remotos tempos conhecidos, suas vinte e duas lâminas, ou **arcanos** maiores, parecem, no entanto, ter outra finalidade que, desde seu surgimento, muitos tentam explicar, bem como os naipes das 56 cartas de seus arcanos menores Associando sua simbologia com a linguagem alquímica, as figuras todas fazem sentido, assim como os seus quatro naipes que, representando os quatro **elementos**, são a base principal na busca pela **Quintessência**. Isto talvez confirme certas dúvidas ligadas à origem do seu nome que, entre várias suspeitas, acredita-se oriundo da palavra árabe *turuq,* em uma associação bastante aproximada, na forma e no sentido, visto significar "quatro caminhos".

Em razão de os tarôs antigos serem pintados à mão, havia alguma variação nas cores e nos desenhos das figuras, e surgiram jogos diferentes pela França, Alemanha, Bélgica e pelo império austro-húngaro.

Ele só passou a ser padronizado, com produção em massa, depois do advento da imprensa.

"Na sua forma mais tradicional, a do Tarô de Marselha (ao qual as nossas descrições detalhadas se referem), o jogo compõe-se de 78 cartas: 56 arcanos menores e 22 arcanos maiores. Esses números merecem atenção. Observemos, primeiramente, que o número 22 é o número das letras hebraicas que, segundo a **Cabala**, apresentam o Universo. Esse número, no *Tarô*, é feito de 21 arcanos numerados e do Louco: o número 21, ou seja, três vezes **sete**, é o da perfeição humana..." (38).

"Para que a ciência flutuasse como uma boia, através dos séculos, os primeiros **sábios**, aqueles cujo nome, origem ou aparência exterior desconhecemos, pintaram imagens coloridas, em relação com as leis dos números e das cores, imagens representativas de símbolos, e as lançaram pelo mundo, seguros de que o que está ligado ao prazer não poderia perecer" (158).

"Fixa-se habitualmente no fim do século XIV a chegada dos Boêmios (ou Zingar) à Europa Ocidental. O esoterismo boêmio apropriou-se de materiais muito diversos (técnicas de adivinhação, de clarividência, de magia, místicos talvez de origem hindu, etc.), mas parece ter também incorporado a **tradição** hermética, condensada num "livro" simbólico e emblemático que não é senão o *Tarot*, chamado igualmente O Livro de Tote; não é apenas um instrumento de adivinhação, é também uma espécie de resumo concreto da **Filosofia hermética**" (69).

"*Tarot* (ou livro de Thoth), monumento hieroglífico dos antigos sagas que a seguir tornou-se instrumento por excelência da adivinhação; degenerou afinal em simples jogo de cartas. Court de Gebelin, em sua grande obra (*O Mundo Primitivo, 1777, 9 vol.*) atribui a invenção do *Tarot* aos magos do Egito. Outros levam sua origem aos ciclos primitivos da Índia, essa antiga educadora de Mitzraim: tradição que existe entre certas tribos de boêmios, originários dos altos platôs do Himalaia e que transmitem, desde tempos imemoriais, de pai para filho, a arte de adivinhar, inseparável de seu prestigioso sistema" (159).

"Os naipes tem nele um papel importante: o coração simboliza os sentimentos nobres e generosos; o trevo (paus), que não é senão uma **flor**, ou melhor, um florão de três folhas, representa o número ternário, número excelente, misterioso, reverenciado, imagem da reunião das mais excelsas virtudes, tais como poder, **sabedoria** e amor; por analogia, soberania, sabedoria e justiça. O losango (ouros) deriva do quadrado ou do cubo, considerados pelos antigos como os símbolos do saber e da constância; a **espada**, enfim, saiu sem dúvida do **ferro** da lança.

Também se buscou, em outras fontes, a origem e o sentido dos emblemas: nos capitéis das catedrais, que constituíam como um grande livro de imagens; nos símbolos alquímicos, tomados então muito a sério; no brasão, enfim, claro está, pois basta estender em uma mesa as cartas de um jogo, ao lado de figuras de um manuscrito de heráldica, para perceber imediatamente, perturbadoras semelhanças. Porém, há outras mais — M. Heuerts, conservador do Museu de História Natural de Luxemburgo, acreditou achar, recentemente, um laço entre os emblemas das cartas e figuras empregadas nos tempos pré-históricos, em relação com ritos mágicos (...).

"Que país da Europa as recebeu primeiro? Sem dúvida a Itália; estão em Viterbo em 1379 o mais tardar, porém também, no mesmo ano, em Flandes; em 1381, em Marselha; em 1382, em Lille; em 1392, em Paris, solidamente implantadas em todas as classes sociais" (160).

"O *Tarot* compõe-se essencialmente de 22 chaves mágicas, configurando os XXII arcanos da doutrina absoluta; quatro grupos de 14 cartas, cada uma marcada com um dos sinais tetragramáticos: do bastão (princípio macho, paus vulgar); da taça (faculdade feminina, copas vulgar); da espada (união lingâmica de duas virtudes combinadas, espada vulgar); e do siclo ou dinheiro (fruto dessa união, ouros vulgar)" (159).

O baralho menor é composto de quatro séries, ou naipes, cada uma delas feita de dez números começando pelo ás. Se lemos as quatro séries como diagramas dos quatro mundos ou universos, teremos um diamante ou ouros, para Assiah; coração ou copas, para Yetzirah; espadas; para Briah, e paus para o mundo atzilúthico. Aqui temos terra, água, ar e fogo, novamente (...).

O baralho maior é feito de 22 cartas desenhadas. Elas são especificamente numeradas e têm letras hebraicas inscritas em um dos lados, embora isso tenha sido acrescentado pouco antes ou depois da Idade Média. As imagens têm características bastante estranhas e evocativas, e qualquer pessoa que as manipule pode ver quanto é fácil introduzir nelas uma teia de ilusões, deliberadas ou não. Olhando-as de perto, torna-se evidente que cada uma delas descreve uma condição ou um conjunto de leis em ação, um princípio ou uma exposição direta" (56).

TÁRTARO

"O Sal de *Tártaro* puro, posto no **Espírito** do Vinho puro, cai ao fundo como a areia em água comum e não se misturam (...).

"Sem misturar outra coisa, só com o Amor espiritual, que é o fogo etéreo, o fogo secreto, a única e verdadeira causa do **Fermento**, e, em pouco tempo, o Espírito será retido no **Sal**; separa cuidadosamente a **flema** e volta-a pôr sobre o Sal, tanto Espírito novo quanto o que perdeu; pode-se pôr cada vez quatro vezes tanto de Espírito como havia de Sal. Em quatro, cinco ou seis reiterações, terás um bálsamo tinto da cor de um **Rubi**.

"Dissolve o Sal e o **azeite** unidos, no Espírito de Vinho, e destilados, conjuntamente, e, após as dissecações, nutre-os com o mesmo Espírito, cinco, seis ou **sete** vezes mais (...).

Eu exorto aqui, ao leitor, a seguir meu conselho, e fazer a base de seus Elixires com o azeite de Terebintina, que chamo em outra parte *Oleum perpetuae virentis*. O Sal de *Tártaro* pode ser feito, em muitas maneiras, com êxito" (161).

"No dia do Juízo o mundo será julgado pelo **fogo** e o que foi feito do nada será reduzido a **cinzas** pelo fogo. Desta cinza nascerá uma **Fênix**, pois nela está escondido o verdadeiro *tártaro* que, uma vez dissolvido, serve para abrir as fechaduras mais fortes do palácio real" (137)

TELESMA

Designa a perfeição. Mais precisamente, é o centro produtor de energia que anima todas as formas, vivificando o Universo.

"A substância única que é céu e terra, acompanha os graus de polarização, sutil e fixa. Essa substância é a que Hermes Trismegisto chama 'o grande *Telesma*'. Quando ela produz seu esplendor, ela se chama **luz**. Ela é, ao mesmo tempo, substância e movimento; é um fluido e uma vibração permanentes" (162).

No livro *A Alquimia* de Serge Hutin, há, sobre este assunto, uma definição de um certo dr. Lambert:

"Em nossa opinião, parece fácil interpretar esta passagem referindo-se à emanação primordial, ou *Telesma*, que, vinda do **Sol**, passa pelos quatro estados da matéria de que falamos, o **fogo**, o **ar**, a **água** e a **terra**. O Sol é o pai deste *Telesma*, emite-o no estado de fogo... O **vento** levou-o para o seu ventre, ou seja, este *Telesma* abandonando o estado de fogo passa ao estado de ar, simbolizado pelo vento. A **Lua** é a sua mãe: trata-se provavelmente aqui da passagem no estado de água. A terra é a sua ama, quer dizer, este *Telesma* recebe sua materialização última em substância sólida de que a terra é a representação".

"Que a **Pedra** está perfeita, se o Sol é fixado no corpo.

Isto acontece posteriormente: O pai de todo o *Telesma* do mundo inteiro está aqui: quer dizer, no trabalho da pedra está um modo de final. E nota que a escrita do filósofo é o trabalho, o Pai de todo o *Telesma*, quer dizer, de todo o **segredo**, ou de todo o tesouro do mundo inteiro: quer dizer, de toda pedra achada no mundo, está aqui" (229).

TEMPERANÇA, A

A 14ª carta do **Tarot** apresenta uma mulher alada, com o símbolo solar na testa, usando um vestido branco onde sobressaem as cores do **arco-íris**, que se prolongam, na mesma harmonia, pela asa. Figurada nas margens de um rio, mantém um pé em terra firme enquanto o outro toca a água. Tem um jarro em cada mão, sendo que o da mão esquerda, de **ouro**, em posição mais alta, verte um líquido para o jarro de **prata**, seguro mais embaixo por sua mão direita, cuidadosamente, para que nada se perca.

Surgindo na **Obra**, após a conquista do branco, o arco-íris é a comprovação de que o alquimista já está de posse da **Pedra Filosofal**, não ainda em sua suprema perfeição, a qual só pode ser atingida com o acréscimo da **tintura** do ouro. É isso, exatamente o que Íris — a deusa do Arco-Íris, que representa o lado feminino de **Hermes**, tenta explicar, vertendo o ouro sobre a prata: Que o alquimista complemente o seu trabalho levando a pedra à cor **púrpura**.

TEMPERATURA

Após a escolha do material certo com que se trabalhar; a época certa, obedecendo a determinadas condições astrais; o cuidado mais recomendado é com a temperatura. Ela determina, como esses dois fatores anteriormente citados, o sucesso ou o insucesso da Obra.

"O fogo com que se começa, deve ser débil, e o do final não deve ser demasiado forte; o que convém é um fogo de vida, assim, que tenha cuidado em não dar um fogo de morte. Quando se tiver obtido o grau conveniente para levar a matéria até a negrura, não se pode, seguindo este mesmo grau de calor, deixar de ter êxito com o resto da cocção, que conduz ao final da obra, onde a matéria branca, termina em vermelhidão perfeita. O único inconveniente que resultará disto, será um pouco de atraso na finalização da Obra"(138).

"Não ignoreis que a Natureza deixou vossa matéria no reino mineral, e, embora tenhamos estabelecido já comparações com vegetais e animais, é preciso que concebais uma relação pertinente com o reino no qual está situada a matéria que desejais trabalhar; por exemplo, se comparo a procriação de um homem com a geração de uma planta, não creiais que, em minha opinião, o calor próprio de um é adequado também para o outro; pois estamos seguros de que na terra, na qual crescem os vegetais, há um calor que percebem as plantas, inclusive desde o começo da primavera; sem embargo, um ovo não poderia abrir-se com esse calor, e um homem, longe de percebê-lo, ver-se-ia surpreendido por um grande constrangimento. Posto que vosso trabalho se desenvolve, evidentemente, no reino mineral, tendes que conhecer o calor que necessita, e distinguir com precisão o débil do violente (...).

Assim, pois, o grau de calor requerido é o necessário para fundir o chumbo e o estanho, e inclusive algo mais forte, porém não mais do que possam resistir os recipientes sem romper-se; em outras palavras, o calor moderado" (82).

"Para melhor a prática entender
Quer dizer, o que se deve fazer,
E depois num **forno** os colocar,
Sobre o **fogo**, dia e noite devem ficar.
Mas esse fogo de madeira não deve ser
Nem de carvão; mas para conhecer
Qual o fogo que te será bem conveniente,
Há de ser o fogo claro e luzente,
De uma igual temperatura
E proporções de natura,
Geometricamente pontuado
E clibanicamente graduado,
Para conduzir a grande congruência
Por todos os graus de sua potência" (36).

Ver também **Calor**.

TEMPLÁRIOS

Ordem religiosa fundada em 1118 por um grupo de nove cavaleiros, chefiados por Hugues de Payne, e reconhecida oficialmente como Ordem Religiosa pela Igreja Católica, em 1128, no Concílio de Troyes, na França. Sua sede, em Jerusalém, estava edificada no local em que outrora fora erguido o Templo de Salomão. Costumavam ser recrutados entre as famílias nobres a formar o corpo de oficiais, as classes secundárias vinham de famílias sem qualquer título nobiliárquico. Vestiam um manto branco, tendo uma cruz vermelha como brazão e seu selo oficial representava dois Cavaleiros Templários montados em um só cavalo, simbolizando a fraternidade e o voto de pobreza.

A finalidade principal dos Cavaleiros Templários era proteger os peregrinos que demandavam à Palestina, de ataques dos muçulmanos, resguardando-lhes os bens que deveriam ser transportados em suas viagens. Tal como em outras ordens religiosas, obedeciam a três votos: Pobreza, Obediência e Castidade, e se portavam como verdadeiros monges, esceto pelo fato de andarem armados.

"Como sua atividade maior era a proteção dos romeiros, em pouco tempo o Templo ganhou características internacionais, dedicando-se também a atividades bancárias. O romeiro em vez de carregar o seu dinheiro, levava uma letra de crédito que era resgatada, em local de seu interesse, pagando um percentual pelo serviço. Os viajantes ficavam, assim, livres dos assaltos dos bandidos de estrada, enquanto a Ordem amealhava uma grande fortuna, estendendo suas atividades bancárias e comerciais a todos os Estados cristãos da Europa e a Estados muçulmanos do Oriente próximo e médio, emprestando dinheiro às mais altas autoridades.

Em 1187, os muçulmanos reconquistaram a Terra Santa, mas isso não afetou o Templo que, há essa época, já contava com quinze mil cavaleiros, sem contar os frades e outros trabalhadores que viviam a expensas da ordem.

Comenta-se que sua hierarquia oculta e os conhecimentos esotéricos eram oriundos de seus contatos com a Cavalaria Muçulmana do Velho da Montanha, e de grandes tesouros obtidos com a **transmutação** dos metais" (163).

No auge de seu poder, após 200 anos de bons serviços, a Ordem foi desbaratada pelo Papa Clemente V, em comum acordo com o Rei Felipe, o Belo, e os *Templários* condenados sob a acusação de heresia e idolatria. Em março de 1310, 54 cavaleiros foram queimados na fogueira. Entre as peças difamatórias apresentadas por seus detratores, constava a acusação de ser obrigatório aos membros do grupo o culto a **Bafomé** — um tipo de demônio com chifres, cuja alegoria tem características alquímicas irrefutáveis. Aliás, as práticas alquímicas, das quais também foram acusados, ao que se dizia, teriam sido desenvolvidas por meio de seu contato com os muçulmanos, mais precisamente com a seita persa dos assassinos, chefiada pelo príncipe Hasan-i-Sabbah, o que poderia ter lhes rendido os fabulosos tesouros que serviram de cobiça a seus inimigos, a ponto de extinguirem a Ordem visando à conquista dos seus bens.

Sob a implacável perseguição que sofreu, a Ordem dos *Templários* foi extinta, sem que seus tão decantados tesouros fossem jamais encontrados. Mas, de certa forma, sua tradição não desapareceu. Ainda perdura entre **maçons** e **rosa-cruzes**.

Veja também **Bafomé**.

TEMPO

Quando os alquimistas se referem ao tempo, geralmente estão falando sobre a duração dos trabalhos do **Magistério**. Enquanto para uns a função se desenrola por meses, chegando a atingir um ano; para outros é um exercício para até algumas horas, como se pode ver abaixo:

"Mescla bem tuas naturezas, e se tua matéria é pura, tanto o Corpo como a **Água**, e o **Calor** interno de teu **Banho** é como deve ser, e o **Fogo** externo suave, e não violento, porém tal, que a matéria possa circular, a Natureza Espiritual sobre a Corporal, espera o começo da **negrura** completa em 46 ou 50 dias; e, após 56 dias mais, espera a **Cauda do Pavão** Real, e as Cores do **Arco-Íris**; e, depois de 22 ou 24 dias mais, espera a **Lua** perfeita, o **Branco** mais Branco, que se tornará cada vez mais glorioso, no espaço de 20 dias, ou 22, no máximo, após o qual, com um fogo um pouco incrementado, espera o Regime de **Vênus**, pelo espaço de 40 ou 42 dias; e depois dele, o Regime de **Marte**, 42 dias mais, e, após ele, o Regime do **Sol**, de 40 ou 42 dias: e então, em um momento, vem a Cor Purpúrea, o **vermelho** cintilante, o vermelho ígneo, e a Papoula da Rocha" (7).

No "Diálogo de Aros e de Maria" que, segundo relatos de antigos amantes da Arte, foi a transmissão dos segredos alquímicos entre um filósofo e a irmã de Moisés, a Obra se faz em muito pouco tempo, o que contraria a opinião da grande maioria dos Adeptos:

"Tomai pois o alúmen, goma branca e goma vermelha que é o Kibric dos filósofos, o seu **ouro** e sua maior **tintura** e juntai em verdadeiro matrimônio a goma branca com a vermelha. Não sei se me entendeis.

— Sim, senhora — disse Aros —, entendo e compreendo o que dizeis.

— Reduzi tudo isto a água corrente — continuou Maria — e purificai sobre o corpo fixo esta água verdadeiramente divina, tirada dos **enxofres**, e fazei com que esta composição se torne líquida pelo segredo das naturezas, no **vaso** da filosofia. Entendeis-me, Aros?

— Sim, senhora — respondeu Aros —, entendo-vos muito bem.

— Conservai os vapores — ripostou Maria — e não deixeis que nada escape. Fazei o vosso **fogo** em proporção com o calor do Sol no mês de junho e julho. Mantende-vos junto do vosso vaso e vereis coisas que vos surpreenderão. Em menos de três horas a vossa matéria tornar-se-á negra, branca e alaranjada; os vapores penetrarão no corpo e o **espírito** ficará preso. A mistura tornar-se-á então como leite penetrante e fundente. Este é o segredo escondido".

"Este fogo não queima o material, nem separa qualquer coisa disto, nem divide nem põe as partes separadamente puro e impuro, como é contado por todos os filósofos, mas convertido o assunto inteiro em pureza. Não sublima como **Geber** ou **Arnold** e todos os outros que falaram de **sublimação** e **destilação** sublime. E faz e se aperfeiçoa em pequeno *tempo*" (227).

"Havendo passado 37 anos de minha existência em estudar os fenômenos da natureza, creio meu dever publicar uma parte de minhas descobertas, assim como os pesares e as desgraças que experimentei, com vistas a servir de exemplo à juventude, prevenir da ruína as pessoas honestas e prestar serviço à humanidade sofredora" (12).

"Sabe que alguns invejosos disseram que essa obra se faz em três; dias, outros, que ela se faz em sete; outros, em um. Todos dizem a verdade, de acordo com sua intenção. Sabe, porém, que nossos meses duram, cada um, vinte e três dias, mais dois dias. E a semana, em cada mês, tem sete dias, e cada dia, 40 horas, pois são esses os nossos tempos e as nossas horas" (120).

TEÓPHILO

Sacerdote que, no século X, escreveu *Schedula Diversarum Artium*, obra em quje registra, sob estranha forma, uma fórmula alquímica:

"Num buraco de pedra, um pouco escuro, prendem-se um velho galo e uma velha galinha... Eles se acoplam e dos ovos, que se farão chocar por sapos, sairão **basiliscos**, em forma de frangos, com rabo de dragão. Ao fim de seis meses, queimam-se esses animais, triturando suas **cinzas** com um terço do **sangue** proveniente de um homem ruivo. Enfim, mistura-se tudo a um vinagre bem forte, num recipiente apropriado. Derrama-se esta mistura sobre os dois lados de uma placa de cobre que, após ter sido aquecida até arder, é novamente mergulhada na mistura, até que tome o peso e cor de ouro..."

TERRA

Um dos quatro **elementos** que o filósofo se propõe a unir para criar a **Quintessência**, embora se perceba que também, como os outros três, a *terra* com que trabalham, não é a *terra* comum, mas os resíduos recolhidos da **água**, produto da **dissolução** do mineral utilizado como **matéria-prima**.

"Dê-me licença para esclarecer. Eu não estou falando sobre esta terra comum, terra impura; isso não cabe dentro de meu discurso, mas tem seu conteúdo. A terra da qual eu falo é um mistério: é terra de céu e céu de terra, não esta sujeira, mas uma terra mais secreta, celestial, invisível" (144).

"A nossa água domina sobre a nossa *Terra*; é grande, luminosa e pura, pois a Terra está composta de partes e com as partes mais grosseiras e impuras da água" (52).

"A *terra* é um corpo pesado, mãe dos minerais, que guarda em si ocultamente, embora visivelmente dê também de si árvores e animais. O Céu é onde os grandes luminares, com os Astros, andam ao redor, e enviam da outra parte do ar suas forças a seus inferiores; porém, a princípio, todas estas coisas mescladas, formam o caos ou confusão. Olha, santamente disse a verdade, pois o caos nosso é como *terra* mineral, olhada segundo sua congelação e, sem embargo, o ar volátil, dentro do qual, e em seu centro, está o Céu dos Filósofos, centro que é, na verdade, de Astros ou **Estrelas**, que com seu esplendor e **raios** iluminam a *terra* até sua superfície.

Quem é o **Sábio** tão prudente, que não conheça por estas coisas, que nasceu um novo Rei, mais forte que todos os demais Reis, que tirará as impurezas com as quais nasceram seus irmãos? O qual é mister que perca seu ser, e seja exaltado pela **Arte**, para que sua substância dê vida no mundo" (1).

"Embebe esta *terra* com uma décima parte de outra **água de chuva**, digere até que se espesse, e reitera isto **sete** vezes; terás uma matéria gordurosa e de consistência de xarope, da qual sacarás primeiro um espírito **ácido**, por fogo de **cinzas**, e logo um **espírito** ígneo por fogo de **areia**. Retifica ambos, e coobe sobre o **caput mortuum** a goma restante, mediando sempre uma digestão; calcina o que resulta, em **fogo** de reverberação, até a **brancura** e extrai, desta **cal**, o sal da natureza. Então torne a juntar os licores com o **sal** fixo, digere, congela em **banho-maria**, e sublima finalmente em forma de sal cristalino que, em um **matraz** hermeticamente selado e em **forno** secreto, fixarás, não duvides, em *terra* fixa e **vermelha**" (183).

TERRA ADÂMICA

Um dos nomes pelo qual é conhecido o sujeito mineral. Por sua analogia com a terra recém-saída do caos inicial, da qual Deus tirou a figura do primeiro homem — Adão, essa *terra adâmica* é o local de onde o filósofo tirará o seu "Rei" ou elemento que irá *povoar* ou trazer vida à matéria.

TERRA CONDENADA

"Após chegar ao **vermelho** e esfriada, a **matéria** oferece uma textura cristalina, feita ao que parece, de pequenos **rubis** aglomerados, raras vezes livres, sempre de elevada densidade e de forte brilho, com frequência envoltos em uma massa amorfa, opaca e **vermelha**, chamada pelos antigos *a terra condenada da pedra*. Este resíduo, fácil de separar, não é de nenhuma utilidade e deve ser desprezado" (9).

TERRA ESPANHOLA

Um dos muitos nomes pelos quais é chamada a matéria-prima. Foi assim citada em muitos textos, principalmente os mais antigos, em razão de ser originário da Espanha o melhor mineral para execução da Grande Obra.

"Mas aquela obra que escrevi para os vulgares, com estilo bastante físico, vi trabalhá-la, uma vez para sempre, o Santo Alberto, de Antimônio e de *terra espanhola* a ti conhecida" (79).

TERRA ETÍOPE

Desde os mais antigos textos alquímicos gregos, esta expressão se refere ao **nigredo** — fase em que a **Obra** se converte, totalmente, em **negro**, pela **putrefação** dos elementos que a compõem. Por analogia com a raça negra, habitante da Etiópia, esse nome passou a ser usado representativamente e a figura de negros, realçada nos desenhos alegóricos, para se referir ao mesmo momento da Pedra.

TERRA FOLHADA

Comumente citada como um fato que ocorre em determinado momento do trabalho. Conforme alguns autores, é obtida dissolvendo-se o **sal**, resultante da saturação do **espírito**, com o próprio espírito e o sal fixo. Ao evaporar-se essa solução, a **matéria** restante toma forma de folhas, em camadas muito finas, depositadas uma sobre as outras, no fundo do **vaso**.

"O corpo perfeito é a **matriz** e o lugar no qual as duas **sementes** se cozem e são feitas particulares; os três, conjuntamente, convertem-se na **tintura** dos filósofos, e não só o corpo, porque está despojado de todo espírito vivificante.

"Só o corpo pode converter-se em **sal** fusível, capaz de grandes efeitos; este corpo é chamado terra metálica, *terra folhada*, a **Diana** misteriosa dos Antigos" (9).

TERRA SELADA

Denominação dada por Orthelio em seus "Comentários al Novum Lumen Chymicum", à argila **vermelha**, e que aconselhava recolher próximo às minas metálicas, especialmente as minas de **ouro**. Orthelio denominava-a, também, "**Terra Adâmica**", a ser recolhida nos meses de setembro e outubro, no signo de Libra.

"Na Antiguidade, a argila da ilha grega de Lemnos era famosa por suas propriedades curativas. O médico romano Galeno conta como foi uma viagem especial que fez por ali. Na cidade de Hephestios, havia uma colônia de onde a sacerdotisa do templo extraía terra curativa depois de ter oferecido, como agradecimento, trigo e cevada. De volta ao templo, a terra vermelha era misturada com água e descansava por alguns momentos. A água e as impurezas que subiam à superfície eram então decantadas e o sedimento que ficava no fundo do vaso era amassado em biscoitos redondos e marcados com o selo da deusa **Diana**. Eram então conhecidos pelo nome de *terra selada*, ou *terra sigillata*. Galeno retornou a Roma com cerca de 20.000 desses tabletes. Quando misturada com **vinagre**, essa terra era utilizada em ferimentos e sobre mordidas de animais venenosos e, se alguém tivesse sido mordido por um cachorro louco, ingeria-a com vinho, como medicamento interno" (200).

TERRA VENÉREA

Terra de **Vênus**. Sal verdoso, conseguido nas manipulações do minério de **cobre**.

"Jerônimo Pipero, em seu 'Corolario al Tesoro & Armamentário de Mynsicht', traz um Método para a Medicina Universal a partir de dois planetas, a saber, **Marte** e Vênus. Este é similar ao de Sennert em seu 'Instituciones', e a quintessência do cobre da 'Farmacopea Schrodero-Hoffmanniana'.

'O método consiste em reduzir o cobre a **vitriolo** (isto se faz calcinando-o com **azufre** em um **crisol**, e lixiviando com água quente); por **destilação** se tira, com um primeiro grau de **fogo**, a flema (que se reserva); com um fogo de até um terceiro grau, os espíritos mais fortes e acres; com um quarto e último grau de fusão, durante ao menos 3 horas, um **azeite** vermelhíssimo e poderosíssimo. Do negríssimo *caput*, extrai-se com a **flema** um **sal** verdoso que, calcinado, redunda alvíssimo: a *terra virgem venérea*" (13).

TETRASOMIA

Antiga teoria grega que ensinava serem os quatro elementos, a origem de todas as coisas existentes, e que fêz com que se acreditassem que daí, tivessem os alquimistas tirado os seus conceitos.

Se considerarmos a Alquimia como uma ciência procedente de uma civilização muito mais antiga que a grega, podemos imaginar que um grande conhecimento pode ter sido deturpado, através dos tempos, antes de chegar aos gregos, pois, para a Alquimia, os quatro elementos apenas classificam estados da matéria: o calor, o frio, a umidade e a secura; os elementos que eles manipulam são minerais e metais, que fazem parte da mesma relação que temos hoje em dia.

Expondo sua própria opinião, J. Böheme disse acreditar ser o Tetragrammaton "a unidade quando se converte num ser tríplice (...) para uma vida ativa".

THOTH

"O deus mais fascinante do velho Egito é, sem dúvida, *Thot*, que, apesar de sua cabeça de Íbis, para o nosso científico século XX deve ser considerado por seus atributos como o mais humano.Na Antiguidade, **Hermes Trismegisto** passou a ser considerado como reencarnação de Thot, e foi, em razão disso, tido como filho de Rá e mensageiro dos deuses. Acreditava-se ter sido a inteligência divina a criadora do universo, pelo simples som de sua voz. Essa concepção profunda coincide com a tradição hindu de **Brahma** pronunciando o som sagrado *Aum*, e com as doutrinas judaicas de Deus pronunciando o Verbo. Esse pensamento antiquíssimo seria a suma de nossa própria ciência ultramoderna, que afirma que todo o universo e suas inúmeras dimensões de matéria, são uma manifestação de infinitas vibrações. *Thot* era o deus da terra, do mar e do céu, inventor de todas as artes e ciências, senhor da **magia**, padroeiro da literatura, escriba dos deuses, inventor dos hieróglifos, autor de livros mágicos, fundador da Geometria, da Astronomia, da **Medicina**, da Música e da Matemática, mestre dos mistérios ocultos, cronista da história, escrivão dos juízes dos mortos" (59).

"A sabedoria de *Tot* conferiu-lhe extraordinários poderes mágicos, sendo atribuídos pelos gregos a Hermes. Os místicos alexandrinos estabeleceram uma relação de identidade entre *Tot* e o seu Hermes Trismegisto" (50).

TIAGO, SÃO

É Saint Jacques, em francês; James, em inglês; Jacob, em latim; e Giácomo, em italiano, segundo Adriana Castelo Branco, em reportagem na Revista de Domingo do *Jornal do Brasil*. Em resumo, padroeiro da Alquimia sob vários nomes, visto ser S. Jacques reverenciado pelos alquimistas, durante toda a Idade Média.

Falando mais precisamente sobre São Tiago de Compostela, consta a lenda que, desiludido em pregar na Espanha, onde só conseguiu reunir nove discípulos, voltou a Judéia onde foi decapitado e seu corpo conduzido à **Galícia** pelos anjos, durante o reinado da rainha **Loba**.

"O corpo do santo é colocado sobre uma grande pedra, que amolece *como se fosse cera* para fazer-lhe um sarcófago, e seus discípulos solicitam à rainha um lugar para uma sepultura decente. Perfidamente, ela os envia ao cruel rei pagão da Espanha, que, no entanto, bem depressa eles conseguem converter, e depois ao topo de uma montanha, onde a **cruz** assegura-lhe a vitória sobre um **dragão**, que se parte em dois, e sobre dois **touros** selvagens que, tornando-se mansos como **cordeiros**, levam o corpo do santo ao palácio de Loba. A rainha, 'maravilhada', acreditou em Jesus, transformou seu palácio em uma igreja de Santiago" (37).

A estrada de São Tiago é símbolo da Obra Mercurial.

Ver também **Jacques** e **Santiago de Compostela**.

TIFON

Monstro com cabeça de **dragão**, filho de Géa, a terra, aprisionado por **Zeus** no vulcão Etna.

TINTURA

Conforme descrito por vários autores, essa matéria utilizada no **Magistério** é muito especial, porque tudo o que é usado nela vem dela própria, inclusive a *tintura* vermelha que é conseguida com a mistura da Água Branca Mercurial, ou **Athoéter**, com o **sal** de **ouro**. É ela que possibilita a perfeição do trabalho.

"Quando a água mercurial é acrescentada a estes sais de ouro, há um ligeiro sibilo, um aumento de calor, e o ouro se converte em um líquido vermelho profundo, a partir do qual se obtém, por meio da **destilação**, o **azeite** de ouro, um líquido âmbar profundo, de consistência oleosa" (57).

"O **mercúrio** volátil perfeito é a *tintura* física extraída do ouro, ou do **azufre** da natureza, levada à vermelhidão pela ação do **fogo**.

"Esta *tintura* se extrai pela solução do azufre em três pesos ao menos de sua **água**, e, feito isto, a água é impregnada pelo mercúrio, ou **sangue** do Sol.

"Se se digere esta *tintura* ao fogo muito lento e contínuo do **atanor** físico, todo o **segredo** será feito em dois meses" (9).

Um dos nomes encontrados para definir a *tintura* do ouro, extraída do interior do **nitro**, é **régulo** de **antimônio**. Azufre homogêneo que adquire sua cor por graus ou, também, ouro potável dos filósofos.

Extraído por Berthelot, do *Livro de Cratés*: "A *tintura* não aumenta, de modo algum, o peso de um corpo, porque aquilo que o tinge é um **espírito** que não tem peso".

"Há, pois, outra operação com a qual a pedra aumenta mais em peso que em virtude, e esta é: toma teu azufre perfeito, seja ele **branco** ou **vermelho**, junta três partes dele à quarta parte de água , e, depois de um pequeno tempo de negrura, em seis a **sete** dias de decocção, a água, que tiveres acrescentado, se espessará como teu **azufre**; então acrescenta uma quarta parte (não em relação a todo o composto, que já congelou sua quarta parte, senão a respeito do peso do azufre antes da primeira embebição) a qual, havendo secado ou congelado, deverá ser acrescentada às três partes de azufre primeiramente pesadas antes da primeira **embebição** e congelação por três vezes; por último, na sétima embebição, porás cinco partes de água (isto se entende sobre o azufre que primeiramente puseste), havendo posto a qual, sela teu vaso, e com fogo semelhante ao primeiro, faz que passe por todos os regimes enumerados, o que sucederá ao cabo de um mês. Então tens a verdadeira pedra de três ordens ou perfeições, da qual uma parte, se cai sobre dez mil partes, tinge-as perfeitamente" (1).

"A lasciva **Vênus** está bem coroada e todo o seu corpo quase não é mais do que *tintura* e cor semelhante à do **Sol**, a qual, por causa da sua substância, deriva muito em direção ao vermelho, entretanto o seu corpo está **leproso** e doente, não pode fixar a *tintura* em sua casa, pois ao fugir o corpo necessita que a *tintura* o siga, pois morrendo aquele a **Alma** não pode ficar, sendo o seu domicílio queimado pelo **fogo**, não aparecendo e não lhe ficando nenhum lugar e refúgio; pelo contrário, permanece acompanhada com um corpo fixo" (137).

TLALOC

Deus asteca do **raio**, do trovão. É um deus agrário de fertilidade. É representado pelo triângulo com a ponta voltada para baixo (água). Sua esposa Chalchiutlicue, deusa ctono-selenita das águas doces, é representada com uma saia de **jade** verde.

TOMA

Denominação dada ao ato em que o alquimista retira da Natureza a matéria escolhida para o Magistério. Há, ao que parece, alguma coisa de mágico ou apenas de ritualístico nessa operação, como podemos constatar no texto abaixo:

"Deste modo, a *toma* da **matéria-prima** não se reduz a procurar terra ou minerais, escolhidos especialmente em vista do fim desejado, mas consiste em se apoderar de forças universais invisíveis, mas que participam da vida. O que realmente é o objeto da *toma* é esse resplendor de vida visível aos olhos do **Adepto**, no momento da operação e no estado em que se encontra então, mas invisível aos olhos do profano...

Há que admitir que conhecer ou pressentir o que seja a matéria-prima não basta para nos apropriarmos dela. Como já disse, a *toma* exige preparações especiais que devem efetuar-se simultaneamente sobre a matéria, antes de sua extração, e sobre o Adepto que deve estar disposto a levar a cabo a operação, nas melhores condições físicas, morais, psíquicas e espirituais; deve ser capaz de operar ao nível dos vários planos de manifestação, se quer que a *toma* alcance a tão desejada perfeição" (...).

"A *toma* foi decidida pelo começo da Lua Nova de Aquário, em 15 de fevereiro de 1948, algo depois da meia-noite, no momento em que o Sol passava no fundo do céu, debaixo dos pés do Adepto, para que a carga, o gérmen, sejam recolhidos com a porção da terra negra que havia que tirar do solo" (188).

TORRE, A

É a 16ª carta dos Arcanos Maiores do Tarot. Uma perfeita representação do forno filosofal, em cuja parte superior é colocado o **matraz**, e em cuja portinhola inferior se coloca o **fogo** para aquecer a **matéria**.

Estando sendo figurada no momento em que é atingida por um **raio**, leva a crer que seja uma advertência sobre os perigos que devem ser evitados para o bom termo da **Obra**. Mas é importante lembrar que, em determinado momento do **Magistério**, um raio atinge a matéria, modificando-a estruturalmente.

Muitos autores falam sobre o aprisionamento de um raio de sol. Furtar o fogo do céu pode ser uma grande vitória mas, pode também ser, como no caso de **Prometeu**, uma arriscada prática.

É uma carta de sobreaviso aos caminhantes dos **labirintos** da matéria.

TOURO

O arqueólogo britânico J. Melleaart encontrou, em suas escavações na Turquia, em Konya Ovasi (deserto salgado) a 300 quilômetros de Ancara, vestígios de uma cidade existente no século VII a.C. e, nela, desenhos e esculturas de *touros* e uma capela de culto a esses animais, além de relevos representando jaguares em luta. No culto a **Mitra**, o *touro* representava as trevas, Ahriman, vencido pelo Sol, Ormadz. Na Índia, o *touro* é **Indra**, a fertilidade, e representa a energia sexual dominada, como atributo de **Shiva**. O deus Urano é representado por um *touro*, além de ser um animal consagrado a **Netuno** e a **Dioniso**. Segundo consta, sobre a tumba real, em Ur, existe uma cabeça de *touro* em ouro, com as mandíbulas em lápis-lazúli, representando o **Sol**, o **fogo** a **Lua** e a **água**. No Egito, o *touro* sagrado teria sido parido por uma vaca, fecundada por Osíris, sob a aparência do deus **Ptah**, manifestado em forma de relâmpago.

"A suposição de que a astronomia caldeia era um dos elementos daquela herança, que os sumerianos receberam da antidiluviana cultura antigo-iraniana, acha confirmação parcial no seguinte fato: as escavações na Mesopotâmia revelaram tábuas de barro de um conteúdo astronômico, demonstrando que outrora o equinócio da primavera chegava no momento em que o sol penetrava na constelação do Touro" (201).

"O simbolismo do *touro* está ligado ao da tempestade, da **chuva** e da **lua**. O touro e o **raio**, desde o terceiro milênio a.C., eram o símbolo conjugado de divindades atmosféricas. (...) O complexo raio-furacão-chuva era considerado entre os esquimós e nas civilizações pré-incaicas, para citar apenas dois exemplos, como uma hierofania da Lua. As divindades lunares mediterrâneo-orientais, eram representadas sob a forma de *touro* e investidas de atributos taurinos. O deus da Lua em Ur era chamado de 'o poderoso jovem *touro* do céu de cornos robustos'. No Egito, o mesmo deus lunar era o '*touro* das estrelas'. **Osíris**, deus lunar, foi representado por um *touro*. Sin, deus lunar da Mesopotâmia, tinha igualmente forma de *touro*. **Afrodite** (**Vênus**), tem seu domicílio noturno no signo de *Touro* e a Lua exerce, nessa fase, sua maior influência. No persa antigo, a Lua era chamada Gaocithra, conservadora da **semente** do *touro*, porque, consoante um velho mito, o *touro* primordial depositara seu sêmen no astro da noite. Em hebraico, a primeira letra do alfabeto, *Alef*, que designa o *touro*, é o símbolo da lua em sua primeira semana e, ao mesmo tempo, o nome do signo zodiacal, por onde se inicia a série das casas lunares" (49).

"O Rig-Veda descreve Dyaus (Deus) como um touro rubro e berrando para baixo, evocando os touros alados de Babilônia e Nínive..." (59).

TRADIÇÃO

A tradição foi a força que sustentou, através dos séculos, todas as fórmulas disso que, hoje, nos parece uma grande e anciã ciência.

Por todos os símbolos encontrados, desde os tempos imemoriais, podemos ver que foi a tradição que conseguiu preservar esses conhecimentos, ultrapassando fases de grande ignorância humana, e valendo-se da comunicação oral ou iconográfica quando falhava a escrita e do misticismo religioso para vencer o radicalismo das ideias e convenções.

Usou as festas pagãs e símbolos que, em cada época, melhor retratassem suas substâncias e sua prática. Valeu-se de tudo, mas atravessou os tempos.

Chega a ser interessante vermos como, apesar da estranha aparência com que surgiu no século XX, muitos pensadores e espíritos ilustres ainda se debruçam sobre ela, pressentindo, em meio à torrente de sandices, a verdade imorredoura.

"A tradição, quando galgamos a escada da Alquimia, é guia certo, fio de Ariadne, réstia luminosa pelos escuros desvãos da rota, em seu início.

O mais rico conteúdo subjaz em jogos e contos infantis.

A mitologia, a única religião de todos os povos, mostra-nos assaz clara e precisa, mesmo sem nenhuma variável escondida, a função única que se pode exercer: o autoconhecimento" (4).

"Newton acreditava na existência de uma cadeia de iniciados que se alastrava no tempo até uma antiguidade muito remota, e que tais iniciados teriam conhecido os segredos das transmutações e da desintegração da matéria" (17).

TRANSMUTAÇÃO

Certos elementos químicos nos dão uma demonstração diária que a transmutação é uma coisa comum na natureza. Um dos exemplos mais usados para essa comprovação é a impossibilidade de justificar, no caso da galinha, cuja ração é desprovida inteiramente de cálcio e em cujo organismo não existe nenhum órgão produtor do referido elemento, qual o método que a possibilita produzir seus ovos, sem que com isso gere um processo de descalcificação total em seus ossos?

É flagrante, no caso acima referido, que existem métodos desconhecidos, mas bastante descomplicados, na transmutação dos elementos.

Essa transformação, a nível alquímico, de uma substância em outra, a nível molecular, foi exaustivamente analisada por homens de grande saber, durante os séculos XVII e XVIII, nos quais várias demonstrações foram feitas, na Europa, diante de personalidades, provando ser a *transmutação* metálica uma coisa possível, um fato incontestável. Parece, aos olhos de alguns estudiosos de nossos tempos, que verdadeiros **Adeptos** tenham querido deixar provas testemunhais de que a **Arte** não era um mito, atraindo com isso o interesse de novos seguidores para um estudo detalhado dos meandros de sua conquista.

Entre as mais comentadas, registra-se a efetuada em 19 de julho de 1716, em Viena, quando duas moedas de cobre foram transmutadas em moedas de prata, tendo como testemunha do fato o conde Metternich, Conselheiro do rei da Prússia, o príncipe de Bradenburgo e outras autoridades, que confirmaram, em documento, a veracidade da transformação. Outra exibição notória, foi realizada na Universidade de Praga, em 6 de setembro de 1728, por Johan Geelhausen, médico e filósofo. É reconhecida, também, a efetuada por Helvétius, em janeiro de 1667, em Haia, que teve por testemunha o renomado filósofo Spinoza. Consta, ainda, existir no Museu de Viena, um medalhão em forma oval de 40x37 centímetros e 7 quilos pesando, composto de prata e ouro conseguidos mediante elaborações alquímicas.

No Museu da Porcelana de Dresden, existem duas pequenas peças, parecidas com botões, uma de ouro, outra de prata. Prova inquestionável de que o alquimista alemão Johann F. Buttger, em 20 de março de 1713, transmutara chumbo e cobre em preciosos metais, atendendo às exigências de Augusto, o Forte, da Saxônia.

"A mais célebre das medalhas comemorativas, que em 1797 ainda se encontrava na caixa-forte do Castelo de Schönbrunn, perto de Viena, infelizmente desapareceu. Pesando cerca de um quilo e meio, essa medalha de ouro tinha sido cunhada por ordem de Fernando III da Áustria, em memória da transmutação que fora efetuada perante ele pelo conde Rusz, engenheiro-geral de minas da Estíria e da Caríntia; segundo outras fontes, o próprio imperador teria feito a experiência, em 15 de janeiro de 1648, projetando sobre três libras de mercúrio um grão de 'tintura' fornecida por Johann Conrad Richhausen, negociante de Aubsburgo, que fora preceptor do filho de Fernando III, nobilitado em 1653 com o título de barão do Caos" (37).

"Do modo de fazer a projeção ou transmutação. Toma uma parte de tua **pedra** perfeita, como se disse, branca ou vermelha, ou segundo a qualidade de tua **medicina**; toma de qualquer dos dois luminares quatro partes, e funde-os em um **crisol** limpo, e depois, põe dentro dele tua Pedra, segundo a espécie de luminar que tiveres fundido, branco ou vermelho, e a mistura, esvazie-a em uma lingoteira, e será uma massa que se deixará fazer pó. Desta massa, toma uma parte e, de mercúrio bem lavado, dez partes; esquenta teu **mercúrio** até que comece a fazer ruído e lança sobre ele tua mistura, a qual, em um abrir e fechar de olhos, o penetrará; funde-os, aumentando teu **fogo** e toda a massa será medicina de ordem inferior; desta, toma uma parte e lança-a sobre qualquer metal que esteja fundido e apurado ou limpo, tanto quanto tua pedra queira tingir, e terás **ouro** ou **prata** de tal modo puro, que mais puro não o dará a natureza. É melhor fazer a projeção, gradualmente, até que cesse a **tintura**, e, deste modo, mais longe se estenderá; porque quando um pouco se põe sobre maior parte (se não faz a projeção sobre o mercúrio) se desperdiça, ou se perde notavelmente a medicina, em razão das escórias que estão unidas aos metais imundos, ou imperfeitos; pelo qual, quanto mais se purguem os metais, antes da projeção, tanto maior êxito terá a operação no fogo" (1).

"É bastante lamentável que os que buscam o conhecimento natural nesta arte apresentam mormente a Ciência da Transmutação como seu fim último, desconsiderando a excelência principal de nossa Pedra como medicamento (...).

Quando o artista transmutar qualquer metal — **chumbo**, por exemplo —, derreta-lhe uma certa quantidade num **cadinho** limpo, juntamente com uns poucos miligramas de ouro em limalha; e quando tudo estiver derretido, que tome um pouco de pó, raspado de sua '**pedra**', numa quantidade mínima, e o junte ao metal durante a fusão. Imediatamente, uma grossa fumaça se elevará, carregando consigo as **impurezas** contidas no chumbo, com um ruído crepitante e transmutando a substância do chumbo num ouro puríssimo, sem qualquer espécie de falsificação; a pequena quantidade de ouro acrescentada antes da transmutação serve apenas como meio para facilitar o processo, e só a vossa experiência determinará a quantidade da tintura, porquanto a virtude desta é proporcional ao número de circulações que lhe destes depois de completada a primeira" (81).

"Segundo Avicena, os metais não podem ser transmutados senão depois de terem sido levados à sua **matéria-prima**, o que é certo. De modo que precisarás primeiramente de reduzir os metais a **Mercúrio**: mas não falo aqui do mercúrio corrente, volátil, cheio de frieza e **fleuma**. É indispensável que seja reduzido pelo Mercúrio fixo, mais quente, mais seco, dotado de qualidades contrárias às do mercúrio vulgar" (116).

Finalizando, vale ter sempre em conta, a título de uma reação menos intensa sobre as possibilidades alquímicas da *transmutação*, que os cientistas alemães provaram que o átomo de Urânio-235 pode ser partido quando bombardeado com nêutrons, e que o Plutônio é um elemento artificial, criado na Terra por meio de métodos utilizados pela Física Nuclear.

"(...) hoje em dia perdeu praticamente toda a validade a objeção segundo a qual as transmutações só são possíveis mediante energias nucleares altamente potentes" (223).

TREVISANO, BERNARDO

Ao que tudo indica, esse renomado alquimista teria vivido na segunda metade do século XIV e seu verdadeiro nome seria Bernard

Allemand. Sendo natural de Trevis, a alcunha "o Trevisano", foi ao seu nome, passando à História como um sobrenome.

Entre vários textos alquímicos que lhe são atribuídos, o mais conhecido é o "Tratado da Natureza do Ovo".

Em um trecho do referido tratado, podemos encontrar, talvez, uma das possíveis indicações, pelas quais existem constantes associações do ovo com a **Grande Obra**:

"E já que o elixir se faz por meio do vapor e misturado com o ar, como acreditaste conseguir o fim dos inimigos muito afastados em natureza? Pois nem o corpo permite que se separe sem a sua natureza, nem o **espírito** quando sobe sem a sua secura se pode converter em elixires, porque por meio do vapor não podem misturar-se uns com os outros, e esta é a razão por que os filósofos chamaram Ovo ao seu **Mercúrio**, e isto é assim porque como o ovo é uma coisa circular, redonda, que contém em si duas naturezas e uma substância, o branco e o amarelo, tira de si mesmo outra coisa que tem alma, vida e geração, ou seja, a saber, sai um pinto".

TRIÂNGULO

Em seu simbolismo místico, o *triângulo* é a expressão do equilíbrio perfeito entre o corpo, o espírito e a alma. Na Alquimia, ele também representa a equidade entre os três princípios básicos da matéria: **marcúrio, enxofre** e **sal**.

Superpostos, de forma antagônica, formam a Estrela de David ou **Selo de Salomão** e simbolizam os quatro elementos: O triângulo com o vértice para cima é a alegoria do fogo; com o vértice para baixo, o símbolo da água. O triângulo do fogo cortado pela base do triângulo da água, designa o ar. O triângulo da água cortado pela base do triângulo do fogo, representa a terra.

Na opinião de Goethe, expressa em "Teoria das Cores", divulgada em 1610, as potencialidades dessa figura geomética abrangem impensados terrenos:

"É possível esquematizar muitas coisas por meio do *triângulo* e, de igual modo, os fenômenos cromáticos, de tal forma que, por meio de desdobramentos e restrições, se obtém o antigo e misterioso hexágono".

Ver também **Selo de Salomão**.

TRIMOSIN, SALOMON

Alquimista alemão que teria vivido no século XV. É famoso pelo seu tratado "Splendor Solis", no qual são apresentadas sete magníficas ilustrações de retortas de vidro, seladas hermeticamente, no interior das quais se realiza o Magistério. Conta-se que o autor teria aprendido o segredo dos egípcios, em livros cabalisticos encontrados em suas viagens por terras distantes, originando-se daí o seu tratado para execução da Grande Obra.

Existem várias versões dessas iluminuras, sendo a mais antiga, uma editada em 1535, pela oficina de Nikolaus Glockendon, de Nuremberg.

TRINDADE

Mais uma vez nos defrontamos com um tema que, ou foi adotado pela **Alquimia** para a ilustração dos seus conceitos, ou foi usurpado da Alquimia para originar crendices. O dogma da *trindade* não é característico da doutrina mosaica ou cristã, mas base das mais antigas religiões de que se tem notícia. Hindus, egípcios, babilônios e persas, já reverenciavam suas *trindades*, de forma bem diferentes da estudada pela científica Alquimia. No "Tratado do Céu Terrestre", escrito por Venceslau Lavínio de Morávia, no século XVI, encontramos sua descrição de forma tão natural que não se faz necessária a fé para que a definição seja aceita como lógica:

"A natureza criou primeiro um só **espírito** corporal, que é comum e está oculto, que é um bálsamo precioso da vida e que conserva o que é puro e bom e destrói o impuro e maligno. Este espírito é o fim e o princípio de todas as criaturas; triplo em substância, já que é feito de **sal**, **enxofre** e **mercúrio** ou água pura. Do alto coagula, une e rega todos estes lugares baixos, por meio de um seco, untuoso e úmido. Fica assim pronto a receber qualquer forma e figura. Somente a **Arte**, e com a ajuda da natureza, pode torná-lo visível aos nossos olhos" (114).

"Toda **semente** é tríplice, ou melhor, contém três substâncias misturadas, já que tudo o que existe na semente está junto e não dividido. Por isso a semente representa a própria junção da unidade. Assim, quando encontramos madeira, cortiça e **raízes** em uma noz, compreendemos que, apesar dessas três coisas estarem efetivamente presentes, a realidade da semente faz com que essas três coisas apareçam unidas" (27).

"Em todo **misto**, o espírito, a alma e o corpo não são senão que uma mesma coisa, enquanto sua natureza, e não estão separados entre si senão pela mistura de seus excrementos" (9).

"É necessário responder que é certo que alguns filósofos afirmam que a Obra se faz de três coisas: o espírito, o corpo e a alma, extraídas de uma só" (156).

No "Triunfo Hermético", incluído na "Bibliothèque des Philosophes Chimiques", editado em meados do século XVIII, em Paris: "Existem só três substâncias diferentes e três princípios de todos os corpos — Sal, Enxofre e Mercúrio, que são o **Espírito**, a **Alma** e o **Corpo**".

Conforme definiu **Bernardo Trevisano** em "Parole Delaissée": "Há *trindade* numa unidade e unidade numa *trindade*, e aí estão Corpo, Espírito e Alma. E aí também Mercúrio e **Arsênico**".

O primeiro texto alquímico alemão, publicado em 1415, chamou-se "Buch der Heiligen Dreifaltigkeit" ou, traduzindo, "Livro da Santíssima Trindade".

Outro grande cientista que também se posicionou sobre o assunto foi **Paracelso** que, apesar de aceitar, o conceito grego dos quatro elementos, considerava como real a importância da *trindade* na formação do cosmo, assegurando-lhe uma existência à base de três elementos: mercúrio, enxofre e sal.

Em uma carta de Avicena ao Rei Assa, está escrito: "Nós buscamos uma substância verdadeira para fazê-la fixa. Ela é composta de muitas e que, posta sobre o fogo, suporte-o sem queimar-se. Que seja penetrante, generativa, que tenha o **mercúrio** e outros corpos como uma **tintura** verdadeira e com o peso devido. A nobreza desta tintura excede o universo ditoso do mundo. Porque essa coisa nossa se transforma em três coisas; as três, duas; e as duas, finalmente, em uma".

TRISMEGISTO
Ver: **Hermes**.

TRITHEMIUS, JOHANNES

Abade em Sponhein, criptógrafo, filósofo e místico, nasceu em 1462 e faleceu em 1516. Entre suas obras, destaca-se *De Septem Secundeis* (As Sete Inteligências Secundárias) e sua importância como um dos mais influentes propagadores da Alquimia, no século XV. Atribui-se a ele o fato de ter sido mentor de Henrich Cornelius Agrippa, além de guiar, com seus manuscritos, muitas pessoas interessadas na busca da **Grande Obra**.

Perito em criptografia e artes ocultas, deixou alguns tratados explicando a arte hermética, além de constar, no relato de alguns de seus biógrafos, ter ele conseguido com misteriosas experiências, fabricar uma lâmpada incombustível, com luminosidade perene, com a qual presenteou o Imperador Maximilian I. Em tempos tão primitivos, o invento causou mais medo que entusiasmo, tanto que foi instalada em um dos cômodos menos frequentados do castelo, por sua associação, quase obrigatória, à magia negra.

Porém, comprovadamente, seu trabalho mais notável foi *Steganographia* (Escrita Secreta), no qual disfarçou seus profundos ensinamentos relativos à síntese da ciência do conhecimento, numa aparência de magia angelical, sob um sofisticado sistema de criptografia.

TURBA PHILOSOPHORUM

Coletânea de textos gregos que haviam sido vertidos para o árabe, divulgada no século XII, pelos cruzados que retornavam à Europa. Esses textos foram unificados, na Grécia, séculos antes, em uma tentativa de preservação dos conhecimentos literários, científicos e filosóficos vigentes na época. Como não poderia deixar de ser, a Alquimia se fez presente, na palavra de seus **Adeptos**, nos mais importantes tratados existentes, legando, para gerações futuras, importantes detalhes da história do Magistério. Infelizmente, após incontáveis versões, traduções, cópias, correções e contribuições, a "Turba dos Filósofos" perdeu bastante de sua originalidade e valor.

"A Alquimia começou a estar em moda no Ocidente em meados do século XII, data em que foi traduzida do árabe para o latim a obra conhecida pelo nome de *Turba Philosophorum* ("A Turba dos Filósofos"): é uma obra anônima, caótica e obscura, que relata uma espécie de concílio efetuado pelos filósofos para fixar os termos do vocabulário hermético; os interlocutores são Anaxímenes, Empédocles, Sócrates, Xenófanes e os outros grandes pensadores da Grécia, curiosamente arabinizados em Ixidimus, Pandolfus, Frictes, Acsabofen... As traduções do árabe tornaram-se cada vez mais numerosas e, no século XII, constituíram um verdadeiro embaraço literário para a Alquimia" (69).

TURFA DOS FILÓSOFOS

A turfa é uma massa que vai da cor verde-clara ao negro, resultante da decomposição anaeróbica de musgos e plantas aquáticas, associada à ação da água e a temperaturas relativamente baixas.

Por associação, muitos filósofos designaram a redução de um mineral a mercúrio de *turfa dos filósofos*, em razão da semelhança do processo: a decomposição anaeróbica passando pelo negro, associada à ação da água e à importância da temperatura.

U

UDJAT

O *Udjat* é um símbolo de Hórus, filho de **Osíris** e **Ísis**, considerado como o deus-Sol, razão pela qual este ícone é igualmente conhecido como Olho de Hórus. Segundo a mitologia egípcia, Hórus perdeu seu olho esquerdo em sua guerra com Seth, para vingar a morte de seu pai. O olho esquerdo representava a **Lua** e Seth rasgou-o em **sete** partes. Mas **Thoth**, deus da magia e da magia, encontrou todas as partes e remontou-o na Lua cheia, após o que ofereceu-o a Hórus que por sua vez, ofertou-o a seu pai assassinado, Osíris, trazendo-o de volta à vida.

ULMANNUS, FRANCISCUS EPIMETHEUS

Monge franciscano errante, ao qual é atribuída a autoria do tratado alquímico "O Livro da Santíssima Trindade", surgido na Europa entre os anos de 1415 e 1419.

Esse livro, escrito em alemão e em linguagem cifrada, é uma raridade, existindo apenas quatro exemplares conhecidos, e parecem todos ser cópias de um mesmo original, com igual texto e ilustrações: Um exemplar em Munique, um na Biblioteca Ducal de Wolfenbuttel, um na Biblioteca do Monastério em St. Gallen e um na Bilioteca Nacional Alemã, em Nuremberg.

Pela primeira vez, em um texto, a **pedra filosofal** foi identificada à iconografia cristã, e operações alquímicas comparadas com a paixão de **Cristo**, considerando "Jesus a pedra masculina da pureza e Maria a pedra feminina da graciosidade". Compara Maria a **Sophia**, considerando-a a matriz divina e um dos elementos da Santíssima Trindade, juntamente com o Pai e o Filho, que associa ao **Mercúrio**, o Pai ao **Sol** e a Mãe à **Lua**.

Pelas alegorias apresentadas, "O Livro da Santíssima" gerou muito interesse e teve trânsito livre nos círculos alquímicos de Praga.

Ao Imperador Frederico, *Ulmannus* teria dedicado um escudo, no qual figurou a **putrefação** dos dois elementos sob a forma de uma **águia** negra com duas cabeças. Dispôs, em uma **roda**, as **sete** virtudes planetárias, associando-as aos mesmo planetas da linguagem alquímica: **Marte**, **Vênus**, **Saturno**, **Júpiter**, **Mercúrio**, **Lua** e **Sol**, com suas respectivas correspondências metálicas:

"*Sobrietas*, a moderação, é o **chumbo** de Saturno; *castitas*, a castidade, é o **estanho** de Júpiter; *humilitas*, a humildade, é o **ferro** de Marte; *pietas*, a piedade, é o **cobre** de Vênus; *sanctitas* a santidade, é a **prata-viva** de Mercúrio; *caritas*, a caridade, é a **prata** da Lua; *puritas*, a pureza, é o **ouro** do Sol."

UMBIGO

Usado como referência a centro, o *umbigo* tem importante representação na simbologia alquímica. Nele está situada a **semente** da qual se originam todas as coisas. No hino Yajur-Veda Negro:

"Sou o primogênito da divina essência
Antes que deuses viessem a existir, eu existia.
Sou o *umbigo* (centro e fonte) da **imortalidade**.
Quem me oferece aos outros, ao me oferecer, conserva-me para si.
Sou o Alimento. Nutro-me de alimento e do que o alimenta.
Esse alimento é armazenado no mais alto dos mundos superiores,
Todos os deuses e os antepassados falecidos
são os guardiões deste alimento.
Tudo o que é comido, derramado ou espalhado como oferenda,
não é, em conjunto, mais que uma centésima parte
de todo meu corpo.
Os dois grandes **vasos**, o Céu e a Terra, foram ambos colmados
pela vaca malhada, com o leite de uma única ordenha.
As pessoas piedosas, bebendo-o, não podem diminuí-lo.
Não aumenta nem diminui" (42).

Veja também **ônfalo**.

ÚMIDO RADICAL

Denominação dada à matéria, já em uma segunda fase do **Magistério**, quando a umidade começa a prevalecer, tornando a terra viscosa. Quando atinge essa característica, é que se torna capaz de originar o que os alquimistas consideram suas duas **raízes**, necessárias à continuação do seu trabalho: a fixa e a volátil.

"É o sujeito imediato de todas as formas, diverso na essência de cada uma, indiferente a todas e composto de duas partes integrantes, uma fixa e outra volátil (...) Este *úmido*, é uma matéria espirituosa, composta dos elementos que são unidos e juntos, no seio da terra, e que são impregnados pelo **espírito** volátil. Esta composição dos elementos recebe as impressões do Sol e de outras **influências astrais** à potência de seu **magnetismo** (...).

É assim que o *úmido radical* dos **mistos** tem costume de seguir a **Lua**. É mais abundante quando ela repele com mais força o espírito central da Terra e este encontra menos saída, ante a esfera lunar (...) No inverno (...) o espírito mineral não é tão abundante na terra e, sendo menos excitado pelo **azufre**, princípio que influi menos nesta estação, condensa-se em **água** ou fumo, na terra, e se eleva em menor quantidade e com menos esforço.

Se pode dizer também que este espírito **mineral** está em muito menor quantidade, porque ao estarem os poros da terra fechados e cheios de ar grosseiro, o azufre elementar a penetra menos, para mesclar-se com a água elementar e compor o *úmido radical* que o engendra todo e aumenta a quantidade de espíritos minerais" (9).

"Eu considero que, se nós não pudemos achar, possivelmente outros filósofos antes de nós, também não poderiam ter achado, qualquer coisa que persistisse no **fogo**, além de uma umidade insincera. Uma umidade aguada que nós vemos e vai facilmente para fora em forma de **vapor**, enquanto a terra permanece atrás. As partes são então separadas porque a composição delas não é natural. Mas se nós considerarmos essa umidade que está separando essas partes como coisa natural a elas, nós achamos que nem tudo é insincero, mas a umidade viscosa é natural" (164).

"E saibas que assim que a umidade da terra sobe, a nuvem se forma, espessa-se na parte superiror e, por seu peso, tomba, tal que a umidade arrebatada é tornada à terra. O que reanima, nutre e fortifica a terra, a fim de que as folhas e as ervas nela possam crescer. Por esta razão, as tantas preparações de tuas águas por **destilação** devem frequentemente ser renovadas, de modo que, sempre devolvas à terra o que lhe foi retirado, e que de novo o tomes, quando o Euripo do Mar muitas vezes abandona a terra e, de novo, recobre-a até que chegue a seu ponto fixo" (137).

"A verdadeira **obra** é achar a umidade na qual o ouro se dilui como gelo ou a neve em água quente. O achar isto é nossa obra; nisto muitos suam para alcançar o mercúrio do ouro; outros, o mercúrio da prata, porém debalde. A verdade, digo, que os princípios materiais desta água se podem comprar pelo preço de um florim, uma quantidade bastante para animar duas libras inteiras de mercúrio, e fazer com que seja o verdadeiro **Mercúrio dos Filósofos**; porém, contudo, os **vasos** de vidro, o carvão, os vasos de terra, o **forno**, os vasos e instrumentos de ferro não se podem comprar simplesmente por nada" (1).

UNIÃO

Sendo a **matéria-prima** uma coisa una, conforme asseguram todos os **Adeptos**, a ênfase no verbete *união* seria quase desnecessária se não pensássemos também que tudo que é colocado nela, vem dela, o que demonstra que há necessidade de uma elaboração. Se não pensássemos também que a arte é conhecida como **Art d'Amour**, porque tem como finalidade maior o casamento do **Rei** e da **Rainha** para o nascimento do **embrião**, o que se configura como a união de alguns elementos fundamentais ao **Magistério**. Nestes termos, sua conceituação se faz importante, principalmente para explicar que:

"A união química, que é perfeita, não pode ser realizada antes que seja dissolvida, anteriormente, a união natural, que é sempre imperfeita" (9).

"Pelo que se sabe, que nossa **obra** requer uma verdadeira mutação das **naturezas**, o que não se pode fazer se não se faz a *união* última de uma e outra natureza, porém não se podem unir se não estão em forma de **água**; porque não pode haver união de dois corpos, sem a liquefação, quanto mais que possa haver união do corpo com o espírito em suas partes pequenas; porém dois espíritos poderão unir-se bem entre si, pelo que requer a água metálica homogênea, ou de sua mesma natureza, com a qual se prepara o caminho da **calcinação**" (1).

UNICÓRNIO

O *unicórnio* é um animal mitológico com corpo de cavalo, em cuja testa se encontra encrustado um grande chifre retorcido. Na Alquimia, simboliza o **enxofre**, o elemento masculino da **Obra**, após seus mais intensos refinamentos. Por esta razão é quase sempre representado ao lado de uma jovem, que seria a virgem mercurial, figura muitas vezes substituída por um cervo, emblema também de feminilidade.

O *unicórnio* representa a penúltima fase da albificação, de onde brotam as rosas vermelhas, dando condição à passagem para a solidificação final. Por isso, na 28$^{\underline{a}}$ figura da "Grande Obra Interior", ele é apresentado ao lado de uma roseira que ostenta 3 rosas vermelhas e três rosas brancas, simbolizando que, alcançada esta fase de purificação, qualquer dos dois caminhos pode ser seguido com segurança.

Na terceira figura do "De Lapide Philosophico", de Lambsprinck, divulgado em 1599, o *unicórnio* encontra-se ao lado de um cervo, em atitude pacífica, no interior de uma floresta, representando os dois elementos da matéria, livres de seu antagonismo, já devidamente purificados.

A "Virgem com Unicórnio", famoso manuscrito do século XVI, tratado alquímico que se encontra em Leyde, Ryjksuniversiteit Bibliotheck, juntamente com tratados de Lombardi, Mylius, Lambsprinck etc., são bem uma comprovação de que essa alegoria bastante representativa da **Grande Obra**. É provável que a figura desse animal tenha sido criada para representar os opostos, já apaziguados e unidos em sua total pureza; ou ainda o próprio **enxofre**, corporificação do masculino, pela necessidade que tiveram os autores de sua simbologia de representá-lo sempre ao lado da figura de uma **virgem** que, no caso, representaria o feminino ou o **mercúrio filosofal**.

"Cavalo branco com um chifre único, no meio da fronte que, para os antigos, era mais ou menos como a lenda da cornucópia, contendo todas as possibilidades. Pertence a mitologia chinesa e representa a pureza absoluta da matéria (seu nome em chinês, *Ki lin,* tem a mesma conotação que o **Yin** e o **Yang**), o que o leva a ser tomado como um símbolo alquímico" (166).

UNIDADE

Na versão mitológica bramânica da criação: a partir do Uno houve a autoduplicação — o Verbo e as Águas.

"O que a primeira vista pareceria ser uma esfera de princípios duais, procedeu desta Realidade única e é essa única Realidade. Consequentemente, os Brâmanes, em sua meditação, buscam reduzir tudo, novamente a esse 'Uno sem segundo'." (42).

Segundo **Hermes**, a matéria é uma coisa só. Não se faz entrar em si nenhuma coisa estranha, nem pó, nem água, nem outra coisa, pois se a penetra qualquer coisa heterogênea e de natureza díspar, ela se corromperá e destruirá inteiramente. Confirmando, o filósofo Aros fala: 'Que ele não seja conglutinado com outra coisa que seu nobre **enxofre** que lhe é semelhante, pois advém dele'.

"Conhece a natureza de nossa pedra, pois ela procede da raiz de sua matéria, sendo ela desta raiz e nesta raiz e nada entra nela que dela não tenha procedido e que dela não tenha saído.

Nesta obra não há superfluidade nenhuma, e tudo, por Deus vivo, converteu-se em pureza ou coisa pura, porque foi feito de uma só coisa" (1).

"Pelo contrário, os alquimistas emudecem quando se trata de *matéria-prima,* cuja unicidade reconhecem. E é ela que condensa no seu seio as forças vivas captadas e as retém ao cabo de uma lenta e progressiva transformação, que a leva à sua metamorfose. Converte-se, então, na *levedura maior* cuja propriedade consiste em abrir os metais, separar a sua parte mais subtil e mais rica dos resíduos físicos e materiais. Esta parte subtil dos metais é a conveniente para a preparação dos remédios espagíricos" (188).

URAEUS

"O simbolismo dos emblemas do faraó egípcio é antológico na matéria: a dupla coroa exprime o alto e o baixo Egito, a terra e o céu, os princípios masculino e feminino. Os dois cetros, direito e curvo, exprimem a criação de animais e a agricultura; a via direita: solar, lógica, divina e a curva: lunar, intuitiva. Uraeus, **serpente** sublimada, é a força transformada em **espírito** e o fator do poder" (167).

"Os egípcios denominavam *uaret* à víbora chamada **basilisco** pelos antigos povos do Mediterrâneo, cuja imagem de ouro era colocada na testa ou sobre a cabeça das estátuas dos deuses. A transcrição grega da palavra egípcia *uaret* foi uraion, de onde se originou a forma latina *uraeus*.

A serpente, símbolo da febre produzida pela picada da cobra, na legenda de Rá, teve sua imagem de ouro também colocada sobre a cabeça do faraó, que era assim protegido da ação dos inimigos" (50).

"Ré, o deus-Sol, era dotado de um olho incandescente, símbolo da natureza ígnea; era representado por uma serpente erguida, de olho dilatado, chamada uraeus (...).

"Essa serpente de fogo, que coroa os templos ou a cabeça dos faraós, concentra em si as propriedades do sol, vivificantes e fecundantes, mas também capazes de matar, secando e queimando: aspecto duplo da soberania" (38).

Essa serpente divina dos egípcios tem analogia com a "serpente de fogo" de Israel, as "serpentes de penas" do México e com os "**dragões** com hálito de fogo" da China.

URD

Deusa da mitologia vikingh, guardiã do passado. Costumeiramente representada por uma senhora de idade extremamente avançada, figura sempre ao lado de ramos de **Yggdrasil** e sua obrigação é guardar os mistérios do passado, impedindo que os humanos tenham livre acesso aos segredos antigos.

URINA

Na "Aurora Consurgens", desenhada no XIVº século (Zentralbibliothek, Zurich), assim como no "Speculum Veritatis", do século XVII (Biblioteca Apostólica Vaticana), além de em muitos outros tratados ilustrados, há a figura de um menino que, do alto de uma nuvem, urina em vasos alquímicos.

Essa simbologia, segundo alguns estudiosos, significa a influência da água celeste, concepção comprovada, quando se sabe que a palavra *Urina*, em latim; *Ouron,* em grego; e *Ouranos*, entre os helenos, designava Céu. Mais claramente, os autores referiam-se ao **orvalho.**

URÓBORO

A **serpente** engolindo a própria cauda, é o ideograma alquímico do Todo. O circuito da matéria-prima, que é una, é exemplificado no círculo que se fecha sobre si mesmo e tem, nele próprio, seu princípio e seu fim. Símbolo dos mais antigos da tradição de vários povos, apresenta-se como autofecundador. Está também configurando a circulação das energias, a **sublimação**: a matéria sendo feita ar, água e sua posterior volta à matéria, em forma de **rocio.**

"São as serpentes e **dragões** que os antigos egípcios desenharam em círculo, a cabeça mordendo a cauda, para dizer que se originavam de uma mesma coisa, e que ela só bastava a si mesma e que, em seu circuito e circulação, ela se aperfeiçoava" (36).

V

VACA

Por sua produção de leite, a *vaca* guardou sempre, entre todos os povos, a conotação de abundância. Na Mesopotâmia, era uma deusa da fecundidade, sendo identificada com a Grande Mãe. No Egito, como Hator, era a mãe celeste do Sol. Entre os sumérios, era associada à Lua crescente, considerando-se a Via Láctea um jato de leite da *vaca* fecunda. Mas o lugar em que esses conceitos parecem vencer a modernidade dos tempos é na Índia, local onde a *vaca* continua sendo considerada um avatar, o princípio feminino, proporcionadora da seiva vital. O **Vedas** a descreve como símbolo do **andrógino** inicial.

"A substância vital que preenche o corpo do universo circula por suas criaturas num fluxo perpétuo e veloz. (...) A verdadeira natureza dessa reserva divina é a abundância; a porção manifesta do mundo é apenas o produto de uma única ordenha da sublime fonte, a grande *vaca* malhada. A infinita reserva, por meio da contínua transformação em energia e substância do mundo, não sofre a menor perda. A *vaca* não decresce nem em substância nem em vigor produtivo ao dar o leite de uma ordenha. (...) O mesmo leite divino que circula pelas criaturas aqui na terra acende os sóis — todos os sóis da galáxia. Também se condensa nas formas das nuvens. Precipita-se como chuva e alimenta a terra, a vegetação, e os animais que prosperam devido à vegetação" (42).

VAJRA

Denominação, em sânscrito do **raio**; formada por dois círculos opostos a um germe central — o **espírito**. Cada **círculo** tem uma polaridade (masculino e feminino), que se revelam em seu espírito, chamado *bindu que* é o símbolo do absoluto, o eixo e coração do Universo, um grão de luz, fulgurante como uma **estrela**.

"O *vajra*-duplo, ou *vajra* cruciforme, simboliza o perfeito despertar da natureza de Buda, por meio do Conhecimento (vertical) e do amor (horizontal), inflamando o ser inteiro e englobando todas as criaturas" (38).

VALENTIN, BASILE

É um dos nomes mais divulgados na relação de antigos **filósofos**. Segundo dados encontrados em seus próprios escritos, deve ter vivido na Alemanha, aproximadamente no século XIII, como monge beneditino, apesar de certas controvérsias sobre esses dados. Seu próprio nome é contestado, afirmando alguns que se traduz por "rei poderoso".

Seus textos só foram divulgados, a partir de 1602, quando, segundo reza a lenda, um raio atingiu uma das torres da igreja de Erfurt, destruindo uma das colunas e tornando visíveis seus manuscritos.

Entre seus inúmeros tratados, os mais conhecidos são: "O Azot — Ou o Modo de Obter o Ouro Oculto dos Filósofos", "As Doze Chaves da Filosofia", "A Revelação das Tinturas dos Sete Metais", e "O Carro Triunfal do Antimônio".

A maioria de suas obras serviu de base aos estudos de grandes alquimistas como **Fulcanelli**, **Lemonjon de Saint Didier** e **Michel Maier**, e continuam, até hoje, a instruir novos interessados nos segredos da natureza.

VAPOR

Toda a parte gasosa a que se referem os filósofos, que tem de ser mantida cuidadosamente presa, dentro do crisol, é chamada *vapor*, porque se origina da água com que trabalham, transformada pelo calor permanente a que é exposta. É esse *vapor* que, na constante **circulação** ao qual é submetida, volta a ser água, umedecendo a matéria em forma de **rocio**.

"Os verdadeiros filósofos concordam em que a primeira matéria dos metais é um vapor úmido que se eleva pela ação do **fogo** central, nas entranhas da terra e que, circulando por sobre os poros desta, se encontra com o **ar** cru, sendo por ele **coagulado** numa **água** untuosa que, aderindo à terra, a qual lhe serve de receptáculo e na qual se junta a um súlfur, mais ou menos puro, e a um **sal** de qualidades mais ou menos fixantes, que ele atrai do ar, e, recebendo um certo grau de mistura, provinda do calor central e solar, toma a forma de pedras e rochas, minerais e metais. Todos esses elementos formaram-se do mesmo vapor úmido original, mas assumiram características diversas, em virtude das diferentes impregnações de esperma, da qualidade do sal e do súlfur com que são fixados e da pureza da terra que lhes serve de matriz, pois qualquer porção desse vapor úmido, que é rapidamente sublimada na superfície da terra, assumindo as suas impurezas, é rapidamente privada de suas partes mais puras, pela ação constante do calor central e solar, e as partes mais grosseiras, formando uma substância mucilaginosa, fornecem a matéria das rochas e pedras comuns. Mas quando esse vapor úmido é **sublimado**, muito lentamente, por meio de uma terra fina, que não partilha de untuosidade sulfúrica, formam-se cristais de rocha, pois o **esperma** dessas pedras, belas e variegadas, a saber, mármores, alabastros, etc., separa esse vapor depurado, graças a sua formação primeira e ao seu crescimento contínuo.

As gemas formam-se, igualmente, desse vapor úmido, quando este se encontra com pura água salgada, com a qual é fixado num local frio. Mas se o vapor é sublimado lentamente, pelos locais quentes e puros, em que a **gordura** do súlfur se lhe adere, esse vapor, que os filósofos chamam **Mercúrio**, junta-se àquela gordura e torna-se uma matéria untuosa que, atingindo em seguida outros lugares e sendo purificada pelos vapores anteriormente mencionados, num local em que a terra é sutil, pura e úmida, preenche os poros dela, produzindo-se assim o **ouro**. Mas, se a matéria untuosa chega a lugares frios e impuros, produz-se **chumbo** ou **Saturno**; se a terra for fria e pura, misturada com súlfur, o resultado é o **cobre**. A **prata** também se forma desse modo, quando este vapor abunda em pureza, mas misturado com um grau menor de súlfur e não suficientemente diluído. No **estanho**, ou **Júpiter**, como é chamado, ele abunda, mas com menos pureza. Em **Marte**, ou **ferro**, ele se apresenta numa proporção menos impura e misturado com súlfur adusto.

Portanto, parece que a **matéria-prima** dos metais é uma coisa só, não múltipla, homogênea, mas alterada pela diversidade de lugares e pelos súlfures com que é combinada" (128).

"Temos demonstrado que o Vapor primordial, ou esse Fogo e Água, é, depois de Deus, a primeira matéria de todas as coisas. Este Vapor duplo se converte por espessamento em água, esta água, pela ação do **Espírito Universal**, torna-se difusa, começa a fermentar e gera assim a Matéria.

No começo esta Água era perfeitamente sutil e pura, porém pela ação do Espírito interno, se tornou turva e ofensiva, e gerou assim a Terra. Subdividiu-se, pois, em Ar sumamente espiritual e sutil, depois em um ar comum, menos sutil, em uma Água semicorporal, e em uma Terra corporal. É assim que foi o primeiro um e dois, porém agora é dois e três, e, igualmente, quatro e cinco.

Ao começo, era uma umidade simples; em segundo lugar, como uma Água que contém um espírito; em terceiro lugar, foi separada em volátil, fixo e semifixo ou, falando quimicamente, em volátil, **ácido** e alkali (*Anima*, *Spiritus*, *Corpus*); em quarto, foi dividida nos elementos, assim chamados Fogo, Ar, Água, Terra; em quinto lugar, quando pelo Ar, assistida pela Natureza, se formou em uma indestrutível quintessência ígnea.

Quando a Água se torna pútrida pela mudança, podemos separar um princípio sutil depois do outro. O mais volátil ascenderá primeiro, e assim um princípio depois do outro, e o mais denso, o último de todos. Deus ordenou que as diferentes modificações do Espírito Universal, nos quatro elementos, gerassem e produzissem, continuamente, um Gérmen Universal, e, por esta razão Ele deu, a cada coisa individual, seu agente e esfera, a fim de causar uma reação" (25).

"Assim pois a **Natureza** tem como único material
este duplo *vapor* comum filosofal,
que realiza — sempre que lho permita –
o tempo, onde o *vapor* se coloca,
pois se achasse uma impura matriz
o **embrião** que se forma, do seu vício está manchado,
e se a avarenta mão do ávido mercador
do ventre materno, o filho vai arrancar
antes dos anos primeiros destinados para o seu ser,
é um fruto abortivo que morre antes de nascer" (228).

VARUNA

Poderoso deus da mitologia pré-indiana, correspondente a Netuno, o deus dos mares, mas também a Vulcano, deus do fogo, e a Urano, deus dos céus. Foi substituído por Indra, que era um deus da guerra, mas também correspondia a Saturno, da mesma forma que Urano foi substituído por Cronos, na mitologia grega.

VASO

Vasilha na qual é colocado o **misto**. **Matraz**. No entanto, pode-se notar que, em determinados casos, a referência ao *vaso* natural não significa vasilha ou um frasco qualquer, mas o próprio **ovo filosófico**, como se pode constatar neste comentário de Eugene Canseliet, sobre um ensinamento de Fulcanelli:

"O filósofo é o que sabe fazer o *vaso*, faz-lhe entender claramente que a vasilha secreta, não é o continente, ainda que seja do mais nobre cristal, senão o conteúdo mesmo, que, quando é submetido à fusão, apresenta a consistência e o aspecto do **vidro**, igualmente líquido. Enquanto a esta vitrificação preciosa — quão diferente da mistura vulgar — que retém o **azufre** em dissolução, melhor dizendo, o **espírito** sempre pronto a escapar, Fulcanelli nos recomenda (em *Le Mystère des Cathèdrales*), ter demasiado em conta os procedimentos de vidraçaria".

"Foi então que destilei, sem fogo, o melhor que me foi possível, o líquido precioso que sobrenada a matéria e que contém seu **fogo** interior, e o coloquei em um *vaso* de vidro branco, bem tapado ao esmeril, em um lugar úmido e frio" (12).

"Terás um *vaso*, em forma de ovo, ou redondo, e tão grande que ao menos possa caber, em sua concavidade, uma **onça** de água destilada, não pode ser menor, se já tens um com quase esta **medida**, compra-o; que o gargalo do *vaso* tenha um palmo de altura, que o vidro seja claro e grosso, quanto mais grosso melhor, com isso poderás ver bem e distinguir na concavidade do *vaso* as ações, e que não seja mais grosso em uma parte que em outra; a matéria apta para este *vaso* é meia onça de **ouro** com uma de **azogue**; e se juntares até três partes de **mercúrio**, não obstante o composto não terá mais que duas onças; esta proporção é a que se requer; e caso teu vidro não seja grosso não poderá perseverar nem resistir ao **fogo**, porque os **ventos** que faz nosso **embrião**, no vaso, o romperiam. Será o vidro fechado na parte de cima, com tanta cautela e cuidado, para que não lhe reste nenhuma protuberância, porque, de outra sorte, pereceria a obra" (1).

"Os meios e maneira de funcionamento, nós já determinamos: agora nós vamos falar da *Vasilha* e **Forno**, em que tipo, e de que coisas devem eles ser feitos. Considerando que natureza por uma decocção de fogo natural, cria os **metais** nas **Minas**, ela nega igual decocção se for feita sem um ajuste de vasilha para isto. E se nós nos propomos imitar a natureza, não podemos rejeitar a vasilha dela! Em primeiro lugar, então, veja em que lugar a geração de metais é feita. Aparece evidentemente nos lugares em que os **Minerais** são aquecidos continuamente, de forma semelhante, no fundo da montanha. O impulso da natureza sempre é ascender, e na ascensão seca sempre, e coagula a água mais espessa ou mais bruta escondida na barriga, ou veias da terra, ou montanha, em Prata-viva. E se a oleosidade mineral do mesmo lugar que surge da terra tiver sido aquecida junto, nas veias da terra, traspassa a montanha, e se torna Enxofre. E como um homem pode ver nos veios característicos daquele lugar que Enxofre, gerado da oleosidade da terra, se encontra com a Prata-viva nos veios da terra, e procria as densidades da água mineral. Lá, em processo longo de tempo, são gerados metais diversos pelo **calor** igual ininterrupto na montanha, de acordo com a diversidade do lugar. E nestes lugares Minerais, você achará um calor ininterrupto. Desta maneira nós estamos no direito de notar, que a montanha mineral externa está fechada por todos os lugares, empedrada dentro de si mesma: se o calor pudesse sair, lá nunca teria sido gerado qualquer metal.

Se então nós pretendemos imitar a natureza, temos necessidades de ter um forno como as Montanhas, não em grandeza, mas em calor ininterrupto, de forma que o fogo posto, quando ascender, não possa achar nenhuma abertura: mas que o calor possa bater na *vasilha* que é totalmente fechada e possa conter o **assunto** da pedra: a *vasilha* deve ser redonda, com um pescoço pequeno, feita de **vidro** ou um pouco de terra vitrificada e representa a natureza: o vedamento da boca deve ser cuidadoso ou lacrado com uma cobertura do mesmo material. E como nas minas, o calor não toque o assunto de **Enxofre** e Prata-viva imediatamente, porque a terra da montanha está entre todos os lugares: Assim este fogo não deve tocar a *vasilha* imediatamente e tem que conter o assunto das coisas supracitadas, mas deve ser posto em outra *vasilha*, feche bem fechado de igual maneira, que assim o calor temperado pode tocar o assunto, por cima e por baixo, de forma mais útil e atuante: ao que o Aristóteles diz, na "Luz das Luzes", aquele Mercúrio será preparado em uma vasilha de três-dobras, e que a vasilha deve ser de Vidro mais duro, ou (o que é melhor) de Terra que possua a natureza de Vidro" (178).

VEDAS

Conjunto de escrituras sagradas da Índia que está para o Hinduísmo assim como o Tao está para os chineses, a Cabala para os hebreus, a Bíblia para os cristãos ou o Corão para os muçulmanos.

O Veda se compõe de dez livros, onde foram narradas todas as experiências da humanidade: os conhecimentos físicos, químicos bem como os conhecimentos sobre o próprio homem, tudo em forma de hinos filosóficos. É o mais antigo documento das tradições indo-europeias (aproximadamente do século VIII a.C.), e foi base à transmissão de grandes ensinamentos nas escolas iniciáticas. As ideias principais da doutrina são preservadas nas *Upanisad* o termo usado para traduzir esta palavra era "o **segredo**", "o **mistério**", e era transmitida de pai para filho, assim mesmo o primogênito, e quando tivesse atingido a idade da serenidade. O que prova sua característica de doutrina secreta.

O que associa a antiquíssima filosofia Veda com a Alquimia é a busca do fundamento das coisas, a **semente** primordial, o **embrião** gerador.

"A principal motivação da filosofia védica, desde o princípio dos mais remotos hinos filosóficos (preservados nas partes mais recentes do *Rig Veda*), tem sido, sem alterações, a busca de uma unidade básica que fundamente a multiplicidade" (42).

"A literatura mais antiga do mundo é provavelmente o Rig Veda, que significa 'conhecimento em verso', compreendendo dez mil invocações aos deuses, escritas em sânscrito por volta de 1500 a.C., embora certos dados astronômicos do texto tenham surgido em 4000 a.C., e a mitologia represente personificações de deuses em um naturalismo de imensa antiguidade, registrando acontecimentos celestes de muitos milhares de anos antes. Sanscritistas como o dr. Max Müller concordam em que os *Vedas* são muito mais antigos do que Homero e formam a verdadeira teogonia da raça ariana; em comparação, a cosmogonia e a teogonia de Hesíodo e do Gênesis parecem imagens toscas da sublimidade védica" (59).

VELOCINO DE OURO

Segundo a Mitologia Grega, o *Velocino de Ouro* era um carneiro alado, coberto por lã de ouro, filho de Poseidon (**Netuno**) que transportou Frixo, filho de Eolo — deus dos **ventos** —, até Cólquida. Ao chegar, Frixo ofereceu o **carneiro** em sacrifício a **Zeus**, presenteando seu couro ou o *velo de ouro* ao rei Eates, que o cravou em um **carvalho**, consagrando-o ao deus **Áries** (**Marte**).

Foi esse *velocino* que **Jasão** se dispôs a conquistar, comandando o navio Argos, cuja proa, construída com pedaço do carvalho sagrado de Dodona, lhe foi oferecida por **Atená**. Nessa viagem, Jasão enfrentou dificílimas provas, entre elas subjugar dois **touros** selvagens, atrelá-los a um arado e lavrar com eles um campo onde deveria semear os **dentes do dragão**, morto por **Cadmo**, dos quais nasceriam terríveis gigantes.

Com a ajuda de Medeia, o herói conseguiu desencumbir-se da difícil missão, conquistando o ambicionado *velocino,* o que lhe valeu a reconquista do seu reino e o direito ao trono.

A relação entre o *Velocino de Ouro* e a **Pedra Filosofal** é bem visível, quando se remonta ao hábito dos antigos ao transmitir detalhes da **Obra**, camuflando-os em meio a lendas e seres mitológicos. Evidentemente que seu sentido, há muito, ficou perdido, mas, mesmo assim, ainda se pode perceber a preservação de detalhes importantes camuflados na lenda, que nos remetem ao **Magistério**: A dificuldade para domar as energias, representadas pelos touros, a semeadura dos dentes do dragão, o próprio **cordeiro** que representa a matéria já em sua pureza, são visíveis vestígios de uma fórmula desaparecida.

"Esse *Velo de Ouro* é guardado por um **Dragão** tricípite, do qual a primeira cabeça deriva das **águas**; a segunda, da **terra**; e a terceira, do **ar**. É necessário que essas três cabeças acabem num único Dragão poderosíssimo, que devorará todos os outros Dragões" (68).

"Há alguns que são de opinião, e não sem alguma probabilidade, que (Felipe — Duque de Borgonha) instituiu a Ordem do Tosão, pelo bem afortunado sucesso que teve em alcançar a perfeição desta arte e há alguns autores sérios de opinião que, a fábula poética do *velocino de ouro*, não foi outra coisa senão que esta secreta ciência estava escrita, muito claramente, e sem nenhuma figura obscura, em um livro que estaria encadernado em couro de carneiro, e que Jason, curioso da arte, ficou de amores com Medeia, a qual furtou o livro de seu pai, entregando-o ao seu namorado, com o qual Jason alcançou grande riqueza" (226).

"Quem quiser que deseje alcançar este *velocino de ouro*, saiba que nosso pó aurífico, ao que chamamos nossa **Pedra**, é só ouro digerido, embora em um grau supremo de pureza e de sutil fixação, até o qual, por meio da natureza e de um sagaz artifício, pode ser exaltado. Este ouro, exaltada assim sua essência, (que é chamado **nosso** ouro, e já não o do vulgo) é o fim do período de aperfeiçoamento da natureza e da Arte" (1).

V

VENTOS

Vapores que se movimentam durante a concepção, no interior do **crisol**. Pela descrição dos textos, a força desses ventos é extremamente violenta, o que faz com que os filósofos recomendem o maior cuidado possível na escolha dos vasos. Devem ser de vidro grosso para que não se partam.

"(...) detém firmemente a Régia Prole concebida, porque depois, nos lados do **vaso**, e no fogo, verás **vapores** verdes, avermelhados, negros e azulados: estes são os *ventos* que são frequentes na formação de nosso **embrião**, os quais têm que ser retidos com cautela para que não fujam, ou se perde a **obra**. Guarda o cheiro, não aconteça que se exale por alguma fresta, porque a força da pedra padecerá um notável dano, pelo qual manda o filósofo que se conserve com cautela o **vaso** com sua atadura; e seja admoestado de que não cesses a tua obra, não movas o vaso, nem o abras, ou cesses na decocção por algum tempo, senão que continues fazendo a decocção até que vejas que vai faltando o humor, o que se fará no prazo de 30 dias.

Tem cuidado então com tua obra, porque desde este tempo, até quase duas semanas depois, verás a terra seca e, insignemente negra; então é a morte do **composto**; cessarão os *ventos*, e todas as coisas entrarão em quietude; este é aquele grande eclipse do **Sol** e da **Lua** juntos, no qual nenhum luminar brilhará sobre a terra, e no qual o mar desaparecerá. Então se faz o nosso caos, do qual, manda-o Deus, sairão por sua ordem os demais milagres do mundo" (1).

"Esta oitava prancha (do **Mutus Liber**) é por sua vez completada ou mais bem detalhada pela terceira, que deveria segui-la, imediatamente. Ela reúne as partes principais da alegoria perfeita do **Mercúrio**, que dois anjos apresentam de forma gloriosa. Assim a matéria da Obra é personificada pelo deus mitológico que se cobre com uma faixa alada e singular, e que se encontra erguido, tendo a seus pés os dois astros herméticos (o Sol e a Lua). Encerrado no **ovo filosofal**, e sob os raios do astro cósmico (o Sol), é levado sobrenaturalmente, no seio do elemento exterior que lhe é muito especialmente familiar. Com efeito, *o vento o leva em seu ventre* (...) segundo a expressão amiúde retomada pelos autores, que expressam, desta sorte, o caráter volátil do meio onde o mercúrio filosófico é concebido e se desenvolve" (60).

"Aceita isto como coisa completamente determinada, pois é necessário o sopro de um vento duplo que se chama Vulturno ou Sul-sudeste e logo um vento simples que se chama Euro ou vento do Levante e Meio-dia. Quando se tiver acalmado e o ar se tiver convertido em água, acreditarás, com toda razão, que se vai fazer uma coisa corpórea a partir de uma incorpórea e que o número dominará sobre as quatro estações do ano, no quarto céu" (137).

VÊNUS

Esse planeta cintilante, o segundo na ordem a partir do Sol, denominada Estrela Matutina ou Vespertina em nossos tempos, foi adorada pelos gregos sob o nome de **Afrodite** e venerada pelos assírios como **Ishtar**. A diferença, entretanto, terminava aí. Os dois povos a consideravam a deusa da Natureza, da primavera, do crescimento, da beleza e do amor. Sendo deusa do amor, tem um preponderante papel na alegoria da **Grande Obra**, também chamada a Arte do Amor. Para a Alquimia, ela é o **cobre** e também a figura da rainha, cuja união com o **Rei** é cantada em prosa e em versos nas **núpcias alquímicas**. Costumava ser representada por uma estrela de oito pontas, ou montada em um leão e empunhando uma arma, como a Senhora das Batalhas. *Vênus,* para os povos pré-colombianos, era **Quetzalcoatl** — o deus da serpente de plumas, reverenciado pelos maias e astecas.

"*Vênus*, muito dada ao amor, está cheia e vestida de superabundante cor. Todo o seu corpo é quase pura **tintura**, que não parece diferente, quanto à **cor**, àquela que está no mais opulento dos metais e que, por sua causa da riqueza desta cor, se intensifica em **vermelho**. Mas por ser seu corpo leproso, esta tintura não pode permanecer encerrada nesse corpo imperfeito e é constrangida a perecer com ele. Com efeito, quando o corpo é aniquilado pela **morte**, a **alma** não pode permanecer e é obrigada a separar-se e se evolar, porque sua morada foi destruída e consumida pelo **fogo**" (137).

"Mediante o **mercúrio filosófico**, é bem possível compor e fazer o ouro filosófico do ouro vulgar, celebrando antes os casamentos de *Vênus* (...) sem o qual tudo será vão; e depois, com este novo mercúrio filosófico, o **elixir** dos filósofos" (1).

Na Alquimia, *Vênus,* representando o cobre contido no mineral. é o **sal** verde que se revela na matéria, conforme a definição seguinte:

"Esta cor **verde**, não deixa de chamar a atenção. É a cor de *Vênus*, regente da primavera, e é também a cor da energia de **Osíris** e do **prana**. É, em definitivo, a cor primária da vida, cor da imaturidade, que resultará perfeitamente maduro, exaltado e fixo, no vermelho da **Pedra Filosofal**" (13).

VERDE

É o símbolo da alma vegetativa e peculiar ao **regime de Vênus**, pela cor característica das emanações do **cobre**. Dizem os místicos que "no *verde* está contido o **vermelho**", isto porque, quando a matéria apresenta essa coloração, prenuncia a segurança do caminho que está sendo seguido e que, com persistência, há de conduzir o alquimista ao vermelho da **pedra filosofal**. A vida começa a renascer no crisol, após toda a fase da putrefação e a cor *verde* é a prova dessa renovação da matéria e da permanência, nela, do princípio ígneo. Na Idade Média, a **cruz** era pintada de *verde* para falar também de regeneração. É uma cor feminina e marca o despertar da matéria filosofal.

Na literatura alquímica, a cor *verde*, é quase tão evidenciada quanto o **negro**, o **branco**, e o **vermelho**: a começar pela *Tábua de Esmeralda* de Hermes Trismegisto, o *Sonho Verde* de Bernardo Tevisano, além de expressões como "Leão *verde*", "pombo *verde*", "dragão *verde*", etc., todas relativas ao **Regime de Vênus**.

"Na tradição órfica, o *verde* é a luz do **espírito** que fecundou no início dos tempos as águas primordiais, até então envolta em trevas. Para os alquimistas, é a luz da **esmeralda** que penetra os maiores **segredos**. A partir disso é possível compreender o ambivalente significado do *raio verde*: se ele é capaz de tudo atravessar, é portador tanto de **morte** quanto de vida" (38).

A título de intensificar a chamada de atenção para a sequência do processo, está sendo repetido o trecho seguinte, transcrito anteriormente, como ilustração, no verbete *orvalho*.

"Depois da união celestial, a **Lua** é feita tal como o **Sol** em perfeição e dignidade, de modo que, ligada ao Sol tão intimamente, se eleva logo da mais baixa à mais elevada das posições: entretanto, as Águas sob o Firmamento, quer dizer, postas debaixo dele, vão-se concentrando pouco a pouco num único e eminente lugar, vão-se reduzindo àquele sítio, até que apareça a **Terra** árida finalmente, a qual, mais árida ainda depois de um estival e extrínseco **calor**, e mais sedenta ainda, atrai a si, de novo, com a sua virtude atrativa, parte dessa **Água**, à semelhança de... uma orvalhada celestial que, regando, suavemente, e fecundando esta Terra, excita nela e põe em movimento a virtude vegetativa; dela é indício manifesto a *cor verde"* (204).

"Depois da putrefação, a Pedra enrubesce, e acerca dela disse-se: 'Com frequência a pedra enrubesce, amarelece e liquefaz-se, coagulando-se depois, antes da verdadeira brancura. Dissolve-se, purifica-se, coagula, mortifica-se, vivifica-se, enegrece, branqueia, enfeita-se de vermelho e branco e tudo isto por si mesma'.

"Também se pode pôr verde, porque um filósofo disse: 'Coze até que apareça um menino verde, é a alma da pedra'. Outro disse: 'Sabei que é a alma que domina durante o verde" (178).

"(...) tornando-se o veículo do fluido cósmico, colore-se de *verde*, ao mesmo tempo em que aumenta sensivelmente sua densidade. Recebe assim, sem distinção, os nomes de *vitriolo* ou de *leão verde*, e está pronto para desempenhar seu muito importante papel no decurso da obra mediana ou segunda" (66).

"Fiz pintar um fundo *verde* porque, nesta cocção, os componentes tornam-se *verdes* e conservam esta cor por mais tempo que qualquer outra, depois do **negro**. Esse verdor indica que a nossa pedra tem uma alma vegetativa, e que se converteu, por indústria da **Arte**, em verdadeiro e puro gérmen, para semear abundantemente e produzir ramos infinitos. 'Oh, bem-aventurado verdor — disse Rosário — que produzes todas as coisas; sem ti nada pode crescer, vegetar ou multiplicar-se'." (36).

"Ó verdor abençoado! que faz germinar todas as coisas! Aprende, oh! Teósofo, a contemplar o verdor Ruach Elohim; tu Cabalista, a linha *verde*, o Universo girante; Mago, a Natureza; Físico-Químico, o **Leão Verde**, *Duenegh viride Adrop*, a **Quintessência**!" (186).

"Sua negridão começa a diminuir. E quando a água absorvida e a pedra estiver seca, moa bem em um pouco de água clara e asse novamente. Começa a ser verde, e então este negridão desaparecerá. Quando você vê a pedra que começa a virar verde, seguramente você está no caminho certo. Mova então quando fica bastante verde e tem o aparecimento de verdete. Isto mostrará que o processo é certo" (198).

VERDETE
Ver **Murta**.

VERMELHO
É a cor do êxito para o alquimista que atravessou o negror da **morte**, o **verde** da renovação, o **branco** da purificação e o alaranjado da **sublimação**. É a cor do **sangue**, do **fogo** central do **enxofre** já liberto, tingindo a **Pedra** e elevando-a à sua potência máxima, o signo do **Sol**.

É o **rubedo**, o acesso à **Sabedoria** e à imortalidade oriundas do Mercúrio Filosofal.

"Quando, finalmente, a decomposição estiver concluída, a Matéria passará primeiro por uma fase de fixação ou de cor acinzentada, tendendo em seguida para uma cor esbranquiçada; se a submetermos a um calor intenso, ficará com uma coloração cor de limão, e, por último, vermelha, passando então de fluido ao estado de fixidez" (74).

"Aquele que me fizer branco também me fará *vermelho*. O branco e o *vermelho* brotam ambos de uma única raiz" (164).

"Quando vires aparecer a brancura à superfície do recipiente — disse um sábio —, podes estar seguro de que debaixo da brancura se esconde o vermelho; tens que o extrair e, para isso, aquece-se até que tudo esteja vermelho" (178).

VESTÍGIOS
Para um pesquisador da Alquimia, o rito funerário executado por sacerdotes do antigo Egito, diante do corpo de um faraó, para infundir-lhe energia, ainda do lado de fora da pirâmide ou túmulo, revela importantes vestígios de antigos conhecimentos, já naquela época, empregados de forma bastante desorientada.

O texto desse rito, cujo trecho reproduzimos, admite-se que tenha sido escrito, no ano de 2750 a.C., e foi traduzido pelo egiptólogo alemão Kurt Sete e incluído em sua obra *Die Altaegyptischen Pyramiden Texte*:

"O ritual se dividia em várias fases:

1ª Fase — A estátua era colocada de pé, com a frente para o Sul, borrifada quatro vezes com água de vasos metálicos, e mais quatro vezes com água de quatro potes de cor **vermelha**. Em seguida, ofereciam-lhe **vapores** de água fervente, provinda das duas antigas capitais, a do Sul e a do Norte do país. Afinal, incensavam-na.

2ª Fase — Purificada a estátua, iam os sacerdotes acordar o sacerdote Sem, que fingia estar dormindo, deitado em uma cama, cujo estrado era feito com tiras de couro de boi. Após um diálogo ininteligível para os assistentes da cerimônia, os sacerdotes batiam na estátua, rememorando a agressão a **Osíris**. Logo em seguida, Sem, com o dedo mínimo da mão direita, tocava a boca da estátua, abraçando-a então, duas vezes, uma representando Horo, a segunda como Set. Matavam-se animais para o sacrifício, os quais figuravam os inimigos de Osíris. O coração e uma perna dianteira do **touro**, uma gazela decapitada e um ganso, eram oferecidos à estátua e, em seguida, consumidos pelos presentes ao ritual.

3ª Fase — Terminada essa refeição, os sacerdotes 'abriam' a boca da estátua, tocando-lhe nos lábios com dois ferros, um chamado 'grande **estrela**', o outro 'Adze' (a Constelação do Arado). (...) Seguia-se a oferta de incenso. Aplicava-se um **pó** vermelho nos lábios e nas pálpebras, vestia-se a estátua em uma túnica, apresentavam-se-lhe **água** e **leite**. Tocava-se, ainda uma vez, na boca, movia-se quatro vezes, diante de sua face uma pena de **pavão**.

(...)

5ª Fase — Colocava-se na cabeça da estátua, uma espécie de **mitra**, de cor branca, e vestiam-na com cinco túnicas, duas **brancas**, uma **verde**, uma **vermelha**, uma **púrpura**. Punha-se-lhe no pescoço um colar de contas, símbolo do abraço de Rá. Procediam-se a unção dos lábios com **óleo**. Aplicava-se às pálpebras uma solução de **antimônio** e um **sal** de **cobre**. O morto estava assim renascido, vindo do Paraíso. Ainda uma vez, untava-se a estátua com óleo perfumado e as pálpebras recebiam mais uma pintura de pó verde e **negro**.

6ª Fase — Incensavam a estátua oito vezes, juntamente com um simulacro da serpente **Ureus**. Em seguida, ofereciam incenso a todos os deuses do Egito, sendo a estátua mais uma vez incensada.

(...)

8ª Fase — Afinal, a imagem em uma carreta era levada por nove sacerdotes em procissão, até o santuário, cuja entrada era aberta pelo Mestre de cerimônias. Cantavam-se hinos de regozijo pela volta do faraó ao Paraíso, onde iria permanecer em companhia do deus. As pegadas dos sacerdotes que tinham levado a estátua, eram limpas no chão do santuário, pelo último oficiante a sair. O ritual repetia-se diariamente, até que se admitisse estar infusa na imagem a vida divina. Era, aliás, a mais importante cerimônia litúrgica, na vigência do sincretismo dos cultos de Rá e de Osíris.

VIAS

Dois processos pelos quais, os mais diversos autores afirmam, se pode executar a Grande Obra: A Via Seca e a Via Úmida. A primeira, mais rápida, dizem ser a mais fácil e, por isso mesmo, é a menos difundida, para evitar a compreensão rápida dos interessados. A segunda, longa e cheia de percalços, é comentada em prosa, versos e alegorias, porque, por si só, afasta os curiosos.

Muitos autores, aumentando a confusão já existente sobre o assunto, misturam as duas vias em seus tratados, tornando impossível conseguir qualquer coisa seguindo à risca suas recomendações. Por isso é importante muita leitura sobre o assunto. Alguns alquimistas dão ênfase a momentos da Obra, que não são sequer citados por outros. Somente analisando vários tratados, podemos chegar a alguma conclusão sobre o processo.

VIA SECA

Trabalho em um **crisol**, a elevadas temperaturas, segundo alguns textos, capaz de produzir a fusão da matéria de forma mais rápida.

"A segunda via não reclama, do princípio ao fim, mais do que o concurso de uma terra vil, abundantemente espalhada, de baixo preço, que pode ser adquirida facilmente. É a via daqueles a quem a Natureza maravilha até em suas mais humildes manifestações. De uma facilidade extrema, não reclama mais do que a presença do **artista**, pois o misterioso trabalho se realiza por si mesmo e termina em **sete** ou nove dias. Esta via, ignorada pela maioria dos alquimistas praticantes, se elabora por inteiro em um só crisol de terra refratária" (7).

"Creia-me, Filho, que todo nosso trabalho está e consiste só no regime do **fogo** com a capacidade da indústria. Porque nós nada obramos, mas a virtude do fogo bem regido, com pouco trabalho, faz nossa pedra e com poucos gastos.

"Julgue que quando nossa pedra fosse uma vez solta em sua primeira natureza, a saber, na primeira água, ou **leite de virgem**, ou cauda de **dragão**, então a mesma pedra se calcina por ela própria, sublima, destila, reduz, lava, congela e, pela virtude do fogo proporcionado, a si mesma se perfecciona em um só vaso, sem operação manual de outro" (79).

"O **mênstruo** é um **sal celeste**, ou de virtude celeste, com cujo único benefício os filósofos dissolvem o corpo terrenal metálico e, depois de dissolvido, extraem dele o nobre **Elixir** dos filósofos. A operação, sem embargo, leva-se a cabo, do princípio ao fim, em um crisol, a **fogo** aberto: toda a obra, em verdade, não começa e se consome em muitos dias, senão em quatro dias, em cuja **Obra** não se gastam mais que três florins" (168).

"É este caminho muito fastidioso, o que é para os grandes Senhores que existem no mundo; porque havendo conseguido este azufre, não creias que tenhas a Pedra, ou sua verdadeira matéria, a qual podes buscar e achar em uma coisa imperfeita, no tempo de uma semana. Este é nosso caminho, fácil e raro, o qual Deus reservou para os pobres, menosprezados e abatidos" (1).

"Não é que tenha, necessariamente de servir-se do **banho-maria**, excremento de cavalo, **cinzas** ou areia, ainda que tenha que reger e governar os seus fogos por tais graus. A pedra fechada em **forno** vazio provida de tripla muralha, forma-se e coze quase sempre, até que todas as nuvens e **vapores** se dissipem e desapareçam, fique vestida e adornada com trajes triunfais e de glória e permaneça na Cidade mais baixa dos Céus e passe correndo" (137).

VIA ÚMIDA

"A primeira destas vias, que utiliza o *vaso da arte*, é longa, laboriosa, ingrata, acessível às pessoas afortunadas, porém de grande honra, não obstante o esforço que necessita, porque ela é a que os autores descrevem de preferência. Serve de suporte a seu arrazoado; como o desenrolar teórico da Obra exige um trabalho ininterrupto, de 12 a 18 meses, e, parte do ouro natural preparado, dissolvido no mercúrio filosófico, o qual se coze, à continuação, em um **matraz** de cristal. Tal é o vaso respeitável, reservado ao nobre uso destas substâncias preciosas que são o ouro exaltado e o **mercúrio dos sábios**" (7).

"A via úmida é aquela pela qual os sujeitos do Reino Mineral, indicados para isto, havendo-se-lhes tirado, com muito cuidado, todas as coisas supérfluas e alheias à natureza, retrocedem-se ou dissolvem em um **licor** úmido e diáfano, que é o primeiro ser metálico, para que, aperfeiçoando-o com a **Arte**, adquira uma qualidade mais nobre e uma virtude mais ativa: isto é, que deste licor se faça a **medicina** universal para todos os males e metais" (121).

VIDRO

"Das **cinzas** e areia cozidas no fogo, o vidraceiro fará *vidro* à prova de fogo, de cor semelhante às pedrarias claras. Já não se considera como cinzas. O ignorante atribui isto a uma grande perfeição, mas não é assim para o douto, já que isto lhe pertence por experiência e conhecimento e já se lhe tornou muito familiar e acostumado" (137).

VIEIRA

Concha. Símbolo usado pelos praticantes do Magistério ou pelos que se interessavam por seu estudo e experiências. Era preso na roupa ou na mochila do peregrino, para melhor identificação dos que procuravam respostas ou o próprio mineral, seguindo o caminho de **Santiago de Compostela**, na **Galícia**.

VILLARROEL, DIEGO DE TORRES Y

Astrólogo, catedrático em matemática e Alquimista, nasceu em 1693 em Salamanca.

Aos 20 anos foi para Coimbra, onde passou por grandes dificuldades financeiras e praticou curandeirismo. Voltou à Espanha, onde suas dificuldades persistiram no período em que esteve em Madrid, sendo protegido pela Condessa dos Arcos, cujo castelo protegeu contra o ataque de duendes.

Como vidente, fez prognósticos que se cumpriram na íntegra, como no caso da Revolução Francesa, vaticinada por ele em uma publicação de 1756, em que relata com precisão a data de sua ocorrência.

De volta a Salamanca, dedicou-se ao estudos de autores de filosofia natural, a Crisopeia, a Arte da Transmutação, voltando-se então para o estudo da matemática, quando a geometria era tida como bruxaria.

Ordenou-se sacerdote em 1745, tendo prestado ao hospital de Salamanca grandes serviços, assistindo pessoalmente com seus conhecimentos médicos.

Faleceu em 1770.

VILLANOVA, ARNAU DE

Teólogo e médico espanhol, nasceu em Valença em 1240 e faleceu em 1313 em um naufrágio nas costas da Itália. Estudou Medicina na Universidade de Montpellier, onde se destacou por sua grande capacidade intelectual, sendo considerado um sábio em seu tempo, tornando-se amigo do papa Clemente V, médico de vários reis, além de outros papas de sua época.

Em sua biblioteca não faltaram livros de **S. Tomás de Aquino**, em textos de medicina e outras ciências exploradas por aquele famoso teólogo. Segundo depoimentos de alguns de seus contemporâneos, seus estudos de Medicina levaram-no a traduzir **Avicena** e Galeno e, com estes autores, aos primeiros contatos com a **Alquimia** e a **transmutação** dos metais, fato que lhe rendeu as costumeiras perseguições na Igreja, na pessoa do Arcebispo Tarragona.

Possuidor de uma inteligência privilegiada, a humanidade lhe deve o aperfeiçoamento dos métodos de **destilação**, bem como a descoberta dos ácidos, sulfúrico, nítrico e clorídrico.

A par de seu conhecimento que abrangia todas as inovações do Renascimento, *Arnau de Villanova* cultuava a antiga tradição esotérica, representada pelos estudos e tratados de **Alberto Magno**, **Roger Bacon**.

Essa vertente do seu saber fez com que a maioria de suas obras fosse processada e queimada pela Inquisição, anos após a sua morte, em nome dos dogmas inquestionáveis da Igreja, impedindo que muitos de seus livros pudessem transmitir o conhecimento que ele adquirira com suas experiências.

Seus depoimentos alquímicos ficaram reduzidos a apenas poucos trabalhos: dois tratados escritos ainda em Montpellier — "Del húmedo radical" e a "Filosofia Natural" — e os livros *Gran Rosario* e *O Caminho dos Caminhos*, em que deixou claro o sucesso de seu desempenho no laboratório:

"Antes de mais, todos os corpos devem ser levados à matéria-prima, para tornar possível a transmutação. Vou-te demonstrar aqui tudo o que disse anteriormente. Portanto, meu filho, rogo-te que não desdenhes da minha prática, porque nela se oculta todo o **Magistério**, como eu o vi, na minha fé oculta".

O livro *O Caminho dos Caminhos* foi oferecido ao papa Benedicto XI, em 1303, seu protetor, ante as perseguições sofridas durante uma viagem à França, em 1298, como embaixador de Felipe, o Belo. Esse papa, que sofria de enfermidades crônicas, conheceu também a capacidade profissional de *Arnaud de Villeneuve*, pois foi seu paciente no mesmo período.

Há uma narrativa de transmutação feita por **Johan Andreae**, que foi citada pelo famoso rosa-cruz alemão do século XVII, **Michel Maier**, em seu manuscrito "Symbola aurea mensae". Nela o famoso médico é citado nominalmente, como tendo obtido sucesso absoluto em seu Magistério: "Em nossa vida temos recebido na Cúria Romana o Mestre *Arnau de Vilanova*, médico e teólogo supremo. (...) Era também um grande alquimista que havia fabricado varetas de ouro, as quais não apresentaram nenhuma dificuldade ao serem submetidas a todas as provas".

VINAGRE

Muitos tratados de Alquimia referem-se ao uso do *vinagre* para a dissolução da matéria ou extração da **tintura**. Sobre esse comportamento, bastante duvidoso, visto ser também voz comum que a matéria é una e que nada lhe deve ser acrescentado, conclui-se ser o referido *vinagre*, não um *vinagre* comum, outrossim o produto da **digestão**, destilação e **cohobação** repetidas de determinado mineral, teoria que se confirma se considerarmos o texto a seguir em que o filósofo nos afirma ser esse **ácido**, ou vinho acre, extraído do próprio sujeito da matéria:

"Tem que se tomar o **antimônio** mineral em pó grosseiro e pôr, em torno de uma onça (28,349 gramas) em potes de terra que sejam como pequenos cadinhos e serão dispostos, uns por cima dos outros na parte baixa de uma grande **retorta** de terra que seja cortada em duas peças, uni-las e atá-las com arame de ferro grosso, há que situá-la em reverberação fechada, e adaptar um grande recipiente ao **fogo**, durante 24 horas, como para **destilação** do **espírito** do **sal** ou do **mercúrio**; depois, há que cessar o fogo e abrir as vasilhas, guardar o espírito **ácido**, que está em pequeníssima quantidade; voltar a pôr antimônio nos pequenos potes, e recomeçar, e continuar, até que tenhais suficiente quantidade desse espírito, ou para o trabalho que quereis empreender, ou para servir-vos dele na **Medicina**.

"Porém é preciso que o Artista ponha sempre à parte o antimônio mineral que tiver sido destilado, e que o exponha ao ar aberto, pois atrairá, da **influência dos astros** e do ar, do que prover a destilação, ao cabo de seis semanas ou dois meses, e, assim não haverá necessidade de mais do que sete ou oito libras de antimônio mineral para destilação deste espírito, porque sempre se o terá pronto para servir-se dele, na mesma operação".

"Este espírito **ácido** serve para a extração da tintura de seu próprio corpo: eis ai por que o Artista não tem que se deixar surpreender quando encontra, entre os mais célebres autores que trataram do Antimônio, que tem que se extrair o *vinagre* destilado: pois não se deve, de modo algum, entender que seja o *vinagre*; senão que deve saber que pedem o *vinagre* que foi extraído do antimônio, sem adição" (6).

"Toma mineral de Antimônio pulverizado, junta água de **chuva** destilada, sobressaindo alguns dedos, e digere em **vaso** hermeticamente fechado, em **esterco de cavalo**, até que comece a fermentar e lance espuma: retira então a água, aumentando o **fogo** ao final, devolve sobre sua cabeça morta, e faze **coobação** com a água que afusionas-te, de novo, reiterando até que saia um **licor** ácido, semelhante ao *vinagre*" (187).

"O que faz com que Sócrates diga: a vida de toda coisa é a **água**, pois esta água faz a **dissolução** do corpo e do **espírito**, e de uma coisa morta se faz uma viva. É o *vinagre* fortíssimo e acérrimo, mais acre que o acre mesmo. Coza-o até que se faça espesso, mas atente para que o *vinagre* se converta em fumaça, e que não se perca e evapore todo. Mais ainda, esta mesma água transforma e converte os corpos em **cinzas**, pulveriza-os e os incinera" (36).

"Tudo que se tira do **espírito do vinho** tem qualidades distintas das do que se tira do *vinagre*. Pois, tal como se tira o **vidro** do antimônio, pelo **vinho** ou pelo seu espírito, tira-se um purgante muito veemente, graças a sua virtude venenosa não estar ainda extinta. Mas se se tirar do *vinagre* destilado, o resultado terá uma linda cor: depois tira-se o *vinagre* do **banho-maria** e lava-se o **pó** amarelo que fica no fundo, deitando muitas vezes água e tirando-a outras tantas; assim se tirará toda a força do *vinagre*. Faz-se um pó suave que não solta o ventre como dantes, mas é um excelente remédio que cura muitas enfermidades e está reputado, com justiça, como uma das maravilhas da **Medicina**.

Colocado em lugar úmido, este pó torna-se **licor**, que cura as doenças externas, sem dor nenhuma.

(...) o vinho possui em si um **espírito** volátil, pois, em sua destilação, o espírito sai primeiro, e a **flema** em seguida. Mas se, por continuado aquecimento, o vinho é transformado em *vinagre*, então seu espírito não é mais volátil quanto dantes. Na **destilação** do *vinagre*, a água ou aquosidade sai imediatamente e o espírito, por último. E mesmo que esse *vinagre* seja, aos olhos, o vinho que precedentemente havia estado no **vaso**, há, no entanto, uma diversa propriedade que, pela **putrefação** do **calor** ininterrupto pela qual o vinho foi transformado em *vinagre*, e tudo o que foi tirado e retificado, com o vinho ou seu espírito, mostra diferentes propriedades e operações daquelas do que é extraído com o *vinagre*" (137).

"Este excremento terrestre não pode subir na **sublimação** do **elixir**, e impede a raiz fixa de sublimar-se, a menos que se empregue aí uma grande quantidade da raiz volátil ou do *vinagre* muito acre, que é a mesma coisa" (9).

"Também é o *vinagre* mais picante e concerne com o dito de um filósofo antigo: Eu encontrei o Senhor e ele me mostrou uma água pura, clara, que eu soube ser o puro *vinagre*, alterando, penetrando e digerindo. Eu digo, um *vinagre* penetrante é o instrumento móvel para a putrefação, soluciona e reduz **ouro** ou prateia a matéria-prima ou **primeiro assunto**. E é o único agente no universo que, nesta arte, é capaz de molificar corpos metálicos com a conservação de suas espécies. É então o único meio hábil e natural, pelo qual nós devemos tornar solúveis os corpos perfeitos do **sol** e da **lua**, por uma **dissolução** maravilhosa e solene, com a conservação da espécie e sem qualquer destruição, a menos que seja a uma forma nova, mais nobre e melhor ou geração, visando à **pedra** do filósofo, que é o **segredo** maravilhoso deles, ou **arcano**" (5).

"Nos corpos imperfeitos há uma **água** ácida, amarga e agre, necessária à nossa **Arte**. Porque ela dissolve e mortifica os corpos, depois revivifica-os e reconstitui-os.

Rhasis diz na sua terceira carta: 'Aqueles que procuram a nossa Enteléquia, perguntam donde provém o amargo aquoso elementar. Nós respondemos-lhe: da **impureza** dos metais. Porque a água contida no **ouro** e na **prata** é doce, não dissolve, ao contrário, **coagula** e fortifica, porque não contém acidez nem impurezas como os outros corpos perfeitos'. Por isso, **Geber** diz: 'Calcina-se e dissolve-se o ouro e a prata sem utilidade, porque o nosso *Vinagre* extrai-se de quatro corpos imperfeitos; é este **espírito** mortificante e dissolvente que mescla as **tinturas** de todos os corpos que empregamos na nossa obra. Não necessitamos senão desta água, pouco nos importam os outros espíritos'." (156).

VINHO

Tal como o **vinagre**, o *vinho*, por suas características de substância extraída após a fermentação da matéria, é usado por muitos Adeptos como uma das denominações alegóricas para o **mercúrio filosofal**.

"O *vinho* é o suco do fruto da vinha, que é exaltado pela fermentação; que **Paracelso** chama o **sangue** da terra, o suco do Príncipe de todos os vegetais, o cordial soberano; há os que crêem que é o suco do grão lunar de **Raimundo Lullio**; outros o chamam também o suco da planície de Jano e do grande vegetal.

Porém deixemos de lado estes nomes para proceder à anatomia da coisa e suas partes.

O *vinho* dá pois, primeiramente, por meio da **destilação**, uma essência muito sutil e incorruptível, que se chama, vulgarmente, **água da vida**, água ardente, espírito do *vinho*, **azufre** celeste, azufre benzoádico vegetal, **mênstruo** celeste, água célica, o céu de Raimundo Lullio, a **chave** dos filósofos, um corpo etéreo composto de **fogo** e **água**, o bálsamo volátil de licor católico ou universal e, finalmente, a **quintessência** do *vinho*.

Em segundo lugar, separa-se uma grande quantidade de água insípida e corruptível, que se chama sua **flema**.

Em terceiro lugar, sai dele um certo **espírito** vaporoso, que não é outra coisa que a parte mais grosseira do **sal** volátil do *vinho*, que é reduzida e sobe em forma de fumaça branquíssima.

Segue, em quarto lugar, um certo **azeite** que é graxo, untuoso e combustível, porém que existe em muito pequena quantidade.

Em quinto lugar, tira-se, da substância grossa e negra que fica, um **sal** lixivial, penetrante, sutil e fixo, depois de já ter sido calcinado.

E, finalmente, em sexto lugar fica, depois da extração do sal, uma terra limosa e inútil" (6).

VIOLETA

É propriamente pela cor roxa que os filósofos fazem muitas referências à violeta. Uma substância pequena, denominada por muitos nomes, a maioria dos quais de **peixes**, mas que, por ter essa tonalidade, é também confundida com a flor. Essa substância, segundo a maioria dos textos, é o **mercúrio filosofal** já ligado ao **enxofre**.

"Primeira flor que o Sábio vê nascer e desabrochar, na primavera da **Obra**, transformando em uma nova cor o verdor de seu canteiro" (7).

Ver também **Flor de Violeta**.

VIRGEM NEGRA

Para alguns alquimistas, é a matéria primeira, a Mãe-Terra, adorada nas grutas, de onde podia ser retirada, para permitir ao homem a execução do **Magistério**. Para outros é a personificação da matéria durante a **putrefação**, quando começa a gerar o **delfim**, pequeno rei ou **enxofre**. *Virgem*, porque, sendo aparentemente uma matéria única, sem qualquer outra colaboração material, concebe um novo elemento apenas por meio das forças cósmicas. *Negra*, identificando a fase do **nigredo**, momento próprio dessa concepção.

Para o pensador Gilles Quispel, um dos mais ilustres teólogos da Europa:

"A *Madona Negra* é uma estátua de Maria, preta como a noite, venerada em diversos lugares. Existem muitas e as mais famosas são as de Einsiedeln, na Suiça; Montserrat, na Catalunha, adorada como a revelação de um novo Sinai; a de Czestochova, na Polônia, cultuada no mês de agosto pela população daquele país; e a de Guadalupe, no México. Fora essas há, ainda, centenas.

Penso que deve existir uma relação entre a veneração à Mãe-Terra, na Antiguidade, e à Madona Negra. Ambas eram adoradas em grutas que, sintomaticamente, muitas vezes são as mesmas. Numa gruta onde em certa época venerou-se alguma deusa da terra, mais tarde quase certamente venerou-se uma Madona Negra. Essas grutas sempre têm água corrente por perto e sua terra, naturalmente, costuma ser negra ou quase".

"Os alquimistas da Idade Média davam à *Virgem Negra* um sentido ignorado pelo povo em geral. Ela representava uma operação alquímica da 'matéria', tirada geralmente do **mercúrio** e que se chamava **cabeça de corvo**. **Latão** que é preciso embranquecer. É a segunda operação alquímica que fornece o negro, mas deste se obtém o branco. Natya J. Foatelli salienta que 'para o iniciado, a Virgem Maria de cor negra simbolizava a mulher assimilada à noite, à **morte** transformadora, à pré-matéria. Virgem na concepção divina, assim como a terra fecundada pelo céu, que os antigos representavam por deusas com rostos morenos'."

"Através dos tempos, as *virgens negras* representaram deusas noturnas, lunares ligadas à vida dos animais e da floresta. Ao mesmo tempo subterrâneas e celestes, as deusas-mães simbolizavam as interações entre a Terra e o Cosmo. Interações que estavam longe de provir unicamente do Sol, comenta Pacherand, mas vinham também das trevas, do solo, da Lua, de todas as forças que percorrem o céu durante a noite. As grandes divindades pré-cristãs sempre tiveram um caráter duplo de **luz** e sombra, porque o simbolismo delas se ligava aos aspectos multiformes, ao dualismo da criação.

Ísis, **Ártemis**, **Cibele**, **Diana**, a **Grande-Mãe** entre lídios e gregos, a grande deusa negra do porto de Iônia, a Black Annis na Inglaterra, a deusa Leto (que só paria em lugares obscuros), Nossa Senhora de los Guanches, a *Virgem Negra* de Varsóvia, a Nossa Senhora Morena de Chartres, a *Virgem Negra* do Mosteiro de Esviére, perto de Angers, Nossa Senhora Aparecida.

Um mesmo mistério, um mesmo simbolismo, muitos pontos de encontro, uma ligação passado-presente, uma mensagem que vem dos tempos primitivos, do **caos**, do reino das sombras. Uma significação que se busca sem encontrar. Um enigma tão indecifrável como o grande monólito negro de *Uma Odisseia no Espaço* (2001, filme de Stanley Kubrick, argumento de Arthur Clarck), a pedra que estava no passado, presente e futuro, deslocada também no espaço e não apenas no tempo" (169).

Carl G. Jung, em referência à *Virgem Negra*, faz a seguinte citação em seu livro *Mysterium Conjunctionis*:

"As profundezas tenebrosas cobriram-me o rosto e a terra está corrompida e maculada nas minhas obras, e as trevas abateram-se sobre ela, assim como eu estou atolada no lodo dos abismos e a minha substância não foi aberta."

"O politeísmo mitológico permitia, aos autores alquímicos, dissimular o caminho que conduz à **Pedra**, muito melhor do que o que autorizava o monoteísmo linear da Revelação cristã e do mistério da **Cruz**.

É assim que **Latona** misteriosa, oculta e tenebrosa, engendra a casta **Diana**, e que a *Virgem negra* (*Virgo paritura* — a ponto de parir) cede o lugar à Virgem branca, imaculada" (60).

"No simbolismo hermético, as Madonas negras representam a terra virgem, que o artista deve escolher como tema de sua obra. É a *Prima Materia* no seu estado mineral, e provém dos filões de minério sepultados debaixo das massas de pedra" (94).

"No plano primitivo, a Virgem era considerada como a rainha da fecundidade, razão pela qual era frequentemente representada com uma espiga de milho numa das mãos, de onde veio o nome de Spica (Espiga) à estrela mais brilhante da constelação que leva essa denominação. Porém, o assunto ganha especial significado quando se sabe que alguns estudiosos católicos, como Doelger e Habicht, vão procurar as origens do culto à Viergem Maria nos cultos pagãos, estabelecendo paralelos entre essas crenças. Nesse ponto, as coincidências apresentam interesse particular.

Segundo cálculos astronômicos, há cerca de 1.500 anos, a estrela Spica tinha seu nascimento e ocaso helíacos nos dias 8 de setembro e 15 de agosto. E, aparentemente ligado a esse fato astronômico, os sumérios e babilônios, bem como os indígenas da América Central, comemoravam a natividade da rainha celeste no dia 8 de setembro, enquanto os cristãos passaram a comemorar o nascimento da Virgem Santíssima nessa mesma data, consignando o dia 15 de agosto como o da assunção ao céu" (211).

VIRTUDE

Denominação dada à qualidade da **Pedra**. Dependendo da maneira como é preparada, as virtudes se multiplicam ao infinito.

"Obtida a pedra, dissolvei-a novamente em nosso **mercúrio**, em que dissolvestes, anteriormente, uns miligramas de ouro puro. Essa operação não apresenta problemas, pois ambas as substâncias se liquefazem com rapidez. Colocai-a num recipiente, como antes, e prossegui o processo. Não há nenhum perigo na manipulação, a não ser o de quebrar o recipiente; e toda a vez que o processo é assim repetido, aumentam as *virtudes* do preparado, na razão de dez, por cem, por dez mil, etc., e tanto nas suas qualidades medicinais quanto nas de **transmutação**; de modo que uma pequena quantidade pode ser suficiente para os propósitos de um **artista** durante o resto de sua vida" (81).

"Por último, ainda que vossa pedra seja perfeita, fazei-a ferver, ou melhor dizendo, cozer uma vez mais na mesma água, com a mesma proporção e o mesmo regime, procurai tão somente que vosso **fogo** seja algo mais débil; deste modo acrescentareis sua quantidade e suas *virtudes*, tanto quanto o desejais, e podereis reiterar uma e outra vez essa operação se achardes necessário" (82).

Ver também **Multiplicação**.

VISCO

Também conhecida por *visgo* ou agárico, é uma planta parasita, principalmente ligada ao **carvalho** e à macieira. Era considerada pelos gauleses como *aquilo que cura tudo*, e, entre os bretãos, reconhecida como "água de carvalho".

"Realiza, com a árvore onde se implanta, uma simbiose, isto é, uma associação íntima que beneficia os dois participantes. A árvore, despida durante o inverno de suas folhas, continua a assimilar o oxigênio durante os meses de frio, pela clorofila do *visco* (...).

"O *visco* do carvalho era considerado a planta sagrada na região celta. Em dezembro, numa grande festa, o **druida** oferecia um grande tufo da planta aos seus deuses: 'Ao visco, o novo ano!'.

Talvez seja essa a origem da devoção ao *visco* que se pratica na Inglaterra. Na época do Natal, as pessoas costumam pendurar essa planta nos lustres das casas, e é também sob o *visco* que os noivos trocam o primeiro beijo de noivado. Ele preside, de certa forma, ao início de uma nova geração. Também neste caso, não insistirei sobre o simbolismo genético representado pelo líquido viscoso que enche suas sementes brancas e que lhe deram o nome botânico: *Viscum album* (*visco* branco) (...).

A Baía do Monte São Miguel foi ocupada, há muitos séculos, pela imensa floresta de Scissy, destruída por um terremoto, no primeiro milênio da era cristã. O *visco* proliferava nessa floresta dominada pelos carvalhos. Isso parece explicar a razão pela qual a ilha de Tombelaine foi escolhida para centro de um colégio de druidesas" (170).

"Os **druidas** o colhiam com foice de ouro, em épocas determinadas e faziam com o suco, rico de qualidades magnéticas, um **elixir** de prodigioso poder." (...) Fabre d'Olivet nos diz que "**Ram**, o teocrata dos hiperboreanos migratórios, obteve por revelação divina a arte de tirar do *visgo* do carvalho um remédio que curava, em alguns dias, a elefantíase (ou a lepra?), mal terrível, exterminador das raças célticas e que era tido como incurável".

Saint-Yves confirma a tradição, acrescentando que "o verdadeiro *visgo*, muito difícil de diferenciar de parasitas similares, não mostra suas maravilhosas virtudes senão quando colhido em certas condições, a certa hora astronômica precisa".

VISHNU

O mais belo dos deuses do panteão hindu, descrito no **Veda** como tendo pele azul e cabelos revoltos como labaredas. É o deus responsável pela preservação da Terra e Krishna, sua mais importante manifestação como homem.

Segundo velhas tradições *Vishnu* flutua dentro do **ovo** cósmico dourado, apoiando-se na **serpente** de muitas cabeças do tempo infinito, antes de iniciar a criação de um novo Universo. Essa criação é anunciada por uma flor-de-**lótus**, que surge em seu **umbigo** e o transforma em **Brahma**, irrompendo do ovo para iniciar um novo ciclo.

"Por sua encarnação em Krsna, tornou-se o revelador do *Bhagavad Gita*; é representado no mito hindu como o **Oceano** Lácteo da Vida Imortal, do qual surge o universo transitório e no qual volta a se dissolver. Este oceano é personificado como Adi-sesa, a primordial **serpente** gigante dos abismos, que traz o universo desenrolado sobre sua cabeça e é o **dragão** doador de vida, nas profundezas do espaço. Em outra ocasião, Visnu é descrito em forma antropomórfica, deitado sobre esta serpente. Ela é, ao mesmo tempo, seu leito vivente, que o mantém na superfície do Oceano Lácteo e, em sua forma de elemento, é o próprio Oceano Lácteo. Com efeito, este ser divino é a seiva vital, ou substância primordial que origina e alimenta todas as formas de todas as criaturas animadas do universo. O deus sonha. De seu umbigo, como da água universal, cresce o cálice do loto, sobre o qual **Brahma** está sentado — o primogênito do universo — pronto para supervisionar o processo cósmico da criação" (42).

VITRIFICAÇÃO

Um dos maiores riscos, na feitura da **Grande Obra**, é a *vitrificação* da matéria, provocada pela má administração do **fogo**. Problemas muito sérios podem advir do descuido com esse detalhe durante o **Magistério**, e as recomendações quanto a isso são constantes, por parte da maioria dos autores de textos alquímicos.

"Neste tempo, tem cuidado com o teu fogo, porque a lei ou condição da pedra perfeita está: que seja fusível, ou capaz de fundir-se, pelo que, se deres mais fogo que o necessário, se fará vidro a matéria, e, derretida pelos lados do vaso, terminará grudada, de modo que não poderás levá-la adiante: esta é a *vitrificação* da matéria, que tantas vezes é prevenida pelos filósofos, ou da qual se protegem, e que, pode suceder aos pouco advertidos, antes e depois de estar perfeita a obra em branco; a saber, desde a metade do **Regime da Lua**, até o sétimo ou décimo dia do **Regime de Vênus**. Pelo qual somente aumente o fogo um pouco, de modo que o composto não se faça vidro, isto é, que passivamente não se derreta como vidro, senão que, com um calor benigno, por si mesmo se derreta, enche-se e, por mandado de Deus seja dotado de um **espírito**" (1).

"Que o **esperma** peculiar não seja afugentado pela calcinação vitrificante. A calcinação química não destrói as **cinzas** e não as vitrifica, senão, ao contrário, purifica o esperma particular e o torna mais perfeito" (9).

VITRIOLO

Denominado em muitos textos como sangue do **leão verde**, o *vitriolo* é um **sal** extraído de determinado **mineral** após operações especiais e em épocas também especiais. Embora seja comum encontrarmos esse verbete denominando diferentes materiais em diferentes fases da **Obra**, segundo a *Collectanea Chemica Curiosa* de J. D.Thom — 1693, há apenas um:

"Ros Vitrioli ou Spiritu Vitrioli humidus, uma Água Vitrioli secunda, clara e odorífera, um *Liquor Vitrioli acidus secundus*, vulgarmente chamado Oleum Vitrioli. Se o *caput mortuum ou terra exanimata vitrioli* é então digerido em água quente, decantado, filtrado e evaporado, obtém-se o Sal Vitrioli".

"O sal, tornando-se o veículo do fluido cósmico, colore-se de **verde** ao mesmo tempo em que aumenta, sensivelmente, sua densidade. Recebe assim, sem distinção, os nomes de *vitriolo* ou **leão verde**, e está pronto para desempenhar seu muito importante papel, no decurso da obra mediana, ou segunda" (43).

"Junta o ácido do *vitriolo* e seu sal, com espírito de vinho retificado, e apodrece-os simultaneamente, e desta putrefação te sairão **Mercúrio** e **Azufre** verdadeiros" (183).

"Toma *Vitriolo* da Hungria, dissolve-o em água destilada ou **orvalho** de maio: depois coze-o, fá-lo digerir ao **fogo** de cinzas, ou de **areia**, ou de **esterco**, deixa-o um mês, e, na superfície nadarão as **fezes**, que se hão de separar, tornando a pô-lo em digestão, até que não lance mais fezes; depois, há que se coá-lo e destilá-lo ao **banho** ou fogo de **cinzas**, a fogo lento, até que surja por cima uma pequena pele, a qual, sendo posta em **alambique**, em um lugar frio, torna-se em cristais, os quais recolherás, por diversas vezes, tanto quanto possas. Põe destes cinco ou seis libras (459,5 gramas) em uma **curcúbita** bem própria, e destila por alambique, a fogo aberto, durante três horas, sairá a **flema**, que se há de tirar; depois vêm seus **espíritos**, o que se reconhece pelo gosto **ácido** e os espíritos voláteis que se verão subir pelo alambique, como por pequenos canais, que se há de receber à parte, mudando o recipiente: porque é ele o verdadeiro espírito do *vitriolo*" (171).

VOLATILIZAÇÃO

Processo pelo qual a matéria aquecida, libera sua parte úmida em forma de ar ou gás, que se eleva no crisol.

Nas alegorias, costuma ser representada por figuras aladas, anjos, pássaros, etc.

VULCANO LUNÁTICO

Na mitologia grega, *Vulcano* é **Hefestos**, o deus do **fogo**, casado com **Afrodite (Vênus)**. Para a **Alquimia**, o *Vulcano lunático* é o símbolo do agente mais secreto da Grande Obra. Apesar de ser um fogo violento, é chamado **Água** ígnea, sendo dela que se serviu **Nicolas Flamel** para suas *lavagens*.

"Tudo que podeis esperar de mim, razoavelmente, é dizer-vos que o **fogo** natural, de que fala este filósofo, é um fogo em potência, que não queima as mãos, senão que faz aparecer sua eficácia, por pouco que seja excitado pelo fogo exterior. É, pois, um fogo verdadeiramente secreto, a que o autor chama *Vulcano Lunático*" (172).

"Podes, no Sol e na **Lua** do vulgo, achar nosso **Sol**; eu mesmo o busquei neles e o achei, porém não é obra fácil. Mais fácil é fazer a pedra que achar a matéria próxima da **Pedra** no ouro que vulgarmente se compra. Pelo qual **nosso** ouro é a matéria mais achegada ou próxima de nossa Pedra; o **ouro** do vulgo é relativamente próximo; os demais metais, remotos; e aquelas coisas que não são metálicas, remotíssimas ou muito distantes. Pois nosso ouro é um caos, cuja alma não fez fugir o fogo; o ouro do vulgo, para fugir à tirania, teve a alma encerrada em um castelo. Porém se buscas nosso ouro em uma coisa média entre o perfeito e o imperfeito, busca-a e a acharás; porém se não desatas ou dissolves os impedimentos do ouro vulgar, o que se chama preparação primeira, com a qual se desata o encantamento de seu corpo, não se pode aperfeiçoar a obra do marido.

Se entrares pelo primeiro caminho, deves proceder com um fogo benigníssimo; se pelo último, deves valer-te da obra de teu *vulcano ardente*, ou fogo forte; tal fogo é mister manter como o que administramos na multiplicação, quando para fermentar se acrescentam porções do corpo Solar e Lunar do vulgo, para aperfeiçoar a **tintura** ou **elixir**. Verdadeiramente aqui está o **labirinto**, se não sabes como te hás de se manter em qualquer caminho. Hás de ministrar um **calor** igual e contínuo, se trabalhares no Sol do vulgo, ou no nosso" (1).

X

X

A letra "X" representa na Alquimia, o número da totalidade. A força espiritual superior que atua na matéria. É a cruz de Santo Andrés.

"É o signo da **luz** manifesta, o **fogo** escondido na **matéria**, o pequeno sol secretíssimo (...).

É a tradução do fogo celeste ou do fogo terrestre, do fogo potencial ou virtual que compõe ou desagrega, engendra ou mata, vivifica ou desorganiza. Filho do **Sol** que o gera, servidor do homem que o libera e o mantém, o fogo divino caído, decadente, aprisionado na matéria, determina sua evolução e dirige sua redenção. É Jesus em sua **cruz**, imagem da irradiação ígnea, luminosa e espiritual, encarnada em todas as coisas. É o **Agnus** imolado desde o começo do mundo, e é, também, o Agni, deus védico do fogo" (173).

XANTOSIS

Denominação dada à coloração amarelada, citrina, que se segue ao branco e antecede o **vermelho**. Ela é oriunda do **Leite Virginal do Sol** e se revela na matéria, durante o **Regime de Marte**.

XERION

Denominação dada pelos gregos ao **pó de projeção**.

XIR

Nome dado pelos filósofos à Putrefação, fase em que as naturezas se corrompem para mudar de forma. Fazem-se aquosas para se penetrarem e misturarem, mais intimamente.

"É também chamada corrupção, sombras cimerianas, báratro, inferno, dragão, geração, ingressão, submersão, compleição, conjunção e impregnação" (36).

Y

YESO
"Mineral, também chamado 'o selenita', é um sulfato de cálcio bihidratado (SO_4 Ca. $2H_2O$) Peso específico 2'3 e dureza 2. Quando bem cristalizado, é transparente e incolor, recebendo o nome de selenita ou espelhinho, mas pode ser terroso e até cheio de pó. Costuma apresentar-se também sob várias cores, principalmente amarelo e vermelho, por interposição de substâncias ferruginosas. Em geral aparece em massas cavernosas e ainda terrosas, de cor branca, amarelada ou avermelhada, com débil brilho nacarado" (26).

YGGDRASIL
Árvore da vida na mitologia nórdica que, a par de seu grande poder mágico, era o símbolo escandinavo da **imortalidade**, sendo considerada o **eixo** do Universo. Suas raízes, tronco e ramos ligariam os mundos subterrâneos ao céu dos deuses. Estava fadada a restar incólume quando o mundo se destruísse para, por meio de suas três raízes, de novo povoar a Terra.

Essas raízes a manteriam sempre **verde**, porque se alimentavam: uma na fonte de **Urd** — a energia da terra —; outra na fonte Hvergelmir — origem das águas do mundo —; e a terceira em Mimir — a fonte da **Sabedoria**.

Localizada no centro do Universo, ligava os nove mundos da cosmologia nórdica.

Suas folhas, na Antiguidade, costumavam ser misturadas ao vinho, formando um poderoso antídoto contra os venenos e, segundo as lendas, com propriedade para restaurar a vida dos humanos; e seus frutos, que curariam qualquer doença e no qual estavam contidas as respostas para todas as perguntas da humanidade, eram guardados pelas Walquírias e somente reservados aos deuses. Rezava ainda a lenda que, em suas raízes, Mimir — o **dragão** guardião, um dos mais sábios deuses nórdicos — alimentava-se no poço da Grande Sabedoria.

YIN e YANG
Ideograma que consiste em um círculo dividido em duas partes, uma negra contendo um ponto branco e uma branca contendo um ponto

negro, representando os princípios opostos e complementares, denominado *Tai-Chi* (*Tai*, movimento, *Chi*, energia cósmica).

O significado dessas duas palavras corresponde ao lado sombreado e ao lado ensolarado de uma montanha. *Yin* — o escuro, o receptivo, o feminino, o material —, é representado pela Terra. *Yang* — o claro, o forte, o masculino, o poder criador —, é o Céu. A Terra está embaixo, em repouso; o Céu está em cima, cheio de movimento.

No diagrama Tai-chi T'u, ou "Diagrama do Supremo Fundamental" pode-se notar, na disposição simétrica do *yin* sombrio e do *yang* claro, a sugestão de movimentação contínua, cada uma das forças conservando em si a semente da força oposta.

"A unidade se polariza, determina-se em *yin* e *yang*: é o processo da manifestação cósmica, a separação em duas metades do Ovo do Mundo. Sou Um que se transforma em Dois, diz uma inscrição egípcia antiga" (38).

"Na China, a união das *cinco cores* do **arco-íris** é a mesma união do *yin* e do *yang*, o sinal de harmonia do universo e o símbolo da fecundidade. (...)

A *complexio oppositorum*, a reunião dos contrários, é também a *re-união* das metades separadas, uma *re-solução*" (2).

YLIASTER

Denominação dada por Paracelso à *Matéria Primeira*, contendo o potencial de todas as substâncias. Polarizada por diferenciação binária, em princípio feminino e masculino ou negativo e positivo, capaz de engendrar o Caos. É desse Caos que nasce o **Hyle** — água primordial — que, por sua vez, dá origem ao **Mercúrio**, **Enxofre** e **Sal**, de cuja combinação se originam os quatro elementos produtores da **quintessência**.

Z

ZAGREU

O primeiro **Dioniso**. Os titãs o fizeram em pedaços, cozeram sua carne e o devoraram. Zeus, furioso, fulminou-os com seus raios tornando-os em cinza. Depois, engoliu o coração de Zagreu, ainda palpitando, e, com a ajuda de Sêmele, regenerou seu filho Dioniso — o delirante.

ZEUS

Deus supremo da mitologia grega, filho de Cronos (**Saturno**), escapou de ser devorado pelo pai que comia todos os filhos recém-nascidos, por intervenção de sua mãe Réia, que ludibriou Cronos dando-lhe para comer uma pedra envolta em faixas, enquanto enviava o deus-menino para ser criado em uma gruta, pelas ninfas, onde foi alimentado pela cabra **Amalteia**. A mesma da qual arrancou um chifre, tornando-o em cornucópia, um símbolo de fecundidade. Ao se tornar adulto, destronou Cronos e passou a governar o Olimpus, em companhia de **Netuno**, o deus dos mares, e Hades o deus dos infernos.

Pai dos deuses e dos homens, Zeus residia no Éter e presidia os fenômenos atmosféricos: determinava as estações, os dias e as noites, tempestades, **relâmpagos** e trovões, **ventos**, **chuvas** e o **arco-íris**. Era também um deus fecundante, protetor dos frutos e das colheitas.

ZIGURATES

"As torres dos templos caldeus compunham-se de **sete** andares, cada um de uma cor diferente, simbolizando uma **estrela**: a primeira branca, a cor de **Vênus**; a segunda, preta, correspondente a **Saturno**; a terceira, de um vermelho brilhante, a cor de **Marte**; a quarta, azul, para **Mercúrio**; a quinta, laranja, para **Júpiter**; a sexta, prata, para a **Lua**; a sétima, ouro, a cor da grande estrela, o nosso **Sol**. Esses andares tinham uma significação mágica e astrológica; os sacerdotes cantavam hinos às estrelas e, em ocasiões solenes, realizavam cerimônias, mais tarde incorporadas aos **festivais**. (...) Os sábios caldeus não construíram essas altas torres, durante milhares de anos, só para fazerem horóscopos, mas para algum fim, cujo segredo nos escapa" (59).

"O zigurate era, propriamente falando, uma montanha cósmica: os sete pisos representavam os sete céus planetários; ao escalá-los, o sacerdote alcançava a cúspide do universo" (184).

ZINCO

"Definiremos o *zinco*: uma combinação de uma terra mercurial vitrificável, e de uma grandiosíssima quantidade de fluido extremamente atenuada; sua fusibilidade, sua facilidade para amalgamar-se com o mercúrio, e inclusive converter-se em **mercúrio**, demonstram a presença desta terra mercurial (...).

O *zinco* mesmo, sobre o qual os Químicos guardam um profundo silêncio, pode, sem embargo, ser considerado também como um dissolvente metálico por **via seca**. Este silêncio dos Químicos Antigos não pode senão provocar, em um artista inteligente, mais interesse de fazer incursões nesta espécie de deserto, para descobrir uma infinidade de fenômenos que estão, todavia, na obscuridade" (174).

Metallus masculus para Paracelso, é, segundo opinião de Glauber, "um metal admirável e que se descobriu, pela anatomia **espagírica**, ser um **enxofre** puro do **ouro** imaturo".

ZODÍACO

É um dos mais antigos e universais símbolos, disseminado entre as mais diversas civilizações. Consiste em uma esfera dividida em 12 seções de 30 graus, representadas por planetas e metais denominados signos. Seu conceito entre os antigos, era dos mais importantes, porque a principal lei natural considerava indiscutível a vida ser regida pela Astrologia. A força dos astros governava o comportamento humano e intervinha na formação até mesmo da matéria inanimada.

"Seu nome vem de *zoe* (vida) e *diakos* (roda). Essa roda da vida retoma o símbolo do Ouroboros (**Uróboro**) — a serpente que morde a cauda —, exprimindo *ayon* (a duração). Ele exprime geralmente a *'energia primordial'* que, fecundada, passa da pontencialidade à virtualidade, da unidade à multiplicidade, do espírito à matéria, do mundo sem formas àquele com formas. A ontologia oriental explicava a via universal em duas fases contrárias e complementares: involução (materialização) e evolução (espiritualização). No *Zodíaco*, os seis primeiros signos (de Carneiro à Virgem) exprimem a primeira fase, os seis seguintes (de Balança a Peixes) exprimem a segunda. Seus 12 elementos, talvez bem mais antigos, chegariam à divisão duodecimal mística do mundo" (167).

"Pelo Carneiro e o Touro, assim como Gêmeos, situados um seguido do outro, e que reinavam nos meses de março, de abril e de maio, ensinam que é neste tempo que o sábio alquímico deve sair ao encontro da matéria e cozê-la, no instante em que desce do céu o fluido aéreo" (84).

"Ha duas noções fundamentais importantes a lembrar: a primeira é que não devemos confundir o signo do *Zodíaco* correspondente à posição da Terra no momento do **equinócio**, em relação às posições das constelações e a posição da Terra em relação ao *Zodíaco*. O equinócio é o momento exato em que toda a superfície terrestre está iluminada pelo Sol, de maneira igual. De fato, em consequência da inclinação do eixo de rotação, a duração do dia não é a mesma ao longo do ano, salvo no instante do equinócio, seja o do outono, seja o da primavera.

Na época em que vivia o astrônomo Hiparco, havia coincidência entre a posição da Terra, no momento do equinócio da primavera e a sua posição em relação ao *Zodíaco*. Uma vez transposto o primeiro ponto da constelação do Carneiro, a Terra achava-se na primavera.

Atualmente, a primavera começa sempre quando a Terra se encontra na constelação do Carneiro, mas ela se situa no *Zodíaco*, no signo de Peixes" (18).

"O caráter que significa a destilação é o do **Leão** celeste, e a água destilada dos filósofos é chamada por isso Leão (sua representação são dois pequenos círculos, unidos por uma linha em forma de meia esfera); os dois círculos inferiores significam dois **espíritos** e a linha superior que une os dois significa a **água**, na qual o **sol** químico é exaltado por numerosas **destialções**, da mesma forma que o Sol celeste é exaltado no signo do Leão celeste" (9).

"As influências planetárias têm uma função determinante na gênese dos metais. Os sete metais são consagrados aos sete planetas.

O Ouro natural, a Prata e todos os metais como as outras substâncias são engendrados na terra, sob a influência das divindades celestes e de seus eflúvios. Cada metal deve seu nascimento ao planeta de onde se origina seu nome; os seis outros planetas unidos às 12 constelações zodiacais, lhes dão diversas qualidades.

Resumo: Metais e minerais que formam a base da Matéria primeira são compostos de Enxofre e Mercúrio. O grau de cozimento, a pureza variável dos componentes, diversos acidentes, as influências planetárias, causam as diferenças que separam os metais uns dos outros" (222).

ZÓZIMO

Antigo Alquimista grego, que viveu por volta do século I da nossa era, cuja teoria primeira, era o papel preponderante da energia cósmica no **Magistério**. Acreditava só se poder trabalhar a **prata**, se a **Lua**, que é o planeta da prata, estivesse em determinada posição; assim como o **cobre** dependia da perfeita localização astronômica de **Vênus**; a esse momento astrológico preciso, Zózimo denominava *Kairós*.

Zózimo tinha por hábito personificar os metais, teatralizando a execução da **Grande Obra**.

Entre seus textos, selecionamos um, que parece nos falar da tão comentada transformação que sofre o alquimista, durante os trabalhos da Obra.

"Agora, a pobre coisa cai dentro dos quatro corpos a que está acorrentada, e muda imediatamente de uma cor para outra, todas as cores em que as técnicas desejam amarrá-la: branco, amarelo, ou mesmo preto, ou primeiro preto, depois branco e depois amarelo e, quando essa coisa feminina evidenciou todas essas cores e rejuvenesceu, continua, até a velhice, e depois morre nos quatro corpos, o que quer dizer, **ferro**, **estanho**, bronze e **chumbo**, com cada um dos quais morre na **rubedo** — o estado de conversão ao vermelho — e assim é completamente destruída, de modo que não pode evadir-se, fato esse que é muito satisfatório para o alquimista, pois agora ela não pode escapar. E então repete-se tudo, pelo que seu perseguidor também é acorrentado, ocorrendo tudo isso fora do vaso redondo. O que é o **vaso** redondo ? Ou o fogo ou a forma redonda do recipiente impede-a de se evadir. Assim como se, numa doença, o **sangue** tivesse sido destruído e agora renovado, também no estado argênteo dela, vê-se que tem sangue **vermelho**, e isso é o ouro" (175).

Bibliografia

1 – PHILALETHÈS, Eyrénée. *A Entrada Aberta ao Palácio Fechado do Rei*. São Paulo: Editora Ground, sd.
2 – BRANDÃO, Junito de Souza. *Mitologia Grega*, vol. I. Petrópolis: Editora Vozes, 1986.
3 – WEIDENFELD. "La Médula de la Filosofia Química", in *La Tabla Redonda de los Alquimistas*. Madrid: Luiz Carcamo editor, 1980.
4 – CHAUCER, Geoffrey. *The Complete Works*, vol. I. Oxford – 1894. Citado no *Livro de Figuras Hieróglificas*. São Paulo: Ed. Três, 1976.
5 – ARTÉFIO. *Livro de Artéfio*. Lisboa: Editora 70, 1741.
6 – FEBURE, Nicolas la. *Traicté de la Chymie*. Paris – 1660. Madrid: Luiz Carcamo editor, l980.
7 – FULCANELLI. *As Moradas Filosofais*. Paris – 1960. Lisboa: Edições 70, sd.
8 – DARDARIUS. *Turba Filosoforum*. 1628.
9 – BRETON, Le. "Las Claves de la Filosofia Espagírica", in *La Tabla Redonda de los Alquimistas*. Madrid: Luiz Carcamo editor, 1980.
10 – DUJOLS, Pierre. *La Alquimia y su Libro Mudo*. Madrid: Luiz Carcamo editor, 1981.
11 – TEXTO anônimo. In *Histoire de la Philosophie Hermétique*.
12 – CYLIANI, Hermès Dévoilé. *Hermes Desvelado*. São Paulo: Nova Stella, 1987.
13 – CORBI, Manuel Algora. *La Tabla Redonda de los Alquimistas*. Madrid: Luiz Carcamo editor, 1980.
14 – GLAUBER. "Descrição dos novos fornos filosóficos", in *La Tabla Redonda de los Alquimistas*. – Madrid – 1980.
15 – WEIDENFELD. "De Secretes Adeptorum", in *La Tabla Redonda de los Alquimistas*. Madrid: Luiz Carcamo editor, 1980.
16 – LEMERY, Nicolas. "Curso Químico" – Paris – 1757 – Citado em *Descobrindo a Alquimia*. Sd.
17 – PAWELS Louis e BERGIER, Jacques. *O Despertar dos Mágicos*. Paris: Gallimard, 1960.
18 – VIEUX, Maurice. *O Segredo dos Construtores*. Difel Editora, 1977.
19 – BEGUIN, J. - "Les Elemensts de Chymie", in *La Tabla Redonda de los Alquimistas*. Madrid: Luiz Carcamo editor, 1980.

20 – SHAH, Idries. *Oriental Magic.* Paladin, 1973.
21 – NEWTON, Isaac. "Clavis", in *La Tabla Redonda de los Alquimistas.* Madrid: Luiz Carcamo editor, 1980.
22 – PLATÃO. *Diálogos.* São Paulo: Editora Cultrix, sd.
23 – PALEIKAT, Jorge e COSTA, João Cruz. Tradução dos *Diálogos* de Platão. Abril, 1972.
24 – CAPRA, Fritjof. *O Tao da Física.* São Paulo: Ed. Cultrix, 1975.
25 – KIRCHWERGER, Anton J. *Catena Aurea Homerii.* 1757.
26 – HISTÓRIA NATURAL. *Geologia.* Madrid: Inst. Gallach de Libreria Y Ediciones, sd.
27 – PARACELSO. *De Vita Longa.* São Paulo: Editora Trê, 1976.
28 – GLASER, Christophle. "Tratado de Química", in *La Tabla Redonda de los Alquimistas.* Madrid: Luiz Carcamo editor, 1980.
29 – ANÔNIMO. No tratado *Aforismos Químicos.*
30 – VIA DO POBRE. Citado por Jacob Boehme e incluído em *In Persuit of Gold.* de Lapidus.
31 – SPALDING, Tassilo Orpheu. *Deuses e Heróis da Antiguidade Clássica.* São Paulo: Cultrix, 1972.
32 – ARISLEU. Citado por Nicolas Flamel em *Livro das Figuras Hieroglíficas.* São Paulo: Editora Três, 1976.
33 – JOHNSONIO, Gulielmo. "Lexicon Chymicum", in *La Tabla Redonda de los Alquimistas.* Madrid: Luiz Carcamo editor, 1980.
34 – POTT, J. H. "Dissertação sobre o Enxofre dos Metais", in *La Tabla Redonda de los Alquimistas.* Madrid: Luiz Carcamo editor, 1980.
35 – MOGOFON. *Hypotypose.* Paris: Émile Nourry, 1914.
36 – FLAMEL, Nicolas. *Livro das Figuras Hieroglíficas.* São Paulo: Editora Três, 1976.
37 – ROGER, Bernard. *Descobrindo a Alquimia.* São Paulo: Editora Pensamento, 1992.
38 – CHEVALIER, Jean e GHEERBRANT, Alain. *Dicionário de Símbolos.* Rio de Janeiro: Editora José Olympio, 1993.
39 – POTT, Juan. Henrique. *Dissertation Chymiques.* Paris 1759. Madrid: Luiz Carcamo editor, 1980.
40 – ECKARSHAUSEN. "Rasgando o Véu da Magia" in *La Tabla Redonda de Los Alquimistas.* Madrid: Luiz Carcamo editor, 1980.
41 – VALENTIM, Basílio. "Tratado dos Minerais", in *La Tabla Redonda de los Alquimistas.* Madrid: Luiz Carcamo editor, 1980.
42 – ZIMMER, Heinrich. *Filosofias da Índia.* São Paulo: Editora Palas Athena, 1943.
43 – SODDY, Frederick. *O Rádio, Interpretação e Ensinamento da Radioatividade.* Paris: Gauthier Villars, 1915.

44 – ORTHELIUS. Comentários em "Novum Lumen Chymicum" in *La Tabla Redonda de los Alquimistas*. Madrid: Luiz Carcamo editor, 1980.
45 – FEBURE, Nicolas le. Transcrito de *La Tabla Redonda de los Alquimistas*. Madrid: Luiz Carcamo editor, 1980.
46 – NEUMANN, Erich. *The Great Mother*. USA: Panteon Books – Princeton University, 1991.
47 – Transcrito por Ferdinand Hoefer. *Histoire de la Chimie*. New York: Readex Microprint Corporastion, 1969.
48 – TEXTO de 1725. Transcrito no *Traicté de Chymie Philosophique et Hermetique*. Sd.
49 – BRANDÃO, Junito de Souza. *Mitologia Grega*, vol. II. Petrópolis: Editora Vozes, 1986.
50 – MASPERO, G. e Kurt SETE. *Textos Sagrados das Pirâmides*. Rio de Janeiro: Livros do Mundo Inteiro, 1979.
51 – AZIRATUS. *Turba Philosophorum*. 1628.
52 – MORIEN. "Diálogos entre o Rei Calid e o Filósofo Morien sobre o Magistério" in *Alquimia e Ocultismo*. Lisboa: Edições 70, 1972.
53 – BANERUS, Jacobus. *Chymia Philosophica*. 1689.
54 – ANÔNIMO . *Regimine Jovis*. Sd.
55 – PARACELSO. *El Libro de las Imagines*. São Paulo: Editora Três, 1976.
56 – HALEVI, Shimon. *A Árvore da Vida (Cabala)*. São Paulo: Editora Três, 1976.
57 – COCKREN, Archibald. *Alchemy Rediscovered and Restored*. Inglaterra, 1940.
58 – CLAUDERO, Gabriel. "Tractatus de Tinctura Universali" in *La Tabla Redonda de los Alquimistas*. Madrid: Luiz Carcamo editor, 1980.
59 – DRAKE, W. Raymond. *Gods and Spacemen in the Ancient Eart*. São Paulo: Círculo do Livro, 1975.
60 – CANSELIET, Eugène. Comentários em *Mutus Liber*. Paris: La Rochelle, sd.
61 – BATFROI, Severin. *Alquimia y Revelacion Cristiana*. Paris: Editions Guy Tredaniel, 1973.
62 – SENDIVOGIUS, Michael. *Carta Filosófica*. 1659.
63 – JUNG, Carl Gustav. *Memórias, Sonhos e Reflexões*. Rio de Janeiro: Nova Fronteira, sd.
64 – GRIMALDY, M. de. "Oeuvres Posthumes" 1745, in *La Tabla Redonda de los Alquimistas*. Madrid: Luiz Carcamo editor, 1980.

65 – RIPLEY, George. "Le Livre dês Douze Portes". 1591, in *La Tabla Redonda de los Alquimistas*. Madrid: Luiz Carcamo editor, 1980.
66 – MAIER, M. *Atalanta Fugiens*. 1618. Paris: Livrarie de Médicis, 1969.
67 – PARACELSO. *El Libro de la Revelacion*. Barcelona: Edicomunicación, 1993.
68 – D'ESPAGNET, Jean – Presidente. *Arcanum Hermeticae Philosophae Opus*. Paris, 1651.
69 – HUTIN, Serge. *A Alquimia*. Lisboa: Edição Livros do Brasil, sd.
70 – MULLER, Daniel. Citado por M. Algora em *La Tabla Redonda de los Alquimistas*. Madrid: Luiz Carcamo editor, sd.
71 – GILCHRIST, Cherry. *Elementos da Alquimia*. São Paulo: Ediouro, 1993.
72 – SENDIVOGIUS, Michael. *The New Chemical Ligth*. 1659.
73 – PHILALETHES,, Eyrènée. "La Médula de la Alquimia", in *La Tabla Redonda de los Alquimistas*. Madrid: Luiz Carcamo editor, 1980.
74 – BECHER, J. J. "Oedipus Chymicus", in *La Tabla Redonda de los Alquimistas*. Madrid: Luiz Carcamo editor, 1980.
75 – BOEHME, Jacob. *Primeira Matéria ou Primeiros Princípios*. 1764. Biographia Literária, 2001.
76 – HOFFMANN, F. "Dissertação I - Da Geração dos Sais", in *La Tabla Redonda de los Alquimistas*. Madrid: Luiz Carcamo editor, 1980.
77 – PELIKAN, W. Citado em *La Tabla Redonda de los Alquimistas*. Madrid: Luiz Carcamo editor, 1980.
78 – FRANZ, Marie-Louise Von. *Alquimia*. São Paulo: Editora Cultrix, 1987.
79 – AQUINO, São Tomás de Aquino. *Tratado na Arte da Alquimia*. Sd.
80 – CYRIACI, Iacobi. *Rosarium Philosophorum*. Stolcius, 1556.
81 – FRATER, Albertus. *Guia Prático da Alquimia*. São Paulo: Ed. Pensamento, 1989.
82 – PHYLALETHES, Eyrènée. *Princípios para Dirigir as Operações na Obra Hermética*. Paris: Retz, 1976.
83 – DIONISIO, o Areopagita. *Pseudo Dionysius – The complete works*. USA: Paulist Press, 1987.
84 – MONTLUISSANTI, Esprit Gobineau de. Texto do século XVII, in *La Tabla Redonda de los Alquimistas*. Madrid: Luiz Carcamo editor, 1980.
85 – TRITÊMIUS, J. "Texto alquímico", in *La Tabla Redonda de los Alquimistas*. Madrid: Luiz Carcamo editor, 1980.

86 – VERLAG, Marix. *Rig Veda* (4.58). 2008.
87 – BOMARE, Valmont de. *Mineralogie* ou *Nouvelle Exposition du Regne Mineral*. 1762.
88 – PUBLICADO pela revista "Parachemy", in *La Tabla Redonda de los Alquimistas*. Madrid: Luiz Carcamo editor, 1980.
89 – SHURÉ, Èdouard. *Os Grandes Iniciados*. São Paulo: Madras Editora, 2005.
90 – FULCANELLI, Atribuído a. – Paris, 1957.
91 – SEJOURNE, Laurette. *A simbólica do Fogo*. Fondo de Cultura Economica, 1985.
92 – GÊNESIS. Da *Vulgata de São Jerônimo,* cap. 39. São Paulo: Oesp Maltese, 1980.
93 – DIGBY, Caballero K. "Dissertatio" in *Tabla Redonda de los Alquimistas*. Madrid: Luiz Carcamo editor, 1980.
94 – FULCANELLI. *O Mistério das Catedrais*. Lisboa: Edições 70, 1972.
95 – SCHMOKEL. Citado por Peter Kolósimo em *Não é Terrestre*. São Paulo: Melhoramentos, 1972.
96 – EUDÓXIO. "La Antigua Guerra de los Caballeros" Leipzig – 1604. Citada em *Le Triomphe Hermétique*.
97 – DOBBS, Betty. Em *Os Fundamentos da Alquimia* ressaltou *NEWTON*. Dr. Humphrey – Ex-Assistente de Isaac Newton.
98 – MANGET, Jean Jacques. Sobre as gravuras do livro *Hortulus Hermeticus* – 1627.
Citado no *Mutus Liber*.
99 – RAMAKRISHNA, Sri. *The Gospel*. Editora Sri Ramakrishna Math, 1979.
100 – ULRICH, Paul. *Os Grandes Enigmas das Civilizações Desaparecidas*. São Paulo: Otto Pierre Editor, 1978.
101 – LIBAVIO. "Alchemia" in *La Tabla Redonda de los Alquimistas*. Madrid: Luiz Carcamo editor, 1980.
102 – MATEUS (16:18-19) – *Bíblia*. São Paulo: Ed. Maltese, sd.
103 – ANÔNIMO. *Deux traités alchimiques du XIXe sciècle*.
104 – LIVRO Chinês. *O Segredo da Flor Dourada*. Século VIII ou IX a.C.
105 – D'YGE, Claude. *Nouvelle Assemblée des Philosophes Chymiques*. Paris: Dervy-Livre, 1954.
106 – NORTON, Thomas. *The Ordinal of Alchemy*. 1652. Cambrodge: Editor E. J. Holmyard, 1929.

107 – GRIMALDI, M. de. "Texto Alquímico", in *La Tabla Redonda de los Alquimistas*. Madrid: Luiz Carcamo editor, 1980.
108 – TRISMEGISTO, Hermes. *Pimandro*. Lisboa: Edições 70, 1975.
109 – PIPERO, Jerônimo. "Corolário ao Tesoro & Armamentario" – 1723, in *La Tabla Redonda de los Alquimistas*. Madrid: Luiz Carcamo editor, 1980.
110 – STAHL, G. E. *Tratado do Enxofre*. M.H.M Ferraz, 1991.
111 – KERKRINGIUS, Theodore. *La Tabla Redonda de los Alquimistas*. Madrid: Luiz Carcamo editor, 1980.
112 – FRATER Albertus. *O Alquimista das Montanhas Rochosas*. Salt Lake City: P.R.S., 1976.
113 – POTT, J. H. "Nova Luz do Fósforo Aumentada" in *La Tabla Redonda de los Alquimistas*. Madrid: Luiz Carcamo editor, 1980.
114 – MORAVIA, Venceslau L. de. *Tratado do Céu Terrestre*. Lisboa: Edições 70, sd.
115 – CHAMPAOLLION. *Hermes Trimegistus*. Minerva, 1971.
116 – LULIO, Raimundo de. "La Clavícula" – 1659 – in *Alquimia e Ocultismo*. Lisboa: Edições 70, 1972.
117 – VERMASSEREN, M. J. *Mithras, the Secret God*. London: Librarian's View, 1963.
118 – LUNA, Mario Roso de. *O Livro que Mata a Morte*. São Paulo: Editora Três, 1976.
119 – HOFFMANN, F. *Observaciones a la Historia y Analises Físico & Químico del Nitro*. Madrid: Luiz Carcamo editor, 1980.
120 – TURBA PHILOSOPHORUM. *Reunião de tratados alquímicos*. 1628.
121 – THEOPHILO. "Tratado de la Analysis del Arte de la Alchimia" in *La Tabla Redonda de los Alquimistas*. Madrid: Luiz Carcamo editor, 1980.
122 – PAPUS. *Tratado de Ciências Ocultas*, vol. I. São Paulo: Editora Três, 1976.
123 – BOULANGER, André. *Orpheé*. Paris: F. Rieder ET Cie, 1925.
124 – OLIMPIODORO. Citado por Marie-Louise Von Franz em *Alquimia*. São Paulo: Ed. Cultrix, 1983.
125 – METRAUX Alfred. Citado por Peter Kolósimo em *Não é Terrestre*. São Paulo: Melhoramentos, 1968.
126 – ENCICLOPÉDIA Delta Universal, vol. XI.
127 – HALI, Rey. *Tractatus Opus Mulierum et Ludus Puerorum Dictus, in Artis Auriferae*. 1610.
128 – TEXTO de um Sábio. Registrado em *Collectanea Chemica*. Londres, 1893.

129 – PERNETY, Dom Antoine-Joseph. *Dictionnaire Mytho-Hermetique*. Paris, 1787; Paris, 1972.
130 – CAMPBELL, Joseph. Em nota no livro *Filosofias da Índia*, de Heinrich Zimmer. São Paulo: Palas Athena, 1986.
131 – AZIS, Philippe. Transcrito por. Em *Os Segredos dos Incas Astecas e Maias*. São Paulo: Otto Pierre, sd.
132 – PEARCE, o Monge Negro. *Theatrum Chemicum Britannicum*. 1652.
133 – I. E. S. Edwards. *The Pyramids of Egypt*. Pelican, 1947.
134 – CARDINALE, Quixe. *De Volta às Civilizações Perdidas*. São Paulo: Hemus, sd.
135 – MAGOPHON. Comentários sobre a prancha n° 3 do *Mutus Liber*. Paris: La Rochelle, 1981.
136 – PAPUS. *Tratado de Ciências Ocultas*, vol. II. São Paulo: Editora Três, 1980.
137 VALENTIM, Basílio. "As Doze Chaves da Filosofia". 1609, in *Alquimia e Ocultismo*. Lisboa: Edições 70, 1972.
138 – EDIÇÃO "Mutus Liber". Paris: La Rochelle, 1677; Madrid: Luiz Carcamo editor, 1981.
139 – AUGURELLO, Giovanno Aurélio. *Chrysopoeiae*. Libre III, 1518.
140 – COSMOPOLITA. "Epílogo" – *Novelle Lumier Chymique*. Paris: Retz, 1976.
141 – D'OLIVET, Fabre. *Langue Hébraique Restituée*. Barcelona: Humanitas, sd.
142 – AVALON, Arthur. *The Great Liberation*. Lion, 1959.
143 – BEGUIN, Iean. "Tyrocinium Chymicun" 1611, in *La Tabla Redonda de los Alquimistas*. Madrid: Luiz Carcamo editor, 1980.
144 – VAUGHAN, Thomas. *Coelum Terrae*. Londres, 1650.
145 – Publicação do Journal des Sçavans, transcrito por Eugene Canseliet em *"Mutus Liber"*, 1974.
146 – DE GLORIA MUNDI 1526. Citado por Read em *Prelude to Chemistry*, sd.
147 – HOLLANDUS, Johann Isaac. *Um Trabalho de Saturno*. Opera Mineralis, 1616.
148 – TACKENIUS. "Hypocrates Químico" in *La Tabla Redonda de los Alquimistas*. Madrid: Luiz Carcamo editor, 1980.
149 – MAGNO, Alberto. *Iniciação à Alquimia*. Rio de Janeiro: Nova Era, 2000.
150 – WILLEMOZ. *Texto Alquímico dos Cavaleiros da Águia Negra*. Século XVIII.

151 – BUR, Alexander Hartley. *Le Cercle du Monde*. Paris: Gallimard, 1962.
152 – TRIMBORN, Hermann. *Religions du Sud de l'Amerique Central du Nord e du Centre de la Région Andine*. Paris: Payot, 1962.
153 – LEVI, Eliphas. *História da Magia*. São Paulo: Pensamento, 1993.
154 – COOMARASWAMY, Ananda. *The Dance of Shiva*. Índia – 2003.
155 – FROBENIUS, Leo. *Mythologie de l'Atlantide*. Paris: Payot, 1949.
156 – MAGNO, Alberto. *Compositum de Compositis*. Lisboa: Edições 70, sd.
157 – TRISMEGISTO, Hermes. *Corpus Hermeticum*. São Paulo: Hemus, 1980.
158 – MAGRE, Maurice. *Magiciens et Illuminés*. Bibliothèque Charpentier, 1930.
159 – GUAITA, Stanislas. *"Le Temple de Satan*. São Paulo: Ed. Três, l976.
160 – SEGUIN, Jean Pierre. *Janus*. Paris: Librairie Bernard Pettit – Aude, 1965.
161 – STARCKEY, George. *Pirotecnia ou A Arte de Volatizar os Álcalis*. Paris,1706.
162 – LEVI, Eliphas. *Dogma e Ritual de Alta Magia*. São Paulo: Madras Editora, 2004.
163 – HUTIN, Serge. *Governantes Invisíveis e Sociedades Secretas*. São Paulo: Hemus, 1972.
164 – VILLANOVA, Arnaldo de. *Prática da Obra*. 1659. Lisboa: Edições 70, 1972.
165 – PARACELSO. *A Chave da Alquimia*. São Paulo: Editora Três, 1976.
166 – CAROUTCH, Yvonne. *La Licorne Alchimique*. Paris: Pygmalion Editions, 2002.
167 – CIRLOT, Juan Eduardo. *Revista Planeta* nº 1, setembro de 1972.
168 – HELVECIUS, Juan Frederico. *Vitulus Aureus*. Amsterdã, 1667.
169 – LOYOLA, Ignácio de. "Mistério das Virgens Negras". *Revista Planeta* nº 24, agosto de 1974.
170 – FOUQUE, Charles. *A Talassoterapia Homeopática e a Baía Única*. Formato de Arquivo – Microsoft Word.
171 – BEGUIN, Iean. "De Occulta Philosophia" in *La Tabla Redonda de los Alquimistas*. Madrid: Luiz Carcamo editor, 1980.
172 – SAINT-DIDIER, Limonjon de. *Le Triomphe Hermetique*. 1710. Paris: Denoël, 1971.

173 – FULCANELLI. Citado por Eugene Canseliet, no *Mutus Liber.* 1974.
174 – POTT, J. H. "Dissertação sobre o Zinco" – *La Tabla Redonda de los Alquimistas.* Madrid: Luiz Carcamo editor, 1980.
175 – ZÓZIMO. Citado por Marie-Louise Von Franz, em *Alquimia.* São Paulo: Ed. Cultrix, 1987.
176 – POTT, J. H. "Dissertação sobre o Bismuto" in *La Tabla Redonda de los Alquimistas.* Madrid: Luiz Carcamo editor, 1980.
177 – BECHER, J. J. "Physica Subterrânea" in *La Tabla Redonda de los Alquimistas.* Madrid: Luiz Carcamo editor, 1980.
178 – BACON, Roger. "Espelho da Alquimia", in *Alquimia e Ocultismo.* Lisboa: Edições 70, 1972.
179 – EVOLA, Julius. *A Tradição Hermética.* Lisboa: Edições 70.
180 – BERTHELOT. *Origem da Alquimia.* Paris, 1893.
181 – TREVISANO, Bernardo. "Tratado da Natureza do Ovo" 1609, in *Alquimia e Ocultismo.* Lisboa: Edições 70, 1972.
182 – GERMAIN, Claude. *Paris l672.* Paris: Editora CLE, 1993.
183 – FABER, P. J. Transcrito na *Biblioteca Farmacêutico-Médica,* de J. J. Manget.
184 – MIRCEA, Eliade. *Le Sacré et le Profane.* Princeton University Press, 1971.
185 – JUNG, Carl G. e Wilhelm R. "Comentários em *O Segredo da Flor do Ouro.* Petrópolis: Editora Vozes, 1990.
186 – KHUNRATH, Heinrich. *Anphitheatrum Sapientiae Aeternae.* 1609.
187 – MANGET, Jean Jacques. *Biblioteca Farmacêutico Médica.* Paris, 1703.
188 – BARBAULT, Armand. *O Ouro do Milésimo Dia.* Lisboa: Edições 70, l975.
189 – AQUINO, São Tomás de. *Aurora Consurgens.* Citado por Franz, Marie-Louise Von, São Paulo: Cultrix, 1987.
190 – VALENTIM, Basílio. *O Carro Triunfal do Antimônio.* 1604 – Biblioteca Chemica Curiosa – J.J. Manget, 1702.
191 – BORDEAU, Fabrice. *Las Claves Secretas de la Química de los Antiguos.* Paris: Edition Robert Lafont, 1975.
192 – GESNERUS, Conrard. *Tesoro de los Remedios Secretos de Evónim,* vol. II, 1554.
193 – HELMONT, Van. "Trac. de Flatibus", in *Alquimia e Ocultismo.* Lisboa: Edições 70, 1972.
194 – GREINER, Frank. *A Alquimia.* Unimarco/Loyola, 1994.
195 – GASTO, Claveo. *Apologia Argyropoeiae et Chrysopoeiae.* Sd.

196 – BORRICHIO, Olao. Citado em *Biblioteca Química Curiosa,* de J. J. Manget. Sd.
197– WENTZ, W. Y. Evans. Organizador do *O Livro Tibetano dos Mortos*. Sd.
198 – GEBER. "Summa Philosophorum" 1628, in *Alquimia e Ocultismo*. Lisboa: Edições 70, 1972.
199 – AGRIPPA, Cornellius. "De Occulta Philosophia". Extraído de *A Vision*. Londres: W.B. Yeats Editora, 1925.
200 – UYLDERT, Mellie. *A Magia das Pedras Preciosas*. São Paulo: Pensamento, 1981.
201 – BRAGHINE, Alexandre. *Nossa Herança da Atlântida*. Cátedra, 1971.
202 – BÖEHME, J. "De Signatura – Traité XV siècle" in *A Tradição Hermética – Alquimia e Misticismo.* Editora Taschen, 1997.
203 – BERTHELOT. *Coll. Des Alchimistes Grecques.* – 1887. Lisboa: Edições 70, sd.
204 – RIVIERA, Della, *Mundo Mágico.* Lisboa: Edições 70, sd.
205 – ALMANAQUE do Pensamento – 1994. São Paulo: Editora Pensamento, 1994
206 – TREVISANO, Bernardo. "Le texte d' Alchimie", in *La Tabla Redonda de los Alquimistas*. Madrid: Luiz Carcamo editor, 1980.
207 – ALEAU, René. "Aspects de l'alchimie traditionnelle" in *Descobrindo a Alquimia.* São Paulo: Ed. Pensamento, 1992.
208 – CANSELIET, Eugène. *L'alchimie Expliquée Sur Ses Testes Classiques*. Paris: Pauvert, 1980.
209 – WHITROW, G. J. *O Tempo na História*. Rio de Janeiro: Jorge Zahar Editor, 1997.
210 – BÖEHME, J. "Morgenröte", in *Alquimia e Misticismo.* Editora Taschen, 1992.
211 – KUNTZ, Oscar Nelson. "Só os deuses são filhos de Virgens". *Revista Planeta* nº 34.
212 – TEOFRASTO. "Dissertação sobre o Mercúrio", in *La Tabla Redonda de los Alquimistas*. Madrid: Luiz Carcamo editor,1980.
213 – AVICENA. "Declaratio Lapidis physiciu avicennaei", in *La Tabla Redonda de los Alquimistas*. Madrid: Luiz Carcamo editor, 1980.
214 – ANÔNIMO. *La Tumba de Semiramis*, sd.
215 – BERGIER, Jacques. *A nova aurora do alquimista*. São Paulo: Hemus, 1975.
216 – TORRES Villarroel. *Viaje Fantastico (y otras obras).* Século XVIII. Editorial Edcomunicacion, 1996.

217 – ANÔNIMO. *Aforismos Químicos*. 1692.
218 – MAIER, Michael. *Cantilenas intelectuais sobre a ressurreição da Fenix*. Século XVI.
219 – LULIO, Raimundo de. "De la Pratica em la Alquimia" – 1659, in *Alquimia e Ocultismo*. Lisboa: Edições 70, 1972.
220 – AQUINO, São Thomaz de. *Tratado na Arte da Alquimia dado a frey Reynaldo*. 1669. Madrid: Luiz Carcamo editor, 1980.
221 – BLAVATSKY, Helena P. *A Voz do Silêncio*. Rio de Janeiro: Civilização Brasileira, 1969.
222 – POISSON, Albert. "Théories et Symboles des Alchimistes", in *La Tabla Redonda de los Alquimistas*. Madrid: Luiz Carcamo editor, 1980.
223 – SADOUL, Jacques. *El Tesoro de los Alquimistas*. Madrid: Ed. Plaza y Janes, 1976.
224 – COSMOPOLITA. *Nouvelle Lumière Chimique*. Paris, 1723.
225 – CHAUCER, Geoffrey. *Os Contos de Canterbury*. Século XIV. Oxford University Press, 1971.
226 – ESTANIHURST, Ricardo. *Toque de Alquimia*. Biblioteca Nacional de Madrid. Século XVI.
227 – PONTANUS, John. "Fogo Secreto". Século XVI. Citado em *A Alquimia de Stanislas Klossowski*. Sd.
228 – NUISEMENT. "Poema Filosófico sobre o Azote dos Filósofos", in *Alquimia e Ocultismo*. Lisboa: Edições 70, 1972.
229 – HORTULANUS. *Breve comentário sobre a Tábua de Esmeralda de Hermes*. Bibliotheque dês Philosophes (Chymiques).
230 – STEELE, Robert R. *A Descoberta dos Segredos de Geber*. The Lewis Publishing Company, 1928.
231 – UZCÁTEGUI, Oscar. *33 Grabados de Alquimia Develados*. Lisboa: Edições 70, sd.
232 – TRISMOSIN, Salomon. *La toyson d'Or*. Paris, 1613.
233 – ROOB, Alexander. *Alquimia & Misticismo*. Editora Taschen, 1997.
234 – HUTIN, Serge. *A Tradição Alquímica*. São Paulo: Editora Pensamento, 1993.
235 – HELVECIO. "Vitulus Aureus", in *Alquimia e Ocultismo*. Lisboa: Edições 70, 1975.
236 – WILHELM, Richard. Comentário sobre o "I-Ching", em *O Segredo da Flor do Ouro*. Petrópolis: Editora Vozes, 1990.

Leitura Recomendada

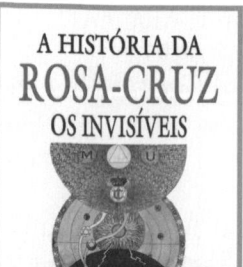

A HISTÓRIA DA ROSA-CRUZ OS INVISÍVEIS

DICIONÁRIO DOS ROSA-CRUZES — ERIK SABLÉ

Os Grandes INICIADOS

DOGMA E RITUAL DE ALTA MAGIA

www.madras.com.br

Este livro foi composto em Times New Roman PS, corpo 11,5/13.
Papel Offset 75g
Impressão e Acabamento
Orgráfic Gráfica e Editora — Rua Freguesia de Poiares, 133
— Vila Carmozina — São Paulo/SP
CEP 08290-440 — Tel.: (011) 6522-6368 — orcamento@orgrafic.com.br